東進の **将来発見** ガイド

大学選びのための
職業・進路案内

夢が見つかる

533職業

東進ハイスクール／東進衛星予備校 編

 東進ブックス

はじめに 「働くとは何か？」について考える

将来の夢の実現のために努力しよう

何のために勉強するのか？

皆さんは何のために勉強しているのでしょうか。「いい大学に入りたいから」「大学で勉強したいことがあるから」、あるいは「親に『勉強しろ』『○○大学に入れ』と言われているから」といった理由もあるかもしれません。

どんな理由にせよ、**皆さんが勉強している理由は、「将来のため」という一言に集約される**のではないでしょうか。将来のために今、頑張って勉強しているのだと思います。

地球上に生きているたくさんの生物の中で、**未来を想像することができるのは人間だけ**かもしれません。私たち人間は、将来を想像し、「あんなふうになりたい」というあこがれを（あるいは「あんなふうにはなりたくない」という危機感を）持つことができます。そして未来のために、今なすべきことをなすことができます。

現在の欲望を満たすために未来を犠牲にしてしまう人がいる一方で、**私たちは未来のために「今」という貴重な時間を大切に生きる**こともできます。

好きなことを仕事にしよう

将来を思い描くとき、そのイメージと切り離せないものがあります。「**職業**」です。学校を卒業して社会人になると、働く時間が生活の大部分を占めます。「**どんな職業に就くか**」**は、将来のイメージと切り離せません。**

皆さんはどんな将来をイメージするでしょうか。「自分の親と同じように会社員になる」「安定している公務員がいいな」「漠然と研究者にあこがれる」「起業して経営者になりたい」など人それぞれに色々なイメージが湧くでしょう。どんな将来像であれ、「好きなことを仕事にしている」のがいいですよね。会社員といっても、マーケティング・財務・研究開発など様々な専門分野の仕事に分かれます。たとえ経営者になる場合も、どんな事業を展開するのが大事です。たとえ経営者になることができても、興味の湧かない事業を展開しているのであれば、喜びは大きくないでしょう。

社会に出たら、平日の毎日8時間程度の労働に費やす日々が40年ほど続きます。やりたくない仕事を嫌々続けるとした

はじめに　「働くとは何か？」について考える

夢があるから努力できる

ところで、大事なときに頑張れる人と、頑張りがきかない人がいます。その違いは何でしょうか。性格・体力・精神力などいくつかの要素が考えられます。その要素のうちの重要な1つとして、「目標があるかどうか」が挙げられます。

目標がない人は、誘惑に弱く、頑張りがききません。一方、**目標がある人は集中力や粘り強さがあり、大事な場面で底力を発揮します。**そして目標が大きいほど、頑張るエネルギーも大きくなります。

大きな目標や夢があれば、「やりたくないけど、頑張る」ことができます。目標や夢があるから、人は努力できるのです。「将来、こんな仕事をして、こんな暮らしがしたい」という夢を持てば、「みんなが勉強しているから」「親が勉強しろと言うから」ではなく、夢に向かうエネルギーで「自分のために勉強を頑張る」ことができます。

ただし、**志望校に合格することはゴールではありません。**大学に入ることがゴールなら、その後は目標がなくなってしまいます。**大学合格は将来の夢へと続く道のワンコーナーに過ぎません。**10年先、20年先の自分をイメージしてみましょう。そして将来、「こうなりたい」「こんなことをなしとげたい」という大きな夢を描きましょう。

夢を持てば、受験勉強も頑張れます。大学に入ってからも夢に向かって努力を続け、仲間を作り、様々な経験を通じて自分を磨くことができます。

夢を見つけるための本

皆さんには、夢はありますか？

夢がある人は、夢に向かって、大切な「今」を全力で駆けてください。夢と呼べるほど大きな目標がない人、志望校に入った先の目標が見つかっていない人は、これから夢を見つけてください。

この本は、皆さんが夢を見つけるための本です。この本には多くの職業が紹介されています。皆さんが知らなかった職業や考えたこともなかった職業、「面白そう！」「やってみたい！」と思える職業がきっと見つかるでしょう。

この本で世界を広げましょう。

そして、10年先、20年先の自分に思いをめぐらし、目標を、夢を見つけましょう。

次のページでは、YES・NOチャートを使って、皆さんが仕事に求めるものは何かを探っていきます。

あなたが仕事に求めるものとは？

皆さんは、働くことや仕事に対してどのように考え、また働くことに対してどのような希望を持っていますか？　左のチャートから考えてみましょう。STARTから始めて、YES・NOでチャートを進んでいってください。左端に書かれているのが、皆さんが仕事に求めるものです。それをふまえて、6ページからの説明を読んでください。

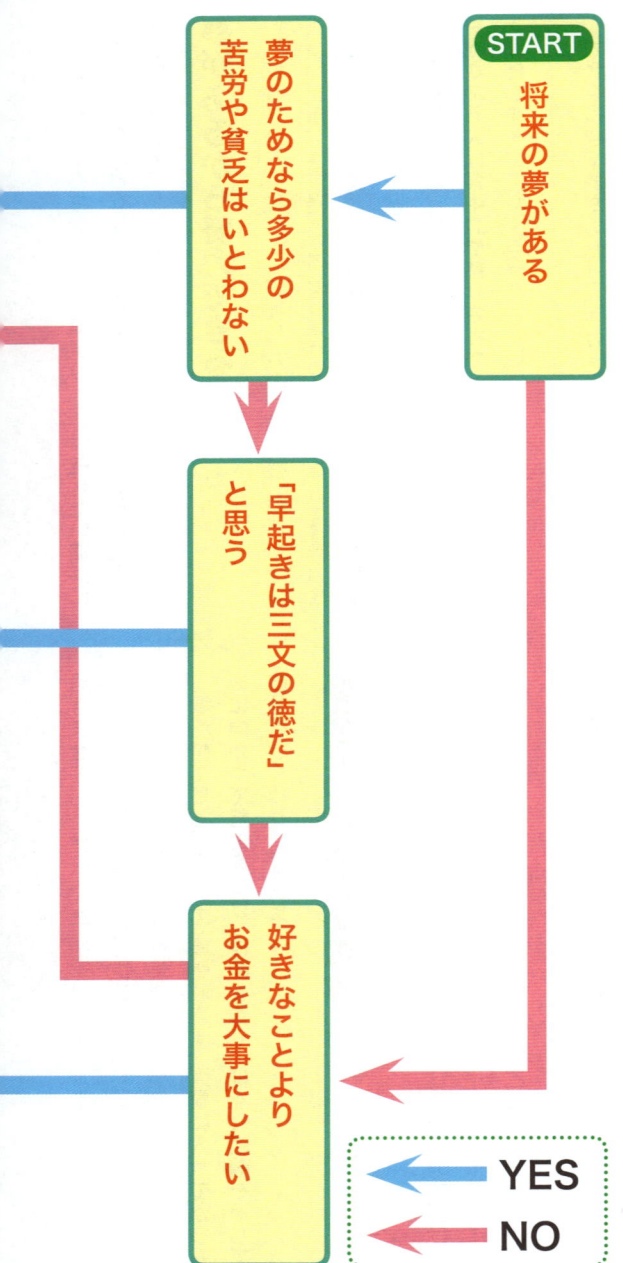

START → 将来の夢がある

夢のためなら多少の苦労や貧乏はいとわない

「早起きは三文の徳だ」と思う

好きなことよりお金を大事にしたい

YES（青矢印）／NO（赤矢印）

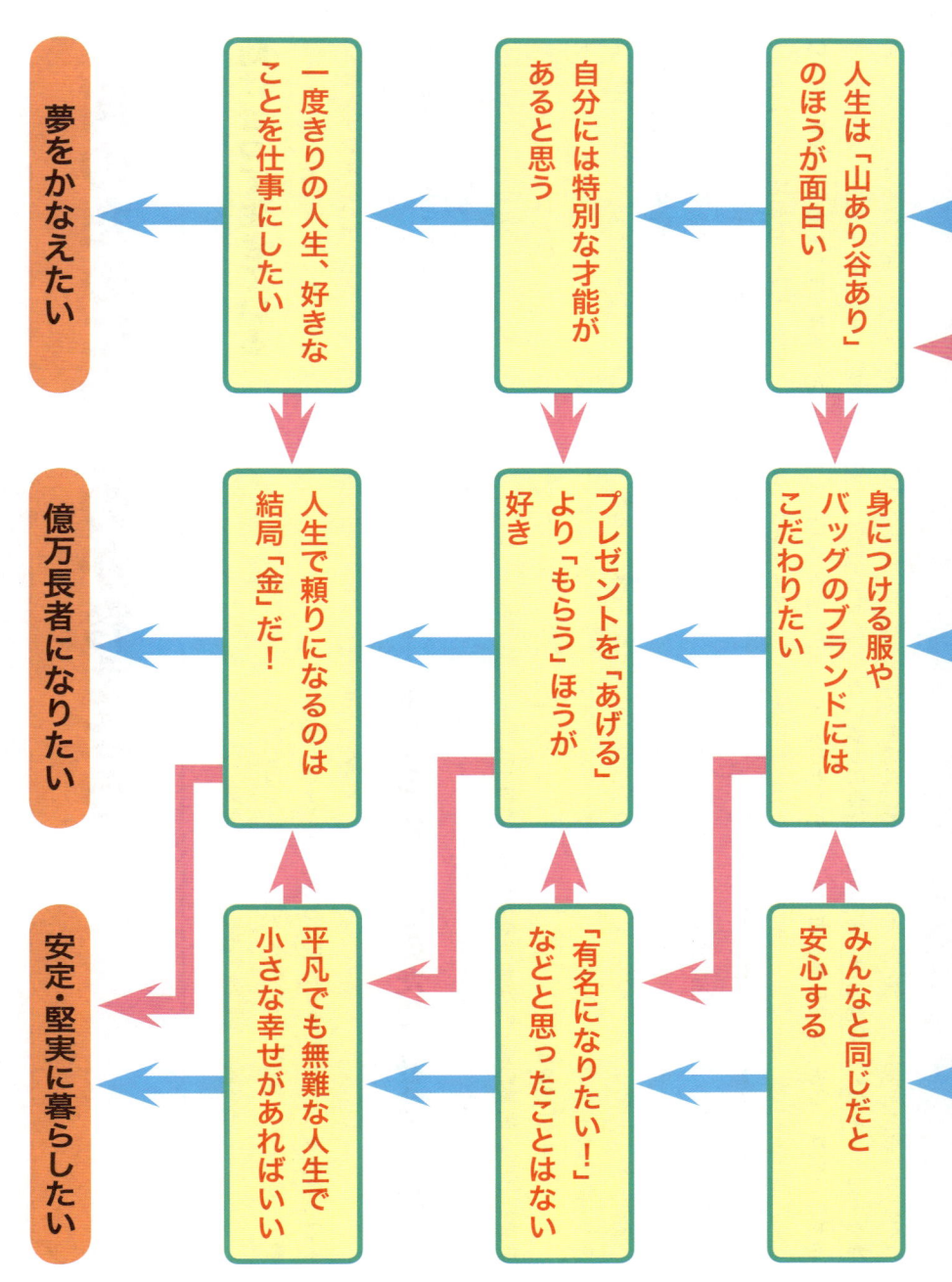

何のために働くのか考えよう

助け合って生きている

皆さんが仕事に求めるものは何でしたか？

「夢をかなえたい」という人は、その夢の実現中、応援してくれる人のサポートに助けられることも多いでしょう。1人で夢を実現することはできません。夢を実現したときに、共に喜んでくれる人の存在があれば、感動も大きくなります。

「億万長者になりたい」という人は、どうすればたくさんのお金を得られるでしょうか。お金のことだけを考えていては、きっとお金持ちにはなれません。なぜなら、**お金は他者に何かを提供した報酬として得られるもの**だからです。報酬に値する高度な知識や技術を提供し、それに対価を払ってくれる人たちがいてこそ、お金を得ることができるのです。

「安定・堅実に暮らしたい」という人も、**安定だけを求めていては、安定を得ることはできません**。人生には、失恋や就職や転職など、さまざまな出来事が起きます。安定した暮らしを保つには、大変なときに支えてくれる人がいてくれることや、収入を安定させるスキルや人脈も必要です。

どんな目標を持ち、何を大事にして生きていくにせよ、**私たちはたくさんの人たちと関わり合いながら、支え合って生きていくこと**になります。

働くことは、自分のため、社会のため

「働く」ことには、大きく分けると2つの側面があります。1つは、**自分の楽しみや生きがい、夢の実現**といった側面です。そして、もう1つの側面は、**「社会貢献」**です。ある人のした仕事は、必ず他の人の役に立っています。例えば、私たちがレストランに行くときも、電車の安全な運行を支えている鉄道会社の人たち、米や野菜を育てている農家の人たち、食品を運ぶ運送会社の人たち、レストランの料理人など、多くの人たちの仕事によって、私たちは美味しい食事を楽しむことができます。

1人ひとりの仕事が、目の前の誰か、あるいは遠くの知らない誰かの役に立っていて、その助け合いのネットワークが社会を構成しています。1人で黙々と民芸品を作っているよ

はじめに　「働くとは何か？」について考える

うな職人さんも、その作品を買った人たちと見えない糸でつながっています。

このように、**仕事を通じて他者とつながり、社会に貢献することは、仕事の面白さや充実感を生む源泉**です。事情があって働きたくても働けないという人たちは、「社会から必要とされていないのが辛い」「社会とのつながりがほしい」と痛切に感じるそうです。

人間は高度に社会化された生き物です。私たちは他者との関わり合いとコミュニケーションを求め、交流を楽しみ、協力し合い、共有し合い、たくさんの人々とつながり、社会の一員としての自分の存在を認識することで、生きていることの充実感を得ます。

子どもは、友達と遊んだり、地域活動に参加したりすることで、他者とつながり、社会に参加しています。

一方、大人になると、働くということが、人とつながり、社会に参加することの大部分を占めます。皆さんも近い将来、仕事を通じて生きていく手応えを得る立場になります。

利己から利他へ、夢から志へ

個人の夢や生きがいとしての仕事は、「自分の会社を作りたい」「家族を守りたい」など、自分の利益のための仕事です。社会貢献としての仕事は、「困っている人を助けたい」「地域を元気にしたい」など、他者と社会の利益のための仕事です。

自分の利益の追求を「利己」、他者の利益の追求を「利他」といいます。自分の夢や生きがいとしての仕事は「利己」、社会貢献としての仕事は「利他」です。

人間は、社会との関わり合いの中で充足感を得る社会的な生き物ですから、より多くの人の役に立ち、より大きな社会貢献ができるほど、働く喜びも大きくなります。

「お金持ちになりたい」といった利己の行動だけでは大きな喜びは得られないでしょう。夢もまた、自分のことだけを考えた利己的な夢では、たとえ実現できても大きな喜びは得られないでしょう。

最初は小さな夢、利己的な夢で構いません。ただ、そこから視点を上げていくことが大切です。視野を広げて、自分の他に家族・友達・周囲の人々・地域の人々・社会・世界・地球……という具合に、より多くの他者を視界の中に入れていきましょう。そうして、社会貢献につながる利他の大きな夢を描きましょう。**利他の大きな夢が描けたとき、「夢」は「志」になります。**すなわち、「自分はこんなふうになりたい」という自分中心の夢から、「自分の人生を社会のためにこんなふうに捧げたい」という利他の志が生まれるのです。

利己から利他へ、夢から志へ。

この本で、職業という窓から社会を知り、世界を広げ、志を持った未来の自分を思い描いてください。

どんな働き方を選べばいいか考えよう

「どんな職業を選ぶか」に加えて、「どんな働き方をするか」という選択もあります。会社員・公務員・自営業など、それぞれの働き方に長所と短所、自分に合う点と合わない点があるでしょう。自分に合った働き方を選ぶことも大切です。

「会社員」という仕事

企業という組織の一員として働く働き方です。日本では最も一般的な働き方といえるでしょう。

人が集まって組織を作ると、1人ではできないような大きな事業を展開することが可能になります。組織を作ることにより、社会に対して大きな影響力を発揮できるようになります。**組織の仲間とゴールを共有し、協力し合い、目標を実現するという面白さ**もあります。そうした点が、会社員として働くことの長所といえます。

一方、組織の効率的な運営のために、個人の意見よりもリーダーの意見やチームの総意が優先されます。上司の指示や組織のルールに従う必要もあります。他のメンバーと衝突することもあるでしょう。そうした〝組織のしがらみ〟は、会社員という働き方の短所かもしれません。

一般的に、大企業と呼ばれる規模の大きい会社の方が、給与や福利厚生の待遇面がよく、業績の安定感もあります。一方、小規模の会社には、社員どうしの連帯感や、力を合わせて会社を成長させる楽しみなどがあります。

「公務員」という仕事

文部科学省や総務省などの**省庁や都道府県庁、市区町村の役所で働きます**。文系職は住民票や戸籍の管理、予算や税金の管理、経理、福祉などの業務を担当します。理系職は、大学・大学院で身につけた専門性をもとに、建築・土木・機械・農学などの分野の業務を担当します。

一般的に、公務員のように**「会社の業績が悪化する」「倒産する」「リストラされる」などの心配がない**公務員には「公務員は生活が安定している」といわれます。安定した人生設計を重視する人は、公務員に向いているでしょう。

一方、「公務員は会社員ほど忙しくない」といわれることもありますが、**忙しさは担当業務などによって異なり、一概に**

8

はじめに 「働くとは何か？」について考える

そうとはいえません。公務員では、定期的に配置転換がありますので、多忙な部署に配置されることもあります。また、経理関係の職種では年度末に多忙になるなど、時期によっても忙しさが変わります。

資格を活かした仕事

資格を取得し、専門職として働く方法もあります。一般的に国家資格に対する評価は高く、就職先を見つけやすいといわれています。弁護士や医師などの資格職では高収入を期待することもできるでしょう。

「独立して「一国一城の主になる」ことが可能な点が、資格職の魅力の1つでしょう。弁護士なら最初は弁護士事務所に、医師なら最初は病院に就職するなど、まず組織に所属して経験を積み、将来の独立を目指す人が多いようです。

一方、会社員や公務員なら配置転換で職種を替えることができますが、**資格職では一生、同じ分野の仕事を続けること**になります。資格取得にあたっては、自分が本当に一生その仕事をしたいのかを熟慮する必要があるでしょう。

「自営業」「起業」で働く

「家業を継ぐ」「起業して会社を作る」「お店を開く」「フリーランスとして活動する」など、**特定の組織に所属しない働き方**です。自営業の長所は、自分の判断で物事を決められるという点でしょう。「どのような仕事をするか」「どのような会社（お店）にするか」などを自分で考え、自分で決定し、実行していくことができます。しかし、**同時に、その結果に対する責任は自分で負わなくてはなりません**。収入の増減も自分の能力と努力次第です。行動力・発想力・技術力・自己管理能力などが総合的に求められます。自営業には自己裁量の面白さと、自己責任の厳しさの両方があります。

海外で働く

海外で働くことにあこがれる人もいるでしょう。**海外で働くには、海外に支社を持つ企業や、海外に本社のある外資系企業に就職するのが近道**です。もちろん相応の外国語能力が求められます。芸能や芸術の分野では、特技や専門性を活かして海外で活躍する人もいます。日本でお店を開いて成功させ、海外に支店を出す人もいます。

しかし、最初は刺激的だった異国生活も、慣れてしまえば日常の一部になります。あこがれだけで「海外で働く」ことを続けるのは難しいでしょう。海外のその土地が好きかどうかと同時に、**「海外で何をやるのか」を熟慮することが大切**です。

次のページでは、どのような視点で「やりたい仕事」を見つければいいかを考えます。

「好きなこと」をもとに仕事を考えよう

あなたは何が好きですか？

職業は一般的に、製造業・建設業・運輸業・小売業・金融業・飲食サービス業・農業・漁業・学術研究……などに分類されています。一方、この本では、「どんなことがしたいか」を基準に職業を分類し、章ごとに紹介しています。興味のあることや好きなことを入り口にして、多種多様な職業を知り、将来の自分の働く姿を想像してもらいたいからです。

「自然が好き」という人はPART6 自然・動植物に関わる仕事がしたい」を開いてみる、「ものづくりがしたい」という人は「PART9 ものづくりに関わる仕事がしたい」かち読み始めてみるというふうに、興味のアンテナに引っかかる章を開いてみてください。

ひとことで「自然」「ものづくり」といっても、知らなかった仕事がたくさんあることに気づくでしょう。実際に働いている人のインタビューからは、実際の仕事内容や面白さをイメージできるでしょう。夢を夢で終わらせないために、興味のある職業に就くためのステップも確認しましょう。

色々な仕事に興味を持とう

他の職業分野のパートものぞいてみてください。「こんな仕事があるのか」という驚きや、「この仕事も面白そうだな」という新たな興味をおぼえることでしょう。頭を柔らかくして選択肢を増やしておいた方が、ベストな選択ができるものです。それに、知らなかったことを知るのは楽しいものです。

開いたページの職業に就いている人の働く姿をイメージしてみましょう。さらに、その人の仕事が私たちの暮らしをどのように支えているのか想像してみると面白いでしょう。それぞれの仕事が誰かのためになっていること、そして、仕事を通じて互いに支え合うことによって社会が成り立っていることを、感じ取れると思います。

皆さんは近い将来、その助け合いの輪の中に参加します。そして、自分の好きなこと、得意なことを仕事に活かして、他の人たちの役に立ち、社会に貢献するのです。ワクワクしてきませんか？

この本の使い方

この本の概要

この本は、高校生をおもな対象として、「将来どのような職業に就きたいかわからない」「自分が就きたいと思う職業について知りたい」「あこがれる職業に就くために、今何をすべきか知りたい」という人に的確な情報を提供するものです。

この本では、紹介する職業を「○○な仕事をしたい」という観点から大きく12に分類しています。ただ漠然と「ものづくりがしたい」「海外で働きたい」などと考えている人は、該当するパートで紹介されている職業の説明を読んで、自分のイメージに結びつく職業を探しましょう。例えば海外で働きたい場合は、「PART5 世界で活躍できる仕事がしたい」で紹介する職業を参照してください。ただし、PART5で紹介する職業だけが海外で働く仕事ではありません。さらに視野を広げる意味でも、他のパートについても目を通すことをおすすめします。

この本を手にした皆さんの中には、すでに具体的な職業や業種を夢見ている人もいるでしょう。その場合は、巻末の50音順索引・業種別索引を参照し、具体的な職業の紹介ページを読んでみてください。

巻頭特集について

皆さんの中には、「そもそも働くってどういうこと?」「働かなくて済む方法はないの?」「将来どんな職業に就けばいいかわからない」「どんな仕事が向いているかわからない」という人もいるでしょう。

「巻頭特集」では、何のために働くのか、世の中にはどんな働き方があるか、自分がどんな仕事に向いているかといった疑問に対するヒントを記しています。このヒントをもとに、本文で答えを見つけてください。

職業紹介ページの見方

この本では、533項目の職業を取り上げています。その中から特に人気のあるもの、または重要な職業については2ページにわたって紹介しています。さらにその中の27項目については、実際にその職業に就いて現役で活躍されている方のインタビューも掲載しています。現場で働く人の具体的なお話は、皆さんが目指す職業を知る参考となるでしょう。

各紹介ページは、次のページのような体裁になっています。各番号については、13ページ以降で説明します。

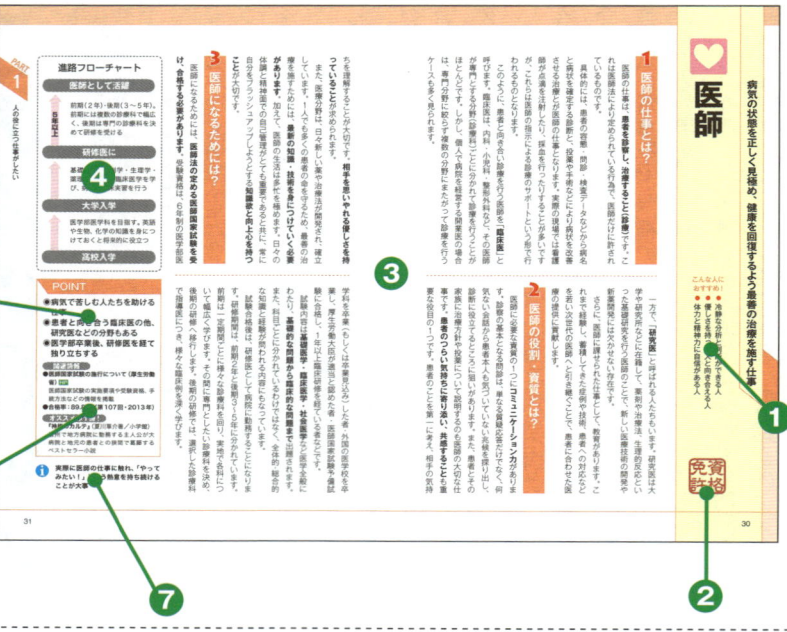
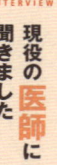
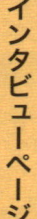

❶ こんな人におすすめ！

紹介する職業に向いている人のタイプを記しています。「人と接するのが好き」「体力には自信がある」など、自分の長所やアピールポイントを活かせるかどうかの指針となりますが、これだけを見て「自分はこの職業には向いていない」と諦めることはありません。努力すれば克服できるもの、自分が気づいていない新たな一面もあるはずです。周囲の人に客観的な意見を聞いてみるのもよいでしょう。

❷ 資格 免許 （資格・免許）

このマークがついている職業は、基本的に該当する資格や免許・免状などを取得することが職業に就く前提となっています。高校生のうちから資格試験合格を目指して勉強することをおすすめします。

❸ 本文

紹介する職業の概要、求められる役割や資質、その職業に就くための方法などを具体的に説明しています。特に重要な語句や一文は太字にしています。これをしっかり読んで、将来の進路を決めるための参考にしてください。

❹ 進路フローチャート

高校に入学してから、実際の職業に就くまでの進路の流れを、簡単なフローチャートで記しています。また、各段階において何をしたらいいのか、必要な勉強やマスターすべきことも紹介しています。

ただし、ここで紹介するのはおもな例です。職業に就くための方法は1つとは限らず、職業によっては何種類もの方法があります。本文や、関連する書籍・ウェブサイトなどを参考に、自分に合った方法を選択してください。

❺ POINT

本文をふまえ、ポイントとなる事項を2・3個にまとめています。また、取得していると就職に有利な資格や免許などがある場合や、職業に関連する資格や免許などがある場合は、有をつけています。

❻ 関連情報・オススメの1冊！

紹介する職業についてもっと知りたいと思った人は、「関連情報」「オススメの1冊！」を参照してください。HPのついているものは、参考になるウェブサイトや職業に関連する団体・組織のウェブサイトがあることを示しています。Yahoo!やGoogleなどのインターネット検索サイトで検

❼ (プチ情報)

紹介する職業に関連して、知っておくと有益な情報やこぼれ話などを簡単に紹介しています。

❽ 現役で活躍されている方のインタビュー

実際に働いている方のお話を掲載しています。仕事の内容をはじめ、楽しいことや大変なこと、この仕事に就いてよかったこと、その職業を目指す人へのアドバイスなど、働いてみないとわからない情報が満載です。

❾ タイムスケジュール

インタビューに答えてくれた方の、ある日のスケジュールを簡単に紹介しています。ただし、職業によっては毎日同じスケジュールで動いているわけではないことに注意してください。

❿ 関連情報

紹介する職業を深く知るための、参考になる書籍やウェブサイト、職業に関連する団体・組織のウェブサイトを紹介しています。

索してみてください。また、資格・免許が必須の職業の一部については合格率も掲載しています。

職業紹介ページ（1ページ2項目）

巻末特集（P.525～）について

高校生の皆さんの先輩にあたる大学生の方々から、読者の皆さんへのメッセージを紹介しています。

先輩方がどんな夢を持っているか、夢の実現を目指して大学で具体的にどのような活動や勉強を行っているか、大学生活でのエピソードやおすすめの書籍など、高校生の皆さんにとって参考になる情報であふれています。

大学選びのための職業・進路案内

もくじ

はじめに

「働くとは何か？」について考える ………… 2
将来の夢の実現のために努力しよう ………… 4
あなたが仕事に求めるものとは？ ………… 6
何のために働くのか考えよう ………… 8
どんな働き方を選べばいいか考えよう ………… 10
「好きなこと」をもとに仕事を考えよう ………… 11
この本の使い方 …………

PART 1 人の役に立つ仕事がしたい

医師 ………… 30
現役の医師に聞きました ………… 32
看護師 ………… 34
現役の看護師に聞きました ………… 36
医療秘書 ………… 38
薬剤師 ………… 40
歯科衛生士 ………… 42
歯科医師／歯科技工士 ………… 44
製薬開発者／医薬情報担当者（MR） ………… 45
移植コーディネーター／治験コーディネーター ………… 46
医療コンサルタント／診療情報管理士 ………… 47
医療監視員／薬事監視員 ………… 48
理学療法士（PT）／作業療法士（OT） ………… 49
メディカルトレーナー／遺伝カウンセラー ………… 50
医療事務員／臨床工学技士 ………… 51
診療放射線技師／臨床検査技師 ………… 52
介護福祉士 ………… 54
現役の介護福祉士に聞きました ………… 56
ホームヘルパー ………… 58
社会福祉士 ………… 60
保育士 ………… 62
幼稚園教諭／助産師 ………… 64

項目	ページ
校務員	65
言語聴覚士／視能訓練士	66
手話通訳士／点字通訳者	67
義肢装具士／福祉用具専門相談員	68
福祉住環境コーディネーター／家庭相談員	69
ガイドヘルパー	70
ケアマネージャー（介護支援専門員）	71
サービス提供責任者／介護保険事務員	72
介護トレーナー／介護食士	73
生活相談員／福祉相談指導専門員	74
社会福祉施設指導員／社会福祉施設介護職員	75
精神保健福祉相談員／医療ソーシャルワーカー	76
作業指導員／職能判定員	77
柔道整復師／あん摩マッサージ指圧師	78
鍼灸師／整体師	79
スポーツドクター／ヨガインストラクター	80
リフレクソロジスト	81
フィットネスクラブインストラクター	82
漢方医／薬膳アドバイザー	83
ピラティスインストラクター／タラソテラピスト	84
フィトセラピスト／音楽療法士	85
臨床心理士／心理判定員・児童心理司	86
産業カウンセラー／ストレスケアカウンセラー	87
僧侶／神父・牧師	88
神職／キャディ	89
消費生活アドバイザー／女将・仲居	90
フロントスタッフ（ホテル）／コンシェルジュ	91
ドアパーソン・ベルスタッフ／結婚コンサルタント	92
ウェディングプランナー／ブライダルMC	93
郵便局員／秘書（一般企業）	94
葬儀屋／納棺師	96
消防官	98
現役の消防官に聞きました	100
救急隊員	102
自衛官	104
司法書士	106
行政書士	108
公証人	110
弁理士	112
海事代理士	113
レスキュー隊員（特別救助隊員）／山岳救助隊員	114
ライフセーバー／ボディーガード	
警備員	

PART 2 人を育てる仕事がしたい

- パラリーガル／法律秘書 …… 115
- 法テラス職員（日本司法支援センター職員）／特許技術者 …… 116
- 著作権エージェント／信用調査員 …… 117
- 教師 …… 120
- **現役の小学校教師に聞きました** …… 122
- 塾講師 …… 124
- 大学教授 …… 126
- 養護教諭 …… 128
- ベビーシッター／ナニー …… 130
- 学童保育指導員／幼児リトミック指導員 …… 131
- 幼児教材の開発者／児童厚生員 …… 132
- 児童指導員／児童福祉司 …… 133
- 児童自立支援専門員／特別支援学校教員 …… 134
- スクールカウンセラー／家庭教師 …… 135
- 外国語教室講師／日本語教師 …… 136
- 芸能マネージャー／監督・コーチ（スポーツ指導者）…… 137
- スポーツトレーナー／スポーツインストラクター …… 138

PART 3 社会の仕組み・秩序に関わる仕事がしたい

- 国家公務員 …… 140
- **現役の国家公務員に聞きました** …… 142
- 国会議員 …… 144
- 都道府県知事 …… 146
- 都道府県職員 …… 148
- 地方議会議員／市区町村長 …… 150
- 市区町村職員／政党職員 …… 151

PART 4 お金にまつわる仕事がしたい

- 衆議院・参議院事務局員/衆議院・参議院法制局員 ... 152
- 警察官 ... 154
- 現役の警察官に聞きました ... 156
- 刑務官 ... 158
- 税関職員 ... 160
- 海上保安官 ... 162
- 刑事/鑑識技術者 ... 164
- 麻薬取締官/法医学医 ... 165
- 科学捜査研究員/道路パトロール隊員 ... 166
- SP/SAT ... 167
- 法務教官/保護観察官 ... 168
- 路面標示施工技能士/労働基準監督官 ... 169
- 入国審査官/入国警備官 ... 170
- 税務職員/公正取引委員会審査官 ... 171
- 弁護士 ... 172
- 現役の弁護士に聞きました ... 174
- 裁判官 ... 176
- 検察官 ... 178
- 裁判所書記官/裁判所事務官 ... 180
- 特許審査官 ... 181
- 検察事務官/家庭裁判所調査官 ... 182

- 銀行員 ... 184
- 現役の銀行員に聞きました ... 186
- 公認会計士 ... 188
- 税理士 ... 190
- 国税専門官 ... 192
- ファイナンシャル・プランナー ... 194
- 証券会社社員 ... 196
- 経営コンサルタント/中小企業診断士 ... 198
- 社会保険労務士/信用金庫職員 ... 199
- 貸金業務取扱主任者/エコノミスト ... 200
- 外務員/証券アナリスト ... 201
- アクチュアリー/経理スタッフ ... 202
- 保険外交員/工芸官 ... 203

PART 5 世界で活躍できる仕事がしたい

- 外交官 …… 206
- 現役の外交官に聞きました …… 208
- 国際公務員 …… 210
- ツアーコンダクター …… 212
- 現役のツアーコンダクターに聞きました …… 214
- 客船パーサー …… 216
- 海外現地ガイド（コーディネーター）／通訳ガイド（通訳案内士） …… 218
- 大使館職員／キャビンアテンダント …… 219

PART 6 自然・動植物に関わる仕事がしたい

- 獣医師 …… 222
- 現役の獣医師に聞きました …… 224
- ペットショップスタッフ …… 226
- 現役のペットショップスタッフに聞きました …… 228
- 盲導犬訓練士 …… 230
- 警察犬訓練士 …… 232
- 動物園の飼育員 …… 234
- トリマー／ペットシッター …… 236
- ペットホテルスタッフ／ペットウェアデザイナー …… 237
- 動物看護師／ハイドロセラピスト …… 238
- ドッグセラピスト／ペットロスカウンセラー …… 239
- ペットフードの開発者／ペットケアアドバイザー …… 240
- ドッグトレーナー／動物プロダクションスタッフ …… 241
- ハンドラー／麻薬探知犬ハンドラー …… 242
- ブリーダー／競走馬の調教師 …… 243
- 競走馬の厩務員／装蹄師 …… 244
- 水族館の飼育係 …… 245
- 動物保護センタースタッフ／野生生物調査員 …… 246
- 花屋 …… 248
- 植木職人 …… 250

PART 7 食に関わる仕事がしたい

- 料理研究家 280
- 現役の料理研究家に聞きました 282
- 栄養士・管理栄養士 284
- 調理師 286
- パティシエ 288
- ソムリエ 290
- 栄養教諭／スポーツ栄養士 292
- 料理教室講師／フードコーディネーター 293
- フードスタイリスト／クッキングアドバイザー 294
- カフェプランナー／醸造家 295
- 杜氏（とうじ）／豆腐職人 296
- チーズ職人／ショコラティエ 297

- 樹木医 252
- 自然保護官 254
- フラワーデザイナー／フラワーアレンジメント講師 256
- 盆栽職人／ガーデンデザイナー 257
- 生け花学校講師／花卉栽培者 258
- グリーンコーディネーター／グリーンアドバイザー 259
- グリーンキーパー／植物園職員 260
- アクティブ・レンジャー／インタープリター 261
- 森林インストラクター／植物学者 262
- 林業／植物防疫所の職員 263

- 気象予報士 264
- 現役の気象予報士に聞きました 266
- 気象庁職員 268
- 南極観測隊員 270
- 民間気象会社社員／国土地理院職員 272
- 火山学者／地震学者 273
- 地球惑星科学者／海洋学者 274
- 測量士／ランドスケープアーキテクト 275
- 環境アセスメント調査員／環境コンサルタント 276
- 環境計量士／環境保全エンジニア 277
- ビオトープ管理士／アルピニスト 278

PART 8 乗り物やITに関わる仕事がしたい

- 和菓子職人／パン職人 …… 298
- カフェオーナー／バンケットスタッフ …… 299
- バリスタ／バーテンダー …… 300
- 板前／寿司職人 …… 301
- ラーメン屋／そば職人 …… 302
- 食品移動販売業者／食品開発技術者 …… 303
- 農家 …… 304
- 酪農家 …… 306
- 果樹栽培者／農産物検査員 …… 308
- 農作物品種改良研究者／畜産農業者 …… 309
- 養蜂家／家畜人工授精師 …… 310
- 漁師／海女・海士 …… 311
- 水産物の養殖家／せり人 …… 312

- 電車の運転士 …… 314
- 現役の電車の運転士に聞きました …… 316
- パイロット …… 318
- 通関士 …… 320
- 航空管制官 …… 322
- 航海士（海技士） …… 324
- 宇宙開発技術者 …… 326
- 駅員／車掌 …… 328
- 鉄道指令員／保線員 …… 329
- 鉄道車両整備士／自動車整備士 …… 330
- バス運転士／バスガイド …… 331
- セールスドライバー …… 332
- バイク便・自転車便のライダー …… 333
- トラック運転手／クレーン運転士 …… 334
- タクシー運転手 …… 335
- グランドハンドリングスタッフ …… 336
- ヘリコプターのパイロット …… 337
- 自転車技士・自転車安全整備士 …… 338
- ディスパッチャー（運航管理者）／航空整備士 …… 339
- 船長／水先案内人（水先人） …… 340
- システムエンジニア ……
- プログラマー／ウェブクリエイター ……

PART 9 ものづくりに関わる仕事がしたい

- CGデザイナー ……342
- 現役のCGデザイナーに聞きました ……344
- ゲームプログラマー ……346
- ゲームデザイナー／おもちゃクリエイター ……348
- テクニカルライター ……349
- 建築士 ……350
- 現役の一級建築士に聞きました ……352
- 大工／宮大工 ……354
- とび職人／左官 ……355
- 土木技術者／土木作業員 ……356
- CADオペレーター／ストアプランナー ……357
- カーデザイナー ……358
- 現役のカーデザイナーに聞きました ……360
- ロボット開発技術者 ……362
- バイオ技術者 ……364
- 自動車製造工／板金工 ……366
- プレス工／溶接工 ……367
- 造船技術者／プラント技術者 ……368
- 時計技術者／機械組立技術者 ……369

- 革職人／靴職人 ……370
- 家具職人／化粧品開発技術者 ……371
- 商社員 ……372
- 文化財修復技術者 ……374
- マーチャンダイザー／バイヤー ……376
- 農協職員／調香師 ……377
- 楽器職人／楽器リペアマン ……378
- 陶芸家／漆職人 ……379
- 絵本作家 ……380
- 漫画家 ……382
- DTPオペレーター／イラストレーター ……384
- 印刷技術者／製本技術者 ……385
- アニメーター／人形作家 ……386
- 美術監督・スタッフ／舞台監督 ……387
- 撮影技師／録音技師 ……388
- 照明技師／映像（フィルム）編集者 ……389
- レコーディングディレクター／レコーディングエンジニア ……390
- プラネタリアン／ゲームサウンドクリエイター ……391
- キャラクターデザイナー ……392

PART 10 おしゃれに関わる仕事がしたい

- ファッションデザイナー ……… 394
- 現役のファッションデザイナーに聞きました ……… 396
- インテリアデザイナー ……… 398
- カラーコーディネーター ……… 400
- 美容師 ……… 402
- 現役の美容師に聞きました ……… 404
- スタイリスト ……… 406
- インテリアプランナー／パタンナー ……… 408
- 染色家／テキスタイルデザイナー ……… 409
- ファッションアドバイザー ……… 410
- ファッションプロデューサー ……… 411
- テーラー／和裁士 ……… 412
- ソーイングスタッフ／リフォーマー ……… 412
- ジュエリーデザイナー／帽子デザイナー ……… 413
- バッグデザイナー・鞄職人／ファッションインストラクター ……… 414
- 美容インストラクター ……… 415
- ファッションショープランナー／プレス ……… 416
- 呉服店スタッフ／着付け師 ……… 417
- 理容師／ネイリスト ……… 418
- メイクアップアーティスト／ビューティーアドバイザー ……… 419
- エステティシャン／アロマセラピスト ……… 420
- 装丁家 ……… 422
- エディトリアルデザイナー／グラフィックデザイナー ……… 422

PART 11 メディアに関わる仕事がしたい

- アナウンサー ……… 424
- 現役のアナウンサーに聞きました ……… 426
- 新聞記者 ……… 428
- 現役の新聞記者に聞きました ……… 430

PART 12 個性や特技を活かした仕事がしたい

編集者 ……………………………………………… 432
映画監督 …………………………………………… 434
キャスター／ラジオパーソナリティー ………… 436
放送記者／海外特派員 …………………………… 437
ジャーナリスト／プロデューサー ……………… 438
放送作家／ディレクター ………………………… 439
テレビカメラマン／映像編集者 ………………… 440
報道写真家／放送技術者 ………………………… 441
ビデオジャーナリスト／タイムキーパー ……… 442
雑誌記者／出版取次会社社員 …………………… 443
書店員／図書館員（司書） ……………………… 444
ライター／映画配給・宣伝スタッフ …………… 445
広告代理店職員／CMプランナー ……………… 446
コピーライター／看板製作者 …………………… 447
イベントプロデューサー／イベントプランナー … 448
映画プロデューサー／脚本家 …………………… 449
演出家 ……………………………………………… 450

現役の声優に聞きました
声優 ………………………………………………… 452
マーケティングリサーチャー …………………… 454
校正者／翻訳家 …………………………………… 456
速記者 ……………………………………………… 458
運用管制官／人工衛星開発技術者 ……………… 459
天文学者／宇宙物理学者 ………………………… 460
宇宙機関の職員 …………………………………… 462

現役の宇宙飛行士に聞きました
宇宙飛行士 ………………………………………… 464
俳優 ………………………………………………… 466
能師・狂言師 ……………………………………… 468
タレント／モデル ………………………………… 470
スタントマン／漫才師・芸人 …………………… 472
落語家／講談師 …………………………………… 473
歌舞伎俳優／日本舞踊家 ………………………… 474
ダンサー／バレエダンサー ……………………… 475
振付師／サーカス団員 …………………………… 476
声優 ………………………………………………… 477

- 大道芸人／マジシャン ……478
- 花火師／殺陣師（たてし） ……479
- スクリプター／映像（字幕）翻訳家 ……480
- ピアニスト ……482
- 現役のピアニストに聞きました ……484
- 指揮者 ……486
- オーケストラ団員／声楽家 ……488
- ミュージシャン／歌手 ……489
- バンドマン／作曲家 ……490
- 作詞家／編曲家 ……491
- スタジオミュージシャン／PAエンジニア ……492
- ボイストレーナー／音楽学校講師 ……493
- ピアノ調律師 ……494
- 学芸員 ……496
- 現役の学芸員に聞きました ……498
- 写真家 ……500
- 小説家 ……502
- 考古学者 ……504
- 詩人・俳人・歌人／画家 ……506

- 児童文学者／華道家 ……507
- 茶道家／書道家（書家） ……508
- 版画家／彫刻家 ……509
- ギャラリスト／オークショニア ……510
- 骨董屋／美術鑑定士 ……511
- 発掘調査員 ……512
- プロサッカー選手／プロ野球選手 ……513
- フィギュアスケーター／プロゴルファー ……514
- 審判員／アンパイア ……515
- ドーピング検査員／プロ自転車選手 ……516
- スケーター／ダイバー ……517
- 力士／行司 ……518
- レスラー／ボクサー ……519
- 競艇選手／ジョッキー ……520
- スカウト／クラブチーム職員 ……521
- プロテニスプレーヤー／ボディービルダー ……522
- プロスキーヤー・スノーボーダー／スポーツジャーナリスト ……523

巻末特集 先輩からのメッセージ

医師を目指して勉強中の学生さんに聞きました……526
医師を目指して勉強中の学生さんに聞きました……528
経営コンサルタントを目指して勉強中の学生さんに聞きました……530
エネルギー関連の研究職を目指して勉強中の学生さんに聞きました……532
パイロットを目指して勉強中の学生さんに聞きました……534
ウェブサービスの開発者を目指して勉強中の学生さんに聞きました……536
商社員を目指して勉強中の学生さんに聞きました……538
設計・開発の専門職を目指して勉強中の学生さんに聞きました……540
ジャーナリストを目指して勉強中の学生さんに聞きました……542
新聞記者を目指して勉強中の学生さんに聞きました……544

[COLUMN] 医師のいろいろ……53
裁判員って何？……181
「派遣」という働き方……524

[Overview] おもな業種・職業と大学での「学び」一覧①〜④……118・204・220・481

本書編集部が薦めるこの1冊……65・114・246・349・450・463・494

50音順索引……546
業種別索引……556

＊本書に掲載されている各種データは、2013年3月までに入手した情報をもとに作成しています。

＊本書に登場する人物（社会人・学生）の肩書等は、2012年12月現在のものです。

＊本書では、原則として株式会社・一般財団法人等の法人格表記は省略しています。

PART 1

人の役に立つ仕事がしたい

「困っている人を助けたい」「病気や障がいのある人のお役に立ちたい」……このような思いを持つことは、人間としてとても自然なことです。働くことで人の役に立つ喜びを得ることができる仕事を集めました。

医師

病気の状態を正しく見極め、健康を回復するよう最善の治療を施す仕事

こんな人におすすめ！
- 冷静な分析と判断ができる人
- 優しさを持って人と向き合える人
- 体力と精神力に自信がある人

1 医師の仕事とは？

医師の仕事は、**患者を診察し、治療すること（診療）**です。これは医師法により定められている行為で、医師だけに許されているものです。

具体的には、患者の容態・問診・検査データなどから病名と病状を確定する診断と、投薬や手術などにより病状を改善させる治療とが医師の仕事となります。実際の現場では看護師が点滴を注射したり、採血を行ったりすることが多いですが、これらは医師の指示による診療のサポートという形で行われるものとなります。

このように、患者と向き合い診療を行う医師を「**臨床医**」と呼びます。臨床医は、内科・小児科・整形外科など、その医師が専門とする分野（診療科）ごとに分かれて診療を行うことがほとんどです。しかし、個人で病院を経営する開業医の場合は、専門分野に絞らず複数の分野にまたがって診療を行うケースも多く見られます。

一方で、「**研究医**」と呼ばれる人たちもいます。大学や研究所などに在籍して、薬剤や治療法、生理的反応といった基礎研究を行う医師のことで、新しい医療技術の開発や新薬開発には欠かせない存在です。

さらに、医師に課せられた仕事として、教育があります。これまで経験し、蓄積してきた症例や技術、患者への対応などを若い次世代の医師へと引き継ぐことで、患者に合わせた医療の提供に貢献します。

2 医師の役割・資質とは？

医師に必要な資質の1つに**コミュニケーション力**があります。診察の基本となる問診は、単なる質疑応答だけでなく、何気ない会話から患者本人も気づいていない兆候を探り出し、診断に役立てるところに狙いがあります。また、患者とその家族に治療方針や投薬について説明するのも医師の大切な仕事です。**患者のつらい気持ちに寄り添い、共感すること**も重要な役目の1つです。患者のことを第一に考え、相手の気持

PART 1 人の役に立つ仕事がしたい

進路フローチャート

医師として活躍
前期（2年）・後期（3〜5年）。前期には複数の診療科で幅広く、後期は専門の診療科を決めて研修を受ける

↑ 5年以上

研修医に
基礎医学（解剖学・生理学・薬理学など）や臨床医学を学び、病院で臨床実習を行う

↑

大学入学
医学部医学科を目指す。英語や生物、化学の知識を身につけておくと将来的に役立つ

↑

高校入学

POINT

- 病気で苦しむ人たちを助ける仕事
- 患者と向き合う臨床医の他、研究医などの分野もある
- 医学部卒業後、研修医を経て独り立ちする

関連情報
- 医師国家試験の施行について（厚生労働省）**HP**
  医師国家試験の実施要項や受験資格、手続方法などの情報を掲載
- 合格率：92.1％（第114回・2020年）

オススメの1冊！
『神様のカルテ』（夏川草介著／小学館）
信州で地方病院に勤務する主人公が大病院と地元の患者との狭間で葛藤するベストセラー小説

ℹ️ 実際に医師の仕事に触れ、「やってみたい！」という熱意を持ち続けることが大事

ちを理解することが大切です。**相手を思いやれる優しさを持っていること**が求められます。

また、医療分野は、日々新しい薬や治療法が開発され、確立しています。1人でも多くの患者の命を守るため、最善の治療を施すためには、**最新の知識・技術を身につけていく必要があります**。加えて、医師の生活は多忙を極めます。日々の体調と精神面での自己管理がとても重要であると共に、常に自分をブラッシュアップしようとする**知識欲と向上心を持つ**ことが大切です。

3 医師になるためには？

医師になるためには、**医師法の定める医師国家試験を受け、合格する必要があります**。受験資格は、6年制の医学部医学科を卒業（もしくは卒業見込み）した者・外国の医学校を卒業し、厚生労働大臣が適当と認めた者・医師国家試験予備試験に合格し、1年以上臨床研修を経ている者などです。

試験内容は**基礎医学・臨床医学・社会医学**など医学全般にわたり、**基礎的な問題から臨床的な問題まで**出題されます。また、科目ごとに分かれているわけではなく、全体的・総合的な知識と経験が問われる内容にもなっています。

試験合格後は、研修医として病院に勤務することになります。研修期間は、前期2年と後期3〜5年に分かれています。前期は一定期間ごとに様々な診療科を回り、実地で各科について幅広く学びます。その間に専門としたい診療科を決め、後期の研修へ移行します。後期の研修では、選択した診療科で指導医につき、様々な臨床例を深く学びます。

INTERVIEW

現役の医師に聞きました

「患者さんとの交流を大切にしている」という林さんは、新しい診療科となる「総合内科」の医師。その人を知ることで、初めて病気の真の原因が見えてくるのだそうです。外来に入院患者さんにと多忙な林さんに、医師の仕事についてうかがいました。

東京医療センター
総合内科
林 哲朗さん

❶ お仕事の内容は？

私が所属する総合内科では、内科疾患全般の診療を幅広く行っています。内科医の仕事は、次のように分かれます。

「外来診療」では、病気を抱え病院に来院した患者さんの診察を行い、適切な診察・治療を行います。診療所・クリニックで行っている診療も、この外来診療にあたります。

「救急診療」では、救急車で搬送されてきた患者さんを診療します。重篤な患者さんが多く、時間との戦いになります。

「病棟診療」では、入院しての検査・治療が必要と判断された患者さんに入院をしていただき、診療にあたります。来院される患者さんは、十人十色です。自分から病状を話す方もいれば、こちらから聞き出さなければならない方、意識がなく家族などからしか情報が得られない方……。それぞれに合わせてコミュニケーションを取り、病状を聞き出しながら診察を行います。診察では、直接患者さんに触れる触診や聴診器で行う聴診などにより、病気の有無を見分けます。病気が疑われた場合、必要であれば各種検査（血液検査・レントゲン検査・心電図・内視鏡など）を行い、診断します。

診断後は治療に移ります。内服薬や点滴での治療に加え、手術・内視鏡・放射線治療など様々な治療法があります。他科の医師との連携に加え、看護師・薬剤師などとチームを組み患者さんの治療にあたります。

医療の世界は、新薬の開発や新しい治療法の確立など、日進月歩しています。常に最新情報を学び、少しでも早く治療へ活かせるよう、学会や勉強会にも出席しています。

PART 1 人の役に立つ仕事がしたい

ある日の林さん

- 7:30 出勤。患者さんのケース別処置法や最新医療技術などの勉強
- 8:00 診療科でカンファレンス（情報共有の場）。患者さんの容態などの情報を共有
- 9:00 外来診察開始
- 13:00 昼食
- 14:00 入院中の患者さんの診療を開始。内科病棟を中心に診察する
- 17:00 カンファレンス。患者さんへの対応や容態の変化などを共有し、治療法を再検討
- 18:00 病棟回診
- 19:00 カルテ記載。当日の診察に関するカルテを記載、チェック
- 20:00 退勤。帰宅、または同僚と夕食

※日勤の場合

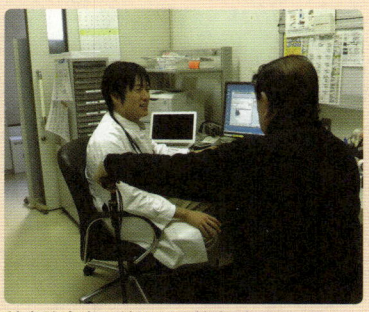

外来診察中の林さん。検査データを見ながら問診を重ねて丁寧に対応する

PROFILE
はやし てつろう
慶應義塾大学 医学部卒業

❷ このお仕事の醍醐味は？

この仕事では、生命の重さを実感する場面が多々あります。残念なことに、治療が及ばず目の前で患者さんが亡くなってしまうことも医師であれば必ず経験します。「この患者さんに対して、もっと他にできることがあったのではないか」と思い悩むこともあります。

しかし、「治りました！」「ありがとう！」と笑顔で病院から帰っていく患者さんやそのご家族を目にする機会もたくさんあります。どんどん回復し、日増しに笑顔になっていく患者さんの姿を見るたびに、自分の家族のことのように嬉しくなり、仕事のモチベーションにもつながります。

❸ 医師を目指す人にアドバイス

医師には内科以外にも外科・小児科・産婦人科・放射線科など様々な領域があります。また、医療機関に勤める医師の他にも、病気や薬剤を研究する研究医や企業で働く産業医もいます。同じ医師ですが、専門領域によって全く別の仕事内容となります。医師志望の人は、医師の仕事がどんなものか、どんな医師になりたいかを具体的に考えてください。

医学部では、基礎医学（解剖学・生理学・薬理学など）や臨床医学などの専門分野を深く学びます。高校生なら生物・化学・数学・保健体育などが、医師として役立つ分野です。また、英語力は必須です。できるだけ高めておいてください。

看護師

患者の声を聞き、医師へ伝え、患者の治療をサポートする仕事

こんな人におすすめ！
- 人をサポートするのが好きな人
- 客観的に物事を判断できる人
- 専門的な技能を身につけたい人

【資格免許】

1 看護師の仕事とは？

看護師とは、病院や医院、診療所などで、**患者と接しながら病気や怪我の治療をサポートする仕事**です。

看護師の仕事は、大きく3つに分けられます。

① 医師の指示により注射や点滴などで薬剤を投与したり、包帯を巻いて固定したりするなど、**医師の仕事を円滑に進めるためのサポート業務**。

② 入院・来院を問わない**患者の多面的なサポート業務**。これには、歩行困難な患者の介助、患者の意向を医師へ伝える、患者から不安や恐怖などをできるだけ取り除こうとする緩和ケアなどが含まれます。

③ マスクや手洗いの奨励、自宅療養時のアドバイスなど、**病気や怪我の予防、健康回復を目指した患者指導の業務**。

大きな病院で仕事をする場合、配属先により仕事内容が変わります。外来担当であれば、大勢の患者の受付や整理、検査室までのガイドや電話応対など、事務的な仕事が加わります。入院病棟では、毎日患者とコミュニケーションを取って容態を把握し、医師へ伝え、共有します。薬剤や備品の数量を確認することや、医師の少ない夜間に患者を見回って様子を確認すること、見舞客への対応など、様々な業務があります。手術室担当の場合は医師とのコミュニケーションが多く、手術器具の消毒洗浄や次の手術に備えた機器類の準備、後片づけ、手術中のサポートなどが仕事の大半です。

2 看護師の役割・資質とは？

求められる役割は、立場によって大きく異なります。

患者から見た場合は、医師と自分との間に立つ、いわば緩衝剤であり、心を許したい存在です。入院中でも楽しく会話を交わせる**コミュニケーション力**や、不安を敏感に察し、取り除いてくれる**優しさ**を持ち、叱ってくれることもある**真面目で頼れる人物**であることが大切です。人が好きな人、相手の気持ちを察する優しさを持つ人、物事の良し悪しをきちんと指摘できる人が向いているでしょう。

34

PART 1 人の役に立つ仕事がしたい

3 看護師になるためには？

一方、医師から見た場合は、診療をスムーズに進めるため、**迅速な準備や処置ができるような人物であることが重要**です。また、患者の立場に立つあまり、客観的に物事を把握・判断できなくなっては本末転倒です。

が増え、250校以上となっています。そのため、4年制大学から資格を目指す学生が増加傾向にあるのが現状です。これは、大学では専門科目数の多さから保健師などの資格もあわせて目指せるというメリットがあるからだと思われます。

看護師を目指すうえで学ぶ科目には看護学や衛生学などがありますが、高校生であれば、**生物・化学・数学**が最も関連度の高い科目となります。卒業後の就職については、各学校へ届く募集をもとに就職試験を受けるケースがほとんどです。

また、看護師と同様の職種として准看護師があります。これは都道府県の主催する試験に合格した者が取得できる資格です。仕事内容はほぼ同じですが、都道府県試験であるため、他の都道府県での就職を考える際には勤務地や勤務条件について注意が必要です。

看護師になるためには、大学や短期大学、専門の養成学校などで法律に定められた学科と実習を履修したあと、国家試験に合格しなければなりません。

以前は短大や養成学校から看護師を目指す人が大勢いました。『看護関係統計資料集』(日本看護協会)によると、2017年4月現在、修業年数3年の短大と養成学校はそれぞれ22校と554校でしたが、4年制大学でも看護師を目指せる学校

進路フローチャート

高校入学
↓
看護学を学べる学校を目指す。生物・化学・数学などが最も関連度の高い科目

大学・短大・養成学校入学
↓
看護学や衛生学の知識と、一定期間の実習が必要。ボランティアを経験すると、実践的な知識や経験が得られる。短大・養成学校は大学より修業年数は短いが、学ぶ科目や実習はほぼ同じ

資格試験を受験
↓
就職

POINT

- 医師の指示のもとで患者の治療をサポートする
- 大学や養成学校などいくつかの進路が選べる

関連情報
- **看護職を目指す方へ（日本看護協会）** HP
  看護師・准看護師などの看護職を目指す人のために、おもな仕事や看護職に就くための方法などの情報を掲載
- **合格率：89.2％（第109回・2020年）**

オススメの1冊！
『その先の看護を変える気づき──学びつづけるナースたち』(柳田邦男・陣田泰子・佐藤紀子編／医学書院)
いくつかのドキュメンタリーを通して、看護師に必要な気づき、体験の概念化などの重要性を紹介する

ℹ️ どんな人とも上手にコミュニケーションがとれるように色々な新聞や雑誌に目を通しておく

INTERVIEW

現役の看護師に聞きました

東京大学医学部
附属病院

植草 由貴さん

祖父の入院をきっかけに医療職としての看護師を意識し始めた植草さん。看護師の国家資格を取得したあとも、さらに上を目指して保健師の資格を取得。大病院の病棟で患者さんと向き合う日々の中、看護師の仕事についてうかがいました。

① お仕事の内容は?

入院病棟で日々患者さんと接し、精神的・肉体的にケアをすること、具合が少しでも改善するよう、医師と力を合わせ、様々な病気と戦うことが私の仕事です。

具体的には、まず担当の患者さんとコミュニケーションをとって、その日の容態や精神的な安定度合いを確認します。点滴や採血、薬剤の投与、包帯の取り替えなどを行いながら、雑談を交えてお話をうかがうことが多いですね。

そうやって患者さんやそのご家族と接する中で、「もっとこうしてほしい」「この薬は体に合わないから変えてほしい」などのご要望をうかがう場合には、きちんとそのご要望を医師へ伝え、患者さんにとって最善の治療ができるように検討を重ねていきます。

こうした患者さんの意向や容態の変化は、日勤・夜勤の引き継ぎ時に行うカンファレンス(情報共有の場)で、必ず情報を共有します。そうすることで、私の退勤後に患者さんの容態が急変しても、他の看護師が適切に対応できるのです。

夜勤の場合は、患者さんが寝ている時間なのでコミュニケーションをとる機会は限られますが、その分、点滴や心電図、脳波計などのモニターから目を離さないこと、定期的に巡回し、肉眼で患者さんの様子を確認することが重要です。

他にもナースステーションにある薬剤や包帯、注射器といった医療用具の在庫チェックを行い、必ず決まった数がそろっているようにします。電話の受け答えや事務作業なども欠かせない仕事です。

36

PART 1 人の役に立つ仕事がしたい

ある日の植草さん

- 7:45 　出勤。受け持つ患者さんの情報を夜勤の看護師と共有したあと、当日の予定を確認
- 8:30 　業務開始。患者さんの朝食の摂取量や内服薬の確認、点滴の準備や確認など
- 9:00 　清拭（患者さんの体を拭くこと）、離床、退院指導や退院後の処置の指導、点滴投与の開始
- 11:00 化学療法の準備。交代で休憩
- 13:00 手術から帰室した患者さんの経過観察
- 13:30 昼のカンファレンス
- 14:00 術前準備、抗生剤の投与、翌日の検査や処置の指示など
- 15:00 本日の記録を書き始める
- 15:30 夜勤の看護師への申し送り
- 16:45 定時終了。勉強会や研修に参加

※日勤の場合

看護師どうしで患者1人ひとりの情報を共有するカンファレンスは最重要作業の1つ

PROFILE
うえくさ ゆき
横浜市立大学 医学部看護学科卒業

❷ このお仕事の醍醐味は？

何よりも、患者さんからの「ありがとう」という言葉が、素直に嬉しいです。起き上がれなかった人が車椅子で退院した、あるいは車椅子の方が歩いて退院し回復して退院する姿を見ると、本当に感動します。

この仕事に終わりはありません。いくら医学書を丸暗記しても、病気は星の数ほど。同じ病気でも、程度や苦痛の度合いは患者さんそれぞれで違う、オンリーワンのケースです。そこにどう対応するかが一番の難しさでもあり、やりがいです。だからこそ、若いうちから色々な病気や症状と出会い、学んでいかなければと思っています。

❸ 看護師を目指す人にアドバイス

第一に体力。1日中動き回れるタフな持久力は必須です。また、忙しい日が続いても自分の健康をきちんと維持できる自己管理能力も重要です。

精神面でも忍耐力が求められます。仕事上、患者さんと医師との間に立ち、双方の歯車がうまく噛み合うよう配慮しなければなりません。多少のことでもへこたれない気丈さ、たとえ気持ちが凹むようなことがあっても、患者さんの前では元気と明るさを絶やさないことが大切です。

こうしたことは一朝一夕に身につくものではありません。高校生のうちから少しずつ訓練していきましょう。

医療秘書

こんな人におすすめ！
- 医療分野で働きたい人
- 他人をサポートするのが好きな人
- 几帳面で気が利く人

1 医療秘書の仕事とは？

病院で働く秘書です。**医師や看護部長などの秘書業務を担当**します。

医師の秘書の場合、そのおもな仕事内容は医師の診察・会議・来客・出張などのスケジュール管理です。大きな病院の病院長などの医師は、病院での診療の他に、学会や研究会への出席などが頻繁にあり、きわめて多忙です。秘書が**医師の予定を調整し、スケジュールを管理**します。

また、医師の会議に同席して会議内容を記録したり、医師の指示で書類を作成したりすることもあります。医療に関する知識があり、医療の専門用語などを理解している必要があります。また、**電話応対や来客応対**も秘書の仕事です。

規模の小さな病院では、健康保険組合などに診療報酬を請求する「**レセプト業務**」も医療秘書が担当することがあります。その場合は、診療報酬の仕組みやレセプト業務についての理解も必要になります。

2 医療秘書の役割・資質とは？

病院長や看護部長など、特定の人をサポートするのではなく、**医局という組織をサポート**する秘書もいます。大きな病院には、医師たちが集まっている医局と呼ばれる組織があります。医局は診療科ごとに分かれています。医局のそれぞれの診療科に医療秘書がいて、会議の手配や書類の管理など、医局の運営に欠かせない事務を担当しています。

また、ナースステーションで働く医療秘書もいます。看護師が患者への看護に専念できるように、医療秘書が**事務を引き受け、看護師をサポート**します。こうした立場の医療秘書は、「病棟クラーク」と呼ばれます。

医療秘書に求められるのは、医療事務のエキスパートとしての役割です。医師や看護部長・看護師が医療現場での仕事に集中できるように、事務を的確にこなします。

優秀な医療秘書は、**医療そのものに関する知識**と、**医療制度などについての知識**を持っているのはもちろんのこと、ど

PART 1 人の役に立つ仕事がしたい

3 医療秘書になるためには？

医療秘書の仕事の能力は、医師や看護師のパフォーマンスに直接関係してくるため、求人では病院事務の経験を条件にすることが多いです。

医療秘書になるためには、まず医療事務員などとして**医療事務の仕事を経験し、病院での事務に必要な知識を幅広く吸収**しましょう。病院の中ではどのように仕事と情報が流れているのかを認識しておくことも重要です。

医療秘書の資格には、医療秘書教育全国協議会が実施している**医療秘書技能検定**があります。医療秘書技能検定を取得していることを条件とする求人もあります。能力に合わせて1級・準1級・2級・3級があります。受験者の多くは学生です。高校生・大学生の間に挑戦してみるとよいでしょう。出題内容は、医療関連の法律・医療用語・検査用語・診療報酬の算定・レセプト作成などです。

うすれば医師たちが最大限の力を発揮できるかをいつも考えています。そのため、病院内の仕事の流れや情報の流れの無駄をなくすなどの業務改善にも意欲的です。

医療秘書の役割は、ただ医師の指示に従って働くことではありません。「**すべては患者のため**」という高い意識を持ち、**主体的・積極的に医師や看護師をサポートする**必要があります。自分で考えて行動できる医療事務のエキスパート、それが医療秘書なのです。人の健康を預かる現場での情報管理が仕事ですので、高いコミュニケーション能力も欠かせません。

進路フローチャート

医療秘書になる
↑
病院・診療所で医療事務の経験を積む
↑
医療秘書技能検定を取得
　医療秘書技能検定の出題内容は幅広い。参考書を使った勉強が必要だ。レセプト業務の基本は、専門学校などで医療事務の講座を受けて学ぶのもよい
↑
大学・短大・専門学校入学
　医療知識を学べる医療系の大学や短大・専門学校に進むとよい
↑
高校入学

POINT

- 医師や看護部長の事務を担当する秘書
- 医療事務のエキスパート
- 有 取得すると有利な資格・免許あり

関連情報
- 医療秘書教育全国協議会 HP
　医療秘書技能検定の概要や出題内容・試験日時・手続方法・受験者状況などの情報を掲載している。検定を受けようと考えている人は必ず見ておきたい

オススメの1冊！
『医療実務のエキスパート 医療秘書』
（萩原知子著／一ツ橋書店）
医療秘書の役割・仕事の基本・会計実務の中身・医療秘書に求められる資質などについて紹介している

ℹ 医療秘書技能検定の3級や2級を持つ人は多いので、取得するなら準1級や1級を目指そう！

薬剤師

こんな人におすすめ！
- 薬剤治療に興味がある人
- 理系科目が得意な人
- 几帳面な人

1 薬剤師の仕事とは？

薬局や病院で、**医師の処方箋に従って薬を調剤し、患者に提供します。**飲みにくい薬は、調剤するときに飲みやすくする工夫をします。

患者に薬を渡すときは、薬を安全に使ってもらうために、**薬の飲み方や使い方・効果・副作用などを説明**します。また、患者から副作用などの報告があったときは、医師にその情報を伝えます。患者がどのような薬を飲んできたのか、**服用歴を記録し管理する**ことも、薬剤師の仕事です。この記録に副作用などの情報を記入していくことで、処方が患者に適しているかなどを確認し、薬の服用について患者に適切なアドバイスをすることができます。

ドラッグストアで働く薬剤師もいます。ドラッグストアの薬剤師は、薬を探している顧客に対し、**症状に適した薬を選び**、薬の効果と副作用のリスク・飲み方・使い方の注意点などを説明します。その他、店の商品の品出しや管理・販売などを担当します。

2 薬剤師の役割・資質とは？

薬は定められた安全な飲み方・使い方をしないと思わぬ作用が出る可能性があるため、定められた用法と用量を守る必要があります。また、個々人の体質によっても効き方や副作用の出方が異なります。**それぞれの患者に薬を安全に用いてもらうために、服用歴を管理し、調剤した薬について患者に情報提供することが**薬剤師の役割です。

病院で働く薬剤師は、注射薬などの管理も担当します。病院内の薬を適切に管理し、医師が患者に適した薬を処方する

また、ドラッグストアの営業に必要な仕事も担当します。

また、**学校のプール・給食・水道水などの衛生状態を検査したり、理科室の薬品や保健室の薬を管理する「学校薬剤師」**と呼ばれる薬剤師もいます。幼稚園・小中高のすべての学校が学校薬剤師を配置することになっています。公立学校の薬剤師は地方公務員特別職にあたり、国立学校の薬剤師は非常勤の国家公務員にあたります。

資格免許

PART 1 人の役に立つ仕事がしたい

ことができる環境を整えるために、**患者に加え、医師や看護師とのコミュニケーション**も重要になります。病院と薬局には非常に多くの薬品がおかれています。薬の管理においても、調剤においても、**几帳面さ**が求められます。

3 薬剤師になるためには？

薬剤師は国家資格です。薬剤師の国家試験に合格する必要があります。薬科大学か大学の薬学部を卒業することで受験資格を得られます。薬科大学・大学の薬学部共に6年制ですので、6年間大学に通うことになります。

大学受験・国家試験では共に**理系科目の知識が必須**です。数学・物理・化学・生物の勉強に励みましょう。大学の学科には、薬学科や製薬学科・創薬科学科などがあります。が、薬剤師の国家試験の受験資格を得るという点でいえば、どの学科に進んでも差はないでしょう。大学を卒業して、薬剤師の国家試験に合格すると、薬剤師の資格を取得できます。

資格取得後は、薬局・病院・ドラッグストアなどに就職するのが一般的です。病院で働く場合は、夜勤や早番もあります。薬局で働く場合は、4週6休のところが多いようです。立ち仕事ですから、ある程度の**体力も必要**です。

薬剤師の資格を持つ人の中には、製薬会社で新しい薬の開発に携わったり、薬の開発過程の臨床試験に携わる人もいます。また、医薬情報担当者（MR）になる人もいます。薬は日々進化しています。どの職種に進むにしても、絶えず学び続ける姿勢を大切にしましょう。

進路フローチャート

薬局・病院などに就職
↑
資格を取得したら、薬局・病院・ドラッグストアなどへ就職活動。医療情報担当者（MR）の道へ進む人もいる

国家試験に合格
↑
大学での薬学の勉強内容は薬剤師試験の内容とつながっている。大学の勉強が第一

薬科大学・大学の薬学部入学
↑
薬科大学か大学の薬学部を目指して、理系科目の勉強に取り組む

高校入学

POINT

- 薬局や病院で薬を調剤する
- 患者への情報提供も重要な役割
- 国家資格が必要

関連情報

- **薬剤師国家試験（厚生労働省）** HP
  薬剤師国家試験の試験概要・試験科目・手続方法などを掲載している
- **合格率：69.6％（第105回・2020年）**

オススメの1冊！
『新 薬剤師になろう』
（松本邦洋著／インデックス・コミュニケーションズ）
資格試験のこと・仕事内容・先輩の生の声などを満載した、薬剤師になりたい人のための入門ガイド

> ℹ️ 給与は薬局・病院の規模によって差がある。小規模の薬局・病院だと薄給のケースも……

歯科衛生士

こんな人におすすめ！
- 歯の健康に興味がある人
- 手先が器用な人
- 他人とのコミュニケーションが好きな人

資格免許

1 歯科衛生士の仕事とは？

歯科医師の指示のもとで、**歯の病気の予防処置と、診療の補助**をします。

予防処置とは、歯や口内の病気を予防するために、フッ化物などの薬を塗ったり、歯垢（プラーク）や歯石などの口腔内の汚れを除去したりすることです。歯垢や歯石の除去には特殊な医療機器を用いるため、「機械的歯面清掃」と呼ばれます。歯科衛生士は、**歯科予防処置の専門家として、歯科医院で、「フッ化物塗布」や「機械的歯面清掃」などの処置を患者に行います**。また、歯の病気の予防では生活習慣の改善が大切です。そのため、歯の磨き方や食べ物の内容、食べ方・噛み方などの歯のセルフケアを指導することも歯科衛生士の重要な仕事です。

診療の補助では、**診療に用いる器具の消毒・管理・診療中の医師への器具の受け渡し・歯の型をとるための材料の準備**などを担当します。また、歯科医師の指示を受けて、治療の一部を担当することもあります。

2 歯科衛生士の役割・資質とは？

私たちが歯を失う原因の多くは、虫歯と歯周病です。虫歯と歯周病を予防することができれば、自分の歯を一生健康に保つことも可能です。歯科衛生士が行う歯垢や歯石の除去は「プラークコントロール」と呼ばれ、むし歯と歯周病を予防するうえで非常に重要視されています。

歯垢や歯石の除去では、歯科衛生士の能力によって歯面清掃後の歯の状態が大きく異なります。歯垢や歯石の除去は歯科衛生士の腕の見せ所です。

食生活の多様化した現代では、洋食や甘いものを食べる機会が増えました。また、食べる時間も不規則になっています。生活習慣の積み重ねが歯の病気につながるため、歯のセルフケアの指導はますます重要になっています。子どものうちに、規則的な食習慣と正しい歯の磨き方を身につけることが大切です。また、高齢者が増え続けている日本では、いくつに

3 歯科衛生士になるためには？

歯科衛生士は国家資格です。国家試験に合格する必要があります。

歯科衛生士養成専門学校か短大に設置されている専門の学科を卒業すると受験資格を得られます。現在は専門学校・短大いずれも3年制以上です。養成校では、講義に加えて、予防処置・診療補助・保健指導の臨床実習があり、歯科衛生士として必要な知識や技術の基礎を学びます。**国家試験の合格率は90％以上**と高いため、学校でしっかり勉強しておけば合格の可能性は高いでしょう。

資格取得後は、ほとんどの歯科衛生士が歯科医院に就職します。その他、保健所や老人保健施設などで働く歯科衛生士もいます。

歯科衛生士のほとんどが女性です。国家資格で需要もあるため、結婚・出産後の再就職も比較的容易でしょう。

なっても自分の歯で食べられるように、中高年に対しての歯のセルフケア指導をすることも重要です。

このように、歯科衛生士は、**予防処置の技術を用いて歯垢や歯石を除去し、さらに歯のセルフケアの指導を通じて、人々の歯の病気を予防する**という役割を担っています。

歯垢や歯石の除去では、口内で器具を用いるため、**手先の器用さ**が必要です。また、歯科医院には子どもから高齢者まで様々な人が訪れます。抜歯などの痛みを伴う治療もあります。患者の不安を和らげるように、**上手にコミュニケーションをとること**も重要です。

PART 1 人の役に立つ仕事がしたい

進路フローチャート

歯科医院・保健所などで勤務

↑ 歯科医院・保健所などへの就職を目指す

国家試験に合格

↑ 多くの学校で授業は月〜金曜日の朝9時〜午後4時。1年目は講義中心で、2年目からは臨床実習が増える。学校での勉強を3年間しっかりやれば、国家試験に合格する力はつく

歯科衛生士養成専門学校または短大に入学

↑ 短大入試を受験する人はおもに国語や面接対策をする

高校入学

POINT

- 歯科医院で予防処置と診療補助を行う
- 歯科衛生士養成の専門学校または短大に進学する
- 国家資格が必要

関連情報
- 日本歯科衛生士会 **HP**
  歯科衛生士の仕事・先輩の声・養成学校一覧などを掲載している
- 合格率：94.3％（第29回・2020年）

オススメの1冊！
『花の歯科衛生士──チョ〜イケテル』
（小原啓子著／医歯薬出版）
歯科衛生士の仕事内容やその面白さをイラストで紹介。歯科衛生士を目指す人に向けた先輩からのアドバイスもある

ℹ 小規模の歯科医院では、歯科衛生士は時給制のパートタイムで働いていることが多い

歯科医師

資格免許

虫歯や歯周病など、口内の病気を治療する医師です。歯の治療の他にも、抜歯・差し歯・入れ歯の製作と装着などを行います。

また最近では、歯の磨き方の指導・歯石の除去・歯の表面へのフッ化物塗布など、病気予防の仕事に加え、歯並びを直す矯正治療・歯を白くするホワイトニング処置・歯のなくなった人に人工の歯根を入れるインプラント手術なども増えています。

歯科医師の半数以上が自分の医院を持つ開業医ですが、大学病院や診療所で勤務する歯科医師もいます。大学病院では、口内のがん治療などを行う歯科口腔外科・入れ歯などの製作と装着を専門とする補綴（ほてつ）科・矯正歯科・小児歯科など、治療分野によって分業化されています。

歯科医師は国家資格です。6年制の大学歯学部や歯科大学を卒業すると**歯科医師国家試験**の受験資格が得られます。試験に合格し、資格取得後は病院で勤務医として臨床経験を積みます。

POINT
- 口内の病気の治療を行う
- 大学歯学部や歯科大学を卒業し、歯科医師国家試験に合格する

歯科技工士

資格免許

歯科医院や大学病院で、**義歯を作る**職業です。歯科技工士が製作するものには、入れ歯・差し歯・歯を削ったあとに詰めるインレー・歯にかぶせる金冠（きんかん）・歯並びを矯正する装置などがあります。

入れ歯などは、出来具合によって食事のしやすさや満足感だけでなく、顔の表情にまで影響を及ぼします。患者の治療後の生活が、歯科技工士の腕にかかっています。

入れ歯の製作では、石膏（せっこう）などを使って患者の歯型の模型を作り、患者に噛み合わせを確認してから人工歯を型に取りつけていきます。患者によって噛み癖があるため、それぞれの患者にぴったり合った入れ歯を製作するためには、**歯科技工士の経験と高度な技術、そして歯科医師との連携が必要**です。

歯科技工士は国家資格です。歯科技工士の養成課程のある大学・短大か、歯科技工士養成専門学校を卒業すると受験資格が得られます。養成校の入学試験では、5科目の学科試験の他に、簡単な彫刻などの実技試験を課す学校もあります。

POINT
- 入れ歯などの義歯を作る
- 歯科技工士養成課程のある大学・短大か、歯科技工士養成専門学校を卒業し、国家試験に合格する

関連情報　歯科医師➡日本歯科医師会 HP
　　　　　歯科技工士➡日本歯科技工士会 HP

PART 1 人の役に立つ仕事がしたい

製薬開発者

製薬会社などで**新しい薬を開発する職業**です。新薬の開発にはいくつもの段階があり、何年もの年月がかかります。その中でも製薬開発者が担当しているのは、基礎研究や非臨床試験などと呼ばれる段階です。

基礎研究は、薬としての効果が期待できる物質を探す研究です。植物や動物、微生物などから、薬のもととなる物質を発見する仕事です。

非臨床試験では、実験動物や培養細胞を使って、薬のもととなる物質の有効性や安全性を試験します。本当に薬としての効果が期待できるのか、毒性はないのかなどを見極める重要な試験です。

製薬開発者はこうした研究や試験に携わり、新しい薬を世に送り出します。

製薬開発者には**薬理学や化学の知識が欠かせません**。大学の薬学部や理工学部などに進み、薬学や化学を学びましょう。さらに大学院で専門性を身につけるとよいでしょう。おもな就職先は製薬会社や化学メーカーです。

POINT
- 製薬会社などで新しい薬を開発する
- 基礎研究や非臨床試験に携わる
- 大学と大学院で薬学や化学を専攻する

医薬情報担当者（MR）

医師や薬剤師などの医療関係者に対して**医薬品に関する情報を提供する職業**です。医薬情報担当者（以下、MR）には、大きく2つの役割があります。

1つ目の役割は、自社の薬などの医薬品が正しく使用されるために必要な情報を医療関係者に伝えること。そして、薬の効き目や副作用などの安全性に関する情報を収集して、自社に報告することです。MRが医療関係者に伝える情報は、薬の成分や使用方法・効能などです。医療関係者にとって、MRは医薬品に関する重要な情報源です。また、MRが収集・報告する医薬品の有効性や安全性に関する情報は、製薬会社で薬の改良などに活用されます。

MRのもう1つの役割は、自社の医薬品をより多くの病院で使ってもらうために、医師に対して営業活動を行うことです。営業活動もMRの重要な役割です。

MRになるためには、**大学の薬学部に進学すると有利**です。製薬会社に就職後、MR認定センターが主催する試験に合格し、MR認定証を取得します。

POINT
- 医療関係者に自社の医薬品の情報を提供し、営業活動を行う
- 有 取得すると有利な資格・免許あり

関連情報　製薬開発者➡日本製薬工業協会 HP
医薬情報担当者（MR）➡MR認定センター HP

移植コーディネーター

臓器移植が行われる際に、臓器提供者への意思確認や関連する病院などとの連絡・調整を行う仕事です。

日本国内の臓器移植では、提供される臓器の数が少ないため、多くの患者が臓器が提供される順番を待っています。臓器提供の候補者が現れると、病院から**日本臓器移植ネットワーク**に連絡が入り、日本臓器移植ネットワークから病院の近くの移植コーディネーターへ連絡が届きます。

移植コーディネーターは病院に駆けつけ、臓器提供について家族に説明し、承諾するかどうか家族の意思を確認します。家族が承諾すれば、臓器の検査の手配・臓器の運搬・移植手術を行う病院との連絡などを速やかに行います。臓器提供者とその家族に対する奉仕の精神と、臓器提供を受ける患者さんの生命に関わる責任の重い仕事です。

日本臓器移植ネットワーク所属の移植コーディネーターになるためには、**医師・薬剤師・看護師・臨床検査技師・臨床工学士など医療従事者の資格を持っているか、4年制大学の卒業**を条件に、採用試験に合格する必要があります。

> **POINT**
> ● 臓器移植が行われる際の調整役を担う
> ● 日本臓器移植ネットワークの採用試験を受ける
> 有 取得すると有利な資格・免許あり

治験コーディネーター

治験とは、開発中の薬の有効性や副作用の可能性について、薬を人体に投与することで確認する試験のことです。

治験コーディネーターは、**治験を担当する医師と治験に参加する患者の間に立って、説明や進行管理を行います**。まず、治験を受ける患者(被験者)に、治験の内容・薬の作用・副作用の可能性などについて説明します。被験者から質問があれば、被験者が納得するまで説明します。そして、被験者が内容をすべて理解したうえで、治験参加の同意書にサインをもらいます。

治験が始まると、スケジュールの管理・被験者の体調の記録・医師への報告、製薬会社への報告書の作成などを担当します。

治験コーディネーターとして働くための必須の資格はありませんが、求人の多くは看護師や薬剤師・臨床検査技師・医薬情報担当者(MR)などの実務経験を条件にしています。したがって、治験コーディネーターになるためには、まずはそうした職種で**医療現場の実務経験を積む**とよいでしょう。

> **POINT**
> ● 開発中の薬の効果を確認する仕事
> ● 看護師や薬剤師・臨床検査技師・医薬情報担当者(MR)などの実務経験を条件とする求人が多い

関連情報 移植コーディネーター ➡ 日本臓器移植ネットワーク HP
治験コーディネーター ➡ 日本SMO協会 HP

医療コンサルタント

病院の経営や安全管理に関してアドバイスをするコンサルタントです。経営不安を持つ病院などから依頼を受けて、経営分析や経営戦略の提案などを行います。

多くの場合、まずはコンサルタントが現在の病院の経営状態について問題や課題を診断します。そして、発見された経営課題を解決するための方法を提案します。病院の経営資金のやりくりなどを支援する経営戦略や、中長期的な経営ビジョンを策定する経営管理の面でコンサルティングをすることもあります。介護分野などニーズが高まる新事業を展開するために支援を行うこともあります。

病院スタッフの仕事の効率化を図る業務改善や医療ミスを減らして安全性を高めるための助言、患者へのサービス向上の支援なども医療コンサルタントの重要な役割です。

医療コンサルタントになるためには、経営コンサルタント会社に就職します。看護師、臨床検査技師、医薬情報担当者（MR）などとして医療現場を知っておくと有利です。多様化する医療や介護の分野をリードしていく仕事といえるでしょう。

POINT
- 病院の経営や安全管理についてアドバイスをする
- 経営コンサルタント会社に就職する
- 医療現場を知っておくと有利

PART 1 人の役に立つ仕事がしたい

診療情報管理士

病院で医師が記録する**診療録（カルテ）を管理する仕事**です。医師が記録したカルテに記入ミスや記入漏れがないかを確認し、間違いや漏れがあれば医師に訂正を依頼します。病名には世界標準の英数字コードがあるため、診療情報管理士がそのコードに書き換えてデータベース化します。必要なときにすぐカルテの情報を参照できるように、紙のカルテと情報のデータベースを管理・運用していきます。医師や看護師からカルテの情報を求められると、紙のカルテを提供したり、データベースの中から必要な情報を検索します。

近年、患者へのカルテ情報の開示や、病院間の連携が進められているため、診療情報管理士による診療記録の管理・運用がますます重要となっています。

診療情報管理士は、四病院団体協議会と医療研修推進財団が認定している民間資格です。**日本病院会が設ける診療情報管理士通信教育を受講するか、指定の大学または専門学校で必須科目を履修する**ことで受験資格を得て、試験に合格する必要があります。資格取得後は、病院や診療所で勤務します。

POINT
- 日本病院会が設ける通信教育を受講するか、指定の大学か専門学校で必須科目を履修する
- 診療情報管理士の資格試験に合格する

資格免許

関連情報
医療コンサルタント → 日本医業経営コンサルタント協会 HP
診療情報管理士 → 日本病院会 HP

医療監視員

医療施設を立ち入り検査し、施設が法令に則って管理・運営されているかを確認する仕事です。

病院・診療所・助産所などの施設を訪問し、医療従事者が医療行為に必要な資格を持って働いているか、施設内の設備や物品が衛生的かつ安全に管理されているか、医療記録が適切に記録・保管されているかなどを検査します。

病院で保管されている薬品のうち、麻薬や毒薬・劇薬などに使用される危険性のある薬品が盗難・紛失した場合は、重大な犯罪や事故に発展する可能性があります。医療施設内で薬品が安全かつ厳重に管理されているかどうかも、医療監視員が検査します。また、細菌やウイルスの感染を起こす危険性のある廃棄物が適切に処理されているかどうかも監視の対象です。問題が見つかった場合は改善指導を行います。

医療監視員は国家公務員です。医療監視員になるためには、国家公務員試験に合格する必要があります。合格後は、厚生労働省医薬食品局や保健所衛生局などに配属されます。

POINT
- 医療施設の法令遵守・安全管理などを監視する
- 国家公務員試験に合格し、厚生労働省や保健所などで勤務する

薬事監視員

医薬品の製造や販売を行っている会社を監視します。医薬品の製造所などを立ち入り検査し、医薬品の製造工程や管理方法が適切かどうか、不良な医薬品がないかどうかや、医薬品の不正表示が行われていないかなどを検査します。承認内容と異なる医薬品・異物が混入している医薬品、内容物が変質している医薬品などが見つかった場合は、不良な医薬品を回収し、改善指導を行います。

また、パンフレットやインターネットの記述など、医薬品を販売するための広告に虚偽や誇大な宣伝がないかを監視するのも、薬事監視員の仕事です。

薬事監視員の多くは薬剤師の資格を持っています。したがって、薬事監視員になるためには大学の薬学部を卒業して薬剤師の国家試験に合格し、国家公務員か各都道府県の公務員試験に合格する必要があります。公務員試験に合格後は、厚生労働省医薬食品局や保健所衛生局などに配属されます。

POINT
- 医薬品の製造・販売を監視する
- 国家公務員か地方公務員の中から任命される
- 有 取得すると有利な資格・免許あり

関連情報　医療監視員／薬事監視員→厚生労働省 HP

PART 1 人の役に立つ仕事がしたい

理学療法士（PT） 資格免許

身体の機能に障がいが生じた人のために、リハビリテーションの指導を行う職業です。対象となるのは、病気の後遺症や事故・老化などで脚や腕などが動かなくなったり、筋肉が衰えてしまい、日常生活の動作ができなくなった人たちです。

理学療法士は、リハビリテーションの知識をもとに、身体の動きが不自由な人に歩行訓練や関節を動かす訓練・筋力トレーニングなどの指導を行います。

患者に体の動かし方や運動を指導する運動療法を用いることもあれば、医療機器を用いて電気刺激や温熱刺激を与えることもあります。

身体を自由に動かすことのできない患者の気持ちに寄り添ってリハビリテーションを進めることが必要なため、**患者を励まして元気づける思いやりとコミュニケーション能力が求められます**。

理学療法士は国家資格です。文部科学省指定の大学・短大や厚生労働省認定の専門学校を卒業すると受験資格が得られます。国家試験に合格後は、病院などの医療施設で働きます。

POINT
- 思いやりとコミュニケーション力が大事
- 指定の大学・短大や専門学校を卒業し、国家試験に合格する

作業療法士（OT） 資格免許

理学療法士がおもに身体の運動機能の回復を目的とするのに対して、作業療法士は**身体と精神の機能回復を目的とし、身体障がい・精神障がい・認知症などの老年期障がい・脳性麻痺などの発達障がいのある人たちのリハビリテーションを行います**。

症状とその治療方針に従って患者と一緒に工作や手芸を行ったり、楽器を演奏したりします。また、食事・歯磨き・入浴・掃除・洗濯などの日常生活動作を介助・指導することで、障がいを持つ人が自立して生活し、社会に復帰できるように支援します。**身体や精神に障がいのある人と共に、根気よくリハビリテーションを進めることが重要です**。

作業療法士は国家資格です。作業療法学科などがある大学か短大、または厚生労働省指定の専門学校を卒業すると受験資格が得られます。国家試験に合格後は、一般病院・精神病院・老人施設・子どもの療養施設・リハビリ施設などで働きます。身体に障がいを抱える人たちに寄り添い、人生を豊かにしていく手助けをする大変やりがいのある仕事です。

POINT
- 身体と精神の機能回復を目的とする
- 指定の大学・短大・専門学校を卒業し、国家試験に合格する

関連情報　理学療法士（PT）➡日本理学療法士協会 HP
　　　　　作業療法士（OT）➡日本作業療法士協会 HP

メディカルトレーナー

関節や筋肉の痛みや故障を抱えている人に回復のためのアドバイスをする職業です。

痛みの原因がスポーツだった場合は、スポーツのどのような場面で故障をしたのか、日頃はどのようなトレーニングをしているかなどの問診と触診を行い、痛みや故障の原因を探ります。そして、早く回復するための休養の取り方・運動の仕方などをアドバイスします。

また、スポーツが原因ではない腰痛や捻挫・関節痛に対しても同様に、問診や触診で痛みの原因を探り、怪我をしないための適切な動作の仕方やトレーニング方法などを指導します。痛みの種類や度合いは本人にしかわからないため、**患者の訴えにじっくりと耳を傾ける姿勢が重要**です。

メディカルトレーナーになるためには、医療系の専門学校で養成講座を受講するとよいでしょう。働く場所は、おもにスポーツクラブや整体院です。柔道整復師・あん摩マッサージ指圧師・理学療法士などの資格を持っていると、介護福祉施設などへ活躍の場が広がるでしょう。

POINT
- 間接や筋肉に痛みや故障のある人にアドバイスする
- 医療系の専門学校に養成講座がある
- 🈶 取得すると有利な資格・免許あり

遺伝カウンセラー

遺伝性の病気を持つ人や、その家族の相談に乗る職業です。検査結果や家系的な情報をもとに本人やその家族に遺伝性の病気が発症するリスクを見積もり、治療の方針について助言をしたり、心理的なショックに対するカウンセリングを行ったりします。

遺伝性の病気は、発症する可能性がわかる一方で、いつ発症するかについてはよくわかっていません。また、治療法が確立していない病気もたくさんあります。そのため、遺伝性の病気の発症リスクがある人とその家族へのカウンセリングが重要となるのです。

日本では、医師が遺伝カウンセリングを行い、保健師が保健所での遺伝相談事業に携わることもあります。また、一部の医療機関では看護師が遺伝カウンセリングに携わっています。したがって、遺伝カウンセラーになるためには、医師や保健師・看護師などの国家試験に合格し**医療従事者になったうえで、日本遺伝カウンセリング学会などが開催している研修会で遺伝カウンセリングを専門的に学ぶ**とよいでしょう。

POINT
- 遺伝カウンセラーのほとんどは医師
- 医師・保健師・看護師などの医療従事者になったうえで遺伝相談を専門的に学ぶとよい

関連情報
メディカルトレーナー ➡ メディカル・トレーナー専門学校 HP など
遺伝カウンセラー ➡ 認定遺伝カウンセラー制度委員会 HP

PART 1 人の役に立つ仕事がしたい

医療事務員

私たちが病院で診察・治療を受けたときにかかる費用は、その一部を私たちが自己負担し、残りは私たちが加入している健康保険組合などから支払われる仕組みになっています。したがって、病院や診療所は、診察・治療を行うと、健康保険組合などに診療報酬を請求します。この請求手続を担当しているのが医療事務員です。

医療事務員は、1つひとつの診療について、どのような項目でいくら請求するかを国が定める診療報酬点数表にもとづいて算出し、診療報酬明細書に記入して健康保険組合などに請求します。診療報酬明細書は「レセプト」と呼ばれるため、医療事務の仕事は「レセプト業務」と呼ばれることもあります。また、医療事務員は、レセプト業務に加えて病院・診療所の受付やカルテ管理などの事務を全般的に担当します。

医療事務員になるためには、病院や診療所に就職します。資格は必須ではありませんが、複数の団体が「医療事務技能審査」や「医療事務管理士」などの資格を認定していますので、取得しておくと有利です。

POINT
- 病院・診療所のレセプト業務がおもな仕事
- 受付・カルテ管理などの病院事務全般も担当する
- 有 取得すると有利な資格・免許あり

臨床工学技士

病院で、**患者さんの生命を維持する装置を操作する職業**です。医療機器の操作と保守・点検を通じて人の生命を守ります。

臨床工学技士が操作するおもな装置としては、人工透析装置が挙げられます。人工透析装置は、腎臓のかわりに血液を濾過（ろか）して血液中の老廃物を取り除く装置です。人工透析を受ける人の数は多いため、人工透析装置は現代の病院には欠かせない医療機器です。心臓手術のときに患者の心臓と肺の機能を果たす人工心肺装置も、臨床工学技士が操作するおもな医療機器の1つです。その他、集中治療室で欠かせない人工呼吸器や心臓停止時に電気ショックを与える除細動装置なども臨床工学技士が操作します。夜間や緊急の仕事も多いため、**体力を必要**とします。

臨床工学技士になるためには、文部科学大臣または厚生労働大臣指定の大学や短大・専門学校を卒業し、国家試験に合格する必要があります。学校の入学試験は生物や化学など**理系科目が中心**です。

POINT
- 人工透析装置などの医療機器を操作する
- 指定の大学・短大・専門学校を卒業し、国家試験に合格する
- 資格免許

関連情報　医療事務員 ➡ 日本医療事務協会　HP
　　　　　臨床工学技士 ➡ 日本臨床工学技士会　HP

診療放射線技師

資格免許

病院などでレントゲン撮影などのための診療放射線機器を操作する仕事です。

診療放射線機器には、「レントゲン」と呼ばれて知られているエックス線検査装置の他に、エックス線を照射して断層画像を得るCT検査装置、体内に入れた薬から放射線を検出して臓器の状態を画像にするアイソトープ検査装置などがあります。

また、画像診断のための装置の他に、異常のある部位に放射線を照射して治療を行う、治療目的の装置もあります。

診療放射線技師は、診療放射線機器を操作して医師の診断や治療をサポートします。また、**装置の点検・保守や、医師や看護師が放射線による健康被害を受けないように管理すること**とも、診療放射線技師の仕事です。

診療放射線技師になるためには、文部科学大臣または厚生労働大臣指定の大学・短大・専門学校を卒業し、**診療放射線技師の国家試験に合格する必要があります**。合格後は、病院や診療所に就職します。

POINT
- エックス線検査装置などを操作する仕事
- 指定の大学・短大・専門学校を卒業し、診療放射線技師の国家試験に合格する

臨床検査技師

資格免許

患者の健康状態を検査し、データを作成する仕事です。臨床検査技師が扱う検査には、おもに検体検査と生理学的検査があります。

検体検査とは、尿や便などの検体から細菌やウイルスなどの微生物を探し出す検査や、血液の赤血球や白血球の状態を調べる検査などのことです。一方、生理学的検査とは心電図検査・超音波検査・脳波検査などのことです。こうした検査を臨床検査技師が行い、データを医師に提供します。

現代の病院では、多くの検査が機械化されていて、装置の複雑さも増しています。それに伴い、**臨床検査技師に求められる専門性も高度化しています**。

臨床検査技師になるためには、**臨床検査技師の国家試験に合格する必要があります**。臨床検査技師を養成する専門学校・医療系の短大・養成コースが設置されている大学を卒業すると、臨床検査技師の国家試験の受験資格を得ることができます。働く場所は病院・診療所や、検査を専門に行っている検査センターなどです。

POINT
- 患者の健康状態を検査し、データを作成する
- 養成コースが設置されている大学や短大などを卒業し、国家試験に合格する

関連情報　診療放射線技師 ➡ 日本診療放射線技師会 HP
臨床検査技師 ➡ 日本臨床衛生検査技師会 HP

COLUMN

医師のいろいろ

医療は進歩と共に細分化・専門化しています。一口で医師といっても、診療する病気ごとに様々な診療科に分けられています。

内　　科——風邪・胃痛など、おもに薬で治療できる病気

呼吸器科——気管支・肺・横隔膜、胸壁などの病気

消化器科——胃・腸・肝臓・膵臓の病気

循環器科——心臓・血管の病気や血圧の異常

外　　科——怪我・ガンなど、おもに手術で治療できる病気全般

整形外科——外科のうち、骨・関節・筋肉・脊髄の病気と怪我

形成外科——外科のうち、怪我の手術・生まれつきの障がい部位の修復

皮　膚　科——皮膚・粘膜・毛髪・爪の病気

泌尿器科——腎臓・膀胱・尿管・尿道・男性性器などの病気

産婦人科——妊娠から出産までの管理と治療。女性性器の病気など（産科と婦人科に分けることもある）

精　神　科——こころの病気

神経内科——脳・神経系の病気

アレルギー科——ぜんそくなどアレルギーによる病気

リウマチ科——リウマチなどの膠原病

理学療法科——リハビリテーションなどで機能回復を必要とする病気

放射線科——エックス線などの放射線や超音波などを使った診断と治療を必要とする病気

歯　　科——虫歯や歯周病など、口腔に関する病気

この他にも、皆さんにも身近な小児科・眼科・耳鼻咽喉科や、さらには麻酔科・性病科・肛門科などの診療科があります。小児外科や呼吸器外科など「外科」とつく診療科は、手術を必要とする病気を対象としています。

日本の医師はすべての診療科で診療行為をすることができます。例えば、内科を名乗っている医師でも整形外科や精神科の診療をすることが可能です。ただし麻酔科は厚生労働省の許可が必要で、歯科は歯科医師国家試験に合格する必要があります。

大学の医学部に入学すると、上記のような専門分野のすべてを学び、病院での臨床実習でもほぼすべての診療科で実習を行います。

医師の人数が最も多いのは、内科・外科・整形外科です。一方、産婦人科や小児科では医師が不足しています。また、内科に関わる診療を幅広く扱う「総合内科」のような新しい分野も生まれています。

介護福祉士

生活の不自由をサポートし、自立を支援する仕事

こんな人に
おすすめ！
- 相手の立場で物事を考えられる人
- 冷静に物事を判断できる人
- 人を楽しませることが好きな人

資格免許

1 介護福祉士の仕事とは？

介護福祉士とは、**身体的・精神的な障がいで日常生活に支障をきたしている人のサポートをする仕事**です。食事や排泄・入浴・衣服着脱や買い物など、そのサポートは生活全般に及びます。活動場所は、特別養護老人ホーム、介護老人保健施設などの介護福祉施設の他、在宅介護サービスとして、自宅で暮らしている人を訪問してサポートするデイケアを行うパターンもあります。

介護福祉施設で働く場合は、多くの利用者のサポートをするため、個人間で偏りがないように注意する必要があります。また、利用者によって障がいのレベルは違うので、誰がどの程度の介助を必要としているか把握しつつ、自立の妨げにならないように介護のバランスを考えることも重要です。経験や技術によってスタッフ間でも能力差が現れますが、細かなミーティングで情報を共有し、チーム体制で利用者をサポートしていきます。

2 介護福祉士の役割・資質とは？

勤務形態は様々ですが、入所施設の場合は夜勤もあり、24時間体制で利用者を支えるのが一般的です。

医師や看護師が「治療」に重点をおく仕事だとすると、介護福祉士は**障がいと共に生きていくことをサポートする「介助」**が業務の中心です。料理・掃除・洗濯といった基本的な家事業務はもちろん、快適な入浴準備や食事のペース、興味のある話題など、利用者に応じてより快適なサービスを提供することが求められます。ただ、あくまで介助であることを忘れず、利用者の自立を支援できるように**感情に流されず冷静に判断する力**も求められます。

利用者の健康管理も重要な業務の1つです。食欲や顔色、体温や脈拍のチェックは欠かせません。メモ帳を持ち歩いているスタッフも多いです。

また、利用者が楽しく過ごせるようにレクリエーションを提供することもあります。手芸やカラオケ大会など、どうすれば利用者が楽しく過ごせるようにレクリエーションを

54

PART 1 人の役に立つ仕事がしたい

3 介護福祉士になるためには?

介護福祉士は「社会福祉士及び介護福祉士法」という法律にもとづいて受験資格が設定されている国家資格です。2015年度試験より何らかの養成施設の教育課程を修了しなければ、試験を受験することができなくなります。2012年度以降に養成施設に入学した者、実務経験を積む者のほとんどにこの新制度が適用されることになります。資格を持たずに介助を行う人もいますが、基本的には資格保有者か、資格取得を前提として実務経験を積む人以外、採用を見送る介護福祉施設が大半です。

資格取得には様々な方法がありますが、おもな方法としては2つがあります。1つは養成施設(福祉系大学・短大・専門学校)で2年以上の教育課程を経て、国家試験を受験する方法です。もう1つは、3年以上の実務経験を積み、さらに養成施設で6カ月以上の課程を経て、国家試験を受験する方法です。施設で働きながら、通信制や夜間コースで課程を修了して資格取得を目指す人は後者になります。

また、実務経験3年の内訳は、540日以上の介護業務に従事であり、対象施設も介護保険法などにより認可されている機関にのみ該当したりと、条件は厳しく設定されています。事前に認められるかどうか把握しておくことが重要です。

れば利用者がいきいきとした時間を過ごせるかを常に考えながら業務を進めます。**人を楽しませることが好きな人にとっても、やりがいを感じられる仕事といえそうです。**

進路フローチャート

```
        国家試験
         ↑
   2年以上 │     ┌6カ月以上
         │     │ 養成施設での
  福祉系大学・   │ 受講課程は
  専門学校など   │ 実務期間
  で心理学     │ 前・中・後、
  や福祉学の    │ いずれでも
  基礎を学ぶ    │ 構わない
         │   養成施設
         │     ↑
         │   3年以上
         │     │介護に関する
         │     │職場で実務経
         │     │験を積む
      養成施設  介護福祉施設
         ↑      ↑
      志望に応じて養成課程に
      進むか実務重視で介護福
      祉施設かを選ぶ。介護系の
      施設でボランティア経験
      を積んでおくとよい
         高校入学
```

POINT

- 日常生活に支障をきたす人のサポートを行う
- 「介助」するという意識が前提となる
- 働きながら資格取得を目指せる

関連情報
- 社会福祉振興・試験センター HP
  資格取得のルート図や過去の試験問題をチェックできる。出題基準や合格基準も掲載されている
- 合格率:69.9%(第32回・2020年)

オススメの1冊!
『ヘルプマン!』(くさか里樹著/講談社)
老人ホームで働く青年を主人公とした漫画。介護現場のイメージを把握しておく参考資料になる。推薦図書に指定している福祉系学校も多い

ⓘ 2015年度の制度改正までの経過措置もあるなど、資格取得のルートは様々。新旧制度の違いに注意!

INTERVIEW

現役の介護福祉士に聞きました

特別養護老人ホームで働く介護福祉士の大住さんは、誰かの助けになりたいと思ってこの仕事を選んだそうです。
施設の入所者にほとんど笑顔を絶やすことのない大住さんも、厳しい表情を見せることがあります。
その理由とは？

社会福祉法人アゼリヤ会
特別養護老人ホーム
あかね苑
大住 優さん

① お仕事の内容は？

業務の内容は、利用者の方が何らかの生活のしにくさがあって日常生活で困っているところを手助けする仕事です。入浴や食事、排泄など基本的な身辺介助はもちろん、本を読みたくても指が動かない場合には手を添えるといった、細かい動作についてもサポートをしています。

とはいえ、何かを一方的に援助するわけではなく、まずはその人が快適と思えることは何かを尋ねることが大切です。入浴温度や好きな話題など、こちらがいきなり手助けするのではなく、「教えてもらうこと」が最初の仕事です。

忘れてはならないのは、「便利」を提供するのではなく、「支援」するのが仕事だということです。自分でできることは自分の手で行ってもらいます。つらさを感じることもありますが、気に入られようとして何もかも手伝うと、その人の生活意欲や自尊心を奪うことにもなります。また、チームプレーを乱すことにもなります。

私は以前、ある利用者さんの要望をすべて聞いてしまって、他のスタッフとの足並みを崩してしまったことがありました。その際には「大住さんなら言うことを聞いてくれたのに」となって、私だけが呼ばれ続けることになりましたね。

チームプレーに関しては、毎日ミーティングを行い、施設内の問題や伝達事項を全員で共有します。例えば、なかなか食事を口にしてくれない方は、献立だけでなく、食事のスピードはどうか、食事中にどんな会話をすれば機嫌よく食べてくれるかなどの成功事例を全員で共有します。

56

PART 1 人の役に立つ仕事がしたい

❷ このお仕事の醍醐味は？

入所する方の大半が高齢者です。ここを終の住み処（か）として選んでくださる方、ここで亡くなる方もいます。我々は1日1日を大切に、利用者の方が楽しく過ごせるようなサポートを目指しています。

よく寝る、よく食べる、そして何より心地よく笑顔をこぼしながら過ごす。やりがいを感じるのは、利用者の方がそういう状態で生活しているときですね。

❸ 介護福祉士を目指す人にアドバイス

介護施設では介護福祉士の資格がなくては働けない、という法律はありません。ただ、介護福祉施設は勉強中も含めて、資格取得を採用条件にしているところも少なくないようです。実際の現場でも、医療や介護に関する基礎知識があると、例えば寝床の体位変換についても「なぜその必要があるのか」ということがわかります。それなりの試験勉強は必要ですが、現場でのノウハウの吸収力も変わってくるので、資格取得は強くおすすめします。

もちろん、資格を取得したからといって、それでゴールではありません。利用者の方は人間です。それぞれ性格や嗜好、喜怒哀楽の波長も違います。介護の現場で働いてもう10年以上になりますが、今でも「この方はこういうことが気になるのか」と学ぶことが多いですね。

🕐 ある日の大住さん

9:00	朝礼。シフト交代。利用者の夜間の変調などについて情報共有
9:30	ベッドまわりの整備
10:00	共同スペースでのティータイムの介助。排泄介助やおむつの交換など
12:00	昼食の介助。後片づけ
13:00	休憩
14:00	利用者のレクリエーション（カラオケ・体操・習字など）
15:00	おやつ・排泄介助
17:00	夜勤スタッフに情報伝達

※日勤の場合

おやつの時間は利用者と十分に会話をする。仕事ではコミュニケーション能力も重要

PROFILE
おおすみ まさる
帝京福祉専門学校 保育科卒業

ホームヘルパー

こんな人におすすめ！
- 人の役に立ちたい人
- 家事全般が得意な人
- 人と接するのが好きな人

1 ホームヘルパーの仕事とは？

訪問介護を行う職業です。

高齢になると特に足腰が弱り、単身で日常生活を送ることが難しくなることがあります。しかし、たとえ日常生活に不自由があっても、高齢者が住み慣れた家で暮らし続けることができるなら、それは高齢者にとっても、家族にとっても、地域社会にとっても良いことです。

日常生活を自立して送れなくなった高齢者が、住み慣れた家と地域で暮らし続けることを可能にしているのが、訪問介護の制度と、訪問介護を行うホームヘルパーの存在です。

ホームヘルパーは、訪問介護の制度を利用している高齢者の自宅を訪問し、利用者の入浴・排せつ・調理・食事・掃除・洗濯・買い物などの家事を行い、日常生活の手助けをします。

ホームヘルプには滞在型と巡回型の2種類があります。滞在型は、利用者の自宅で家事などを1時間以上行います。巡回型は、1日に数回利用者宅を訪問し、1回30分未満の短時間の介助を行います。ホームヘルパーは、利用者の要望に合わせて、滞在型と巡回型で高齢者の日常生活をサポートします。

2 ホームヘルパーの役割・資質とは？

高齢者の心の面においても、ホームヘルパーの役割は重要です。優秀なホームヘルパーは、利用者の家事を支援するだけでなく、**利用者の話し相手になり、心の支えにもなります。**高齢者とその家族から、よき相談相手として頼られるホームヘルパーもいます。

ホームヘルパーが高齢者の日常生活を支援することにより、高齢者の家族は安心して働いたり、子育てに専念したり、社会活動に参加したりすることができます。また、高齢者本人も、住み慣れた地域やこれまではぐくんできた人間関係の中で暮らし続けることができます。

ホームヘルパーは、**家族や地域・社会が活発に活動し続けるうえで、大きな貢献をしている**といえます。

PART 1 人の役に立つ仕事がしたい

また、高齢化が進む日本の社会において、ホームヘルパーの役割はますます重要になってきています。65歳以上の人口が総人口に占める割合が7〜14％の社会を高齢化社会、14〜21％の社会を高齢社会、21％以上の社会を超高齢社会と呼びます。現在の日本はすでに超高齢社会で、およそ4人に1人が高齢者です。日本の高齢化はさらに進み、2035年にはおよそ3人に1人が高齢者になると予測されています。

3 ホームヘルパーになるためには？

ホームヘルパーの仕事は資格がなくてもできますが、現実には、就職の段階でホームヘルパーの資格が求められます。従来のホームヘルパーの資格は1級から3級にレベルが分かれています。3級は家事援助、2級は身体介護の技術と知識、1級はチームケアにおけるリーダーシップとして位置づけられています。

ホームヘルパーの資格は、都道府県や厚生労働省が認定している介護サービス会社による養成研修を受講すれば取得できます。3級や2級を取得し、経験を積んでから1級を取得するのが一般的です。福祉系の短大や専門学校の中には、在学中に旧ホームヘルパー2級を取得できる学校もあります。

なお、2013年度からは、1級資格が「介護職員」実務者研修、2級資格が「介護職員初任者研修」資格にそれぞれ移行し、筆記試験が必須となります。

資格取得後は介護サービス会社などに就職します。雇用形態には、正社員・非常勤・人手が必要な際に仕事をする登録型ヘルパーなどがあります。

進路フローチャート

旧ホームヘルパー1級取得
旧ホームヘルパー1級に挑戦。国家資格の介護福祉士などにチャレンジする道もある

↑

介護サービス会社などに就職
指定科目を履修して旧ホームヘルパー2級（介護職員初任者研修）を取得しよう

↑

福祉系の短大や専門学校入学
在学中に旧ホームヘルパー2級（2013年度からは「介護職員初任者研修」）を取得できる福祉系の短大や専門学校に進むと近道

↑

高校入学

POINT

- 高齢者などの訪問介護をする
- 高齢化が進む日本においてますます重要となる存在
- 有 取得すると有利な資格・免許あり

関連情報
- 全国ホームヘルパー協議会 HP
訪問介護の仕事や制度・資格などについて掲載。ホームヘルパー養成研修制度や福祉に関する求人を行う人材センターについての記述もある

オススメの1冊！
『ホームヘルパーハンドブック―在宅介護を実践する本』
（高野喜久雄著／新星出版社）
ホームヘルパーの仕事内容・介護のコツ・起こりがちな悩みと回答などを紹介

ℹ️ ホームヘルパー→サービス提供責任者→ケアマネージャーへとキャリアアップしていこう

社会福祉士

こんな人におすすめ！
- 福祉分野に関心がある人
- 困っている人たちの役に立ちたい人
- 人の相談に乗るのが好きな人

1 社会福祉士の仕事とは？

心身に障がいがある人や、高齢で日常生活を自立して送れない人などの相談に乗る仕事です。

地方公務員で社会福祉士の資格を持つ人は、都道府県の児童相談所や福祉事務所などの公的機関で相談業務に携わります。公務員ではない社会福祉士は、障がい者更生施設や児童養護施設・老人ホーム・介護サービス会社・病院などで相談業務に携わります。病院などの医療機関で働く社会福祉士は「医療ソーシャルワーカー」とも呼ばれます。

施設に相談の電話をかけてきた人や、相談のために訪れた人に対して、どのような問題を抱えているのかを聞き、その問題を解決するのに活用できる福祉制度や福祉サービスを説明します。そして、相談者の問題を解決するために関係機関への相談方法を紹介し、関係機関と連絡・調整を行います。相談内容は、「こういうことで困っているが、支援してもらえる制度や団体はないか」「治療や介護を受けたいが、お金が払える

かどうか心配」など様々です。福祉分野の多様な制度とサービスや不安に寄り添い、適切なアドバイスを提供することが社会福祉士の仕事です。

2 社会福祉士の役割・資質とは？

福祉といっても、高齢者のための福祉・身体障がい者のための福祉・精神障がい者のための福祉・医療福祉・低所得者のための福祉など様々な分野があり、それぞれの分野で多様な制度とサービスがあります。

日常生活に問題を抱えている人たちの多くは、自分がどのような福祉制度とサービスを活用できるのかをすぐに把握できるわけではありません。そこで、社会福祉士が相談窓口となり、それぞれの相談者に合わせて福祉制度・福祉サービス・関係機関を紹介しています。

相談に訪れる人たちは、健康状態や経済上、あるいは社会的な問題を抱えている人たちです。困っている人たちの役に

PART 1 人の役に立つ仕事がしたい

3 社会福祉士になるためには?

社会福祉士は国家資格です。受験資格は、「福祉系大学で指定科目を履修し卒業する」「福祉系の短大で履修・卒業し、養成施設で実務を経験する」「一般大学を卒業し、養成施設・通信課程を修了する」「一般短大を卒業し、養成施設を経験し、かつ養成施設・通信課程を修了する」などの方法で取得することができます。

国家試験に合格後は、福祉施設・介護施設・医療機関などに就職します。ただし、相談業務職に就職する場合は、多くの施設で実務経験を採用条件に挙げています。**困っている人たちを支援するためには、支援する側の現場経験が重要だから**です。介護施設や訪問介護などの実務経験を積んでから、相談業務職の採用に応募するとよいでしょう。

また、高校生のうちから社会科の勉強をし、福祉の分野に関心を広げておきましょう。

現代の社会は、地域の結びつきが弱くなり、人と人との関係性が希薄になっているといわれています。昔であれば家族・親戚や近所の人たちが互いに相談し合い、助け合って生活していましたが、現代の社会では他人を頼りにくくなっているといわれています。

そうした現代において、**問題を抱えている人たちの良き相談窓口となり、福祉制度・サービスの紹介を行う**社会福祉士の役割は、ますます重要になっているといえるでしょう。

立ちたいという気持ちが、社会福祉士に最も求められる大事な資質です。

進路フローチャート

- **相談業務職に就く**
  ↑
- **実務経験を積む**
  ↑
- **福祉施設・介護施設・医療機関などに就職**
  ↑
- **国家試験に合格**
  国家試験の受験資格に必要な指定科目を履修。アルバイトや課外活動を通じて介護の現場を経験するのもよい
  ↑
- **福祉系大学入学**
  社会科の勉強をしよう。老人福祉・障がい者福祉・医療制度などに関心を向けよう
  ↑
- **高校入学**

※福祉系大学に進学した場合

POINT

- 自立して日常生活を送れない人の相談に乗る
- 活用できる福祉制度や関係機関を紹介する
- 福祉系の大学・短大を経て、国家試験に合格する

関連情報
- **日本社会福祉士会** HP
  社会福祉士の仕事内容、国家試験対策講座などの情報を掲載
- **合格率：29.3%（第32回・2020年）**
- **オススメの1冊！**
  『社会福祉士の仕事完全ガイド』
  （代居真知子著／誠文堂新光社）
  現役社会福祉士の声を交えて仕事内容を紹介。受験対策も解説している

ⓘ 国家試験の合格率は20%前後。精神保健福祉士・介護福祉士と並ぶ三大福祉資格の1つで、難関の資格

保育士

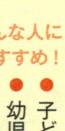

こんな人におすすめ！
- 子どもが好きな人
- 幼児教育に興味のある人
- 責任感の強い人

資格免許

1 保育士の仕事とは？

保育所や託児所・児童福祉施設などで、乳児から小学校就学前までの幼児を預かり、**世話と健康管理をし、遊びを通して心身の発達を促す仕事**です。

保育士は、ただ子どもと遊ぶわけではありません。子どもと一緒に歌を歌い、絵本を読み聞かせ、おもちゃのブロックで一緒に遊んだりしますが、すべては子どもの健全な発達と教育につながっています。

子どもは遊びの中で頭を使い、創造性をはぐくみ、他の子どもたちとの協調性を学びます。ブロック遊びや絵本の読み聞かせなど、保育士が子どもと行う遊びの1つひとつに教育目標があります。保育所では**年齢に合わせて育成計画を作成し、規則正しい生活習慣を共有しながら創造性や協調性をはぐくみます**。

保育士は、育成計画をもとに、一人ひとりの子どもの個性や成長度に合わせて教育を行い、それぞれの子どもの成長

2 保育士の役割・資質とは？

1人の保育士が何人もの子どもの世話をする一方、1人ひとりの子どもに合わせたケアと支援・教育が必要です。

子どもはまだ知識が少ないため、危険なことをしようとすることもあります。そのようなときには、根気よく危険について語りかける努力も必要です。保育士は保護者から子どもを預かっているわけですから、**子どもを危険から守ることは**非常に重要な役割です。

子どもは日々、ものすごいスピードで成長していきます。子どもの成長に責任を持つ保育士は、彼らの一日を決して無駄にすることはできません。**1つひとつの遊び・1つひとつの会話・1つひとつのしつけを通して子どもを成長させる役**割を担っています。

促します。誕生日会や運動会などの行事も保育士が企画して実施します。こうした行事にもそれぞれ教育目標があり、保育士は目標を見すえて子どもたちと遊んでいます。

PART 1 人の役に立つ仕事がしたい

また、保護者がわが子を見る目とは違った**客観的な視点から子どもを見守り、健全な成長を促す**ということも保育士の重要な役割です。かつては家族の中に祖父母がいて、近所の人たちとの交流もあり、子どもは多くの大人たちとの関わりの中で育っていました。しかし、現在では核家族化が進み、地域の交流が減り、子どもを取り巻く大人が減っています。そうした現代において、子どもと日常的に関わる大人としての保育士の役割は、従来より大きくなっているといえます。

それに加え、企業が社内に保育所を設置したり、夜間保育や子どもが病気のときでも預けることができる病児保育など、保育のニーズが多様になっています。保育士が子どもと関わる場所と時間が増える傾向にあります。子どもの教育係としての保育士の役割は、ますます重要になっているといえるでしょう。

3 保育士になるためには？

保育士は国家資格です。大学・短大・専門学校の保育士養成課程を卒業すると保育士の国家資格を取得することができますから、**養成課程のある学校に進学するのが近道**です。また、短大卒業と同等以上の学歴か、児童福祉施設で2年以上の実務経験がある場合は、保育士の国家試験を受験して合格すると資格を取得することができます。

民間の保育所や託児所の場合は、採用試験を受けて就職します。公立の保育所の場合は、市区町村の採用試験に合格すると、地方公務員の保育士として採用されます。

進路フローチャート

保育士になる
↑
民間の保育園には採用試験を受けて就職。公立の保育園を目指す場合は市区町村の採用試験に合格する

国家資格取得
↑
資格取得に必要な科目を履修する。実技試験では音楽・絵画制作などもあるので対策はしっかりと

大学・短大・専門学校入学
↑
保育士養成課程のある大学・短大・専門学校へ進学するのが近道

高校入学

POINT

- 子どもの世話と健康管理・教育を行う
- 保育士の役割の重要性は増している
- 養成課程のある大学・短大・専門学校に進学する

関連情報
- やさしい保育士入門 HP
  保育士の現場に関する情報を網羅的に紹介している
- 合格率：19.7%（2018年度）

オススメの1冊！
『保育士・幼稚園の先生になるための完全ガイド』
（細井香著／主婦の友社）
保育士と幼稚園の先生の仕事の魅力を解説。養成校一覧もついていて役に立つ

ⓘ 少子化で求人は減っているが、共働きの保護者が増えており、保育士のニーズと重要性は増している

幼稚園教諭 [資格免許]

幼稚園で子どもたちの心と体の発達を促し、子どもたちが心身共に健康に育つための基礎づくりに携わる仕事です。

子どもたちが小学校に入ったときに楽しく集団生活が送れるように、マナーやルールを教えます。幼稚園によっては、文字や数字・英語を教えるところもあります。その際、ただ教えるのではなく、子どもの視点に立ち、子どもたちと遊びながら指導することが重要です。絵本・工作・歌・数字・文字など、一定の課題を遊びの中に盛り込み、教えていきます。

子どもたちが帰ったあとは、その日の出来事の記録やイベントの準備などの仕事を行います。

幼稚園の子どもたちの年齢は3歳から6歳です。この年齢の子どもたちの発達は目覚ましく、**その成長を身近で見守ることができるのが幼稚園教諭の醍醐味**です。

幼稚園教諭になるためには、幼稚園教員養成課程のある短大・大学・専門学校を目指しましょう。それらの学校を卒業して、幼稚園教諭普通免許を取得したうえで、幼稚園の採用試験を受けます。

POINT
- 子どもの視点に立って指導することが重要
- 幼稚園教員養成課程のある短大・大学・専門学校で幼稚園教諭普通免許を取得し、採用試験を受ける

助産師 [資格免許]

病院で出産の介助をする仕事です。また、出産時の介助だけでなく、妊娠・出産・出産後の女性と新生児のケアの専門家として、**女性に様々な指導やアドバイスを行います**。

出産前には、母体を観察して正常に出産の準備が進んでいるかどうかを確認し、必要なケアとアドバイスをします。出産時には、へその緒の切断と傷口の処置・新生児のケアなどを担当します。分娩（ぶんべん）に異常がある場合は医師の指示を仰ぎ、必要な処置をします。

出産後は、新生児をケアし、お母さんに対しては授乳の仕方を指導したり、育児についてアドバイスをします。

助産師の仕事は、**生命の誕生に立ち会い、援助するという喜びのある仕事**です。同時に、**新生児のケアという大きな責任**が伴います。夜勤もあるため、**体力も必要**です。また、助産師の資格を取得できるのは女性だけです。国家試験の受験資格は「看護短大か看護専門学校卒業＋助産師養成学校卒業」などの方法によって得ることができます。

助産師は国家資格です。

POINT
- 出産などの介助を行う
- 生命の誕生に立ち会い、援助する喜びのある仕事
- 助産師の国家試験に合格する

関連情報　幼稚園教諭➡文部科学省 HP
　　　　　助産師➡日本助産師会 HP

PART 1 人の役に立つ仕事がしたい

校務員

子どもたちが安全な学校生活を送れるように、**学校内の設備や環境を整える仕事**です。校務員が担当する仕事は多岐にわたります。

窓が閉まらない・鍵が壊れた・蛍光灯がつかない・手洗い場の排水溝が詰まったなど、建物内で不具合が生じた設備は、校務員が修理します。また、安全管理のための学校内の巡視も仕事の1つです。建物内に鋭利な物や滑りやすい場所がないかなど、子どもにとって危険なものや場所にも目を配り、発見したらすぐに改善します。

学校内に植えられている木や草花の剪定(せんてい)・草刈りも校務員が行います。**教育の場にふさわしい環境をつくるのも仕事の1つです。**運動会などの行事の前には、看板の製作やテントの設営などの準備も行います。

校務員になるためには、公立学校の場合は都道府県や市町村が実施している採用試験を受けます。私立学校の場合は学校が行っている求人に応募します。

POINT
- 学校の設備や環境を整える仕事
- 子どもたちの安全な学校生活を守る
- 自治体や学校が行う採用試験を受ける

本書 編集部が薦めるこの1冊

西洋の教養を考察することから、日本の「教養」を"逆照射"する

『「教養」とは何か』
阿部謹也著
(講談社現代新書、1997年)

テレビを見ると、クイズ番組がひっきりなしに放送されていますよね。文化、歴史、娯楽まで様々なテーマについて幅広い問題が出題されていて、見ていると感心してしまいます。しかし、このような知識を多く持っている人が「教養のある人」に見えるでしょうか？

教養とはそもそも何か、皆さんは考えたことがあるでしょうか？手近にある『広辞苑』を引いてみると、「単なる学殖・多識とは異なり、一定の文化理想を体得し、それによって個人が身につけた創造的な理解力や知識」とされています。しかし、これだけではよくわかりません。

この「教養」というテーマに焦点をあてたのが、この本です。著者は一橋大学の学長を務めた社会学及び歴史学の"権威"。本書は、今は故人となった阿部氏が歴史的な考察から、「教養」の意味と意義について問い直し、その過程を通して、個人と社会のあり方について考えていきます。あなたはどのような人間を目指しますか？ このような問いに「受験」という目標を突破した皆さんは、答えることができるでしょうか？ そのときに1つのヒントとなるのが、この「教養」をめぐる考察なのではないかと思います。新書ではありますが、決して簡単な本ではありません。腰をすえて読むことをおすすめします。

関連情報　校務員 ➡ 『私、用務員のおっちゃんです』(三浦隆夫著／小学館文庫)

言語聴覚士

資格免許

言葉や声（発語・発声）・耳（聴覚）に障がいのある人のリハビリテーションを行う仕事です。ガンの手術で声帯を切除した人・脳梗塞の後遺症で失語症になった人・病気や老化で耳が聞こえにくくなった人・生まれつき発話に障がいがある人や子どもなどが対象です。また、ものを食べたり飲みこんだりすることに障がいのある人のリハビリテーションを行うこともあります。

言語聴覚士は、まずテストや検査を通して障がいがどのように現れているのかを探り、その結果にもとづいて適切なリハビリテーション方法を決定し、訓練・指導・アドバイスを行いながら患者が声と言葉・聴覚を取り戻すのを支援します。

言語聴覚士は国家資格です。**基礎医学・言語学など指定科目を履修できる大学か指定の養成所を卒業すると受験資格が得られます。**国家試験合格後は、病院の耳鼻咽喉科やリハビリテーション科・聴覚言語障がい者更生施設・難聴幼児通園施設などで働きます。

POINT
- 言語・聴覚についてリハビリテーションを行う
- 指定科目を履修できる大学か指定の養成所を卒業し、国家試験に合格する

視能訓練士

資格免許

眼科検査を行い、視覚に障がいのある人のリハビリテーションを行う仕事です。

遠くのものが見えにくい・近くにあるものが見えにくい・暗いところで見えにくいなど視覚障がいには様々な症状があります。視能訓練士は、視力・屈折検査、眼圧検査、視野検査などの眼科検査を行い、そのデータを眼科医に提供して適切な診断・治療をサポートします。

また、目の位置がずれている斜視や糖尿病の合併症・緑内障などの眼病が原因で視覚に障がいが生じている人に対して、眼科医と一緒に治療プログラムを考える仕事もあります。視力回復のための矯正訓練や、拡大鏡などの補助具の使用のアドバイスを行います。訓練は長期間にわたることもあるため、根気強さが重要です。

視能訓練士は国家資格です。**指定科目を履修できる大学か指定の養成所に進学し、卒業すると受験資格が得られます。**国家試験合格後は、病院の眼科やリハビリテーション科・視覚障がい者更生施設などで働きます。

POINT
- 眼科検査の他、リハビリテーションも担当する
- 指定科目を履修できる大学か指定の養成所を卒業し、国家試験に合格する

関連情報　言語聴覚士⇒日本言語聴覚士協会 HP
　　　　　視能訓練士⇒日本視能訓練士協会 HP

PART 1 人の役に立つ仕事がしたい

手話通訳士 資格免許

音声言語を手話に通訳し、障がいのある人たちの手話を音声言語に通訳することで、聴覚などに障がいのある人たちが学校・地域・企業・政治などの活動に参加できるように支援する仕事です。

例えば、政治家が演壇で話をしている隣で手話通訳をしている人を見たことがあるでしょう。その人が手話通訳士です。聴覚障がい者などが社会の様々な活動に参加できるように日常のあらゆる施設や場面で手話通訳士が活動する必要があります。

手話通訳士になるためには、まず福祉専門学校などで**手話を学び、経験を積みます**。その後、厚生労働大臣認定の手話通訳士試験に合格すると、手話通訳士として「聴力障害者情報文化センター」に登録されます。手話通訳士の資格には、他にも都道府県や市区町村が認定する「手話奉仕員」や「手話通訳者」などがあります。

手話通訳士は、おもに自治体や福祉施設などで働きますが、ボランティアで手話通訳を行っている人もたくさんいます。

POINT
- 聴覚障がい者のコミュニケーションを支援する
- 福祉専門学校などで手話を学ぶ
- 厚生労働大臣認定の手話通訳士試験に合格する

点字通訳者

視覚に障がいがない人たちの用いる文字を、視覚に障がいがある人たちが用いる文字である点字に変換する仕事です。

点字は、平面から盛り上がった点の組み合わせで文字を表現し、指先で触れることで読み取ります。指で読み取れるため、視覚に障がいがある人たちも情報を得ることができます。

点字通訳者は、視覚障がい者が読書を楽しんだり必要な情報を得ることができるよう、本や資料の文章を点字に変換します。また、視覚障がい者が不自由なく外出し、社会活動に参加できるよう、地図や案内板の文字も点字に変換します。

生まれつき目が見えない人に加えて、糖尿病の合併症や老化に伴う目の病気によって視力を失う人も増えているため、点字通訳は今後ますます必要とされることが想定されますが、現在、自治体などで働く以外は多くがボランティアです。

点字通訳者になるためには、まず福祉専門学校などで**点字を学び、点字通訳の経験を積んだあと**、福祉施設や点字図書館・行政機関などでその技能を活かします。点字通訳の能力を示すものには、点字技能検定資格があります。

POINT
- 文字を点字に変換する
- 点字通訳者の多くはボランティアとして活動
- 有 取得すると有利な資格・免許あり

関連情報　手話通訳士 ➡ 日本手話通訳士協会 HP
　　　　　点字通訳者 ➡ 東京ヘレン・ケラー協会 HP

義肢装具士

義肢とは、事故などで手足を失った人が装着する義手・義足などのことです。装具とは、身体機能を補うために装着する補助道具のことです。義肢装具士は、身体機能を補うための**患者の義肢や装具をオーダーメードで製作します**。

まず、患者・医師・作業療法士などから話を聞いて義肢や装具で補うべき機能を判断し、患者の義肢や装具を装着する部位の形や寸法を測ります。試作品ができたら患者に装着してもらい、動き具合などを確認しながら微調整をします。また、義肢装具の扱い方についてのアドバイスやアフターケアも行います。

義肢装具の製作を通じて、**身体に障がいのある人たちの生活の質の向上に貢献できる仕事**です。現在の義肢装具はハイテク化が進んでいるので、これからの義肢装具士には**コンピュータの知識も求められます**。

義肢装具士は国家資格です。義肢装具士を養成する専門学校を卒業すると受験資格が得られます。国家試験合格後は、義肢装具の製作会社で働きます。

POINT
- 義手・義足などを製作する
- ハイテク化のため、コンピュータの知識も必要
- 指定の大学・専門学校を卒業し、国家試験に合格する

資格免許

福祉用具専門相談員

福祉用具には、車椅子や介護用ベッド・移動用リフト・体位変換器・床ずれ防止用具などの様々な用具があります。近年の福祉用具は機械化が進み、種類も増えています。福祉用具専門相談員は、介護用品の販売やレンタルを行う店舗などで、**高齢者や障がい者に対し、福祉用具の選び方や使い方についてアドバイスをする仕事**です。

福祉用具の購入やレンタルを考えている高齢者や障がい者には、その用途や使用環境などについて詳しく聞き、最適な用具を選定して使い方を説明する必要があります。そのため、介護用品の販売やレンタルなどを行う店舗には2名以上の福祉用具専門相談員をおくことが義務づけられています。

福祉用具専門相談員の資格は、**都道府県が指定する講習を受講すると取得できます**。受講資格はありません。ただし、介護福祉士・義肢装具士・保健師・看護師・准看護師・理学療法士・作業療法士・社会福祉士・ホームヘルパー2級以上の資格取得者は、講習を受講しなくても福祉用具専門相談員の仕事をすることができます。

POINT
- 介護用品の選び方、使い方のアドバイスをする
- 都道府県が指定する講習を受講すると資格を取得できる

資格免許

関連情報　義肢装具士 ➡ 日本義肢装具士協会 HP
福祉用具専門相談員 ➡ シルバーサービス振興会 HP

PART 1 人の役に立つ仕事がしたい

福祉住環境コーディネーター 資格免許

高齢者や障がい者に、住みやすい住環境についてアドバイスする仕事です。体に不自由がある場合、家の中の段差や急な階段をなくし、手すりなどをつけることにより生活がしやすくなります。福祉住環境コーディネーターは、体に不自由があっても生活しやすい家にリフォームする際に、建築士などと一緒にリフォームのプランを考え、提案する職業です。介護保険制度を利用した住宅改修の場合は、ケアマネージャーとも連携し、保険制度に関する説明をします。また、住宅に設置する介護用品や家具の選び方・使い方についてのアドバイスもします。このように、福祉住環境コーディネーターは高齢者や障がい者が住宅を住みやすくリフォームする際に建築・介護保険制度・福祉用具などとそれぞれの専門分野をつなぐ役割を果たします。

福祉住環境コーディネーターは東京商工会議所が認定している民間資格です。1級から3級までであり、受験資格はありません。多くの場合、建築士や福祉用具専門相談員などが資格を取得しリフォームの現場などで活躍しています。

POINT
- 住宅リフォームのアドバイスをし、建築や保険制度などの専門分野をつなぐ役割を果たす
- 東京商工会議所が認定している民間資格

家庭相談員

親子関係や学校でのいじめ・不登校など、子どもの問題について相談を受け、アドバイスをする仕事です。

家庭相談員は、各自治体の「こども課」などの管轄下におかれている家庭相談室に勤務します。子どもの問題を受けつける機関には児童相談所がありますが、家庭相談室は児童相談所よりも気軽に相談できる身近な窓口として相談を受けつけており、相談員は相談者から直接話を聞くだけでなく、電話や訪問で相談に乗ることもあります。

家庭相談員が受ける相談の内容は様々で、「子育てがつらい」といった悩みから、家庭内暴力に関する相談まで多岐にわたります。また、家庭相談員は児童虐待の通報の窓口にもなっています。

家庭相談員には常勤と非常勤とがあり、常勤になるためには地方公務員試験に合格する必要があります。加えて、「大学で福祉学・心理学・教育学などを学んでいる」「医師の資格を持っている」などの条件のうちいずれかにあてはまる必要があります。

POINT
- 子どもの問題について相談に乗る
- 常勤者は地方公務員
- 大学で福祉学・心理学・教育学・医学などを学ぶ

関連情報　福祉住環境コーディネーター➡東京商工会議所 HP
家庭相談員➡各自治体のこども課など

ガイドヘルパー

【資格・免許】

障がいのために単身では外出が困難な人に付き添って介助を行う仕事です。外出介護員や移動支援従事者とも呼ばれ、障がい者が買い物や旅行に行くときに同行します。ただ付き添うだけでなく、交通量の多い場所や段差のある場所で移動の安全を確保したり、買い物の際は品物を手渡したり、店員との会話を助けたりといった全面的なサポートを行います。

ホームヘルパー2級以上の資格を取得している人は知的障がい者の外出介助はできますが、視覚障がい者・全身性障がい者の外出介助はガイドヘルパーの資格が必要です。

ガイドヘルパーの資格取得の条件は自治体によって異なります。多くの自治体では規定の研修を受講することによりガイドヘルパーの資格が与えられますが、介護福祉士やホームヘルパーの資格を持っていることを受講の条件としています。ガイドヘルパーの仕事をするためには、まず介護福祉士やホームヘルパーの資格を取得してから、働きたい地域でガイドヘルパーの資格を取得するとよいでしょう。資格を取得したあとは、介護施設などへの就職を目指します。

POINT
- 視覚障がい者・全身性障がい者の外出介助はドヘルパーの資格がないとできない
- 【有】取得すると有利な資格・免許あり

ケアマネージャー（介護支援専門員）

【資格・免許】

介護保険制度にもとづき、市区町村から介護が必要と認定された高齢者の介護サービス計画（ケアプラン）を作成する仕事です。

まず、介護を受ける高齢者本人や家族から話を聞き、要望と必要な介護の種類・程度を把握します。続いて、介護サービスを提供する会社・施設のスタッフと打ち合わせを行い、ホームヘルパーの派遣回数やデイサービスの利用回数・介護の内容などを決め、適切な介護サービス計画を作成します。介護保険制度にもとづいて介護サービスを提供する会社や施設には、1名以上のケアマネージャーを配置することが義務づけられています。ケアマネージャーは重要な立場のため、保健・医療・福祉の専門職と実務経験者から養成するという方針があります。ケアマネージャーになるための試験・研修を受けるためには、「社会福祉士・介護福祉士・医師・看護師などの資格及び5年以上の実務経験」「保健所や介護支援センターなどにおける5年以上の介護の実務経験」などが必要です。

POINT
- 介護保険制度にもとづいて介護サービス計画を作成する
- 医師や保健師などの資格または介護の実務経験が必要

関連情報　ガイドヘルパー ➡ 東京ヘレン・ケラー協会 HP
ケアマネージャー（介護支援専門員）➡ 日本介護支援専門員協会 HP

PART 1 人の役に立つ仕事がしたい

サービス提供責任者

訪問介護を行う会社でサービスのコーディネート全般を担当する仕事です。まず、訪問介護の利用者からの申し込みを受けつけ、提供できるサービスの内容や、利用者が希望するサービスに介護保険が適用されるかなどを説明します。

次に、利用者の自宅を訪問して状況を把握し、利用者の家族やケアマネージャーと相談しながら訪問介護のプランを作成します。利用者と家族のプランへの同意を受け、正式に計画書を作成して利用者に提出します。

実際に訪問介護サービスが始まると、定期的に利用者の自宅を訪問して担当のホームヘルパーから状況を聞き、利用者がより良いサービスを受けられるように調整したり、プランを修正したりします。「介護福祉士の資格」「介護職員基礎研修修了者」「ホームヘルパー1級」「保健師・看護師・准看護師の資格」「自治体が定める研修修了者」のうち1つ以上の条件を満たしていれば、サービス提供責任者になることができます。なお、2013年度より一部制度が改められます。詳細は関係機関に確認してみましょう。

POINT
● サービスの説明・契約・訪問介護プランの作成などを行い、訪問介護のコーディネートを担当する

有 取得すると有利な資格・免許あり

介護保険事務員

介護サービスを提供している会社や病院で**介護報酬請求を行う仕事**です。現在の介護保険制度では、高齢者や障がい者の介護にかかる費用の1割を介護を受ける本人が支払い、残りの9割は40歳以上の国民が介護保険料という形で負担しています。社会的に立場の弱い人をみんなで助けるという仕組みです。この仕組みがあるため、介護サービスを提供する会社は介護報酬の料金を利用者に請求するだけでなく、介護保険料を管理している機関にも請求することになります。その請求業務を担当しているのが介護保険事務員です。

介護保険事務員は、会社が提供した介護サービスの明細書を作成・発行します。金額や入力事項に間違いがないかを確認し、データを作成することがおもな仕事のため、**正確さとスピードが求められます。**

介護保険事務の仕事をするためには、専門学校や通信教育で介護事務の講座を受講し、介護サービス会社や病院に就職する必要があります。「介護事務管理士」など、複数の団体が資格を設けており、この資格があると就職に有利です。

POINT
● 介護サービス会社や病院で介護報酬の請求業務を行う

有 取得すると有利な資格・免許あり

関連情報 サービス提供責任者→医療経済研究・社会保険福祉協会 HP
介護保険事務員→技能認定振興協会 HP

介護トレーナー

介護だけでなく身体機能の面でも高齢者をサポートし、**高齢者の日常生活をより充実させることが**介護トレーナーの役割です。

高齢者ができるだけ長く元気に暮らすためには、筋力や体力・日常動作などの機能の低下を抑える必要があります。介護トレーナーは、筋肉など人体に関する専門的な知識をもとに、高齢者に運動や体力づくりに関するアドバイスをします。また、体の衰えが原因で怪我をしないように、日常動作の注意点などについても助言します。

介護福祉士やホームヘルパーなど介護の仕事をしている人が高齢者の運動や体力づくり、怪我の防止に関する指導に必要な知識を身につけ、介護トレーナーとして働きます。**介護トレーナーとして必要な知識を教える専門学校もあります**。高齢者にとって、身体機能の維持や向上は、生活の質の向上に直結します。今後は、介護トレーナーのように高齢者の体づくりまで担当できる人材がさらに求められるでしょう。なお、類似の資格として「介護予防トレーナー」もあります。

> **POINT**
> ● 介護に加え、身体機能の維持を支援して高齢者の日常生活をより充実させる
> ● 専門学校で介護トレーナーに必要な知識を学ぶ

介護食士

病気や高齢・障がいなどで**飲食が不自由な人が食べやすくおいしい食事を作る**仕事です。

高齢になると歯がなくなったり、噛む力や飲み込む力が弱くなります。また、病気による食事制限のある人は栄養バランスにも気を配る必要があります。食事は生活の楽しみの1つです。食事をおいしく食べられないと元気も出ません。噛む力や飲み込む力が弱い高齢者や食事制限のある人に、**調理や栄養学の知識をもとに、食べやすく、栄養素の整ったおいしい食事を作ることが**介護食士の役割です。

介護食士は全国調理職業訓練協会が認定している民間資格です。3級は72時間の講座を受け、筆記と実技試験に合格すれば取得できます。2級を取得するためには3級資格を取得することが必要です。1級を取得するためには2級資格の取得後、2年以上の実務経験が必要です。また、25歳以上という条件もあります。なお、介護施設で調理師として働く場合やホームヘルパーとして訪問先で調理をする場合、介護食士の知識と資格が役立ちます。

> **POINT**
> ● 病人や高齢者・障がい者用の食事を作る
> ● 全国調理職業訓練協会の民間資格
> ● 調理師や訪問介護職の仕事に役立つ

関連情報
介護トレーナー→関西メディカルスポーツ学院 HP など
介護食士→全国調理職業訓練協会 HP

PART 1 人の役に立つ仕事がしたい

生活相談員

老人ホームなどの介護施設で、利用者やその家族からの相談に応じる役割です。相談の内容は、介護サービスの中身だけへの要望・家族による介護の悩み・お金の問題など多岐にわたります。

生活相談員は、利用者やその家族から受けた相談内容を施設内の担当者に伝えたり、スタッフ間で必要な調整を行ったりして介護サービスの改善やより良い施設運営に役立てます。また、福祉事務所や病院などの他機関との連絡・調整にもあたります。利用者や家族にとって、生活相談員は何でも相談できる頼りになる存在です。

おもな役割は、各種相談への対応や連絡・調整です。生活相談員にはコミュニケーション能力が求められます。**人の話にじっくり耳を傾ける姿勢と、他人に必要なことをきちんと伝達する責任感が必須**となります。

生活相談員になるために必要な資格はありませんが、介護の実務経験や社会福祉主事任用資格・社会福祉士の資格などがあるとよいでしょう。

POINT
- 介護施設利用者やその家族の相談に応じる
- 介護の実務経験を積んでおくとよい
- 有 取得すると有利な資格・免許あり

福祉相談指導専門員

医療施設や介護施設で患者・サービス利用者やその家族だけでなく、介護を行うスタッフからの相談も受け、適切なアドバイスを与える仕事です。

患者・利用者とその家族からの相談では、健康状態・住環境に合わせた生活上の注意点や入院生活に役立つ情報を伝え、精神的な支えになったりもします。

介護に携わる人からの相談では、介護サービスのプランニングや介護福祉士・ホームヘルパーに技術的・精神的なアドバイスを与えたり、行政機関などと必要な連絡・調整を行ったりします。

患者・利用者と介護職の双方の相談に乗る仕事であるため、**豊富な実務経験とコミュニケーション能力が必要**です。また、多くの場合、ケアマネージャーや介護福祉士などの資格が採用条件となっています。相談業務の経験を問う施設もあります。現場での経験が活きる仕事です。介護福祉士やホームヘルパーとして介護の現場経験を積んでから福祉相談指導専門員になるとよいでしょう。

POINT
- 患者・利用者と介護スタッフの相談に乗る
- 介護の実務経験を積んでおくとよい
- 有 取得すると有利な資格・免許あり

関連情報　生活相談員➡日本社会福祉士会 HP
福祉相談指導専門員➡福祉のお仕事スタート（全国社会福祉協議会）HP

社会福祉施設指導員

老人ホームや身体障がい者福祉施設・知的障がい者施設・児童養護施設などの社会福祉施設で、施設の利用者が快適に過ごせるように支援する仕事です。支援の対象によって生活指導員・児童指導員・職業指導員などと呼ばれます。

生活指導員は、介護を必要とする高齢者が利用する社会福祉施設で利用者の援助計画を考え、相談に応じると共に、利用者の施設での様子を家族に伝えます。

児童指導員は、親元を離れて暮らす子どもを預かる児童福祉施設で子どもの成長と自立を支援します。

職業指導員や作業指導員と呼ばれる指導員は、障がい者の職業能力を高め、就労に関する支援を行います。

社会福祉施設指導員になるためには、**大学の社会福祉系の学科を卒業し、社会福祉士の資格を取得しておくと有利**です。生活指導員では社会福祉主事任用資格が、児童指導員では児童指導員任用資格や保育士の資格が求められることもあります。また、公営の福祉施設の指導員は地方公務員であるため、地方公務員試験に合格する必要があります。

POINT
- 社会福祉施設で利用者の支援を行う
- 公営の福祉施設の指導員は地方公務員
- ㊲ 取得すると有利な資格・免許あり

社会福祉施設介護職員

老人ホームや障がい者福祉施設などで、高齢者や障がい者の日常生活動作の介助をする仕事です。食事・入浴・排せつ・着替え・歩行や車イスでの移動の手助けなどが仕事の中心で、利用者の身体機能の状態に合わせたサポートを行います。

利用者が楽しめるようなレクリエーション活動や季節の行事を企画・開催することもあります。また、話し相手になったり、家族に施設での様子を伝えたりして利用者と家族を心の面でもサポートします。

施設によっては寝たきりの人もいます。寝たきりの人には数時間おきに体の向きを変えるなどの介助も必要です。1人では日常生活を送れない人を手助けするので、介助は24時間体制になります。**思いやりや責任感に加えて、他の職員とのチームワークも重要**です。

社会福祉施設介護職員として働くためには、介護福祉士や2級以上のホームヘルパーの資格があるとよいでしょう。近年では、大学の社会福祉系の学科や福祉系の専門学校で学んだ人が就職するケースも増えています。

POINT
- 老人ホームなどで高齢者や障がい者の日常生活動作の介助を行う
- ㊲ 取得すると有利な資格・免許あり

関連情報 社会福祉施設指導員／社会福祉施設介護職員➡福祉のお仕事スタート（全国社会福祉協議会）HP

PART 1 人の役に立つ仕事がしたい

精神保健福祉相談員

保健所などで、精神に障がいがある人やその家族の相談に乗る仕事です。おもな相談内容は、本人やその家族が地域で安定した生活を送っていくために必要な住居や就職先についてです。

精神障がいには、地域や企業からの偏見が根深く存在し、本人だけでなくその家族も心を痛めることがあります。精神保健福祉相談員は、当事者の心の痛みを受け止めながら、本人と家族が安定した暮らしを送れるように相談に乗り、住居や就職先を探し、関係機関と連絡・調整などを行います。

精神保健福祉相談員は地方公務員で、精神保健福祉に関する知識と経験を持つ人が任命されます。精神保健福祉相談員になるためには、地方公務員試験に合格し、かつ精神保健福祉士・社会福祉士・保健師などの国家資格を取得する必要があります。精神保健福祉士の資格を持つ人の中には、地方公務員としてではなく、病院などで精神障がい者とその家族の相談業務を担当して精神保健福祉相談員と近い仕事をしている人もいます。

POINT
- 精神障がい者やその家族の相談に乗る
- 精神保健福祉士・社会福祉士・保健師などの資格を持つ地方公務員

【資格免許】

医療ソーシャルワーカー

医療ソーシャルワーカーは、病院などに所属して患者やその家族の相談に乗り、心理的・経済的・社会的な問題の解決とスムーズな社会復帰をサポートします。

相談の内容は、治療にかかるお金の問題・病気にまつわる不安・治療の今後の見通し・働きながら治療する方法・退院後の療養と仕事の再開など、多岐にわたります。

医療ソーシャルワーカーは相談者の話に耳を傾けて相談者の不安を受け止め、問題解決のために何が必要なのかを整理します。そのうえで相談者に有益な情報を提供し、必要な連絡調整を行います。**患者とその家族が安心して治療を進められるように支援すること**が医療ソーシャルワーカーの役割です。

社会福祉士や精神保健福祉士など、福祉・保健分野の国家資格を持っている人が医療ソーシャルワーカーとしての仕事を担当していることが多いようです。

不安の多い患者やその家族を様々な角度からサポートする仕事なので、すぐれたコミュニケーション能力が必要とされます。

POINT
- 患者の心理的・経済的・社会的な問題解決をサポートする
- 【有】取得すると有利な資格・免許あり

関連情報　精神保健福祉相談員 ➡ 日本精神保健福祉士協会 【HP】
医療ソーシャルワーカー ➡ 日本医療社会事業協会 【HP】

作業指導員

障がい者が社会に出て自立できるように、**就労につながる様々な技術を指導する仕事です**。障がい者に対して職業訓練を行う「授産施設」などがおもな職場です。

障がいの種類・程度や本人の希望に合わせて、木工や縫い物・部品の組み立て・清掃などの作業を指導します。また、職場でのやり取りや社外の人との交渉など、コミュニケーションのとり方についての指導も行います。他にも、自立した日常生活を送るうえで大切な習慣についてもアドバイスします。技術指導を通じて、障がい者の生活にやりがいや生きがいを見出すきっかけを作るという側面もあるでしょう。

作業指導員になるためには、**福祉系の大学や短大を卒業するのが近道**です。大学や短大で指定の科目を履修して社会福祉主事任用資格を取得しておくとよいでしょう。指導する作業についての実務経験が求められることもあります。

障がい児施設の作業指導員になるためには、児童指導員任用資格が必要です。公営の授産施設などで働くには、地方公務員採用試験に合格する必要があります。

POINT
- 障がい者に仕事の技術について指導する
- 公営施設の指導員は地方公務員
- 有 取得すると有利な資格・免許あり

職能判定員

障がい者の仕事上の適性や能力を判定し、**本人に合った仕事に就職できるように支援する仕事です**。おもな働く場所は身体障がいや知的障がいを持つ人のための更生相談所や更生施設です。

面接・作業テスト・質問形式のテストなどを通して就労希望の障がい者の能力と適性を把握し、本人が希望する仕事が合っているか、仕事を継続できそうかを判断します。本人に合った仕事を見つけるために相談に乗ったり、職場生活に適応できるように訓練や指導を行うこともあります。

ほとんどの職能判定員は、公営の障がい者更生相談所で働く地方公務員です。職能判定員になるためには地方公務員試験に合格して障がい者更生相談所などに配属される必要があります。また、心理判定員が職能判定員を兼務することも多いため、**大学で心理学を学んでおくとよい**でしょう。近年、障害者自立支援法が成立し、障がい者雇用が促進されています。職能判定員のように、障がい者の就労と自立を支援する役割の重要性が増しています。

POINT
- 障がい者の仕事の適性や能力を判定する
- 障がい者更生相談所や障がい者更生施設で働く
- ほとんどは地方公務員

関連情報
作業指導員 ➡ 『ふくしの家の物語――授産施設「もぐらの家」の30年』(小久保晴行著/イーストプレス)
職能判定員 ➡ 社会福祉振興・試験センター HP

PART 1 人の役に立つ仕事がしたい

柔道整復師 資格・免許

捻挫や打撲などの**怪我の処置をする仕事**です。骨折や脱臼などの場合は、医師の同意のもとで処置をします。もともとは柔道の修業による怪我を早く回復させるための技術だったことから、柔道整復師という名前がついています。

おもに柔道整復師が行う怪我の処置は、関節のずれをもとに戻す整復や、包帯による固定・湿布・テーピングなどです。体を温めて血液の流れを良くする超音波治療器や、筋肉の疲れを回復させる干渉波治療器を使うこともあります。痛みで困っている**患者への気づかいや言葉がけも大切**です。

柔道整復師は、おもに接骨院や治療院で働いています。少数ながら、病院の整形外科やリハビリテーション科で働く柔道整復師もいます。接骨院や病院で腕を磨いたあと、独立して自分の治療院を開業する人もいます。

柔道整復師は国家資格です。文部科学大臣または厚生労働大臣指定の養成専門学校もしくは大学で解剖学・生理学・病理学などを3年以上学び、**柔道整復師の国家試験に合格する**必要があります。

POINT
- 怪我の処置をする
- 専門学校や大学で解剖学・生理学・病理学を学び、国家試験に合格する

あん摩マッサージ指圧師 資格・免許

体の痛みやこりを緩和する仕事です。あん摩・マッサージは手や器械を使用して体を揉みほぐす療法、指圧は指先で局所を揉みほぐす療法です。いずれの療法も血行を良くし、緊張をほぐすことで痛みやこりを緩和します。

あん摩マッサージ指圧師のおもな治療対象は、肩こり・腰痛・慢性的な疲れを持つ人です。原因のわからない不調や薬ではよくならない症状を抱えた人を治療することもあります。また、リラクゼーションを目的にあん摩マッサージ・指圧を受ける人も増えています。

おもな職場はあん摩やマッサージ・指圧の治療院です。少数ながら病院で働くあん摩マッサージ指圧師もいます。あん摩マッサージ指圧師の多くが、独立開業を目指して技術を磨いています。

あん摩マッサージ指圧師は国家資格です。あん摩マッサージ指圧師になるためには、養成専門学校で3年以上学び、国家試験に合格する必要があります。**はり師・きゅう師の資格をあわせて取得しておくと有利**です。

POINT
- 体の痛みやこりを緩和する
- 専門学校で学び、国家試験に合格する
- 有 取得すると有利な資格・免許あり

鍼灸師

資格 免許

東洋医学では、人体に数百カ所の経穴（ツボ）があり、ツボに鍼や灸で刺激を入れると、自然治癒力が引き出されて症状が改善すると考えられています。鍼灸師は、**金属製の鍼や火をつけたもぐさを使ってツボを刺激し、治療を行います**。

鍼灸師のおもな治療対象である肩こり・腰痛・関節痛・冷え症の他に、アレルギー症状やストレス性の病気など、薬では治療が難しい症状に悩む人を治療することもあります。疲れを取ることやリラクゼーションを目的に治療を受ける人もいます。

鍼灸師の多くは鍼灸院で腕を磨き、独立開業を目指します。少数ながら病院で働く鍼灸師もいます。当然ながら、独立開業するためには高い技術力が必要です。**また、はり師ときゅう師が別々の資格になっています**。鍼灸の専門学校（3年）か専門の大学（4年）で学び、はり師・きゅう師それぞれの国家試験に合格する必要があります。**鍼灸師になるためには国家資格が必要です。1つの分野をコツコツと追究していける人**が向いています。

POINT
- 鍼ともぐさを用いて治療を行う
- 独立開業する人が多い
- 専門学校や大学で学び、国家試験に合格する

整体師

背骨や骨盤を整えたり、筋肉を揉んでほぐしたりすることで体の不調を緩和します。あん摩マッサージ指圧師は国家資格ですが、整体師は民間資格です。

一言で整体師といっても、背骨のゆがみを重視する人・骨盤のずれを重視する人・強い力で施術をする人・優しく痛みを伴わない施術を目指す人など、その技術には様々な流派や理論があります。整体師の多くは、複数の種類の技術を組み合わせて施術を行っています。

整体師のもとを訪れるのは、おもに肩こりや腰痛・関節痛で悩む人たちです。運動をする人が体のメンテナンスを目的に施術を受けることもあります。

整体師になるためには、専門学校で理論と技術を学ぶのが一般的です。期間は数カ月～3年程度と学校によって大きく異なります。整体師の民間資格は専門学校や整体師の団体などが認定しています。専門学校を卒業後は、おもに整体院やリフレッシュサロンで働きながら腕を磨きます。整体師の多くは独立開業を目指しています。

POINT
- 体の痛みやこりを緩和する
- 専門学校を卒業して、整体院などで腕を磨く
- 有 取得すると有利な資格・免許あり

関連情報　鍼灸師 → 日本鍼灸師会 HP
　　　　　整体師 → 整体師会 HP

PART 1 人の役に立つ仕事がしたい

スポーツドクター
資格免許

スポーツをする人の診療や、スポーツによる怪我の治療に関する専門知識を持つ医師です。もちろんスポーツドクター以外の医師も、スポーツをする人の治療を行いますが、通常の医師はスポーツよりも治療を優先するため、「数週間はスポーツをしないでください」といった指示を患者に出すこともしばしばあります。しかし、スポーツ選手やスポーツを生きがいにしている人は、たとえ怪我をしたとしても、できるだけスポーツは中断したくありません。

スポーツドクターは、スポーツ医学の専門知識をもとに、患者と相談しながら、スポーツの継続に支障が少ないように患者が納得できる治療を行います。また、回復を早める効果的なリハビリ方法を提案したり、怪我の予防法についてアドバイスを行います。将来的に長くスポーツを続けられるような視点での診療も必要です。

スポーツドクターになるためには、まずは医師になる必要があります。そのうえで、**日本体育協会などの研修を受けて専門知識を身につけます。**

POINT
- スポーツによる怪我の治療に詳しい医師
- まずは医師になり、日本体育協会などの研修を受ける必要がある

ヨガインストラクター

ヨガの呼吸法・ポーズ・瞑想法による健康法について指導を行う仕事です。ヨガは、精神を統一し、物質による束縛からの解脱（げだつ）を図るインドの宗教的実践の方法ですが、現在は健康法の1つとしても実践されており、血行を良くする・精神的な疲労を取り除くなどの効果があります。最近では、マタニティヨガやベビーヨガなど、様々なヨガが登場しています。

おもな職場はヨガ教室やスポーツジムです。ヨガの呼吸法・ポーズ・瞑想法にはたくさんの種類があり、ヨガインストラクターはそれらを組み合わせてプログラムを考案し、生徒と共にヨガを実践しながら指導します。効果的な指導ができるコミュニケーション能力も不可欠です。

ヨガインストラクターの多くは、長年、先生のもとでヨガを続けてきた人たちです。ヨガインストラクターになるためには、まず、尊敬できる先生を見つけ、その先生のもとで修業しましょう。複数の団体がヨガインストラクターの民間資格を設けています。**就職する際には、それらの資格を取得していると有利**でしょう。

POINT
- ヨガ教室などでヨガを教える
- ヨガを長年続けてからインストラクターになる
- 有 取得すると有利な資格・免許あり

関連情報 スポーツドクター ➡ 日本体育協会 HP
ヨガインストラクター ➡ 日本YOGA連盟 HP

リフレクソロジスト

足裏にあるツボを刺激して自然治癒力を高める「リフレクソロジー」という健康法を用いて施術を行う仕事です。患者のどの部位にどのような不調があるのかを把握し、患者の要望に合わせて施術を行います。リフレクソロジーを受ける患者の多くは、疲労回復やリラクゼーション・原因のわからない小さな不調の改善を目的としています。

リフレクソロジストになるためには、リフレクソロジーの理論・知識・技術を学ぶことのできる専門学校に入学するとよいでしょう。卒業後は、リフレクソロジーのサロンなどで働きます。ホテルやスポーツジムで働くリフレクソロジストもいます。民間資格を複数の団体や専門学校が設けているので、**資格を取得しておくと就職の際に有利**でしょう。独立して自分のサロンを開業する人もいます。仕事帰りや買い物のついでに気軽に立ち寄ることのできるサロンも増えるなど、他店との差別化で集客を狙う店もあります。独立開業を目指す場合は、アロマセラピーや整体の技術をあわせて身につけ、資格を取得しておくとよいでしょう。

POINT
- 足裏にあるツボを刺激して自然治癒力を高める施術を行う
- 有 取得すると有利な資格・免許あり

フィットネスクラブインストラクター

フィットネスについて指導を行う仕事です。フィットネスとは、健康維持を目的とした身体運動を行うことで、フィットネスクラブインストラクターは、楽しく安全かつ効果的に、健康づくりや体力づくりを実践できるように指導を行います。

おもな職場はフィットネスクラブやスポーツジムなどの運動施設です。フィットネスのインストラクターが教える内容には、ダンスを伴う運動であるエアロビクスなどのエクササイズ・筋力トレーニングの方法・ストレッチの方法も含まれます。また、ヨガの指導を行うインストラクターもいます。

インストラクターになるためには、フィットネスクラブを運営する会社に就職し、社内研修で必要な知識と技術を学びます。体育系の大学や専門学校を卒業していると有利です。学生時代からフィットネスクラブでアルバイトをして、社員になる方法もあります。なお、民間資格を複数の団体が設けていますので、資格取得していると有利です。人気のインストラクターになると独立開業も可能です。

POINT
- 健康維持を目的とした身体運動について指導を行う
- 体育系の大学や学部に進むとよい
- 有 取得すると有利な資格・免許あり

関連情報 リフレクソロジスト ➡ 『フジタマキのリフレクソロジーパーフェクトガイド』(藤田真規著／BABジャパン出版局)
フィットネスクラブインストラクター ➡ 日本スポーツクラブ協会 HP

PART 1 人の役に立つ仕事がしたい

漢方医

資格免許

漢方の医術を用いて病気や不調を治療する医師です。漢方とは、中国の伝統的な医学の考え方をもとに日本で発展したもので、植物や動物から作った漢方薬を服用することで自然治癒力を高め、病気や不調の治療を行う医術です。漢方薬は比較的副作用が穏やかであるとされ、日常生活の改善のために取り入れる人も増えています。

漢方では、患者の生活習慣と体質をもとに処方する漢方薬を判断します。そのため、漢方医は患者の食生活や生活習慣について数十項目に及ぶ問診を行います。また、患者の舌の状態を確認する舌診や、お腹を触る腹診を行い、患者の健康状態を診断し、その結果をもとに処方する漢方薬を選びます。西洋医学で用いる薬と併用することもあります。

漢方医になるためには、まず医師になる必要があります。大学では、医学部のカリキュラムで漢方の知識を学ぶことができます。医師になったあとは、漢方医の先輩のもとで働きながら知識と経験を積むのもよいでしょう。日本東洋医学会では、一定の基準により「漢方専門医」の認定をしています。

POINT
- 漢方の医術を用いて病気や不調を治療する
- まずは医師になる必要がある
- 大学や漢方医のもとで知識と経験を積む

薬膳アドバイザー

資格免許

薬膳のレシピを考案し、薬膳について学びたい人には指導を行う仕事です。薬膳とは、漢方薬と食材とを組み合わせた中国料理のことで、食材が持つ力を利用して病気を予防し、健康を保つ効果があります。

薬膳では、食材の味を酸っぱい・苦い・甘い・辛い・塩辛いの5つに分類し、それぞれに効能があるとしています。また、食材について体を「温めるもの」と「冷やすもの」に分類しています。薬膳アドバイザーは、食べる人の体質・体調・季節に合わせた食事を作ります。

薬膳アドバイザーになるためには、薬膳アドバイザーの研修を受け、民間資格を取得する必要があります。民間資格及び研修は複数の団体が設けられています。研修の多くは数十時間程度で、中国の伝統的な陰陽五行説や経路の考え方をふまえた薬膳の知識を学びます。

薬膳アドバイザーとして薬膳料理教室や薬膳レストランを開業する人もいますが、そのためには調理師や栄養士の国家資格があると有利です。

POINT
- 薬膳のレシピを考えたり、教えたりする
- 複数の団体で研修や資格認定を行っている
- 有 取得すると有利な資格・免許あり

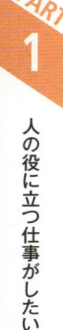

関連情報　漢方医→日本東洋医学会 HP
薬膳アドバイザー→日本中医食養学会 HP

ピラティスインストラクター

「ピラティス」というエクササイズについて指導を行う仕事

ピラティスとは、呼吸法を伴った体の奥深くの筋肉（インナーマッスル）のエクササイズのことで、柔軟な体・免疫力の向上・体のゆがみの矯正・健康維持・ストレス解消などの効果が期待されています。

おもな職場はピラティス教室やスポーツジムです。なお、フィットネスクラブのインストラクターやヨガインストラクターがピラティスを学び、ピラティスインストラクターを兼務していることもあります。様々なエクササイズに関する幅広い知識があると仕事の幅が広がるでしょう。

ピラティスインストラクターになるためには、ピラティスを数年間実践したあと、インストラクターになる民間資格を発行している団体の研修と試験を受けて民間資格を取得します。複数の団体がピラティスインストラクターの民間資格を設けています。資格取得後は、ピラティス教室やスポーツジムで指導を行います。有名なインストラクターになると、本やDVDを発売している人もいます。

POINT

● 呼吸法を伴った体の奥深くの筋肉（インナーマッスル）のエクササイズについて指導を行う

有 取得すると有利な資格・免許あり

タラソテラピスト

「タラソテラピー」という療法を用いて心身のストレスを解消し、健康の維持・回復を目指す仕事

タラソテラピーとは、海水や海藻、海の泥などを使った健康療法で、温めた海水に入浴することで肌からミネラルやビタミンを吸収し、海藻を混ぜた泥を肌に塗ってマッサージすることにより血行や肌の状態を改善します。ヨーロッパの海浜リゾート地では人気のあるリラクゼーションの1つで、ホテルなどにはタラソテラピーの施設が併設されていることもあります。

おもな職場はタラソテラピーを用いているエステサロンやホテルのエステスペースです。海水や海藻の成分や人への効果に関する知識をもとに、マッサージや海水の中での運動について指導を行います。

タラソテラピストの資格はありませんが、タラソテラピストの認定証を発行している学校があります。そうした学校でタラソテラピーの知識を学び、タラソテラピストとしての認定証を取得することができれば、タラソテラピストとして就職するのに有利でしょう。

POINT

● 海水や海藻・海の泥を用いて心身のストレスを解消し、健康の維持・回復を目指す

有 取得すると有利な資格・免許あり

関連情報　ピラティスインストラクター→日本ピラティス指導者協会 HP
タラソテラピスト→『タラソテラピー』（ジャック＝ベルナール・ルノーディ著・日下部喜代子訳／白水社）

PART 1 人の役に立つ仕事がしたい

フィトセラピスト

「フィトセラピー」という療法を用いて体の不調の改善や病気の予防を行う仕事です。フィトセラピーとは、植物の成分が人体に及ぼす効果を健康療法に応用したもので、ハーブティー・アロマセラピー・入浴剤・湿布などとして活用されています。古くから世界各地の医学に植物が用いられてきたことから、実践的かつ普遍的な療法とされています。

フィトセラピストは、それぞれの植物の成分・効果・禁忌を理解したうえで、フィトセラピーを実践します。体の不調に悩む人から症状を聞き、一人ひとりの症状に合わせてハーブティー・アロマ・入浴剤・湿布などを作り、改善に役立ててもらいます。また、講座を開いて植物の成分・効果や植物を使ったハーブティー・アロマ・入浴剤・湿布などの作り方を人々に教えたりもします。

フィトセラピストには、日本フィトセラピー協会が認定している民間資格があります。まずは協会が認定している学校でフィトセラピーを学び、民間資格を取得しましょう。資格取得後は、**自分で仕事を開拓していく**必要があります。

POINT
- 植物の力を健康療法に応用し、体の不調の改善や病気の予防を行う
- 有 取得すると有利な資格・免許あり

音楽療法士

音楽療法を用いて心身の病気の回復を手助けする仕事です。音楽療法とは、音楽が人体に及ぼす影響を、病気の症状の改善や心身の安定に活用する健康療法のことです。音楽療法士はおもな職場は病院などの医療施設です。音楽療法士は施設の特徴や患者の病状を把握し、医師などの医療関係者と連携して音楽療法を導入します。それぞれの患者の病気や障がいの状態に合わせて、音楽を聴いてもらったり、歌を歌ってもらったり、演奏してもらったりすることで症状の改善と心身の安定を目指します。

音楽療法士になるためには、**日本音楽療法学会が設ける音楽療法士の資格審査に合格する**必要があります。受験資格は、学会が認定している大学や専門学校の「音楽療法コース」を卒業していることです。したがって、同学会認定の音楽療法コースがある音楽大学や大学の芸術学部・専門学校などに進学する必要があります。大学や専門学校で音楽療法コースを修了して資格審査に合格し、音楽療法士（補）として経験を積むと、正式に音楽療法士として認定されます。

POINT
- 音楽療法を用いて心身の病気の回復を手助けする
- 日本音楽療法学会が認定する音大・芸術学部・専門学校を卒業し、資格審査を受ける

資格免許

関連情報
フィトセラピスト➡日本フィトセラピー協会 HP
音楽療法士➡日本音楽療法学会 HP

臨床心理士

悩みを持つ人の話を聞き、その人が心の問題を解決できるように手助けするカウンセリングの仕事です。

臨床心理士は、臨床心理学にもとづいた知識や技法を用いて様々な分野で活動しています。発達や学業面などで問題を抱える子どもやその親へのサポートや、心の問題、あるいは病気やケガなどで不安定になっている人への心理的援助などにも関わります。相談者が解決の糸口を見つけられるように上手に導くことが、臨床心理士のおもな役割です。

臨床心理士は、日本臨床心理士資格認定協会が認定している資格です。臨床心理士になるためには、大学で心理学を専攻し、同協会指定の大学院で修士課程を修了し、協会が実施する試験に合格して資格を取得する必要があります。

臨床心理士の就職先は、地域のカウンセリングセンターや病院の心療内科、福祉施設などです。医師や看護師が臨床心理士の資格を取得するケースもあります。

人の心の問題に関わるのは簡単な仕事ではありません。他人の話に謙虚に耳を傾ける努力や訓練が必要です。

POINT
- 相談者が心の問題を解決する手助けを行う
- 大学で心理学を専攻し、日本臨床心理士資格認定協会指定の大学院の修士課程を修了して資格試験に合格する

心理判定員・児童心理司

身体障害者更生相談所や知的障害者更生相談所などで働く心理学の専門職です。障害者更生相談所は障がい者の体の状態・心の状態・職業能力を判定し、障害者手帳の交付などを行い、障がい者の生活を支援します。その中で心理判定員は、障がい者の心の状態を把握するための面接や検査を担当します。また、障がい者が就職した際に安定した生活を築けるように、心理判定員が職能判定員の仕事を兼務することもあります。

児童相談所で働く心理判定員は「児童心理司」と呼ばれます。児童相談所には、子どもの家出や非行・不登校などに関する相談が寄せられます。児童心理司は、心理テストを用いて子どもの心理状態を判定します。その判定結果を参考にして、児童相談所の職員は問題解決の方策を考えます。

障害者更生相談所や児童相談所は自治体が設置する機関です。心理判定員・児童心理司として働くためには、大学で心理学を専攻し、地方公務員試験に合格する必要があります。大学院で心理学を研究し、臨床心理士の資格を取得しておくと有利です。

POINT
- 障がい者や子どもの心理判定が専門の地方公務員
- 大学で心理学を専攻し、地方公務員試験に合格
- 取得すると有利な資格・免許あり

関連情報
臨床心理士 → 日本臨床心理士資格認定協会 HP
心理判定員・児童心理司 → 日本心理学会 HP

PART 1 人の役に立つ仕事がしたい

産業カウンセラー 資格免許

労働者の悩みや不安を聞き、問題解決を手助けするカウンセリングの仕事です。労働者が悩みや不安に苦しむことなくいきいきと働けるように、心理学の知識とカウンセリングの技法を用いて支援します。産業カウンセラーが扱う相談内容は、職場の人間関係のストレスや新しい仕事に適応できない悩みなど、相談内容は多岐にわたります。

とりわけ近年は、働く人の心の健康度（メンタルヘルス）の低下が問題となっています。働く環境が激しい変化にさらされ、仕事が原因で心の問題を抱える人が増えているため、産業カウンセラーは今後ますます必要とされてくるでしょう。

産業カウンセラーは、**日本産業カウンセラー協会が認定する民間資格**です。大学で心理学・人間科学・人間関係学などを専攻して卒業し、協会の実施する面接実習の研修を修了するか、協会指定の養成講座を受講したあと、認定試験に合格すると資格を取得できます。企業の人事担当者などが社員の悩みや不安に対処するため、産業カウンセラーの資格を取得するケースも増えています。

POINT
- 労働者の相談に乗り、問題解決の手助けを行う
- 今後ますます必要な存在になる職業
- 日本産業カウンセラー協会が認定する民間資格

ストレスケアカウンセラー

ストレスを抱えている人たちの相談に乗り、ストレスの原因となっている問題を解決する手助けを行う仕事です。ストレスの原因を探り、相談者がより快適に社会生活を送ることができるように丁寧なカウンセリングが必要です。

現代社会はストレスを抱えている人が多いといわれています。企業で多忙に働く人たちの間だけでなく、家庭や学校などが原因でストレスを抱えている人が増えているともいわれています。ストレスが原因でうつなどの症状に悩む人が増加しています。その一方で、病院の心療内科や精神科の受診をためらうケースが多く、診療を受ける患者数は多くないという現状があります。ストレスケアカウンセラーは、身近な存在として地域でストレスを抱える人たちのために活動することが期待されています。

ストレスケアカウンセラーになるためには、いくつかの団体が認定しているストレスケアカウンセラーの民間資格を取得するとよいでしょう。大学では**精神保健やメンタルヘルス**について学んでおきましょう。

POINT
- ストレスを抱える人の相談に乗る
- 病院の心療内科や精神科より身近な存在
- 大学で精神保健やメンタルヘルスを学ぶとよい

関連情報
産業カウンセラー → 日本産業カウンセラー協会 HP
ストレスケアカウンセラー → 『こころと体をつかさどる ストレスケア・カウンセリング』（美野田啓二著／長崎出版）

僧侶

お寺でお墓の管理をして先祖の供養をしたり、葬式や法事に呼ばれて弔いをしたり、仏前結婚式をとり行ったりする仕事です。

僧侶の本来の役割は、仏陀の教えである仏教を広め、人々を悩みや不安から救うことです。そのため、講話会を開いて仏の教えをわかりやすく話したり、座禅や写経の指導も行います。

僧侶になるにはおもに2つの方法があります。1つ目は、仏教学部のある大学に進学して仏教を専門的に学び、一定期間道場で修行をする方法です。2つ目は、僧侶を養成する研修所に入って修行をする方法です。修行期間中は厳しい規律の中で規則正しい生活を送り、読経や作務（清掃などの作業）を行います。

仏教には、天台宗・浄土宗・臨済宗・日蓮宗などの宗派があり、宗派によって教えの内容や僧侶になる方法が少しずつ異なります。それぞれの宗派について理解を深め、まずはどの宗派の僧侶になりたいかを考えるとよいでしょう。

POINT
- 仏の教えを広める役割
- 先祖の供養や葬式・仏前結婚式などをとり行う
- 仏教系の大学か僧侶養成の研修所に入る

神父・牧師

神父・牧師は共にキリスト教の聖職者です。キリスト教は大きくカトリックとプロテスタントという宗派に分かれており、神父はカトリックの聖職者、牧師はプロテスタントの聖職者です。教会は基本的に信者によって支えられているので、神父・牧師は教会を訪れる信者に奉仕の精神で接します。

神父・牧師は、毎日教会でミサ（カトリック）・礼拝（プロテスタント）をとり行います。また、教会に来る信者の悩みを聞き、聖書の教えにもとづいて、悩みが解決するように手助けをします。聖書の教えを広める説教をしたり、結婚式や葬式をとり行うのも神父・牧師の仕事です。

修行中心の生活を送る神父・牧師や、海外での布教活動を行う神父・牧師もいます。また、病気の人や生活に困っている人を助ける活動に生涯をささげる神父・牧師もいます。

神父・牧師になるためには、それぞれの宗派の神父・牧師の推薦を受け、神学校や大学の神学部に進学して聖書の教えや宗派の歴史を専門的に学びましょう。卒業後は面接や試験を受けてそれぞれの教会へ配属されます。

POINT
- 聖書の教えを広め、人々を悩みや苦しみから救う
- キリスト教の聖職者
- 神学校や大学の神学部へ入学する

関連情報
僧侶 ➡ 『おぼうさん、はじめました。』（松本圭介著／ダイヤモンド社）
神父・牧師 ➡ 『なんでもわかる キリスト教大事典』（八木谷涼子／朝日文庫）

PART 1 人の役に立つ仕事がしたい

神職

神社に奉仕し、神道の儀式をとり行う仕事です。

神道は、自然に対する畏敬の念を表現した日本古来の信仰です。神職は、毎日早朝に境内を清掃し、祀っている神体を拝んで感謝の気持ちを伝えます。また、七五三・初詣・神前結婚式などの神道の儀式もとり行います。日本に古くから伝わる神道の考えを後世に伝えていくことも神職の重要な役割です。また、神社によっては文化的・歴史的価値の高い建築様式を現在に伝えているところもあります。こうした文化財を守り継承していく役割も担っています。

神職になるためのおもな方法は、神道系の大学（國學院大学〈東京〉と皇學館大学〈三重〉の2校）が設置している専門の学科を卒業することです。所定の課程を修了すると神社の管理人である宮司になるために必要な上の階位の資格を取得することができ、必要な実習を経るとさらに上の階位の資格を取得できます。また、國學院大学・皇學館大学・一部の神社庁で年2回行われる神職養成講習会に参加したり、全国に数校ある神職養成所に通ったりする方法もあります。

POINT
- 神社を管理し、神道の儀式をとり行う
- 日本古来の信仰体系を後世に伝える
- 國學院大学か皇學館大学で神道を学ぶ

キャディー

ゴルフコースでプレーヤーのサポートを行う仕事です。プレーヤーが気持ちよくゴルフを楽しめるように、プレーヤーの道具の選択・コースの説明やアドバイス・プレー後の芝生の手入れなどを行います。そのため、コースのレイアウトや距離感を把握したうえで、プレーヤーのペースを乱さずに付き添う必要があります。

キャディーには、ゴルフ場で顧客をサポートするハウスキャディーと、プロゴルファーをアシストするプロキャディーがいます。プロキャディーは、プロゴルファーと共にトーナメントに出場し、あうんの呼吸でプロゴルファーをサポートします。プロキャディーには、天候によって変化する芝やグリーンの状態を把握するなど、**ゴルフに関する深い知識と感性**が求められます。

キャディーになるためには、ゴルフ場のキャディー募集に応募します。トーナメントでボランティアのキャディーを募集していることもあります。また、ゴルフの経験がある人は、プロゴルファーの事務所に就職するという方法もあります。

POINT
- ゴルフコースでプレーヤーのサポートを行う
- ハウスキャディーとプロキャディーがいる
- ゴルフ場のキャディー募集に応募する

関連情報　神職 ➡ 國學院大学／皇學館大学 HP
　　　　　キャディー ➡ 日本ゴルフ協会 HP

消費生活アドバイザー

資格・免許

企業や自治体・民間団体などの消費者相談窓口で、消費者からの相談・苦情を受けつける仕事です。相談の内容は、「サービスの内容が広告宣伝の内容と違っていた」など様々です。

消費生活アドバイザーは、電話・メール・ハガキなどで寄せられる相談・苦情を受け、対処の仕方について消費者にアドバイスをします。また、今後の買い物やサービス契約についての注意事項なども伝えます。

商品やサービスを販売する企業に消費者の苦情や要望を整理して伝えることも消費生活アドバイザーの役割です。企業が新商品を企画・開発する際に、消費生活アドバイザーがまとめた消費者の声が活用されます。また、商品のパンフレットや説明書が消費者にとってよりわかりやすいものになるように、消費生活アドバイザーがアドバイスをすることもあります。

消費生活アドバイザーは日本産業協会が認定している民間資格です。**試験に合格して認定されると、企業や自治体の消費者相談窓口に就職するときに有利**でしょう。

POINT
- 消費者相談窓口で消費者からの相談・苦情を受ける
- 消費者に適切な消費生活のアドバイスをする
- 日本産業協会が認定する民間資格

女将・仲居

旅館で働く仕事です。女性の割合が圧倒的に多い仕事で、男性の場合は女将ではなく主人や社長などと呼ばれます。

女将は、旅館の経営者として経営方針を立て、資金の出入りや財務状況をチェックします。また、旅館で働く仲居や料理人などのスタッフを統括する管理職でもあります。旅館でスタッフを教育するのも女将の仕事の1つです。旅館のスタッフが質の高い接客をできるように、女将が手本となって教育します。また、女将は、旅館の顔として広報活動にも重要な存在です。旅館経営は女将の手腕によって大きく左右されます。

仲居は、旅館で接客をします。旅館に来た宿泊客を出迎え、部屋に案内し、旅館の設備やサービスを説明します。料理を運んだり、布団の上げ下げをするのも仲居です。「寒いので毛布が欲しい」など、宿泊客から要望があれば、迅速に対応します。旅館のイメージや満足度は、仲居の立ち居振る舞いによって大きく左右されます。

女将になるためには、旅館に就職しましょう。**女将になるためには、仲居として旅館の仕事の経験を積むことが必要**です。

POINT
- 女将は旅館の経営者
- 仲居は旅館の接客係
- 旅館に就職する

関連情報　消費生活アドバイザー ➡ 日本産業協会 HP
女将・仲居 ➡ 『加賀屋の流儀 極上のおもてなしとは』(細井勝著／PHP研究所)

PART 1 人の役に立つ仕事がしたい

フロントスタッフ（ホテル）

ホテルのフロント（受付）の仕事です。宿泊客のチェックインとチェックアウトの手続・鍵の受け渡し・貴重品の管理・電話応対・宿泊客へのメッセージの伝達・要望や苦情への対応などがおもな仕事内容です。

フロントスタッフと宿泊客との関わりの多くは事務的なものですが、宿泊客と対面する機会が最も多いホテルスタッフの1人でもあります。そのため、ホテルの印象はフロントスタッフの対応によって大きく変わります。利用者がホテルで快適に過ごせるように、フロントスタッフは気配りの行き届いた接客サービスに努めます。また、フロントスタッフには外国人も宿泊するため、フロントスタッフには外国語運用能力も求められます。なお、世界的に有名なホテルでは、さらに高度な接客技術が求められることもありますが、「おもてなしの心」という基本精神はどのホテルも変わりありません。

フロントスタッフになるためには、ホテルに就職しましょう。また、外国人の宿泊客の接客ができるよう、就職前に英語の勉強をしておくとよいでしょう。

POINT
- ホテルのフロント（受付）の仕事
- 「おもてなしの心」が求められる
- ホテルに就職する

コンシェルジュ

ホテルの宿泊客からの相談・要望に応える仕事です。仕事の内容は、ホテルの案内はもちろん、観光地のイベントやレストランの予約や交通手段の確保など多岐にわたります。

ホテルには、観光・ビジネス・冠婚葬祭など様々な目的で人々が宿泊します。海外の宿泊客もいます。その土地・文化に詳しくない人や日本語がわからない外国人のために、様々な相談・要求に応えることのできるコンシェルジュが必要とされています。また、宿泊客に不足や不安を感じさせることのない行き届いた気配りも大切です。

コンシェルジュは、ホテルの仕事の1つですが、近年は携帯電話にコンシェルジュサービスが導入されたり、「○○コンシェルジュ」と銘打つサービスが登場するように、ホテル以外にコンシェルジュのサービスを応用したビジネスもあります。

コンシェルジュになるためには、ホテルに就職しましょう。また、外国人の宿泊客の接客ができるよう、就職前に英語の勉強をしておくとよいでしょう。

POINT
- ホテル宿泊客の様々な相談や要望に応える
- 宿泊客の悩み・要望すべてが仕事内容となる
- ホテルに就職する

関連情報　フロントスタッフ（ホテル）➡日本ホテルスクール HP など
コンシェルジュ➡『わたしはコンシェルジュ』（阿部佳著／講談社）

ドアパーソン・ベルスタッフ

ホテルの入り口に立ち、ドアの開閉をして利用客を出迎える仕事です。利用客の自動車の誘導・タクシーの手配・ホテル内の案内なども担当します。ホテルで利用客を最初に出迎える役割を担うため、ホテルのイメージに関わる重要なポジションです。優秀なドアパーソンは、宿泊客の顔・名前・車種などを記憶して、一人ひとりに合わせてもてなします。

ベルスタッフは、宿泊客の荷物を持って客室まで案内する係です。他にも、ホテルや客室内の設備・サービスなどについて説明する役割もあります。チェックアウトの際は客室からロビーまで荷物を運び、宿泊客を見送ります。利用客たちと会話を交わしたり、質問に答えたりすることもあるため、丁寧な言葉づかいと細やかな気づかいが求められます。

ドアパーソン・ベルスタッフ共に、外国人の利用客を出迎えることもあるため、英語力が必要です。スムーズな接客のために、ホテル内のスタッフとの連係も大切です。

ドアパーソン、ベルスタッフになるためには、ドアパーソンやベルスタッフのいるホテルに就職します。

POINT
- ドアパーソンはホテルの入り口で利用客を出迎える
- ベルスタッフは宿泊客を客室まで案内する
- ホテルに就職する

結婚コンサルタント

結婚相手を見つけるサポートを行う仕事です。おもな職場は結婚相談所です。まず、結婚相手を探している人の職業・収入・性格・容姿・健康状態・結婚相手の条件や希望などの項目を登録します。この登録データをもとに結婚条件をお互いに満たしている男女を選び出し、本人に紹介します。その後、紹介した男女が交際に発展した場合は、交際中の相談などにも応じるなど結婚に至るまでサポートを行います。人と人とを結びつける仕事ですので、別の相手を紹介しますや誠実な態度が求められます。

男女の出会いの場としてパーティーなどを企画・運営をし、異性との出会いやコミュニケーションに関するアドバイスも行います。パーティーなどでは、ユニークな企画で参加者を楽しませるなど、まさに腕の見せ所でしょう。中には独立して開業する人もいますが、結婚コンサルタントになるためには、まずは結婚相談所に就職するのがよいでしょう。結婚相談所での勤務を通して経験を積み、独立開業を目指しましょう。

POINT
- 結婚相手を見つけるサポートを行う
- 出会いの場を企画・運営することもある
- 結婚相談所に就職する

関連情報
ドアパーソン・ベルスタッフ ➡ 『結婚披露宴プロ司会者のすすめ』(角谷徹著／ブライダル・エコー企画)
結婚コンサルタント ➡ 日本結婚相談協会 HP

PART 1 人の役に立つ仕事がしたい

ウェディングプランナー

結婚式を挙げたり結婚披露宴を開く新郎新婦をサポートする仕事です。 おもな職場は、結婚式場や結婚式場を併設しているホテルです。

まず、ウェディングプランナーは新郎新婦に結婚式場を案内しながら、二人が希望する結婚式と披露宴の雰囲気や挙式の日程・出席者の人数を確認します。また、二人の希望と予算を鑑みながら衣装やデコレーションなどの提案を行い、挙式の内容を新郎新婦と共に考えていきます。

ウェディングプランナーになるためには、結婚式場や結婚式場を併設しているホテルに就職しましょう。ウェディングプランナーになるために必要な知識を教える学校もあり、そのような学校を卒業することはウェディングプランナーとして結婚式場に就職する近道となるでしょう。学生時代に結婚式場でアルバイトをして経験を積みながらウェディングプランナーを目指す人もいます。また、ウェディングプランナーの民間資格を設けている団体もあります。**資格を取得しておくと就職に有利**でしょう。

POINT
（有）取得すると有利な資格・免許あり
- 結婚式や結婚披露宴を行う新郎新婦をサポートする

ブライダルMC

結婚式や結婚披露宴で司会を務める仕事です。 新郎新婦と事前に進行について打ち合わせを行い、台本を作成して、当日は司会役として結婚式や披露宴を滞りなく進めます。

時間の面での進行管理はブライダルMCの重要な役割の1つです。また、要所で笑いや涙を誘うコメントをして、会場を盛り上げることも大切です。人前に出て話をするのが好きな人、話術や声に自信のある人に向いているでしょう。ハプニングなどに対して臨機応変な対応が求められる場面もあるので、頭の回転が速く機転の利く人にも向いています。

プロのブライダルMCとして仕事をするためには、**正しい言葉づかいや結婚式と結婚披露宴におけるマナーに加え、聞き取りやすい発声や発音の技術も必要**です。基本知識と技術を教えるブライダルMCの養成講座や専門の学校がありますが、ブライダルMCになるためには、ブライダルMCや司会者・ナレーターを派遣している事務所に就職します。多くの場合、就職ではナレーションの実技試験があります。

POINT
- 結婚式や結婚披露宴の司会役
- 進行を管理し、会場を盛り上げる
- ブライダルMCを養成する講座や学校がある

関連情報
ウェディングプランナー → 国際ウェディングプランナー協会 HP
ブライダルMC → ブライダルMCアライランス HP

郵便局員

郵便局で郵便物に関わる業務や銀行業務・生命保険業務を行う仕事です。かつては1つの窓口で全業務をこなしていましたが、郵政民営化後は分社化され、それぞれ別の窓口で業務にあたっています。郵便物に関わる業務では、おもに郵便物の受付・集配・配達、また切手の販売などを行います。銀行業務では、おもに「ゆうちょ銀行」の窓口業務・口座を持つ人の預貯金の管理・口座開設の勧誘・定期預金の契約促進・金利商品の開発及び販売を行います。生命保険業務では、おもに「かんぽ生命保険」の窓口業務・生命保険商品の販売・資産運用などを行います。

郵便局員になるためには日本郵政グループに就職しましょう。日本郵政グループは日本郵便・ゆうちょ銀行・かんぽ生命保険に会社が分かれていて、希望する職種に合わせてそれぞれの会社の採用に応募・就職します。就職後、大学・大学院卒業者は商品開発や営業などの総合職を担当し、短大・専門学校卒業者は窓口業務や営業業務などのカスタマーサービス業務を担当します。

POINT
- 郵便物に関わる業務や銀行業務・生命保険業務を行う
- 地域に密着した生活インフラとして重要な役割を担う
- 日本郵政グループに就職する

秘書（一般企業）

企業の経営者や役員にかわって事務を担当する仕事です。企業の経営者や役員が経営業務に集中できるように、経営者や役員にかわって事務を担当する仕事です。おもな仕事内容は、スケジュール管理・書類作成・社内外への連絡・電話応対などです。

担当する経営者・役員の1日のスケジュールを確認し、メールや郵便物は優先度をつけて内容を報告します。出張の際には交通手段を手配し、宿泊先を予約します。来客があると、必要な資料のコピーなどの準備や応接室への案内・お茶出しなどを行います。社外の人物と相対するので、**正しい言葉づかいとビジネスマナーは必須**です。

秘書の業務は、経営者・役員へのサービス業といえます。**他人への気配りが利き、相手の都合を優先することのできる人**に向いています。加えて、経営者・役員らと信頼関係を持つことができるよう、常に正確な仕事が求められるでしょう。

秘書になるためには大学・短大や専門学校を卒業後、企業に就職します。実務技能検定協会が実施している秘書検定（1～3級）を取得していると有利です。

POINT
- 経営者・役員のために事務を一手に引き受ける
- 気配りのできる人に向いている
- 取得すると有利な資格・免許あり

関連情報
郵便局員 ➡ 日本郵政 HP
秘書（一般企業）➡ 実務技能検定協会 HP

PART 1 人の役に立つ仕事がしたい

葬儀屋

葬儀をとり行う仕事です。葬儀が終わるまで、遺族が故人を弔うことを様々な形でサポートします。

訃報(ふほう)の連絡が入ると、遺体のある病院や家に向かいます。遺体を自宅や安置施設へ安置し、遺族と葬儀の日程・詳細について打ち合わせを行い、遺体を棺に納める納棺の儀式をとり行います。本人やその家族にとって重大な人生の節目となる「死」に立ち合う役割を担う仕事です。遺体に対する弔いの気持ちはもちろん、遺族への心づかいが求められます。最近では様々な葬儀の形式が見られるようになり、故人や遺族の希望に沿った弔いの形を実現することも求められています。

納棺後は、火葬場や車両・料理・返礼品などを手配し、葬儀の準備をします。亡くなってから葬儀の当日まで数日しかないため、迅速に準備を進めます。また、葬儀の場では司会進行・僧侶の案内・弔問客の誘導など式典を滞りなく進めます。葬儀屋として働くためには、葬儀社に就職します。葬祭関連の民間資格は複数ありますが、その有無は就職する際の必須条件にはなりません。

POINT
- 葬儀をとり行い、遺族が故人を弔うのをサポートする
- 葬儀社に就職する

納棺師

遺体を棺に納める仕事です。納棺師を主人公にした映画『おくりびと』で注目されました。

納棺師が遺体を整え、旅立ちの衣装を着せて棺に納めることを「納棺の儀式」といいます。納棺の儀式で、納棺師は遺族や参列者が故人と対面できるように遺体の身支度を整え、故人の思想・信条や宗派に合わせた衣装の着つけを行います。衣装の着つけには、古くからのならわしにもとづくいくつかの決まりごとがあります。遺族にも手伝ってもらうことにより、故人を見送る心の準備をしてもらいます。

遺体の身支度を整え終えたら、遺族と一緒に納め、棺のふたを閉めます。故人が愛用していたものも一緒に納め、棺のふたを閉めます。この一連の納棺の儀式をとり行うのが納棺師の仕事です。**遺族が死を受け止められるように手助けする**大切な役割を担います。誰もが迎える「死」について深く考え、人生観や死生観に向き合う機会の多い仕事といえるでしょう。納棺師になるためには、葬儀社や納棺を専門にしている会社に就職しましょう。

POINT
- 遺体を棺に納める納棺の儀式をとり行う
- 遺族が死を受け止められるように手助けする
- 葬儀社や納棺業者に就職する

関連情報　葬儀屋→全日本葬祭業協同組合連合会 HP
納棺師→『納棺夫日記 増補改訂版』(青木新門著／文春文庫) HP

消防官

日夜訓練を積み重ね、火災などの際は消火や人命救助をする仕事

こんな人におすすめ！
- どんな状況でも冷静でいられる人
- チームプレーを実践できる人
- 物理・数学・化学が好きな人

1 消防官の仕事とは？

消防官とは、**火事の際に火を消し、人命救助を行うと共に、災害が起こらないよう防災活動に努める仕事**です。

消防官の仕事は、それぞれにきちんと役割分担が決まっています。例えば、消防車両を運転し、現場に水を送る人、送られてきた水を使って放水する人、はしご車で消火活動をする人、隊員の指揮を執る人など、各消防官が自分の役割の中で最大・最善の努力を尽くします。これは、火災現場というギリギリの状況下で人の命を助けつつ自分たちの命を守るために不可欠なシステムなのです。

火災現場へ出場する消防官は、普段から万全の態勢で待機しています。消防車両の点検はもちろん、空気呼吸器・救助ロープ・エンジンカッター・手斧・防火服・ヘルメット・ライトなどの資材や器材・装備品をすべてチェックし、いつ緊急事態が発生してもすぐに出動できるよう、完全な状態にメンテナンスをしています。また、消火訓練や救助訓練も行い、どんな現場でもあわてず活動できるように態勢を整えています。

他にも、防火・防災を啓蒙する仕事、ビルやマンションなどの消防設備を検査する仕事、火災の原因を調査する仕事、署内で現場の隊員をバックアップする仕事などがあります。

2 消防官の役割・資質とは？

現場でも署での待機中でも、十数名で構成されたチームが活動の単位になります。24時間勤務では寝食を共にするため、まずは**協調性や気遣い**が求められます。現場の緊迫した空気の中で「よこせ！」と先輩が差し出した手に何を渡せばよいのか、今は何を優先すべきなのか。そういった思慮・配慮ができることが求められます。**観察力や洞察力**のすぐれた人、あるいはスポーツなどを通して**チームプレー**が身体にしみついている人に向いているでしょう。

注意しなければいけないのは、過度な使命感やヒロイズム（英雄主義）です。火災現場では、ちょっとした判断ミスが自

94

3 消防官になるためには？

分の命だけでなく、要救助者の命、さらにはチームメイトの命の危険へとつながります。**常に冷静でいられる人、客観的で的確な状況判断ができる人、相手をフォローするのが上手な人**に向いています。

消防官になるためには、各自治体（東京都は東京消防庁）が主催する消防官採用試験を受験します。東京消防庁の場合、採用試験には生年別にⅠ類からⅢ類までと電気・化学などの専門系があり、それぞれ試験日程が違います。また、採用試験は二次までであり、一次試験は一般教養に関する筆記試験・論（作）文試験・適性検査、二次試験では身体・体力検査や個人面接が行われます。試験の詳細は、各消防署で配布している採用試験案内や各自治体のホームページで確認できます。

採用試験に合格したあとは、消防学校へ入学します。消防学校では約6カ月かけて、消防官として必要な知識と技術を学びます。具体的には、消火活動訓練をはじめとして、防火・防災に必要な基礎的な法令、資材や器材の取扱法、救急法などを学びます。座学だけでなく、実践に則した訓練も多々あります。その後は各消防署へ配属され、先輩消防官と共に現場へ出場しながら消防官の実務を学びます。半年後、再び消防学校へ戻って卒業式を迎えてから、正式配属となります。

消防官には、チームワークや体力のみならず、実際の現場で役立つ物理・数学・化学の知識が求められます。高校生のうちから幅広い分野を学んでおきましょう。

PART 1　人の役に立つ仕事がしたい

進路フローチャート

配属
実践的な訓練が多い。基礎体力をつけ、持久力・耐久力を養っておくこと

↑ 6カ月

採用試験（消防学校）

試験の出題範囲は幅広い。法律や歴史、理数系など、幅広く勉強をしよう

試験は英文読解や政治・経済など。英語力を高めつつ新聞で知識を深めよう

大学入学 ／ **短大入学**
物理・数学・化学など、理数系分野をきちんと学んでおくと役立つ

高校入学

POINT
- 火災現場において、明確な役割分担でチームプレーに徹して消火活動と人命救助を行う
- 消防官採用試験に合格し、消防学校で知識と技術を学ぶ

関連情報
● **東京消防庁採用案内** HP
東京都を管轄する東京消防庁への就職を目指す人向けに、採用情報や過去の結果を公開。インターネット上で受験申込もできる

オススメの1冊！
『消防署の秘密がズバリ！わかる本』（謎解きゼミナール編／河出書房新社）
消火で使った水道料は誰が払う？ など消防に関する素朴な疑問にわかりやすく答えてくれる

ℹ 採用試験は各自治体によって日程が違うので、受験のチャンスがたくさんある

INTERVIEW

現役の消防官に聞きました

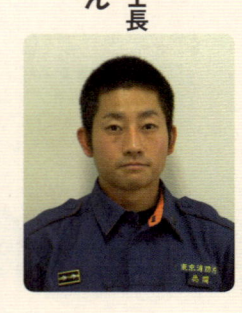

少年の頃から野球を続け、チームプレーの本質と頑強な肉体を身につけた徳間さん。その経験とスキルが人助けに役立つのならばと思い、消防官という仕事を選んだそうです。防災や救助に真剣に取り組む徳間さんに、消防官の仕事についてうかがいました。

東京消防庁 目黒消防署 消防副士長
徳間 康裕さん

① お仕事の内容は？

同じ消防署員とチームを組み、現場へ出場して消火活動や人命救助を行うのがおもな仕事です。

東京消防庁では3交替制でチームを編成し、24時間態勢で対応にあたっています。チーム内では、はしご車やポンプ車などに担当分けがなされており、出場の際にはそれぞれのメンバーが担当している役割を果たすことになります。私ははしご車の担当です。出火報（火災発生を知らせる出場指令）と共に、隊長と機関員（消防車両を動かす担当者）と私の3人ではしご車に乗り込み、現場へと向かいます。現場では、まず要救助者の有無を調べ、要救助者がいる場合は人命救助を最優先で行います。いない場合は消火活動に集中します。

人命救助の点でいえば特別救助隊、いわゆるレスキュー隊がそのエキスパートであり、他の隊と連携しながら延焼建物に入り、逃げ遅れた人を救助します。

災害対応以外は、車両や装備の点検、消火訓練、救助訓練、さらには個人的な体力づくりなどをして過ごします。もちろん、出場すればそれに関する報告書の作成といった事務作業も発生します。また、消防法にもとづいた建物への立ち入り検査を行ったり、都民への防災指導を行ったりします。

2012年、私は特別救助技術研修を修了し、レスキュー隊員の資格を取得しました。今後はレスキュー隊員としても頑張っていこうと思っています。

96

PART 1 人の役に立つ仕事がしたい

ある日の徳間さん

- 7:30 出勤
- 8:30 交替。前任の当務員から任務を引き継ぐ。車両や資器材の点検や訓練、事務処理を行う
- 12:00 昼食
- 13:00 消防活動訓練。はしごなどの資器材を使い、実戦さながらの訓練を行う。訓練終了後は体力づくり
- 17:15 夕食
- 18:30 点検
- 19:00 ミーティング後、事務の処理
- 22:20 仮眠。仮眠中も出場に備えている
- 6:00 起床・庁舎清掃・朝食
- 8:30 交替。後任の当務員へ任務を申し送りし、帰宅

装備品や資器材の点検は不可欠。1つひとつ取り出し、入念に確認

PROFILE
とくま やすひろ
早稲田大学 商学部卒業

❷ このお仕事の醍醐味は？

「誰かの役に立てる」ということです。しかしその一方で、過酷な部分もたくさんあります。それでも頑張っていけるのは、皆さんの笑顔を見ているからです。

例えば、消防署を訪れた子どもが消防車や訓練風景を見て大喜びする。お父さんお母さんは、喜ぶ子どもを見て幸せそうにほほ笑む。あるいは、消防車で走っていると子どもたちが手を振ってくれる。まさに、自分はこういう人たちの笑顔を守っているんだと実感することができます。あの笑顔をまた見たいから、これからよりいっそう頑張ろうと思えるのです。

❸ 消防官を目指す人にアドバイス

体力勝負だけに思える消防官ですが、実はそうでもありません。ロープや滑車を使う救助活動ならば物理、消火活動の放水量や放水圧の計算には数学、可燃物が発するガスの危険性なら化学というように、現場では専門的な知識が頻繁に要求されます。当然、採用試験でも出題されますから、これらの科目の底上げを行うことが大切です。そのうえで、基礎体力の向上を心がけましょう。

また、採用試験では、時事的な社会問題も出題されます。普段から新聞などに目を通し、その出来事について自分なりの見解を持っておくとよいでしょう。

救急隊員

こんな人におすすめ！
- 人の命を救う仕事がしたい人
- 体力に自信のある人
- 救急の現場で社会貢献したい人

1 救急隊員の仕事とは？

救急隊員は消防署に所属し、119番の連絡が入ると救急車で現場に駆けつけ、重い病人や怪我人を救急車で病院へ搬送しながら応急処置を施します。

救急隊は3名1組で1台の救急車に乗り込みます。その3名のうち最低1人は救急救命士の資格を持つ隊員です。救急救命士には、医師の指示のもとで、一般の救急隊員よりも多種類の応急処置を施す権限が与えられています。

例えば、救急救命士は医療用の輸液を用いて静脈路を確保するなどの本来は医師が行う医療行為を行うことができます。医療行為を事前にできれば、病院に到着してからすぐに患者に薬剤を投与することができ、救命につながります。

また、救急救命士は呼吸が止まってしまった人に対して、器具を用いて気道を確保し、肺へ空気を通す処置を施すことができます。さらに、認定を受けた「認定救急救命士」は気管に直接チューブを挿入する「気管挿管」と呼ばれる処置や、強心剤のアドレナリンを投与するなど、より高度な応急処置を施すことができます。このような処置を施しながら、受け入れ可能な病院を探し、患者を搬送します。病院到着後は、患者の状態と到着までの処置について医師に伝えます。

救急隊員は24時間体制で待機し、119番が入るたびに救急車で現場に急行します。例えば、1日の大半は救急車の中で患者の処置にあたっています。近年、街中に多く設置されるようになった自動体外式除細動器（AED）の使用方法などについて周知することも仕事の1つです。

また、**地域の救命講習会などで応急処置の方法を地域住民に指導することも重要な仕事**です。

2 救急隊員の役割・資質とは？

脳出血や脳梗塞・心筋梗塞は、日本人の死因の大部分を占めています。これらの病気は、発作が起きてから短時間で病院に搬送し、処置を施す必要があります。

また、交通事故や工場などでの事故や火災などが起きたと

PART 1 人の役に立つ仕事がしたい

3 救急隊員になるためには？

救急隊員になるためには、**各自治体の消防官採用試験**に合格する必要があります。合格後は救急隊員として勤務します。一方、**救急救命士は国家資格**です。**救急救命士国家試験に合格する必要があります**。

救急救命士国家試験は、救急隊員として5年ないし2000時間以上救急業務に従事し、養成校で研修を受けると受験資格が得られます。また、高校卒業後に救急救命士養成専門学校で2年間学ぶか、救急救命士になるための指定科目がある大学で指定科目を履修することで受験資格を得ることもできます。最初から救急救命士を目指すなら、後者の方が近道です。国家試験合格後は、救急医療に関する病院実習（160時間以上）を経て消防署に配属されます。

一刻を争う救急救命の場面では、**冷静な観察力と判断力・豊富な医療知識と処置の経験・適切で迅速な処置**が求められます。また、救急隊員には**体力も必要**です。救急隊員は1回の勤務が24時間で、そのうち8時間が仮眠時間ですが、119番が入れば仮眠中でも出動します。**人々の命を救う**という強い使命感がないと務まらない仕事でしょう。

きも、どれだけ迅速に現場に駆けつけ、適切な応急処置を施すことができるかで患者の生死が分かれ、助かった場合でも後遺症の程度が変わります。救急隊員の活躍によって、多くの人々の命が救われているのです。

進路フローチャート

消防署に配属
↑
病院実習
救急医療に関する160時間以上の実習を病院で受ける
↑
国家試験に合格
国家試験を目指して勉強。合格率は毎年80％を超えている
↑
救急救命士養成専門学校または養成指定科目がある大学に入学
救急救命士は体力が大事。試験勉強に加えて体を鍛えておこう
↑
高校入学

※救急救命士を目指す場合

POINT

- 救急車の中で応急処置を施す
- 消防官採用試験に合格する
- 救急救命士の場合は国家試験に合格する

関連情報
- 日本救急医療財団 HP
  救急救命士の国家試験の関連情報だけでなく、救急医療全般について掲載している
- 合格率（救急救命士）：87.0％（第43回・2020年）

オススメの1冊！
『民間救急救命士の使命と実態―命の現場24時!!』
（鈴木哲司著／知玄舎）
元救急救命士が命を救う現場を描く。消防機関以外の救急救命士が主役だが、救急救命の仕事がわかる

ℹ 消防官の給与は一般公務員より高いが、救急救命士には各種手当がついて消防官よりさらに収入は多い

自衛官

こんな人におすすめ！
- 国家の安定と国民生活に貢献したい人
- 体力に自信がある人
- 協調性がある人

1 自衛官の仕事とは？

国の平和と安全を守ること、外部からの侵入に対して防衛することが、自衛官の仕事です。自衛官は防衛省に所属する特別職国家公務員です。階級を持ち、戦闘を任務の1つとしている自衛官と、事務官などの職員・防衛大学校の学生などを総称して自衛隊員といいます。

自衛官・自衛隊員の活動は、**防衛活動・緊急救助活動・国際平和協力活動**の3つに分けられます。

防衛活動は、日本の領土である領空や領海への外国の航空機や船の侵入を防ぐ活動です。普段はレーダーや巡視によって日本の領土周辺を監視しています。海上では海上保安庁と連携して領土を監視し、領空や領海を侵犯する航空機や船舶を発見したら警告して追い払います。万が一の戦闘に備え、自衛官と自衛隊員は日頃から戦闘訓練に励み、戦闘車両などの保守整備を行っています。緊急救助活動では、台風や洪水・地震などの災害が発生した際に、警察や消防などと協力して現場での救助活動にあたります。国際平和協力活動では、国際平和協力法（PKO協力法）にもとづいて海外の紛争地域におもむき、地域の平和を維持するための活動を行うことで国際社会に貢献しています。

自衛官・自衛隊員は、大きく**陸上自衛隊・海上自衛隊・航空自衛隊**の3つの部隊に分かれています。

陸上自衛隊は3つの中で最大の隊です。歩兵部隊や戦車隊などの戦闘部隊に加え、道路や橋を建設する部隊もあります。国際平和協力活動において、陸上自衛隊は外国の道路の補修や不発弾の処理などを行っています。海上自衛隊は、領海への外国船の侵入を防ぎ、日本の領海を守ります。海上保安庁では対応できない領海侵犯船に対して出動します。また、航行中の貨物船などを海賊から護衛します。航空自衛隊は、領空への外国の航空機の侵入を防ぎ、日本の領空を守ります。外国の航空機に加え、巡航ミサイルの監視もします。

なお、自衛官にはこれら3つの部隊を支える燃料補給などの後方支援活動や、会計などの組織管理活動の任務を行う人

PART 1 人の役に立つ仕事がしたい

もいます。

2 自衛官の役割・資質とは？

2011年3月11日に発生した東日本大震災で、被災地の救助・復旧活動にあたった自衛隊員の姿を記憶している人は多いでしょう。**災害などから国民の命や生活を守ること**は、自衛官・自衛隊員の重要な使命です。海外で災害や紛争が起こった際は、現地の人々の支援を行うこともあります。日本の領土が侵犯され、国民の利益と平和・安全が危険にさらされた場合は、自衛官・自衛隊員が防衛します。

国と国民のために体を張って働くことが、自衛官の誇りです。国と国民のために職業人生を捧げようと思える人は、自衛官に向いているでしょう。

3 自衛官になるためには？

自衛官になるためには様々なコースがあります。部隊のリーダーとなる幹部自衛官を目指すなら、一般の大学を卒業して自衛官の採用試験を受けるか、防衛大学校に進学します。防衛大学校では給与を支給されながら、幹部自衛官になるための教育と訓練を受けます。パイロットを目指す場合は、航空自衛隊または海上自衛隊に入隊し、航空学生として教育・訓練を受けます。その他、防衛医科大学校に進学して、自衛隊の医師になる方法や陸上自衛隊に入隊して看護学生となる方法などがあります。いずれにせよ、**規則正しい集団生活と、心身共に厳しい訓練**が課せられます。**協調性・体力**が求められます。

進路フローチャート

卒業、自衛隊の各部隊に配属

↑

入学すると公務員として給与と制服が支給される。
一般的な理系・文系科目に加えて防衛学を学ぶ。訓練もある

防衛大学校に入学

↑

自衛官を目指すなら、体力と運動能力をつけ、集団行動ができる協調性を高めよう。
防衛大学校には、応用科学群・電気情報学群・システム工学群・人文社会科学群がある

高校入学

※防衛大学校から幹部自衛官を目指す場合

POINT

- 自衛隊員の中で階級を持ち、戦闘も任務とする人々が自衛官
- 防衛大学校では幹部自衛官を養成している

関連情報
- 自衛官募集（防衛省）HP
  自衛官の職種・教育機関・なり方のコースがまとめられている。自衛隊の仕事を動画で解説したり、先輩が質問に答えるコーナーもある

オススメの1冊！
イカロスムック『自衛官になる本』
（古澤誠一郎・菊池雅之著／イカロス出版）
豊富な写真と図解で、自衛隊の組織、自衛官の仕事の内容などをわかりやすく解説している

ⓘ 女性の自衛官も増えているが、志望者も増えているので高倍率。女性は戦闘部隊には配属されない

司法書士

こんな人におすすめ！
- 法律の仕事に携わりたい人
- 日々学ぶ努力を惜しまない人
- 独立開業をしたい人

1 司法書士の仕事とは？

法律に関する手続や書類作成・相談業務などが司法書士の仕事です。おもに不動産登記・商業登記・企業法務の業務を担当します。

不動産登記とは、ある土地や建物の所有者を公的に記録することです。不動産登記がなされなければ、どの土地や建物を誰が所有しているのかがわからなくなり、土地や建物の所有権に関するトラブルや犯罪が発生しやすくなります。そのため、新たな土地・建物を所有するときは、不動産登記を行い、その土地・建物の所有者としての公的な証明を得ることになっています。この登記の手続・書類作成を司法書士が担当します。

一方、商業登記とは、会社の公的な記録を作成することです。会社は、その経営者や経営目的および内容を公的に記録しておくことが法律（商業登記法）で定められています。会社を設立したとき、会社の事業内容などに変更があったとき、会社が解散して清算を行うときなどに、司法書士が商業登記の書類を作成して法務省法務局に申請します。

企業法務とは、企業経営に関連する法律に関して経営者にアドバイスをすることです。特に、自社内に法務部などの法律関係の専門部署を持たない中小企業に対して、取引上のトラブルが発生したとき・株式公開をするとき・企業買収や合併が発生したときなどに、法律の専門家としてアドバイスをし、法的な文書の作成・整備などを行います。

この他にも、トラブルを抱えた人が裁判所に訴えや申立をするときの書類の作成や訴訟手続を行う裁判業務も司法書士の仕事です。裁判所での弁論・調停・和解のための交渉・手続なども担当します。

2 司法書士の役割・資質とは？

法律の専門家である司法書士の役割は、**法律の力で人々の暮らしを守ったり、トラブルを解決すること**です。

例えば不動産登記の業務は、土地や建物の所有権を公的に

102

PART 1 人の役に立つ仕事がしたい

3 司法書士になるためには？

司法書士は国家資格です。国家試験に合格して資格を取得する必要があります。合格率は約2〜3%弱と超難関です。

証明し、トラブルを未然に防ぐための仕事といえます。また、司法書士が担当する裁判業務も、法律の専門家としてトラブルに巻き込まれた当事者を支援する仕事です。

法律は社会の秩序を守るためにあります。法律に従うことで余計なトラブルを防ぐことができ、トラブルが発生したときも法律を適用することで被害を小さく抑えることができます。しかし、私たちは複雑な法律の世界を熟知しているわけではありません。そこで、司法書士が法律の専門家となって社会の秩序を守っているのです。

司法書士を目指す人の多くは、大学に通いながら資格の専門学校などにも通って資格試験の勉強に励みます。高校生のうちは社会科に力を入れ、法律と私たちの暮らしとの関わりに興味を持ちましょう。

国家試験合格後は、日本司法書士会連合会に登録して研修を受け、司法書士事務所に就職して働きます。司法書士の多くは、司法書士事務所で経験を積み、独立して自分の事務所の開業を目指します。

住宅の購入や自動車事故、また中小企業の会社経営など、扱う分野の多くは地域住民の日常生活に大変身近であるといえます。独立して成功するためには、顧客から信頼される人柄と、顧客を開拓する営業センスも重要です。

進路フローチャート

司法書士事務所に就職
↑ 日本司法書士会連合会に登録し、研修を受ける

司法書士試験に合格
↑ 法学部の授業と共に資格の専門学校で試験対策を行う人がほとんど

大学の法学部に入学
↑ 社会科の勉強に力を入れよう。法律と暮らしとの関わりを知ろう

高校入学

POINT
- 法律の専門家として社会の秩序を守る
- 大学では法律の知識を学ぶ
- 国家試験に合格する

関連情報
- **日本司法書士会連合会** HP
  司法書士の使命や専門分野・司法書士国家試験の概要・先輩からのメッセージなどのコンテンツが充実している
- **合格率：3.6%（2019年度）**

オススメの1冊！
『私にもできた！司法書士合格・開業』
（渡邊亜紀子著／自由国民社）
大学在学中に司法書士国家試験に合格し、24歳で独立開業した著者が、司法書士の受験と仕事を紹介している

ℹ 近年の法改正で、140万円以下の債務に関する交渉などが司法書士でもできるようになった

行政書士

こんな人におすすめ！
- 法律の仕事に携わりたい人
- 物事への関心度と集中力が高い人
- 文書作成が得意な人

1 行政書士の仕事とは？

行政書士は、**依頼人のかわりに役所に提出する書類の作成と提出に関する手続を行い、またこれらに関する相談業務を行います**。司法書士とは職域の重なる部分が多くありますが、相続や登記などの手続は司法書士、法務局以外への官公庁への手続は行政書士というようにすみ分けがなされています。

私たちは生活や仕事の様々な場面で役所に書類を提出します。例えば、会社を設立して事業を始めるときは、許可・認可を役所に申請するために書類を作成します。また、物やお金を貸し借りするときには、その内容を証明する借用書を作成します。著作権や商標などの知的財産権が伴うものに関しては、その権利を証明する書類を作成します。遺言書の作成や、離婚時の養育費・慰謝料・財産分与などの書類を作成することもあります。このように、行政書士が代理で作成する書類は多岐にわたり、その種類は１万種類あるともいわれています。

2 行政書士の役割・資質とは？

役所に提出する書類には法律によって定められた書式と手続があり、法律を熟知していない人が自分で作成・手続を行うのは困難です。どのような書類を、どこに届けなくてはならないのかわかりませんし、書類に不備があると受け取ってもらえません。すべてを自分で行おうとすると非常に手間がかかります。そこで、行政書士が本人のかわりに書類を作成し、手続を行っているのです。

法律を熟知していない人々にとって、**行政書士は書類作成や手続に関わる法律についてアドバイスをしてくれる「身近な法律家」としての役割を果たしています**。また、書類作成と手続の代理を通じて国民と行政の橋渡しを行い、国民の生活上の権利や利益を守るのも行政書士の重要な役割です。税理士が行う税務関係・司法書士が行う法務関係・弁理士が行う特許関係・社会保険労務士が行う年金関係の他は、すべてが行政書士の

行政書士の扱う分野は広範囲に及びます。

資格免許

104

3 行政書士になるためには？

行政書士は国家資格です。国家試験に合格して資格を取得する必要があります。

行政書士の国家試験では法律の知識と思考力が問われます。大学の法学部などに進学して法律について学んでおくとよいでしょう。ただし、行政書士試験の**合格率は10％前後**と難関です。行政書士を目指す人の中には、大学に通いながら資格の専門学校などにも通い、資格試験に特化した勉強に励んでいる人も少なくありません。

国家試験合格後は、日本行政書士会連合会に登録して行政書士事務所に就職します。行政書士の多くは行政書士事務所で経験を積み、独立開業を目指します。

行政書士試験の出題科目は、司法書士試験の科目と一部重複しています。また、行政書士登録をすれば、弁理士試験の科目の免除を受けることができます。行政書士として働きながら、司法書士や弁理士を目指して勉強を続ける人もいます。

高校生のうちは、**社会科**の勉強に力を入れましょう。また、行政書士は書類作成が専門ですから、**国語力・文章力**も磨くとよいでしょう。また、法律と暮らしの接点について考える習慣を持ちましょう。

扱う領域です。範囲が広い分、様々な領域の仕事を行うことができます。**広範な分野に関心を持ち、知識を積極的に吸収する姿勢**が求められます。

もちろん、書類作成と手続の専門家として、1つひとつの**仕事を丁寧にこなす注意深さ**が求められます。

進路フローチャート

行政書士事務所に就職
↑ 日本行政書士会連合会に登録し、就職を目指す

行政書士試験に合格
↑ 行政書士試験の合格率は10％弱と難関。大学に通いながら資格の専門学校にも通う人がほとんど

大学の法学部に入学
↑ 社会科の勉強に力を入れよう。また、国語力・文章力も磨いておこう

高校入学

POINT

- 役所に提出する書類の作成や手続を代行する
- 身近な法律家として相談に乗り、アドバイスする
- 国家試験に合格する

関連情報
- 行政書士試験研究センター [HP]
  行政書士試験の実施要項や試験問題例などを掲載
- 合格率：11.5％（2019年度）

オススメの1冊！
『行政書士の花道』
（澤田尚美著／ダイヤモンド社）
行政書士でもある著者が、行政書士の仕事とそのやりがいを物語にしたビジネス小説

ℹ️ 書類作成と代理には行政書士にしか担当することのできない「独占業務」が多い

公証人

こんな人におすすめ！
- 法律の仕事に携わりたい人
- 人との約束に責任を持てる人
- 文書作成が得意な人

1 公証人の仕事とは？

公証人は、依頼を受けて公正証書の作成を行います。公正証書とは、法律に則って作成された契約書や権利書のことで、証拠としての法的な効力を持ちます。

例えば、ある人物が個人的に作成した遺言書は法的な効力を持たず、本人の死後に遺産相続の裁判が起きた場合、その遺言は証拠として認められるとは限りません。一方、公証人に依頼して遺言書を作成した場合、その遺言書は法的な効力を持ち、遺産相続の裁判が起きた場合でも証拠として確実に認められるものとなります。

重要または高価な物品の貸し借りを行うときも、公証人が貸し手・借り手の依頼を受けて、貸し借りが行われるときの物品の状態を記録した公正証書を作成します。公正証書によって貸し借り時の物品の状態を記録しておくことで、物品を損傷した場合の弁償を公正に行うことができます。お金や土地・建物の貸し借りを行うときや重要な契約書を交わすときも、公証人が依頼を受けて事実内容を記録し、公正証書を作成します。

その他、公証人には「認証」という仕事もあります。「認証」とは、会社が作成した文書について公的に認めることで、「認証」によりその文書が正式なものであることが証明されます。

また、「認証」に加えて「確定日付の付与」も公証人の仕事です。これは、個人が作成した文書について、それが作成された日付を公的に認めるもので、先に挙げた「認証」と似ていますが、公正証書の作成、私文書の認証と共に公証人の仕事の1つです。

2 公証人の役割・資質とは？

私たちが誰かと約束を交わすとき、その約束の内容を残すために文書を作成することがあります。しかし、個人的に作成して交わした文書は、あとで個人が書き換えたり複製するなどの可能性があり、どの文書が正しく約束を証明するものなのかがわからなくなります。そのため、個人的に作成され

106

PART 1 人の役に立つ仕事がしたい

3 公証人になるためには？

公証人は、30年以上の実務経験がある裁判官・検察官・弁護士で、公証人になることを希望した人物から任命されることになっています。公証人法では、公証人試験に合格して研修を受けた人が公証人として法務大臣に任命されることになっていますが、実際にはこの試験は実施されておらず、上記のような慣習で公証人が選ばれています。

したがって、公証人になるためには、**司法試験に合格し、裁判官・検察官・弁護士になって長年経験を積む必要があります**。まずは大学の法学部に入学して法律について学び、卒業後は法科大学院（ロースクール）に進みましょう。

公証人は国家公務員ですが、指定された地域に自分で公証人役場を開き、書記などを自分で雇って仕事をします。国から俸給をもらうのではなく、依頼人から受け取る手数料を収入とします。いわば小さな会社の経営者のようなもので、自分の事務所を開業している弁護士と似ている点です。

一方で、公証人が作成する公正証書は、公的に認められた文書として個人が書き換えることはできません。裁判においても、公証人が証拠として法的効力を発揮します。公証人は、公的な証明書を作成する権限を与えられた人物として**公正証書を作成・発行し、また個人が作成した文書を公的に認める「認証」を行う**ことによって、社会の秩序を守るという役割を担っているのです。

た文書は混乱を招きやすいとされ、裁判に発展した場合には証拠として認められず研修を受けた人が公証人として法務大臣に任命されるこ

進路フローチャート

- 公証人になる
- ↑
- 公証人に応募する
- ↑ **30年以上**
- 裁判官・検察官・弁護士になる
- ↑
- 司法試験合格
- ↑
- 司法試験に向けて勉強する
- ↑ **2年**
- ロースクール（法科大学院）
- ↑ 法律について学び、ロースクールの入試に向けて勉強する
- 大学の法学部に入学
- ↑ 社会科の勉強に力を入れよう
- 高校入学

POINT

- ● 証拠としての法的効力のある公正証書を作成する
- ● 30年以上の経験がある裁判官・検察官・弁護士から任命される
- ● 法学部→ロースクール→司法試験合格を目指す

関連情報
- ● 日本公証人連合会 HP
  Q&Aでは、遺言・離婚・賃借などで、公正証書の作成の重要さがわかる
- ● 合格率（司法試験）：33.6%（2020年度）

オススメの1冊！
『公正証書 活用のしかたと作成の手引き』
（千賀修一著／日本実業出版社）
暮らしの中のどんな場面で公証人が活躍しているのかわかる

ⓘ 東京や大阪などの大都市では、年収が数千万円にのぼる公証人もいる

弁理士

こんな人におすすめ！
- 理系で英語が得意な人
- 論理的な思考のできる人
- 最新の技術やアイディアに関心がある人

資格免許

1 弁理士の仕事とは？

特許権・意匠権・商標権などの知的財産権の専門家です。新しい発明をした人がその**発明に対して特許を取得できるように、本人にかわって特許庁への出願手続をする仕事**です。

新しい発明をした人は、弁理士に特許出願の依頼をします。弁理士は、発明の内容を把握し、類似する技術がすでに存在していないかを調査します。調査の結果、依頼を受けた発明の内容が特許を出願できるものであると判明すると、特許技術者（弁理士の監督下で書類を作成する人）に出願書類の作成を依頼し、特許庁に特許の出願をします。特許が認められると、その発明に知的財産権が与えられ、技術の盗用を防ぐことができます。また、新しいデザインを創った人は、弁理士を通じて特許庁に意匠権を出願します。このとき、弁理士はデザインの特長や他との違いを把握し、どのように出願すればより広い権利を取得できるかを考え、書類に図面や写真を添えて特許庁に出願します。

その他にも、弁理士は、企業や個人から依頼を受けて、商品やサービスのアイディアを守る商標権の特許庁への出願や**知的財産権をめぐるトラブルの解決**、知的財産権を活用したビジネス戦略についてのアドバイスを行います。

弁理士のほとんどが特許事務所や国際特許事務所で働いています。外国との間で出願手続を行う事務所は国際特許事務所と呼ばれます。また、企業に勤める企業内弁理士もいます。企業内弁理士は、自社の発明やデザイン・商標の特許庁への出願・登録までの手続を行い、自社の知的財産権を守ります。

2 弁理士の役割・資質とは？

優秀な弁理士は、発明やデザインの特長や他との違いを見極め、より広い強い権利を取得できるように出願します。また、知的財産権をめぐるトラブルに際しても、**徹底した調査と巧みな戦略**で依頼者の権利を守ります。

したがって、弁理士には、**技術分野の最新知識を常に吸収**し、**権利契約に関する実務能力**をつけておくことが必要です。

108

PART 1 人の役に立つ仕事がしたい

3 弁理士になるためには？

弁理士は国家資格です。弁理士になるためには弁理士試験に合格して資格を取得する必要があります。資格取得後は、実務修習を修了後に弁理士会に登録することで弁理士として働くことができます。

弁理士試験の**合格率は10％弱**と難関です。合格者の平均年齢は35歳前後で、合格者の約8割が企業・特許事務所・役所で働きながら勉強した人たちです。特許の出願書類を作成する特許技術者の中にも、弁理士を目指して勉強する人が多くいます。なお、有能な弁理士は特許事務所で経験を積み、独立して自分の事務所を開業します。

弁理士の仕事には**理工系の技術の知識**が不可欠です。大学の理工系の学部に進学しましょう。実際、弁理士試験の受験者の約8割が理工系出身者です。大学に通いながら、あるいは卒業して企業や特許事務所で特許技術者として働きながら試験勉強に励みましょう。また、特許出願前の調査の際には海外の文献も調査の対象となるため、**英語力は必須**です。高校生のうちから英語力を磨きましょう。

やトラブルに対する訴訟実務能力なども求められます。知的財産権とは、個人や企業の知的な活動から生じる創作物に対して与えられる財産権です。国家が知的財産権を国の経済の発展に活用しようとして知的財産政策を推進していることからも、知的財産権に対する社会的な重要性は増しています。弁理士は、知的財産を守ることにより企業と国の発展に貢献しています。

進路フローチャート

弁理士になる
← 弁理士試験に合格し、弁理士会に登録する

弁理士試験合格
← 特許技術者として経験を積みながら試験勉強に励む

企業の知的財産部や特許事務所に就職
← 大学での理系の勉強に加えて、特許関連の制度や法令についても勉強するとよい

大学の理工系の学部に入学
← 弁理士になるためには理系の知識と英語力が不可欠。理科・数学・英語を勉強しよう！

高校入学

POINT
- 知的財産権の出願手続をする
- 理工系の知識と英語力が必須
- 国家試験に合格する。受験者の約8割が理工系出身者

関連情報
- **日本弁理士会** HP
  弁理士の仕事と役割・活躍の場について詳しい情報が得られる
- **合格率：8.1％（2019年度）**
- **オススメの1冊！**
  『こんなにおもしろい弁理士の仕事』
  （奥田百子著／中央経済社）
  インタビューとQ&Aを交えて弁理士を紹介。弁理士の仕事と生活を具体的にイメージできる

ℹ 出来高で給与を決める特許事務所が多い。能力次第で1,000万円を超える収入が期待できる

海事代理士

海事代理士は、船の持ち主にかわって船の登録や登録内容の変更の手続・船の安全性検査の申請手続を行います。

こんな人におすすめ！
- 海や船に関わる仕事がしたい人
- 文書作成が得意な人
- 個人で事務所を開きたい人

資格免許

1 海事代理士の仕事とは？

海事代理士は、船の持ち主にかわって船の登録や登録内容の変更の手続・船の安全性検査の申請手続を行います。また、モーターボートやヨットに乗る人に対しては、小型船舶操縦免許証の更新手続のサポートをします。

大きい船や新しく造られた船は、国への登録が法令で義務づけられています。また、船・モーターボート・水上オートバイ・ヨットに乗る人は「小型船舶操縦免許証」を取得する必要があります。

海事代理士のほとんどが、港町で個人の海事代理士事務所を開業しています。仕事の多くは小型船舶操縦免許証の更新手続です。免許証の有効期限が近づくと、免許証の所有者にその旨を連絡します。そして、更新に必要な書類を持ってきてもらい、運輸局に免許更新の申請をするための書類を作成します。

免許証保有者は、免許を更新する際に講習を受ける必要があります。海事代理士はその講習の修了証と共に必要な書類をそろえて運輸局に提出し、新しく発行された免許証を本人に渡します。

マリンスポーツは例年8月から活発になるので、免許更新手続の仕事は春から初夏に集中します。

2 海事代理士の役割・資質とは？

海事代理士は、「海の行政書士」と呼ばれています。たくさんの書類を作成する行政書士の資格だからです。実際、海事代理士の中には行政書士の資格も持ち、両方の仕事を兼務している人もいます。

海上での船の安全を守るためには、誰が、どこで、どのような船を所有しているかを役所が把握し、船の安全性を定期的に検査する必要があります。また、マリンスポーツを楽しむ人たちの安全を守るためには、免許証を発行し、更新制度を設けてモーターボートやヨットの操縦法について定期的な

許更新に必要な書類を作成することが海事代理士の役割だからです。、**船の登録や申請・免許更新に必要な書類を適正、かつ迅速に作成することが**海事

PART 1 人の役に立つ仕事がしたい

3 海事代理士になるには？

海事代理士は国家資格です。海事代理士になるためには海事代理士試験に合格する必要があります。

試験では、**一般的な法律常識や憲法・民法・海商法に加え、船舶法・船舶安全法・船員法・造船法・海上運送法などの専門的な海事法令**についての出題があります。

海事代理士試験の対策を行う予備校はないため、参考書を購入して独学することになります。法律の知識に加え、海事関連の専門用語を覚える必要があります。

海洋大学や海洋学部では海事分野の知識や船舶についての知識を学ぶことができ、また乗船実習も行われているため、これらの大学・学部に進学すると就職や資格取得に有利でしょう。

海事代理士試験の受験者数は400名前後と少ないですが、**合格率は50％前後**と決して高くはありません。試験に合格後は、海事代理士事務所や行政書士事務所で実務を経験します。

講習を実施する必要があります。

その点で、海事代理士は、船の登録や安全性検査申請・免許証の更新手続の代行を通して海上の安全を守る役割を担っているといえます。

海事代理士には、手続を迅速に間違いなく行うため、一つひとつの仕事に丁寧さが求められます。船とその所有者、免許証の所有者の膨大な情報を管理しているので、情報管理の責任も伴います。

進路フローチャート

独立して海事代理士事務所を開業
海事代理士事務所や行政書士事務所で経験を積む
↑
海事代理士になる
海事代理士事務所や行政書士事務所で経験を積み、独立する人もいる
↑
国家試験に合格
海と船に関心を向けよう。小型船舶操縦免許証を取得し、海事代理士の仕事に接するのもよいだろう。参考書を購入し、試験勉強に励もう
↑
大学
海洋大学や海洋学部に進学すると、海事分野の知識を学べるので有利
↑
高校入学

POINT

- 船の登録や免許更新の手続を代行する
- 国家試験に合格する
- 個人事務所を開業する人が多い

関連情報
- 日本海事代理士会 HP
  海事代理士の役割・歴史・仕事・試験の実施状況などを掲載している
- 合格率（筆記試験）：54.2％（2019年度）

オススメの1冊！
『海事代理士合格マニュアル』
（日本海事代理士会編／成山堂書店）
海事代理士試験の対策を行う予備校はなく、情報も少ない。試験を目指す人に役立つ参考書となる

ⓘ 代々の海事代理士がいる港町では新規参入は難しいが、海事代理士が少ない場所ではチャンスもある

レスキュー隊員（特別救助隊員）

火災・震災・交通事故・水難事故・山岳事故などの現場で**人命を救助する仕事**です。正式名称は「特別救助隊」といい、全国の消防本部や消防署に配置されています。

レスキュー隊員の人命救助活動は、交通事故やテロなどの人的災害・震災や洪水などの自然災害・遭難など各地の現場で起こる事故を対象としています。あらゆる事故・災害が対象となっています。

レスキュー隊員になるためには、各自治体の消防官採用試験に合格する必要があります。合格して消防署に配属されたあと、消防署の設ける選抜試験に合格して訓練を受け、予備隊員を経てレスキュー隊員になることができます。厳しい救助の現場で活動するため、**体力・運動能力・精神力・判断力・救助技術**にすぐれていることがレスキュー隊に入隊する条件になります。

警察の機動隊がレスキュー活動を行うこともあります。その場合は、各都道府県の警察官採用試験に合格し、機動隊を希望すると配属されます。

POINT
- 事故や災害現場で人命救助を行う
- 消防官採用試験に合格後、レスキュー隊員の選抜試験を受ける

山岳救助隊員

山で遭難した人や事故に巻き込まれた人を救助する仕事です。おもな職場には消防署や消防本部に設置されている山岳救助隊、警察の組織である山岳警備隊[*]があります。

消防の山岳救助隊は、平時は山の状態の調査・山火事の防止活動・救助トレーニングを行っています。消防署の管轄内の山で遭難事故が起きると、現場に急行して救助活動にあたります。一方、警察の山岳警備隊は、遭難者の救助活動だけでなく、**山の治安や交通安全を守ること**も仕事です。そのため、登山者の入山届の受付や、登山道の安全の確認・植物の無断採集の取り締まりも行います。山岳警備隊員が山中の派出所に駐在するケースもあります。遭難者の捜索と救助活動には多くの人手がいるため、消防の山岳救助隊・警察の山岳警備隊・自衛隊・地元の山岳隊が協力することもあります。

消防の山岳救助隊員になるためには、各自治体の消防官採用試験に合格し、山岳救助隊員に入隊します。警察の山岳警備隊員になるためには、各都道府県の警察官採用試験に合格し、山岳警備隊に入隊します。

POINT
- 山の遭難・事故現場で救助活動を行う
- 消防官採用試験または警察官採用試験に合格する

---

[*]自治体によっては、警察にも山岳救助隊をおいているケースがあります。

PART 1 人の役に立つ仕事がしたい

ライフセーバー

おもに水難事故の防止活動と水難事故における人命の救助を行う仕事です。

水難事故の防止活動としては、例えば海の状態が悪いときに海水浴客に注意を促す・飲酒した海水浴客が海に入らないように注意する・怪我のもとになりそうな浜辺のゴミを拾う・迷子の子どもを保護して親を探すなどの業務を行います。人命救助に関わる活動としては、溺れている人の救出の他にも、熱中症になった人やクラゲに刺された人の応急手当をしたり、必要な場合は救急車を呼ぶなどの手配を行います。

日本ライフセービング協会が民間資格を認定しており、ライフセーバーの**多くは資格の取得者**です。しかし、資格が必ず必要というわけではなく、水難事故防止や人命救助に向けた活動を行う人を広くライフセーバーと呼ぶこともあります。夏の海では、大学生や社会人がアルバイトやボランティアでライフセーバーとなり、海辺の安全を守っています。

POINT
- 水難事故の防止と人命救助を行う
- 海辺などの安全を守る
- 有 取得すると有利な資格・免許あり

ボディーガード

民間の要人の警護をする仕事です。SPが警護する対象は法律の規定によって政府の要人に限られており、民間の要人は対象となりません。そのため、大企業の経営者や著名なアーティストなどの民間の要人は、ボディーガードを雇い自らの身の安全を守ります。

ボディーガードには、**突然の危険を察知する注意力・万が一のときの格闘力・長時間の警護にも集中を切らさない精神力**が必要です。また、常に要人の身辺に付き添うため、礼儀正しさも重要です。

ボディーガードになるためには、ボディーガードの養成所に入るとよいでしょう。養成所では、護身術や自動車の運転技術・爆発物などの知識や取り扱い技術について学びます。養成所を卒業後、セキュリティー部門やボディーガード部門のある警備会社に、ボディーガードとして就職します。

自動車・バイクの運転免許は必須です。**体が大きく、武道や格闘技の経験があると有利**です。**英会話能力**があるとさらによいでしょう。

POINT
- 民間の要人を警護する
- ボディーガードの養成学校に入る
- ボディーガード部門のある警備会社に就職する

関連情報　ライフセーバー→日本ライフセービング協会 HP
　　　　　ボディーガード→日本ボディーガード協会 HP

警備員

人や車の混雑する場所で警備を行う仕事です。警備員の仕事には、おもに**交通誘導・施設警備・雑踏警備**の3つがあります。交通誘導は、工事現場やショッピングセンターの駐車場などで事故が起きないように自動車の交通を整理する仕事です。歩行者に危険がないように注意を呼びかけることもあります。施設警備は、デパートやショッピングセンターなどの商業施設やオフィスビルを巡回し、不審者がいないか・不審物がないかを監視する仕事です。工場内を巡回し、機械設備に異常がないかを監視する場合もあります。雑踏警備では、コンサートや祭りなどのイベント会場で人々の誘導や不審者・不審物の監視を行います。

工事現場の交通誘導や工場内の巡回警備では、夜間の仕事が多くなります。

警備員になるためには、警備会社に就職します。「**警備業務検定**」という警備員の国家資格があり、交通誘導警備業務・施設警備業務・雑踏警備業務など6種類の資格を取得することができます。**資格を持っていると就職に有利**です。

POINT
- 人や車の混雑する場所で警備をする
- 警備会社に就職する
- 有 取得すると有利な資格・免許あり

本書 編集部が薦めるこの1冊

紐解かれる歴史から
日本人と世界とのつながりを実感!

『世界が愛した日本』
四条たか子著、井沢元彦監修
(竹書房、2008年)

　この本は、昔、日本が行った善行を世界の人々は今でも覚えており、日本が親しまれているということを、いくつかの事例を挙げて紹介している本です。歴史、特に日本史を勉強している人にとっては、興味深い内容でしょう。教科書には書かれていないことも多く、民間レベルの文化交流について考えさせられるはずです。

　例えば、明治時代に和歌山県沖でトルコ船「エルトゥールル号」の難破事件があった際、日本人は精一杯の救助に励み、遭難者を迎え入れたという話があります。トルコでは教科書に載っているくらい有名な逸話なのですが、日本の若い人はあまり知らないのではないでしょうか。そのいきさつがあったためか、のちに日本がトルコによって助けられた話も書かれています。実際、トルコでは親日感情を持つ人が多く、トルコを旅行した日本人からは、大変温かい歓迎を受けた、などの逸話を聞くこともあります。

　他にも、心温まる話がたくさん書かれていて、世界はつながっているということが実感できる1冊です。現在の日本で、このような出来事を知らない人が多いと耳にします。東日本大震災では、日本のみならず世界中の人々が互いに協力し合い、助け合っているのが実感できたと思います。そのように世界の人々とつながっているということをイメージできる、ぜひおすすめしたい1冊です!

PART 1 人の役に立つ仕事がしたい

パラリーガル

法律事務所で**弁護士を事務面からサポートする仕事**です。弁護士事務所で扱う案件の調査・文書作成・連絡調整を弁護士の監督と指示のもとで担当します。訴訟や示談交渉に関する調査と調査結果の文書の作成・破産処理手続や商業登記などの手続・各種法律にもとづく官公庁への提出書類の作成がおもな担当内容です。

法律事務の専門家として、**法律の専門知識が欠かせない仕事**です。また、外国企業との仕事を行う法律事務所では、文書作成や交渉の場面でパラリーガルにも**英語力**が求められます。

パラリーガルとして仕事をするためには、大学を出て法律事務所に就職します。小規模の事務所では秘書が事務を兼任していることが多いようです。パラリーガルは規模の大きい法律事務所で採用していることが多いです。パラリーガルには法律の知識が必須なため、法学部を卒業することにも有利です。行政書士・司法書士・法学検定などの資格があると有利です。パラリーガルとして働きながら実務経験を積み、弁護士を目指す人もいます。

POINT
- 弁護士を事務面からサポートする
- 文書作成や交渉の場面では英語力も求められる

有 取得すると有利な資格・免許あり

法律秘書

パラリーガルが訴訟調査や契約書の作成、登記手続などの法律事務を担当するのに対して、法律秘書は法律事務所で電話応対や弁護士のスケジュール管理などのいわゆる**秘書業務を担当**します。特に規模の大きい法律事務所では、パラリーガルと秘書の業務は明確に分けられています。また、法律秘書が1人で複数の弁護士を補佐することもあります。

仕事の内容は、一般の秘書とあまり変わりません。例えば会議を開くときには、会議室の予約・パソコンとプロジェクターのセッティング・資料のコピー・来客案内・お茶出しなどを法律秘書が行います。弁護士にはたくさんのメールやファックスが毎日のように届きます。弁護士が対応しやすいように、内容を確認し、優先度をつけて弁護士に伝えます。その他、郵便物や資料の保管や整理も秘書の担当です。

法律秘書になるためには、大学を出て法律事務所に就職します。司法書士や行政書士の資格を取得できる程度の知識や秘書検定などの**資格があると有利**です。

POINT
- 弁護士のスケジュール管理や電話応対などを担当する。基本的な仕事内容は一般の秘書と同じ

有 取得すると有利な資格・免許あり

関連情報 パラリーガル⇒『Q&Aでわかる 法律事務職員実践ガイド』（第二東京弁護士会 弁護士業務センター編著／第一法規）
法律秘書⇒日本弁護士連合会 HP

法テラス職員〈日本司法支援センター職員〉

法テラスとは、**トラブル解決に必要な法律にまつわる情報とサービスを提供する機関**です。法務省所管の法人で、正式名称を**日本司法支援センター**といいます。借金や離婚・相続などのトラブルを抱えながら、「誰に相談していいかわからない」「経済的な理由で弁護士などの専門家に相談できない」という人たちのために、全国各地に事務所を設置しています。

法テラスの職員は、問題の解決に役立つ法制度や相談窓口を案内する情報提供・無料法律相談の受付・犯罪被害者とその家族への支援情報の提供・援助制度の案内・法テラスの事務所の事務などを行い、法テラスの事務所運営と共に弁護士・相談者のサポートをするのがおもな仕事です。

法的なトラブルを抱えてしまった人の**身近な相談相手として情報提供などのサポートを速やかに行うこと**が法テラスの職員の役割です。

法テラス職員になるためには、日本司法支援センターの職員採用試験に合格する必要があります。大学の法学部などで法律を専攻していると有利です。

POINT
- 身近な相談相手として法的トラブル解決に向けた情報・サービスを提供する
- 大学の法学部で法律を専攻していると有利

特許技術者

弁理士の監督のもとで**特許の出願書類を作成する仕事**です。弁理士と共に、特許を出願しようとしている人から発明の特長や他との違いを聞きます。発明のどこに新しさやオリジナリティがあるのかを把握し、文書にしていきます。特許技術者の出願書類の書き方によって特許権の及ぶ範囲が変わることもあるため、責任重大な仕事です。

出願書類の作成では、発明の内容と意義に加え、既存の発明内容との比較検証も必要ですから、特許技術者には**理工系の専門知識と最新知識・特許に関する幅広い知識**が求められます。また、国際特許出願用の書類はおもに英語で作成する必要があるため、**英語力**も欠かせません。

特許技術者になるためには、まずは大学の理工系の学部で専門性を深めましょう。卒業したら、特許事務所や弁理士事務所の採用試験を受けます。企業の知的財産部門でも特許技術者を採用しています。

特許技術者として実務経験を積み、弁理士を目指す人もたくさんいます。

POINT
- 特許の出願書類を作成する
- 英語での書類作成能力も不可欠
- 大学の理工系の学部に進学する

関連情報 法テラス職員（日本司法支援センター職員）⇒法テラス（日本司法支援センター）HP
特許技術者⇒日本弁理士会 HP

PART 1 人の役に立つ仕事がしたい

著作権エージェント

外国の書籍を日本で翻訳出版する際に、**外国の著者・出版社と日本の出版社の間に入って交渉や管理を行う仕事**です。

まず、日本国内で売れそうな外国の本を探します。外国のベストセラーの他に、日本では知られていないすぐれた作家や作品を見つけてくるのが、著作権エージェントの腕の見せどころです。翻訳候補となる作品が見つかったら、国内の出版社に翻訳出版を提案します。この提案が採用されたら、外国の著者・出版社との間に立って契約交渉を担当します。担当書籍が出版されたあとは、外国の著者への印税の送金などを行います。また、トラブルが起きた場合も外国と日本の出版社の間に立ちます。

最近は、日本の書籍を外国の出版社で翻訳出版する際に、著作権エージェントがその仲介を行うケースも増えています。

著作権エージェントになるためには、出版社で編集者として翻訳出版を手がけたことがあるなど、**出版・著作権に関する業務経験があると有利**です。

POINT
- ●翻訳出版における仲介業務を行う
- ●海外のすぐれた書籍を日本に紹介する
- ●出版・著作権に関する業務経験があると有利

信用調査員

依頼を受けて、**人物や企業が信用できるかどうかを調査する仕事**です。信用調査は、個人の信用を調査するものと、企業や団体の信用を調査するものの2つに大きく分けられます。

個人の信用調査は、結婚相手が信用できる人物かどうかを調べる場合や、企業が新しく人を雇うときに、その人物が信用できる人物かどうかを調査する場合などに依頼されます。信用調査員は、依頼を受けて調査対象者の以前の勤務先などに聞き込み調査を行いながら情報を集めます。

企業や団体の信用調査は、ある企業と新しく取引を始めようとするときや、ある団体に新しく加盟しようというときに、その企業や団体が信用できるかどうかを事前に調査する場合に依頼されます。企業や団体の実態や財務状況などを、聞き込みや特殊ルートの情報を活用して調べ上げます。

信用調査員になるためには、信用調査会社に就職します。個人の信用調査を行う会社や企業の信用調査を専門に行う会社など、会社によって専門分野を持っていることが多いです。

POINT
- ●個人や企業の信用度を調査する
- ●信用調査会社に就職する
- ●信用調査会社によって専門分野がある

関連情報 著作権エージェント ➡ 日本ユニ・エージェンシー HP
信用調査員 ➡ 探偵協会 HP

【Overview】
おもな業種・職業と大学での「学び」一覧①

世の中には、おもにどのような仕事の種類＝「業種」や「専門・技能」の職業があるのかをまとめてみました。大学での「学び」とのつながりから、将来を見すえた大学選びをしてみよう！（続きは204ページ）

	就職に強いおもな学部	勉強しておきたいこと
①金融・保険業	商経済／法政治／理／工／情報 経済、商、経営、経営情報、法、政治、理工、経営工、情報学部など	経済学、商学、経営学、法学、外国語学、情報処理学、経営工学など
②流通業	社会国際／商経済／法政治／理／工／情報 人間科学、国際関係、経済、商、経営、法、理工、情報学部など	国際関係学、外国語学、文化学、経済学、商学、経営学、法学、経営工学、船舶・海洋工学など
③運輸業	人文言語／商経済／法政治／理／工／情報 文、経済、商、経営、法、理工、商船、海洋、情報学部など	外国語学、経済学、商学、経営学、法学、物流管理工学など
④サービス業（情報・通信）	商経済／教育人間／理／工／情報 経済、商、経営、総合科学、理工、情報学部など	商学、経営学、経済学、物理学、情報工学、電気・電子工学など
⑤サービス業（マスコミ）	人文言語／社会国際／法政治／教育人間 文、社会、法、政治学部など	日本・外国文学、哲学、歴史学、心理学、政治学、法学、経済学など

大学と大学入試の最新情報は「東進 大学案内」へアクセス！　toshin-daigaku.com

PART 2

人を育てる仕事がしたい

ここで紹介する職業は、単に「人にものを教える仕事」ではありません。時には相手の人生を左右するかも知れない責任重大な仕事です。しかし相手から感謝された時などは、無上の喜びを得られるでしょう。そんな責任とやりがいのある仕事を集めました。

教師

小・中・高校生などに勉強や社会のルールなどを教え、成長へと導く仕事

こんな人におすすめ！
- 子どもが好きな人
- 何事にも冷静に対応できる人
- 根気よく問題解決に取り組める人

資格免許

1 教師の仕事とは？

教師とは、小学校・中学校・高校などで**生徒たちに勉強や社会のルール、道徳を教え、成長へと導く職員**のことです。

まず、大きな仕事として授業があります。小学校ではほぼすべての教科を、中学校・高校では専門科目の指導を行います。その際は文部科学省の示す学習指導要領の内容に従って、1年間で決められた範囲をすべて履修できるように授業を進めます。ただし、生徒によって内容の理解度に差が出てくるため、いかにその差を埋めていくかが課題となります。

また、生活態度やルールの遵守といった指導も教師の役割の1つです。学校は、家族以外の人との集団生活を学ぶ貴重な経験の場です。その中で互いに協調し、譲り合い、あるいは主張し合うなど、他人とのコミュニケーションがうまく進むように手助けし合うことや、友人関係や風紀に著しい乱れが出ないように見守り、状況に応じて指導・助言していくことも重要な仕事です。

その他、生徒の性格や素行、考え方などを正確に把握するためには、保護者と連絡を取り合うことも欠かせません。学校内の姿だけを把握するだけにとどまらず、1人の人間として深く知ることで、初めて適切な接し方ができるのです。こうした教師に必要な様々な知識や技量を高めるために、研究会へ定期的に参加する教師が大勢います。

2 教師の役割・資質とは？

教師としてまず向き合わなければならないのは、生徒である子どもたちです。勉強が得意な子や運動が大好きな子、社交的な子から内向的な子まで様々な生徒がいます。先入観や偏見を持たずに対応しなければなりません。学業面や体力面だけでなく、学校行事について、友人関係や生活態度についてなど、学校内の生活全般における良き指導者、良き理解者、良き相談相手であることが求められます。生徒にとって、そのような教師との出会いは一生を左右するかけがえのないものとなります。教師の存在は、教育のみならず人格形成にも

120

3 教師になるには？

影響を及ぼし得るものであるという自覚が大切です。また、教師どうしの情報交換や会議はもちろん、他校との交流、保護者とのやり取りもあるため、**一般常識やきちんとしたマナー、礼節をわきまえることが**求められます。

教師になるためには、教員免許状が必要です。文部科学大臣が認定する短期大学や大学・大学院の指定学部・学科で所定の単位を取得しなければなりません。また、その人が有する学位によって二種、一種、専修免許があり、それぞれ取得に必要な単位数が異なります。具体的な大学・短大については、文部科学省のホームページに掲載されている「教員免許制度の概要」などを参考にしてください。

教員免許を取得する場合、中学校・高校では専門科目ごとの免許状となります。小学校の場合は全教科です。盲・ろう・養護学校などでは障がいに合わせた免許状となります。

免許取得後は、各都道府県の教育委員会が主催する教員採用候補者選考試験（教員採用試験）を受験します。筆記、論文、面接、実技、適性と5つの試験があり、合格すると教員候補者として成績順に名簿に掲載されて、欠員や異動に応じて採用されます。採用先は、合格した都道府県内の公立学校です。私立の教師を目指す場合は、個々の学校の就職試験を受け、合格することで採用への道が開けます。

進路フローチャート

教員採用試験
↑ 専門課程・科目を選択。修士修了時点で習熟度の高い専修教員免許が取得できる

大学院進学
↑ 専門と教育学などを履修、実習を経て一種教員免許状を取得する

↑ 教職課程を選択すれば二種が取得できる

大学入学 / **短大入学**
↑ 文部科学大臣認定の大学・学部を目指す。専門とする科目にもよるが、英語を勉強しておいた方がよい

高校入学

POINT

- ●知力・体力・生活・情操面から子どもを見守り、指導する
- ●学校や学部・学科によって取得できる教員免許が異なる
- ●中学校・高校の教師は科目ごとの免許となる

関連情報
- ●教員免許制度の概要（文部科学省）HP
  教師になるための方法や免許状の取得方法などに関する情報を掲載
- ●合格率(小学校・東京都)：24.1%(2012年度)

オススメの1冊！
『菊池先生の「ことばシャワー」の奇跡 生きる力がつく授業』（菊池省三・関原美和子著／講談社）
「言葉」を考えることでクラスに和を作り、学級崩壊から立ち直った体験談

ℹ️ 都道府県で差はあるが、小・中学校教師の平均月給は約37万円である
※総務省『平成23年地方公務員給与実態調査』より

INTERVIEW

現役の小学校教師に聞きました

成城学園 初等学校
堀辺 千晴さん

母校の小学校の臨海学校でつき添いを体験。子どもの一生懸命な姿に感動したことから、教師を目指すようになった堀辺さん。毎日、子どもたちと向き合う堀辺さんに、教師の仕事についてうかがいました。

❶ お仕事の内容は？

今、私が受け持っているのは、小学1年生のクラスです。1年生は学校生活に慣れていないので、たくさんの「初めて」であふれています。その分、子どもたちの意欲や吸収する力が強いという大きな長所があります。そこで、まず子どもに興味を持たせることが授業の要となります。授業では、子どもたちの考えや反応をできるだけ取り上げ、1人ひとりが興味を持って、よりよく学び合えるよう心がけています。そのために子どもが「やってみたい！」と思えるような教材を探したり、子どもへの問いかけを考えたりするなど、授業準備がとても大事です。

毎日の仕事として授業をすることはもちろん、学校のルールの中で子どもと共に生活すること、それを意識することが大切です。と同時に、お友だちと仲良く遊んでいるか、悩みや不安はないか、楽しく授業に参加できているかなど、子どもの様子をできるだけきちんと観察することが不可欠です。その一環として保護者と連絡を取り、子どものことについて話し合うのもまた、とても大事な仕事です。

子どもが帰ったあとは、テストやプリントの採点、授業の準備、保護者へ配付するプリントや会議に向けた資料の作成などをしています。また、運動会・遠足・校外学習など、様々な行事の準備も行います。

その他、教師としての技術や知識の向上を目指した研究会が、教育委員会や学校などで様々開催されるため、積極的に参加するように努めています。

122

PART 2 人を育てる仕事がしたい

❷ このお仕事の醍醐味は?

やはり子どもたちと一緒に成長や感動を味わえることが、一番の魅力です。低学年であれば、子どもたちが満面の笑顔で「学校が楽しいよ!」と教えてくれると嬉しくなりますし、友だちとうまくつき合えなかった子が、仲良く友だちと遊ぶ姿を見ると、わが子のことのように嬉しくなります。

体育祭や文化祭では、難しい体操や踊りを練習するのですが、最初はバラバラでうまくいきません。それがだんだんと、子どもたちが率先して休み時間に練習するようになり、団結し始めて……。その結果、本番では最高のできばえ! 私も子どもたちと一緒に感動して涙を流しました。

❸ 教師を目指す人にアドバイス

この仕事は、自分自身が毎日の学校生活を楽しまないと決して務まらない仕事です。もっとやっておけばよかったという心残りがないように、今向き合っていること、好きなこと、やってみたいことに対して積極的に、全力で取り組んでください。そうすることで教師になったとき、子どもたちに伝えていけるものがたくさん生まれるはずです。

また、子どもたちからはどんな反応が飛び出すかわかりません。どんな場合でも子どもと向き合い、考えていくのが教師の務めです。自分の苦手な分野、知らない世界のことでも答えられるように視野を広げ、知識を吸収してください。

🕐 ある日の堀辺さん

7:30	出勤して教室の整備。登校してきた子どもたちと過ごす
8:20	職員朝会で今日の予定や伝達事項を共有
8:45	1時間目開始(以後、45分間の授業が4時間目まで)
12:15	お弁当を食べたら昼休み。13:00頃から子どもたちと一緒に校内の掃除
13:25	午後の授業(5~6時間目)
15:00	放課後。子どもたちと遊ぶことも
16:00	子どもたちが下校したら職員会議。授業や行事、クラスのことなどの課題を検討
18:00	授業の準備やテストの採点業務、学級通信の作成など。終わり次第、退勤

大きな字や手書きの紙など、黒板をいっぱい使うことも低学年向けの授業技術である

PROFILE
ほりべ ちはる
早稲田大学大学院
文学研究科心理学専攻修了

塾講師

こんな人におすすめ！
- 勉強が好きな人
- 人に物事を教えるのが得意な人
- 根気強く物事に対応できる人

1 塾講師の仕事とは？

おもに小学生・中学生・高校生に、学校の授業の補習や受験対策を目的とした学習指導を行います。

塾で学習指導を行う教科は、おもに国語・算数・数学・英語ですが、理科や社会を教える講師もいます。特に高校生などを対象とした大学受験対策では、日本史や世界史などの社会科目や生物・物理・化学といった理系科目の指導も重要となります。

塾における指導には、集団指導と個別指導があります。集団指導では、1人の塾講師が複数名の生徒に対して授業を行います。これに対し、個別指導では1人の塾講師が1・2名の生徒を受け持ちます。各生徒の理解度や個性に合わせて生徒からの質問に答えるという形式で授業を進められる点が個別指導の長所です。

授業前には、授業の流れや重要なポイントを予習し、授業とした大学受験対策の進学塾は予備校とも呼ばれます。高校生などを対象とした学習指導を行います。

後には生徒からの質問に答えます。テストの作成と採点も行います。また、保護者とのコミュニケーションも塾講師の重要な仕事です。定期的に保護者との面談を行い、生徒の様子や学習の進捗について報告します。受験を控えた生徒の保護者とは、生徒の志望している学校と生徒の実力とを照らし合わせ、受験校を絞り込みます。

その他、講師どうしで定期的にミーティングを開き、塾の運営に関して話し合うことや、入塾を検討している保護者に対して塾の説明会を開くことも塾講師の仕事です。

2 塾講師の役割・資質とは？

塾に通う目的が学校の補習でも受験対策でも、生徒の成績が上がらなければ塾に通うメリットはありません。塾講師には**生徒の成績が上がるような指導**が求められます。優秀な塾講師は、**勉強法などの技術的な面と、やる気という心の両方に関して上手に指導**します。生徒がつまずきやすいポイントを的確にとらえ、わかりやすく教えます。

124

PART 2 人を育てる仕事がしたい

進路フローチャート

塾講師になる
↑
教員免許を取得するために必要な科目を履修する。また、アルバイトで塾講師を経験する機会があればなおよい。幅広く複数の科目を指導できるように勉強しておくのもおすすめ

大学入学
↑
受験勉強をしながら、自分なりに勉強のコツをつかむと将来の指導に活きる。高校生のうちから勉強法を研究しておくとよい

高校入学

POIN T

- ●塾・予備校で学習指導を行う
- ●大学生の間にアルバイトで塾講師を経験するとよい
- ❸取得すると有利な資格・免許あり

関連情報
●塾講師JAPAN HP
塾講師の仕事内容やアルバイトで塾講師になるための方法、全国の塾講師の求人を掲載している

オススメの1冊！
『いつやるか？ 今でしょ！』
（林修著／宝島社）
CMでおなじみの人気予備校講師が、講師となったいきさつから現在の大学受験事情・人生のアドバイスまで語り尽くした1冊

ℹ️ 有名カリスマ講師になると、受験参考書の出版などにより高収入が期待できる

3 塾講師になるためには？

塾講師になるためには、塾・予備校の採用試験に合格する必要があります。 集団指導や個別指導の他、映像授業などの授業形態もあり、塾・予備校といってもその形態は様々です。大学生のうちから塾・予備校の講師のアルバイトを行い、経験を積むと共に自分がどのようなタイプの指導に向いているのかを見極めておくとよいでしょう。

教員免許を取得していると就職に有利です。大学で教員免許取得に必要な科目を履修し、免許を取得しておきましょう。また、特に大学受験予備校の講師には専門科目における深い知識やすぐれた指導技術で人気を得ている、「カリスマ講師」と呼ばれる人たちが存在します。「誰にも負けない」と**思える得意科目や指導技術があるとよいでしょう。** 加えて、自分の学習を振り返り、どのような指導やアドバイスが有効であったかをノウハウとして蓄積しておきましょう。

また、勉強が楽しくなるような勉強法や、効率よく学習を進めるコツも教えます。生徒がやる気を出し、自らの意志で勉強に励むように、生徒の心にも働きかけます。特に個別指導では、それぞれの生徒の個性を理解し、最も効果的な指導を目指します。

勉強の楽しさを教えることも、塾講師の役割といえるでしょう。学校の授業では面白さを感じることのなかった生徒が、塾講師の指導で勉強の面白さに目覚めることもあります。塾講師の指導によって成績が上がり、努力をして結果を出すことの楽しさに目覚める生徒もいます。

125

大学教授

こんな人におすすめ！
- 研究者の仕事にとても興味がある人
- 好奇心や探究心が旺盛な人
- 1つのことをやり続けられる人

1 大学教授の仕事とは？

自分の専門分野の研究を通じて、新たな知識の開拓に貢献すると共に、研究者の育成も行う仕事です。

大学教授は大学に籍をおく研究者であり、大学教授の第一の仕事は研究です。文系の学問分野と理系の学問分野では研究方法に多少の違いがあります。文系の学問分野では文献研究や社会調査研究がおもな研究方法です。例えば、文学の教授は、自分が専門的に研究対象としている作家や作品に関する古い文献を掘り起こし、作家や作品に関する新しい事実の発見や新たな解釈の提示を行います。歴史学の教授なら、古文書を読み解いて新たな史実を究明したり、新しい歴史解釈を示します。社会学の研究者は、人々の行動の理由を解き明かすために大規模なアンケート調査などを行います。

一方、理系の学問分野では実験がおもな研究方法です。例えば、工学分野の教授の中には、人間の脳波で動く機械を開発するために人体の電気信号と機械をつなぐ実験に取り組んでいる研究者がいます。医学の教授には、様々な実験により病気の発生のメカニズムを研究している研究者がいます。いずれの学問分野にせよ、研究で新しい事実や解釈を提示し、その成果を論文にまとめて学会や学術誌で発表することが大学教授の研究者としての仕事です。

一方で、**研究者の育成も大学教授の大切な仕事**です。研究室に所属する大学院生に対して研究の方法論などの指導を行い、次世代のすぐれた研究者を育てます。

また、近年では「教育者」としての仕事も重視されています。大学の授業を通して自分の研究分野の知識をわかりやすく大学生に教え、学生の知力と教養レベルを高めます。

2 大学教授の役割・資質とは？

大学教授の役割は、**この世界の真実を探求・発見して人々に伝え、文化と科学技術の発展に貢献すること**です。例えば経済学の教授なら、現在の経済システムを分析することでより平等な社会モデルを提示できるかもしれません。農学の教

PART 2 人を育てる仕事がしたい

3 大学教授になるためには？

授なら、野菜の成長のメカニズムを突き止め、食糧危機を解決できるような人工栽培システムを構築できるかもしれません。このように、大学教授は**自分の専門分野の研究成果を発表し、より良い社会の構築と人類の発展に貢献する**という使命を負っています。国民の教育レベルが国の技術力や経済力を左右します。大学・大学院での教育を通じて日本の国力を支える人材を育てることも大学教授の重要な役割です。

大学の教授会や文部科学省の承認を得れば誰でも大学教授になれますが、大学院で博士号を取得して、大学や大学院の講師や助教・准教授を経て教授になるのが一般的です。博士号を取得するためには、まず大学を卒業して大学院修士課程へ進学し、修士号を取得します。続いて大学院博士課程へ進学し、博士論文を書き、所属している大学の教授会で博士論文とそれまでの研究実績が認められれば、博士号が与えられます（大学によって異なります）。その後、大学の教授会で認められ大学や大学院の講師となり、研究に加えて大学生や大学院生の教育にも携わります。講師の仕事をしながら、研究成果を論文にまとめて発表を続け、研究実績と論文が認められると、助教・准教授・教授へと昇格できます。

大学教授に必要な資質は、常識を疑い、探究する好奇心です。高校生のうちから**疑問を持ち、探究する心構えを持ちましょう**。大学院へ進むと、文系・理系問わず膨大な量の文献・論文を読むので、**文章の読解力**を磨きましょう。また、論文は英語で読み書きすることもあるので、**英語力も必須**です。

進路フローチャート

- **助教・准教授を経て大学教授へ**
- **大学・大学院の講師**
- **博士号取得**
  研究を深めて博士論文を書き、教授会で承認される
- **大学院博士課程進学**
  研究方法を身につけて研究を行い、修士論文を書く
- **大学院修士課程進学**
  専攻分野の基礎知識を徹底的に吸収する
- **大学入学**
  専門的に学びたい、研究したいことは何かを考えよう
- **高校入学**

POINT
- 大学に籍をおき、研究に従事する
- 研究者の育成と大学生の教育も重要な役割
- 大学院修士課程・博士課程へと進む

関連情報
- **大学教授になる方法** HP
  大学教授になる方法、大学教授の待遇などが詳細にまとめられているサイト

オススメの1冊！
『大学教授という仕事 増補新版』
（杉原厚吉著／水曜社）
研究の仕事・教育の仕事・管理運営の仕事など、外側からは見えない大学教授の仕事を明快に解説

ℹ 大学や研究科などにより異なるが、大学院在籍中は学費だけで年間100万円前後が必要となる

養護教諭

こんな人におすすめ！
- 子どもの健康を守りたい人
- 学校で働きたい人
- 医学や看護学に興味のある人

資格免許

1 養護教諭の仕事とは？

学校で子どもたちの健康管理にあたる仕事です。一般的には「保健室の先生」と呼ばれています。

養護教諭は保健室に待機し、学校内で子どもが怪我をしたときや具合が悪くなったときに応急処置を施します。保健室に運ばれてきた子どもの怪我の状態や健康状態を見て、医療機関を受診させるかどうかの判断も行います。

また、多くの学校では、養護教諭は保健主事としての仕事も担当しています。保健主事は、**学校における保健に関する事柄全般を管理する仕事**です。保健主事の仕事には、生徒の健康診断の実施の手配・学校内の水道水の水質検査・照明の照度検査・空気検査といった環境衛生の検査に加え、保健に関する業務の実施計画の作成などがあります。

このように、養護教諭の多くは、保健室での子どもへの応急処置と、保健主事としての保健業務の両方を担当しており、その仕事は多岐にわたります。決められた予算の中で保健室の設備を充実させ、救急薬品の管理をしておくことも大切な仕事です。また、アレルギー疾患を持つ子どもへの配慮や、集団の中での感染症の予防なども保健主事としての仕事に含まれますし、修学旅行などの学校行事へも随行し健康管理に携わります。

養護教諭は、普段は授業は行いません。しかし、学級担任や保健体育科の先生から依頼されて健康教育や性教育などの授業を行うことがあります。

2 養護教諭の役割・資質とは？

右記のように、応急処置や健康診断の実施を通じて学校に通う子どもたちの健康を保つことと、**水質検査や照度検査を行って校内の環境衛生を保つことが**養護教諭の役割です。

また、学校教育における子どものケアを充実させるうえで養護教諭の役割がさらに重要になっています。近年では、心の健康に問題を抱える子どもが増えていま

128

PART 2 人を育てる仕事がしたい

進路フローチャート

養護教諭になる
↑
都道府県の教員採用試験に合格する

養護教員養成課程の科目を履修する。科目は、学校保健、健康相談活動、看護・救急処置、医科学などだ。必要な単位を取得して大学を卒業すると、養護教諭一種免許が与えられる

↑
大学入学

教員養成課程の充実している大学を目指そう

↑
高校入学

※一種免許を取得し、公立学校の養護教諭を目指す場合

POINT

- 学校で子どもの健康と環境衛生を守る
- 養護教員養成課程のある大学・短大・専門学校へ進む
- 公立学校の希望者は都道府県の教員採用試験を受ける

関連情報
- 養護教諭の免許資格を取得することのできる大学（文部科学省）HP
  養護教諭の免許状を取得できる大学・短大などの一覧が確認できる
- 採用率（東京都）：8.9％（2013年度）

オススメの1冊！
『養護教諭365日の仕事術』
（松島裕美著／明治図書出版）
養護教諭である著者が、プロの仕事術を読者に伝授する1冊

ℹ 養護教員養成課程では病院実習もある。養護教諭になるなら医学知識への興味は欠かせない

す。不調を訴えて保健室に来る生徒の中にも、心の問題が原因であるケースが増えています。**生徒の心の問題の相談に乗り**、症状の原因が心の問題にあるのか、身体的な問題にあるのかを判断し、適切な対応をすることも養護教諭の大切な役割となっています。

養護教諭には児童虐待を早期に発見する役割も期待されています。保健室に来た生徒の身体に児童虐待の可能性がある症状が見られた場合は、被害を食い止めるために関係機関へ相談します。学校における子どもの健康問題の相談窓口として、子どもの様子に不自然なところがないか、虐待の可能性がないかを見極めることが大切です。

このような社会的な背景の中、子どもの健康を守るために養護教諭の役割はますます重要になっています。

3 養護教諭になるには？

養護教諭になるためには、養護教諭免許を取得する必要があります。養護教諭免許は取得方法の違いにより、一種免許と二種免許があります。一種免許を取得するためには養護教員養成課程のある大学で、二種免許を取得するためには養護教員養成課程のある短大や専門学校で、それぞれ必要な単位を取得します。また、保健師か看護師の資格を持っている人は、指定の養成施設で単位を取ると一種免許を取得できます。なお、一種免許でも二種免許でも養護教諭になることができます。私立学校の養護教諭を目指す場合は、学校の採用試験を受けます。公立学校の養護教諭を目指す場合は、各都道府県の教員採用試験に合格する必要があります。

ベビーシッター

依頼を受けて、保護者が留守のときに子どもの世話をする仕事です。食事や排せつ・入浴の世話の他、遊び相手になったり勉強を教えたりもします。

また、保育園や習いごとへの送り迎え・行事への参加・病気の際の世話など、家庭の事情に合わせ、保護者のかわりとなって子どもの世話にあたります。

近年は共働きの保護者が増え、ベビーシッターに対するニーズが高まっています。また、保護者が安心して買い物や仕事をできるように、ベビーシッターをおくデパートや企業も出てきています。

ベビーシッターになるためには、ベビーシッターを派遣している会社に登録します。法律上、資格は不要ですが、**保育士の国家資格や幼稚園教諭の免許を持っている人が優先的に採用される**ようです。これらの国家資格を持たない人は、**看護師や栄養士などの資格もある**と有利でしょう。また、保護者が安心してベビーシッターを頼める「認定ベビーシッター」など複数の団体が設けている民間資格を取得するとよいでしょう。

POINT
- 保護者のかわりに子どもの世話をする
- ベビーシッターの派遣会社に登録する
- 有 取得すると有利な資格・免許あり

ナニー

欧米諸国では、乳幼児を預かり、しつけをするプロフェッショナルを「ナニー」と呼んでいます。**依頼者の自宅に行き、保護者のかわりに子どもの世話をします。**

ナニーは、ただ子どもの食事や排せつなど身のまわりの世話をするだけでなく、しつけや教育の専門家でもあります。依頼者はナニーを乳幼児教育の専門家として見なし、子どもに効果的な早期教育を授ける役割も期待します。その点が、子どもの世話をおもな仕事とするベビーシッターとは異なります。ナニー発祥の地であるイギリスには、伝統的なナニー養成校があり、乳幼児保育・教育を専門的に教えています。

近年は共働きの保護者が増えているうえに、子どもの早期教育への関心も高まっています。日本でも今後、保育と教育ができるナニーのような存在への需要が高まるかもしれません。日本では、日本ナニー協会が資格の認定を行っています。ナニーとして働くためには、国家資格の保育士の資格に加え、日本ナニー協会や全国ベビーシッター協会などの民間資格があると信頼度が増すでしょう。

POINT
- 依頼者の家で保護者がわりに乳幼児を世話し、教育をする
- 早期教育の役割も担う点が、ベビーシッターと異なる
- 有 取得すると有利な資格・免許あり

関連情報
ベビーシッター → 全国保育サービス協会 HP
ナニー → 日本ナニー協会 HP

学童保育指導員

学童保育所で、放課後や長期間の休みの間、保護者が家にいない子どもたちの世話をします。

子どもたちが遊んでいるのを危険がないように見守り、子どもたちの遊び相手となることもあります。一緒に工作をしたり、泊まりがけのキャンプやクリスマスパーティーなどの行事を催すことにより、子どもたちの成長を支えます。保護者のかわりにはその日の子どもの様子を伝えます。保護者のかわりに子どもを世話する仕事なので、**子どもたちの成長を見守る責任感**が求められます。

近年は共働きの家庭や母子家庭・父子家庭が増えているため、放課後や長期間の休みに子どもが生活する場として、学童保育の重要性が増しています。

学童保育所には、公立のものと民間のものがあります。公立の学童保育所の正規指導員になるためには、地方公務員試験に合格する必要があります。民間の学童保育所で働くためには、学童保育所の運営会社の採用試験を受けます。**保育士や幼稚園教諭・小学校教諭などの資格**があると有利です。

POINT
- 保護者のかわりに子どもの世話をする
- 近年は共働き家庭などが増え、重要性が増している
- 有 取得すると有利な資格・免許あり

幼児リトミック指導員

音楽のリズムに合わせて体を動かす教育方法(リトミック)を用いて、幼児の感性や能力を伸ばす指導を行う仕事です。

幼児リトミックの講座を持つカルチャースクールや幼児教室で、インストラクターとして幼児にリトミックを指導します。

ピアノの伴奏や歌のリズムを聴き、そのリズムを全身で表現するように幼児を指導します。この訓練により、子どものリズム感や想像力・表現力・集中力・運動能力が高まるとされています。

幼児リトミック指導員の資格は複数あります。有名なものには、日本で初めて幼児リトミック指導員の養成を始めた**国立音楽院の認定資格**があります。国立音楽院に入学し、2年間、指定の科目を履修すると資格を取得できます。その他にも、民間の学校やカルチャーセンターがリトミック指導員を養成する講座を開いています。

幼児と接するのが好きな人に向いています。また、音楽やバレエ、ダンスの経験がある人は有利でしょう。

POINT
- 音楽のリズムで子どもの感性や能力を伸ばす
- カルチャースクールや幼児教室で幼児を指導する
- 有 取得すると有利な資格・免許あり

関連情報 学童保育指導員 ➡ 『入門ガイド 学童保育指導員』(野中賢治・片山恵子編／大月書店)
幼児リトミック指導員 ➡ 国立音楽院 HP など

幼児教材の開発者

幼児教育を目的とした絵本・おもちゃ・DVDなどの教材を開発します。

幼児教材には「ひらがな・カタカナ」「数と数字」「ぬりえ」「お絵かき帳」「まちがい探し」「めいろ」「絵カード」などの知能を高める教材と、トイレや歯みがきなどの生活習慣を身につけるための教材があります。

幼児教材の開発者は、まず、どのような教育効果を目的とし、その目的を達成するためにどのような遊びの要素と特徴を持たせた教材を開発したらよいかを考えます。この作業を「企画」といいます。企画では、これまで出版されてきた幼児教材を調査し、他の教材よりすぐれたものを目指します。企画を考案したら、大学教授などの幼児教育の専門家に協力を依頼し、教育効果として裏づけのある教材になるように教材を作りあげていきます。

幼児教材の開発者になるためには、幼児教材を製作している会社や、幼児教育を行っている会社に就職します。**大学で発達心理学など幼児教育の学問を専攻するとよいでしょう。**

POINT
- 幼児教育を目的とした教材を開発する
- 幼児教材を製作する幼児教育関連の会社に就職する

児童厚生員

地域の児童センターや児童館などの児童厚生施設で、子どもたちの成長をサポートする仕事です。

児童厚生員は「児童の遊びを指導する者」とも呼ばれます。児童厚生施設で子どもの遊び場を安全に管理し、子どもたちに図画工作や様々な道具を使った遊びを教えます。また、演劇や音楽会などのイベントを開催します。夏休みに地域の子どもたちを連れてキャンプに行くこともあります。**子どもが遊びを通じて世界を広げ、発想力や他人への思いやりを育てる手助けをすることが児童厚生員の役割です。**保育士とも協力しながら遊びの指導にあたります。

児童厚生施設のほとんどが市区町村の運営です。地方公務員として児童厚生員になるためには、まず地方公務員試験に合格し、自治体職員として採用される必要があります。その上で、認定児童厚生員資格を取得します。認定児童厚生員資格を取得するためには、「保育士の資格保有者」「高校卒業後2年以上、児童福祉事業に従事」などの条件があります。

POINT
- 児童厚生施設で子どもの成長をサポート
- 児童厚生施設のほとんどが市区町村の運営
- 認定児童厚生員資格が必要

資格免許

関連情報
幼児教材の開発者 ➡ 知能研究所 HP
児童厚生員 ➡ 児童健全育成推進財団 HP

児童指導員

児童養護施設や障がい児施設などの児童福祉施設で生活指導をし、子どもたちの自立を支援する仕事です。

児童養護施設では、様々な事情で家族と暮らせない子どもたちが生活しています。児童指導員は、子どもたちの年齢に合わせて食事・着替えなどの日常生活の世話を行います。また、保護者への報告や、児童相談所との連絡調整も行います。障がい児を担当する児童指導員は、**知的障がい児や心身障がい児などに日常生活に必要な習慣が身につくようサポートし、自立に向けた支援**をします。

児童福祉施設には民間のものと公立のものがありますが、いずれの場合も児童福祉施設の児童指導員になるためには、厚生労働大臣指定の児童指導員養成校を卒業するか、大学の福祉・社会・教育・心理のいずれかの学部・学科を卒業するか、小学校・中学校・高等学校のいずれかの教員免許を取得し、就職を希望する児童福祉施設の採用試験に合格したあとに児童指導員任用資格を取得する必要があります。

POINT
- 児童福祉施設で子どもたちの自立を支援する
- 大学の福祉・社会・教育・心理系の学部に進むか、小・中・高いずれかの教員免許を取得する

児童福祉司

児童相談所で、子どもに関する相談を受ける仕事です。児童福祉司が扱う問題は、いじめや非行・不登校・保護者による虐待など多岐にわたります。児童福祉司は、相談内容に応じて必要な調査・検査・診断を行い、問題解決に向けた援助や指導をします。調査や検査においては、児童心理司や小児科医・精神科医などと協力し、援助・指導においては児童心理司や精神科医にカウンセリングを依頼することがあります。

児童福祉司は、**子どもを取り巻く問題の相談窓口となり、子どもとその保護者の問題を心理学・教育学・社会学など幅広い専門知識を活用しながら解決することで、児童福祉の向上を図る**という重要な役割を担っています。

児童福祉司は地方公務員です。児童福祉司になるためには、「大学で心理学・教育学・社会学のいずれかの学科を卒業する」「医師または社会福祉士の資格がある」「指定の養成校または講習会を修了する」などのいずれかの条件を満たし、地方公務員試験に合格したあとに児童福祉司任用資格を取得する必要があります。

POINT
- 児童相談所で子どもに関する相談を受ける
- 大学の心理系・教育系・社会系の学部を卒業し、地方公務員試験に合格する

関連情報　児童指導員／児童福祉司 ➡ 東京未来大学 HP など

児童自立支援専門員

児童自立支援施設で子どもの生活・学習の指導をし、子どもの自立を支援する仕事です。児童自立支援施設では、暴力や飲酒・窃盗などの非行に走った子どもや、理由があって親元を離れている子どもが生活しています。

児童自立支援施設には心に傷を負い、大人への不信感を抱いている子どもたちもいます。児童自立支援専門員は、そのような子どもたちに対し、**親がわりとなって成長と自立をサポート**します。交代で施設に宿泊したり、住み込んだりして子どもたちを支援している施設もあります。

児童自立支援専門員は地方公務員です。児童自立支援専門員になるためには、「大学で心理学・教育学・社会学のいずれかの学科を卒業し、1年以上児童自立支援事業に従事している」「小学・中学・高校いずれかの教員免許を持ち、1年以上児童自立支援事業に従事している」「指定の養成校を卒業している」などのいずれかの条件を満たし、地方公務員試験に合格する必要があります。なお、施設での現場見学会を実施している地方自治体もあります。参加してみるとよいでしょう。

POINT
- 児童自立支援施設で子どもの自立を支援する
- 教員免許を取得しているなどの条件を満たしたうえで、地方公務員試験に合格する

特別支援学校教員

障がいのある子どもたちの教育に携わる仕事です。障がいによる学習上・生活上の困難を乗り越え、自立した生活を送るために必要な知識や技能を教えます。

特別支援学校は、視覚障がい・聴覚障がい・知的障がい・身体障がいなどを持つ子どもたちが通う学校で、幼稚部・小学部・中学部・高等部に分かれています。

特別支援学校では、1人ひとりの障がいに合わせた指導が求められます。また、特別支援学校には、普通学校よりも幅広い年齢の子どもたちが通うため**生徒たちの年齢と学習の度合いに合わせた指導**も重要です。

特別支援学校の教員になるためには、特別支援学校教諭免許状の教職課程がある大学に進学して必要単位を取得し、一般教員免許と小学・中学・高校または幼稚園の教員免許の特別支援学校教諭の免許を取得します。免許取得後、公立の学校で働くには、各都道府県の教員採用試験に合格する必要があります。私立の学校で働く場合は、各学校の採用試験に合格する必要があります。

POINT
- 障がいのある子どもたちの教育に携わる
- 都道府県の教員採用試験や私立学校の採用試験に合格する

関連情報　児童自立支援専門員→東京都福祉保健局 HP　など
特別支援学校教員→文部科学省 HP

スクールカウンセラー

学校などの教育機関で、**心理の専門家として子どもの悩みや心の問題の相談に応じる仕事**です。

従来は学校の先生が生徒の悩みの相談に応じてきました。しかし、学校の先生に相談した場合、その相談内容が成績などの評定に影響する心配があるため、生徒は安心して相談できないこともありました。そこで、第三者の立場で子どもの心の問題に耳を傾ける心理の専門家として、スクールカウンセラーが学校におかれるようになりました。

スクールカウンセラーは、生徒どうしの人間関係やいじめの問題、不登校や非行の問題などについて、生徒や保護者からの相談を受け、その相談に応じて子どもにカウンセリングを行ったり、教員と協力したりしながら問題の解決に努力します。

スクールカウンセラーは、**臨床心理士・精神科医・大学の臨床心理専攻の教員のいずれかであること**が条件です。これらの資格のいずれかを持つ人が自治体や私立学校の募集に応募して採用されます。

POINT
- 教育機関で子どもの悩みや心の問題の相談に応じる
- 臨床心理士・精神科医・大学の臨床心理専攻の教員のいずれかである必要がある

家庭教師

生徒の自宅を訪問し、勉強を教える仕事です。家庭教師の特徴は、1人ひとりの子どもの成績・性格・目標に合わせた指導をすることです。学校の勉強の補習や受験対策では進学塾に通うことが一般的ですが、家庭教師の場合は、不得意な1科目だけを教えたり、子どもの学習度に合わせた指導をすることができます。そのため、進学塾に通わせるほどではないが子どもに学校の補習をさせたいという家庭や、塾の集団授業になじまない子どもの家庭から依頼を受けることがしばしばあります。また、不登校の子どもに対して家庭教師が学校の授業のかわりを務めることもあります。合格実績を残しているすぐれた家庭教師は、超難関校を志望している子どもの親から受験対策の特訓を依頼されることがあります。

家庭教師として働くためには、家庭教師を派遣している会社にアルバイトとして登録するのが一般的です。大学生の間はアルバイトで家庭教師の経験を積みましょう。塾で個別指導にあたるのもよいでしょう。家庭教師の中には、独立して合格実績やクチコミで生徒を獲得していく人もいます。

POINT
- 生徒の自宅を訪問して勉強を教える
- 生徒の状況に合わせた個別指導を行う
- 大学生の間にアルバイトで指導を経験するとよい

外国語教室講師

生徒が外国語を習得するための指導を行う仕事です。外国語教室の講師の多くはその外国語を母国語とする外国人ですが、日本人の講師もいます。**日本人で外国語教室の講師として働いている人の多くは、その外国語を専門とする大学の先生や、海外駐在や貿易の仕事でその外国語を長年使ってきた人たち**です。また、海外に長年住んでいた日本人が帰国して外国語教室の講師をしていることもあります。いずれにせよ、外国語を母国語とするネイティブの人たちと同等に外国語を話し、聞き取り、読み書きできることが条件です。

外国語の習得には、コツコツと勉強を続けることが何より重要です。外国語教室のネイティブでない講師には、「勉強すれば外国語を使いこなせるようになる」という姿を生徒に示す役割もあります。英語やフランス語などのメジャーな外国語教室では、ネイティブが講師を務めることがほとんどですが、外国語大学などでアジアや中近東などの言語を専攻すると講師になるチャンスがあるかもしれません。また、外国語検定で1級を取得しておくとよいでしょう。

POINT
- 外国語習得のための指導を行う
- マイナーだがニーズのある言語だとネイティブでなくても講師の職に就けるチャンスがある

日本語教師

外国人が通う日本語学校で、**外国人に日本語の読み書き・文法・発音・会話などを教えます**。

国内で活動する日本語教師と、海外で活動する日本語教師がいます。国内では、日本語学校に就職し、留学生や日本で働く外国人に日本語を教えます。海外では、国際交流基金（JF）や国際協力機構（JICA）から海外の日本語学校に派遣されたり、日本に本社がある日本語学校から海外へ派遣されたりして活動します。いずれのケースでも、生徒のレベルと目的に合わせて日本語を教えます。

日本語を使えるということと、外国人に日本語を教えられるということは全く異なります。日本語とは文法体系も発音体系も異なる母国語を持つ外国人に日本語を教えるには、特殊な指導技術が必要です。そのため、日本語教師の採用では「大学で日本語教育を専攻している」「民間の日本語教師養成講座を420時間以上受講している」「日本語教育能力検定試験に合格している」のうち1つ以上を満たしていることを条件としていることが多いようです。

POINT
- 外国人に日本語を教える
- 大学で日本語教育を専攻する
- 有 取得すると有利な資格・免許あり

芸能マネージャー

俳優やタレント・歌手の芸能活動をサポートします。

担当する芸能人がまだ無名の場合は、劇場やテレビ局などに売り込んで出演の交渉や契約をし、仕事を獲得します。また、担当する芸能人の芸に関して一緒に考え、演技などについてアドバイスすることもあります。優秀なマネージャーは、担当する芸能人の個性と適性を見極め、魅力と能力を最大限に引き出す仕事を獲得してきます。

担当する芸能人がすでに売れている場合は、打診された仕事の中から芸能人のキャリアに有益な仕事や、より報酬の大きい仕事を選びます。芸能人のスケジュール管理や心身の健康に気を配ることも重要な仕事です。

無名の芸能人を売れっ子に育てることが、芸能マネージャーの仕事の醍醐味です。そのためには、**営業力・判断力・管理能力**などが求められます。担当の芸能人の現場に付き添い、昼夜を問わず全国を飛び回るので、**体力も必要**です。

芸能マネージャーになるためには、芸能プロダクションに就職します。

POINT
- 芸能人の出演交渉・スケジュール管理などを行う
- 芸能人を人気者に育て上げるのが喜びであり目標
- 芸能プロダクションに就職する

監督・コーチ（スポーツ指導者）

選手を育て、戦略を考えながらチームを勝利へと導く仕事です。チームを構成するそれぞれの選手の個性を認識し、その個性を引き出しながら成長の手助けを行い、選手を適材適所に配置してチームを勝利へと導きます。

スポーツチームの監督やコーチになるためには、当然、野球なら野球、サッカーならサッカーで、その**スポーツの選手としてすぐれた実績が必要**です。自分が打ち込んでいるスポーツで強豪チームを有する大学に進学し、レギュラーになって活躍しましょう。体育大学や体育学部に進学し、**スポーツ理論・運動理論・戦略論・スポーツ医学などを学ぶと有利**です。また、大学でスポーツ選手として活躍しながら地域のスポーツチームなどでコーチを務め、チームの成績を伸ばすなどの**実績を作る**とよいでしょう。

最初はチームにコーチとして招かれ、実績を積んで監督になるためには日本サッカー協会公認指導者ライセンスを取得するとよいでしょう。

POINT
- 選手を育て、戦略を考えながらチームを勝利へと導く
- 選手としてすぐれた実績を作る
- 体育大学などでコーチに必要な知識や技術を学ぶ

関連情報
芸能マネージャー➡『僕はスターのマネージャー』（柳心月著／日経BP社）
監督・コーチ➡『増補改訂版 監督論 日本シリーズを制した27人の名将』（永谷脩／廣済堂文庫）

スポーツトレーナー

スポーツ選手の体づくりやコンディションづくりの手助けを行う仕事です。スポーツトレーナーの仕事は選手の要望やトレーナーの専門分野によって少しずつ異なります。選手の運動能力や記録の向上のためにトレーニング計画を立ててサポートするスポーツトレーナーもいれば、食生活や疲労回復の面から選手をサポートするスポーツトレーナー、怪我をした選手のリハビリにあたるスポーツトレーナーもいます。

どのようなスポーツトレーナーでも**スポーツ医学や解剖学などの知識が必要**です。体育大学や体育学部に進学し、スポーツトレーナーに必要な知識を学ぶとよいでしょう。

スポーツトレーナーになるためには、スポーツチームやトレーナー派遣企業、フィットネスクラブなどに就職しましょう。また、スポーツトレーナーの資格には、日本体育協会公認アスレティックトレーナーの他、日本ストレングス＆コンディショニング協会や日本トレーニング指導者協会などが認定している資格があり、取得しておくと就職に有利です。

POINT
- 選手の体づくり、コンディション調整を支援する
- 体育大学や体育系学部への進学を目指す
- 有 取得すると有利な資格・免許あり

スポーツインストラクター

スポーツジムやスポーツ教室などで、利用者が安全にスポーツを楽しみ、技術を向上できるように指導を行う仕事です。スポーツインストラクターは、それぞれ自分の得意分野を活かして仕事をしています。フィットネスクラブなどでエアロビクスの指導やエクササイズマシンの使い方を教えるインストラクター、スイミング教室やテニス教室のインストラクター、スキーのインストラクターなどがいます。

いずれも、生徒のレベルに合わせて練習プランを考え、指導を行います。さらには、スポーツを趣味として取り組む人たちが楽しみながら技術を向上できるように指導するための創意工夫や**コミュニケーション能力も必要**です。事故や怪我が起きないように見守ることも重要な役割です。

スポーツインストラクターになるためにはスポーツ系専門学校や体育大学で指導に必要な知識や技術を学びます。在学中に各スポーツの指導員資格を取得し、インストラクターのアルバイトをするとよいでしょう。就職先はスポーツジムやスポーツ教室・インストラクターの派遣会社などです。

POINT
- スポーツ教室でスポーツの指導を行う
- スポーツ系専門学校や体育大学に進学すると有利
- 有 取得すると有利な資格・免許あり

PART 3

社会の仕組み・秩序に関わる仕事がしたい

私たちが暮らす社会には、法律などのルールを始め、様々な仕組みや秩序が存在します。もちろん、その仕組みや秩序を作り、維持していくのは人の仕事です。このような職業に就く人には、非常に高い倫理観が求められるといっていいでしょう。

国家公務員

社会のあらゆる側面に関わり、国を運営していく仕事

こんな人におすすめ！
- 国を思う情熱のある人
- 知的好奇心が旺盛な人
- 慎重に物事を進められる人

1 国家公務員の仕事とは？

国家公務員とは、**各省庁などに所属して行政の運営に携わる職員**のことです。

国家公務員の仕事は実に様々で、財務省や国土交通省、文部科学省などの中央省庁で働いている人はもちろん、航空管制官や皇室・皇宮の護衛官、刑務官、海上保安庁の職員や自衛隊員なども国家公務員です。どの仕事も、行政サービスの実施と運営という点で共通しています。

厚生労働省を例に見てみましょう。厚生労働省の仕事は、少子高齢化対策や社会福祉事業の運営・改善、雇用保険や労働基準の監督など、法律で担当する範囲が決められています。職員は、その法律及び関連する政策に従って仕事をします。具体的には各自治体への法令の周知徹底にはじまり、実務手順の確立や作業計画の構築・指示、一定期間ごとの確認・検証、修正指示などを行います。また、国土交通省や経済産業省などのように、比較的民間企業と連携することの多い省庁

では、民間企業との交渉や調整を行う仕事もあります。省庁に関連する機関で働く人も多くいます。厚生労働省であれば、企業が労働基準法に則した経営をしているかを監督する労働基準監督署、空港や港湾施設で密貿易や違法取引の取り締まりを行う各地の厚生局などがあります。

このように国家公務員の仕事は社会全体に及んでいます。仕事内容などをよく調べ、希望先を厳選しておきましょう。

2 国家公務員の役割・資質とは？

配属される省庁や担当分野によらず、国家公務員には**正確さ**が要求されます。書類1枚でも誤りを記載し、それが公表されてしまえば、それは国の発表として扱われ、信頼に足る公的な情報として認識されてしまいます。仕事の忙しさに惑わされることなく、冷静に、正確に仕事を遂行することが大切です。**集中力や慎重さ**が欠かせません。

また、配属先によっては専門知識を持ったスペシャリストよりも、幅広い知識を持ったゼネラリストが求められます。

140

PART 3 社会の仕組み・秩序に関わる仕事がしたい

進路フローチャート

国家公務員試験
← 目指す省庁に関連する専門分野を幅広く学ぶ。法律や制度の知識以外にも英語力も高めておこう

大学院進学
← 専門分野を深く掘り下げ、知識を深めることが大切

大学入学
← どの省庁を目指すかを決めるため、各省庁について調べておくこと。総合職か専門職を希望する場合は大卒以上を目指す

高校入学

POINT
- 憲法や法律で定められた範囲で様々な政策を運営していく
- 省庁や配属先により仕事内容が大きく異なる
- 総合職の場合は試験合格後、希望省庁を訪問して面接に臨む

関連情報
● 国家公務員試験採用情報NAVI（人事院）[HP]
職員からのメッセージや試験・採用情報などを掲載している

オススメの1冊！
『公務員試験 公務員の仕事入門ブック』
（受験ジャーナル編集部編集／実務教育出版）
国家公務員と地方公務員の仕事の種類や内容を紹介する年度版のガイドブック。仕事現場のルポも必読の1冊

ⓘ 人事院ではセミナーやワークショップも開催している。大学生になったら積極的に参加してみよう！

ジャンルや好き嫌いを問わず**好奇心を持ち、知識を貪欲に吸収できる能力**も必要です。

国家公務員には、「より良い国、より良い社会にしたい」という理想を持って働くことが期待されています。その理想に向けて、一歩ずつコツコツと積み重ねていける**努力家**であることも大切な要素でしょう。

3 国家公務員になるためには？

国家公務員になるためには、人事院が実施する国家公務員採用試験を受験し、合格しなければなりません。

国家公務員採用試験は、2012年度から新しい制度に移行しています。旧来から最も大きく変わった点は、Ⅰ種・Ⅱ種・Ⅲ種の分類がなくなり、総合職試験と一般職試験に再編成されたことと、新たに法務や財務、食品衛生などの専門職試験が設けられたことです。

一般職は、高校卒業と大学卒業者以上が対象になります。総合職は大学卒業者及び大学院修了者が対象で、**政策の企画立案に関わる能力**が問われます。専門職は特定の行政分野に関する専門知識が必要で、官職ごとに受験資格が変わってきます。

試験は一次試験の合格者が二次試験に進み、二次試験の合格者が希望する省庁を訪問（官庁訪問と呼ばれる）して面接などに臨みます。一般職試験受験者の場合は、二次試験と前後して官庁訪問が許可され、面接などの試験に合格することで国家公務員の職に就くことができます。各職種の詳細な採用要件については事前に確認しておきましょう。

INTERVIEW

現役の国家公務員に聞きました

文部科学省研究振興局
戦略官付総括係
春田 鳩麿さん

親しい仲間と「霞が関OBツアー」を組み、先輩を訪ねたのは高2生の頃でした。「理想に満ち、エネルギッシュに働く先輩に感銘を受けた」と語る春田さん。先端的な研究に関するお仕事で忙しい春田さんに、国家公務員の仕事についてうかがいました。

① お仕事の内容は？

私の仕事は、日本国内における医療や創薬をはじめとするライフサイエンス分野の研究開発の推進です。

文部科学省は、個人の遺伝情報に合わせた医療のオーダーメード化や近年注目を集めている放射線医学や、インフルエンザなどに代表される感染症の予防と効果的な対策などの先端的な研究に対する補助金など、様々な支援を行っています。日本の研究が国際競争力を維持し、発展していくために、研究の進捗を毎年度確認し、期待した成果は出ているか、施策に見直しは必要かといったことなどを議論しています。

ただし、私たちが持つ知識だけでは、決して十分とはいえません。そのために、各分野に精通した方々にアドバイスを求めたり、検討してもらう場を設けたりするのも重要な仕事です。その中で成果の達成度を比較検討し、次年度にどのような施策を行うべきかを詰めていきます。研究内容によっては、海外との連携が必要なものや、法律・制度の改正が必要な場合もあり、幅広い専門家にアドバイスを求めます。

このように、国として取り組むべき新たな分野や難しい分野の研究開発をどう進め、その成果をどう社会や人の間に根づかせていくかを考えるのが私たちの役目です。

その他、省庁外との交渉や連絡業務もあります。例えば、その分野に関心を持つ国会議員からの問い合わせへの対応、厚生労働省や経済産業省といった関連省庁や関連機関との打ち合わせなどです。いずれの場合も、正確さを追究しながら、根気強く仕事に取り組む姿勢が求められます。

142

PART 3 社会の仕組み・秩序に関わる仕事がしたい

ある日の春田さん

- 9:30　出勤。英会話をリスニングしながらニュースをチェック
- 10:00　1日100件を超えるメールに対し、上司と相談しながら課内や関係機関へ対応を依頼
- 12:00　昼食
- 13:00　政務官と上司との打ち合わせに随行。打ち合わせ中は、必要な資料をすぐに取り出せるように準備
- 15:00　各所へ依頼していた資料の取りまとめ。内容を確認後、上司と相談しながら発注元に回答
- 18:00　国会議員からの問い合わせに回答するための資料作成。わかりやすく、ミスのないように細心の注意で臨む。他に当日中の作業がなければ退勤

作成した書類を先輩に確認してもらう。間違い防止にはダブルチェックが必須となる

PROFILE
はるた やすまろ
東京大学 法学部卒業

❷ このお仕事の醍醐味は？

仕事柄、知的好奇心を満たせるのが魅力です。普段から第一線で研究を進める先生方とお話をし、最先端の研究成果に触れられることは知的興奮を得られる仕事だと思います。ノーベル賞を受賞した山中伸弥先生に代表されるように、日本のライフサイエンス研究は世界トップレベルです。私はまだ経験が浅く、ノーベル賞受賞のような場面を間近で見ることはできないのですが、研究者の方々を支援し、その成果を間近で見ることができるのは何事にもかえがたい経験だと思います。私が担当する先生方もやがて新聞のトップ記事を飾るような成果を発表するかと今からワクワクしてきます。

❸ 国家公務員を目指す人にアドバイス

国家公務員は、1つの分野だけを理解していればよいというものではありません。しかし、社会人として課題に直面して初めて、不足した知識や経験を補わなければならないのが現実です。だからこそ、時間のあるうちに社会の色々な側面を見聞し、体験すること、自分なりの思考を形成し、課題への取り組み方を学ぶことが重要です。

特に大学時代の講義は、1つの課題を突き詰めて考えるという点で非常に有効です。課題を解決するための情報をきちんと分析し、整理する力を鍛え、そこから論理的に考え、端的にまとめ上げる力を養う努力を惜しまないでください。

国会議員

こんな人におすすめ！
- 国政に関わりたい人
- 国民の暮らしに貢献したい人
- 立法や外交に興味がある人

1 国会議員の仕事とは？

国会議員は、**選挙で主権者である国民に選ばれて、主権者の代表として国の政治に携わります**。具体的には**国会に出席**し、税金の使い道や新しい法律などについて検討します。

国会議員には、衆議院議員と参議院議員がいます。そもそも国会とは、国民の生活に影響する法律や予算などを決める場であるため、その重要性ゆえに、同じ議題を、別の場での議員が話し合って慎重に決められるように、衆議院と参議院が設置されています。衆議院で決定したことを、参議院でもう一度話し合い、正式に決定する仕組みになっているのです。

国会議員は、問題を抱えている人たちから国に対する要望を聞き、その声を**国会での審議に反映**する役割を担っています。また、経済や外交問題などの専門家と共に、国が抱える財政上の問題や対外関係について改善策を打ち出し、**法律として制度化**させます。

2 国会議員の役割・資質とは？

国会議員の重要な役割は、**国民の意見に耳を傾け、国民の生活がより良くなるように政治を動かすこと**です。

例えば、国民が納めた税金の使い道は、国民の生活の質が向上するようなものでなくてはいけませんから、国民1人ひとりの生活に過剰な負担がないように、また社会に不平等が生じないように、税金の金額や率を決める必要があります。国民が不便を感じていることがあれば、その不便を解消するように法律を改正したり、新しい法律を作ったりします。国民が将来も安心して暮らしていけるように、**外国と交渉して国の利益を守らなくてはなりません**。外交問題も重要です。

ほとんどの国会議員は、同じような政治思想を持つ議員たちで結成された政党に所属していますが、政党の方針や国会での決定に至る過程などについて、国民にきちんと説明することも、国会議員の役割です。

PART 3 社会の仕組み・秩序に関わる仕事がしたい

3 国会議員になる為には？

国会議員になると、毎日多くの人と会って話をします。様々な人の多様な意見に耳を傾ける心の広さと、自分の考えをしっかりと持つ心の強さ、そして、自分の考えをわかりやすく伝えるコミュニケーション能力が必要になってきます。もちろん、国民の意見と自分の考えを実現するための正義感や行動力、強い意志も必要です。

国会議員になるためには、**衆議院または参議院の選挙に立候補して当選しなくてはなりません**。立候補には年齢制限があり、**衆議院議員は満25歳以上、参議院議員は満30歳以上**と定められています。

選挙ではこれまでの実績や知名度・人的ネットワークがものをいうため、国会議員の政策担当秘書として政治の世界に関わったり、官僚（上級国家公務員）として行政の分野で実績を積んだりしてから立候補すると、より多くの支持を得るチャンスがあるでしょう。

信念や意志を作るのは、経験と見識です。みんなの意見をよく聞き、みんなのために行動できる能力は、国会議員にとって不可欠なものです。

日本や国際社会が抱える様々な問題について、積極的に考えましょう。そのためには、今から**社会科**の勉強は不可欠ですし、**政治学**に限らず、**福祉・教育・経済・外交**など幅広い問題にも関心を持ちましょう。自分が最も興味を惹かれる分野を大学で専門的に学び、得意分野を身につけましょう。何よ
り国会は立法府です。憲法と法律をしっかりと学びましょう。

進路フローチャート

当選、国会議員になる
衆議院議員は満25歳以上、参議院議員は満30歳以上
↑
衆議院または参議院の選挙に立候補
上級国家公務員として各省庁で行政の仕事をしたり、国会議員の政策担当秘書として政治の現場を勉強すると、国会議員への近道だ
↑
就職など社会へ
政治学の他に、福祉、教育、経済、外交など、何か1つ得意分野を持つとよい
↑
大学入学
国会や内閣、裁判など、社会科をよく勉強しよう。国内外の近代の歴史にも興味を持とう
↑
高校入学

POINT
- 国政を動かす
- 官僚や議員秘書の実績を積むと有利
- 得意分野と政治的信念を持とう

関連情報
● 衆議院・参議院 HP
国会についての解説や、国会参観の案内などを掲載している。衆議院と参議院で個別にホームページが開設されており、審議中継も行われている

オススメの1冊！
『誰も書けなかった国会議員の話』
（川田龍平著／PHP新書）
国会議員のリアルな姿があますところなく描かれている。参議院議員を務める著者の政治への熱い思いと信念が伝わる

ⓘ 歳費（国会議員の給料のこと）は年額約2,200万円（手当を含めると総額は約4,200万円）と世界最高水準

都道府県知事

こんな人に
おすすめ！
● リーダーシップのとれる人
● 地域レベルでの生活改善に携わりたい人
● 多角的な視点を持てる人

1 都道府県知事の仕事とは？

知事は、都道府県のリーダーとして、住民の健康福祉、教育、商工業、農業などをより充実させ活性化させるために、たくさんの施策の実施に向けて働きかける仕事です。数千人規模の職員が働く巨大な組織のトップである知事には、重要な仕事がいくつもあります。

例えば、予算案の作成です。次の1年、都道府県が税金などでどれくらいの収入を得て、その財源をどのような事業に使うのかを職員と共に検討し、予算案を作成します。

また、条例案の作成も知事の重要な仕事の1つです。条例とは、都道府県が制定するその地域限定の法律です。都道府県と市区町村は、国の憲法や法律に反しない範囲で、地域の実情に合った条例を作ることができます。知事は、住民の要望などをもとに、条例の改正案や新しい条例案を考えます。予算案や条例案は、年に数回開かれる都道府県の議会に知事が提出します。議会では、知事の提出した予算案や条例案に関して、議員が質問をし、知事が答えます。その内容をもとに予算案や条例案を練り、議会の承認を得て初めて、実施されることになります。

知事は、適切な予算案や条例案を作成するために、日頃から職員や各分野の専門家と会議を開き、地域の問題を把握し、その解決策を考えます。また、住民の代表とも面会し、住民の要望を直接聞きます。

地域の商業・工業・農業を活性化させることも、知事の重要な仕事です。地域への観光客を増やす施策や、企業を地域に誘致するための施策を考え、地域の農産品やサービスなどをたくさんの人に利用してもらうために、都道府県の顔としてPR活動をします。

2 都道府県知事の役割・資質とは？

都道府県知事には、強力なリーダーシップが必要とされます。地域の経済が低迷すれば、経済活性化の対策を打たねばなりません。そのためには、地域住民の批判・要望に耳を傾

PART 3 社会の仕組み・秩序に関わる仕事がしたい

進路フローチャート

知事選挙に立候補
当選すれば、知事になれる
↑
幹部として地域行政実務を経験
↑
中央省庁か都道府県庁に入庁
中央省庁を目指す場合は国家公務員試験、都道府県庁を目指す場合は地方公務員試験に合格する
↑
大学入学
地域経済や地域行政を学べる大学・学部を目指そう。政治の歴史や、歴史に名を残す政治家のリーダーシップを学ぶとよい
↑
高校入学
※公務員から知事になる場合

POINT
- 都道府県のリーダーとして予算案や条例案を作る
- リーダーシップと全体を俯瞰する力を身につけなければならない

関連情報
● 全国知事会 HP
全国の知事の経歴が掲載されており、知事になるまでのコースの参考になる。各地域の先進政策も勉強になる

オススメの1冊！
『知事は何ができるのか――「日本病」の治療は地域から』
（嘉田由紀子著／風媒社）
滋賀県庁職員から大学教授を経て滋賀県知事に就任した著者が、知事がすべき仕事を解説

ℹ 知事は激務だが高給だ。給与、手当、退職金を合わせると4年で1億円以上の収入を得ている

3 都道府県知事になるためには？

知事は、4年に1度行われる選挙で選ばれます。知事になるためには、**知事選挙に立候補して当選する必要があります**。知事選挙に立候補できるのは、満30歳以上です。

知事選挙で当選するためには、住民から期待され信頼されるだけの実績と、支持基盤が必要です。実際、知事選挙に立候補する人には、国会議員や都道府県議会の議員、中央省庁や都道府県庁の幹部、市区町村長や国会議員の秘書などの経験を持つ人が多くいます。大学卒業後、そうした職業で地域行政の世界を学ぶと有利でしょう。大学では法律に加え、地域経済や地域行政を専攻するとよいでしょう。

また、**広い視野を持ち、地域の諸問題を俯瞰する力も重要**です。例えば、地域の経済が低迷したことによって税収が落ち、行政サービスも低下するというように、地域の諸問題が互いに関連しているケースがしばしばあります。地域の複数の問題を同時に見て、どこにどのような対策を打てば最適かを判断するためには、地域全体を俯瞰する能力が必要です。強力なリーダーシップと地域の諸問題を総合的に把握し効果的な対策を講じることで、地域の福祉・教育・産業を発展させていくことが、知事の役割です。

け、地域の代表として行政のあり方を改善しなければなりません。また、地域が自然災害の被害を受けたときは、復興に向けて地域の方針をまとめ、国に支援を要請します。

都道府県職員

こんな人におすすめ！
- 地域と地域住民のために働きたい人
- 専門分野を活かしたい人
- 大きな枠組みで視野が持てる人

1 都道府県職員の仕事とは？

都道府県の役所や公的機関で働く公務員です。住民が快適に暮らせるように、住民の台帳や税金を管理したり、建物や公園を造ったり、地域の法律である条例を制定したりします。

具体的には次のような仕事に分かれます。

一般行政の仕事では、住民票や戸籍の管理・予算や税金の管理・経理・国や市町村との連絡調整などを担当します。

社会福祉の担当職員は、子ども・高齢者・体の不自由な人などへの支援に関わる仕事をします。

土木担当の職員は、道路や河川・排水施設などの整備を行います。

建築担当の職員は、建物を建てるときの申請の審査や、建物が完成したときの検査・住宅の整備などを行います。

機械担当の職員は、住民が建物を安全に利用できるように、建築物の機械設備の設計や工事・保全などを担当します。

また、電気設備を管理する専門の職員や、公害の監視・環境衛生に関わる化学担当の職員もいます。

農学分野の職員は、地域の農業の振興のために、地域の気候・立地条件に適した作物の試験研究の支援や、農業施策の企画立案・農業従事者の育成などを行います。

この他、地域によっては畜産・林業・水産分野の仕事もあります。

2 都道府県職員の役割・資質とは？

都道府県職員の役割はおもに2つありますが、1つは住民が安心して快適に暮らせるように街づくりを進めることです。そのために、一般行政・土木・建築・環境衛生などの専門分野に分かれて仕事をしています。もう1つは、地域の経済が発展するように、**地域の工業や商業・農業・畜産業・林業・水産業を支援して盛り上げていくこと**も、都道府県職員の役割です。

地域住民の暮らしをより良くするという点は、都道府県の役割と市区町村職員の仕事と共通していますが、市区町村の

PART 3 社会の仕組み・秩序に関わる仕事がしたい

3 都道府県職員になるには？

役割には、違いがあります。市区町村の役割が、国が作った法律や制度を住民に対して直接運営することであるのに対して、都道府県の役割は、**市区町村の運営活動のサポートや、国と市区町村間の調整**です。都道府県の職員には、より大きな枠組みの中で仕事をすることが求められるでしょう。「広い視野を持って地域の住民のために働きたい」という気持ちのある人が、都道府県職員に向いているといえるでしょう。また、様々な利害関係の中で地域の将来にとって最善と考えられる政策を進めていくことが求められます。あらゆる分野での**調整能力の高さ**が必要です。

都道府県職員は地方公務員ですので、各都道府県の職員採用試験に合格する必要があります。

試験は都道府県によって名称は異なりますが、「大学卒業程度」「短大卒業程度」「高校卒業程度」に分かれており、事務職や技術職は「大学卒業程度」の試験合格者から選ばれることが多いです。「大学卒業程度」の試験は、一般行政・社会福祉・土木・建築・農業などの分野に細かく分かれています。多くの場合、大学の文系の学部で学んだ人は一般行政や社会福祉などの試験区分で受験し、理系の学部で学んだ人は専門性を活かして建築や機械といった技術系の試験区分で受験します。合格後は、受験時の試験区分に従って庁舎などに配属されます。

試験には**教養試験・専門試験・論文試験・面接試験**があり、教養試験では幅広い知識が問われます。高校生のうちから教科・分野の得手・不得手をなくしておくとよいでしょう。

進路フローチャート

合格、都道府県職員になる
↑
各都道府県の職員採用試験を受ける
↑
大学卒業程度の公務員試験では、志望する分野によって、大学で学んだ専門知識が問われる。学部の勉強にしっかり取り組もう
↑
大学・短大入学
↑
公務員試験の教養試験では幅広い知識が問われる。色々なことに興味を持ち、不得意な教科をなくしておこう
↑
高校入学

POINT
- 教養試験に備えて得手・不得手をなくそう
- 地域と地域住民を支える仕事
- 事務の他に建築、機械、農学などで専門知識を活かせる

関連情報
- **各都道府県のホームページ** HP
自分が働きたい都道府県のホームページの「採用」のページを見てみよう。募集している職種が掲載されている。仕事の中身や先輩の声を掲載している都道府県もある

オススメの1冊！
『**地方公務員をめざす本**』
（成美堂出版編集部編／成美堂出版）
都道府県職員をはじめとする地方公務員の仕事の中身や試験の内容などを幅広く紹介している

ℹ 忙しさは職種によるが、公務員の数は減少傾向で、1人当たりの仕事量が増え、忙しくなっているようだ

地方議会議員

地域住民からの意見や要望を集めたうえで、地域の抱える問題について議論し、首長（都道府県知事や市区町村長）と共に、地域の行政について様々な決定を下す仕事です。地方議会とは、都道府県や市区町村の意思決定機関であり、地方（議会）議員は、住民の選挙での投票によって選ばれた、**地方議会を構成するメンバー**のことです。

地方議員が議会で議論し決定に関わる対象は、地域の法律である条例の制定や予算の決定から、地域の税に関する議決・各機関が不正を行っていないかどうかの監視まで多岐にわたります。近年では、地方分権といって、地方自治体が自分たちで考え、自分たちで責任を持って行政を行う取り組みが進められていますから、地方議員の役割が大きくなっています。

地方議員になるためには、満25歳以上で都道府県や市区町村の**議会議員選挙に当選する**必要がありますが、支持を得るために街頭演説を行ったり、政治家の養成組織などに所属したりするケースも多く見られます。高校生の間は**社会科**の勉強に力を入れ、**政治や法律などの知識**を身につけましょう。

POINT
- 都道府県や市区町村の行政について決定を下す
- 社会科を重点的に勉強しよう
- 街頭演説などで支持を得る

市区町村長

それぞれの市・区・町・村で選挙によって住民から直接選ばれたリーダーです。住民のより豊かな暮らしのために計画を立て、予算を組み、市区町村の法律である条例を制定するなどします。税金の課税と徴収・保健福祉・環境・道路・上下水道・教育など、市区町村長が責任を持つ分野は多岐にわたり、市区町村の職員と共に計画や改善案を考え、実施します。毎月、各本部長などの幹部と会議を開き、様々な課題について報告を受け、話し合い、方針を決めたうえで、予算案や条例案をまとめます。

市区町村議会では、予算案や条例案を市区町村議員に提出し、議員たちの質問に答え、予算や条例を決めていきます。また、市区町村の職員が考えた事業案などがまとめられた書類を読み、許可するかどうかの判断を下します。

市区町村長になるためには、**選挙に立候補して当選し**なくてはなりません。まずは市区町村議会の議員として経験を積んだり、地元企業の幹部として活躍するなどして、地域の支持層を広げる必要があるでしょう。

POINT
- 市区町村の行政のリーダーとして働く
- 住民の暮らしを守るという気持ちが原動力
- 地元企業の幹部などになり支持層を広げる

関連情報
地方議会議員 ➡ 総務省 HP
市区町村長 ➡ 『ひとりぼっちの私が市長になった！』（草間吉夫著／講談社）

市区町村職員

市区町村の役所などで働く職員です。仕事の内容によって、事務職と技術職に分かれます。

事務職では、戸籍や住民票、税金の管理などが扱われます。例えば、私たちは引っ越しをすると役所で住民票を書き換え、結婚をすると役所に婚姻届を提出し新しい戸籍を作りますが、そうした手続を行っているのが、市区町村の事務職の職員です。

一方、技術職の職員は、道路や公園、学校や保育所を開設したり、新しい建築物が法律の規定に従っているかを審査する仕事などを担当しています。建物や環境の側面から、地域環境を保全する仕事です。

どちらの仕事も、**住民にとって住みよい街づくり**が目標であるという点では共通しています。地域に密着した仕事ですので、地元で働き続けたい人に向いているでしょう。

市区町村の職員は**地方公務員**ですから、まずは高校や大学を卒業し、**各自治体の公務員試験に合格**する必要があります。

POINT
- 公務員として市区町村の役所などで働く
- 各自治体の公務員試験に合格する
- 事務職と技術職に分けられる

政党職員

自由民主党や民主党などの**政党で働く職員**です。政党の運営に関わる様々な仕事をこなします。人件費や交通費・助成金や寄付金などのお金を管理する仕事から、政治集会の場所や時間を調整する仕事、政党の広報活動や選挙対策に至るまで、仕事の内容は多岐にわたります。

それらの中でも、経理など、政治に直接関わりのない事務は総務と呼ばれ、政治に直接関わる仕事は政務とも呼ばれます。政務の仕事には、議員の勉強会を主催したり、議員の政治活動をサポートしたりすることなどが含まれます。

政党職員になるためには、政党の職員募集に応募して採用されなければなりません。特定の政党の職員になるためには、その政党の政治理念に共感していることが前提になるので、あらかじめ党の基本理念や政治の仕組みをよく理解しておく必要があります。

まずは**社会科**をよく勉強し、日常的に政治・外交や時事問題に関心を持ち、政治の世界への理解を深めましょう。大学では**政治や法律を学べる学部**に進むとよいでしょう。

POINT
- 政党の運営に携わる
- 政治・外交や時事問題などの知識が必要
- 政党職員から国会議員になる道もある

関連情報
市区町村職員 ➡ 地方自治情報センター HP
政党職員 ➡ 『絶対わかる法令・条例実務入門』（林雄介著／ぎょうせい）

衆議院・参議院事務局員

衆議院・参議院で行われる調査や会議を事務の側面から支える仕事です。そもそも国会は、衆議院と参議院の二院から成り立っており、どちらにおいても法律の制定や予算の議決、外国との条約の承認など、国の政治に関わる重要な決定が行われています。そして、それぞれの決定が下されるまでに、様々な調査が行われ、会議が開かれています。

衆議院・参議院事務局員の仕事には、会議運営をサポートする仕事や、政策立案を支援するための調査や分析を行う仕事、会議の速記や議事録の管理をする記録業務、議長や役員・議員の活動を補佐する事務などがあります。多様で複雑な情報を迅速かつ正確に処理することが求められる仕事です。

衆議院または参議院の事務局職員採用試験に合格する必要があります。試験では、必須科目の**憲法**をはじめとして、**行政法**や**民法・政治学や経済学の知識**が問われます。高校生のうちから社会科をよく勉強し、大学では**法学部や政治経済学部で、法律・政治・経済を専門的に学ぶ**とよいでしょう。

POINT
- 会議運営を事務面でサポート
- 議長・役員・議員の補佐
- 憲法・行政法・民法・政治学などの知識が必要

衆議院・参議院法制局員

国の唯一の立法機関である国会で働き、**法律の専門家として国会議員の立法活動を補佐**します。

国会議員は、新しい法律案を考えると、まず衆議院や参議院の法制局にサポートを依頼します。依頼を受けた衆議院や参議院の法制局員は、議員が考えた法律案の趣旨と内容を吟味し、法制化に向けて必要な調査・検討を行います。例えば、法律案が憲法に適合しているか、他の法制度と矛盾しないかなどを調べます。そして法制化に向けての課題をクリアすると、次に法律案を条文化する作業を行います。さらに法律案が国会で審議されると、法制局員が国会答弁用の資料を作成するなどして議員をサポートします。その他、新しい法律案の構想に向け、国会議員の依頼に応じて外国の法制度などに関する調査を行ったりもします。

衆議院・参議院法制局員は特別職**国家公務員**ですから、衆議院または参議院の法制局職員採用試験に合格する必要があります。憲法と法律に精通していることが必須の仕事ですので、大学では、**法学部で法律を専門的に学ぶ**とよいでしょう。

POINT
- 特別職国家公務員として国会で法律づくりを補佐する
- 衆議院または参議院の法制局職員採用試験に合格する
- 大学の法学部で法律を専門的に学ぶとよい

本書をご覧の皆様へ

東進から、本書読者のみなさんに、志望校選びに役立つ嬉しいお知らせ！
志望校の入試問題が閲覧できる「過去問データベース」や、すばやく、いつでもどこでも手軽に調べられる、WEB版大学案内をご紹介します!!

1 大学入試問題 過去問データベース

各大学の入試過去問を無料で閲覧！

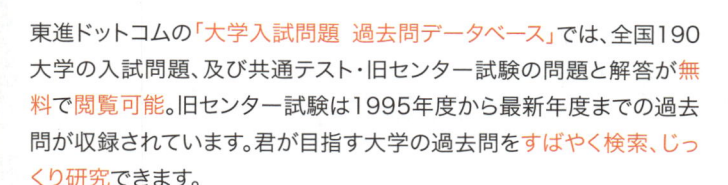

東進ドットコムの「大学入試問題 過去問データベース」では、全国190大学の入試問題、及び共通テスト・旧センター試験の問題と解答が無料で閲覧可能。旧センター試験は1995年度から最新年度までの過去問が収録されています。君が目指す大学の過去問をすばやく検索、じっくり研究できます。

2 WEB版 大学案内

簡単に検索できる！

WEBから気になる大学をチェックしよう！

WEB版大学案内では東進の大学受験案内掲載の190大学の情報がチェックできます！
大学の講義を体験できる「大学選びのための講義ライブ」や「入試アドバイス」「先輩メッセージ」など、このサイトでしか見られない受験直結の情報も掲載中！QRコードを読み取って今すぐ調べてみよう！

詳しくは、東進ドットコムへ！
www.toshin.com　　東進　　検索

警察官

地域をパトロールして住民の安全を守り、維持する仕事

こんな人におすすめ！
- 心身共にタフな人
- 自己管理を徹底できる人
- 住民を守る強い使命感のある人

1 警察官の仕事とは？

警察官とは、窃盗や殺人・詐欺・組織犯罪などから**住民を守り、住民が安全な生活を送れるよう地域の保安に努める公務員**です。

警察官は配属先によって役割分担がはっきりしています。私たちに最も身近な存在である交番や駐在所勤務の警察官は、地域課に所属しています。管内のパトロールの他、遺失・拾得届の受理、交通案内、各家庭や企業を訪問し防犯活動を行うなど、住民と接する仕事が中心です。また、事件や事故があった場合は、現場へ駆けつけ、救助活動や現場保存、犯人確保などの初動捜査に携わります。

様々な事件を捜査するのは刑事課の仕事です。殺人・詐欺・組織犯罪など、犯罪の種類別に専門部署が分かれています。また、最近では女性専門の窓口を設置してストーカー対策やDV（ドメスティックバイオレンス）対策、また急増しているインターネット犯罪の取り締まりにも乗り出しています。

犯罪の現場で指紋や遺留物などの証拠品を集め、分析を重ねながら犯人特定の手がかりを探るのは鑑識課の仕事です。また、鑑識作業の精度を高めるべく、日夜研究を続ける専門の職員もいます。

他にも、交通違反や交通犯罪を取り締まる警察官、イベントやデモ活動の際に活動する機動隊を含む警備警察など様々な専門部署や、人事管理や広報活動、資料管理を担う部署もあり、それらすべてが警察官としての活動領域となります。

2 警察官の役割・資質とは？

警察官の仕事には、立番やパトロール、被疑者（犯人）の追跡といった体力勝負の側面と、凄惨な事故や長期の捜査などにも向き合える心の強さが必要です。**心身共にタフであること、環境にとらわれず自己管理を徹底できること**が求められます。スポーツなどで厳しく鍛錬した経験を活かせる仕事といえるでしょう。

PART 3 社会の仕組み・秩序に関わる仕事がしたい

また、地域の住民と接する機会が非常に多いため、**社交性やコミュニケーション力**も求められます。

何より、**周囲の人を守りたいという純粋な気持ちや強い使命感**を持っていることが大切です。

3 警察官になるためには？

警察官になるためには、**各都道府県の警察官採用試験を受け、合格する必要があります。**

採用試験は高校卒業相当以上で、学力や年齢・身体的要件が種別によって異なります。詳細はホームページや募集要項などで確認してください。

試験には筆記（教養・論（作）文・国語）試験、身体検査、適性検査、面接、体力検査などがあり、都道府県ごとに実施方法が定められています。

採用試験に合格すると採用となり、警察学校へ入学します。警察学校は全寮制で、採用種別により6カ月または10カ月の間、警察実務に必要な研修を受けます。研修内容は一般教養にはじまり、憲法・刑法といった法規、捜査・交通などの実務の他、柔道・剣道・逮捕術・救急法など多岐にわたります。

警察学校修了前には、卒業試験として筆記試験・口述試験・実技試験・柔道や剣道などの段位認定試験も課されます。これらの課程を修了後、初めて警察署の各部署へと配属（卒業配置）されます。

配属後は職場実習生として数カ月間の実務研修後、本格的な勤務がスタートします。

進路フローチャート

卒業配置
法律から柔道・剣道・逮捕術まで警察官としての実務を学ぶ。徹底的に鍛え上げ、総合力を底上げしよう

↑

採用試験（警察学校）

- 学部・学科は問わない。憲法・刑法などを学ぶと役立つ
- 警察学校は武道必須。体力をつけておこう

↑　　↑

大学入学　　**短大入学**

社会の制度や構造などの知識は大切。学業だけでなく様々な社会勉強もしておくとよい

↑

高校入学

POINT

- 心身共にタフで、十分な自己管理能力が必要
- 配属部署によって、役割が大きく異なる
- 全寮制の警察学校で徹底的に訓練を受けてから配属される

関連情報
- **警察学校（警視庁）** HP
警察学校の歴史や学校案内・年中行事・学校の1日など、様々な情報を掲載している

オススメの1冊！
『なる本警察官』（公務員採用試験研究会 著／週刊住宅新聞社）
警察官採用試験の対策について紹介。警察という独自の世界もわかりやすく解説している

ℹ 警視庁（東京都）の場合、初任給はおよそ20万8千円～24万7千円（採用種別によって異なる）である

INTERVIEW

現役の警察官に聞きました

警視庁　南大沢署
巡査長
岩永　哲征さん

学生時代に近所で起きた事件。その際に目撃したのは、何人もの警察官による捜査風景。その頼もしさとカッコよさに魅せられて、警察官を目指した岩永さん。広域な管内を日々パトロールする岩永さんに、警察官の仕事についてうかがいました。

❶ お仕事の内容は？

地域課に所属し、2人1組で管内の担当地域をパトカーで巡回しています。巡回中は、事件や事故が起きていないか、不審な人がいないかと目を凝らし、無線に耳をそばだてて、事件発生時には迅速に対応できるようにスタンバイしています。もし事件が発生した場合は、真っ先に現場へ急行し、初動捜査にあたることが私たちの仕事です。

具体的には、現場保存や関係者への聞き取り調査を行い、応援要請や緊急配備などを含めて本署へ連絡します。怪我人がいる場合は救急搬送の手配などが基本動作となります。犯人が逃走した場合には、まだ目視できる際には追尾し、身柄を確保します。こうした初動捜査を終え、本署から駆けつけた担当刑事に対して状況を詳細に説明します。ここから本格的な捜査がスタートするのです。

一方、管轄外で起きた事件の場合でも、必要に応じて無線などで緊急配備や検問などの連絡・指示が出されることがあります。その際には、指示された場所へ急行し、ただちに不審車両・不審人物のチェックやパトロールを強化します。

さらに、交通事故が起きた場合にも連絡が入り、現場に急行します。現場では怪我人の有無の確認と救急搬送の手配、事故に関する聞き取り調査、通行中の車両や歩行者に対する交通誘導などにも携わります。

最近、私も後輩の警察官の指導役に任命されました。通常任務をこなしながらも手本となるよう、1つひとつの出来事に対応していくことを心がけています。

156

PART 3 社会の仕組み・秩序に関わる仕事がしたい

🕐 ある日の岩永さん

7:00	本署へ出勤。着替え、警棒・無線などの身支度を整えて朝礼に
8:30	朝礼後、上司の指示を受けて管内パトロールへ出発。パトカーは2人1組で乗車し、管内を巡回。事件・事故を発見した際は停車し、本署へ連絡。事後処理を開始
12:00	本署へ戻り、報告と昼食。その後、再度巡回パトロールへ。緊急通報があれば現場へ急行。大きな事件の場合は、本署から担当者が到着するまで、現場保存と聞き取り調査を継続
16:00	当日の出来事を上司へ報告。詳細な報告書などを作成することも
17:15	装備品を返却し、制服から私服へと着替えて退勤

巡回前には必ず点検をし、万が一のトラブルがないよう細心の注意を払う

PROFILE
いわなが　てつゆき
駒澤大学　仏教学部卒業

❷ このお仕事の醍醐味は？

ささやかなことですが、おじいちゃんやおばあちゃん、子どもたちの笑顔が一番の幸せです。もし事件が起きたら、その被害者やご家族はもちろん、周辺の住民も恐怖で心の余裕も笑顔もなくなります。だからこそ、皆さんの笑顔は平和の証です。警察官にとっては、住民の安全・安心を守ることができている証なのだと実感できるのです。

また、中高生の多感な時期には、人間や社会の悪い部分が見え始め、図らずも道をそれてしまう人が出てきます。そうした人たちに対して人間の良さや「世の中捨てたものではないぞ」と教えられる人間になっていきたいです。

❸ 警察官を目指す人にアドバイス

警察官というと体力中心の世界と考えがちですが、実は心・技・体の3つが高いレベルでバランス良く身についていることが大切です。まずは文武両道を目指して、勉強ばかりであれば体力づくりを、部活一辺倒なら勉強にも力を入れて、バランスを取るように心がけてください。

何より大切なのは「心を鍛える」ことです。気持ちが伴わなければ技術も体力も追いつきませんし、勉強もはかどりません。何か1つでも心底熱中できるものを見つけ、それにどんどん情熱を注いでください。その中で壁にぶつかり、乗り越えていくことで、心も強くなっていくはずです。

刑務官

こんな人におすすめ！
- 更生を信じることができる人
- 体力に自信がある人
- 忍耐強く人と接することができる人

1 刑務官の仕事とは？

刑務所や少年刑務所で、収容者の作業や生活を監督する仕事です。刑務所などの中で受刑者に許されている行動は法律によって決められており、受刑者が違反行為をしないように監視するのが刑務官です。

毎朝、受刑者が起床したことを確認する「開房点検」を行い、あわせて受刑者の健康状態なども確認します。

昼間、受刑者は刑務所の中にある木工工場、金属工場、印刷工場などで作業をしていますが、そこでも刑務官は、受刑者がきちんと作業しているかを監視します。

また、刑務官は、受刑者の人間関係にも敏感でなくてはなりません。作業中に受刑者どうしの喧嘩があるときなどは、刑務官が話を聞いて諭し、体を張って制する場面もあります。

夕方、受刑者の作業が終わると、受刑者が部屋に戻ったことを確認する「閉房点検」を行います。

受刑者の部屋を巡視して、危険物が持ち込まれていないかを検査するのも、仕事の1つです。また、アルコールや麻薬などの害についての講義を行ったり、出所後の生活に向けた指導を行うのも、刑務官の仕事です。

刑務所や少年刑務所以外にも、刑務官には拘置所に勾留中の被疑者などが逃走したり証拠隠蔽したりしないように監視するといった仕事があります。

2 刑務官の役割・資質とは？

刑務官の役割は、**受刑者が社会復帰できるように指導をすること**、そして**刑務所の安全と秩序を守ること**です。暴力的な違反行為をする受刑者に対しては、手錠を使って拘束することもあるため、**肉体的な強さ**も求められます。

受刑者の不審な動きや人間関係のトラブルを見落とさないように、刑務官は受刑者に対して常に注意を払い、他の刑務官と情報を共有しています。違反行為が起きたときは、即座に厳しく対処します。

その一方で、受刑者からの悩み相談や、出所後の生活につ

158

PART 3 社会の仕組み・秩序に関わる仕事がしたい

いてアドバイスを求められることもあります。そのときには、受刑者の手助けとなれるように、誠実に相談に乗ります。そのため刑務官には、**受刑者の更生を心から信じ、厳しさと優しさの両方を持って受刑者と向き合うこと**が求められます。

そもそも罪を犯した受刑者は複雑な生い立ちや事情を負っていることが多いため、受刑者を指導する刑務官には**精神力・体力**に加え**人間力**も必要です。

3 刑務官になるためには？

刑務官は**国家公務員**ですから、刑務官採用試験に合格する必要があります。また、国家公務員採用試験に合格し法務省に採用されたのち、矯正局に配属されるという方法をとっています。

も、刑務官になることができます。合格後、配属施設が決まると、施設の近くの官舎に入居します。そして、研修を経て、実際の勤務が始まります。

刑務官採用試験には、幅広い知識を問う**教養試験**と、表現力や理解力を問う**作文試験**があります。不得意教科をなくし、特に**作文**に力を入れましょう。また、刑務官は保安警備の仕事も担当するため、試験では**持久力・瞬発力・筋力などを試す体力検査**もあります。日頃から体を鍛えておくことも大切です。

受刑者の多くは修羅場をくぐってきた人たちです。彼らと接する仕事においては、刑務官自身の人生経験が試されるという側面もあります。高校生のうちから様々な人と関わり、勉強以外にも幅広い体験をしておくことが役立つでしょう。

進路フローチャート

合格、刑務官になる
試験では幅広い知識を問う教養試験、作文試験、体力検査、人柄や対人能力を見る面接試験がある
↑
刑務官採用試験
刑務官採用試験は高卒でも受けることができる
↑
大学入学
不得意教科をなくすこと。特に作文力の向上に励もう。刑務官採用試験では体力検査もあるので、体を鍛えよう
↑
高校入学

POINT

- ●刑務所で受刑者を監督・指導する
- ●刑務官採用試験に合格する
- ●体力と精神力の強さが求められる

関連情報
●刑務官採用試験（法務省）HP
刑務官の仕事内容や給与・休暇などの待遇、受験方法などの情報が掲載されている

オススメの1冊！
『**刑務所のすべて―元刑務官が明かす**』
（坂本敏夫著／文春文庫）
元刑務官が、刑務所の1日のスケジュールや所内でのトラブルなど「リアルな実態」を記した1冊

ℹ 刑務官には、幅広い教養と体力の他に、強い精神力や人間力なども求められる

税関職員

こんな人におすすめ！
- 空港や港湾の現場で働きたい人
- 輸出入の現場で安全維持に貢献したい人
- 日々の仕事で外国語を使いたい人

1 税関職員の仕事とは？

税関職員の仕事は、空港や港湾で**違法な物品が出入りしないように監視**し、輸入する物品に対して法律で定められたとおりに**税金をかけること**です。輸入された物品を倉庫に一時保管し、違法な物品や物質が混入していないかを点検する業務もあります。

私たちが海外旅行から帰ってきたときに、空港で手荷物検査を行っている人たちが税関職員です。税関職員は、飛行機や船の乗務員の手荷物も検査しています。また、港で不認可の船が入港しないように監視している税関職員もいます。日本は外国と活発に貿易を行っているため、食品や機械など様々な物品が、空港や港を通じて毎日出入りしています。また、日本人が外国から帰ってきたり、外国人が日本を訪れたりする中でも様々な物品が非公式に海外から日本に持ち込まれます。

海外から日本国内に輸入してはいけない物品や、個人的に持ち込んではいけない物品が、法律で定められています。例えば、違法に製造された模倣品や、拳銃、違法薬物、絶滅危惧種の動植物などです。また、輸入したり持ち込んだりする際に税金がかかる物品についても、法律で定められています。

これは、外国の安価な物品が自由に日本へ流入すると、国内で作られる製品や農産物が売れなくなってしまうなどの理由があるからです。

このように、違法な物品の出入りを取り締まることがおもな業務ですが、税関での手続を迅速に行うことで円滑な貿易に貢献しているという側面もあるのです。

2 税関職員の役割・資質とは？

税関職員の役割の1つは、違法な薬物や拳銃などが国内に出回らないように、**社会の安全と安心をおびやかす物品の流入を阻止すること**です。近年では**テロ行為の防止**としての役割も大きくなっています。日本は世界でも比較的治安の良い国として知られていますが、こうした背景には税関職員が大

160

PART 3 社会の仕組み・秩序に関わる仕事がしたい

きく貢献しているのです。また、輸入品に適正に関税をかけることにより、国の**税収を安定**させることも役割の1つです。税関で輸入品関税の金額は年間5兆円にものぼり、国税収入の約1割を占めています。

このように、税関職員のおもな役割は、物品が違法に国内に持ち込まれないように監視することです。そのような現場に遭遇することは頻繁にあるわけではありませんが、それでも常に注意を怠らず、緊張感を保って仕事にあたることが求められます。

3 税関職員になるためには？

税関職員は**国家公務員**ですから、国家公務員採用試験に合格する必要があります。公務員試験では幅広い知識が問われるため、不得手な教科をなくしておくとよいでしょう。

また、税関職員には海外勤務の機会もあるため、**語学力が必須**です。高校生のうちから英語に力を入れましょう。大学入学後は、英語だけでなく**中国語やロシア語、韓国語**など他言語も勉強しましょう。

税関職員になると、違法な物や異常事態を察知する鋭敏な感覚が重要となります。学生のうちから様々な人と関わり、感性を磨きましょう。

採用に文系・理系は問われません。大学では自分が勉強したいことを勉強しましょう。税関職員になってからの配属先によっては、大学で身につけた専門性を活かすことができます。

進路フローチャート

税関職員
↑
国家公務員採用試験に合格したら、採用面接に臨む

国家公務員試験を受ける
↑
税関職員の採用では文系・理系は問われない。学びたい学部で学び、英語以外にも語学力を身につけよう

大学入学
↑
すべての教科を好き嫌いなく勉強し、特に英語に力を入れよう

高校入学

※大学に進学する場合

POINT

- 空港や港湾で物品の出入りを監視する
- 異常事態を察知する能力を磨く
- 多言語を扱える能力が必要

関連情報

●採用案内（税関） HP
税関の仕組みや役割などの概要をはじめ、業務説明会などの日程情報、職員からのメッセージなどを掲載している

オススメの1冊！
なるにはBOOKS『空港で働く』
（松井大助著／ぺりかん社）
空港で働く仕事を紹介している本。空港の税関職員の仕事についても解説している

ℹ️ 税関職員には、非常時に限り拳銃の携帯と使用が認められている

海上保安官

こんな人におすすめ！
- 海の安全を守る仕事がしたい人
- 人命救助に関わる仕事がしたい人
- 体力に自信のある人

1 海上保安官の仕事とは？

海上保安官の仕事は**海上の安全を守ること**ですから、いわば海の警察官です。

貨物船、漁船、客船など、様々な船が日本の海を行き来しています。陸上で自動車などの交通安全を守っているのは警察官ですが、海上の交通安全を守っているのは海上保安官です。**海流や水深、海底の地形を調査し、海図を作成したり、灯台を設置して船の交通整理を行ったりしています。**

また、天候を含めた海の最新情報を収集し、船に乗る人や海で遊ぶ人に提供しています。

海上で事故や遭難が起きた場合は現場に急行し、**人命救助や消火活動**にあたります。遭難者を救助するヘリコプターを操縦しているのも、海上保安官です。

ときには、密輸や不法入国を目的とした船が違法に日本へ近づいてくることもあります。行き来を許されていない船が航行していないか、海上保安官は常に**巡視船で監視**しています。密航する船を発見した場合は巡視船から警告を発し、威嚇のために相手の船へ放水を行うこともあります。

海の環境保全も海上保安官の仕事です。例えば、船の事故で油が海に流れ出てしまった場合は、専用の船で現場に向かい、油をすくいあげて回収します。

2 海上保安官の役割・資質とは？

海上保安官は、**海上で起こるトラブルから国民と国の利益を守る**という役割を負っています。

海という自然と対峙するためにはまず体力、そして非常時に**冷静さを失わない精神力**が求められます。

また、日本は周囲を海に囲まれた海洋国家ですから、特に、船による密輸や不法入国、不審船や外国船による領海侵犯を取り締まる必要があります。映画『海猿（うみざる）』に登場する潜水士も、海上保安官です。海上の安全と人命を守るために、**正義感・責任感**が特に強く求められていたことが印象的だったのではないでしょうか。

162

3 海上保安官になるためには？

さらに、船の上ではチームワークが重要です。ルールを守り協力し合う**協調性**も求められます。

海が好きで体力に自信があり、集団行動が苦にならず、人々を危険から守る仕事に就きたい人は、海上保安官に向いているでしょう。

海上保安官になるためには、海上保安大学校（広島県呉市）か海上保安学校（京都府舞鶴市）に入学します。海上保安大学校では幹部職員を養成し、海上保安学校では一般職員を養成します。期間は、海上保安大学校が4年半、海上保安学校は課程によって1～2年です。

どちらも「学校」ではありますが、入学すると海上保安庁の職員として採用されたことになりますから、授業料を払うのではなく、国家公務員としての給料をもらうことになります。

入学後は、海上保安官になるための知識を学び、技術を身につけて訓練を積んだのち、海技士や海上特殊無線技士などの必要な資格を取得します。

海上保安大学校、海上保安学校いずれも、入学試験では**文章理解・文章作成・数学・理科・社会**などの知能・知識が幅広く問われます。それに加えて海上保安大学校では、**英語・数学**と、**物理**もしくは**化学**の試験が課されます。高校生のうちから文系・理系に偏らず勉強しておく必要があります。また、反復横跳びや鉄棒などの**体力検査**もありますから、日頃から体を鍛えておいた方がよいでしょう。

進路フローチャート

卒業し、海上保安官になる

↑

大学校は4年半、保安学校は1～2年

知識と技術を身につけ、訓練を積み、「海技士」などの資格を取得

↑

海上保安大学校もしくは海上保安学校に入学

全教科を偏りなく勉強しておく必要がある。海上保安大学校の試験では英語・数学と、物理もしくは化学が課される
※海上保安学校には大学、短大、専門学校のいずれかを経て入学してもよい

↑

高校入学

POINT

- 海上の安全を守る仕事
- 体力と正義感が重要
- 海上保安大学校か海上保安学校に入学する

関連情報

● **職員採用情報（海上保安庁）** HP
海上保安大学校・海上保安学校の教育内容や試験内容が掲載されている。志望者を対象にしたセミナー情報の閲覧やパンフレットのダウンロードもできる

オススメの1冊！

なるにはBOOKS『海上保安官になるには』（小森陽一著／ぺりかん社）
著者は映画『海猿』の原案者。犯罪阻止や海難救助など、大海原を舞台に活躍する海上保安官の仕事を紹介している

ⓘ 給料は国家公務員の中でも高めだが、休みは不規則で船上泊や24時間勤務もあり、体力のいる仕事だ

社会の仕組み・秩序に関わる仕事がしたい

PART 3

刑事

警察の中でも刑事課（部）、生活安全課（部）、組織犯罪対策課（部）などに所属しておもに犯罪捜査を行う警察官が、刑事と呼ばれます。刑事は普段、犯罪捜査にあたるため、職業がわからないよう警察官の制服姿ではなく私服で仕事をします。捜査ではまず、事件現場で鑑識技術者の協力を得て、犯人の手がかりとなる情報を集めます。その後、犯罪の被害者や目撃者から話を聞き、その事件に関する証拠を集め、さらに張り込みや聞き込み・証拠の分析などを通じて容疑者を特定します。

そして、裁判所が容疑者の逮捕状を発行すると、逮捕にふみきります。そして、逮捕した容疑者を取り調べて、容疑者の供述が本当かどうかを裏づけ捜査します。

刑事になるためには、警察官採用試験に合格する必要があります。**警察官として経験を積んだのち**、刑事になるための講習や試験を受けることで刑事になります。警察官採用試験では、**柔道や剣道・語学や簿記**ができると試験の得点に加点されるので有利です。

POINT
- ●刑事は私服の警察官
- ●犯罪捜査がおもな仕事
- ●警察官として経験を積む

鑑識技術者

警察の科学捜査をサポートするため、犯罪現場や事故現場を撮影し、残された指紋や足跡、毛髪などの証拠を採取するなどして、**手がかりを科学的に分析**する仕事です。容疑者の似顔絵やモンタージュ写真を作成しているのも鑑識技術者です。においが重要な手がかりになる場合は、警察犬の力を借りることもあります。

それぞれの鑑識技術者には専門分野があります。違法薬物や爆薬を鑑定する化学・事故や火災の原因を究明する物理・文書の筆跡鑑定をする文書鑑定などです。

近年では、犯罪の手口が複雑化かつ巧妙化していることに伴い、警察もわずかな手がかりから犯罪を突き止め、犯人を割り出し、犯罪を未然に防がなくてはならないため、科学的な捜査方法を発展させています。

鑑識技術者になるためには、警察官採用試験か鑑識技術者採用試験に合格し、警察学校で基礎を学ぶ必要があります。大学で**化学や工学・法医学**などを専攻するとよいでしょう。

POINT
- ●科学捜査をサポートする専門家
- ●科学的に分析する能力が必要
- ●大学で化学や工学・法医学などを専攻するとよい

PART 3 社会の仕組み・秩序に関わる仕事がしたい

麻薬取締官 資格免許

社会から薬物乱用をなくすために、**違法薬物・薬物乱用を取り締まる捜査**を行う仕事です。

違法薬物の捜査では、独自調査や捜査機関・通報による情報をふまえ、麻薬などの違法薬物の取引や流通経路を特定するための捜査をします。麻薬取締官は**厚生労働省の職員**ですが、捜査にあたっては警察と緊密に協力します。密売組織の実態解明や薬物の没収においておとり捜査をすることもあるため、麻薬取締官は私服の着用やパーマ・カラー・長髪などが認められています。また、**特別司法警察職員**としての権限が与えられているため、拳銃の携帯が許可されています。

医療用に使われている麻薬などが病院外に流れ出ないように監視することもまた、麻薬取締官の仕事です。定期的に病院・薬局・製薬会社などに立ち入り検査します。また、薬物乱用を防止するため、学校などで講演も行います。

薬物の知識が必須な職業であるため、麻薬取締官になるためには、**薬剤師国家試験に合格**したうえで、さらに国家公務員試験に合格する方法が一般的です。

POINT
- ●違法薬物・薬物乱用を取り締まる
- ●厚生労働省の職員だが警察とも協力する
- ●薬剤師国家試験と国家公務員試験に合格する

法医学医 資格免許

解剖や薬毒物検査などを行うことにより、公正な犯罪捜査や裁判に貢献し、**犯罪や事故の再発防止に取り組む仕事**です。法医学とは、犯罪捜査や裁判の過程で用いられる医学のことです。

例えば、犯罪死の疑いがある遺体を解剖することにより、犯罪に巻き込まれて亡くなったのかどうかを正しく判定することができます。この解剖を司法解剖といいます。司法解剖により死因や死亡推定時刻などが特定されます。犯罪死であれば、犯人特定を含めその犯罪の全容解明に結びつく可能性が高まります。

遺体を外から見ただけでは本当の死因はわかりません。解剖や薬毒物検査をすることで初めて、本当の死因がわかり、犯罪や事故の再発を防止することができるのです。

法医学医になるためには、医科大学や大学の医学部を卒業し、医師国家試験に合格して**医師免許を取得**する必要があります。そして、**死体解剖資格を取得**したのち、警察の依頼を受けて解剖や薬毒物検査を行います。

POINT
- ●死因究明のために解剖や薬毒物検査をする医師
- ●犯罪や事故の全容解明と再発防止に貢献する
- ●医学部を卒業し、医師免許と死体解剖資格を取得

関連情報　麻薬取締官➡『麻薬取締官物語──その半生と職務』(坂江博見著／文芸社)
法医学医➡日本法医学会 HP

科学捜査研究員

犯罪現場や事故現場に残された証拠を科学的に分析し、捜査を支える仕事です。現場で証拠を集める鑑識技術者と協力し、血液型やDNA鑑定、薬物や毒物の特定、事件や事故の科学的な原因調査などを行います。証拠の科学分析は、犯罪や事故の真相解明だけでなく、裁判でも重要な役割を果たします。

科学捜査研究員の仕事は、**法医学（生物科学）・心理学・文書・物理学（工学）・化学**の分野に分かれています。法医学では血液やDNAの鑑定、心理学では犯罪心理の研究、文書では筆跡鑑定、物理学では自動車や機械、電気事故の鑑定、化学では薬物や毒物の鑑定などを行います。また、鑑定技術向上のための研究にも携わっています。

仕事内容は鑑識技術者と似ていますが、科学捜査研究員は警察官ではなく、警察に附属する研究所に勤める**技術職の公務員**です。ゆえに、逮捕や拳銃使用の権利は与えられていません。科学捜査研究員になるためには、都道府県ごとの採用試験か、警視庁の採用試験に合格する必要があります。**大学院でより深く専門分野を研究しておくと有利**です。

POINT
- 犯罪・事故現場の証拠を科学的に分析する
- 法医学・心理学・文書・物理学・化学の分野がある
- 大学で専門知識を学び、採用試験に合格する

道路パトロール隊員

高速道路の安全を守るパトロールの仕事です。道路に何かが落ちていないか、壊れているところがないか、危険なことをしている人がいないかなどを監視します。

高速道路で事故や災害が発生した場合、道路パトロール隊が現場へ真っ先に駆けつけて交通規制を行い、救急隊員や警察、消防隊員をサポートします。現場へ急行するときはサイレンを鳴らし、警察車両や救急車と同じように赤信号でも優先的に通行することができます。

通常、隊員は2人1組で黄色のパトロールカーに乗ってパトロールします。落下物などを点検する通常巡回に加え、夜間に道路照明灯が消えていないか、道路標識が見えにくくなっていないかを点検する夜間巡回、大雪や大雨、地震といった災害で道路に異常が起きていないかを点検する異常時巡回も随時行います。パトロールは24時間体制です。

道路パトロール隊員になるためには、高速道路会社が業務委託している関連会社に就職するのが一般的です。道路の安全を守る仕事ですから、特に**注意力と体力**が求められます。

POINT
- 高速道路の安全を守る仕事
- 24時間体制でパトロール
- 高速道路会社の関連会社に勤務する

関連情報　科学捜査研究員 → 法科学鑑定研究所 HP
　　　　　道路パトロール隊員 → NEXCO東日本 HP　など

PART 3 社会の仕組み・秩序に関わる仕事がしたい

SP

SPはSecurity Policeの頭文字をとった略語で、政府や外国の要人などの警護を専門とする、警視庁警護課の警察官です。SPは多くの場合、何人かでチームを組み、要人が自宅を出てから帰宅するまでの間、身辺を警護します。警護の対象者は法律で定められていて、総理大臣担当・国務大臣担当・外国要人担当などの係に分かれています。

SPには、逮捕術・格闘術・射撃技能・パトカーの運転技術・自己犠牲の精神など、**強靭な体力と精神力**が求められます。1人につくSPのチームの中には、必ず1人、犯人と最後まで戦う任務を受けたSPがいて、その間に他のSPが要人を避難させる形をとります。

SPになるためには、**身長173cm以上・柔道もしくは剣道三段以上・拳銃射撃上級**などの、一定の条件を満たした警察官であることが必須条件です。さらにその中から候補者が選抜され、3カ月の特殊な訓練を経て、競争を勝ち抜いた優秀な警察官だけがSPになることができます。女性の要人を警護するため、少数ですが女性のSPもいます。

POINT
- 要人警護を専門とする警察官
- 身長や英語力・運動能力などの必須条件がある
- 特殊な訓練を経て選抜された警察官だけがSPになる

SAT

Special Assault Teamの頭文字をとった**警察の特殊部隊**です。ハイジャック事件・重要施設の占拠事件・テロ事件・銃などの武器を使用した事件などで出動します。そして警視総監や警備部長の指揮のもと、被害者・関係者の安全を確保しながら事態の鎮圧と被疑者の検挙という任務にあたります。

SATの隊員は、国内各地のSATの関連施設でヘリコプターからの降下訓練・航空機やバスへの突入訓練・狙撃などの訓練を行っています。

SATになるためにはまず、SATがある地域の警察官採用試験に合格しなければなりません。そのうえで、おもに機動隊からの希望者のうち、選抜試験を通過した人が入隊します。特に**高い身体能力と強靭な精神力**が求められ、また犯罪者からの脅迫などから身を守るため、隊員はSATに所属していることを家族にも秘密にしておかなければなりません。

SATのおもな任務はハイジャック対策やテロ対策であるため、空港がある東京・大阪・北海道・千葉・神奈川・愛知・福岡・沖縄の警察本部にSATの部隊が設置されています。

POINT
- 警察の特殊部隊としてテロ事件などに対処する
- SATがある地域の警察官採用試験に合格する
- 機動隊に所属後、選抜試験を経て入隊する

関連情報 SP ➡ 『そこが知りたい！「日本の警察」』（株式会社レッカ社編・北芝健監修／PHP研究所）
SAT ➡ 『警視庁・特殊部隊の真実―特殊急襲部隊SAT（Special Assault Team）』（伊藤鋼一著／大日本絵画）

法務教官

少年鑑別所や少年院で、**非行を犯した少年・少女が社会復帰できるように指導する仕事**です。

少年鑑別所では、非行を犯した少年・少女の非行の理由を心理学や教育学の観点から調査・診断します。法務教官は、面接などを通じて少年・少女の心情を安定させ、本人の性格や家庭環境などの問題を洗い出し、改善の可能性を探ります。

少年院では、法務教官はそれぞれの少年・少女の問題性を見たうえで、面接・相談・集団活動などを通して健全なものの見方や考え方、行動の仕方を指導します。また、余暇を有意義に過ごすためのレクリエーション指導や、基礎学力の涵養（かんよう）を目指す教科指導なども行います。

法務教官になるためには、法務省専門職員採用試験（法務教官区分）に合格して法務省に入省する必要があります。試験では**教育学や心理学の知識**が問われますから、大学で専攻するとよいでしょう。様々な生育環境を持つ**少年・少女への理解と愛情**や、**社会的な問題への関心と理解**が試される仕事です。多様な価値観を理解することが求められます。

POINT
- 非行を犯した少年・少女の社会復帰を助ける仕事
- 少年・少女をめぐる社会問題に関心を持つ
- 大学では心理学や教育学を専攻するとよい

保護観察官

犯罪を犯した人や、非行を犯した少年・少女が、**スムーズに社会復帰し、社会生活を問題なく続けられるように指導・監督をする仕事**です。

刑務所を出る人々や、少年院を出る少年・少女の社会復帰を前に、資料や面接をもとに指導の方針を立てます。そして更生のサポートをする保護司や民間ボランティア・関係機関と協力しながら、社会復帰に必要な指導を行います。また、出所・退院後の社会生活を観察し、問題が見られる場合には、再犯を防止するために身柄を拘束し、矯正施設に収容するための手続を行うこともあります。

保護観察官は、**更生保護の責任者**であり、**法律・心理学・教育学・社会学・医学**などの幅広い専門知識が求められます。また**人の心の機微や社会問題に関する深い洞察**も必要です。

保護観察官になるためには、国家公務員試験に合格し、保護観察所や地方更生保護委員会に勤めることから始めます。そこで法務事務官として一定期間働いたのち、保護観察官になります。

POINT
- 罪を犯した人の社会復帰を指導・監督する仕事
- 人の心の動きや社会問題への洞察力が必要
- 法務事務官として働いたのち、保護観察官になる

関連情報　法務教官 ➡ 法務省 HP
保護観察官 ➡ 『少年非行――保護観察官の処遇現場から』（羽間京子著／批評社）

PART 3 社会の仕組み・秩序に関わる仕事がしたい

路面標示施工技能士 資格免許

道路上の「止まれ」の文字や、横断歩道の白線、自動車の制限速度の数字などの標示を描く仕事です。標示を描く現場では、数人の路面標示施工技能士が役割分担し、特殊な塗料と機械を操って、限られた時間の中で標示を完成させます。

路面標示施工技能士は国家資格です。路面標示を描く工事を行うときは、路面標示施工技能士が管理者として立ち会うことが法律で定められています。

路面標示施工技能士になるためには、路面標示施工会社に就職し、現場の助手の仕事からスタートします。最初は塗料づくり・道路の掃除・交通管理・標示の下書きなどを担当し、現場の作業を学んでいきます。そして、都道府県の職業能力開発協会が行っている国家試験に合格して5年ほど経験を積むと、工事責任者として現場を任されるようになります。

国家試験は、普通高校卒だと3年間、工業高校卒だと1年間の実務経験が受験資格として求められますが、高等専門学校・短大・大学卒業者の場合は実務経験が必要とされません。試験には関連法についての学科試験と実技試験があります。

POINT
- 特殊技能を用いて路面標示を描く
- 路面標示施工会社に就職し、助手から始める
- 国家試験に合格したのち5年間の実務経験が必要

労働基準監督官 資格免許

労働者が法律違反の劣悪な環境で働かされているなどといった問題を解決するために、**労働環境を調査し、指導・摘発する**仕事です。労働者の安全や健康を守るために、労働基準法・労働安全衛生法・最低賃金法などの法律が定められています。企業は、労働者が適正な労働環境で安全に働けるよう配慮しなくてはなりませんが、法律に違反している場合には労働基準監督官の出番となります。

労働基準監督官は、労働者からの相談などをきっかけに職場に立ち入り調査をします。そして法令違反があった場合は指導し、機械設備に危険が認められた場合は使用停止を命じます。また、工場などで災害が発生した際には、現場に行き、災害の状況や原因を調査し、再発防止に向けた指導を行います。

労働基準監督官は**国家公務員**です。採用試験に合格し、1年間の研修と訓練を経て初めて、労働基準監督署で各地の労働基準監督官として働くことができます。採用試験には法文系と理工系があるので、大学では法学部か工学系の学部に進学して、専門知識を身につけておくとよいでしょう。

POINT
- 労働者の安全や健康を守る国家公務員
- 立ち入り調査や事故現場の検証を行う
- 大学では法学部か工学系の学部に進むとよい

関連情報　路面標示施工技能士 ➡ 中央職業能力開発協会 HP
労働基準監督官 ➡ 厚生労働省 HP

入国審査官

空港や港湾などで外国人の出入国を審査する仕事です。

日本に入国しようとする外国人に対して、パスポートやビザが有効かどうか、日本国内で行う予定の活動が入管法という法律に違反しないかなどを審査します。

入国した外国人が在留期間を超えて日本にとどまることを申請した場合は、入管法をもとに申請の可否を判断します。不法入国者や、在留許可を超えて滞在している外国人に対しては、退去強制を検討します。入国審査官の仕事は、日本社会の安全を守り、国際交流を発展させるうえで重要な仕事です。

出入国者の多い夏休みや年末年始は多忙です。

入国審査官は**国家公務員**です。国家公務員試験に合格し、各地方入国管理局の面接を経て、入国管理局職員として採用されます。最初は法務事務官として働き、経験を積むと入国審査官になることができます。日本の玄関口ともいえる場所で、多くの外国人に接する仕事ですので、**英語や中国語などの語学力に加え、豊かな国際感覚も必須**です。

POINT
- 空港や港湾で外国人の出入国を審査する
- 法務事務官として経験を積む
- 英語や中国語などの語学力が必須

入国警備官

不法入国や不法就労をしている外国人を取り締まる仕事です。

日本に入国した外国人の中には、犯罪を犯したり、不法に働く外国人もいます。独自調査や通報から得た情報にもとづき、入管法に違反している疑いのある外国人を調査します。裁判所の許可を得て、強制捜査を行うこともあります。入管法違反の外国人を発見した場合、まず身柄を拘束します。これを摘発といいます。摘発は早朝や深夜に行うことがあり、危険を伴うこともあります。

身柄を拘束した外国人は、入国管理局内の施設に収容します。そして、審査の結果、退去強制が決定した外国人を本国に送還します。送還時には、外国人を空港まで護送し、確実に出国させます。こうした一連の仕事をすべて入国警備官が担当しています。

入国警備官は**国家公務員**です。入国警備官採用試験に合格する必要があります。採用にあたっては、**身長・体重・視力などの身体的条件**があります。

POINT
- 不法入国や不法就労の外国人を取り締まる
- 入管法違反の外国人を調査・摘発・送還する
- 一定の身体的条件を満たす必要がある

関連情報 入国審査官 ➡ 『入国管理局の仕事』（松嶋美由紀著／三修社）
入国警備官 ➡ 入国管理局 HP

税務職員

国税庁や各都市の国税局、各地の税務署で働く職員です。

日本では、税金を自分で計算して税務署に申告する「申告納税制度」がとられています。そのため、税金を納める義務や、税金の正しい計算方法などへの理解を広める活動も、税務職員の業務の1つです。各地の税務署などでは、個人事業者向けに申告に関する説明会や指導、窓口相談を受け付けています。

課税部門と呼ばれる部門の職員は、申告に間違いの疑いがある場合に、個人や会社の帳簿を調べ、正しく申告されているかを確認します。

期限までに税金を納めない個人や会社に対しては、徴収部門の職員が相談に乗ったり、督促をしたり、財産を公売にかけるなどの強制徴収手続をします。また、酒類指導官と呼ばれる職員は、お酒にかかる税金やお酒の製造・販売が法律どおりに行われているかを調査します。

税務職員は国家公務員です。国税専門官採用試験か税務職員採用試験に合格する必要があります。

POINT
- 適正な納税のための指導を行う
- 税金の申告チェックや徴収・督促を行う
- 23年以上勤めると税理士の資格を取得できる

公正取引委員会審査官

公正な取引を保つための調査を行い、企業の法律違反を摘発する仕事です。公正取引委員会とは、不正な取引を取り締まる機関です。例えば、一部の企業が市場を独占することや、話し合いで価格を操作することといった不正を取り締まります。具体的にはまず、独自調査や市民の通報をもとに、企業の法律違反の疑いを見つけます。そして、証拠書類の収集や関係者への聴取を行い、事実関係を確認します。法律違反が明らかになった場合は、企業に違反行為をやめるよう勧告します。また、企業が不当な利益を得ていた場合は、罰金を支払うように命じます。このように公正取引委員会の監視によって、適正価格ですぐれた商品・サービスが流通し、私たちの暮らしの利便性が維持されているのです。

公正取引委員会審査官になるためには、国家公務員採用試験に合格し、公正取引委員会に採用される必要があります。法律を扱う仕事ですから、大学の**法学部に進学し、商法を学ぶ**とよいでしょう。また、不正を取り締まる仕事ですから、正義感の強さや公平さが求められるでしょう。

POINT
- 企業の不正取引を取り締まる
- 企業の調査を行い、監視する
- 大学の法学部で商法を学ぶと有利

PART 3 社会の仕組み・秩序に関わる仕事がしたい

関連情報　税務職員→国税庁 HP
　　　　　公正取引委員会審査官→公正取引委員会 HP

弁護士

法律の知識を駆使し、会社や個人の困難を法的に解決する

こんな人におすすめ！
- 法律の分野で社会貢献したい人
- 精神的な重圧に耐えられる人
- 人の立場に立って親身に考えられる人

資格免許

1 弁護士の仕事とは？

弁護士とは、依頼を受けて**刑事・民事訴訟（裁判）や和解交渉、行政庁に対する不服申立などを行う**国家資格を得た人のことです。その使命は、**基本的人権を守り、社会正義を実現すること**です。弁護士の職域は、非常に多岐にわたります。

①**刑事事件**…罪を犯した疑いのある被疑者・被告人の弁護を行います。最も一般的なイメージに近い分野といえるかもしれません。

②**民事事件**…貸金の返還・家賃の滞納・交通事故・労働問題・消費者問題・倒産・離婚・相続などの日常生活の中で起こる争いごとを扱うものです。弁護士の仕事の中で最もウエイトの大きな分野です。企業活動に伴い発生する法律問題の対応など（企業法務）の他、海外企業との交渉なども取り扱うこともあります。

③**その他**…企業や行政庁に勤務する弁護士や、政治家などになる弁護士も増えています。

例えば、②の民事事件は、依頼者の相談から業務が始まります。弁護士は**依頼者の話を聞き、その時点でできるアドバイスを行います**。その後、依頼者単独で対応できない場合、その委任により、依頼者の代理人として解決に必要な書類の収集・作成や現地調査、関係者への聞き取り、法律・判例調査などを行い、依頼者の利益を最大化する方法を検討します。

訴訟となった場合には、依頼者の主張を記載した訴状や答弁書、準備書面などの書類を作成し、その主張を裏づける証拠を提出します。法廷内では、証人尋問などによって依頼者の勝訴へ向けた最善の努力を尽くします。

2 弁護士の役割・資質とは？

巨額の借金問題や離婚など、扱う案件は依頼者の人生を左右するシビアなものばかりです。成功すれば大きな達成感を得られますが、失敗すると依頼者に大きな経済的・精神的負担が発生しかねません。**精神的な重圧に強く、忍耐力のある**人の方が活躍できるでしょう。

172

PART 3 社会の仕組み・秩序に関わる仕事がしたい

3 弁護士になるためには？

法科大学院（ロースクール）を目指すのが一般的です。法曹界を目指す人に向けた専門教育養成機関で、大学の法学部卒なら2年間、他学部卒ならば3年間で修了となるのが原則です。入学試験は4年制大学卒業者が対象です。法律家としての適性を測る全国統一試験のあと、各法科大学院の個別試験があります。

法科大学院を修了すると、**司法試験**があります。憲法・行政法・民法・商法・民事訴訟法・刑法・刑事訴訟法の必須7科目からなる短答式試験と、必須科目プラス選択科目（倒産法・労働法・環境法など）の論文式試験とがあります。

司法試験に合格すると、**1年間の司法修習**を受けます。これは裁判所・検察庁・弁護士事務所で法曹界の実務を経験すると共に、**「司法修習生考試」**（通称2回試験）と呼ばれる試験了時には司法研修所へ通って専門知識を学ぶものです。修了時にはこれを修了して初めて弁護士資格が付与されます。この他、予備試験に合格することで、法科大学院を経ずに司法試験を受けられる道もあります。予備試験には受験資格に制限がなく、幅広い人材に門戸が開かれていますが、非常に狭き門となっています。

また、関連する詳細な事実はもちろん、情的に言いにくい内容を聞き取る場合もあります。依頼者にとって**話しやすい雰囲気を作ることが重要**です。依頼者の**気持ちを親身になって考え、きちんと理解すること、相手にとって話しやすい雰囲気を作ること**が重要です。加えて、海外案件に関わる場合には、語学力も求められるでしょう。

進路フローチャート

司法修習生考試
事実認定を軸に裁判実務を学ぶ。民事裁判・刑事裁判などの試験がある
↑ 1年

司法修習
↑

司法試験
専門知識を培う
得意分野を見極めよう
↑ 2年

法科大学院入学 ／ **予備試験**
↑

法科大学院全国統一適性試験
憲法・行政法・民法・商法・民事訴訟法・刑法・刑事訴訟法の7科目を習得
↑

大学入学
英語や一般常識など、将来を見すえた学習をしよう
↑

高校入学

POINT

- 民事・刑事・企業法務など分野は多岐にわたる
- 依頼者の人生や会社の経営に大きな影響を及ぼす
- 司法試験に合格後、司法修習を経て資格を取得する

関連情報
- 弁護士をめざす方へ（日本弁護士連合会）**HP**
  司法試験や法科大学院などについての情報を掲載している
- 合格率（法科大学院修了者）：25.1%（2012年度）

オススメの1冊！
『弁護士の夢のカタチ』（日本弁護士連合会若手法曹サポートセンター編著／安曇出版）
弁護士界の現状リポートと共に、若手弁護士のキャリアプランが例示されている

ℹ 弁護士＝刑事事件というイメージが強いが、実は刑事事件専門の弁護士の割合は全体の1割未満である

INTERVIEW

現役の弁護士に聞きました

松田綜合法律事務所
夏苅 一 さん

高校時代、裁判の厳粛さに惹かれて法曹界を目指した夏苅さん。弁護士を選んだのは、アクティブに活動して困っている多くの人の手助けをしたかったからだそうです。幅広い弁護士業務を扱う夏苅さんに、弁護士の仕事についてうかがいました。

❶ お仕事の内容は？

私が比較的多く担当しているのは、企業を取り巻く案件です。例えば、不動産会社からの賃貸借に関する案件や、会社従業員の懲戒（義務違反に対する制裁）に関する案件、経営が困難になった会社の倒産処理案件など様々です。紛争を予防するために、契約書を作成する業務なども行います。個人の方からご依頼いただいており、交通事故などの損害賠償事件や離婚・遺産分割などの家族に関わる事件も扱います。案件によっては、現地へ出向いて状況などを調査することもあります。遠方にお住まいの依頼者もいますし、裁判は全国各地の裁判所で行われますから、地方へ出張する機会も少なくありません。

昨今は、国民全体の権利意識の高まりや法律知識へのアクセスの容易さから、法的なトラブルも多くなりました。しかし、すべて裁判に至るわけではありません。なぜなら、依頼者に費用と時間の負担をかけないように、訴訟前に交渉を行い、紛争解決の道を探るからです。それでも解決できなかった場合に裁判となるのです。

裁判では、訴状や答弁書、準備書面をはじめとする主張を記載した書面を提出します。登記簿や会計帳簿、預金通帳などの証拠書類や、重要な証言をしてくれる証人など、主張を裏づける証拠を過不足なくそろえることも弁護士の大切な仕事です。そうした証拠について、いかに適切なものを用意できるか、それらを軸に裁判をどう組み立てるかで、弁護士の技量が問われることとなります。

❷ このお仕事の醍醐味は？

人の役に立ちたい、誰かを助けたいという気持ちで弁護士を目指しました。やはり依頼者から感謝していただくことに最も喜びを感じます。依頼者には企業の方もいれば、個人の方もいます。その依頼内容も様々で、財産関係、労働関係、さらには夫婦関係まで幅広く、どれも依頼者には一大事です。そのため、日々の生活の中でも様々なことへの興味、関心を持つようにして、依頼者の置かれている状況やお気持ちを理解しようと努めています。もちろん、難しい壁に突きあたることも多々あります。だからこそ、うまく解決できたときの依頼者の笑顔が、何にもかえがたいものに感じます。

❸ 弁護士を目指す人にアドバイス

弁護士を目指すからといって法の知識だけを求めるのでなく、様々な学問に興味を持ち、社会や職業を取り巻く多種多様な制度やシステムを幅広く学び、知識として蓄えてください。それが依頼者の抱える問題の本質を把握し、解決へ導くことへとつながります。その中には当然、一般常識やマナーも含まれます。また、今後日本社会はさらにグローバル化していくことを考えると、海外案件にも目を向けることも考えなければなりません。国内企業と海外企業との提携や国内企業の現地法人におけるトラブルに対応することも視野に入れ、的確に対応できる語学力を身につけることも有効でしょう。

PART 3 社会の仕組み・秩序に関わる仕事がたい

🕐 ある日の夏苅さん

🕙 10:00	出勤。メールやFAX、メモなどを見て、留守中の問い合わせを確認。必要に応じて電話やメールなどで回答する
🕚 11:00	担当する依頼者への法律相談。電話・メール・訪問などの対応をする
🕑 14:00	裁判所へ。必要な書類のやり取りが中心。和解交渉などを行う場合もある
🕒 15:00	裁判所での仕事が早く終わったので、別件の現地調査へ。
🕓 16:00	事務所に戻り書類作成。判例を調べながら進める場合も多い
🕖 19:00	勉強会へ出席。終了後は帰宅。担当案件の進捗状況によっては事務所へ戻り書類作成。深夜に及ぶ場合も

デスクの上には案件ごとの「㊙ファイル」が山のように積まれている

PROFILE
なつかり はじめ
首都大学東京大学院
社会科学研究科法曹養成専攻修了

裁判官

こんな人におすすめ！
- 物事を多角的にとらえられる人
- 法律を扱う仕事がしたい人
- 先入観を排し事実と向き合える人

資格免許

1 裁判官の仕事とは？

全国にある裁判所（最高裁判所・高等裁判所・地方裁判所・家庭裁判所・簡易裁判所）で、**争いごとや事件に関して事実を確かめ、憲法と法律と良心に従って判決を下す仕事**です。

裁判には大きく分けて、民事裁判と刑事裁判の2種類があります。

民事裁判は、「お金を貸したのに返してくれない」「車に衝突された怪我の治療費を支払ってほしい」といったケースで、原告（訴える側）と被告（訴えられる側）は個人や企業です。

一方、刑事裁判は、「他人のお金を盗んだ」「他人を殺傷した」など刑罰に触れるケースで、この場合、訴える側は検察官になり、裁判所に対する処罰の要求を「起訴」、起訴された人を被告人といいます。

裁判官は、民事裁判では原告と被告の双方から話を聞きます。また、刑事裁判では検察官と被告人の双方から話を聞きます。また、争いごとや事件についての調査が記された書類を読み、証拠を確認し、証人からも話を聞きます。そして、憲法と法律とに照らし合わせて、原告や検察官の訴えが認められるかどうかを、**中立公正な立場から吟味し、判決を下します。**

2009年から始まった裁判員制度では、一般市民が裁判員として刑事裁判に参加し、裁判官と共に考え、判決を下しています。

2 裁判官の役割・資質とは？

裁判官は中立公正に最も正しい判決を下すように努めますが、必ずしも原告と被告、検察官と被告人、そして家族や関係者の全員が納得できる判決を下せるわけではありません。

約束どおりや期待どおりのお金を支払ってもらえなかった原告は、生活に困ってしまうかもしれません。刑事裁判で有罪判決を受けた人は、仕事も信用も失ってしまうかもしれません。また、起訴された人が本当は罪を犯していなかったというケースもあります。一方で、裁判官が下す中立公正な判決によって、原告や被害者が心穏やかな生活を取り戻すきっ

PART 3 社会の仕組み・秩序に関わる仕事がしたい

3 裁判官になるには？

裁判官になるためには、司法試験に合格する必要があります。**司法試験は難易度が高い**ため、まず大学の法学部に進学して、法律の基礎を徹底的に学びましょう。その後、ロースクール（法科大学院）に進み、2年間（または3年間）司法試験に向けた勉強をします。

司法試験合格後は、最高裁判所に設けられた司法研修所で1年の研修を経て裁判官になります。最初は判事補として、3人の裁判官と共に判決を下しますが、経験を積むと判事に昇進し、1人で裁判を担当できるようになります。

裁判官に求められるのは法律の知識だけではありません。年齢や職業や国籍が様々な原告・被告・被告人の人生や立場に思いをめぐらせる想像力が必要です。なぜ争いごとや犯罪が起きるのか、社会の抱える問題の根本的な部分に目を向け、広い視野で深く考える習慣を持ち、人の話に丁寧に耳を傾けましょう。高校生までは、**国語科**をよく勉強して**思考力**を鍛え、**社会科**を勉強して**裁判の仕組みや社会の成り立ち**を理解しておきましょう。

このように、裁判官が下す判決は人の人生に大きな影響を与えますから、裁判官の仕事は、**非常に責任の重い仕事**であり、人の人生の重要な局面に立ち会う仕事です。ゆえに、一切の先入観や偏見を捨て、法廷の人々の話に耳を傾けて、事実と法律にもとづいた判決を下さなければならないのです。

かけをつかみ、被告や被告人が心を改めるきっかけを得ることもあります。

進路フローチャート

裁判官になる
↑ 1年
司法研修所で研修を受ける

司法試験に合格
↑ 3年*
司法試験合格に向けて集中的に勉強する。法律の知識だけでなく、論理的な思考力と論述力も鍛えよう

ロースクールに進学
↑
ロースクールの入学試験に向けて勉強。法律の知識をどんどん吸収しよう

大学入学
↑
司法試験合格に有利な法学部を目指す。特に国語科や社会をよく勉強しておこう

高校入学

＊法学部卒業生は2年

POINT
- 人の人生を左右する重大な責任を負う
- 大学の法学部から法科大学院へ進み、司法試験に合格後、研修を受ける

関連情報
● 裁判所 HP
裁判所の仕事や裁判員制度の説明、採用案内などを掲載

オススメの1冊！
『ドキュメント 裁判官――人が人をどう裁くのか』
（読売新聞社会部著／中公新書）
人が人を裁くということを、裁判官はどう考え、行っているのか。裁判官の責任や苦悩も含めて知りたい人におすすめ

ℹ 裁判官は国家公務員。判事になると月収は約50万円。責任の重い仕事だが、待遇は恵まれているといえる

検察官

こんな人におすすめ！
- 責任感と正義感の強い人
- 根気よく調査することができる人
- 冷静で客観的・論理的に思考できる人

1 検察官の仕事とは？

刑事事件（刑法に違反する事件）や告訴のあった事件の捜査を行い、犯罪や違法行為をした人・法人（被告人）を裁判所に**訴える（起訴する）**仕事です。

警察が逮捕した容疑者を取り調べたり、証拠などを調べたりして、容疑者を起訴できるかどうかを判断します。警察と一緒に事件を調べることもありますし、政治家の汚職事件や企業犯罪などでは独自に捜査する権限も持っています。また、裁判所に容疑者の逮捕令状や捜査令状（事件に関係する場所の強制的な捜査を認める、裁判所が出す文書）を請求するといった仕事もあります。

容疑者を起訴した場合、裁判所では被告人が犯した罪について、調書や証拠を裁判官や裁判員に見せながら説明します。被告人の犯罪事実を証明したうえで、与えるべき刑罰を裁判官・裁判員に求めます（**求刑**）。ときには、**弁護人と激しく意見を戦わせる**こともあります。

2 検察官の役割・資質とは？

世の中には様々な人がいて、様々な犯罪が起きます。それらを直接取り締まるのは警察官ですが、**検察官は被告人に対して、法律にもとづいた正しい処分を裁判所に求める役割**を負っています。

検察官に求められるのは、罪の重さにかかわらず**「悪を許さない」正義感**です。また、ときには死刑を求刑することもあるなど他人の人生を左右する立場だけに、**常に自分を律する真面目さ、冷静に物事を見る判断力**も求められます。被告人の見た目や言動に惑わされて、必要以上に重い罪を求刑したり、逆に罪を見逃してあげたりするようなことがあってはなりません。責任感を持って仕事にあたる必要があります。

3 検察官になるためには？

検察官の職場には、最高検察庁（東京）、高等検察庁（全国8カ所）、地方検察庁（各都道府県に1カ所ずつ）、区検察庁（各

資格免許

PART 3 社会の仕組み・秩序に関わる仕事がしたい

進路フローチャート

検察庁に入庁
司法研修所で司法修習を受ける。弁護士・検察官・裁判官のいずれかを選択
↑ 1年

司法試験に合格
司法試験合格を目指す。法律の知識の他、論文式試験などもあるので、論理的に話す力を鍛えるとよい
↑ 3年*

法科大学院に進学
法科大学院入学試験に向けて法律の知識を十分に蓄える
↑

大学入学
司法試験合格に有利な法学部を目指す。国語・社会の知識は必須
↑

高校入学

＊法学部卒業生は2年

POINT

- 司法試験に合格するのが一般的
- 大学の法学部を卒業していると有利
- 検察事務官などから検事になる道もある

関連情報
- 法務省 HP
  司法試験の受験方法や法科大学院・検察官の採用についての情報を掲載
- 合格率（司法試験・法科大学院修了者）：25.1％（2012年度）

オススメの1冊！
なるにはBOOKS『検察官になるには』
（三木賢治著／ぺりかん社）
最高検察庁の協力を得て、社会正義を守る検察官の仕事内容や、検察官になるための情報をあますところなく掲載

ⓘ 初任給は法律で定められていて、約23万円が基本。近年の女性の採用比率は約3割（2011年度）

検察官になるためには、**司法試験に合格する道をとるのが一般的**です。大学（法学部である必要はありません）を卒業後、法科大学院の入学試験に合格し、3年間（法学部卒業生は2年間）法科大学院で学んだあと、司法試験を受験します。また、法科大学院に入学するかわりに、司法試験予備試験を受験して司法試験の受験資格を得る方法もあります。司法試験に合格したら、まず司法研修所で1年間の司法修習を経て初めて、一級検事となります。

一方で、司法試験に合格していなくても検察事務官を一定の等級で3年間経験したうえで、「副検事選考試験」に合格し副検事（簡易裁判所などに勤務する）になり、副検事を3年間務めたあと、「検察官特別考試」を受けて特任検事になる道も用意されています。また、特定の大学の法学部の教授・助教授を3年以上務めても、検事になることができます。

司法試験は**合格率の低い「狭き門」**ですから、検察官を目指す人は、できるだけ早い時期から準備をしておきましょう。特に**法律の文章は難しく、古い言い回しも多いので、読解力を鍛える**ためにも国語を勉強することが大事です。また、社会情勢を理解するためには社会科の勉強も欠かせません。あわせて、高校生のうちから日常的に新聞や法律に関する本・雑誌などを読み、法律に関する知識を蓄えておくとよいでしょう。

都道府県に数カ所ずつがあります。各検察庁には、犯罪の種類に応じた部署があり、検察官はそれぞれの部署に配属されます。

裁判所書記官

裁判所を円滑に運営する仕事です。裁判に関する記録などを作成・保管したり、裁判官が法令や判例を調べるのを補助したりします。裁判の模様を記録した調書は、法廷でのやり取りを公的に証明する文書となります。

また、裁判がスムーズに進むように、事前に裁判の当事者及び検察官や弁護士から話を聞いて進行の見込みを立てたり、争点を明確にするための書面を作成したりします。裁判所に来た人に手続の流れなどを説明するのも、裁判所書記官です。法廷を開くためには裁判所書記官の立ち会いが必要なので、全国の裁判所に裁判所書記官が配置されています。

裁判所書記官になるためには、まず裁判所職員採用試験に合格する必要があります。それから、裁判所職員として経験を積んだのち、裁判所職員総合研修所入所試験に合格し、1～2年の研修を受ける必要があります。裁判所書記官の仕事には、**高度な法律の知識**が求められます。高校生のうちからは、**法学部**をよく勉強し、法律の知識を身につけましょう。大学では**法学部で法律を学び、大学院まで進むと有利**です。

POINT
- 裁判所の運営と裁判の進行を円滑にする
- 裁判所職員採用試験に合格する
- 大学の法学部から大学院に進むと有利

裁判所事務官

裁判所書記官を、事務の仕事でサポートする仕事です。裁判所の裁判部や事務局で働きます。

裁判部の事務官は、裁判所書記官のもとで裁判がスムーズに進むようにサポートします。例えば、起訴状などの裁判関係の文書の受付や送付、公判に向けての関係者との打ち合わせなどを行います。

一方、事務局の中には総務課・人事課・会計課などがあります。総務課では裁判所内の物品の管理、人事課では職員の採用や研修、会計課では裁判所内のお金の管理などを、事務官が担当しています。

裁判所事務官として一定期間勤務したのち、試験と研修を経て裁判所書記官になることもできます。

裁判所事務官になるためには、裁判所職員採用試験に合格する必要があります。試験では法律の知識が中心に問われますし、裁判所事務官になってからも、特に裁判部の仕事では**法律の知識が必須**ですから、大学の法学部で法律を専門的に学ぶとよいでしょう。

POINT
- 裁判所書記官の補佐として事務を担当する
- のちに裁判所書記官になることも可能
- 大学の法学部で法律を学ぶと有利

関連情報 裁判所書記官／裁判所事務官 ➡ 『裁判所事務官・裁判所書記官の仕事がわかる本』（法学書院編集部編／法学書院）

特許審査官

様々な**技術分野の特許出願を、技術的観点と法律的観点から検討し、特許権を与えるかどうかを判断する仕事**です。特許とは、発明が無断で使用されないように、発明者の権利を守る独占権です。

特許審査では、まず出願書類を読み、発明の内容を理解します。技術的な専門知識が必要ですから、特許審査官は常に最新の技術情報を勉強する必要があります。さらに、類似の技術が存在していないかどうかをデータベースなどで検索して調べます。外国の文献も調べますから、英語などの外国語力は必須です。類似の技術がなく、出願された発明の進歩性が確認できたら、特許を与えるかどうかの最終判断を下します。出願者から直接、技術に関する説明を聞くこともあります。

特許審査官になるためには、国家公務員採用試験に合格し、特許庁に入庁する必要があります。そこで4年以上特許審査の事務を経験すると、審査官になることができます。技術分野の専門知識が必要な仕事ですから、**大学の理工系の学部**に進学すると有利です。

POINT
- 発明に特許を与えるか否かを審査する
- 技術的な専門知識が必要
- 大学の理工系の学部で学ぶと有利

COLUMN 裁判員って何？

日本では2009年から裁判員制度が始まりました。裁判員制度は、私たち国民が裁判員として刑事裁判に参加し、被告人が有罪かどうか、有罪ならばどのような刑を受けるべきかを、裁判官と一緒に決める制度です。

裁判員制度の対象となる事件は、「殺人」「強盗させたり死亡させたりしてしまった（強盗致死傷）」「人に怪我をさせて死亡させてしまった（傷害致死）」「泥酔した状態で自動車を運転して人をひき死亡させてしまった（危険運転致死）」「放火」「身の代金目的の誘拐」などです。日本では第一審（地方裁判所）、控訴審（高等裁判所）、上告審（最高裁判所）の三審制を敷いていますが、裁判員制度は第一審でのみ、採用されています。

従来の制度では、このような事件に対し3名の裁判官が評決していましたが、裁判員制度の開始以降は、3名の裁判官と6名の裁判員の計9名によって判決内容が決められています。

裁判員は20歳以上の国民の中から無作為に選ばれます。裁判員に選ばれたら、裁判官と共に刑事事件の法廷に立ち会い、証拠書類を吟味して、証人や被告人に質問をします。そこで明らかになった事実にもとづき、被告人が有罪か無罪か、有罪ならどのような刑にするかを、裁判官と議論して評決します。

このように国民が裁判員として裁判に参加することにより、司法に対する国民の信頼が高まることが期待されています。

検察事務官

検察官を補佐する仕事です。その内容は、**捜査・公判部門、検務部門、事務局部門**の3つに分けられます。

捜査・公判部門の検察事務官は、検察官の片腕として捜査にあたったり、被疑者の取り調べや公判手続をサポートしたりします。

検務部門の検察事務官は、警察などの捜査機関から送られてきた事件の捜査が法律で定められた手続に従ってなされたかを調べて受理手続をします。また、事件に関わる証拠品の保管・処分、裁判記録の保管・管理なども担当します。

事務局部門では、検察庁の職員の給与管理など、検察庁全体の運営に必要な事務を行います。

検察事務官になるためには、国家公務員試験に合格し、各検察庁の面接を受ける必要があります。検察事務官には検察官への道も開かれており、事務官として3年間の経験を積んで試験に合格すると副検事に、さらに副検事として3年以上の経験を積んで試験(検察官特別考試)に合格すると特任検事と呼ばれる検事に昇格できます。

POINT
- 検察官の補佐として捜査・取り調べなどに関わる
- 国家公務員試験に合格する
- 事務官から検事へ昇格する道もある

家庭裁判所調査官

家庭裁判所の裁判官のもとで、裁判官が適切な判断を下せるように**事件の背景を調査する仕事**です。夫婦や親族間の争いなど家庭に関する問題を扱う家事係と、少年事件を扱う少年係とに分かれます。

家事係では、離婚や親族間の紛争・養子縁組などに関して、当事者や関係者に聞き取り調査を行い、把握した事実関係をもとに、裁判官が審判や調停に際して参考にする報告書を作成します。少年係では、非行を犯した少年の家庭環境や学校での状況などを調査し、裁判官が少年への適切な指導や処遇を判断できるように、事実関係を報告書にまとめます。

家庭裁判所調査官になるためには、裁判所職員採用試験に合格し、家庭裁判所調査官補として採用後、約2年間の研修を修了する必要があります。試験では、**法律学・心理学・社会福祉学・教育学**などの知識が問われますので、大学で学んでおくとよいでしょう。また、問題の渦中にいる人々と関わる仕事ですから、常に**他人の痛みを想像する習慣をつける**ことも大切です。

POINT
- 家庭紛争や少年事件の背景を調査する
- 裁判官を適切な判断に導く
- 心理学・社会福祉学・教育学の知識も必要

関連情報　検察事務官➡検察庁 HP
家庭裁判所調査官➡『家裁調査官の仕事がわかる本』(法学書院編集部編／法学書院)

PART 4

お金にまつわる仕事がしたい

お金と一口にいっても、お札や硬貨といった物体としてのお金だけでなく、円やドルなどの通貨、消費や生産といった経済活動、土地や株式などの資産も広い意味で「お金」といえます。そんなお金にまつわる仕事を集めました。

銀行員

個人や企業の顧客からお金に関する相談や実務を受ける仕事

こんな人におすすめ！
- 信頼関係を大事にできる人
- 好奇心旺盛で積極的に学べる人
- 正確かつ真面目に対応できる人

1 銀行員の仕事とは？

銀行の役割を簡単に述べると、**社会にお金をめぐらせる中心を担うこと**です。顧客から預金という形で預かったお金を別の顧客に貸し出すこと、すなわち、今お金を使わない人から、今必要だけれど手元にお金がない人へお金を融通することが、銀行の役割です。**お金を融通するから「金融」**というわけです。また、送金（振込）業務や外貨両替と呼ばれる国内外のお金の交換業務も行っています。その他にも資産運用を希望する顧客には、投資運用商品や保険商品も販売しています。つまり、**銀行は預金の取り扱いや貸し出し以外にも幅広い業務を行っているわけです**。

これだけ幅広い業務ですので、業務は細分化され、専門業務のエキスパートとなる人も大勢います。例えば、銀行の支店の場合、顧客の応対をする窓口担当者の他、その後方で顧客から預かった書類の手続を行う人たちが働いています。さらに、近隣の企業とやり取りをする法人営業担当者や、富裕層（個人で大口の取引を行う顧客）向けの個人営業担当者もいます。本部であれば、商品・サービスの企画開発や貸し出しに関する審査担当者、外国為替などのマーケットディーラー・各種法律に精通している法務担当者もいます。

一般にイメージする銀行員は、店舗の窓口担当者などでしょうが、実はこうした多くの人たちの手によって業務が成り立っていることを知っておきましょう。また、銀行には「メガバンク」と呼ばれる大手銀行から、地域密着型の地方銀行まで、その規模も様々です。大手銀行に比べ、地方銀行では地域の中小企業向けの経営支援などを多く行っており、地域経済の発展に貢献している側面もあります。

2 銀行員の役割・資質とは？

銀行員は、**顧客との信頼関係にもとづくお金のやり取りが仕事**となります。もちろん個人どうしではなく、個人と銀行、企業と銀行という関係ですが、大切なお金を取り扱うことに変わりはありません。そのため、「この人（銀行）ならお金に関

184

PART 4 お金にまつわる仕事がしたい

する相談ができる」と顧客から思ってもらえることが何より重要です。こうした信頼関係を築くためには、**常に真摯な対応ができること・素直で誠実であること・相手のことを尊敬できる人**であることが求められます。

関連する書類を含め、お金の取り扱いにあたっては、ダブルチェック・トリプルチェックを行う必要があります。**どんなに忙しくても正確さを追求できる人・丁寧に仕事をこなせる人**が銀行員に向いているといえるでしょう。

また、大手銀行ではグローバルにビジネスを展開しており、海外支店での活動や外資系企業との取引もあります。外国人とチームを組んで仕事を進める場合もあり、そうした部署では、慣習や文化の違いを理解し、相手の国についてしっかりと学ぶ柔軟な思考があると、現場では役立つはずです。

3 銀行員になるためには？

銀行員になるために特別な資格はいりません。一般的に、短大か4年制大学から新卒採用試験に合格して就職します。しかし、経済の中心を担う業界であるため、基本的には限定されません。**経済学部や商学部などで経済や金融、それに関する社会制度・システムなどの知識を身につけておく**と、入社後に役立つかもしれません。なお、金融系の資格としては、**ファイナンシャル・プランナー、証券アナリスト、中小企業診断士**などがありますが、在学中は無理に取得しなくてもよいでしょう。一方で、営業職を中心に英語力が問われる場面が多々あります。今後もグローバル化がさらに進み、英語を用いる場面が増えていくでしょう。

進路フローチャート

就職試験
↑
- 経済・金融・商業系の科目をベースに得意分野を伸ばそう。余裕があれば、金融系資格にも挑戦
- 金融や商業の知識と共に、英語力を伸ばす。まずは日常会話ができるレベルを目指そう

大学入学 / **短大入学**
↑
営業や商品開発を希望するなら商・経済系の学部、法務を軸にしたいなら法学部を目指そう

高校入学

POINT
- お金に関する相談に乗り、事務手続などを行う
- 預金の取り扱い以外にも幅広い業務を行う
- 経済学部・商学部・法学部などで学ぶとよい

関連情報
- ぎんこう寺子屋（全国銀行協会）HP
  銀行に関する様々な情報を掲載している

オススメの1冊！
『大解剖 日本の銀行——メガバンクから地銀・信金・信組まで』
（津田倫男著／平凡社新書）
見えない部分、わからない部分の多い大手銀行の業務と銀行員による実態を紹介した元銀行員の解説書

ℹ 入社後、証券外務員資格や生命保険販売資格、損害保険募集人資格などを取得する場合もある

INTERVIEW

現役の銀行員に聞きました

みずほ銀行 青山第二部
加藤 雅子さん

就職活動の先輩訪問で出会った銀行員が真面目でカッコよかった、と振り返る加藤さん。身近なはずなのによく知らなかった銀行の仕事に、好奇心を刺激されたそうです。現在、法人営業を担当している加藤さんに、銀行員の仕事についてうかがいました。

❶ お仕事の内容は？

私は渋谷・青山周辺の法人（企業）のお客様を中心とした営業を担当しています。担当エリアには大企業や外資系企業が多く、業種としては国内外の有名ブランドやアパレルメーカーを担当しています。

法人営業の場合、工場や新店舗の設立などに関する融資のお話が中心になりますが、企業の従業員様向けの口座開設や住宅ローンといった個人取引の案内から、系列の証券会社や信託銀行へのお客様の紹介まで幅広い仕事があります。普段お会いするお客様は、経理担当者やその責任者といった方々が多いですが、重要な用件の際には社長・CEO（最高経営責任者）といったトップの方とも直接お話をします。

融資などのご要望があった場合、まずは詳しくお話をうかがいます。そのお話をもとに提案書を作成し、プレゼンテーションを行います。お客様のOKが出たら社内稟議書を作成し、当行の各責任者から了承をもらいます。この稟議書が通過しないと、融資はできません。稟議書にはお客様の財務内容の分析の他、業界の情報やアパレル企業であれば商品の売れ行きなど、お客様から聞いた生の情報を記載します。

融資が決まると、お客様に手続の説明を行い、契約書をもらって融資が実行されます。なお、実際の金銭のやり取りや契約書のチェックは専門の事務担当者が行います。

お金に関しては、ほんのわずかでも間違えると当行だけでなくお客様の会社にも大きな影響を及ぼします。十分過ぎるほど注意を払い、迅速かつ真摯な対応を心がけています。

❷ このお仕事の醍醐味は？

何といっても、私が銀行を代表して企業のトップの方々とお会いできることが、この仕事の魅力です。私の場合は大企業・有名企業の社長や外資系企業のCEO、有名ブランドの店長さんなどとも直接お会いしています。

当然、仕事の話は非常にシビアですが、皆さんそれぞれに様々な人生経験をお持ちですので、お会いしてお話するだけでも自分自身の成長につながる良い経験になっています。その分、日々の勉強は欠かせません。お客さまの会社の商品や業界知識などは逐一勉強しています。それがあるから話が弾み、信頼関係が築け、成果へとつながるのだと信じています。

❸ 銀行員を目指す人にアドバイス

これは私が今痛感していることですが、英語力は重要です。特に外資系企業を担当すると、日本語を話せない方ともお会いします。学生のうちに日常会話を習得し、社会に出てからは頻出するビジネス会話を覚える程度になっていることが望ましいです。銀行は海外に積極的に支店を出しているため、英語力があれば海外で仕事をするチャンスもあります。

好き嫌いにとらわれず幅広い知識を持っておくことも大切です。自分の可能性を決めつけず、あらゆるものをどんどん掘り下げて蓄え、自分なりの意見や軸を持ってください。これはどんなお客様とも話を弾ませるコツの1つです。

ある日の加藤さん

8:10	出勤。社内にて打ち合わせ。当日顧客へ提案する資料の準備を行う
10:00	顧客を訪問。顧客の意見を取り入れたご融資の提案書をもとに、先方の社長と話し合い
12:00	帰社、昼食
13:00	別の顧客を2・3件訪問。融資に関する相談対応
16:00	帰社。預かった約定書などの手続処理
17:00	社内稟議書を作成。自分なりに顧客の財務内容や企業の強みについての意見を記載
19:00	退勤。セキュリティー上、仕事の持ち帰りは厳禁。帰宅後はスキルアップの時間に

顧客からの電話。その日の仕事は社内のみで終わらせるため、集中力が問われる

PROFILE
かとう まさこ
慶應義塾大学 経済学部卒業

公認会計士

こんな人におすすめ！
- 企業経営に関心のある人
- 数字に強い人
- 正義感と責任感の強い人

1 公認会計士の仕事とは？

企業の「監査」が公認会計士のおもな仕事です。

それぞれの企業のまわりには取引先・銀行・株主などの利害関係者がいます。利害関係者は、企業の業績によって利益を得たり、損失を被ったりするため、企業の財務状況について正確な情報を知る必要があります。その際、企業の財務状況がどのような実態なのかを第三者の立場から公正に判定する仕事を「監査」といい、監査の仕事を行うのが公認会計士です。監査は法律で公認会計士だけに許可されている仕事です。

企業の財務状況を記した文書を財務諸表といいます。公認会計士は**財務諸表が正しく作成されているかを企業から独立した立場で監査します**。また、監査の他にも、財務の専門知識を用いて、企業経営に関してアドバイスするコンサルティングを行うこともあります。

公認会計士事務所や監査法人がおもな職場です。また、実力をつけて独立する人もいます。

2 公認会計士の役割・資質とは？

業績悪化を隠すために、企業が財務諸表に嘘を書く可能性もあります。もし財務諸表に嘘があったら、取引先や銀行・株主などの利害関係者が損失を被る危険性があります。そのため、公認会計士が**第三者の立場から監査を行うことが重要**になります。

企業の存続と発展には利害関係者からの信用が欠かせません。公認会計士は、**企業が財務状況や業績を正しく公表していることを監査で証明することにより、企業の信用を支えています**。また、公認会計士の監査によって企業のまわりの利害関係者も安心して取引を行うことができるのです。

監査では財務の数字が記された膨大な資料をチェックするため、**企業経営への強い関心**や、**数字を正確に取り扱う能力**が必要です。また、企業の経営者や財務担当者などとのやり取りもあるため、**コミュニケーション能力**も求められます。

資格免許

PART 4　お金にまつわる仕事がしたい

3 公認会計士になるためには？

公認会計士は国家資格です。弁護士や医師と並び、三大国家資格の1つとして数えられることもあります。

公認会計士の国家試験では、受験資格に制限はありません。最年少では16歳で合格した人もいます。とはいえ、大学に入学してから公認会計士試験の勉強を始めるのが一般的です。また、一度社会に出てから公認会計士を目指して勉強を始める人もいます。公認会計士事務所で働いて経験を積みながら合格を目指す人もいます。

公認会計士の国家試験には、基礎知識を問う短答式試験と、専門知識を問う論文式試験があります。短答式試験の合格者だけが、論文式試験を受けることができます。

論文式試験に合格後は、公認会計士事務所や監査法人で2年以上監査業務の補助を経験します。また、所定のカリキュラムに従って実務補習を受けたあと、公認会計士協会が実施する修了考査に合格しなければなりません。実務補習と修了考査を経ると公認会計士として登録され、公認会計士事務所や監査法人で監査業務などを行えるようになります。

公認会計士は数字を扱う仕事ですから、高校生のうちから**数学**の勉強に積極的に取り組みましょう。国家試験の受験や就職に際し、大学の出身学部は問われませんが、**商学部や経営学部で学ぶ会計の知識**は役に立つでしょう。また、企業業績や経済情勢に関するニュースに関心を向けておくとよいでしょう。

進路フローチャート

公認会計士として登録され、公認会計士になる
　↑
　2年以上
　
監査法人や公認会計士事務所で監査業務の補助を経験し、実務補習を受けたあと、統一考査合格を目指す

国家試験に合格する
　↑
短答式試験と論文式試験合格を目指して勉強。短答式試験に合格しないと論文式試験を受けられないので注意

大学入学
　↑
会計や財務の基礎知識を学べる商学部や経営学部を目指そう。数学の勉強に力を入れよう

高校入学

POINT
- 企業の財務状況を監査する
- 大学の経営学部に進学すると有利
- 国家試験合格後に実務補習と修了考査がある

関連情報
- **日本公認会計士協会** HP
  公認会計士の仕事内容や試験制度などについて掲載している
- **合格率（論文式試験）：10.7％（2019年）**

オススメの1冊！
なるにはBOOKS『公認会計士になるには』（江川裕子著／ぺりかん社）
公認会計士の仕事や役割を紹介し、その魅力に迫る。あわせて公認会計士になるための道についても紹介している

ℹ 公認会計士試験は年齢に関係なくチャレンジできる。大学在学中に合格し、資格を取得する人もいる

税理士

こんな人におすすめ！
- お金の流れに興味がある人
- 数字に強い人
- 独立して自分の事務所を開きたい人

資格免許

1 税理士の仕事とは？

納税者にかわって税金の計算や書類作成・申告を行います。

税理士は税の仕組みについての専門知識を持つ、税にまつわる仕事のプロフェッショナルです。

個人も企業も、国に税金を納める義務があります。税には、働いている人が納める所得税や会社が納める法人税の他にも様々な種類があり、何にどれだけの税金がかかるのか、どういうケースで税金が免除されるのかなど、その仕組みは複雑です。税の専門知識を持たない人が、自分や会社が納めるべき税金の計算をするのは大変です。

税理士は、個人や会社から依頼を受けて納めるべき税金額を計算し、税務署に提出する書類を作成します。納税者のかわりに税務署に税に関する申告や申請をすることもあります。また、個人や会社から複雑な税の仕組みについて相談を受け、アドバイスをすることもあります。これらの仕事は、法律で税理士だけに許可されている独占業務です。

特に会社員の所得税を計算する1月、自営業者が所得税を納める3月、企業が法人税を納める5月は、全国の税理士が大忙しで活躍しています。

税理士には、税理士事務所や税理士法人で働く他、企業の財務部門で自社の税務に関わる仕事をする人もいます。また、独立して自分の事務所を開く人もたくさんいます。

2 税理士の役割・資質とは？

税の専門知識を用い、納税者にかわって正しく税金を計算して申告するのが税理士の仕事です。税に関する仕組みと法律を理解し、税金が法律にもとづいて間違いなく納められるように、個人や会社の納税をサポートします。

税金の計算が正しく行われないと、税金を納め過ぎてしまったり、少なく納めてしまったりすることになり、税務署が納税額や書類を訂正する手間が発生します。また、企業の納税額は非常に高額なため、計算のちょっとしたミスで納税額を誤り、法律に違反することにもなりかねません。そうした

190

PART 4 お金にまつわる仕事がしたい

進路フローチャート

税理士法人や税理士事務所で働く
↑
税理士試験に合格
簿記論や財務諸表論の他、法人税法や所得税法などから5科目を選んで勉強
↑
税理士試験の勉強スタート
資格試験の予備校に通う人が多い。大学在学中に税理士試験に合格する人もいる
↑
大学入学
商学部や経済学部が有利
↑
高校入学

POINT
- 納税者にかわって税金の計算・申告を行う
- 税理士の国家試験に合格する
- 大学で法律学か経済学を履修する

関連情報
- **日本税理士会連合会** HP
  税理士の仕事や「やさしい税金教室」など、税と税理士に関する情報を掲載
- **合格率（科目別合計）：18.1%（2019年度）**

オススメの1冊！
なるにはBOOKS『税理士になるには』
（西山恭博著／ぺりかん社）
4人の税理士のドキュメントを通じて税理士の仕事ぶりや生活などがリアルにわかる1冊

ℹ 税理士には独立開業する人が多い。「一国一城の主」を目指す人にはおすすめの職業

---

3 税理士になるには？

弁護士または公認会計士の国家資格を持つ人は、税理士試験に合格しなくても税理士の業務を行うことができます。また、公務員として税務の実務を経験した人や、税や会計に関する大学院の学位を持つ人は、試験科目が免除されます。

しかし、大学で税理士の国家試験に合格して税理士になるのが一般的なルートです。

試験内容は、簿記論及び財務諸表論（必須）と、法人税法や所得税法など各種税法の計9科目で、このうち5科目に合格すれば、税理士試験に合格となります。大学の1・2年から勉強を始め、大学在学中に合格する人もいます。合格後は、税理士事務所や税理士法人に就職して経験を積みます。

税や会計の仕事に興味があるなら、高校生でも簿記の勉強をしてみるとよいでしょう。受験資格として、大学で法律学か経済学を履修する必要があるため、**商学部・経済学部・法律学部・経営学部・法学部に進むと有利**です。

ことから、納税が正しく行われるために税理士が必要とされているのです。

税金の計算が仕事ですから、**数字を正確に扱う能力**が求められます。また、税に関する法律や制度を理解しておくために、最新の法律や制度はしばしば改正されます。最新の法律や制度を理解しておくために、**税理士になってからも勉強し続ける必要**があります。これらの資質に加え、様々な職業の顧客から税務相談を受けるので、幅広い業種への理解が求められます。

国税専門官

こんな人におすすめ！
- 正義感が強い人
- 納税者の公平な税負担に貢献したい人
- 根気強く調査を行うことができる人

1 国税専門官の仕事とは？

国税の納税に関する間違いを指摘し不正を取り締まることが、国税専門官の仕事です。個人が国に納める所得税や、企業が国に納める法人税などを国税といいます。国税専門官は、仕事の内容によって国税調査官・国税査察官・国税徴収官の3つに分かれます。

国税調査官は個人や企業が提出する納税申告書をチェックし、**間違いや不正がないかを調査します**。申告書に不審な点や不正があった場合は指導します。

国税査察官は**脱税を取り締まります**。脱税とは、わざと税金を納めないことです。巧妙で悪質な手口を使って脱税しようとする個人や企業は多く、国税査察官は脱税を摘発するため、脱税の疑いのある個人や企業を調査します。裁判所の許可を得て強制捜査にふみ切ることもあります。テレビのニュースの「脱税の疑いのある〇〇社に強制捜査が入った」とい

う映像で、スーツを着た人々が捜査に入る姿が映されますが、その人たちが国税査察官です。調査はときに危険を伴うため、警察の応援を呼ぶこともあります。国税査察官は納税の正義を守る刑事のような存在です。

国税徴収官は**期限までに税金を納めない滞納者を取り締ま**り、滞納者に対して税金を納めるよう督促します。督促に応じない悪質な滞納者に対しては、張り込み調査や立ち入り調査をして、徴税のかわりに財産を差し押さえる「滞納処分」を行うこともあります。

2 国税専門官の役割・資質とは？

国税は医療や福祉・教育など、私たち国民の暮らしを支えるために使われます。もし国税をきちんと納めない人が増えると、国の税収が減り、国民の暮らしを支えることができなくなります。

日本の納税制度は1年間の儲けと税金の額を自分で申告する自己申告制です。つまり、納税者は自己申告によってきち

192

PART 4 お金にまつわる仕事がしたい

3 国税専門官になるには？

国税専門官は国家公務員です。国家公務員試験の国税専門官採用試験に合格する必要があります。一部の例外を除き、んと税金を納める必要がありますが、中には申告をごまかし、納税を逃れようとする納税者がいます。

そのため、国税専門官の存在が重要となります。納税申告書を調査する国税調査官・脱税を取り締まる国税査察官・滞納を取り締まる国税徴収官のそれぞれの役割によって、より公平な国税の納税制度が維持されています。

ですから、国税専門官には**強い正義感が欠かせません**。国税にまつわる不正を暴き、ただすために、**粘り強さや勇気も**求められます。

大学を卒業していることが受験資格となります。

採用試験に合格すると、各地の国税局に財務事務官として採用されます。採用されてから約4年間の経験を積むと、国税調査官や国税査察官・国税徴収官などの肩書きが与えられます。国税調査官から国税査察官になるなど、国税調査官・国税査察官・国税徴収官の間での異動もあります。海外に赴任し、現地の税務情報の収集などを担当する国税専門官もいます。

採用試験の倍率は、申込者数に対して約10倍と難関です。大学入学後、早い段階から試験の準備をしておく必要があるでしょう。試験では、法律学と会計学の知識が必須です。大学の法学部や商学部などに進学するとよいでしょう。

国税専門官の3・4人に1人が女性です。女性も男性と同じく調査・査察・徴収の仕事にあたります。

進路フローチャート

国税専門官になる
↑ 約4年 — 財務事務官を約4年間経験すれば、国税専門官になれる。海外に赴任することもある

各地の国税局に配属
↑ おもに財務事務官として各地の国税局に配属される。国税専門官になるための知識や経験を蓄えよう

国税専門官採用試験に合格
↑ 試験では、法律学と会計学が必須

大学入学
↑ 法律や会計学を学べる法学部・商学部に進むとよい

高校入学

POINT
- 納税の不正を取り締まる
- 国税調査官・国税査察官・国税徴収官に分かれている
- 国税専門官採用試験に合格する

関連情報
- **国税専門官採用試験情報（国税庁）** HP
  採用案内パンフレット、先輩からのメッセージ、Q&Aなどを掲載。これから国税専門官を目指す人の参考になる

オススメの1冊！
『トッカン―特別国税徴収官―』
（高殿円著／ハヤカワ文庫JA）
国税徴収官が主人公のエンターテインメント小説。国税専門官の仕事がわかる

ℹ️ 国税専門官は映画やテレビドラマ・小説の題材になることが多い。インターネットなどで調べてみよう

ファイナンシャル・プランナー

こんな人におすすめ！
- 資産運用について関心のある人
- お金の役割や機能について関心のある人
- 銀行や保険会社で働きたい人

1 ファイナンシャル・プランナーの仕事とは？

ファイナンシャル・プランナー（FP）は、お金の観点から相談者の人生設計をサポートします。「家を買いたい」「老後を安心して暮らしたい」など、それぞれの人が、それぞれの目標を持っています。目標を達成するためにお金が必要なこともしばしばあります。目標に向け、**どのようにお金をやりくりして資産を増やしていけばいいかをアドバイスするのが**ファイナンシャル・プランナーの仕事です。

例えば、相談者が「これから子どもが生まれるので家を買いたい」という場合、ファイナンシャル・プランナーは、相談者に合わせた住宅ローンの組み方を提案します。また、子どもの教育資金を準備するために有利な学資保険を紹介したり、万が一相談者が病気になったりした場合に、家計の過剰な負担を避けるため、医療保険に入ることを提案したりします。相談者のお金を株式や債券に換えて、資産を増やす方法をアドバイスしたりもします。

ファイナンシャル・プランナーの多くは、銀行や保険会社で働いています。中には独立して自分のオフィスを開く人もいます。

2 ファイナンシャル・プランナーの役割・資質とは？

世の中にはお金に関する様々な商品があります。金融商品にはたくさんの投資信託があり、複雑な法律が各社がたくさんの種類の学資保険・医療保険・生命保険などを販売しています。住宅ローンの組み方も色々あります。税金の制度も複雑です。将来に備えて資金計画を立てようにも、商品と制度が数多くあり、その中から最適な商品の組み合わせを見つけ出すのは容易ではありません。

ファイナンシャル・プランナーは、**お金と人生設計の専門家として、株式や債券・保険・税金・ローンなどの様々な金融商品や制度・法律を熟知しています。**その専門知識をもとに、ファイナンシャル・プランナーは相談者にとって最適な資金計画と人生設計を提案します。

194

3 ファイナンシャル・プランナーになるには？

お金にまつわる計画を立てる人にとって、ファイナンシャル・プランナーは頼りになる専門家なのです。

ファイナンシャル・プランナーとして働くためには、試験を受けてファイナンシャル・プランニング技能士の国家資格を取得する必要があります。ファイナンシャル・プランニング技能士の国家資格には、レベルに合わせて3級・2級・1級があります。

3級ファイナンシャル・プランニング技能士には受験資格がないので、ファイナンシャル・プランナーの仕事に興味がある人は、高校在学中にチャレンジすることもできます。2級の資格を取得すると、日本FP協会が認定しているAFP（アフィリエイテッド・ファイナンシャル・プランナー®）資格を取得することができます。AFPに認定されると、2年ごとに研修を受け、資格を更新する必要がありますが、より信頼性の高いファイナンシャル・プランナーとして活躍の場が広がります。さらに同協会が認定するCFP®（サーティファイド・ファイナンシャル・プランナー®）は国際的に認められた上級資格です。CFP資格試験に合格すると、ファイナンシャル・プランニング技能士1級の国家試験において学科試験が免除されます。ファイナンシャル・プランナーに必要な能力は、**計算力とたくさんの金融商品・保険・法律に対する好奇心・相談者の話に耳を傾け、わかりやすく説明するコミュニケーション能力**です。お金に関する話題に興味を持ち、情報を積極的に収集しましょう。

PART 4 お金にまつわる仕事がしたい

進路フローチャート

FPになる
　↑
1級技能士に合格
　国際ライセンスも目指してみよう
　↑
2級技能士に合格
　2級の受験には2年以上の実務経験が必要
　↑（2年）
3級技能士に合格
　3級には受験資格がないので在学中でも受験が可能
　↑
銀行や保険会社に就職
　試験では民法・商法・会計学の知識が必須
　↑
大学・短大・専門学校に入学
　銀行や保険会社に就職するためには大学卒が有利
　↑
高校入学

POINT
- お金と人生設計をサポートする
- おもな活躍の場は、銀行や保険会社
- FPの技能士国家資格には3級〜1級がある

関連情報
- 日本FP協会 HP
　暮らしとお金の知識・FPへの道のり・試験情報などを掲載している

オススメの1冊！
『こんなにおもしろいファイナンシャルプランナーの仕事』
（青野雅夫・荒川誠治著／中央経済社）
FPの仕事内容や1日の過ごし方などが書かれていて、FPの姿がイメージできる。独立開業についても説明されている

ℹ️ 実績と経験を積むと、暮らしとお金に関する講座の講師などにも活躍の場が広がる

証券会社社員

こんな人におすすめ！
- 数学が得意な人
- 世の中のお金の動きに興味がある人
- 金融や経済に興味がある人

1 証券会社社員の仕事とは？

証券会社とは、人々が株式や債券などの有価証券を市場（マーケット）で売買するときの窓口になっている会社です。証券会社の社員は、株式の専門家として顧客にかわって有価証券の売買に携わります。

証券会社社員の仕事の中で、一番大きなものはブローカー業務と呼ばれる株式売買の仲介業務です。ブローカー業務とは、投資家である顧客から「株式を買いたい」または「売りたい」という注文を受け、顧客のかわりに証券取引所に注文を入れて取引を成立させる仕事です。

一方、顧客の売買を仲介するのではなく、証券会社のお金を使って社員が株式を売買する仕事もあります。これをディーラー業務といいます。株式を発行している企業のかわりに、株式を買ってもらえる取引先を探す業務もあります。また、企業から株式を買い取って人々に広く売る仕事もあります。これをアンダーライティング業務といいます。企業から株式を預かって売る仕事はセリング業務といいます。

2 証券会社社員の役割・資質とは？

株式とは、企業が資金を集めるための仕組みです。企業（株式会社）は株式を発行して得たお金を事業の拡大や発展のために使います。企業の株式を買った人（株主）は、企業が得た利益から分け前（配当）をもらうことができます。企業の株式を買う人々のことを投資家といいます。企業の株式会社は、多くの投資家に株式を買ってもらうことで資金を調達し、事業を拡大します。また、株式会社が事業を拡大することで、経済活動が促進されます。

世の中にはたくさんの株式会社があり、各社の株式の株価は常に変動しているため、投資家は株価の変動に合わせて株式を売買しようとします。株式会社と投資家との間に入って、株式の取引がスムーズに行われるようにサポートすることが証券会社社員の役割です。

証券会社の社員は、企業の株式発行による円滑な資金調達

3 証券会社社員になるためには？

を支援し、また、株式や債券、投資信託の知識を使って企業への効率的な投資をサポートしているのです。

証券会社の採用のほとんどは、**大学卒業者が対象**です。大学では金融や経済について学べる**経済学部や商学部、経営学部**に進学すると有利です。株式市場の分析では**数学や統計学**を用います。高校生のうちから数学の勉強に力を入れておきましょう。また、大学で統計学の授業を受けるとよいでしょう。経済のグローバル化が急速に進む現在、海外の企業の情報を調べる機会がますます増えていきます。**外国語の能力**も必要です。英語の勉強にも力を入れておきましょう。外資系の証券会社に入社した場合は、社内の日常会話も英語です。普段から、ニュースや新聞の株式市場の情報に関心を向けておきましょう。株式市場が世の中に与えている影響が次第にわかってくれば、株式を身近に感じることができます。

最近では、インターネット上で証券取引ができるシステムが広く普及しています。自宅のパソコンから比較的手軽に様々な取引を行うことができるようになり、証券取引市場は以前よりぐっと身近になりました。インターネット上での証券取引を専門に扱うネット証券会社も登場し、証券取引市場の変化と共に証券会社も多様化してきました。個人向けの金融商品も数多く出ており、様々な工夫や特色が見られます。証券業界のネット化の動きは今後も続くでしょう。**経済や金融の基礎的な学びに加え、証券業界の変化についても追って**いくとよいでしょう。

PART 4　お金にまつわる仕事がしたい

進路フローチャート

証券会社に就職
↑
経済学部や商学部、経営学部に進むと有利。金融・統計学を勉強するだけでなく英語力も高める

大学入学
↑
全教科をバランスよく勉強しよう。特に数学と英語に力を入れること

高校入学

POINT
- 有価証券の売買に携わる
- 大学の経済学部や商学部に進むと有利
- 大学では金融・統計学・英語の勉強に力を入れよう

関連情報
- 日本証券業協会 HP
  経済・金融・証券業の世界がわかる。学生向けの教材も掲載している

オススメの1冊！
『図解入門業界研究 最新証券業界の動向とカラクリがよ〜くわかる本』
（秋山謙一郎著／秀和システム）
どのような証券会社があるか、証券業界でどのようなテーマが話題となっているか、業界の「今」がわかる

ℹ️ 証券会社にはM&A（企業の買収や合併）に関わる仕事もある。ただし、専門知識や英語力が必須となる

経営コンサルタント

経営者の依頼を受けて、**企業経営についてアドバイスをする仕事**です。専門的な知識をもとに経営状態を診断し、改善策を考えます。企業の商品・サービスの市場調査や、社員や顧客への聞き取り調査を行い、その結果を報告書や提案書にまとめて依頼者にアドバイスします。

多くの経営コンサルタントは経営戦略・人事戦略・工場の生産管理などの専門分野を持っています。経営コンサルタントになるためには、経営コンサルティング会社に就職するのが近道ですが、**まずは一般企業で働いて人事や開発・生産といった自分の専門分野を持つために経験を積んでおくとよいでしょう**。経営コンサルタントとしてアドバイスをするときも、長年の現場経験があれば、より効果的なアドバイスができるはずです。経営コンサルタントの中には大学院で経営を理論的に学び、**MBA（経営学修士）** を取得している人もいます。

人気の経営コンサルタントになると、全国の企業から依頼が来ます。本の出版や、講演を行うことも多くなります。

POINT
- 企業経営についてアドバイスをする
- 経営戦略・人事戦略など専門分野を持つと有利
- 大学院でMBA（経営学修士）を取得する人もいる

中小企業診断士
資格免許

中小企業の経営について診断を行い、問題を解決する仕事です。中小企業診断士の多くは、自分が勤める会社で、「企業内中小企業診断士」として経営状況の改善や戦略立案などの分野で活躍しています。経済学、財務・会計、経営理論、法務などの幅広い専門知識をもとに会社の問題点を見つけ、改善策を考えます。

経営コンサルティングや企業診断を行うには、**経営の専門知識に加え、分析能力・論理的な思考力・プレゼンテーション能力などが必要**です。中小企業診断士の国家試験に向けて勉強する中で、こうした能力の基礎を固めておく必要があります。中小企業診断士は、企業診断の基礎的能力を身につけていることを証明する資格だといえます。会社で働きながら中小企業診断士を目指す人もいます。

中小企業診断士として求められる能力は経営コンサルタントと似ていますが、**中小企業診断士は国家資格**です。中小企業診断士の国家試験に合格し、登録されることによって初めて「中小企業診断士」を名乗ることができます。

POINT
- 自分の勤める会社で活躍する「企業内中小企業診断士」が多い
- 中小企業診断士の国家資格を取得する

関連情報　経営コンサルタント➡『この1冊ですべてわかる コンサルティングの基本』（神川貴実彦著／日本実業出版社）
中小企業診断士➡中小企業診断協会 HP

PART 4 お金にまつわる仕事がしたい

社会保険労務士

労働者が安心して働けるようにサポートする仕事です。企業では働く従業員のための様々な規則や書類があります。例えば、休みの日数などの労働条件を定めた就業規則・給料についてまとめた賃金規定・病院にかかるときに必要な健康保険・社員が将来受け取る厚生年金に関する書類などです。社会保険労務士は、こうした書類を作成し、ルールについて社員に説明します。たくさんの法律や書類を扱う仕事ですから、仕事には根気や丁寧さが求められます。

従業員が病気をしたり、事故にあったり、出産して会社を休んだりする際には、社会保険労務士が相談に乗り、必要な手続をします。社会保険労務士は制度や手続の面から従業員の働く環境をサポートするのです。

社会保険労務士は国家資格です。社会保険労務士になるためには大学・短大・専門学校を卒業するか、高校を卒業して3年以上の実務を経験後、国家試験に合格する必要があります。資格取得後は、自分が働く会社の中で社会保険労務士として活躍する人もいれば、独立して開業する人もいます。

POINT
- 従業員が安心して働けるようにサポートする
- たくさんの法律や書類を扱う
- 社会保険労務士の国家資格を取得する

資格免許

信用金庫職員

信用金庫は地域のための金融機関です。信用金庫職員とは、地域の企業や人々から預かったお金を、地域の会社や工場・商店などに貸して、地域の活性化に貢献する仕事です。

信用金庫の取り扱う仕事は様々です。地域の会社やお店を訪ねて相談に乗り、お金のやりくりをアドバイスする営業職・口座の開設や融資の申し込みなどに対応する窓口業務・信用金庫をたくさんの人に活用してもらうために商品やサービスを考える企画業務などです。

信用金庫は地域密着型なので、「ずっとこの地域で暮らしていきたい」という人におすすめの仕事の1つです。地域のお金を地域のために活かす仕事は、健全な経済活動に貢献する大変やりがいのあるものです。もちろん、お金を扱う仕事ですから、責任感と丁寧な仕事が求められます。

信用金庫で働くために特別な資格は必要ありません。大学や高校を卒業して、採用試験に応募します。採用されると、新入職員研修で金融業務の基礎を学び、実際の仕事を通じて地域の経済を勉強していくことになります。

POINT
- 信用金庫は地域のための金融機関
- 地域の経済の活性化に貢献する
- 地元で暮らしていきたい人に向いている

関連情報　社会保険労務士→社会保険労務士試験オフィシャルサイト HP
　　　　　信用金庫職員→全国信用金庫協会 HP

貸金業務取扱主任者

貸金業に関する法律がきちんと守られるようにアドバイスや指導を行います。その他、顧客情報の管理や重要書類の作成も担当します。貸金業務とは、人や会社にお金を貸す仕事のことです。お金が必要となった人や会社に利子をつけてお金を貸し、一定の期間が経ったら返してもらいます。

貸金業務取扱主任者は、消費者金融やノンバンクなどと呼ばれる貸金業を営む会社（銀行や信用金庫などを除く）で働きます。貸金業がルールにもとづいて行われるように、貸金業の会社は必ず貸金業務取扱主任者をおくことが、法律で定められています。貸金業務取扱主任者は、貸金業の会社になくてはならない存在です。

お金と法律と、重要な個人情報を扱う仕事です。**責任感**が求められます。また、貸金業が正しく行われているかどうかをチェックする仕事ですから、**関連する法律に精通していなければなりません**。

貸金業務取扱主任者は国家資格です。試験に合格後、主任者登録を行って初めて業務に携わることができます。

POINT
- 貸金業に関する法律が守られるように指導をする
- 消費者金融やノンバンクで働く
- 貸金業務取扱主任者の国家試験に合格する

エコノミスト

経済の専門家として、経済学の専門的な知識と手法を使って経済データを分析し、将来の経済動向を予測する仕事です。経済には様々な分野があり、エコノミストはそれぞれ自分の専門分野を持っています。物価や消費動向などを家計や企業のレベルで見るミクロ経済や、経済を国全体の動きで見るマクロ経済に加え、外国の経済情勢や、世界経済の分析を得意とするエコノミストもいます。

エコノミストになるためには、大学の経済学部で経済の基礎を学び、さらに大学院に進学して経済学を専攻します。大学で経済学の基礎を学びながら、自分が専門的に研究したい分野を検討するとよいでしょう。大学院修了後は、**大学に残って研究を続けるか、民間の証券会社や経済研究所・官公庁などに就職します。**おもに、大学の経済学者は研究を行い、民間のエコノミストは顧客企業のために経済分析を行い、官公庁のエコノミストは行政と関わりの深い経済問題を扱います。ユニークな視点と実力を持つエコノミストは、本の出版や講演活動・テレビ出演などでも活躍します。

POINT
- データを分析し、将来の経済動向を予測する
- 大学院に進み経済学を専攻する
- 大学、民間企業や研究所、官公庁などで働く

関連情報　貸金業務取扱主任者→日本貸金業協会 HP
エコノミスト→『エコノミストの仕事術』（小関珠音著／生活情報センター）

PART 4 お金にまつわる仕事がしたい

外務員 資格免許

証券会社や銀行で株式や債券・投資信託などの有価証券の売買に携わる仕事です。顧客の資金を株式や債券に換えたり、投資信託に預けたりして、顧客の資産を増やすことを目指します。

外務員は、営業所の窓口で資産を有効に活用したいといった顧客の相談に乗ることもあれば、顧客を訪問して資産運用を提案することもあります。その他にも、取引に必要な事務手続、インターネットを使ったコールセンターでの仕事もあります。

有価証券の知識を持っていることはもちろん、金融商品の内容と、顧客にとってのメリットとリスクをわかりやすく丁寧に説明するためのコミュニケーション能力が外務員には重要です。

外務員になるためには、証券会社や銀行に就職し、日本証券業協会が実施している試験に合格して外務員の資格を取得する必要があります。資格は取り扱える金融商品の種類に応じて、一種外務員・二種外務員などに分かれています。

POINT
- 証券会社や銀行で金融商品を売買する
- 顧客の資産運用をサポートする
- 日本証券業協会の外務員資格が必要

証券アナリスト 資格免許

株式市場や債券市場を分析・評価する専門家です。企業の経営状況や製品開発の動向・国内外の経済・政治の動向に影響を受け、各企業の株式の値段は変動します。証券アナリストは、株式に影響を与える様々な要因を分析して各企業の株価の動きを予測し、それぞれの企業について株を買って投資する価値があるかどうかの判断材料を提供します。また、株式市場に加えて、商品市場や景気の動向などの分析も行います。

証券アナリストの分析・評価によって投資家の判断や市場動向が影響を受けるため、証券アナリストの業務は社会的な責任を伴う重大な仕事です。

証券アナリストの多くは、専門職として証券会社や銀行で働いていますが、中には独立して株式評論家などとしてメディアで活躍する人もいます。

証券アナリストになるためには、日本証券アナリスト協会の試験に合格して資格を取得する必要があります。大学で経済学を専攻すると有利でしょう。

POINT
- 株式市場や債券市場を分析・評価する
- 専門職として証券会社や銀行で働く
- 日本証券アナリスト協会の試験に合格する

関連情報　外務員➡日本証券業協会 HP
　　　　　証券アナリスト➡日本証券アナリスト協会 HP

アクチュアリー

資格免許

数学の専門家として**保険商品や年金制度を設計する仕事**です。

保険商品を設計する際には、過去のデータをもとに、加入者が将来、病気になったり事故にあったりする確率を求め、加入者の年齢や加入年数も考慮し**適切な掛け金と給付金額を設定**します。設計が正しくないと、掛け金と給付金額がアンバランスになるなど、優良な保険商品とはいえなくなってしまいます。加入者が適正な条件で保険に加入するために、保険商品の設計はとても重要な仕事です。

アクチュアリーは**数学や統計学の高度な専門知識**を活用し、重要な設計業務を行います。数学や統計学の応用範囲は広いため、アクチュアリーの活躍の場は保険や年金の設計にとどまらず、企業価値の評価や市場動向の予測など多岐にわたります。

アクチュアリーになるためには、大学や大学院で数学や統計学を専攻し、**日本アクチュアリー会の資格試験に合格する**必要があります。

POINT
- 保険商品や年金制度の設計を行う
- 数学や統計学の高度な知識が必要
- 日本アクチュアリー会の資格試験に合格する

経理スタッフ

会社のお金の流れを記録し、管理する仕事です。日常的に行うのは、現金の出入りの管理です。従業員の出張費や物品の購入費といった小口の現金に関する処理から、商品の仕入れまたは販売した金額を管理して請求書を発行し、支払いの手続を行う取引に関する定められた一連の処理や、会社から出ていくお金と会社に入ってくるお金の収支バランスを確認し、出ていくお金を減らす方策を考えることもあります。

経理スタッフにとって最大の仕事は「決算」です。決算とは会社の売上や利益を社内外に発表することです。特に1年間の取引に関する決算では、すべての取引状況を記録した帳簿をもとに財務諸表と呼ばれる資料を作成します。納税に関する書類も準備し、税理士や会計士とやりとりをします。

経理の仕事に就くには、**日本商工会議所の簿記検定の資格があると有利**です。4級から1級まであり、4級と3級は経理の基礎レベル、2級は財務諸表を読めるなど経理担当者として必要な知識で、高校程度の商業簿記及び工業簿記のレベル、1級は経営管理や経営分析までカバーしています。

POINT
- 会社のお金の流れを記録する
- 会社の決算に関わる業務に携わる
- 有 取得すると有利な資格・免許あり

関連情報
アクチュアリー ➡ 日本アクチュアリー会 HP
経理スタッフ ➡ 商工会議所の検定試験 HP

お金にまつわる仕事がしたい

保険外交員

資格・免許

保険外交員は、保険会社に勤め、**会社や家庭を訪問して保険商品を販売する仕事**です。保険は、将来起こるかもしれない病気や事故の備えとして、保険の契約者が保険会社に掛け金を支払い、病気や事故のときに保険会社から保険金の支給を受ける仕組みです。保険外交員は顧客の健康状態や経済状況・家族構成・人生設計などについてしっかりと把握し、顧客に最も役立つ保険商品を選んで提案します。保険に加入する際には書類作成などの手続も行います。保険会社の窓口として顧客の相談に乗ることもあります。また、加入者の経済状況や家族構成の変化などにより、契約内容の変更を行うこともあります。

保険商品には様々な種類があり、新しい商品も次々と販売されています。保険外交員は、顧客の希望に合わせた商品を提案するため、保険に関する最新の情報を知っておく必要があります。また、**保険の内容をわかりやすく説明するためのコミュニケーション能力や、信頼される誠実さ**も求められます。

保険外交員になるためには、まず保険会社に就職します。就職後に研修を受け試験に合格すれば保険外交員となります。

POINT
- 会社や家庭を訪問して保険商品を販売する
- 顧客の立場から商品を提案する誠実さが大切
- 保険会社に就職し、研修を受け、試験に合格する

工芸官

工芸官は、**紙幣や印紙などのデザインをし、印刷するための原版を作る仕事**です。紙幣の場合はデザイン担当と彫刻担当に分かれます。デザイン担当者はお札の図柄を考え、筆と絵具でお札のもとになる原図を描きます。彫刻担当者はその原図をもとに、手彫りで原版を作成します。紙幣のデザインは、偽造防止のためにできており、高い完成度を求められています。特に日本は、伝統的にその技術の維持向上に努めており、近年は海外からも大変注目されています。長年にわたり使用される紙幣を作る工芸官には、高いデザイン力と彫刻の技術が求められます。まずは印紙や証紙などの製造を行いながら技術を磨きます。紙幣のデザインや彫刻を担当するのはベテランの工芸官です。紙幣のデザインや彫刻を任されるには、10年以上の修業が必要ともいわれます。

工芸官は国立印刷局で働く国家公務員です。工芸官になるためには、国家公務員試験に合格する必要があります。ただし、募集人数はごくわずかです。**美術系の大学で、デザインや彫刻の技術を身につけておく**とよいでしょう。

POINT
- 紙幣や切手のデザインと原版を作る
- 国家公務員試験に合格する
- 美術系の大学でデザインや彫刻を学ぶとよい

関連情報　保険外交員➡生命保険ファイナンシャルアドバイザー協会 HP
工芸官➡国立印刷局 HP

【Overview】
おもな業種・職業と大学での「学び」一覧②

世の中には、おもにどのような仕事の種類＝「業種」や「専門・技能」の職業があるのかをまとめてみました。大学での「学び」とのつながりから、将来を見すえた大学選びをしてみよう！（続きは220ページ）

	就職に強いおもな学部	勉強しておきたいこと
⑥サービス業（レジャーなど）	社会国際／商経済／教育人間／理／芸術 観光、人間文化、国際関係、商、経営、総合科学、理、芸術学部など	観光学、国際関係学、経営学、商学、情報処理学、数学など
⑦サービス業（教育・福祉など）	人文言語／商経済／教育人間／医療 文、経済、商、経営、教育、人間科学、社会福祉、看護、保健福祉、医、栄養学部など	教育学、心理学、社会福祉学、医療技術、化学、衛生学、病理学など
⑧製造業（家電・精密機器など）	商経済／法政治／理／工／情報 経済、商、経営、法、理工、情報学部など	情報処理学、物理学、化学、電気・電子工学、エネルギー工学、環境工学、経済学、商学、法学など
⑨製造業（自動車・機械など）	商経済／法政治／生命環境／理／工／情報 経済、商、経営、法、環境、理工、工、情報学部など	経済学、商学、経営学、法学、理学、工学、力学、数学、応用物理学、情報工学など
⑩製造業（素材・加工）	商経済／法政治／理／工 経済、商、経営、法、理、理工学部など	材料化学、物理化学、機能高分子工学、経済学、商学、法学など

大学と大学入試の最新情報は「東進 大学案内」へアクセス！　toshin-daigaku.com

PART 5

世界で活躍できる仕事がしたい

政治や経済のグローバル化が進む中で、語学力を活かして世界中を飛び回る仕事にあこがれる人もいるでしょう。国境を越えて働くことで見聞を広め、自分を成長させたい……そんな仕事を集めました。

外交官

国と国、国と人とをつなぎ、多面的なコミュニケーションを図る仕事

こんな人におすすめ！
- 外国との関係について興味がある人
- 語学力に自信がある人
- 論理的に物事を考えるのが好きな人

1 外交官の仕事とは？

外交官とは、自国を代表して世界の平和・安全、自国と外国の関係維持・発展などに取り組む仕事をする人のことです。最もイメージしやすいのは、**各国の大使館に駐在する外交官**です。自国を代表して相手国政府の関係者と交渉したり、政治や経済などの情報を収集したり、現地の人々が自国に親しみを持ってもらえるよう広報活動に携わったりします。また、その国に滞在している自国民が安全に行動できるように支援するのも大事な仕事の1つです。

もちろん、外交官の仕事はこれだけではありません。国連・サミット(先進国首脳会議)・G20(財務相・中央銀行総裁会議)といった**国際会議の中で具体的な政策を練り、各国と交渉する**役割を担います。具体的な資金や技術などで外国を援助するODA(政府開発援助)や環境問題を検討する国際的な枠組みの中での活動や、各種条約や規約など、**二国間・多国間で結ばれる決まりごとの条文作成**にも外交官は携わっています。

このように、外交官の仕事は多岐にわたっており、仕事を行いながら様々な経験ができることが特徴です。法律・経済・文化・環境・観光など、各国の関係者がそれぞれ専門分野を持って仕事を進め、外国との関係を強化すると共に、自国民が海外でも安全かつ合法的に活動できるよう、日々取り組んでいるのです。

2 外交官の役割・資質とは？

まず何よりも外交官は、**自国の「顔」として働く**のだということをよく知っておいてください。そのため、**自国の政治・経済・文化などに関する知識を深めておくこと**が基本です。また、仕事の相手先として必ず外国があるため、**相手国の言語はもちろん、文化・習慣を学ぶ**ことも重要です。担当する仕事によっては、相手国の政治・経済などの状況を把握し、法律に関する知識が求められるケースもあります。仕事内容に合わせて臨機応変に学ぶ力、**何に対しても興味が湧き、疑問を持**

206

PART 5 世界で活躍できる仕事がしたい

進路フローチャート

- **外務省採用試験**
  ↑
- **国家公務員試験**
  ↑
  大学院進学は必須ではないが、国際関係論や国際政治・経済論など、さらに専門性を高める道も
- **大学院に進学**
  ↑
  公務員試験には理系・文系等専攻による差はない。得意分野を作りつつ、視野を広げよう
- **大学入学**
  ↑
  様々なことに好奇心を持ち、取り組むことが大切。海外に出て視野を広げてもよい
- **高校入学**

POINT
- 自国の代表として相手国との様々な交渉や取り決めに関わる
- 交渉力と言語運用能力が大切
- 必ずしも英語だけを使うわけではない

関連情報
- **国家公務員採用情報（人事院）** HP
  国家公務員試験についての情報を掲載
- **小中高生の外務省訪問（外務省）** HP
  外務省に訪問して、職員に直接質問できるイベントの案内を掲載（予約制）

オススメの1冊！
外交専門誌『外交』
（奇数月末発行／外務省）
注目すべき外交問題・各界著名人・国会議員の執筆・インタビュー記事などで構成される外務省発行の専門誌

ⓘ 外交官の採用当初の初任給は約23万円である（2012年4月現在）

---

3 外交官になるためには？

外交官になるためには、**国家公務員採用試験に合格しなければなりません**。この試験では、学歴や志望によって一般職・総合職・専門職と試験の種類が異なります。また、生年による制限もあるので、人事院ホームページや受験案内などで、きちんと情報を集めるとよいでしょう。

外務省だからといって、語学、例えば英語に関して堪能である必要はありません。入省後には海外留学をはじめ、様々な研修の機会を設けていますので、その中で言語や各国の関連知識などを習得することも可能です。また、ロシア語や中国語など、様々な語学の専門家になる場合もあります。**必ずしも英語だけを使うわけではない**という点を認識しておきましょう。

何よりも大切なのは、自分にとって新しい言語でも率先して学ぼうとする意思、未知の国や地域で働いてみたいという熱意でしょう。

てる旺盛な好奇心が必要な仕事といえるでしょう。また、自国の進む道やあるべき姿を形づくるうえで大きな役割を担う仕事ですから、広い視野や公平な価値観も欠かせません。

さらに、交渉やプレゼンテーション力を含めた広い意味での**コミュニケーション能力**も必要です。特に外国語で交渉を進める場合、細かな意味あいを的確に伝えることは至難の業です。理論的に考え、理性を保って話を進められることが求められます。言語に堪能であるだけでなく、**会話を論理的に進められ、相手の立場も考えられることも大切**です。

INTERVIEW

現役の外交官に聞きました

外務省
国際法局経済条約課
織田 健太郎 さん

外国への関心が高かった織田さん。大学時代に1年間フランスに交換留学をした際、日本の魅力をアピールする機会に恵まれたことから、外交官への道を考え始めたそうです。国連勤務や中東外交を経験した織田さんに、外交官の仕事についてうかがいました。

❶ お仕事の内容は？

私が今担当しているのは、国と国との間の経済に関する約束（条約）を結ぶための下準備です。条約というと、日米安全保障条約のようなものをイメージしますが、国どうしの約束はいっぱいあります。世界各国とたくさんの細かい決まりごとを結んでいるからこそ、スムーズに海外とモノを輸出入したり、人々の往来があったり、日本企業が海外へ投資したりすることができるのです。

中でも私は経済面での条約を担当しています。企業の海外進出を軸とした案件を日本の法律や相手国の法律、国際法などとも照らし合わせながら作成しています。そのため、経済産業省をはじめとする他の省庁と連携したり、法律の専門家からアドバイスをもらったりすることで仕事を進めています。交渉の際には相手国へ出向いて、関係者と協議を行います。

条約締結の大前提は、日本も相手国も自分たちの権利や利益を守ることです。しかし、法律や制度は国によって異なります。やりやすいようにと、どちらか一方を優先すると不平等になるばかりか、守られない約束を作りかねません。だからこそ、上手にバランスを取りながら、お互いが納得できる条約、守り通せる条約を作ることが命題です。

また、条約はすべて関係省庁と内閣法制局がチェックし、多くの場合国会の承認を経たのち相手国の手続を終わらせたうえで初めて効力が発生します。交渉開始から発効まで数年を要することも珍しくありません。

PART 5 世界で活躍できる仕事がしたい

❷ このお仕事の醍醐味は？

条約締結を機に人・モノ・お金の交流がさらに促進されるということです。結果として両国がより親密になり、笑顔で話し合える。この仕事は、そんな将来への先がけとなるのです。しかし、そこに至るまでは、利害関係が交錯してかなり厳しい状況になることもあります。そんなときでも個人的な感情を抑え、両国のため、日本のためにと、理性的かつ理論的に交渉を進めなければなりません。

条約の下準備という仕事は一見地味に見えるかもしれませんが、両国間の交流がそこから始まると考えると、友好という歴史の第一歩を作る仕事であることに間違いありません。

❸ 外交官を目指す人にアドバイス

私は学生時代に約60カ国を放浪して、自分の目と耳、心で色々な体験をしました。今はその体験が役立っています。皆さんも時間のあるうちに、ジャンルを問わず積極的に色々な経験をして、視野や思考を広げておくとよいでしょう。

また、外国語も大切です。これは語学力ということだけではなく、論理的な思考を養うためにも大切です。外国語で自分の考えや国の立場を正確に伝えるためには、頭の中をシンプルに整理し直すことが必要です。すると、日本語でも言いたいことが明確になり、端的に話の筋道が立てられるようになります。

🕐 ある日の織田さん

9:30	出張準備の荷物を抱えて出勤
10:00	在外公館からの電報やメールのチェック。時差の影響で、夜間に連絡が入る場合も多い
11:00	経済産業省の担当者と、近々に締結する投資協定に関する打ち合わせ
12:30	昼食
13:30	条約・協定の締結交渉のための対処方針を作成
15:00	準備をした条約・協定に関する資料について、外務省内の関係部局と協議
17:00	民間企業の責任者や専門の研究者、国際法に詳しい弁護士などの有識者と勉強会。外務省内で行うこともあれば、先方へ出向くこともある
18:30	外交官パスポートを受け取り、締結交渉で東南アジアへ出張するため空港へ

国連代表部当時に撮った国連の会議場での1枚。様々な国へ出かける可能性があるのが外務省の特徴

PROFILE
おりた けんたろう
アメリカ・ジョージタウン大学大学院
修士課程修了

国際公務員

こんな人におすすめ！
- 世界を舞台に働きたい人
- 世界の平和と安定に貢献したい人
- 外国語の勉強に興味がある人

1 国際公務員の仕事とは？

国際公務員は、国連をはじめとした**国際機関で働く公務員**です。国際機関には、医療対策などを行う世界保健機関（WHO）・食糧管理などを行う国連世界食糧計画（WFP）・教育支援などを行う国連教育科学文化機関（UNESCO）などの専門機関があります。それぞれの専門機関が調査・研究などの**活動を通じて発展途上国の支援や国際社会の協調に貢献**しています。

国際公務員の仕事は**専門職**と**一般職**とに大別されます。専門職は、専門的な知識、技術、経験を持ち、所属する専門機関の調査研究やプロジェクト活動を進めます。例えば、世界保健機関（WHO）で働く専門職の国際公務員は、世界の疾病状況を把握するための調査研究を計画し、**各国から信頼に値する研究結果を集め、報告書にまとめていくなどの仕事を**行います。このような1つのプロジェクトの中でも、疾病調査に詳しい専門職がチームで研究計画を立て、統計に詳しい専門職が報告書の作成を進めるなど、それぞれの国際公務員が自分の専門性を活かして活躍しています。

一方、一般職は、**所属する機関の人事・財務・会計・庶務などの事務系の仕事**を担当し、国際機関の活動を支えています。

2 国際公務員の役割・資質とは？

国際機関は、**世界の人々の平和と健康や教育・人権などの権利を守る**ために存在しています。国際紛争の調停や資源の分配などにおいて各国の利害が対立するときも、中立的な立場から問題の解決に努めます。国際公務員は、特定の国や地域、人々の利益の追求に加担してはなりません。国際公務員には、分け隔てなく世界の人々のために働くという高い意識が求められます。一般職の事務においても、1つひとつの仕事が世界への貢献につながっているという意識を持って働きます。

一般職の多くは現地採用ですが、専門職は各国の機関のオ

210

PART 5 世界で活躍できる仕事がしたい

3 国際公務員になるためには?

国際機関の公用語は英語とフランス語です。仕事によってはスペイン語や中国語も使用します。多様な国の人々が集まる職場では、**自分の考えを論理的に主張する能力**が求められます。外国語が堪能であるのはもちろんのこと、多様な意見が交わされる中で、建設的な対話をすることのできる関係を築く能力も重要です。

国際公務員になるためにはいくつかの方法があります。一般的な方法は、希望する国際機関に採用枠が生じた際の公募に応募することです。ただし、国際公務員の就職では学歴・職歴・能力・専門性が問われます。国際公務員の多くが修士号や博士号を取得しています。大学院への進学を視野に入れておきましょう。いったん就職してから専門的に学びたい学問分野を見つけ、大学院に入学しても構いません。

また、日本の外務省が国際公務員を志望する国内の若者のために実施しているアソシエート・エキスパート派遣選考（JPO派遣制度）もあります。試験選考合格者は、一定期間、国際機関に派遣されて勤務経験を積むことができます。派遣期間終了後には、正規職員になる道も開かれています。

その他にも、若手職員を採用するためのヤング・プロフェッショナル・プログラムや、国連事務局職員を採用する国連職員採用競争試験などがあります。

ほとんどの採用制度で **修士以上の学歴と専門性、職務遂行が可能なレベルの英語またはフランス語の語学力が必須** です。

進路フローチャート

- 国際公務員になる
- 国際公務員の各種採用試験を受ける
- 研究機関や国際支援機関に就職
- **大学院で修士号取得**
  大学院進学を前提に、専攻の勉強に励む。英語だけでなく、フランス語などの外国語の技能を磨く
- **大学入学**
  国際機関では外国人と仕事ができるレベルの英語力が必須。英語に加え、大学以降で専攻予定の学問と関連のある科目を勉強する
- **高校入学**

POINT
- 国際機関で勤務する公務員
- 公用語は英語またはフランス語
- ほとんどの採用枠で修士号以上の学歴が必須

関連情報
- 国際機関人事センター（外務省）**HP**
  国際機関の採用プロセス・応募方法・派遣制度などを掲載している。現在の職員空席状況などの情報も得られる

オススメの1冊！
『めざせ、世界のフィールドを――国際公務員の仕事』
（小沼廣幸著／岩波ジュニア新書）
国連職員として発展途上国での開発援助に携わってきた著者が、国際公務員の仕事のやりがいについて語る

ℹ 専門職は、採用が難関でハードな仕事である一方、就職後の給与や待遇は高水準で安定している

気配りと段取りで旅行者の快適な旅をサポートする

ツアーコンダクター

こんな人におすすめ！
- 気配りができ、頼りにされる人
- 旅行好きで好奇心旺盛な人
- コミュニケーション力に自信がある人

資格免許

1 ツアーコンダクターの仕事とは？

ツアーコンダクターは、国内外のツアー旅行に同行して、**スムーズで快適な旅ができるように取り計らう仕事**です。添乗員とも呼ばれます。

旅行会社では、おもに次のような旅行商品を販売しています。

① 修学旅行のように旅行する人（団体）から依頼を受けて旅の手配を行うもの。
② 旅行会社が企画して参加者を募集するパッケージツアー（パック旅行）。

旅行の内容によってはツアーコンダクターが同行します。

ツアーコンダクターの添乗を行うには「旅程管理主任者」の資格が必要です。

ツアーコンダクターとガイドとの違いは、ガイドが旅先の観光事情に特化して案内サービスを行うのに対して、ツアーコンダクターは**出発から帰着まで旅全体をサポートする**ということです。

就業形態は、派遣社員として働くことが最も多くなっています。おもにガイドや添乗員を派遣する旅行専門の派遣会社に登録し、旅行会社から依頼を受け、各ツアーに添乗します。登山技術や特定の地域の事情に詳しいなど、専門スキルがある優秀なツアーコンダクターは、旅行会社と直接契約して働くこともあります。また、旅行会社の正社員として普段は旅行会社の業務を行い、必要に応じてツアーの添乗をするというケースもあります。

2 ツアーコンダクターの役割・資質とは？

ツアーは安全で快適な旅ができることが前提です。年齢も背景も様々な参加者をまとめ、長いときには1カ月近くに及ぶツアーを引率するツアーコンダクターは、人当たりが良く信頼される人物であることが基本といえるでしょう。

ツアーコンダクターには、**旅のスケジュールが順調に進むよう管理する役割**と、**参加者それぞれが楽しめる旅行になるよう演出するサービス業としての役割**があります。

3 ツアーコンダクターになるためには？

おもたる添乗員としてツアーに同行する場合は、観光庁の認定する「旅程管理主任者」の資格が必要です。国内外の旅行に添乗できる「総合旅程管理主任者」と、国内旅行のみに添乗できる「国内旅程管理主任者」の2種類があります。

資格を取得するためには、まず旅行サービスの専門学校や日本添乗サービス協会（TCSA）をはじめとする観光庁登録団体で研修を受け、旅程管理や旅行に関する法令を学びます。次に求められるのは実務経験です。実際のツアーに補佐として参加し、実地研修を行う場合もあります。これらによって「旅程管理業務を行う主任者証」が発行され、添乗の際にはこれを携帯することが義務づけられています。

ツアーコンダクターとして働きたい場合には、**旅行サービスの専門学校で学んで資格を取り、添乗員派遣会社に登録して実績を積み重ねていくのが**一般的です。国内海外を問わず、各地の地理や歴史、現状などを幅広く把握しておきましょう。

旅程の管理者としては、常に先々の行程を予想して細かな段取りを行い、いざというときには冷静に対処できる能力が求められます。海外旅行の添乗では確かな語学力も欠かせません。

また、赤ちゃんからお年寄りまで、ツアーに参加する旅行者は実に様々です。参加者の好みや要望に応じたケアや、おすすめスポットの紹介など、**細やかな心配りとおもてなしの心（ホスピタリティ）**が求められます。

PART 5 世界で活躍できる仕事がしたい

進路フローチャート

添乗員派遣会社に登録
添乗員派遣会社に登録後、研修を受け資格を取得することもできる

↑

旅程管理主任者の資格を取得
旅行サービスについての知識と技能を身につける

↑

旅行サービス専門学校入学
日本全国・世界各国の地図やガイドブックに親しみ、知識を増やす。雑学から語学・地理・歴史まで、幅広い興味を養う

↑

高校入学

POINT

- 旅行者のスムーズで快適な旅をサポートする
- ツアー参加者を楽しませるホスピタリティが必要
- 添乗員としてツアーに同行するためには資格が必要

関連情報
- **日本添乗サービス協会** HP
  ツアーコンダクターになりたい人のための職業紹介ページもある。資格を取得するための研修情報も充実

オススメの1冊！
『**地球まるごと私の仕事場！**』（芦原伸監修／梓出版社）
ベテランツアーコンダクター20人へのインタビューで構成された添乗体験記

ℹ 細やかな心配りが求められるツアーコンダクターの現場では、数多くの女性が活躍している

INTERVIEW

現役のツアーコンダクターに聞きました

株式会社TEI
白川 みなみさん

素敵な笑顔と、はきはきした話しぶりが印象的な白川さんは、添乗員などの人材派遣を行う株式会社TEIに所属し、ツアーコンダクターとして多忙な日々を送っています。お仕事についてうかがう中で、ツアーコンダクターに必要とされるものが見えてきました。

❶ お仕事の内容は?

海外旅行と国内旅行の両方の添乗をして6年になります。仕事の依頼を受けてまず行うのは、詳細な下調べと現地への連絡です。ガイドブックと地図をじっくりと読み込み、インターネットも使って、旅を具体的にイメージできるようくさんの情報を集めます。利用する施設やガイドさんとも連絡を取り合い、ルートの詳細について検討しておきます。例えば休憩間隔が長くなってしまうところでは、どこでお手洗いを確保するかなど、あらかじめ把握しておくのが大切です。出発前日までには参加者の皆様にお電話をして、質問にお答えし、またご要望をお聞きし、確認しておきます。

ツアーの間は、旅行の日程がスムーズに進むよう気を配ります。訪問施設には予約を確かめる電話を入れ、集合場所には早く入ってお客様を出迎えます。チケットや荷物の管理も大切なお仕事です。荷物が増えると動きが取りにくくなるので、ツアーコンダクターは自分の荷物を小さくまとめるのがうまくなるんですよ。

仕事の中でも一番大切なのは事前確認です。色々な可能性を考えて準備しておくこと、予定どおり進められるか自分で確かめておくこと。常に先へ先へと想像力を働かせておくことが必要だと思います。

❷ このお仕事の醍醐味は?

お客様の感動や驚きに触れられることが、一番のやりがい

214

PART 5 世界で活躍できる仕事がしたい

ある日の白川さん

6:40	朝食会場の確認、朝食
8:00	集合を確認し、バスで市内観光へ
11:00	昼食会場に確認の電話
12:00	レストランに到着、昼食
13:00	集合を確認し、次の町へ移動
16:30	宿泊するホテルに確認の電話
17:30	ホテルに到着、部屋の案内
17:40	夕食会場を確認、夕食
19:00	自由時間に外出する人に店の場所などを案内
19:15	運転手・ガイドと明日の予定を打ち合わせ
21:00	全員の戻りを確認し、明日の準備を済ませて就寝

乗鞍岳(のりくら)の紅葉を見るバスツアーで。ガイドさんと協力しながら旅を演出する(左が白川さん)

PROFILE
しらかわ みなみ
JTB トラベルカレッジ
国際旅行ビジネス科卒業

❸ ツアーコンダクターを目指す人にアドバイス

この仕事で大切なのは、接客ができること・常に勉強すること・あらゆることに備える心構えの3つだと思います。笑顔でいられるか、礼儀正しい態度が取れるかというのは前提条件ですね。お客様に気持ちよく過ごしてもらえるよう、言葉づかいもきちんとマスターしておく必要があるでしょう。

次に、勉強は観光情報だけに限りません。幅広い知識を身につけてほしいと思います。ニュースを頭に入れておくことは旅行だけでなく接客面でも役に立ちます。日頃から色々なことに興味を持ち、気づいたことや感じたことをメモしておくとよいでしょう。

最後に、ツアーを率いる立場として、あらゆる場面を想定して備えておくことが肝心です。段取りと準備ができていれば、どんな事態にも対応することができると思います。

です。例えば、満開の桜を見て夢中で写真を撮っておられたお客様から「ずっと来たいと思っていた場所に来られて幸せです」というお言葉を頂戴すると、この仕事を続けていてよかった！と強く感じます。ツアーを通して、長時間を一緒に過ごしますので、お客様のお気持ちが自分のことのように感じられるのかもしれません。

私たちツアーコンダクターにとっては何度も訪れる場所でも、お客様には一生に一度の訪問になるかもしれません。その感動を演出できるのは、この仕事ならではの喜びですね。

キャビンアテンダント

こんな人におすすめ！
- 飛行機に関わる仕事にあこがれる人
- 世界各地を飛び回りたい人
- 人と接するのが好きな人

1 キャビンアテンダントの仕事とは？

飛行機の乗客にサービスを提供する仕事です。 かつては女性中心の仕事でしたが、現在では男性のキャビンアテンダントも増えています。キャビンアテンダントの他に、フライトアテンダントや客室乗務員といった呼び名も使われます。男性についてはパーサーと呼ばれることもあります。

キャビンアテンダントの仕事は、**担当するフライトの注意事項などを確認することから始まります。** 飛行機に搭乗すると、パイロットとも打ち合わせをします。出発準備が整うと、搭乗口で乗客を出迎え、座席を案内します。

離陸前は、離着陸時の注意事項と救命胴衣・酸素マスクの使い方、非常時の心得などを乗客に説明します。

飛行機が離陸すると、飲み物や食事・毛布などを乗客に提供します。国際線の飛行機内では、免税品の販売や出入国に必要な書類への記入の説明なども行います。また、乗客に急病人が出た場合は応急処置も行います。

2 キャビンアテンダントの役割・資質とは？

乗客が空の旅を安全・快適に過ごせるよう、サービスに努めることがキャビンアテンダントの役割です。 笑顔を絶やさず、飲み物や毛布を求める乗客に迅速に対応します。乗客がキャビンアテンダントを呼んでいないか、乗客に何か異変が起きていないか、常に気を配ります。

気流の影響で機体が揺れるなど、飛行状態が不安定になることや、天候の影響で離着陸に遅れが生じることもあります。乗客の不安や心配を和らげるように、キャビンアテンダントが座席を回り、説明やサポートを行います。

事故などの緊急事態が発生した場合は、避難や脱出を誘導し、乗客の救助救出に努めます。

キャビンアテンダントの仕事はほとんどが立ち仕事です。国際線のフライトは長時間に及ぶことがありますので、キャビンアテンダントは交代で仮眠を取ります。また、フライトに合わせて各地を移動するため、生活が不規則になります。

PART 5 世界で活躍できる仕事がしたい

3 キャビンアテンダントになるには?

キャビンアテンダントには体力が求められる他、疲れを感じても笑顔を絶やさない精神力も必要です。フライトのたびに新たな乗客にサービスします。乗客の国籍や年齢層は様々です。人に接するのが好きで、コミュニケーション力が高い人が向いています。外国人の乗客にも対応するため、英語力も必須です。

キャビンアテンダントになるためには、日本の航空会社や日本に乗り入れている外国の航空会社の採用試験に合格します。採用試験の内容は面接・筆記・英会話などです。大学・短大に進学する場合は文学部の英文学科や英語学科、外国語大学へ進学すると有利でしょう。キャビンアテンダントを養成する専門学校もありますが、国際線フライトを持つ航空会社に就職する場合は、大学・短大に進学した方が有利です。

大手航空会社や外資系航空会社では、TOEICのスコアの提出や英語面接があり、高い英語力が問われます。 体力が必要な仕事のため、採用試験では身体検査や体力測定も行われます。**面接では、コミュニケーション力や親しみやすさなどの人柄・マナーなどが問われます。** 大学・短大に通いながら、採用試験対策のために専門学校に通う人もいます。採用試験合格後は、航空会社による研修でサービスマナーや救難訓練方法などを学びます。

近年は、キャビンアテンダントを契約社員として採用する会社が増えています。契約社員として就職した場合は、一定期間の経験・実績により、正社員に登用される道もあります。

進路フローチャート

- **キャビンアテンダントになる**
  ↑
- **研修期間**
  ↑
- **航空会社の採用試験に合格**
  英会話力を磨く。TOEIC®も受験しよう。採用試験対策のために専門学校に通う人もいる
  ↑
- **短大・大学入学**
  キャビンアテンダントに必須なのは体力・コミュニケーション力・英語力だ。英語をよく勉強し、大学の英語学科などを目指そう
  ↑
- **高校入学**

POINT

- 飛行機の乗客にサービスを提供する
- 体力と英語力が必要
- 各種試験対策のため、大学に通いながら専門学校で学ぶ人も

関連情報

● 教えてCA! HP
先輩キャビンアテンダントへのQ&A・セミナー情報・採用情報などを掲載

オススメの1冊!
『スチュワーデス(客室乗務員)と決めたら読む本』
(小林正彦著／一ツ橋書店)
仕事や訓練の実際、筆記・面接試験の対策などを紹介。グランドサービスなど他職種についても掲載

> 契約社員の場合は時給千数百円だ。待遇の良さも求めるなら、大手航空会社の正社員を目指すべきだろう

大使館職員

大使館職員は、**大使館で働く外交官や書記官などの専門職をサポート**します。大使館の運営に欠かせない庶務・会計・広報などの事務系の仕事を担当します。

在日大使館は、外国の政府が日本に設置している出先機関です。日本政府との情報交換や日本国内にいる自国民の活動のサポートや安全の確保などを行っています。また、日本政府が諸外国に設置している在外日本大使館では、外国政府との情報交換の窓口となり、外国に滞在している日本人の安全確保などを行っています。

現地採用枠のある在日大使館も多くあります。例えば、在日アメリカ大使館では、日本人も職員として採用されます。在外日本大使館の職員の多くは現地の外国人ですが、現地在住の日本人が採用されることもあります。

大使館職員になるためには、欠員が出た際の職員募集に応募します。**英語力は必須**です。また、英語に加え、**その国の公用語でスムーズに会話し、書類を作成できるレベルの語学力があると有利**です。

POINT
- 大使館でおもに事務系の仕事を担当する
- 欠員が出た際の募集に応募する
- 英語力に加え、その国の公用語ができると有利

通訳ガイド（通訳案内士） 〈資格免許〉

日本を訪れた外国人につき添い、外国語で案内する仕事です。**外国人旅行客の観光ガイド**がおもな仕事ですが、国際会議などで来日した外国人を案内することもあります。

観光ガイドの場合は、まず観光先を下見し、旅行客に案内する内容をまとめます。当日は旅行客を観光先へ案内し、外国語でガイドをします。外国人に日本文化を知ってもらい、旅の良い思い出を作ってもらうために、**通訳能力に加えて、気配りやサービス精神**が大切です。

報酬を得て外国人を案内することは、「通訳案内士」の資格を持つ人だけに認められているので、通訳ガイドになるためには通訳案内士の国家試験に合格する必要があります。試験は筆記と口述があり、使用する外国語別に英語・フランス語・スペイン語・ドイツ語・中国語・イタリア語・ポルトガル語・ロシア語・韓国語・タイ語に分かれています。この他、日本の地理歴史、産業や政治経済などの試験があります。通訳案内士の資格を取得したら、通訳ガイドの派遣会社に登録するか、旅行会社と契約を結び、依頼を受けて仕事をします。

POINT
- 来日した外国人を外国語で案内する
- 通訳案内士の国家試験に合格する
- 通訳ガイドの派遣会社や旅行会社と契約を結ぶ

関連情報　大使館職員 ➡ 外務省 HP　通訳ガイド ➡ 日本政府観光局 HP

PART 5 世界で活躍できる仕事がしたい

海外現地ガイド（コーディネーター）

海外に住んでいる日本人が、旅行で訪れた日本人に観光案内をする仕事です。旅行者を観光名所に案内し、名所のいわれや歴史などを解説します。旅行会社のスタッフと一緒に観光プランを考え、レストランやホテルの手配・送迎などを担当することもあります。

海外現地ガイドの強みは、現地に住んでいることです。在住者にしか伝えられない現地の魅力・文化・風土・国民性などを旅行者に伝え、理解を深めてもらいます。

現地の歴史や文化に詳しいガイドであれば、日本のテレビ局などがその国・地域を取材する際、スタッフのガイド役を依頼されることもあります。

海外現地ガイドは、海外に暮らし、現地の日系の旅行会社やガイド派遣会社と契約して仕事を受けています。契約にあたっては、ツアーコンダクターとしての実務経験が問われることもあります。**現地の公用語での会話力は必須**です。旅行会社で実務経験を積んでから海外に移住し、現地ガイドになるとよいでしょう。

POINT
- 海外に住み、日本人旅行客を案内する
- 現地の日系旅行会社やガイド派遣会社と契約する
- ツアーコンダクターの経験があると有利

客船パーサー

客船で旅をする乗客が、快適に船の旅を楽しめるようにサポートし、サービスを提供する仕事です。

客船パーサーは、フロントパーサー・サードパーサー・チーフパーサーに大別されます。

フロントパーサーは、窓口役として乗客からの依頼や問い合わせに対応します。サードパーサーは、外国の港での入管や税関手続・船内の会計事務・船内パーティーの運営など、様々な事務を担当します。チーフパーサーは船内のすべてのサービスを統括する責任者です。乗務員の教育・物品の管理・接客対応など、船内のサービスの向上に努めます。フロントパーサーやサードパーサーとして経験を積んだ人がチーフパーサーに昇格します。

客船パーサーになるためには、クルーズを運航している客船会社の採用試験を受けます。長期にわたる航海もあり、船上生活が基本のため、**体力と協調性**が求められます。加えて、船上の安全管理も重要な仕事の1つでしょう。乗客には外国人もいるので**英語力**も必要です。

POINT
- 客船の乗客にサービスを提供する
- 客船会社の採用試験を受ける
- 体力・協調性・英語力が必要

関連情報　海外現地ガイド → 全国旅行業協会 HP
　　　　　客船パーサー → 日本外航客船協会 HP

【Overview】おもな業種・職業と大学での「学び」一覧③

世の中には、おもにどのような仕事の種類＝「業種」や「専門・技能」の職業があるのかをまとめてみました。大学での「学び」とのつながりから、将来を見すえた大学選びをしてみよう！（続きは481ページ）

	就職に強いおもな学部	勉強しておきたいこと
⑪製造業（建設・住宅など）	商経済／法政治／生命環境／工／芸術／生活家政 経済、商、経営、法、環境、工、理工、芸術、生活科学部など	機械工学、建築学、土木工学、環境工学、デザイン工学、経済学、商学、法学など
⑫製造業（食品）	商経済／法政治／生命環境／理／工／農水産／医療／生活家政 経済、商、経営、法、環境、理工、農、水産、薬、家政、生活科学、栄養学部など	家政学、生物学、衛生学、栄養学、薬学、農学、水産学など
⑬製造業（医薬品・生活用品など）	商経済／法政治／農水産／医療／生活家政 経済、商、経営、法、獣医、畜産、薬、家政、生活科学部など	基礎薬学、応用薬学、生物学、物理、化学、栄養学、経済学、商学、法学など
⑭公務員	人文言語／社会国際／商経済／法政治／生命環境／理／工／情報 文、社会、国際関係、経済、商、経営、法、政治、理、工、情報学部など	法学、政治学、国際関係学、経済学、商学、経営学、情報科学、経営工学、環境学など
⑮弁護士	社会国際／商経済／法政治 社会、国際関係、経済、経営、法学部など	法学、政治学、経済学、心理学、社会学など

大学と大学入試の最新情報は「東進 大学案内」へアクセス！ toshin-daigaku.com

PART 6

自然・動植物に関わる仕事がしたい

草花や動物と触れ合ったり、自然の中に身を置いたりすると心が安らぎます。一方で、台風や地震など自然現象の脅威によって生活や身の安全が危険にさらされることもあります。自然や動植物に関わることで、様々な学びが得られる仕事を集めました。

獣医師

微生物からペット・家畜まで、専門知識を活かして人間と動物の健康を守る

こんな人におすすめ！
- 動物が好きで、動物の種類や健康に興味がある人
- 人間と動物の共生について関心のある人
- 感染症の研究や新薬の開発に関心がある人

資格免許

1 獣医師の仕事とは？

微生物からペット・家畜まで、専門知識を活かして人間と動物の健康を守る仕事です。

いわゆる動物のお医者さん（臨床獣医師）としては、ペット（伴侶動物）の診療を行う病院以外にも、牧場や家畜診療所で畜産動物の診療を行い、動物園・水族館や競走馬の厩舎に勤務することもあります。

また、食の安全を見張り、感染症や食中毒の危険から人々を守っているのは公務員獣医師です。空港や港にある検疫所で働く獣医師は、輸出入される畜産物や動物の安全性を監視する国家公務員です。また、地方公務員は食品衛生や防疫に携わり、「家畜保健衛生所」「保健所」「衛生研究所」をはじめとした幅広い職域で働いています。

地方公務員として働く獣医師の具体的な仕事の内容を見てみましょう。家畜保健衛生所では、牧場や養蜂場などを巡回して動物たちが健康に飼育されているかを確認し、人工授精で繁殖も行います。保健所では、ペットに関するトラブルや相談に対応します。衛生研究所では、食肉・牛肉などの食品衛生管理、ホテル・公衆浴場などにおける環境衛生の確保に努めています。

その他、研究・開発に従事する獣医師もいます。研究所に所属して感染症の研究を行ったり、病院から送られる組織検査を担当したり、実験動物の管理を行ったり、新薬の開発を行ったりする場合もあります。

このように獣医師の働く職域は多岐にわたり、様々な分野で活躍しています。

2 獣医師の役割・資質とは？

獣医師には、活躍するどの分野においても専門知識を活かしたプロとしての見識が求められます。人間の健康を脅かしかねない人獣共通感染症への対策など、人間と動物が共生できる社会の実現には欠かせない存在です。

また、臨床獣医師の場合は、医療技術にとどまらず、飼い主

222

PART 6 自然・動植物に関わる仕事がしたい

進路フローチャート

動物病院などに就職
動物病院・農協や農済（農業共済組合）・製薬会社などへの就職を目指す。臨床獣医師への道もある

↑

獣医師国家試験に合格
獣医学の基礎・応用・臨床を6年間かけて履修する。獣医師として目指す方向を定め、就職を目指す分野の学習と技術の修得に努める

↑

獣医系大学に入学
獣医学科のある大学を目指す。受験科目は大学によって異なるが、基本は英語・数学・理科（物理・化学・生物）の3科目。獣医学系学部設置大学は全国で十数校のみで、競争率は高い

↑

高校入学

3 獣医師になるためには？

獣医師になるためには、高校卒業後、獣医学科が設置された大学に入学する必要があります。

大学では獣医学の基礎・応用・臨床を6年間かけて履修します。基礎では生理学・解剖学・薬理学、応用では公衆衛生・感染症などの知識や内科・外科・繁殖学などの臨床医学を、講義と実習の中で学んでいきます。動物の種類によって「伴侶動物」「エキゾチックアニマル（爬虫類など海外から輸入された珍しい動物）」「産業動物」などの専門分野があります。

大学で必要な単位を修めると、農林水産省が実施する獣医師国家試験の受験資格を取得できます。試験に合格すると（免許申請を行って）獣医師名簿に登録され、獣医師免許が取得できます。

試験は年に一度、2月に行われるため、公務員・農業共済組合職員・企業への就職を志望する場合は、先に就職試験を受けてから獣医師国家試験に臨むことになります。

免許取得後のおもな就職先は、動物病院・各地の農協や農済（農業共済組合）・官公庁・自治体・製薬会社が多くなっています。臨床獣医師として働きたい場合は、免許を取得してから病院などの臨床現場に勤めて実務経験を積むのが一般的です。

POINT

- 専門知識を活かして人間と動物の健康を守る
- 生命科学・医療に携わる者として高い倫理観が求められる
- 大学で6年間学び、獣医師国家試験に合格する

関連情報
- 日本獣医師会 HP
  獣医師の仕事の内容について分野別に紹介している
- 合格率：81.8%（第64回・2013年）

オススメの1冊！
なるにはBOOKS『獣医師になるには』
（井上こみち著／ぺりかん社）
臨床と、臨床以外の分野で働く獣医師の仕事を紹介。獣医師を取り巻く環境やなり方についても解説している

ⓘ 動物病院と、ペット診療に携わる獣医師の数は飽和傾向。一方、産業動物診療では人員不足が問題になっている

INTERVIEW

現役の獣医師に聞きました

日本動物医療センター 副院長
上野 弘道さん

東京都渋谷区にある動物病院、日本動物医療センターには、今日も"我が子"同様のワンちゃん・ネコちゃんと共に飼い主さんたちが訪れます。心配顔の飼い主さんに「今日はどうされましたか?」と落ち着いたほほ笑みを向ける上野弘道副院長。診察の合間に、臨床獣医師の仕事についてうかがいました。

❶ お仕事の内容は?

私が勤めている日本動物医療センターは24時間態勢で動物の看護を行い、急患も受け入れている動物病院です。獣医師十数名と動物看護師十数名が勤務しています。

病気の動物が来院したら、まず問診を行い、飼い主さんに来院の理由を尋ねます。次に診察を行い、血液検査や超音波検査などによって、客観的なデータを集めます。

動物医療では、患者である動物自身が「ここが痛い」と言葉に出して不調を訴えるわけではありません。特に内科では視診・問診だけで原因がわかるケースは少なく、多くは「除外診断」という方法で原因を探っていきます。例えば「吐いた」場合、原因はのどなのか、胃なのか、それとも他の病気に由来するものなのかを知るために、検査結果などから該当しない病気を除外していくのです。獣医師は、いわば「病因」という犯人を追う、捜査官のような存在といえるでしょう。

ペットが「伴侶動物」と呼ばれ、家族の一員として扱われるようになって、高度な治療が求められることもあります。一方で、ペット保険などに加入していない限り、治療にかなりのお金がかかってしまうのも事実です。病気とその治療法について理解してもらい、納得を得たうえで、飼い主さんにも治療に参画してもらう必要があるのです。飼い主さんと一緒に最善の治療を行うのが一番大切だと思います。

❷ このお仕事の醍醐味は?

飼い主さんが我が子のように大切にするペットを預かるわ

❸ 獣医師を目指す人にアドバイス

けですから、治療が成功して、飼い主さんの喜ぶ顔が見られるのが一番の励みになります。獣医師の仕事には生死がかかっているという大きなプレッシャーがありますが、その分、治療に成功したときの嬉しさは格別です。動物病院の獣医師には医療技術だけではなく、コミュニケーション能力も求められます。

また、私の専門である外科は、研鑽を積めば積むほど技術が向上する、結果の見えやすい分野でもあります。良いオペ（手術）ができたときは技術者としての喜びを感じますね。

アドバイスするとすれば、「幅広い興味を持つこと」「大学入学をゴールにしないこと」という2点です。

まず、大学はたっぷり6年間ありますから、その時間を活かして幅広い知識や経験を身につけてほしいと思います。私の場合、学生時代に漢方の勉強をしたのがその後の仕事の幅を広げるきっかけになりました。高校生は数学や物理なども学んでおくと、意外に役に立つことがあります。

次に、獣医師を目指すならば、大学入学はゴールではないことを意識してください。受験を終えて燃え尽きないでほしいと思います。大学で学び、獣医師免許を取得する。そこからが獣医師としての修業の始まりです。獣医師になって経験を積めば積むほど、上を目指して進んでいくことができます。獣医師とは、常にチャレンジを続けていける仕事なのです。

🕐 ある日の上野さん

- 🕗 **8:30** 出勤
- 🕗 **8:45** ミーティング。夜勤担当から引き継ぎを行い、入院中の動物の状態などについて確認
- 🕘 **9:00** 外来診察。並行して入院中の動物の診察と治療に従事
- 🕛 **12:00** 各診療科の専門家が来院し、院内セミナー。昼食をとりながら症例検討会を行うこともある
- 🕝 **14:00** 午後の診察。手術が入ることも
- 🕔 **17:45** 診察終了。カルテなどの書類作成
- 🕕 **18:00** 各診療科の専門家などを招いた院内セミナー
- 🕘 **21:00** セミナー終了。引き継ぎをして帰宅

※日勤の場合

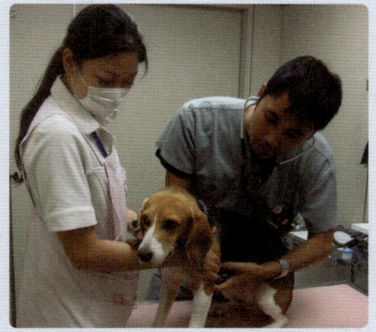

診察室で。入院中のワンちゃんの体調に変化がないか確認

PROFILE
うえの ひろみち
日本大学 生物資源科学部獣医学科卒業

ペットショップスタッフ

毛並みの手入れから健康管理まで、ペットと飼い主をつなぎ、ケアする仕事

こんな人におすすめ！
- 動物のことを深く知りたい人
- 人間と動物の共生に興味がある人
- あらゆる生物に愛情を注げる人

1 ペットショップスタッフの仕事とは？

ペットショップでの業務は、**動物の健康管理・しつけや給餌（餌をやること）・トリミング（毛を刈ること）やグルーミング（毛づくろい）・店内清掃や飼料販売など多岐にわたります。**

ひとことでペットといっても、中規模以上のペットショップになると犬や猫の他、観賞魚や爬虫類など、様々な生体を取り扱います。スタッフはそれらの特徴を種別にきちんと理解したうえで、飼育にあたる必要があります。

さらに、種別だけでなく、気性や健康状態には個体差があります。特に健康管理については、糞便の状態や鳴き声などから、体調を素早く察知できるようにしておく必要があります。業務の引き継ぎの際は必ず異変があった点を報告し、スタッフ全員でペットの健康状態の情報を共有します。清掃や消毒についても、怠るとペットの病気につながるため、1日のうちに何度も店内やブースの手入れを行います。ペットの健康管理だけでなく、販売するのも重要な業務です。例えば来店客におすすめの犬種を尋ねられたときは、家族構成や生活スタイルをきちんと把握したうえで、最も適した1匹を紹介します。また、店舗によってはしつけ教室などを開催して、販売したペットに関するアフターケアを行っているところもあります。

2 ペットショップスタッフの役割・資質とは？

ペットと飼い主は、長ければ10年以上のつき合いになるので、購入にはそれなりの決断が必要です。スタッフは飼い主が正しい選択ができるように、**的確なアドバイス**を心がけなければなりません。そのためには、**ペットの種別による習性の違いや、大きくなったあとの世話にかかる負担についても知っておく必要があります。**

また、飼い主が後々世話をしやすくするためにも、スタッフはペットをしつける必要があります。例えば子犬の場合、生後約45日以降というほぼ赤ちゃんの状態で飼育・販売が開始されますが、その時点でのスタッフのしつけや飼育環境

226

PART 6 自然・動植物に関わる仕事がしたい

3 ペットショップスタッフになるためには？

ペットショップで働く人の大半は、**専門学校で動物看護や飼育管理について学んでから仕事に就きます**。ただし、専門的な資格は必要ありません。各団体・機関によってペット関連の資格が数多く発行され、中には「愛玩動物飼養管理士」など、持っていると就職に有利といわれる資格も存在します。

ただ、これらは職業スキル向上のためペットショップスタッフとして働きながら取得する人も多く、就職に際して必須条件ではありません。

一方、特に就職に影響するといわれるのは、**トリミングなどペット美容系の資格**です。中には「ペット・グルーミング・スペシャリスト」のように、ペット美容関連の教育機関の卒業や実務経験が受験資格となる場合もあります。

トリミングやグルーミングなど、美容関連中心の業務に携わりたいと考えている人は、専門学校の選択肢も視野に入れておくとよさそうです。

が、ペットの習性を形成するのです。ペット好きな人にとっては、毎日動物と過ごすワークスタイルはこれ以上ない魅力的な環境です。

また、ペットだけでなく、店内で販売する商品についての知識も必要です。定番の商品もあれば、トレンドの商品もあります。例えばペットフードは健康状態や対象月齢によって購入すべき商品が異なります。利用客が正しく商品を選べるように、スタッフは**陳列する商品情報をすべて把握しておく**必要があります。

進路フローチャート

就職
↑
しつけや看護など、一通りの基礎知識を習得する。ほとんどの養成機関では、専攻科目以外のカリキュラムも受講できる

専門学校入学
↑
より深く飼育管理やトレーニングなどペットに関する専門知識を習得したいなら、専門学校を目指す。トリミングなど美容関連の基礎知識もあわせて学べるところが多い

高校入学

POINT

- 店舗でペットの健康管理や販売を行う
- 飼育し、巣立っていく達成感を得られる
- 取得すると有利な資格・免許あり

関連情報
- ペット情報総合サイト PETPET [HP]
全国のペットショップ・動物病院・動物関連の専門学校が検索できるサイト。動物図鑑も掲載されている

オススメの1冊！
『よくわかる犬種図鑑ベスト185』(藤原尚太郎編著／主婦の友社)
国内で登録されている犬種に加え、登録犬種の最新データを収録。かかりやすい病気も掲載

ℹ️ 各種統計によると犬、猫に次いで人気のペットは「金魚」である

INTERVIEW

現役のペットショップスタッフに聞きました

ペットの専門店 コジマ
亀戸サンストリート店
有沢 碧さん

ペットの専門店でスタッフとして働く有沢さんは、ペットに接している時間だけでなく、利用客からの相談を受けているときもこの仕事の充実感を得られるそうです。業務の大半を動物たちのそばで過ごす有沢さんに、ペットショップでの仕事についてうかがいました。

① お仕事の内容は？

当店では大きく分けて、飼育・飼育用品販売・トリミングの3つの業務があります。飼育は私が担当している犬・猫と、ハムスターなどの小動物とにさらに役割が分かれていて、ペットの排泄（はいせつ）や給餌（きゅうじ）など身のまわりの世話全般を行います。店内では犬・猫だけでも50匹以上を管理していますが、それぞれの性格や健康状態を把握しておくことが必須です。新しく入ってきたペットの情報もスタッフ間で共有します。

また、衛生管理には特に気をつけています。スタッフは何か触ったあとは必ず手を消毒して、制服は菌が生地に残らないようにするため、冬も半袖です。二の腕まできちんと洗浄して、ペットを抱くときも制服になるべく触れないように腕だけで抱えます。ペットが少しでも咳（せき）をしたときは、ただ飲み物がのどに詰まっただけなのか、体調が悪いのか、管理を統括する人に報告してきちんと見極めます。食事の際は量だけでなく、エサの食べ方も気をつけて見ていますね。給餌の方法もかなりデリケートな問題です。例えば、チワワは大きな容器で差し出すと、ストレスに感じてなかなか食べなかったりすることがあります。

ブラッシングは、ペットとスキンシップできる楽しいひと時です。終わったあとにはそれぞれのペットと遊んであげるのですが、つい長引くと他の子が嫉妬して下を向いてすねることがあります（笑）。その他、店内の掃除は1日に何度も行います。怠ると臭いの原因になり、お客様が不快に感じることにもなるからです。

228

PART 6 自然・動植物に関わる仕事がしたい

ある日の有沢さん

- 9:30　出勤。ペットの排泄や水分補給など身のまわりの世話を行う。スタッフ間の伝達事項の確認
- 10:00　オープン。店のモップがけ
- 11:00　ペットの手入れ（ブラッシング・爪切り・耳掃除）
- 12:00　昼食
- 13:00　店内掃除。接客
- 18:00　夕食。排泄処理。シフト交代
- 20:00　ペットの寝床準備
- 21:00　閉店。片づけをして退勤

ブラッシングや耳掃除などの世話は、基本的な業務の1つ

PROFILE
ありさわ あおい
東京都立江東商業高等学校卒業

❷ このお仕事の醍醐味は？

ペットショップは動物園ではなく、あくまで「ショップ」です。最終的には、お客様にペットや飼育用品などを販売しなければならず、コミュニケーション能力が問われる仕事です。もちろん、好きなペットの世話ができるのは喜びの1つですが、お客様にペットフードの商品説明をしたり、生活スタイルや住環境に合ったペットを紹介したりするといった業務を通じて、これまで経験のない充実感を得ることもできました。自分が世話をした犬や猫がお客様の手に渡ることは、感慨深いです。ただ、それでゴールというわけではなく、後日に飼育用品を買いに来られた際には、ペットの成長具合をうかがいつつ、状態に応じて商品アドバイスなどのアフターケアを行うことも、やりがいを感じる業務の1つです。

❸ ペットショップスタッフを目指す人にアドバイス

私は動物が好きだったので、中高生の頃は図書室で生態図鑑からペットの救急看護まで、あらゆる関連本を読んでいました。動物に関して興味を持ったらとことん調べて、掘り下げていくのがいいと思います。スタッフは、専門学校に入って飼育管理などを学んでくる人が多いです。ただ資格が必要な業務ではないので、私のように高校卒業後、すぐにスタッフとして働く人もいます。お客様とのコミュニケーションも含めて、仕事に就いてからも色々と学ぶことは多いですよ。

盲導犬訓練士

こんな人におすすめ！
- 忍耐強い人
- 視覚障がい者を支援したい人
- 犬を育てる仕事がしたい人

1 盲導犬訓練士の仕事とは？

盲導犬訓練士の仕事は、盲導犬育成施設で、犬を盲導犬として活躍できるように訓練することです。盲導犬とは、目の不自由な視覚障がい者と一緒に外出し、歩行を助けるように訓練された犬のことです。盲導犬は、行く手に障がい物や段差があると、体につけているハーネスと呼ばれる器具の動きや、自らの体の動きで、視覚障がい者に知らせます。視覚障がい者と人混みの中を歩いたり、電車に乗ったりしても、おとなしく、忠実に視覚障がい者のサポートをこなします。一般的に盲導犬には、大きさが適していて性格が穏やかなことから、ラブラドールレトリバーが選ばれます。

盲導犬訓練士にとって最初の仕事は、盲導犬の候補となった犬たちにテストをすることです。怖がりや興奮しやすい性格の犬は、盲導犬には向いていません。体の大きさがちょうどよく、性格が落ち着いている犬を適性検査で選びます。まず、指示があるまで動かずに待っていることや、食事やトイレをがまんすることなど、基本的なしつけから教えていきます。次に、段差や障がい物があるときに知らせることを教えます。育成施設の中だけでなく、実際に外に出て、バスや電車・エスカレーターなどにも乗って訓練します。

訓練ができた犬は、まず視覚障がい者との宿泊生活を経験し、互いに打ち解けます。その後、視覚障がい者の家に行き、実生活の練習をします。この間は、盲導犬訓練士のベテランである盲導犬歩行指導員が付き添って手助けをします。

最終的に訓練した犬が盲導犬として活躍できるまでに成長し、視覚障がい者に引き取られてからも、盲導犬訓練士は飼い主となった視覚障がい者と連絡を取り合い、相談に乗ります。この一連の期間が約10カ月です。

2 盲導犬訓練士の役割・資質とは？

視覚障がい者は道路を歩くとき、白い杖を使って障がい物を見つけるか、他人に誘導してもらうか、盲導犬にサポート

230

PART 6 自然・動植物に関わる仕事がしたい

3 盲導犬訓練士になるには？

盲導犬訓練士になるための1つの方法として、日本盲導犬協会付設の盲導犬訓練士学校に入学し、訓練士として必要な知識と障がい者福祉を学ぶ必要があります。訓練士学校の授業料は無料ですが、入学試験の定員は10名程度の狭き門です。さらに、訓練士学校の卒業生から日本盲導犬協会が盲導犬訓練士を職員に採用しますが、職員採用は欠員が出たときのみの募集のため、卒業しても盲導犬訓練士になれるとは限りません。入学したら、**最初の3年間は研修生として犬の訓練法と障がい者福祉について学び**、その後、盲導犬訓練士として経験を積んで、視覚障がい者に盲導犬との歩行の仕方を指導する盲導犬歩行指導員になります。

してもらいます。杖を使う場合はゆっくりとしか進めませんし、いつも家族などに誘導してもらえるとは限りませんから、盲導犬が一緒だと、安心して気がねなく外出することができます。**盲導犬訓練士は、盲導犬の育成を通じて、視覚障がい者の暮らしを支援しているのです。**

現在、全国にはおよそ30万人の視覚障がい者がいます。そのうち約1000人が実際に盲導犬を利用していて、8000人が盲導犬を利用したいと考えているという調査結果もあります。**先進国の中では、日本は盲導犬の普及率が格段に低い国です。** ラブラドールレトリバーが欧米の原産であり、日本では玄関で靴を脱ぐ風習があるなどの理由が影響しているのかもしれませんが、もっと盲導犬が普及すれば、視覚障がい者の人たちも安心して外出を楽しむことができるでしょう。

進路フローチャート

盲導犬訓練士に

↑ 3年

日本盲導犬協会付設の盲導犬訓練士学校に入学し、盲導犬訓練専修科を修了すると、「全国盲導犬施設連合会」が認定する盲導犬訓練士認定審査の受験資格を得られる

盲導犬訓練士学校の入学試験に合格

↑

大学で障がい者福祉を学びながら、視覚障がい者支援のボランティア活動に参加し、経験を積む。盲導犬育成施設が夏休みに学生向けのボランティアを募集するケースもある

大学入学

↑

福祉系の大学・短大・専門学校、大学の福祉系学部を目指す

高校入学

POINT

- 盲導犬育成を通じて視覚障がい者を支援する仕事
- 盲導犬訓練士学校で学ぶ
- 訓練士学校を卒業しても、採用されるのは欠員が出たときのみ

関連情報
- **日本盲導犬協会** HP
  盲導犬訓練士学校の概要・カリキュラム・倍率・入学試験概要などを掲載している

オススメの1冊！
『クイールを育てた訓練士』（多和田悟・矢貫隆著／文春文庫PLUS）
テレビドラマ化された『盲導犬クイールの一生』のクイールを育てた訓練士の30年間の軌跡が描かれている

ℹ️ 盲導犬訓練士学校は毎年必ず募集があるとは限らない。目指すのなら、募集を待つ覚悟が必要

警察犬訓練士

こんな人におすすめ！
- 犯罪捜査や警備に関わりたい人
- 根気よく物事と向き合える人
- 犬が好きな人

資格免許

1 警察犬訓練士の仕事とは？

警察犬訓練士の仕事は、警察犬の候補の犬に必要とされる能力を訓練することです。警察犬は、犯罪捜査や警備で活躍する犬です。警察犬の仕事はおもに3つあり、におい（臭気）を手がかりに事件の犯人や被害者の足跡をたどる足跡追及の仕事、遺留品についていたにおいによって被疑者を突き止める仕事、においで爆発物を発見したり、不審者に吠えたり跳びかかったりする警備の仕事に分けられます。

警察犬は現在、シェパード、エアデール・テリア、ドーベルマン、コリー、ボクサー、ラブラドールレトリバー、ゴールデンレトリバーの7種から選ばれています。

警察犬訓練士の1日は、次のようなものです。朝起きると、まず犬舎へ行き、下痢や嘔吐などの異常がないかを確認し、犬に排便をさせ、体調を判断します。犬舎を掃除し、エサをやり終えると、その日の訓練が始まります。

訓練を始めたばかりの犬に対しては、まず人間との主従関係をしつける服従訓練を行います。服従訓練が済むと、犯人襲撃などの警戒・臭気選別・足跡追及の能力を訓練します。犬に対しては、人間に対して行うような集団教育ができないため、1人の訓練士が1頭の犬と向き合い、犬の性格を見極めて意欲を引き出しながら、必要とされる能力を身につけさせていきます。

警察犬訓練士は警察犬の訓練の他に、一般の犬を対象にした仕事も行っています。スクールなどでしつけを行うしつけ教室や、訓練士が依頼者の自宅を訪れて訓練をする出張訓練、依頼者の犬を一定期間訓練所に預かってしつけをする預託訓練などです。

2 警察犬訓練士の役割・資質とは？

警察犬は鋭敏な嗅覚を活かし、犯罪捜査や警備で人間にはできない仕事を成し遂げます。しかし、犬は最初から警察犬としての一人前の仕事ができるわけではありません。においを嗅ぎ分けて足跡をたどったり、人間に知らせるべ

PART 6 自然・動植物に関わる仕事がしたい

3 警察犬訓練士になるためには?

警察犬には、「直轄犬」と「嘱託犬」の2種類がいます。直轄犬は、警察官が訓練し、警察が所有している警察犬です。一方で嘱託犬は、民間の警察犬訓練所が訓練し、警察の要請に応じて出動している警察犬です。

直轄犬の訓練士になるためには、**都道府県の警察官採用試験に合格し、鑑識課などの警察犬を扱う部署へ配属される**必要があります。

一方で嘱託犬の訓練士になるためには、民間の警察犬訓練所に入所し、**見習い訓練士として3〜6年ほどの修業を経て、日本警察犬協会の公認訓練士資格を得るか、警察犬訓練士養成学校を卒業し、ジャパンケネルクラブなどの公認訓練士資格を取得**する必要があります。その後、訓練した犬と共に警察の審査を受け、合格して初めて、嘱託犬とその訓練士として出動要請を受けられるようになります。

き危険物を発見したりするためには、高い集中力と強い忠誠心が必要です。最初はにおいを嗅ぎ分けられず集中力もない犬を、うまくできたときには心の底からほめて、根気よく育成していかなければなりません。**警察犬訓練士の気迫と根気がすぐれた警察犬を育て、犯罪捜査や警備で活躍して私たちの安全な暮らしの一端を支えている**のです。

ただし、民間の嘱託犬訓練士の中には、数年間に及ぶ見習い生活を経て訓練士となっている人もいます。単に犬が好きというだけではたどり着くことができない仕事です。

進路フローチャート

嘱託犬訓練士に
↑
警察の審査に合格
↑
日本警察犬協会の
公認訓練士資格に合格
↑（3〜6年）
日本警察犬協会の公認訓練士が経営する民間の訓練所に、見習い訓練士として入所する。犬の食事・訓練・犬舎の掃除などを行いながら、手当をもらえる警察犬訓練所に入所
↑
民間の警察犬訓練所に入所

※警察犬訓練所を経て嘱託犬訓練士を目指す場合

POINT
- 直轄犬訓練士は警察官の地位
- 嘱託犬訓練士になるためには、訓練所での見習いか訓練士養成学校を経て資格を得る
- 家庭犬のしつけなどにも携わる

関連情報
- **日本警察犬協会** HP
  警察犬訓練士の試験制度、資格制度などについて解説している。協会では、警察犬の競技会なども開催している

オススメの1冊！
『きな子〜見習い警察犬の物語〜』
（水稀しま著／小学館ジュニアシネマ文庫）
同名映画のノベライズ本。香川県に実在する警察犬「きな子」と訓練士の感動の成長物語

ⓘ 嘱託犬訓練士は、警察出動の他、家庭犬のしつけ料や競技会の賞金などがないと生計を立てにくい

動物園の飼育員

こんな人におすすめ！
- 動物とのコミュニケーションが好きな人
- 動物の健康管理に配慮できる人
- 根気強く動物と関わることができる人

1 動物園の飼育員の仕事とは？

動物園やサファリパークで動物の飼育を行う仕事です。動物園の飼育員には、具体的に次のような仕事があります。

毎朝の仕事は、エサをやることと健康状態のチェックです。エサとなる肉や野菜を切り、分量を量り、エサを作って食べさせます。エサの食いつきや食べたエサの量・便の状態・毛のツヤなどをもとに健康状態を判断し、様子に異変があるときは獣医を呼びます。

動物を展示場に出したら、園舎を掃除します。1人の飼育員が数種類の動物を担当しているため、エサやりと掃除だけでも相当の時間がかかります。

動物が病気になったときは看病します。また、病気にならないように、普段から園舎や展示場の温度管理・衛生管理にも気を配ります。

また、**来園者の人たちに、動物の生態や魅力を解説するのも飼育員の仕事です**。その一環として、動物のショーなどのイベントも行います。どのようなイベントを行うのか、定期的に会議を開いて、企画を考えます。ショーを担当する飼育員は、長い時間をかけて動物にショーの演技をトレーニングします。

2 動物園の飼育員の役割・資質とは？

動物園の動物は、家庭のペットと違い、野生に近い状態で生活させる必要があります。そのため、飼育員が動物に触れない「間接飼育」を行うこともあります。人間に慣れ過ぎないように注意しながら、動物たちに健康でいきいきとした毎日を送らせるには、飼育員の深い愛情と豊富な経験が必要です。

動物園の飼育員は、飼育の他に「種の保存」という役割も担っています。動物園には絶滅が心配されている希少な動物もいるため、飼育員は絶滅危惧動物の繁殖にも取り組まなければならない重要な仕事です。飼育記録は、飼育員どうしの情報共有・動物の成長や健康状態の記録として重要です。

これらの日々の動物の様子を飼育記録に残すことが飼育員の重要な仕事です。

PART 6 自然・動植物に関わる仕事がしたい

3 動物園の飼育員になるためには?

動物園には公立と民間の2つがあります。公立の動物園の飼育員は地方公務員ですから、**地方公務員試験に合格し、動物園に配属される必要があります**。希望する動物園の飼育員が、その都道府県の地方公務員試験においてどの種別に相当するかを確認し、受験しましょう。

一方、民間の動物園の飼育員になるためには**動物園の採用試験を受ける必要があります**。公立・民間とも、欠員が出たときの募集がほとんどであるため、高倍率の難関であることは覚悟しておきましょう。

大学・短大・専門学校で動物学・畜産学・生物学・農学など動物に関わる分野を専攻しておきましょう。動物学関連の学歴を受験資格に挙げる動物園もあります。

また、動物の飼育方法の勉強のため、海外の論文を読むことも多いです。英語の勉強に力を入れ、論文を読む力も養っておきましょう。

ばなりません。動物が出産するときは立ち会い、動物の子に人工飼育が必要なときは、母親のかわりに24時間付き添って育てることもあります。

動物園の飼育員には、動物園をより魅力的にするという役割もあります。どう飼育すれば動物たちがよりいきいきとするか、どのように展示場を設置すれば動物たちの魅力が来園者に伝わるか、職員たちで知恵を絞ります。**飼育員は動物たちと信頼関係を築きながら、動物たちがいきいきと輝く動物園になるよう取り組みます**。

進路フローチャート

飼育員に
↑
動物園の採用試験に合格
　専攻の勉強に取り組みながら、希望する動物園の採用試験対策に力を入れよう
↑
大学入学
　動物の学問に直接関連する生物の科目や、将来、英語の論文を読むために英語の勉強に力を入れよう。畜産学科など動物関連の専攻のある大学に進学すると有利
↑
高校入学
※大学を経て民間の動物園に就職する場合

POINT

- 動物の飼育・繁殖、来園者への解説などを行う
- 大学や短大で動物関連の学問分野を専攻する
- 公立は地方公務員試験を、民間は動物園の採用試験を受ける

関連情報
- ナリカタ―動物園飼育員編 HP
  動物園飼育員の仕事内容、魅力、なり方などを紹介しているサイト。実際に働いている人のインタビューも掲載

オススメの1冊!
『旭山動物園12の物語』
(浜なつ子著／角川ソフィア文庫)
全国から来園者が集まる旭山動物園での、飼育員と動物たちとの愛情深き交流の物語

ⓘ 民間動物園の採用試験では動物学の専門知識が問われることも。事前に試験内容を確認しておこう

トリマー

犬や猫などのペットの毛をカットする仕事です。働く場所は、ペット美容室やトリミング室を併設しているペットショップ・動物病院などです。

トリミングは、「ブラッシング→シャンプー→リンス→ドライヤーで乾燥→カット」という流れですが、毛の手入れに加え、爪切りや耳掃除・足裏の手入れなど、ペットを清潔に保つためのケアもトリマーの仕事です。獣医衛生学などの知識をもとにペットの健康状態をチェックし、飼い主にアドバイスをすることもあります。

動くペットに対してハサミを使うので、技術力と集中力が必要です。また、立ち仕事が多いため、体力も求められます。

トリマーになるためには、**ペット美容室に就職してから技術を身につける方法**と、**トリマー養成コースのある専門学校で技術を身につけてから就職する方法**があります。民間資格としてジャパンケンネルクラブ（JKC）公認トリマー資格があり、取得するとキャリアアップに有利です。

POINT

- ペット美容室などで、ペットの毛をカットする
- ペット美容室に就職するか専門学校で技術を学ぶ
- 有 取得すると有利な資格・免許あり

ペットシッター

飼い主が旅行や出張で留守にしている期間、飼い主の自宅に出向いてペットの世話をする仕事です。飼い主がいない間、ペットがストレスを感じないように、エサを与え、散歩に連れ出し、トイレ掃除をし、遊び相手になります。

ペットの生活を普段の状態に保つことが重要なため、エサの種類・散歩の時間とコース・部屋の温度などを事前に飼い主から聞いておく必要があります。また、病気の有無やかかりつけの獣医の連絡先なども確認します。飼い主宅の訪問は1回につき1時間程度で、1日に数件の家を回ります。特に、お盆や年末年始などの休暇に依頼が集中します。

ペットシッターになるためには、**専門学校や民間団体が実施している養成講座を受講**して必要な知識を得るか、愛玩動物飼養管理士やペットシッター士という民間資格を取得するなどの道があります。講座を修了したり民間資格を取得したあと、ペットシッターの派遣会社やペットホテルに登録するのが一般的ですが、経験を積んでから個人で開業する人もいます。

POINT

- 飼い主が留守の間、ペットの世話をする仕事
- ペットシッターの派遣会社などに登録する
- 有 取得すると有利な資格・免許あり

関連情報　トリマー➡ジャパンケネルクラブ HP
　　　　　ペットシッター➡日本ペットシッター協会 HP

PART 6 自然・動植物に関わる仕事がしたい

ペットホテルスタッフ

飼い主が旅行や出張で家を空ける間、ペットを預かる仕事です。エサをやり、散歩に行き、遊び相手をします。預かるペットは、犬・猫・ウサギなど飼い主の依頼に応じて様々です。ペットはいつもと違う場所で過ごすと、ストレスから食欲をなくしたり、体調が悪くなったりすることがあります。ペットホテルのスタッフは、ペットの精神状態と健康状態に気を配り、食欲がないときは別のエサを与えたり、ストレス解消のために広場で遊ばせたりします。ペットホテルは24時間体制のため、スタッフには夜勤もあります。特にお盆などの休暇中には依頼が集中し、多忙になります。飼い主の大事なペットを預かる責任を伴うので、単に動物が好きというだけでは務まらない仕事です。

ペットホテルのスタッフになるためには、**動物関係の専門学校を卒業するか、愛玩動物飼養管理士の資格を取得する**などして、**ペットホテルに就職**する道があります。

なお、ペットホテルではトリミングなどのサービスも行っているため、トリマーの資格を持っていると有利です。

POINT
- 動物関係の専門学校を卒業するか、愛玩動物飼養管理士の資格を取得するとよい
- 有 取得すると有利な資格・免許あり

ペットウェアデザイナー

ペットが身につける服・首輪・リード（引き紐）などに加え、**ペットが遊ぶ玩具などをデザインする仕事**です。

ペットグッズを販売する会社のスタッフと打ち合わせをし、「こんな服があったらかわいいな」といったアイディアを出し、サンプルを作り、生地やパーツを指定したのち、生産をスタートさせます。ペットウェアも春夏秋冬で素材とデザインが変わるため、半年ごとに新しいアイディアを出し、新しいペットウェアを開発します。

ペットが動きやすいように、種類・体型・骨格に合わせてパターンを作成し、生地を選び、飼い主が喜ぶような愛らしいデザインができるかが腕の見せどころです。

ペットウェアデザイナーの多くは、自分でブランドを立ち上げるなどフリーランスで活動しています。自分で試作品を作り、ペットウェアの販売会社やペットショップに売り込みに行き、契約を結びます。フリーランスで活動するためには、服のデザインと縫製の基礎を身につける必要があるため、**服飾系の大学・短大・専門学校に進む**とよいでしょう。

POINT
- ペットの服・首輪・玩具などをデザインする
- フリーランスで活動する人も多い
- 服飾系の大学・短大・専門学校で学ぶと有利

関連情報
ペットホテルスタッフ➡ペットホテル検索.com HP
ペットウェアデザイナー➡バンタンデザイン研究所 HP

動物看護師

獣医師の指示のもと、動物の診療と治療の補助をする仕事です。

診療や治療がしやすいように動物の体を押さえ、手術の準備や医療器具の消毒を行います。入院している動物に薬を飲ませ、エサを与え、体調記録をつけるなどの健康管理も担当します。動物を観察して気づいた異変や飼い主から聞いた情報を獣医師に伝えるのも、動物看護師の役割です。さらに、動物病院の受付・掃除・薬品や医療機器の発注なども担当しており、獣医師のパートナーとして、動物の診療・治療から病院経営に至るまですべてをサポートします。

動物看護師になるためには、**養成コースのある専門学校で学ぶ必要があります**。専門学校を卒業し、複数の団体が認定している資格を取得して、動物病院に就職します。医療関係か動物関係の実務経験があると有利です。なお、動物看護師統一認定機構が、2012年度より「認定動物看護師」と呼ばれる公的資格試験を実施し始めました。詳細についてはインターネットなどで最新情報を収集するようにしてください。

POINT
- 動物病院で動物の診療・治療の補助をする
- 動物病院の様々な運営業務も行う
- 有 取得すると有利な資格・免許あり

ハイドロセラピスト

犬などのペットをプールに入れ、水の浮力・抵抗力を利用して、**治療や機能回復を助ける理学療法を施す仕事**です。水を怖がるペットには、まず水に慣れさせることから始めます。ハイドロセラピーの理論をもとに、プールの中でペットに運動などをさせます。また、ハイドロセラピストがペットにマッサージを施すこともあります。

運動やマッサージのプログラムは、ペットの種類や症状によって異なります。ハイドロセラピーは、ペットの怪我や老化による体力の衰え・肥満・運動不足・ドッグショーに出場するための体づくりなどによいとされています。

ハイドロセラピーは、欧米では普及していますが、日本ではハイドロセラピーを行う人と施設はまだ多くはありません。ハイドロセラピストになるためには、**日本国内のハイドロセラピストのもとで修業するか、欧米のハイドロセラピー施設で学ぶ**ことになるでしょう。ペットとの関わり方が多様化する中で、新たなペットケアやリハビリテーションの方法として需要が増えるかもしれません。

POINT
- プールの中でペットに運動などをさせる
- ペットの治療や機能回復を助ける
- まだ日本国内で活動している人が少ない

関連情報　動物看護師 → 動物看護師統一認定機構 HP
ハイドロセラピスト → ドッグ・ハイドロセラピー・プログラム（ラムールノア）HP

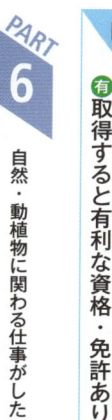

PART 6 自然・動植物に関わる仕事がしたい

ドッグセラピスト

犬と遊ぶなどしてコミュニケーションをとり、犬にマッサージやアロマセラピーを施すことで、犬のストレスを和らげ、自然治癒力を高め、犬を元気にする仕事です。飼い主の居住環境により、犬も様々なストレスを感じているかもしれません。犬はストレスから、人に咬みついたり無駄吠えをしたりしますし、食欲をなくして病気になることもあるのです。また、ドッグセラピストは犬にマナーをしつけて、飼い主が犬と暮らしやすいように手助けすることもあります。ただし、怪我や病気の治療に関しては獣医師が行います。

ドッグセラピストになるためには、ドッグセラピストを養成する専門学校やスクールを受講し、各専門学校・スクールでドッグマッサージやアロマセラピーなどの技術を学ぶ必要があります。ドッグセラピストの民間資格が取得できる学校もありますが、資格だけで犬の健康をケアする仕事をすることは難しいでしょう。ペットショップなどで働く場合のスキルアップとして考えましょう。

POINT
- 犬のストレスを和らげ、自然治癒力を高める
- マッサージやアロマセラピーを施す
- 有 取得すると有利な資格・免許あり

ペットロスカウンセラー

ペットを失い心が不安定になっている人に、カウンセリングを施し、喪失感からの回復を手助けする仕事です。

ペットが失踪したり死んだりしていなくなると、飼い主は悲嘆にくれます。中には、絶望し、罪悪感を抱き、うつ状態になる人もいるといわれています。ペットロスカウンセラーのほとんどは、獣医師などの動物の専門家か、心理カウンセラーなどの心理学の専門家で、兼業やボランティアでカウンセリングを行っています。

ペットロスカウンセリングの基礎を学ぶ場としては、日本ペットロス協会主催の**ペットロス・パラカウンセラー養成講座**があり、ペットロスカウンセリングに関心がある獣医師やカウンセラーなどが受講しています。受講を修了すると、協会が認定する資格を取得できます。

ペットロスカウンセリングも、理論や技法の基本は心理学・精神医学のカウンセリングと同じです。ペットロスカウンセリングに関心のある人は、**大学の医療系の学部や心理学科に進み、カウンセリングを学ぶ**とよいでしょう。

POINT
- 獣医師や心理カウンセラーが兼業やボランティアで行っていることが多い
- 有 取得すると有利な資格・免許あり

関連情報　ドッグセラピスト➡クイーンズウェイ リフレクソロジー・スクール HP
ペットロスカウンセラー➡日本ペットロス協会 HP

ペットフードの開発者

ペットフードメーカーや食品会社のペットフード開発部門で、**ドッグフードやキャットフードなどのペットフードの研究・開発に携わる仕事**です。

ペットフードは、まず動物の成長に必要な栄養素がバランス良く一定量含まれているということと、ペットの食欲を促す味とにおいになっていることを重視して作られます。また、食品添加物をできるだけ少なくし、ペットの健康に配慮することも重要です。ペットフードの質がペットの健康と生活の質を左右することになるからです。

ペットフードの開発者は、まず新しい原材料や素材の組み合わせ・味つけなどから試作品を作ります。そして実際に動物に試食させることでデータを蓄積し、改良を加えながらよりすぐれた製品の開発に取り組みます。外部の研究機関や医療機関と連携するケースも増えています。

ペットフードの開発者になるためには、**獣医学や栄養学の知識が必要**です。**食品専門学校や大学の獣医学部・栄養学科・農学部・畜産系学部などに進むとよい**でしょう。

> **POINT**
> ● ペットの健康に配慮した食品を研究・開発する
> ● 大学の獣医学部や栄養学科・農学部・畜産系学部に進学すると有利

ペットケアアドバイザー

ペットショップ・ペットホテル・動物病院などでペットの飼い主に対し、**動物愛護の精神や正しい飼い方・動物の病気の予防などをアドバイスする仕事**です。

ペットの食習慣・生活習慣は、飼い主のしつけによって大きく左右されます。ペットの健康にとって好ましくない食べ物を与え、適度な運動をさせず、ストレスの多い環境で飼っていると、ペットは病気になってしまいます。吠えたり咬みついたりして、近隣の人々に迷惑がかかるという場合もあります。こうした状況を改善できず、ペットを捨ててしまったり、虐待したりする人もいます。ペットの多くは伴侶動物として飼い主のもとへやって来ますが、健康に配慮し長く連れ添うことができれば理想的です。

ペットケアアドバイザーの資格には、日本愛玩動物協会が主催している**愛玩動物飼養管理士の民間資格**があります。ペットショップやペットホテルのスタッフが、おもにスキルアップのためにこの資格を取得していますが、資格を持っていることを採用の条件としているところもあります。

> **POINT**
> ● ペットの健康を保つ飼い方をアドバイスする
> ● ペットショップやペットホテルに勤務
> 有 取得すると有利な資格・免許あり

関連情報　ペットフードの開発者 ➡ ペットフード協会 HP
　　　　　ペットケアアドバイザー ➡ 日本愛玩動物協会 HP

PART 6 自然・動植物に関わる仕事がしたい

ドッグトレーナー

犬にしつけを教える仕事です。それぞれの犬の性格を見抜き、飼い主の言うことをよく聞くようにしつけます。また、飼い主に対し、しつけのポイントをアドバイスすることも大切です。

犬のマナーには、「決められたトイレの場所で排せつする」「飼い主が留守の間おとなしくしている」など、飼い主と仲良く暮らすために必要とされるものがあります。これらのマナーを守らせず甘やかした結果、問題行動ばかりとるようになり、手を焼いた飼い主が犬を捨てるケースも少なくありません。加えて、「無駄吠えをしない」「人や他のペットに咬みつかない」など、近隣に迷惑をかけないために必要とされるマナーもあります。犬を飼う人の増加と共に、ペットをめぐる近隣トラブルが増えています。人間と犬が共生していくために、犬に対するしつけは不可欠なのです。

ドッグトレーナーは、**ペットショップや動物病院でしつけ教室を開くなどして働いています。**民間団体がドッグトレーナーの講座を開講し、資格を認定しています。

POINT
- ●犬をしつける専門家
- ●ペットショップなどで犬のしつけ教室を開く
- 有 取得すると有利な資格・免許あり

動物プロダクションスタッフ

テレビ局などから依頼を受け、出演内容に合った動物を選び、収録や撮影のスケジュールに合わせて現場へ連れて行く**仕事**です。

動物プロダクションとは、テレビや映画・雑誌・イベントなどに、依頼に応じて動物を出演させるプロダクションのことで、現場では、撮影者などの注文に応じて動物に演技指導などを行います。

動物の健康管理もスタッフの仕事です。ベストコンディションで動物が仕事に臨めるように、体調を管理し、トリミングなどで身なりを整えてあげます。なお、動物プロダクションの多くはペットショップを兼業しています。

犬や猫などの動物の他、鳥類・爬虫類・昆虫の出演依頼もあります。依頼された生き物がいなければ、森や川に捕獲しに行くこともあります。

動物プロダクションに就職するためには、**大学や短大・専門学校で獣医学を学ぶか、愛玩動物飼養管理士の資格を取得**しておくと有利です。

POINT
- ●出演依頼に応じて動物を派遣する
- ●ペットショップを兼業していることが多い
- 有 取得すると有利な資格・免許あり

関連情報 ドッグトレーナー→日本ドッグトレーナー協会 HP
動物プロダクションスタッフ→日本愛玩動物協会 HP

ハンドラー

ドッグショーで犬をハンドリングする仕事です。ドッグショーでは、犬種ごとに、犬の毛並み・スタイル・歩き方などが審査され、すぐれている犬が入賞します。ハンドラーは、自分がリード（引き紐）を引く犬が、犬種の理想の姿に見えるようにリードを操り、犬の魅力を引き出して入賞を目指します。普段は、ドッグショーに向けて犬に歩き方などのトレーニングを施します。犬をより魅力的に見せるために、トリミングやブラッシング・健康管理も行います。

ハンドラーになるためには、**プロのハンドラーに弟子入りするのが一般的**な方法として知られています。ただし、犬の飼養などに関する基礎知識は持っておいた方がよいでしょう。ハンドラーとして活動するために資格は必要ありませんが、ジャパンケネルクラブが認定しているハンドラーの民間資格があります。

ドッグショーで自分の飼い犬をハンドリングし、その技術が見込まれれば、他の人の犬のハンドリングを依頼されることもあります。

POINT
- ドッグショーで犬を魅力的に見せる
- トリミングや健康管理も行う
- プロのハンドラーに弟子入りするのが一般的

麻薬探知犬ハンドラー

千葉県にある麻薬探知犬訓練センターで、麻薬探知犬を訓練する仕事です。麻薬探知犬とは、空港や港・国際郵便局で、**隠された麻薬類をにおいで嗅ぎ当てる犬のこと**です。麻薬の入った貨物やバッグをにおいで嗅ぎ当て、職員に知らせることにより、麻薬の密輸入の防止に貢献しています。

訓練センターではまず、タオルを筒状に巻いたものに麻薬のにおいをつけて隠し、犬がタオルを見つけると褒めて遊ぶといった訓練を繰り返します。そうした基礎的な訓練の次には、においによって麻薬の種類を嗅ぎ分けるなどの高度なトレーニングを施します。訓練の他にも、エサやトイレの世話・シャンプー・健康管理を行い、麻薬探知犬が万全の状態で任務を遂行できるように育成します。

麻薬探知犬ハンドラーの仕事は、税関職員が担当していますから、麻薬探知犬ハンドラーになるには、まず**国家公務員試験に合格し、各地の税関で採用されて税関職員になる**必要があります。その後、麻薬探知犬ハンドラーを希望し、任命されて初めてこの仕事ができます。

POINT
- 麻薬探知犬を訓練・育成する仕事
- 国家公務員試験に合格し、税関職員に採用されることが前提となる

PART 6 自然・動植物に関わる仕事がしたい

ブリーダー

ブリーダーは、**ブリーディングの知識と技術を持つ専門家**です。ブリーディングとは、品種の向上を目的に動物のメスとオスを交配させて子を産ませることをいいます。一般的には犬や猫のブリーダーが知られています。

ブリーダーは、体の大きさや毛並み・顔つき・性格などの特徴を見極め、オスとメスを組み合わせて、ペットとして価値が高いとされる子を産ませ、ペットショップや動物愛好家などにその子どもを販売します。繁殖の知識や技術に加え、動物の親子の健康管理に関わる獣医学の知識、犬や猫の血統・品種の知識などが必要です。

ブリーダーに資格は必要ありません。**すぐれたブリーダーのもとに弟子入りするか、ブリーディングを行っている会社で働き、知識と技術を学びます。**動物卸売会社などでブリーダーとしての経験を積み、独立する人もいます。ドッグショーやキャットショーに足を運び、ペットとして好まれる犬や猫を見る目を養うとよいでしょう。独立してブリーダー業を営む場合は、動物取扱業登録が必要です。

POINT
- ●動物の品種の向上を目的に交配を行う仕事
- ●ショーを見学して感性を養う
- ●弟子入りか、ブリーディング会社で経験を積む

競走馬の調教師

競馬で走る**競走馬を馬主（馬の持ち主）から預かり、訓練する仕事**です。さらに馬の世話をする厩務員や馬に乗る騎手を雇い入れ、自分の厩舎を運営することにも携わります。

調教師の使命は、預かっている競走馬をレースで勝たせることです。馬の体調を見ながら、エサの飼い葉の質や量・運動量・トレーニング内容などを管理し、強い競走馬に鍛え上げます。

牧場や馬のせりを回って、競走馬として素質のある幼い馬を見出して馬主に紹介し、その馬を競走馬に育て上げることも大切な仕事です。

多くの場合、**厩務員や騎手の経験者**が調教師になります。中央競馬の調教師の場合は、中央競馬の厩務員や騎手・調教助手などが日本調教師会が行う調教師試験に合格し、調教師となります。地方競馬の場合は、騎手や厩務員の経験者が地方競馬全国協会（NAR）の調教師試験に合格し、地方競馬の調教師となります。合格後は、馬主との預託契約、騎手や厩務員の雇用などを行い、自分の厩舎を開業します。

資格免許

POINT
- ●競走馬を育てる厩舎の経営者
- ●騎手や厩務員の経験者が調教師になる
- ●JRAかNARの試験に合格する

関連情報　ブリーダー⇒日本ブリーダー協会 [HP]
競走馬の調教師⇒日本中央競馬会 [HP]

競走馬の厩務員

厩舎で競走馬の世話をする仕事です。厩務員のほとんどが厩舎に住み込みで働いています。

汚れた寝ワラを取り替えるなどの馬房(ばぼう)の掃除や、1日3回のエサの飼い葉を与えるのが日々の仕事です。飼い葉の中身は馬ごとに異なるため、調教師が作ったメニューのとおりに飼い葉を調合して与えます。

また、競走馬の健康管理にも努めます。食欲や体温をチェックし、熱が出たり怪我をしたときには、厩務員が応急処置をして獣医師に治療を依頼します。調教前後の準備運動・整理運動をさせるのも、厩務員の担当する仕事です。

中央競馬の厩務員になるためには、**牧場などで乗馬と馬の世話の実務を経験したあと、日本中央競馬会競馬学校厩務員課程に入学・卒業し、日本調教師会厩務員試験に合格する**必要があります。一方、地方競馬では、厩舎の採用試験を受けて採用され、かつ地方競馬主催者の認定を得られれば、厩務員として働くことができます。馬の調教も行う調教厩務員になり、調教助手・調教師へとステップアップしていきます。

> **POINT**
> ● 厩舎で競走馬の世話をする
> ● ほとんどが厩舎に住み込んで働く
> ● 調教助手・調教師へのステップアップの道も

装蹄師

蹄鉄を作り、馬の足に装着する仕事です。馬の足先の大きな爪を蹄(ひづめ)といいますが、競走馬などは、蹄を保護し足を守るために、おもに鉄でできた蹄鉄というU字型の道具を蹄にはめています。

馬が全力疾走すると、1つの蹄に1トン以上の荷重がかかりますが、足先に蹄鉄をつけることにより、捻挫や骨折を防ぐことができます。

装蹄の作業では、まず馬の蹄鉄を外し、伸びすぎた蹄を削り、蹄に合わせて新しい蹄鉄を調整します。専用の釘で蹄鉄を取りつけたら、釘の先端を切り取ったり、はみ出した蹄にヤスリをかけたりして完成させます。

装蹄師になるためには、**日本削蹄協会の「装蹄師養成認定講習会」を受講し、認定試験に合格**する必要があります。資格は、2級・1級・指導級があり、レベルが実務経験と能力によって上がっていきます。日本中央競馬会・地方競馬全国協会・牧場・乗馬クラブ・装蹄会社などがおもな職場となりますが、ベテランの装蹄師の中には独立して開業する人もいます。

資格免許

> **POINT**
> ● 装蹄師養成認定講習会を受講し、試験に合格する
> ● 中央・地方競馬や牧場・乗馬クラブなどで働く
> ● 蹄鉄の製作から装着までを行う

関連情報　競走馬の厩務員 ➡ 日本中央競馬会 HP
　　　　　装蹄師 ➡ 日本削蹄協会 HP

244

水族館の飼育係

水族館で生き物の飼育をする仕事です。水生生物の購入や採集から始まり、水族館という人工的空間での飼育環境に慣らし、エサを与えて、病気になったり弱ったりしないように管理します。水族館には、回遊魚・深海魚・淡水魚・ペンギンなどの鳥類もいて、さらに海藻や水辺の植物も展示します。生物によって、最適な水温や水質が異なるため、適切な飼育環境を管理し、水族館の生き物たちの健康状態を保つ必要があります。

また、水族館の来場者に、水生生物の魅力や不思議を解説することも飼育係の仕事です。イルカなどのショーを解説している水族館では、飼育係が調教を行い、ショーに出演します。アクアラングを背負って巨大な水槽の中に入り込み、内側を拭いたり、水槽の中を清掃したりする仕事も行います。

水族館の飼育係になるためには、**水産大学や水産系・海洋系・生物系の学科**に進みましょう。公立の水族館の場合は、まず地方公務員試験に合格する必要があります。民間の水族館の場合は水族館の採用試験を受験します。

POINT

- 飼育や水槽の清掃、来館者への解説などを行う
- 水産大学や水産系・海洋系・生物系の学科に進む
- 公立は公務員試験を、民間は採用試験を受ける

野生生物調査員

野生生物が生息する環境を守るために、生息状況などを調査し、保全計画を立案・提案する仕事です。山や川辺、野原に道路や建物が造られ、自然環境が変わることにより、野生生物がすみかを失います。その野生生物がいなくなると、その生物をエサにしていた生物もいなくなります。一方で、いなくなった生物に食べられていた生物は、繁殖して急増します。このように、人間が道路や建物を造り環境に手を加えることで生態系が変化しますが、それは害虫の増加などのかたちで私たちの生活にも影響を与えます。

このため、道路や建物を造る前に行われる環境アセスメント（環境影響評価）の際に、野生生物調査員がその地域の生物の生息状況を調査し、どのような配慮をすれば環境への影響を小さくできるかを考え、提案します。

野生生物調査員は、環境調査会社などに勤務し、建造工事を行う自治体や企業から依頼を受けて仕事をします。野生生物調査員になるためには、**大学の農学系や畜産系の学部に進み、大学院で環境保全などを専門的に学ぶ**と有利でしょう。

POINT

- 環境調査を請け負う会社に就職する
- 大学の農学系や畜産系の学部に進み、大学院で環境保全などを学ぶ

PART 6 自然・動植物に関わる仕事がしたい

関連情報　水族館の飼育係➡ナリカタ―水族館飼育員編 HP
　　　　　野生生物調査員➡自然環境研究センター HP

動物保護センタースタッフ

事情によりペットを飼えなくなった人から動物を引き受けたり、野良犬や野良猫などの動物を収容して飼育する仕事です。動物保護を行う機関には、都道府県や市区町村などの自治体が管理運営している動物愛護センターに加え、社団法人やNPO法人などの民間の動物保護センターがあります。

動物保護センターのスタッフは、動物保護を依頼する連絡を受けて現地に行き、動物の引き受け・収容を行います。収容した動物は、飼育しながら引き取り手を探し、譲渡します。また、ペットの放棄や虐待をなくすための啓発活動や、動物と触れ合うためのイベント・ペットのしつけ教室なども開催します。一部の自治体の動物愛護センターでは、行き場のない動物の処分も行っています。

自治体の動物愛護センターの職員は公務員ですから、**地方公務員試験に合格し、動物愛護センターに配属される必要があります**。一方、民間の動物愛護センターで働くためには、その施設の採用試験に合格しなければなりません。動物関係の仕事の実務経験があると有利です。

POINT
- 動物の保護・飼育・処分を行う
- 自治体の動物愛護センターの職員は地方公務員
- 動物愛護の啓発活動なども大事な仕事

本書 編集部が薦めるこの1冊

**"癒し系キャラ"たちが繰り広げる
ゆるすぎる世界から多くを学ぶ！**

『もやしもん』
石川雅之作
（講談社、2005年～2014年）

主人公は菌類が見えてしまう男の子です。舞台はとある農業大学。実際の大学の農学部とはかなり環境が違いますが（笑）、農学に関する色々なことがテーマに取り上げられていて、とても面白く読めます。どちらかというと、「これを読んで頑張るぞ！」というよりは、心が癒されるような内容ですね。

コウジカビ・大腸菌・ボツリヌス菌……、これらの微生物が"癒し系キャラ"となって登場し、変な先輩や教授が繰り広げる数々の騒動に笑わされながら、様々なお酒や発酵食品に関する小ネタや豆知識も同時に楽しめます。また、作品の舞台となっている農業大学がある東京だけにとどまらず、沖縄やフランスなどにも舞台は移り、自然と視野も広がります。さらに、消費者が意識改革すべき「食の問題」や「食糧自給率」への問題提起・疑問点など、真面目なこと（笑）を考察することもできます。が、決して堅苦しいわけではなく、むしろゆるすぎるストーリーです。でありながらも、読み進めていく中で知らない間に知識が増えていき、様々な問題について考えさせられるところがすばらしいと思います。

受験生というよりは、これから文理選択や志望校を決める高1生、高2生に読んでもらいたいと思います。大学の農学部ではどんなことを学んでいるのか、なかなか想像しづらい人も多いと思います。この作品で興味を持ち、知ってもらえると嬉しいです。

■本書をご覧の皆様へ

東進から、本書読者のみなさんに、志望校選びに役立つ嬉しいお知らせ!
志望校の入試問題が閲覧できる「過去問データベース」や、すばやく、いつでもどこでも手軽に調べられる、WEB版大学案内をご紹介します!!

1 大学入試問題 過去問データベース

各大学の入試過去問を無料で閲覧!

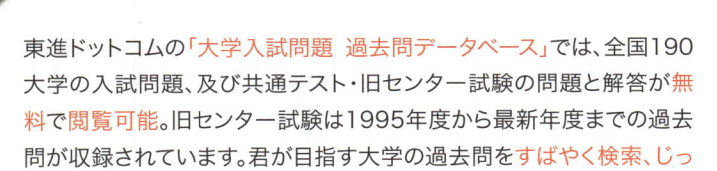

東進ドットコムの「大学入試問題 過去問データベース」では、全国190大学の入試問題、及び共通テスト・旧センター試験の問題と解答が無料で閲覧可能。旧センター試験は1995年度から最新年度までの過去問が収録されています。君が目指す大学の過去問をすばやく検索、じっくり研究できます。

2 WEB版 大学案内

簡単に検索できる!

WEBから気になる大学をチェックしよう!

WEB版大学案内では東進の大学受験案内掲載の190大学の情報がチェックできます!
大学の講義を体験できる「大学選びのための講義ライブ」や「入試アドバイス」「先輩メッセージ」など、このサイトでしか見られない受験直結の情報も掲載中!! QRコードを読み取って今すぐ調べてみよう!

詳しくは、東進ドットコムへ!
www.toshin.com

東進　検索

花屋

こんな人におすすめ！
- 草花が好きな人
- 体力に自信がある人
- 配色のセンスがあり手先が器用な人

1 花屋の仕事とは？

花の仕入れ・世話・配達をしたり、花束を作ったりする仕事です。見た目は麗しいですが、実は意外とハードワークです。

まず、週に何度か早朝の花市場に花を仕入れに行きます。6時には花市場に着き、花を買いつけ、自動車に積み込み、店に運びます。最近ではパソコンを使って仕入れることもできますが、実物を見て確認できないため、花市場での仕入れも欠かせません。

店を開店したら、市場で買いつけた花に「水揚げ」をします。水揚げとは、水の中で茎を切ったり、茎をお湯で煮たりして、花に水を吸わせやすくする作業のことです。花によって方法が違うため、花の種類別に水揚げをしていきます。きちんと水揚げをしておかないと、花のもちが悪くなるため、大量に仕入れた日は、水揚げ作業にかなりの時間がかかります。また、切り落とした茎や葉の掃除もあります。

水揚げが終わると、「水替え」をします。茎の下から2〜3センチを切り落とし、枯れかけた花を取り除いてバケツの水を入れ替えます。花と水の入ったバケツを運ぶのは重労働です。鉢植えの花には水をやり、傷んだ花や葉と共に害虫を駆除します。

こうした作業の合間に接客をし、花束の注文があれば花束も作ります。花束づくりは、花屋の腕の見せどころの1つです。希望の色・花・予算や目的に合わせて、短時間で手早く仕上げなければいけませんから、配色のセンスと手先の器用さが必要です。店先に陳列する花束や仏花も毎日用意します。

パーティー会場の飾り花や結婚式のブーケなど、イベント用の花のアレンジの依頼もあります。

また、花の配送の梱包・手続や花の配達もあります。このようなたくさんの仕事をこなし、さらに閉店後には売上金と在庫、必要な仕入れの確認もします。水替えなどでは店の外での作業もあるため、夏は暑く、冬は寒さがこたえます。このように、**花屋の仕事は肉体労働もあり大変ですが、一方で毎**

248

PART 6 自然・動植物に関わる仕事がしたい

進路フローチャート

経験を積んで自分の店を開業

↑

生花店に就職

花屋でのアルバイトを経験する。水揚げ・水替えの仕事を覚えたら、フラワーアレンジメントや仕入れについても教えてもらおう。即戦力となる経験を身につけておけば、就職でも有利

↑

大学入学

農業大学や大学・短大の園芸学科などへの進学を目指す

↑

高校入学

POINT

- 仕入れ・水揚げ・接客・花束づくりなどの仕事がある
- 肉体労働が多い
- 花屋でのアルバイト経験を積もう

関連情報

● 花のお悩み解決サイト Blumeleben **HP**
花屋の店長経験者が運営する花の情報サイト。花に関する様々な情報の他、花屋の仕事内容・学校の選び方・独立の仕方などを詳細に解説している

オススメの1冊！

『はじめての「お花屋さん」オープンBOOK』（バウンド著／技術評論社）
花の仕入れ方・陳列の仕方・人気店のノウハウなど、花屋の経営に必要な知識を網羅的に解説する

ⓘ 花屋のスタッフはアルバイトや派遣・契約社員が多いが、収入・経験の両面からも正社員を目指そう

日々好きな花に囲まれて働ける喜びを感じることができます。

2 花屋の役割・資質とは？

私たちは、誰かに感謝やお祝い・慰めや励ましの気持ちを伝えるために、花を贈ります。

花を贈られて嬉しくない人はいないでしょうから、しばしば**花は人と人をつなぎます**。

また、私たちは、庭や部屋を花で飾ることで気持ちが明るくなり、元気になります。花は私たちの心を癒す存在でもあるのです。

花屋は毎日、新鮮な花々を店に並べ、美しい花束を作り、人々に提供することにより、**人と人とのつながりを手助けし、人々の暮らしに彩りを与えている**のだといえるでしょう。

3 花屋になるためには？

花屋になるために特別な資格は必要ありませんが、花やフラワーデザイン、店舗経営の知識があると有利です。**農業大学や、大学か短大の園芸学科**に進むとよいでしょう。また、専門学校の中には、**フラワービジネス科など、花の知識から店舗経営のノウハウまで幅広く学べるところ**もあります。

学生のうちから、花屋でアルバイトをするとよいでしょう。花屋では、アルバイトでも店員らと同じように水揚げ・水替え、接客などの仕事をします。そういった基本の仕事を覚えたら、花束づくりも教えてもらえますし、市場での仕入にも同行させてもらえるなど、やる気次第で花屋の様々な仕事を経験できるはずです。

植木職人

こんな人におすすめ！
- 木や草花が好きな人
- 体力に自信がある人
- 屋外作業が好きな人

1 植木職人の仕事とは？

木の刈り込みや植樹などをする仕事です。具体的には次のようなものがあります。

植木は、伸びた枝が互いに絡み合うようになると、見栄えが悪く、病害虫が発生しやすくなります。そこで、植木職人が定期的に枝や葉を刈って剪定し、整形します。

また、木や草花は消毒をしておかないと害虫がついたり病気になったりするため、害虫や病気が流行する時期の前には消毒をしておきます。

また、雑草が茂ると見栄えが悪くなり、木や草花の栄養が雑草に奪われてしまいます。定期的に除草もし、しっかりと花や実をつけるように、肥料を与えていきます。

素人が木を自分で動かすのは大変です。木に傷がつかないよう、移動するのにも熟練した技術が必要です。木の移動や広い面積での草花の植え替えなどがある場合は、事前に庭を下見してリフォームの計画書と見積書を作り、依頼主のイメージどおりかどうかを確認してから、仕事に取りかかります。また、芝生を病気や害虫から守るため、雑草を取り除くなどの手入れもします。

植樹会社や造園会社など、会社組織化している場合、これらの様々な仕事の多くは、企業や役所の管理している庭園が対象です。一方、植木職人が個人で営業している場合は、個人の自宅の庭木の剪定がおもな仕事です。

季節を問わず外で働きますから、体力が必要です。雨の日は休みになりますが、雨が続けば収入が減ってしまうので、天候や季節に左右される仕事です。

梯子に登り、高い場所での剪定作業もあるため、高所での作業に慣れておくと有利でしょう。

2 植木職人の役割・資質とは？

植木職人は、切った枝が伸びたあとの姿をイメージしながら、見栄えの良い姿ができるだけ長く続くように計算して剪定していきます。植え替えをするときも、木と木の相性・木と

250

PART 6 自然・動植物に関わる仕事がしたい

進路フローチャート

技能を身につけて独立
↑
造園業を営む親方に弟子入りする道もある。知識と技能を地道に習得しよう

植樹会社・造園会社に就職
↑
造園学科などで造園の知識と技能を身につけておくと有利

大学・短大・専門学校入学
↑
植木職人の仕事は体力勝負。運動をして体を鍛えておこう

高校入学

POINT

- 剪定・除草・植え替え・芝の手入れなどをする
- 真夏や真冬の屋外作業では体力が必要
- 植樹会社や造園会社に就職する

関連情報
● 日本造園組合連合会 HP
造園についての用語解説などの情報を掲載している

オススメの1冊！
『庭木の自然風剪定』
（峰岸正樹著／農山漁村文化協会）
現役の植木職人が基本の剪定技術をまとめた剪定の指南書。剪定の技術の世界がわかる

ℹ️ 植木職人の日当は2万円前後（地域差あり）。たくさんの収入を得るには請け負う仕事の量が重要となる

草花のバランスなどを考えて行っています。また、庭の木や花が、近隣の人たちをつなぐ話題にもなります。庭の前を通り過ぎていく人も、形の良い木や、木の実・木の花・草花を感じ、心を癒されることがあります。植木職人は、植木と庭の手入れを通じて、人々の心を癒す役割を担っているといえるでしょう。

3 植木職人になるためには？

植木会社や造園会社に就職するか、親方に弟子入りして仕事を教えてもらいます。造園学科のある大学・短大・専門学校で基本的な知識と技能を学んでから、就職するのもよいでしょう。

人は庭に季節の移ろいを感じます。

植木職人の仕事は、体力勝負の世界です。日頃の運動を心がけ、強い体づくりに取り組みましょう。特に、足腰の強さは、植木職人にとって大きなメリットとなります。

加えて、**就職先や弟子入り先によっては、職人世界特有の上下関係のしっかりした「徒弟関係」を非常に重視する場合があります**。仕事を始めた最初の頃は、掃除や草取りといった下働きの仕事がほとんどかもしれません。一人前になる日を目指して、辛抱強く仕事を覚えていくことが大切となるでしょう。

一方で、しっかりとした技能と経験を身につけることで、独立の道も開けていきます。独立後は自ら進んで顧客を開拓していくことのできるコミュニケーション能力や事業者としての経営感覚も重要です。

樹木医

こんな人におすすめ！
- 自然が好きな人
- 植物を育てるのが好きな人
- 植物について勉強するのが好きな人

1 樹木医の仕事とは？

巨樹・老樹の健康状態を診断し、治療を行う仕事です。

日本には各地に巨樹や老樹・古木林があります。それらは貴重な環境資源であり、私たち人間にとってはふるさとのシンボルや「緑の文化財」としても重要です。そのため、巨樹や老樹の保護・保存が進められていますが、中には環境の悪化や病害虫などの原因により、樹勢が衰え、適切な保護が必要なものもあるのです。

樹木医は、樹木の診断・治療の依頼があると、まずその樹木を見に行き、調査をします。調査のポイントは、樹高や樹齢・幹の太さ・葉の色や枯れ枝などの状況・根の張り具合・土の固さ・肥沃度や水分の具合などの土壌の状態・樹木の傷や腐朽の状態などです。

樹木の状態を診断する際は、幹に穴を空け、中に空洞ができていないかなども確認します。

樹木の状態が診断できたら、健康状態に合わせて治療方針を考え、計画を立てます。このとき、樹木の健康状態を記したカルテと治療計画書を作成し、依頼者に見せて確認してもらいます。

治療では、病害虫の駆除や消毒・傷んだ枝を剪定するなどの外科手術・土壌の改良・周辺環境の整備などを行います。重機を使っての大がかりな移植や数年間にわたる治療もあります。病気の予防措置や定期的な健康診断なども行います。

また、住宅地の開発などでは、山林に自生する古木の移植に関してアドバイスをしたり、街の緑化計画や造園計画にアドバイザーとして参加することもあります。

樹木医が治療する対象は、**天然記念物に指定されている名木や老木・公園や植物園の巨樹・街路樹・個人宅の庭木など、依頼に応じて様々**です。

2 樹木医の役割・資質とは？

木々は、人間の憩いの環境を作り、野生生物に生息環境を提供しているだけでなく、地球温暖化の原因となる二酸化炭

252

3 樹木になるには？

樹木医は、日本緑化センターが認定している資格で、資格審査に合格した人だけが樹木医として活動できます。

樹木医の資格試験を受けるためには、7年以上の実務経験が必要です。**大学の研究所や造園会社などに就職し、林業・植樹・緑化などの仕事で実務経験を積んでから、資格試験を受験**しましょう。

また、樹木医補養成機関として登録されている大学で所定の科目を履修し、日本緑化センターの認定を受けると樹木医補の資格を得ることができ、さらに1年以上の実務経験があれば樹木医の試験を受けることができます。

なお、樹木に関わる資格としては、樹木医の他に松保護士があります。松保護士は、松を特有の害虫から保護すると共に松の文化的価値を広く一般に伝える、松のエキスパートです。

樹木医は、**樹木の診断・治療の専門家として、多様な存在意義を持つ木々の生命を守っています。**

樹木医は、樹木の診断・治療の専門家として、代々大切にしてきた老木が病気になることもあります。また、持ち主が代々大切にしてきた老木になる木もあります。環境の影響で樹勢が衰え、病気が進められてはいるものの、環境の影響で樹勢が衰え、病気部では、公園や街路樹の整備によって緑地を増やす取り組み木々の手入れが十分に行われなくなっています。一方、都市しかし森林では、林業者の高齢化と担い手不足により、割などがあります。

素の吸収、気温・湿度の調整や、森に水を保つ水源としての役

PART 6 自然・動物に関わる仕事がしたい

進路フローチャート

```
樹木医になる
    ↑
樹木医試験に合格
実務経験を積む
※樹木医補から樹木医を目指す場合
    ↑ 1年以上
樹木医補に認定
樹木医補の資格認定申請に必要な単位（緑地植物学・植物病理学・樹木医学・農薬科学など）を取得する
    ↑
大学の農学部などに入学
樹木医補養成機関として登録されている大学・学部を目指して勉強。樹木に関する知識を学ぶ
    ↑
高校入学
```

POINT

- 巨樹や老木の診断・治療をする
- 日本緑化センターの資格試験に合格する
- 資格試験の受験には実務経験が必須

関連情報
- 日本緑化センター HP
  樹木医になるまでのプロセスや、樹木医になるための研修制度、資格審査などについて掲載している。募集案内のダウンロードもできる

オススメの1冊！
『街の木のキモチ　樹木医のおもしろ路上診断』（岩谷美苗著／山と溪谷社）
樹木医が身近な街路樹や庭木の気持ちを診断。樹木医が樹木を見るときの視点や知識がわかる

ℹ️ フリーで働く樹木医もいるが、独立して成功するためには造園会社や自治体担当者などの広範な人脈が必要

自然保護官

こんな人に
おすすめ！
● 森林や野生生物が好きな人
● 自然を守る仕事がしたい人
● 色々な自然環境について知りたい人

1 自然保護官の仕事とは？

国立公園の保護管理や野生生物の保護・里山の保全などを目指す仕事です。

自然保護官は、レンジャーとも呼ばれ、地方環境事務所やその下部組織である自然環境事務所・自然保護官事務所などに勤務します。

自然保護官の仕事の中で最も多いのが、国立公園の管理に関わる許認可事務です。国立公園では、自然が破壊されるのを防ぎ、公園内の動植物を保護するため、開発行為などが法律で規制されています。自然保護官は、開発などの許認可申請に対し、申請者と打ち合わせをし、内容を確認して許諾の可否を判断します。

さらに、許認可された開発行為などが申請どおりに行われているか、公園内の自然環境や動植物が保護されているかを確認するため、国立公園内の巡視を行います。その際、国立公園内のビジターセンター（公園内の情報展示・案内施設）や歩道・トイレや展望台なども見回り、人々が安全で快適に自然と触れ合えるように管理します。

国立公園は計画に沿って管理されています。公園計画には、保護区域の設定・自然環境保護のための規制の強弱・施設の建設計画などが含まれており、定期的に公園内を調査して、計画の見直しや新しい計画の立案を行います。

また、破壊された自然環境を回復するために、NPO団体や地域住民と協力して自然再生事業を進め、公園内の清掃活動も行います。国立公園を訪れる人々のために自然観察会などのイベントを開催しているのも自然保護官です。

自然保護官は、このような国立公園に関する仕事の他に、**自然環境保全地域や世界自然遺産地域の保護管理・希少野生生物の保護・国内の生態系に影響を与える外来生物の規制・里地里山の保全と再生・環境教育の推進**なども行います。

2 自然保護官の役割・資質とは？

日本国内の自然環境と野生生物を保護することが自然保護

PART 6 自然・動植物に関わる仕事がしたい

3 自然保護官になるためには？

自然保護官は、環境省の職員であり国家公務員ですから、自然保護官になるためには国家公務員試験の総合職（自然系）に合格し、環境省地方環境事務所に配属される必要があります。配属後は、全国に十数カ所ある自然環境事務所や自然保護官事務所のどこかに勤務し、2～3年ごとに転勤となります。

大学で、自然環境保全分野の農学や林業政策・環境政策などを専攻しておくとよいでしょう。大学生のうちに、自然保護官をサポートするパークボランティアを経験すると、自然保護官の仕事の世界を垣間見ることができます。

官の役割で、そのために様々な規制が法律で定められています。自然保護官はそれらの法律を運用し、自然環境を破壊しない開発行為だけを許認可し、自然環境を守るための計画を作成します。

したがって、自然保護官の役割の中心は、自然環境事務所などでの許認可事務や計画作成といったオフィスワークです。自然保護官は、自然保護地域に対して自然保護行政を実施する役割を担っているため、オフィスワークの他に現場調査や現場巡視も行いますが、自然保護地域のパトロールなどの現場仕事は、基本的には自然保護官の補佐役であるアクティブ・レンジャーが担当します。アクティブ・レンジャーは環境省の非常勤職員で、自然保護地域のパトロールの他にも現場で様々な調査を行っています。

進路フローチャート

自然保護官になる
↑ 環境省地方環境事務所に配属される

環境省の採用面接に合格
↑

国家公務員試験に合格
↑ 大学で自然環境保全に関わる学問分野を専攻する。パークボランティアとして自然保護官の仕事を経験するとよい

大学入学
↑ 自然環境保全に関わる農学部や林業政策学科・環境政策学科などを目指して勉強する

高校入学

POINT
- 自然環境と野生生物を保護する国家公務員
- 国家公務員試験に合格し、自然環境事務所や自然保護官事務所に勤務する

関連情報
- 環境省 採用・キャリア形成支援情報 一般職自然系（大卒程度） HP
  説明会情報やレンジャーに関するパンフレットを掲載している

オススメの1冊！
『はじめての環境学』
（増田啓子・北川秀樹著／法律文化社）
環境保全分野の入門書。少し難しいかもしれないが、環境保全の歴史や国内の環境法・規制などがわかる

ℹ 自然保護官の仕事には環境保全分野の法律知識が必須となる。大学に入ったらしっかりと勉強しよう

フラワーデザイナー

花を使った演出をする仕事です。美しい花束やブーケ・花飾りを作ったり、花や草木を使って結婚式場やレストラン・ホテルを彩る装飾を作ったりします。テレビの背景や雑誌の写真用に花の演出をすることもあります。

季節の草花に通じ、種類の異なる花を組み合わせて美しさを生み出すセンスが必要です。また、目的やシチュエーションに合わせて依頼主の要望をくみ取り、演出に活かすことも求められます。

フラワーデザイナーの多くは、花屋のスタッフか結婚式場・パーティー会場を演出するディスプレー会社のスタッフです。実力と人気のあるフラワーデザイナーには、独立してフリーランスで活動する人もいます。

フラワーデザイナーになるためには、まず**花屋に就職し、フラワーデザインの修業を積むのが一般的**です。フラワーデザインを教える専門学校もあります。フラワーデザイナーの資格には、国家資格のフラワー装飾技能士の他にも複数の民間資格があり、取得すると就職などで有利です。

POINT
- 花束づくりや花を使った演出を行う
- 多くは花屋やディスプレー会社に勤務している
- 有 取得すると有利な資格・免許あり

フラワーアレンジメント講師

フラワーアレンジメントとは、生花を花瓶に挿して美しくアレンジメントする洋風の生け花のことです。専門学校やカルチャーセンターのフラワーアレンジメント教室で、花の**アレンジメントを教えるのがフラワーアレンジメント講師**です。受講生の要望に応じて様々なスタイルのアレンジメントを教えます。花の種類・色・形の組み合わせにより美しい生け花ができますが、すぐれたフラワーアレンジメントには美的センスと高度な技術が必要です。フラワーアレンジメント講師の多くは、ベテランの先生から弟子として教えを受けたり、フラワーアレンジメントを教える学校に通ったりして、センスと技術を身につけます。

フラワーアレンジメントに関連する資格としては、**国家資格のフラワー装飾技能士の他に複数の民間資格があります**。一般的に、フラワーアレンジメント関連の民間資格の3級や2級は、専門学校に通うことで取得できます。しかし、講師を目指す場合は1級を取得するほうがよいでしょう。1級では実技審査もあります。

POINT
- 専門学校などで洋風の生け花を教える
- 弟子入りするか専門学校に通って学ぶ
- 有 取得すると有利な資格・免許あり

関連情報　フラワーデザイナー／フラワーアレンジメント講師
➡ 日本フラワーデザイナー協会 HP

PART 6 自然・動植物に関わる仕事がしたい

盆栽職人

依頼に応じて盆栽の手入れをし、自分の育てた盆栽を売ったりする仕事です。

盆栽とは、草木を小さな鉢で栽培することで、普通の鉢植えとは異なり、小さな鉢の中に壮大な自然の景色を表現する芸術として、草木の配置や姿に趣向が凝らされます。

盆栽では、マツやサツキなどの木を栽培するのが一般的です。針金を巻きつけて枝が伸びる方向を整え、不要な芽を摘んで1つの枝を伸ばすなどして、芸術的な草木の姿を創り上げます。

盆栽のように、小さな枠組みに壮大な自然世界を創り上げる芸術は日本独特のもので、近年では欧米諸国でも注目され、「BONSAI」と呼ばれて人気を集めています。日本人の盆栽職人のもとに外国人からの注文が入ることもあれば、日本人の盆栽職人が外国に招かれて講演や研修を行うこともあります。盆栽職人になるためには、**ベテランの盆栽職人に弟子入りして修業するのが一般的**です。一人前の盆栽職人になるためには5～10年かかるといわれています。

POINT
- 小さな鉢の中に壮大な自然を表現する芸術
- 盆栽職人に弟子入りして修業する
- 一人前になるためには5～10年かかる

ガーデンデザイナー

庭のデザイン・設計をする仕事です。個人宅の庭に加え、公園や庭園などの空間も手がけます。庭のどこに、どのような植物や石や水の流れを配置するのか、給排水の設備をどこに設置するかなどを考えます。

まず依頼主のイメージや予算を聞き、庭を造る場所を実際に見て歩き、土地の広さや状態を確認します。次に、デザインをイメージ画と設計図に起こし、依頼主に確認します。デザインが固まると、造園業者に発注し、庭づくりを開始します。実際に植物を植えたり、石をおいたり、給排水設備を取りつけたりするのは造園業者が担当します。ガーデンデザイナーは、造園作業が設計図どおりに進んでいるかを確認し、依頼主と造園業者とのコミュニケーションの仲介役となります。

ガーデンデザイナーになるためには、**大学の造園・園芸系、土木・建築系の学科を目指すとよいでしょう**。卒業後は、庭園設計事務所や造園施工会社・建設会社の造園部門などに就職し、経験を積みます。ガーデンデザインに関連する国家資格には、造園施工管理技士や造園技能士があります。

POINT
- 大学の造園・園芸系、土木・建築系の学科に進む
- 庭園設計事務所・造園施工会社などに就職する
- 有 取得すると有利な資格・免許あり

関連情報　盆栽職人 ➡ 日本盆栽協会 HP
ガーデンデザイナー ➡ ジャパンガーデンデザイナーズ協会 HP

生け花学校講師 [資格免許]

花や、花と他の素材を組み合わせ、器に挿して飾る方法を教える仕事です。欧米のフラワーデザインは、花をどの方向から見ても同じ姿に見せることを目指しますが、生け花（華道）は正面から鑑賞するのが一般的で、幹や枝・葉や苔もすべて鑑賞の対象とする点が、フラワーデザインと異なります。

生け花にはたくさんの流派があり、それぞれ花の生け方に関する考え方が異なります。

また、それぞれの流派が、経験と実力に応じて免状を発行しています。免状の段階が上がると、先生として生け花を教えることが許されます。

したがって、生け花学校の先生になるためには、まずどの流派の生け花を学ぶかを決めなければなりません。特定の流派の師匠のもとで華道を学び始めてから、他人に教えられるレベルの免状をもらうには一般的に10年以上の経験が必要とされます。

先生になれる免状をもらったら、自分の教室を開いたり、生け花学校で講師を務めたりすることができます。

POINT
- 生け花（華道）には多くの流派がある
- 流派を選び、師匠につく
- 10年以上学び、先生としての免状をもらう

花卉栽培者

母の日のカーネーション・夏のひまわり・冬のシクラメンなど、季節の花を栽培し、出荷する仕事です。

畑や温室の土を耕し、種をまき、苗を植え、水をやり、防虫剤をまき、温室の温度を管理し、大量の花を育てます。花の種類によって栽培技術が異なりますから、それぞれの花の需要が高い時期に出荷するために、種まきと出荷のタイミングも重要です。

また、人気のある定番の花を栽培するかたわら、新種の花を作る研究にも取り組みます。

花卉栽培者になるためには、大学の農学部や園芸学部で基礎知識・技術を学ぶとよいでしょう。卒業後は、農業法人に就職するか、花卉栽培者のもとで研修生として働き、経営ノウハウを身につけてから独立します。独立の際は、土地や温室の購入に大きな費用が必要です。

花卉栽培者の中には、高齢化し、後継ぎがいないために農園を閉じる人が増えています。若い世代のチャレンジが求められています。

POINT
- 季節の花を栽培し、出荷する
- 大学の農学部や園芸学部に進むと有利
- 農業法人や花卉栽培者のもとでノウハウを学ぶ

関連情報　生け花学校講師 → いけばな小原流 HP など
　　　　　花卉栽培者 → 実利園芸技能講座（日本園芸協会）HP

グリーンコーディネーター

観葉植物を使ってホテルやイベント会場・オフィス・商業施設・個人宅などの屋内空間を演出します。

依頼主と打ち合わせをし、依頼主のイメージや予算に合わせて植物を選び、園芸店に注文します。演出の当日は、自ら植物の鉢を運んで配置していくため、体力も使います。

グリーンコーディネーターとして活躍するためには、観葉植物の種類や育て方、インテリアとエクステリア照明の使い方などに関する広範な知識が必要です。また、依頼主の要望を的確にくみ取るコミュニケーション能力と、美しい演出プランを考え出すセンスが求められます。

グリーンコーディネーターになるためには、**大学の園芸学科で専門知識を学ぶ**とよいでしょう。グリーンコーディネーターを養成する専門学校もあります。国家資格の園芸装飾技能士を取得するのもよいでしょう。

卒業後は園芸店や植物リース会社・フラワーショップなどで働き、経験を積みます。その後、実力のあるグリーンコーディネーターは独立して活躍します。

POINT
- 観葉植物を使って屋内空間を演出する
- 園芸店や植物リース会社などで経験を積む
- 有 取得すると有利な資格・免許あり

グリーンアドバイザー 資格免許

ガーデニングを楽しみたい人に、花や植物の育て方・楽しみ方をアドバイスする仕事です。

花や植物を育ててみたいと思っても、ほとんど知識がない場合は育て方がわからず、大きくできなかったり、すぐに枯らしてしまったりしてしまいますが、花と植物に詳しい人に育て方や楽しみ方を聞くことができれば、花と植物を楽しむことができます。

グリーンアドバイザーは、園芸店やホームセンターの園芸コーナーなどで、花と植物を買いに来た人の相談に乗り、育て方のアドバイスをする仕事です。また、園芸教室などで講師を務めることもあります。

グリーンアドバイザーは、**日本家庭園芸普及協会が認定する資格**です。協会のグリーンアドバイザー認定講習を受けて認定試験に合格し、協会に登録するとグリーンアドバイザーを名乗ることができます。受講・受験資格には園芸関係の学歴や職歴が必要です。園芸関係の仕事に就こうと考えている人には、スキルアップの資格になるでしょう。

POINT
- 花と植物の育て方についてアドバイスをする
- 日本家庭園芸普及協会が認定している資格
- 園芸教室の講師を務めることもある

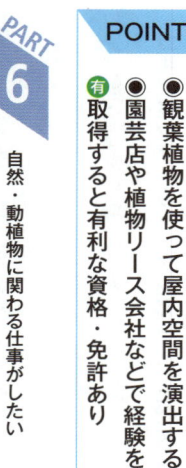

グリーンキーパー

ゴルフ場やサッカースタジアム・陸上競技場・運動場などの天然芝の管理をする仕事です。ゴルフ場ではコース管理者とも呼ばれます。芝生に肥料や薬剤をまき、水やり・芝刈り・雑草や害虫の駆除などを行い、芝生を育ててスポーツに最適な状態に管理します。

芝生の状態はスポーツ選手のパフォーマンスに影響します。芝生の状態が悪ければ、怪我の原因にもなりかねませんから、スポーツ競技において、芝生の管理は非常に重要な仕事です。

芝にはたくさんの種類があります。グリーンキーパーは、芝の種類・芝につく病原菌や害虫の種類・芝の病気の予防法・天候と芝や土壌との関係など、芝生を維持管理するための幅広い知識を持っています。

グリーンキーパーになるためには、**芝の管理会社・ゴルフ場のコース管理部・造園会社などに就職**する必要があります。芝草管理技術者の資格を取得しておくと就職に有利です。3級は実務経験がなくても取得できます。

POINT
- ゴルフ場や競技場の天然芝を育成・管理する仕事
- 芝の管理会社や造園会社に就職する
- 有 取得すると有利な資格・免許あり

植物園職員

植物の栽培・管理の他にも施設の維持管理・広報・事務などの仕事があります。

近年では、それぞれの植物園が独自性を競っており、熱帯植物を売りにするところ・ハーブ植物を取りそろえるところ・昆虫と植物の共生を展示するところなどがあります。

公立の植物園の職員は公務員ですから、地方公務員試験に合格し、植物園に配属される必要があります。一方で、民間企業が経営している植物園には、採用試験に合格して就職します。民間の植物園の場合は、栽培した花や草木を販売していることが多いため、販売業務もあります。

植物の栽培・管理の仕事を担当する職員には、それぞれの植物園が売りにする植物の特色に応じた専門知識が求められます。そのため、植物の栽培・管理の仕事に就くためには、学芸員やビオトープ管理士の資格があると有利です。

大学の農学部や園芸学部に進学し、植物の生態を専門的に学んでおくとよいでしょう。また、就職課などで実際に植物園職員として就職した人の情報を収集することも大切です。

POINT
- 植物の栽培・管理・広報・事務などを行う
- 植物の特色に応じた専門知識が求められる
- 有 取得すると有利な資格・免許あり

関連情報　グリーンキーパー→日本芝草管理技術者会 HP
植物園職員→東京都公園協会 HP など

PART 6 自然・動植物に関わる仕事がしたい

アクティブ・レンジャー

環境省の自然保護官の補佐役として、国立公園などの保護管理・利用者に対する指導・自然解説などを行う仕事です。

自然保護官は、許認可事務などの仕事があり、自然保護地域の現場を常に管理していることができません。そのため、アクティブ・レンジャーが自然保護官の補佐役として自然保護地域のパトロールや希少野生生物の調査などにあたっています。

アクティブ・レンジャーは、自然保護地域にある自然保護官事務所などに勤務します。担当する仕事には、パトロールの他にも、怪我や病気をしている野生動物の保護・国立公園内での交通事故の予防対策・自然と触れ合う行事の企画および実施・NPOや研究者との連絡調整などがあります。

アクティブ・レンジャーは、**環境省所属の非常勤の国家公務員**です。1年ごとの契約雇用で、再雇用期間の上限があり、給与は日額が1万円弱といわれています。詳しい活動情報は環境省のホームページで閲覧することができます。チェックしておきましょう。

> **POINT**
> - 自然保護官の補佐役
> - 自然保護官事務所に勤務する非常勤公務員
> - 1年ごとの契約で、再雇用期間に上限あり

インタープリター

自然公園のビジターセンターなどに常駐し、森を訪れた人たちに周辺情報を提供したり、**森林散策などの自然体験のガイド役**を務めたりする仕事です。「自然を人々に解説する」というその仕事内容から、インタープリターと呼ばれています。ビジターセンターの展示物の企画・作成や、自然体験プログラムの企画・運営、周辺の自然環境の調査なども行います。

インタープリターの役割は、自然のすばらしさを人々に感じてもらうことと、自然環境を大切にする心を人々に伝えることです。そのため、森林散策でただ森の中を案内するのではなく、木に触れてもらったり、花の香りを嗅いでもらうなど、より深く自然を体感してもらえるように工夫します。

自然教育研究センターがインタープリター・トレーニング・セミナーを開催しており、セミナーの受講者を対象に自然施設での実地研修を行っています。その他にも、**自然ガイド関連には複数の民間資格**がありますが、採用数はごく少数なので、資格を取得したあとは、積極的に就職先を探しましょう。

> **POINT**
> - 自然公園のビジターセンターなどで自然のすばらしさと大切さを伝える
> - 有 取得すると有利な資格・免許あり

関連情報
アクティブ・レンジャー → 環境省 HP
インタープリター → 自然教育研究センター HP

森林インストラクター

森林を訪れる人たちに対し、森林や林業に関する知識を伝え、森林を案内する仕事です。森林の安全な歩き方・楽しみ方・野外活動の仕方などを指導する、森林の案内人としての役割を担っています。

近年では、森林散策や森林浴がストレス解消に効果があるとして注目されている影響で、森林の中に保養施設が建設されることも多く、森林を訪れる人が増えています。

森林インストラクターは、**全国森林レクリエーション協会が認定している資格**です。資格試験は、「森林」「林業」「森林内の野外活動」「安全及び教育」の4科目の筆記試験と、面接及び模擬演技をする二次試験で構成されています。

試験の合格者は森林インストラクターとして登録されたのち、都道府県や教育委員会・関係機関に紹介されます。

森林インストラクターは職業としては定着しておらず、仕事の依頼があったときに活動する形態をとっていますが、自ら森林ツアーを企画し集客する営業力があれば、安定した収入を望めるかもしれません。

POINT
- 森林や林業の知識を伝え、野外活動の指導をする
- 全国森林レクリエーション協会が認定する資格
- 専業とするためには、企画力・集客力・人脈が必要

植物学者

大学に教授や准教授として所属したり、民間の研究所に勤めながら、植物学の研究に従事しています。

一口に植物学といっても、様々な分野があります。例えば、植物分類学では植物の新種の発見などに努めますが、植物地理学では地域ごとの植物の分布などを研究します。この他にも、植物形態学・植物発生学・植物生理学・植物生態学などの分野があります。また、シダ学・コケ類学・藻類学・樹木学など、研究対象とする生物ごとにも分けられます。植物学では各分野が互いに深く関連しているため、植物学者は自分の中心分野を研究しながら、他の分野にも通じていなければなりません。

植物学者になるためには、**大学の理学部や農学部などにある植物学科に進学する**必要があります。研究したい分野を決めて大学院に進み、修士号・博士号を取得する必要があります。その後、大学や研究所に就職先を探します。人類よりもはるかに長い歴史を持つ植物に関する知識を蓄積し、研究していく、一見地味ながらも壮大な仕事といえるでしょう。

POINT
- 大学や民間の研究所で植物学を研究する
- 大学の理学部や農学部などの植物学科に進学する
- 自分の中心分野以外にも通じる必要がある

関連情報 森林インストラクター→全国森林レクリエーション協会 HP
植物学者→『植物学のたのしみ』(大場秀章著／八坂書房)

PART 6 自然・動植物に関わる仕事がしたい

林業

森林で樹木を育成し、伐採して、木材資源を生産する仕事です。森林は、人間が手入れをして管理しないと荒れてしまいます。日本国内では荒れた森林が増えているため、森林の整備・保全も林業の重要な役割となっています。

森林管理の仕事を1年で見ると、次のようになります。秋から春にかけて、資材として利用できるまでに成長した木を伐採し、市場に出せるように枝葉を切り払って適当な長さにそろえます。2～3月には、伐採で散乱した木や枝葉を取り除き、地面を整えます。4～5月には、雑草木を刈って苗木を一定の間隔で植えます。6～8月には、雑草木を刈って苗木に十分な日光があたるようにする「下刈り」と呼ばれる作業を行います。苗木が十分な高さに育つまでの数年間、毎年、夏は下刈りを行います。9～10月には、密集している木を刈ったり下枝を切り落としたりして、木の成長を助けます。

林業の仕事に就くためには、林業会社に就職する必要があります。各都道府県の林業労働力確保支援センターでは、林業への就職や林業体験研修などに関する情報を紹介しています。

POINT
- 森林で木を育て、木材資源を生産する
- 森林の整備・保全も重要な役割
- 林業労働力確保支援センターで就職情報を入手

植物防疫所の職員

植物防疫所とは輸入品や輸出品など、国内を流通する物の中に植物に被害をもたらす病害虫がないかを検査する農林水産省の機関です。

植物防疫所は空港・港に設置されており、植物防疫所の職員は、日本国内の植物に被害をもたらす危険性のある病害虫が、海外からの輸入品に混じっていないかを検査しています。一方で、日本から海外へ輸出される製品については、諸外国が要求している検査を行っています。

また、国内で輸送される物品についても、国内での病害虫の侵入や繁殖を防ぐために検査を行っています。輸送される物の中に、未承認の遺伝子組み換え農産物が混じっていないか、輸出入が禁止されている生物が混じっていないかも、植物防疫所の職員が検査しています。

植物防疫所の職員は国家公務員ですから、**国家公務員採用試験に合格し、植物防疫所に配属される必要があります。**そのあと、植物検疫に必要な植物学・応用昆虫学・植物病理学・植物防疫行政などの専門知識と技術を研修で学びます。

POINT
- 流通品に病害虫がないかを検査する
- 遺伝子組み換え食品などの混入も検査している
- 国家公務員として、植物防疫所に配属される

関連情報　林業→林業労働力確保支援センター 一覧（林野庁）HP
植物防疫所の職員→植物防疫所 HP

気象予報士

膨大な観測データから天候を予測し、わかりやすく公開する仕事

こんな人におすすめ！
- 天気や自然現象に興味がある人
- 分析力のある人
- 人に物を伝えるのが好きな人

1 気象予報士の仕事とは？

気象予報士とは、**様々な気象観測データをもとに天候を予測し、公開する資格を持った人**のことです。

最もなじみ深いのは、テレビやラジオなどで天気予報を行う気象キャスターですが、気象庁や民間の気象会社などに所属して予報を出す人もいます。

気象予報士が天気予報を出す際、参考にするデータには多くの種類があります。ベースとなるのは天気図です。天気図は気象観測衛星や全国の各観測地点から送られてきたデータをもとに、気象庁のスーパーコンピュータによって描かれます。上空数千メートルの高層天気図も大気の様子を立体的に把握するために役立てられます。その他、自動観測機器から送られてくる全国の気温・降水量・風向き・風速・日照時間などのデータや気象観測用カメラに映し出される現地の状況を観察し、参考にして、数時間後から数日間の天候を予測します。最近では、気候や風向きなどの気象条件から予測される花粉の飛散予測や大気中の有害物質による様々な汚染に関する予報も注目を集めています。

2 気象予報士の役割・資質とは？

第一に**予報が正確であること**が大切です。これは私たちの生活や経済にも大きく影響します。スーパーやデパートなどでは民間の気象会社が出す天気予報を参考に生鮮食品や衣類の仕入れ量・展示方法などを決めており、気温が1℃違うだけで経済効果が大きく変わるといわれます。また、農業や漁業への影響は特に深刻で、農作物の収穫に深く関わるだけでなく、漁業では海が荒れると遭難の恐れにもつながるので、より正確な予報が求められます。

予報を立てるには膨大なデータを扱うため、**データの分析力に長け、物事の全体像を見渡すことができ、あらゆる可能性を考えられる能力**が必要です。

台風や暴風などによる災害が予想される際には、備えや避難の目安をわかりやすく説明し、世の中に広く注意を促すこ

264

PART 6 自然・動植物に関わる仕事がしたい

3 気象予報士になるためには?

気象予報士は、気象業務法に定められた国家資格です。この資格を持つことにより、初めて公的に天気予報を発表することができます。

受験資格に年齢や学歴は関係なく、すぐにでも挑戦することが可能です。もちろん、就職後の取得も十分可能ですが、気象庁や気象会社といった就職希望先がしっかり決まっているのであれば、学生のうちに資格を取得しておきましょう。

気象学というジャンルは、高校の科目にはありません。最も近いのは地学で、そのあとに物理と化学が続きます。これらを学んでおくと資格取得に役立つでしょう。また、**資格試験には実技があり**、天気図の読み方・分析力・要点を簡潔にまとめる文章力が問われます。

資格取得を目指す場合は、書店で販売されている資格に関する専門書などを使って独学で学ぶことも可能ですが、通信講座などを利用すると体系的に理解しやすいでしょう。通信講座には色々な種類があるため、資料を取り寄せて自分の生活リズムに合わせやすいものを選びましょう。

資格取得後、民間の気象会社を目指す場合はその会社の就職試験を受けます。気象庁を目指す場合は国家公務員試験を受験します。気象キャスターの場合は、不定期に行われる各番組のオーディションに応募し、合格する必要があります。

進路フローチャート

```
採用試験・就職
   ↑
資格試験
   ↑ 在学中にも資格取得を目指せる。環境学や地球科学などの自然科学系の科目を中心に選択すると理解が深まる
大学入学
   ↑ 地学・物理・化学などを学ぶと資格取得に役立つ。色々な視点から天候と生活との関わりを意識しておこう
高校入学
```

POINT
- 多数のデータを分析して天候を予測・公開する
- 気象予報は生活の様々な場面と密接に関連する
- いつでも資格取得を目指せる

関連情報
- **気象業務支援センター** [HP]
  気象予報士試験の試験概要や資料の入手方法、過去の試験問題などを掲載
- **合格率：4.0%（2013年1月実施分）**

オススメの1冊！
『気象キャスターになりたい人へ伝えたいこと』（井田寛子著／成山堂書店）
現役気象キャスターが気象キャスターへのハウツーをわかりやすく解説。気象の話はもちろん、体験談・豆知識など盛りだくさん

> 気象予報のみならず、防災の観点からも必要とされる職種が気象予報士である

（前段からの続き）とも重要です。相手へ正確に情報を伝えられる会話力や、わかりやすい原稿を書ける人であれば、気象キャスターを目指すのもよいでしょう。

INTERVIEW

現役の気象予報士に聞きました

NHK「ニュースウオッチ9」
気象キャスター
井田 寛子さん

気象予報士の井田さんは、野山を駆け回り、生き物を愛する少女でした。そうした身近な自然や、命を守りたいという気持ちの中で出会ったのが気象予報士の資格。夜のテレビニュースでおなじみの井田さんに、気象予報士の仕事についてうかがいました。

① お仕事の内容は？

月曜から金曜の夜9時から放送されている『ニュースウオッチ9』の気象コーナーを担当しています。出番はわずか4分半ほどですが、そのために丸1日かけて準備します。

出勤後、まず雲画像・日本全国の観測データ・お天気カメラなどを見て現況を把握し、気象庁から1日2回送られてくる72時間後までの地上天気図や高層天気図を解析します。そこから予報原稿の構想を組み立てます。そのうえで他の気象予報士と内容をすり合わせ、番組スタッフとの打ち合わせを行って原稿の内容を固めています。

原稿作成時に最も注意しなければいけないのは、正確であることです。受け取り方によって違う解釈をされるような、あいまいな表現を極力排除してお伝えするために、原稿には非常に気を遣います。もちろん、その間も天候は刻々と変化しています。常に最新の情報に原稿を書き替えながら本番へと臨みます。また、台風などの暴風雨の際に、予想される災害の程度と防災に関するアドバイスをお伝えするのも重要な仕事です。放送で使う映像を選んだり、解説の際のイラスト案を手書きで発注したりもします。

こうした日々の仕事の他に、季節の映像をカメラに収めるために取材に出かけることもありますし、〝出前授業〟と称して、各地の小学校へ出向いてお話をすることもあります。普段の放送では伝えられない天気予報の裏話や気象の面白さなどを伝え、1人でも多くの子どもたちに気象に興味を持ってもらえるように心がけています。

PART 6 自然・動植物に関わる仕事がしたい

🕐 ある日の井田さん

	午前	ロケ・取材対応・出前授業など
🕐	13:30	気象庁からのデータ解析を開始
🕐	14:30	番組担当者とコーナーの構成や使用画面について打ち合わせ
🕐	15:30	各番組の気象予報士と当日の天気予報のポイントのすり合わせ
🕐	16:30	キャスターと打ち合わせ。コーナーで使うイラストを発注
🕐	17:00	気象庁の最新データを受け、原稿を書く。ヘアメイク、着替えなど。先輩が原稿をチェック
🕐	19:00	VTR試写、原稿やコメントの修正。完成したイラストの確認
🕐	20:00	カメラリハーサル
🕐	21:40	気象コーナーに出演。番組終了後に録画を観ながら反省会

天気図を指す「指し棒」は長さや色が何種類も。日によって違うことも多い

PROFILE
いだ ひろこ
筑波大学 第一学群自然学類化学専攻卒業

❷ このお仕事の醍醐味は？

素直に考えれば、視聴者の方からの反響があったときには、やはり嬉しくなりますね。勉強になった、参考になったという反応を聞いたときには頬がゆるみます。

災害報道に携わったときには、この仕事の重大さを強く感じます。大雨や暴風など、時々刻々と変化する状況に対し、災害班のスタッフや他の予報士と連携しながら最新情報をお伝えしてゆく。人の命がかかっていますから、非常に難しく試練ともいえる時間ですが、被害が最小限に抑えられたとわかったときには、心の底からホッとすると共に、この仕事を選んでよかったと感じます。

❸ 気象予報士を目指す人にアドバイス

気象予報士には、理系必須で文系NGといったものはありません。受験資格も学歴や年齢とは無関係です。だからこそ、気象をもっと身近に感じ、観察することが大切です。

旅行でも食べ物でもファッションでも「これって天気と関係あるかな？」と考えると、必ず接点が見つかります。秋の青い空にはこの色が似合うとか、暑い夏だったからブドウがおいしく実るとか。身近なところから天気の変化や季節の移ろいに関心を持ちましょう。また、テレビや新聞の天気図を見て、予報と比べると、徐々に天気図を読めるようになっていきます。その積み重ねが試験でも実践でも役立ちますよ。

気象庁職員

こんな人におすすめ！
- 天気予報の仕事に興味がある人
- 防災や地球規模の環境変化に関心がある人
- 南極観測隊に入りたい人

1 気象庁職員の仕事とは？

気象庁は、気象や地震などを観測する国の機関です。中心機関として東京に気象庁があり、地方支局として札幌・仙台・東京・大阪・福岡・沖縄に管区気象台があります。さらにその下部組織として地方気象台・航空地方気象台・海洋気象台などがあり、気象庁全体で約6000人の職員がいます。

気象庁が行っているのは、大気・降雨・風・波・紫外線などの自然現象の観測とデータ収集・予報です。気象庁だけでなく、民間の気象会社も天気予報などの気象情報を発信していますが、民間業者は気象庁から観測データを購入し、気象庁のデータにもとづいて予報を作成しています。つまり、気象庁の観測・収集するデータが、国内で発信されている気象情報のもとになっているのです。

また、気象庁は防災の情報も収集・発信・提供しています。台風や津波・竜巻に関する情報の収集と発信に加え、地震が発生したときには、震度情報を収集し、発信します。地方自治体に対しては、災害の防止・軽減と二次災害の防止に必要な情報を提供し、国には初動対策のもとになるデータを提供します。

このような業務を行うため、気象庁職員は、**おもに観測・予報業務、地震・津波・火山業務、気候・地球環境業務のセクションに分かれ、観測・データ収集・データ解析・情報発信などの仕事を分担しています**。また、南極地域の気象観測のため、毎年5名ほどの職員が南極観測隊に派遣されています。

気象庁で気象予報を行っている職員は、「気象予報官」と呼ばれます。「気象予報士」は民間業者が気象業務を行う場合に必要な資格で、**気象予報官には気象予報士の資格は必要ありません**。気象庁職員のうち、必要な研修を受け、気象予報の関連業務で長年の経験を持つ職員だけが、気象予報官になることができます。

2 気象庁職員の役割・資質とは？

気象庁職員の役割は、気象が国民生活に与える悪影響を最小限にとどめることができるように、24時間体制で正確な気

PART 6 自然・動植物に関わる仕事がしたい

象情報を収集し、発信することです。

特に、大雨・台風・地震・津波・火山活動など大きな災害に結びつく可能性のある現象が観測されるときには、監視体制を強化し、正確な情報収集と迅速な情報提供に取り組みます。東日本大震災での活動も記憶に新しいところであり、継続して情報収集と分析が行われています。

また、気象庁職員は、二酸化炭素などの温室効果ガスの観測や地球温暖化の予測なども行い、世界規模の地球環境保全にも貢献しています。そのため、**世界気象機関（WMO）の事務局や外国の気象機関へ派遣されることもあり、そこで最先端の気象技術の指導や研究を行っています。**

3 気象庁職員になるためには？

気象庁職員は国家公務員です。国家公務員試験「総合職」**（院卒者・大卒程度）や「一般職」（大卒程度）を受験し合格する必要があります。** 総合職は将来の気象庁の指導者となる人材で、「工学」及び「数理科学・物理・地球科学」の試験区分から採用されます。一般職は「行政」「物理」「電気・電子・情報」「化学」「資源工学」の試験区分から採用され、全国の地方気象台などに配属されて予報や観測などの業務を担当します。「行政」採用者は総務・人事・会計などの業務に携わります。

また、**気象大学校に入学する道もあります。** 気象大学校学生採用試験に合格し入学が認められた人は、4年間の就学後、気象庁に配属されます。

進路フローチャート

気象庁に配属
↑
国家公務員試験に合格
気象観測関連の研究室で勉強できれば有利。国家公務員試験の気象庁採用枠は高倍率なので、早めに試験対策を始めよう
↑
大学の工学部などに入学
公務員試験の気象庁職員採用枠は「工学」「数理科学・物理・地球科学」「電気・電子・情報」など。これらに関連する大学の学部を目指そう
↑
高校入学
※一般の大学から気象庁に入庁する場合

POINT
- 気象現象の観測・データ収集・情報発信をする
- 国家公務員試験に合格する
- 気象大学校に入学する道も

関連情報
- **気象庁** HP
様々な気象観測データ図を掲載している。これを見れば、気象庁の仕事のイメージをつかむことができる

オススメの1冊！
『気象の仕事—天気予報から宇宙観測まで』
（さんぱ総研著／三修社）
気象観測データの作成・災害対策から宇宙観測まで、気象庁の幅広い仕事を紹介している

ℹ 気象観測は24時間365日。夜勤もあり、お盆や年末年始も当番日は出勤と、ハードな日々が続く

南極観測隊員

こんな人におすすめ！
- 南極に行ってみたい人
- 自然科学の進展に貢献したい人
- 体力と協調性に自信がある人

1 南極観測隊員の仕事とは？

南極大陸の気象や地質・生物を観測するために派遣される調査隊の隊員です。 隊員の数はおよそ60名。そのうち約20名が越冬隊で、1年間にわたり南極で観測を続けます。残りの約40名は、夏の間だけ南極にいる夏隊です。

11月に飛行機で南半球のオーストラリアに渡り、先に東京港からオーストラリアへ到着していた南極観測船に乗り込んで南極に向かいます。12〜1月には南極圏内の東オングル島に到着し、観測拠点の昭和基地などで任務にあたります。

観測隊員は、観測部門と設営部門に分かれています。観測部門の隊員は気象庁や大学の研究者で、気象観測、オーロラ・宇宙観測、採水・雪氷観測、重力・地震・大陸緯度経度観測、生物・医学観測などを行います。

一方で、設営部門の隊員は、基地の拡張工事・機械設備の修理・隊員の生活維持などを担当しますが、それぞれが建築・機械・電気・医療などの専門家です。また、観測部門の隊員の観測業務のサポートも行います。

南極では5〜7月が冬です。南極の吹雪の中での観測や除雪作業は過酷です。冬の間は温度が低すぎて機械が動かなくなるため、建設工事や設備補修などの機械を使う仕事は、12〜2月の夏の間に休みなく集中して行います。

南極という過酷な環境では、ほとんどすべての仕事が肉体労働となるため、南極観測隊員には何といっても体力が求められます。また、過酷な環境の中、限られた人数で長期間を共に暮らすため、協調性があることも重要な条件です。

2 南極観測隊員の役割・資質とは？

南極では、他の地域では観測できない大気現象などを観測しているため、気象成分の採取に成功しています。成分を分析することにより、およそ百万年前のものと推定される大気成分の採取に成功しています。

昭和基地からおよそ千キロ内陸にある「ドームふじ基地」では、深層掘削による氷のサンプル採掘を行っています。氷床を掘削して採取した深層氷から、過去に閉じ込められた大気

PART 6 自然・動植物に関わる仕事がしたい

できます。例えば、1982年には、日本の南極観測隊が世界で初めてオゾン層に穴が空いていることを発見し、地球規模の環境破壊に警鐘を鳴らしました。

南極の氷床は太古から蓄積されたものですから、百万年前までさかのぼって気候変動などを解明することもできます。

また、南極では多数の隕石を発見することができます。南極観測隊の活躍により、日本は世界最大の隕石保有国となり、惑星科学の分野に貴重なデータを提供しています。

このように**南極観測隊員は、その観測業務を通じて、多様な分野で科学の進展に貢献しています**。南極観測隊員が過酷な環境で任務を遂行できるのも、地球規模の科学の進展に貢献するという使命があるからです。

3 南極観測隊員になるためには？

南極観測隊員の多くは、**国立極地研究所をはじめとする政府機関の研究員や職員**です。中でも観測部門の隊員のほとんどは、大気科学・海洋学・地質学・生物学・雪氷学などの分野で博士号を取得しているレベルの研究者です。

観測部門の隊員になるためには、これらのような分野で大学院博士課程まで進み、国立極地研究所に研究員として就職するのが近道です。技術系職員として国立極地研究所に就職しても、南極観測の業務に就くことのできる可能性があります。また、観測部門・設営部門共に、公募があり、南極観測隊で活かせる専門分野を持っていれば、**大学院生や会社員でも観測隊に参加できます**。

進路フローチャート

```
        南極観測隊員に
             ↑
      国立極地研究所に就職
             ↑ 3年
       大学院博士課程
             ↑ 2年
       大学院修士課程
```
南極観測にもつながりのある研究テーマに絞り、大学院へ進む

```
       大学の理学部などに入学
```
南極観測に関連する大気科学・海洋学・地質学・生物学・雪氷学などがある学部を目指す

```
          高校入学
```
※国立極地研究所の研究員となる場合

POINT
- 観測部門と、設備管理などを行う設営部門がある
- 隊員の多くは国立極地研究所の研究員と職員
- 隊員の一般公募もある

関連情報
- **国立極地研究所** HP
南極で行われている観測内容がわかる。「南極観測」のページでは観測隊員の公募情報も掲載している

オススメの1冊！
『南極越冬記』
(西堀栄三郎著／岩波新書)
日本人初の越冬観測を成し遂げた隊長の手記。冒険心みなぎる科学者魂に触発される1冊

> ℹ️ 南極では満点の星空とオーロラが見られる。女性の隊員も参加している

民間気象会社社員

気象庁の気象データを参考に、より具体的な気象予報を作成し、その情報を販売する仕事です。

スーパーやデパートなどの流通産業では、天気によって顧客数が変わるため、販売予測を立てるためには気象予報の情報が欠かせません。また、建設業でも、建設工事の進行管理と安全管理のために気象情報を活用します。その他にも、農業や漁業・観光業・運輸業など、様々な業種が詳細な気象予測情報を必要としています。

民間気象会社の役割は、気象データを契約企業の企業活動に役立つように加工して販売することです。

民間気象会社の社員は、気象庁のデータを企業の使用目的に合わせて分析・加工し、企業がすぐに使えるデータを作成します。社員の仕事には、気象情報の作成以外にも、企業に対する営業や人事などの管理業務もあります。

この仕事に就くためには、**短大・大学を卒業後、民間気象会社に就職する**必要があります。気象予報士の資格を取得していると有利です。

POINT
- 企業の使用目的に合わせて気象情報を加工する
- 気象庁の気象データを分析・加工する
- 有 取得すると有利な資格・免許あり

国土地理院職員

国土交通省の付属機関である国土地理院で、土地の測量や地図の作成などを行う仕事です。

測量では、人工衛星を利用したGPSと呼ばれる技術で全国に基準点を設置して観測を行い、地殻変動を記録します。測量に関わる職員は、島や山を含む全国各地のGPS受信機の設置・管理・GPSデータの解析などを行います。

一方、地図作成に関わる職員は、測量データをもとに国土の最新地図や空中写真などを作成します。

その他にも、道路・鉄道・公共施設・地名などの地理情報の調査及び管理、地震・地すべり・噴火などの発生予測と災害情報の収集、災害復興のための緊急測量、海水面の昇降の観測など、測量と地図作成に関わる幅広い業務を行っています。

国土地理院の職員は国家公務員ですから、国土地理院の職員になるためには、**国家公務員採用試験に合格し、国土地理院に配属される**必要があります。大学の工学部や理学部で測量や地理を専攻しておくと有利です。

POINT
- 土地の測量や地図の作成などを行う
- 国家公務員採用試験に合格する
- 大学で測量や地理を専攻すると有利

関連情報　民間気象会社社員 → 民間の気象事業者について（気象庁）HP
国土地理院職員 → 国土地理院 HP

火山学者

火山の噴火を予知するため、火山の発生プロセスなどを研究する仕事です。

火山学の中には、火山地形学・火山地質学・火山岩石学・火山化学・火山物理学など様々な専門分野があります。各分野の学者は、地形・地質・岩石など自分の専門を手がかりに、火山について研究します。

例えば、火山岩石学を専門とする学者は、火成岩などの火山活動で生まれた岩石を採集・分析することにより、火山の原因となったマグマの発生の年代や噴火の規模・火山活動のプロセスなどを解明します。火山学では、エックス線による分析やコンピュータによるシミュレーションなどの幅広い手法を用いるため、新しい科学技術の知識が求められます。また、活動中の火山でのフィールドワークは危険を伴います。

火山学者になるためには、**理学部や理工学部などに火山学関連の研究室がある大学に進学し、火山学を専門的に学びます**。自分の専門分野を絞り、大学院に進み、修士号と博士号を取得後、大学や研究機関に就職します。

POINT
- 火山の発生プロセスなどを研究する
- 火山学関連の研究室がある大学に進学する
- 修士号・博士号を取得し、大学や研究機関で働く

地震学者

地震発生の仕組み・地震予知の技術・地震が起きた際の被害予測や防災対策などを研究する仕事です。地震学の研究は、おもに大学や政府機関が主導しているため、地震学者は大学や政府機関に所属して研究を行っています。

地震学の中には、地震発生のより正確な予測を目指す地震予知・地震発生のメカニズムを解明する地震物理・地震を引き起こす地殻変動とプレート運動などの研究分野があります。地震学者は、それぞれの専門分野で研究を深め、その成果を学会や論文で発表し、他分野の研究者と協力しながら、地震による被害を最小限に止めるための対策を練っています。近年では、過去の地震被害を研究する歴史学や地震に強い街づくりを考える都市工学・地震発生時の法律運用を考える法学など、他分野との連携も進んでいます。

地震学者になるためには、**理学部や理工学部などに地震学関連の研究室がある大学に進学し、地震学を専門的に学びます**。その後、自分の専門分野を絞り、大学院に進んで修士号と博士号を取得したあと、大学や政府の研究機関で働きます。

POINT
- 地震予知・地震の被害予測や防災対策などを研究
- 地震学関連の研究室がある大学に進学する
- 修士号・博士号を取得し、大学や政府機関で働く

関連情報
火山学者➡『日本の火山を科学する』(神沼克伊・小山悦郎著／ソフトバンククリエイティブ)
地震学者➡『地震学がよくわかる』(島村英紀著／彰国社)

地球惑星科学者

地球や生命の誕生と進化・地球と人類の未来環境などを研究する仕事です。地球惑星科学は広範な研究対象を含んでおり、次の5つに大別されます。

宇宙惑星科学では、太陽系内外の惑星や衛星を研究し、地球と似た惑星が他に存在するのかを研究します。大気水圏科学では、空と海という地球表層の自然環境の過去と未来を研究します。これは、地球温暖化や核汚染物質拡散の側面からも重要な分野です。地球人間圏科学では、生態系・自然災害・二酸化炭素排出など、人間と地球環境との関わりを研究します。固体地球科学では、地球内部の地殻・マントル・核などの活動を研究し、地震や火山噴火につながる地球内部のメカニズムを解明します。地球生命科学では、地球上の生命の誕生と進化・生命と地球環境との関わりを研究します。

地球惑星科学者になるためには、これらのような**研究室がある大学に進学し、専門的に学ぶ必要があります**。自分の専門分野を絞って大学院に進み、修士号と博士号を取得後は、大学や研究機関で働きます。

POINT
- 地球や生命の誕生と進化・環境などを研究する
- おもに5つの分野に分かれて研究する
- 修士号・博士号を取得し、大学や研究機関で働く

海洋学者

海の自然現象や物質・生物・海底の地質など、海を対象に研究する仕事です。海洋学は、研究対象によって次の5つの分野に大別されます。

海洋物理学では、黒潮や親潮の流れなど海洋の物理的な状態や運動を研究します。海洋化学では、海洋に存在する物質と生物の量・形態・性質・相互作用などのデータを用いて海水の起源や成長過程を研究します。海洋生物学では、海洋に存在するプランクトンやバクテリアの生態を研究します。中でも魚など人間の食料となる生物を研究する場合は水産海洋学と呼ばれます。海洋地質学は、海底の地質を研究する地質学の一分野で、生物学や地球物理学と関連の深い分野です。研究分野によっては、海洋学者は頻繁に船で海へ出て、1年の大半を船上で過ごさなければなりません。

海洋学者になるためには、これらのような**研究室がある海洋大学や海洋学部に進学し、専門的に学ぶ必要があります**。自分の専門分野を絞って大学院に進み、修士号と博士号を取得後は、大学や研究機関で働きます。

POINT
- 海の自然現象・物質・生物などを研究する
- 海洋学の研究室がある大学に進学する
- 修士号・博士号を取得し、大学や研究機関で働く

関連情報 地球惑星科学者 ➡ 『地球惑星科学入門』(高橋栄一他著／岩波書店)
海洋学者 ➡ 『海洋のしくみ』(東京大学海洋研究所／日本実業出版社)

測量士

資格免許

道路や鉄道・ビルや家を造る際、専門的な測量技術を用いて、**建設予定地の正確な位置・面積・高さなどを測る仕事**です。測量士の作成したデータは、建造物の建設条件や建造計画のもとになります。建造物を造るとき以外にも、地図を作成するときや土地所有者のために土地面積を測るときなどにも、測量士が活躍します。

測量の対象は、市街地・山林・海峡など様々で、複数の専門機器を使い、数名でチームを組んで測量を行います。測量後は、測量データをもとにコンピュータで各種計算を行い、測量ソフトを用いて図面を作成します。

測量士になるためには、大学・短大・専門学校の建築・土木系学科に進み、測量事務所や建設会社に就職する必要があります。土地の表面には傾斜や凹凸（おうとつ）があり、正確に測量するためには専門的な知識と技術が必要なため、**測量士は国家資格**となっています。実務経験を積んで、試験にチャレンジするとよいでしょう。

POINT
- ●建設予定地の位置・面積・高さなどを正確に測る
- ●測量データをもとに図面を作成する
- ●実務経験を積み、測量士の国家試験に合格する

ランドスケープアーキテクト

植物などを使って緑のある空間をデザインする仕事です。ランドスケープアーキテクトがデザインする対象は、公園や広場・学校・観光スポット・商業施設・遊歩道など多岐にわたります。植物の種類・植物の配置・どのような目的で使用される場所であるかなど、その場所の景観と利用価値を総合的に見て、緑のある空間をデザインします。植物の持つ性質を理解し、人工的な建造物と植物とのマッチングを図る仕事です。従来は造園業者が同様の仕事をしてきましたが、近年では環境意識の高まりと共に、公園や庭園以外においても植物の存在と緑の演出が重視されていることから、緑のある空間デザインを専門とするこの職業が必要とされています。

ランドスケープアーキテクトになるためには、大学・短大・専門学校で環境デザインや造園学・土木工学などを学び、**建設コンサルタント会社や造園会社・設計事務所などに就職**する必要があります。関連資格としては、造園施工管理技士の国家資格や、ランドスケープコンサルタンツ協会が認定する民間資格があります。

POINT
- ●植物を使って緑のある空間をデザインする
- ●建設コンサルタント会社や造園会社に就職する
- 有 取得すると有利な資格・免許あり

PART 6　自然・動植物に関わる仕事がしたい

関連情報　測量士 → 日本測量協会 HP
ランドスケープアーキテクト → ランドスケープコンサルタンツ協会 HP

環境アセスメント調査員

環境調査会社に勤務し、地域開発を計画している自治体や建設会社からの依頼で、**道路や工場・ダムの建設などの地域開発が自然環境に与える影響を事前に調査し、建設計画に問題点がないか評価する仕事**です。

環境アセスメントの調査では、まず建設予定地を訪れ、その区域の大気・水質・騒音・振動・地形・地質・動植物の生息状況などを調べ、建設計画をもとに、地域開発がその区域の環境のどのような側面に、どのような影響を与えるかを見積もります。環境への影響が甚大だと判明した場合は、建設計画の修正案を提案します。建設が終了したあとに、地域環境の変化を調査することもあります。

環境アセスメント調査員になるためには、**大学の生物学科や生物工学科・環境学科などに進んで地域開発と環境保全について学び、環境調査会社などに就職する必要があります**。公害防止管理者の国家資格を取得すると有利です。開発事業と環境破壊の問題が深刻化している現代において、環境アセスメント調査員の活躍の場が広がっています。

POINT
- 地域開発が環境に与える影響を評価する
- 大学の生物学科や生物工学科・環境学科などに進む
- 有 取得すると有利な資格・免許あり

環境コンサルタント

環境コンサルティング会社に勤務し、**自治体や企業からの依頼で、環境保全に関する調査やシミュレーションを行う仕事**です。地域開発における環境コンサルティングでは、環境アセスメント調査員よりも幅広い仕事をこなします。例えば、自治体が環境政策を立案するときや、企業が環境アセスメントの方法を検討するときにも、環境コンサルタントが依頼を受けて、調査・企画・事業管理などを行っています。さらに、企業の環境報告書の作成や、環境保全にかかるコスト算出なども行います。

その他にも、工場において環境にやさしい製造工程を管理する環境コンサルタントや、企業の環境法規制の遵守をサポートするコンサルタント・廃棄物削減活動や地球温暖化対策を支援するコンサルタントもいます。環境への意識の高まりから、今後さらに必要とされる職種でしょう。

環境コンサルタントになるためには、**大学の生物工学科や環境学科などに進み、大学院で修士号を取得すると有利**です。卒業後は、環境コンサルティング会社に就職します。

POINT
- 環境保全に関する調査やシミュレーションを行う
- 環境政策・温暖化対策など様々な分野がある
- 環境分野の専攻で修士号を取得すると有利

関連情報　環境アセスメント調査員➡日本環境アセスメント協会 HP
　　　　　環境コンサルタント➡日本廃棄物コンサルタント協会 HP　など

PART 6 自然・動植物に関わる仕事がしたい

環境計量士
資格免許

汚染・騒音・振動・有害物質などのレベルを測定し、分析する仕事です。法律で指定された項目や環境汚染物質を、法律で定められた方法で測定し、そのデータを計量証明書と共に発行します。**環境計量士は国家資格です**。よって、計量証明書は環境計量士でないと発行することができません。

具体的には、住宅地や学校が建設されるときなどに、その土地の水・土・空気などを採取して、そのサンプルを化学分析するのが仕事です。専門的な化学の手法を用いて、サンプルの中から環境汚染物質の濃度などのデータを集め、記録します。このデータが、のちに人々の健康や環境改善に役立っているのです。

環境計量士になるためには、**大学で化学を専攻し、化学分析の基礎を学ぶ必要があります**。卒業後は、環境コンサルティング会社などのうち、計量することを法的に認められている計量証明事業所に就職して、環境測定の実務を学びながら国家試験にチャレンジします。試験に合格し、所定の実務経験を積んで初めて環境計量士として認定されます。

POINT
- 汚染・騒音・振動・有害物質などを測定・分析する
- 大学で化学を専攻し、化学分析の基礎を学ぶ
- 計量証明事業所に就職し、国家試験に合格する

環境保全エンジニア

環境保全や公害防止に貢献する技術・機器を開発する仕事です。環境汚染や、工場で稼働する機器による公害やエネルギー消費が問題となっている現在、環境保全に役立つ技術の開発が企業の使命になると同時に、環境にやさしい技術を開発することが、企業の優位性にもなりつつあります。

環境保全エンジニアが開発する対象は、廃棄物の処理装置やリサイクル装置・汚染度の測定装置・浄水技術・省エネ技術など多岐にわたります。廃棄物処理技術のような直接的に環境保全に関わる技術だけでなく、電力消費量が莫大な工場機械を省エネ化する技術なども求められています。

環境保全エンジニアは、こうした技術の考案・機器の設計・製作・メンテナンスなどを行います。

環境保全エンジニアになるためには、**大学の工学部や理工学部などで環境保全技術を学ぶ必要があります**。廃棄物処理やエネルギー関連ではバイオテクノロジーを学ぶのもよいでしょう。大学院で修士号を取得すると有利です。卒業後は、環境機器メーカーに技術者として就職します。

POINT
- 環境保全に貢献する技術や装置を開発する
- 近年は環境保全分野へのニーズが高まっている
- 大学で工学や生物工学を専攻する

関連情報　環境計量士 ➡ 日本環境測定分析協会 HP
　　　　　環境保全エンジニア ➡ 日本環境協会 HP

ビオトープ管理士

官庁や自治体の地域開発の担当部署や、建設土木会社、建設コンサルティング会社、造園会社などに勤務して、**道路や建造物、住宅街などの地域開発を行う際に、その地域の生態系の状況を調査し、ビオトープの保全に努める仕事**です。

ビオトープとは、ドイツ語で生物を意味する「ビオ」と、場所を意味する「トープ」をあわせた造語で、野生の動植物や微生物が暮らし、自然の生態系が保たれている場所のことを表します。ビオトープ管理士とは、**生き物が暮らす自然を守り、復元できる人材を育成し認定するために、日本生態系協会が発行している資格**の名称です。

ビオトープ管理士の資格は、「計画管理士」と「施工管理士」に分かれていて、それぞれ2級と1級があります。ビオトープ計画管理士は、ビオトープに配慮した地域開発計画の作成に貢献し、ビオトープ施工管理士は、地域開発の現場でビオトープを創ります。ビオトープ管理士に関心がある人は、自然の生態系に興味を持つと同時に、**大学の建築系または土木系の学科に進むとよいでしょう**。

POINT
- 自然の生態系が保たれている場所を守る
- 地域開発を行う際に、生態系を調査する
- 「計画管理士」「施工管理士」の2つの資格がある

アルピニスト

アルピニストとは、**登山家**のことです。ヨーロッパ南部のアルプス山脈のような高い山に登れる技術を持つ登山家を、アルプスにちなんでこのように呼んでいます。

登山家にとっては、**山に登り続けることが人生の中心**です。山に登っていない間は、次の登山に向けて計画を練り、資金を集め、肉体と精神を鍛えます。

登山家は、困難な登山の経験から得たことを講演で話したり、本に書いたりして、収入を得ます。山岳ガイドをする人や、登山学校・登山ショップを経営する人もいます。エベレストなどの難易度の高い山に登る場合は、物資やスタッフを調達するのに大きな資金が必要になります。登山家は、寄付金や出資金を集めて困難な登頂を成功させ、下山したあとに講演活動や執筆活動をして資金を返していきます。

登山家になるためには、**まず大学の山岳部に入るなどして、基本的な登山技術を身につけてから、登山経験を積むとよい**でしょう。また、国内では、日本山岳ガイド協会が、山岳ガイドの養成と資格認定を行っています。

POINT
- 世界最高峰クラスの山を登る技術を持つ登山家
- 講演・執筆・山岳ガイドなどで収入を得る
- 有 取得すると有利な資格・免許あり

PART 7

食に関わる仕事がしたい

食に関わる仕事と一口にいっても、農作物を作る仕事、料理を作る仕事、料理を客に振る舞う仕事など様々です。でも、これらの仕事に就いている人に共通する思いは、「食で人々を笑顔にしたい」ということ。そんな思いを実現する仕事を集めました。

料理研究家

様々な角度から料理を研究・紹介し、世の中へ広めていく仕事

こんな人におすすめ！
- 探究心のある人
- 情報を発信するのが好きな人
- 料理で人を喜ばせたい人

1 料理研究家の仕事とは？

料理研究家という仕事は、非常に漠然としています。例えば、テレビの料理番組に出ている料理人やレシピ本を執筆している著者、料理教室の講師も料理を教える立場において料理研究家です。町のレストランのシェフや板前さんでも、食べ物のおいしさや新作料理を追究していれば料理研究家でしょうし、テレビ・本で料理を美しくおいしそうに見せるフードコーディネーターも見た目に関する料理研究家でしょう。

つまり、料理研究家とは、その人の立ち位置によって大きく仕事内容が変わるのが1つの特徴です。料理教室の先生であれば、いかに具体的で簡単に、家計に優しい料理の作り方を教えられるか、創作料理のシェフであれば、旬の食材をどうすればよりおいしく、喜んでもらえる料理に仕立てられるかといった事柄を日々考え、**試作と試食を繰り返して一品一品を完成へと近づけていく**のが、大きな仕事です。

また、試行錯誤の末に**完成した一品を、どのような形で世**に送り出すかを考えることが大切です。テレビや本で紹介するのか、インターネットで公開するのか、なじみの客に試食してもらってメニューに載せるかどうかを決めるなど、最適な形で世の中へ送り出そうと模索し、実行します。

世の中のあちこちで日々新しく料理が創り出される中、自分の一品をより多くの人に知ってもらうためには**積極的な営業活動**も重要な仕事の1つです。

2 料理研究家の役割・資質とは？

仕事内容が幅広いことから、求められる役割もその人によって違います。簡単で経済的な家庭料理がよいのか、家では食べられないおいしさを追究するのか、あるいは健康に重きをおいて栄養素を考慮するのが大切なのか。こうした**自身のスタンスに合わせて根気強く、日々努力を重ねることが**料理研究家の"最大公約数"といえます。探究心と努力、上昇志向を持つことが必要です。

また、**相手を楽しませる会話力や要望を十分に引き出すこ**

3 料理研究家になるためには?

料理研究家には、決まった資格や学科、スキルは存在しません。名乗ることは自由ですが、生活の糧にするのは非常に難しいのが現実です。まずは**自分のスタンスをしっかりと確立すること**です。ただし、「作ることが好き」だけでは足りません。例えば、フランス料理を極めたいのならば、フランスへ留学するためにフランス語やフランスの文化・風習を学ばなければなりません。シェフや板前を目指すなら、**早い時期から弟子入りをして修業をすること**も必要です。健康をテーマとするのであれば、栄養学や生理学、衛生学などを学ばなければいけません。フードコーディネーターであれば、美的感覚を磨くために美術系の道へ進むのも良い選択肢でしょう。

いずれにしても、自分は料理のどんな側面が好きなのかを早い段階で見極め、それに合わせたスキルを伸ばしていくのが近道です。また、日本を含め世界各地に独特の食文化があり、特定の食材を禁忌としている文化もあります。文化面での深い教養を持つ努力も必要でしょう。

とができるコミュニケーション力も重要なスキルの1つです。食材について追究したい人にとっては、旬の食材や産地直送の新鮮な状態である食材を口にできる点は、大きなメリットかもしれません。同じ野菜でも1つひとつ微妙に異なる味を自分の舌で味わい、それをどう活かすか、うまみをいかにして引き出すかと考えることは、料理の道を目指す人にとって醍醐味であり、1つの試練でもあります。

PART 7 食に関わる仕事がしたい

進路フローチャート

営業・活動開始
↑
栄養学や色彩感覚、語学、その国の文化など、自分の目指すスタンスに合わせた科目を学び、知識を深める。留学や料理修業、人脈づくりなども重要

大学入学
↑
自分のスタンスを早めに見極めることが大切。趣味や好きなこと、得意な科目などから料理に関係のあるものを吟味し、それに向けた進路を描く

高校入学

POINT
- 資格は必要ないが、幅広く料理に携わることができる
- 自分のスタンスを明確にすることが大事
- なりたい将来像に合わせた進路を選択しよう

関連情報
- **管理栄養士国家試験関係(厚生労働省)** HP
管理栄養士国家試験の実施要項や試験科目、過去の試験問題と解答などの情報が掲載されている

オススメの1冊!
『森崎友紀の野菜ごはん&スープBOOK』
(森崎友紀著/主婦の友社)
野菜ソムリエの資格を持つ著者が、野菜を手軽に食べられるレシピを紹介。料理づくりを研究する参考にもなる

ℹ 絵画や映画、演劇などの芸術を幅広くを積極的に鑑賞して、色彩や表現力を学ぼう!

INTERVIEW

現役の料理研究家に聞きました

料理研究家・管理栄養士
森崎 友紀さん

幼い頃から料理番組を見ては「こうすればもっとおいしく、面白くなる！」とアイディアを膨らませてきたのは、料理研究家で管理栄養士の森崎さん。料理を軸にテレビなど多彩に活躍中の森崎さんに、料理研究家の仕事についてうかがいました。

① お仕事の内容は？

私は、料理に関する様々な部分に関わるようにしています。本を出すのであれば、そのレシピづくりや試作・試食はもちろん、魅力的に見せるフードコーディネートも担当します。料理教室で教える仕事では、生徒の年齢や性別、テーマに合わせて、栄養バランスの取れたメニューづくりなども行います。その他にもテレビやラジオのお仕事などをしていますが、これらは私を通じて料理の面白さ、奥深さ、食事の大切さや栄養バランスの重要性を少しでも多くの人に感じてもらいたい、興味を持ってもらいたいという一心で取り組んでいるものです。

その中から1つ、料理教室を例にすると、生徒さんへ教えるのはもちろんですが、メニューづくり・試作・試食・仕込みなどの下準備や片づけなど、すべて1人でこなしています。それは生徒さんに「来てくれてありがとう」というおもてなしの気持ちを持ち続けていたいからです。

その気持ちを土台に、どうすれば楽しんでくれるかと話のネタを出し、簡単に感じてもらうにはどうしたらいいかと、持てる技術とアイディアを駆使して実際の教え方を探ります。少し大げさかもしれませんが、料理教室は私にとっての"舞台"です。生徒さんたちに料理を通じて楽しく、おいしい時間を堪能してもらうためのショーなのです。本の仕事もテレビの仕事も、根本は同じです。相手のことを考えて大事にしようとする、その表現を料理に求め、魅力を追求していくのが、この仕事の面白さなのだと思います。

PART 7 食に関わる仕事がしたい

🕐 ある日の森崎さん

6:00	起床。教室へ移動
7:00	朝食。料理教室（午前の部）で使う素材の下準備を開始
11:00	生徒が集まり始める。素材などを最終チェックしたら、料理教室がスタート
13:30	料理教室終了。後片づけや別メニューの試作・撮影・昼食など
14:30	夕方の教室で使う素材の下準備を開始
17:00	生徒の受付開始。全員がそろったら料理教室（夕方の部）がスタート
20:00	料理教室終了。後片づけのあと、メールの処理や打ち合わせなど。テレビやラジオの収録、雑誌の取材などが入る場合もある

技術の研鑽のためにも、新メニューを生み出すためにも、毎日必ず調理場に向かう
©公文美和

PROFILE
もりさき ゆき
4年制大学卒業

❷ このお仕事の醍醐味は？

おいしいことと見栄えが良いことが大前提で、自分は何をプラスαとして提示できるのだろうかを考えることが、最も難しく、また醍醐味だと思います。

例えば、健康食なのかダイエット食なのか、あるいはお酒のつまみなのか簡単レシピなのか。こうした要望は、必ずしも明確に語れるものではありません。だからこそ、コミュニケーションを重ねながら察知し、求められている世界観を共有して十分理解することが大切です。それができて初めて、何をプラスαにすべきかが見えてきます。その結果、心から喜んでもらえたならば、それが一番嬉しい瞬間です。

❸ 料理研究家を目指す人にアドバイス

まずは、料理のどういう側面が好きなのかを見つけてください。それによって、これから学ぶべき分野や科目が全く違ってくるはずです。最初はアルバイトでもいいですから、必ず板場・調理場に立つ経験をふみ、少なくとも数年は本格的にスキルを磨いてください。

料理は体力勝負です。かわいらしく見えるパティシエでも、1日中立ち仕事でケーキ生地を練ったり、重い寸胴鍋を運んだりと、本当に体力を使います。水泳やジョギングなどの全身運動や持久力をつける運動をコンスタントに続け、多少忙しくても苦にならないタフさを身につけてください。

栄養士・管理栄養士

1 栄養士・管理栄養士の仕事とは?

栄養士は、食と栄養に関するスペシャリストとして、学校の給食や病院での食事のために栄養バランスの取れた献立を作ると共に、栄養・衛生指導などを行う仕事です。管理栄養士は栄養士の上級資格にあたる国家資格で、**個人の身体や健康状態に応じた栄養指導を行うことができ、栄養士の管理・指導を行う**仕事です。

栄養士・管理栄養士の資格を持つ人の約半数が、資格を活かした職業に就いています。おもな職場は、学校や病院・老人ホームなどの介護施設・市区町村の保育所や保健センター・給食事業者などです。また、近年ではスポーツに携わる人に栄養面でアドバイスをするスポーツ栄養士も注目されています。

それぞれの仕事を具体的に見ていきましょう。公立の小中学校で働く栄養士は、都道府県・市区町村の職員として採用されます。給食業務では、献立を考えると共に予算も考慮しながら、必要な食材をどこで調達するかを決め、調理員に調理の手順を指導します。食材の保管や調理の際の衛生面にも気をつけなければなりません。献立表などの書類を作成する必要もあります。また、「食育」という言葉があるように、近年は子どもたちの食生活に関心が集まっています。子どもたちに食に関する指導を行うのも、学校で働く栄養士の大切な仕事の1つです。

病院でのおもな仕事は、入院している患者の食事管理と、外来患者も含めた栄養指導です。入院患者の食事では、1人ひとりの病状に合わせた献立の作成や栄養価計算を行います。また、調理の仕事に携わることもあります。食や栄養の面から、患者を支える医療チームの一員として医師や看護師との連携が重視されます。

市区町村の保健所や保健センターでのおもな仕事は、乳幼児と母親のための健康・栄養相談、子どもの食育推進事業、市民のための食生活講座などです。

企業で働く栄養士は、給食管理の仕事の他、食品メーカーで商品企画や試作調理に携わる場合もあります。

こんな人におすすめ!
- 食べ物や栄養に興味のある人
- 伝え方に工夫ができる人
- 相手の立場に立って考えられる人

資格免許

284

2 栄養士・管理栄養士の役割・資質とは？

食や栄養の面から人々の健康な生活を支えるのが栄養士・管理栄養士の役割です。栄養と健康についての情報と共に、食の楽しみを伝えていくことも大切でしょう。

また、栄養面では十分な料理であっても、実際においしく食べてもらうことができているかを観察し、人々の声に耳を傾けなければなりません。そのうえで、調理に工夫を施すなど努力の積み重ねが必要でしょう。**情報発信する立場として、相手の理解度に応じた伝え方と創意工夫が求められます。**

3 栄養士・管理栄養士になるためには？

栄養士になるためには、**栄養学科のある4年制大学または3年制・2年制の短大・専門学校（厚生労働大臣の指定した栄養士養成施設）を卒業し、都道府県知事の免許を受ける必要があります。** また管理栄養士になるためには、4年制の管理栄養士課程を修了するか、**栄養士資格を得て実務経験を積んだうえで管理栄養士国家試験に合格する必要があります。**

実際に栄養士・管理栄養士が働く職場に大きな違いはありませんが、任される業務の範囲が異なります。特に病院や老人ホームなどの介護福祉施設の食事管理には、栄養面のみならず医療の知識も求められますから、これらの施設への就職では、より高度な専門知識を持つ管理栄養士の資格が有利になるでしょう。なお、これらの資格に加え、教科に必要な単位を修了して教員免許を取得すると、家庭科教諭や栄養教諭の道も開けます。

PART 7 食に関わる仕事がしたい

進路フローチャート

学校・病院などに就職
↑
管理栄養士の資格取得
国家試験の合格を目指す。人体と疾病・臨床栄養学・給食経営管理論などの試験科目がある
↑ 1～4年
栄養士免許取得
必要な単位を履修して卒業する
↑
大学・短大・専門学校の栄養士養成課程に進学
栄養学には理系の知識が必要。特に、生物・化学についても学んでおくと役立つ
↑
高校入学

POINT

- 食に関する幅広い知識が必要
- 栄養・食の楽しみを伝える
- 栄養士免許を取得したあと、実務経験を積めば管理栄養士の受験資格も得られる

関連情報
- **日本栄養士会** HP
  全国の栄養士・管理栄養士養成施設を検索できる。資格取得後の進路についても詳しく紹介されている
- **合格率（管理栄養士）：49.3％（2012年度）**

オススメの1冊！
『栄養士＆管理栄養士まるごとガイド』
（藤沢良知監修、『食生活』編集部編／カザン）
仕事内容や資格取得の方法・活躍する先輩たちの声など、「栄養士のスペシャリスト」になるための情報を掲載

ℹ 学習内容が多く実習もあるため、夜間学校や通信教育では栄養士資格を取得できない

調理師

こんな人におすすめ！
- すぐれた味覚を持つ人
- 食事や料理で人を喜ばせたい人
- 創造力と研究心を持った人

1 調理師の仕事とは？

食に携わるプロとして、日本料理・西洋料理・中華料理など料理のジャンルに応じて、レストランやカフェなどの飲食店、ホテル・旅館などの他にも、学校・病院・介護施設の給食調理・食品開発の分野で料理を作る仕事です。

料理の仕事は、技術の有無によって待遇に大きく差が出る世界です。どの料理ジャンルであっても、最初は見習いとして下働きをしながら仕事を覚えていきます。そこからステップアップしていくことで、任される仕事も大きくなり、活躍の場を求めて転職の幅も広がります。独立開業の道も開けるため、確かな技術を身につけてしまえば自由度の高い職業といえるでしょう。

ただ一方で、レストランなど飲食店で働く場合、勤務時間は長くなる傾向にあります。特に、新人として働き始めたばかりの頃は、調理の仕込みから後片づけまですべてこなさなければならないからです。学校給食や社員食堂などでは勤務時間が定められていますが、やはり職場によって勤務時間に差が出てくるといえるでしょう。

調理師の仕事は、基本は料理をすることですが、それに加えて食材の仕入れや新しいメニューの考案などを求められることもあります。**自分の店を持った場合には、さらに経理・雇用・宣伝など経営全般に携わる必要があります。**

2 調理師の役割・資質とは？

調理の仕事には、**調理技術はもちろんのこと、食品と栄養・衛生に関する知識が欠かせません**が、そもそもおいしいものが好きで、おいしさで人を喜ばせたいと思う人に向いている仕事といえるでしょう。

料理で人を喜ばせるためには、新しいメニューを考えることや、もっとおいしくするための創意工夫、より美しく盛りつけることなどを考え続けていくことのできる創造心・向上心が求められます。また、万が一にも食中毒などが起きないよう、徹底した衛生管理の意識が必須です。

PART 7 食に関わる仕事がしたい

3 調理師になるためには？

調理師になるために資格は必要ありません。ただし、レストランやホテル・企業・病院施設などで働く調理師を目指す場合には、調理師免許を持っていることが採用条件になっている場合があります。調理師免許は国家資格の1つで、免許を持っていることで資格手当が支給されることもあります。

調理師免許を取得するためには、「厚生労働大臣指定の調理師養成施設」（調理師専門学校・「調理科」のある短大など）で学ぶ方法か、または実務経験を積んだあと、調理師国家試験に合格する方法をとる必要があります。

調理師専門学校で1年以上（夜間は1年半以上）学ぶと、一定の調理の知識と技術を身につけたことが認められ、卒業後には無試験で調理師免許が交付されます。

一方で、調理師専門学校以外に進んだ場合でも、飲食店や給食施設などでの実務経験を2年以上積むことで、調理師国家試験の受験資格を得ることができます。試験は各都道府県単位で実施され、栄養学・食文化論・食品衛生学・調理理論などから出題されます。

日本料理の調理師（板前）や寿司・そばなどの調理師を目指す場合は特に、資格もさることながら実際の調理経験が重視されます。お店での修業を通して技術を身につけていくことが求められます（ふぐの調理に必要な「ふぐ調理師免許」を取得するためには、調理師免許を持っていることが条件になります）。

進路フローチャート

- 飲食店などに就職 → 開業
  - 自分の目指す料理のフィールドで就職活動を行う
- 調理師国家試験に合格 ／ 調理師免許を取得
  - 調理・食品・栄養・衛生について知識と技術を学ぶ（1年以上）
- 調理師専門学校入学（2年以上）
- 飲食店などでの実務経験
  - 食品や栄養などについて学ぶ
- 高校入学

※調理師の資格を取得する場合

POINT

- ●お店での修業によってスキルアップする人も多い
- 有 調理師専門学校で1年以上学ぶと試験を受けずに調理師免許が取得できる

関連情報
- ●ぐるなびシェフ HP（登録制／無料）
  全国有名シェフのインタビュー・料理の技術レクチャーなどの情報が得られる

オススメの1冊！
主婦の友ベストBOOKS『調理師・専門調理師・調理技能士になるための完全ガイド』（新宿調理師専門学校監修／主婦の友社）
調理師になりたい人のためのガイド本。調理・調理師の職場やステップアップについて詳しく紹介

ℹ 調理師が技能検定に合格すると、専門調理師・調理技能士の上位資格が得られる

パティシエ

こんな人におすすめ！
- お菓子づくりが好きな人
- 根気と体力のある人
- 造形センスのある人

1 パティシエの仕事とは？

洋菓子やデザートを作る仕事です。洋菓子の種類は豊富で、パティシエは伝統的な洋菓子の作り方をひと通りに身につける必要があります。洋菓子には、ケーキ類だけでもスポンジケーキ・バターケーキ・パイ・タルトなどがあり、その他にもクッキーなどの焼き菓子・アイスクリーム・チョコレートなど多種多様です。これらを組み合わせておいしいお菓子を作り、さらに造形やデコレーションにも工夫を凝らした、見た目にも美しいお菓子づくりに取り組みます。

パティシエの仕事は、**パティスリー（洋菓子店）でのお菓子づくりの他にも、レストランやホテルでのデザートづくりや、メーカーで商品開発に携わることなど様々**です。磨いた技術を活かしてカフェや料理教室を開く人もいます。

店舗では、開店時間までにひと通り商品を用意しておく必要があるうえ、菓子の材料にはフルーツやクリームなどの鮮度が大切な食材も多いため、パティシエの仕事は朝が早いことが普通です。魅力あふれる商品を豊富に取りそろえ、季節ごとの新たな商品の開発にも取り組みます。

2 パティシエの役割・資質とは？

パティシエには、**同じ品質の製品を毎日作り続ける根気強さ**が必要です。同時に、常に新しい商品を作り出し、研究と試作を繰り返す向上心も求められます。製菓技術の他にも、造形美を生み出す美的センスが不可欠です。

厨房では、お菓子づくりの複雑な工程を分担して進めることも少なくありません。先輩のパティシエや仲間とのコミュニケーションも大切です。**独立して自分の店を開くなら、販売と接客スキルも欠かせない**でしょう。コーヒーや紅茶など、お菓子と共に提供される飲み物についての知識も身につけておくとよいでしょう。

3 パティシエになるためには？

パティシエは、**調理師専門学校や製菓専門学校で体系的に**

PART 7 食に関わる仕事がしたい

進路フローチャート

洋菓子店・レストランなどに就職→開業

↑ 約2年

調理と菓子の知識と技術を学ぶ。製菓衛生師・菓子製造技能士の国家資格を取得すると有利。海外に留学して修業する人も

調理師・製菓専門学校に入学

↑

菓子について幅広い知識を得る。造形やデザイン全般にも関心を持とう

高校入学

POINT
- パティスリーやレストランで洋菓子を作る
- 職人として日々の努力と創意工夫が求められる
- 有 製菓衛生師・菓子製造技能士などの資格があると有利

関連情報
- お菓子何でも情報館（全国菓子工業組合連合会）HP
  お菓子の種類・歴史から生産・消費の統計データまで様々なお菓子の情報を掲載

オススメの1冊！
なるにはBOOKS『パティシエになるには』（辻製菓専門学校著／ぺりかん社）
現役パティシエのインタビューを交えて、パティシエの世界を詳しく解説

ⓘ パティシエはフランス語で「男性の製菓職人」の意味。女性はパティシエールという

知識と製菓技術を学んだのち、洋菓子店やレストラン・ケーキ工場などで働くのが一般的です。有名パティシエのもとで直接指導を受けて修業する人もいますし、フランスやドイツなど洋菓子の歴史と文化を持つ国に留学して経験を積むという手段もあります。専門学校には、フランスの有名レストランや製菓学校への留学コースを用意しているところもあります。

パティシエになるために取らなくてはならない資格はありませんが、お菓子づくりを職業とする人のために「製菓衛生師」や「菓子製造技能士」という資格があります。資格を取得していれば、一定の知識と技術を備えている証になるため、就職時やその後の待遇面で有利になるでしょう。

製菓衛生師は、食品を取り扱ううえで不可欠な衛生の知識を持つと認められた人に与えられる国家資格です。高校卒業後、製菓衛生師養成施設で1年以上学ぶと受験資格を取得できます。試験では栄養学・食品衛生学・製菓理論などの学科試験に加え、製菓実技試験にも合格しなければなりませんが、この資格を持っていると、独立して店を開く場合に必要となる「食品衛生責任者」の資格を取るのが簡単になります。

菓子製造技能士は、お菓子づくりに関する技能検定制度の1つで、都道府県が実施している資格試験に合格することで取得できます。一定年数の実務経験（1級は7年以上・2級は2年以上）が必要な資格試験であるため、菓子製造の経験を積んでからステップアップするための目標となります。1級と2級それぞれで洋菓子製造と和菓子製造に分かれており、それぞれに筆記試験と実技試験が課されます。

ソムリエ

こんな人におすすめ！
- ワインに興味がある人
- 「おもてなしの心」を大切にする人
- 研究熱心な人

1 ソムリエの仕事とは？

お客様が食事を楽しめるように、レストランなどでワインを中心とした飲料を管理・提供する仕事です。もとはフランス語でワインサービスの専門家を指し、フランスなどでは国家資格になっています。

レストランではまず、オーダーを受ける際に料理との相性を考慮し、最適のワインを考えます。ときには、食前酒・食後酒、ミネラルウォーターについてアドバイスをする場合もあります。レストランのお得意様については、好みや以前の注文を頭に入れておいて、おすすめを選ぶ際の参考にします。ワインが選ばれたらテーブルにワインを運び、栓を抜いてサーブ（グラスにワインを注ぐこと）をします。このときの立ち居振る舞いの美しさも求められます。

必要なワインを仕入れてカーヴ（ワイン貯蔵庫）にそろえ、管理するのも仕事の1つです。ワインは銘柄や産地・生産年によって味も値段も違うため、それぞれのワインの特徴を知っておく必要があります。また、「ワインは生き物」といわれるくらいデリケートです。温度や湿度の徹底管理が必要です。規模の大きいレストランでは複数のソムリエがいる場合もありますが、小さな店では料理のオーダーやサーブなどすべてのサービスを1人のソムリエが担うこともあります。

2 ソムリエの役割・資質とは？

ソムリエにとってまず求められるのは、満足してもらえる**サービスを提供すること**です。そのためには、会話術に長け、気配りのできるコミュニケーション能力が必要でしょう。もちろん、お酒と料理に興味があり、その味を知っていることが必須条件になります。また、**伝統や定番のみならず、毎年新しく生まれる世界各地のワインに対する研究も怠ってはいけません。**

3 ソムリエになるためには？

日本では、ソムリエが飲食全般に関わるサービスの仕事に

290

PART 7 食に関わる仕事がしたい

進路フローチャート

資格を活かして働く
↑
ソムリエ資格認定試験に合格
まずはソムリエの資格取得を目指す。そのうえでキャリアを積んでシニアソムリエを目指す
↑ 3〜5年
ワインを扱う飲食店で働く
20歳を過ぎたらワインを中心としたお酒の味を勉強し、接客の仕事をしながら知識と技術を身につける
↑
専門学校・スクールに入学
ワインについての知識を得ておこう(もちろん飲酒は20歳になってから!)
↑
高校入学

POINT
- ●レストランでワインなどを管理・提供する
- ●会話術と気配りが重要
- 有 全日本ソムリエ連盟の認定資格を持った人がほとんど

関連情報
●日本ソムリエ協会 HP
ソムリエ資格認定試験についての詳しい情報を掲載。各支部のホームページではお酒と料理に関するコラムが充実

オススメの1冊!
『ソムリエという仕事』
(細川布久子著／晶文社)
ヨーロッパで活躍する、日本人を含む7人のソムリエを紹介。仕事に対する誇りとワインへの愛情が伝わる1冊

ⓘ 2013年には世界最優秀ソムリエコンクールが東京で開催(1995年には日本人の田崎真也氏が優勝)

就くにあたり、特別な資格は必要ありません。ただし、ほとんどの人が**日本ソムリエ協会と全日本ソムリエ連盟が設けている認定資格を取得しています**。

日本ソムリエ協会が実施しているソムリエ呼称資格認定試験の受験資格は、①**ソムリエ**では「アルコール飲料を提供する飲食サービス業に就いており、5年(会員は3年)以上の経験がある人」、②**シニアソムリエ**では「ソムリエ資格取得後3年以上でアルコール飲料を提供する飲食サービス業に就いており10年以上の経験がある人」、となっています。ここで条件とされる「アルコール飲料を提供する飲食サービス業」には、客室乗務員や、料理教室講師などの調理従事者も含まれます。この受験資格を持って認定試験に合格すると、それぞれの呼称資格が得られます。どちらも現役で飲食サービスの職に就いていて、実務経験がある人に限られた資格です。この他に、シニアソムリエの中から推薦で選ばれる「マスターソムリエ」、飲料の輸入・販売の仕事に関わる人を対象とした「ワインアドバイザー」、職歴や業務経験を問わない「ワインエキスパート」という資格が設けられています。

一方、全日本ソムリエ連盟では、実務経験の有無を問わず、連盟実施の講習を受けることで「ソムリエ」や「ワインコーディネーター」の認定試験を受験できます。

このような認定試験に必要な知識や技術を習得するためのスクールや専門学校の講座も設けられていますが、ソムリエとしての募集は決して多くありません。まずはレストランやビストロなどのワインを扱う店で経験を積み、知識や技術を身につけておくとよいでしょう。

栄養教諭

学校における食育教育の必要性から2005年に新設された教職で、小学校・中学校・高校においてアレルギーや肥満・偏食などの問題を抱えた子どもの個別指導にあたる他、家庭科などの授業や学校行事などを利用して、**食と栄養・健康についての教育を行う**仕事です。栄養教諭は栄養管理士の資格も持っていることから、学校給食における栄養管理と衛生管理を行う場合もあります。

食は生活全般に関わるため、学校での生徒指導にとどまらず、担任教諭や地域・家庭とも連携をとって栄養指導を行うことが期待されています。特に、朝食をきちんととり規則正しい食生活を送るためには、家庭の協力が不可欠です。

栄養教諭になるためには、**栄養士または管理栄養士の資格と共に栄養教諭免許が必要**です。栄養士の資格は大学・短大の栄養学科を卒業すれば取得できます。在学中に栄養教諭免許取得に必要な単位を履修すれば免許状(大学は一種、短大は二種)が取得でき、また大学院で修士課程(または博士前期課程)に進学すると、栄養教諭専修免許を取得できます。

POINT
- 学校で食と栄養の指導にあたる
- 地域・家庭とも連携をとる
- 大学・短大の栄養学科で栄養教諭の免許を取得する

スポーツ栄養士

スポーツをする人に適切な食事と栄養のとり方を指導する仕事です。

スポーツでは体重コントロールが不可欠ですが、同時に体を作る栄養の摂取も欠かせません。オリンピック選手などトップアスリートのサポートチームには、スポーツ栄養士が参加しています。運動能力を高めるためには、トレーニングと共に強い体づくりにつながる食事が重要となるのです。

具体的には、スポーツクラブなどに所属して、食事に関する指導を行い、相談にも応じます。食事と栄養についての専門知識と共に、運動生理学などスポーツの知識を身につけておくことも必要ですし、自分自身のスポーツ経験も強みになるでしょう。実際に食事づくりを任されることもあるため、料理の腕前も求められます。

スポーツ栄養士として働くためには、**大学・短大で栄養士または管理栄養士の資格を取得し、スポーツクラブなどの募集に応募**する必要があります。関連する健康運動指導士(運動に関するアドバイスを行う)の資格も役立つでしょう。

POINT
- 体づくりのための食事と栄養の指導を行う
- 栄養士・管理栄養士の資格を取得する
- (有)取得すると有利な資格・免許あり

関連情報　栄養教諭 ➡ 文部科学省 HP
スポーツ栄養士 ➡ 日本スポーツ栄養研究会 HP

料理教室講師

全国にある調理師や料理の専門学校や料理教室・クッキングスクールなどで料理の作り方やもてなし方などを教える仕事です。専門学校や料理教室に就職する他、フリーランスの講師として複数の専門学校で授業を受け持つ、または自分で生徒を募集して教室を開くなど、働き方は様々です。有名講師になると、料理のレシピ本の出版やテレビの料理番組への出演、食品会社と協力した商品開発など、活躍のフィールドが広がっていきます。

料理教室講師になるためには、**調理師や栄養士などの資格が取得できる大学や専門学校に入ると有利**です。卒業後にホテルやレストランで経験を積むとよいでしょう。調理師や料理研究家に弟子入りする道もあります。外国に留学して料理を学ぶことも視野に入れるなら、外国語の勉強も必要です。料理が大好きなのはもちろん、たくさんの生徒を相手にするためコミュニケーション能力も必要です。また、オリジナル料理の開発や、外国に出かけて珍しい料理を学ぶことなど、常に新しいことにチャレンジする心構えも大切です。

POINT
- 料理の作り方やもてなし方を教える
- 調理師や料理研究家に弟子入りする道も
- 有 取得すると有利な資格・免許あり

フードコーディネーター

食ビジネスの世界で、食に関する知識と調理の技術を活かして食の多様な分野を結びつける仕事です。活躍の場は、テレビや雑誌などのマスコミや広告業界になります。多様な分野を総合的にコーディネートするため、仕事内容も多岐にわたります。例えば、料理雑誌や番組ではテーマに沿った料理とレシピを考案し、実際に料理も作ります。食べ歩きの企画内容の監修や、食に関する企画そのものの提案を求められることもあります。また、依頼を受けて、カフェのイメージに沿ったメニューとレシピを考えたり、コンビニエンスストアの季節フェアで提供する食品のアレンジを任されたりすることもあります。

基本的には依頼を受けての仕事になるため、**独立して働くためには自分のできることをしっかりとアピールできる能力が必要**です。専門学校のフードコーディネーター養成コースで知識や技術を身につけるか、名のあるフードコーディネーターに弟子入りして経験を積み、人脈を広げることも多いです。

POINT
- 食についての知識と技術を活かす
- 創造力とセンス・オリジナリティが求められる
- 有 取得すると有利な資格・免許あり

関連情報　料理教室講師 → 日本調理師会 HP
　　　　　フードコーディネーター → 日本フードコーディネーター協会 HP

フードスタイリスト

料理をよりおいしく見せるため、撮影現場で料理の演出・スタイリングを行う仕事です。

例えば、テレビ番組での仕事では、番組のテーマに沿ったスタジオセットを提案し、料理が映し出される場面ではテーブルコーディネートを考えます。皿・カトラリー・クロス・花・小物などの必要な小道具を撮影までに手配しておくのも仕事の1つです。湯気の立つ料理の撮影では、そのままではカメラに写りにくいため、ドライアイスを利用して湯気を演出することもあります。

撮影はフードコーディネーターやカメラマンなどのスタッフとの共同作業です。食器をはじめ、食文化についての幅広い知識のみならず、スタッフとの協調性も求められます。

フードスタイリストになるための決まった進路はありませんが、**著名なフードスタイリストに弟子入りして、技術を身につけながら仕事を得ていくケースが多く見られます**。料理専門の撮影スタジオでアシスタントとして働いたり、料理雑誌の編集者から転身したりする人もいます。

POINT
- ●料理をよりおいしく見せるための演出をする
- ●テレビ・雑誌などの撮影現場で働く
- ●弟子入りして技術を磨きながら仕事の幅を広げる

クッキングアドバイザー

食品や調理器具の販売促進のために、調理法のアドバイスなどを行う仕事です。

具体的には、食品メーカーが主催する料理講習会で、そのメーカーの商品を使った料理を教えることや、調理器具メーカーのイベントでの調理体験を通して、商品のすぐれた点を顧客に伝えることなどが挙げられます。また、大手のスーパーの中には、顧客サービスの一環としてクッキングアドバイザーをおき、店頭で調理や栄養に関するアドバイスを行っているところもあります。企業を代表して、実際に顧客と触れ合いながら食の世界を広げる仕事ですので、料理技術や栄養の知識と共に接客スキルも必要です。また、いかにして自社の商品を売り込むかが問われる仕事でもあります。

クッキングアドバイザーになるためには、**専門学校などで調理と栄養について学び、食品メーカーや調理器具メーカーに就職する必要があります**。調理師や栄養についてのアドバイスができる管理栄養士の資格を持っていると強みになるでしょう。

POINT
- ●企業や商品の顔として販売促進活動をする
- ●顧客に対して調理の指導やアドバイスを行う
- 有 取得すると有利な資格・免許あり

関連情報
フードスタイリスト ➡ 日本フードコーディネーター協会 HP
クッキングアドバイザー ➡ 『マーフィーの「売れる！」法則』（マーフィー岡田著／大和出版）

カフェプランナー

カフェを運営するために必要な様々な知識と技術を持ち、カフェの開業・運営のサポートをする仕事です。

カフェを開業・運営するために必要な知識は、立地の良い物件を確保するための不動産・オーナーのコンセプトを表す外装や内装などの建築とインテリア・メニュー開発・スタッフのマネジメント・各種食材の仕入れ先・接客サービス・広告・経営全般に関するもので、これらの知識を学ぶためのカフェプランナーという民間資格もあります。

カフェプランナーとして活躍している人の多くは、複数のカフェ経営を成功させて脚光を浴びたのち、独立しています。「カフェを開きたい」という人に対しては、営業に必要な技術を指導して開業を支援し、「カフェ経営を立て直したい」という人に対しては、サービスやコスト管理などの必要なアドバイスを行うといった仕事にも携わっています。

カフェプランナーとして働くためには、**カフェ運営に関する知識はもちろんのこと、幅広い人脈を持って飲食業界での信頼を獲得する必要がある**でしょう。

POINT
- カフェビジネスについての広範な知識を持つ
- 飲食業を経験し、消費者のニーズを知る

有 取得すると有利な資格・免許あり

醸造家

ワイン・ビールなどの醸造酒や、しょう油・味噌などの醸造食品を造る仕事です。

ここではワインの醸造家を紹介します。ワインづくりはぶどうの栽培から始まります。毎年秋の収穫を終えると、ワインの種類別に仕込みを行い、発酵させます。発酵を終えるとオリ（不純物）を除いて熟成させ、瓶に詰めてさらに熟成させたうえで出荷します。年によってぶどうの質が異なり、発酵条件も変わってくるため、良いワインは醸造家の知識・技術・経験などのすべてを結集したものといえます。ワインへの愛情と共に、観察力・几帳面さ・根気強さが求められます。

醸造家には、生物と化学の知識が必要です。**大学の醸造学科や化学科で学び、醸造所に就職して経験を積むとよいでしょう**。ワイン醸造の国家資格を設けているフランスには、栽培から醸造・シャトー（醸造施設のあるぶどう園）経営までを学ぶ学校がありますから、フランスに留学するという道もあります。なお、日本にはワイン醸造技術管理士（エノログ）という、葡萄酒技術研究会による認定資格があります。

POINT
- 醸造酒や醸造食品を造る
- 大学の醸造学科などで学び、醸造所に就職する

有 取得すると有利な資格・免許あり

関連情報　カフェプランナー ➡ 日本カフェプランナー協会 HP
醸造家（ワイン）➡ 葡萄酒技術研究会（HPなし）

杜氏（とうじ）

酒づくりの最高技術者として、日本酒づくりの職人である蔵人たちを取りまとめる仕事です。

麹菌という微生物の活動を利用した日本に独特の醸造法については、微妙な味の違いなど科学的にも解明されていない部分があり、常に未知への挑戦が求められる世界です。

大手酒造メーカーなどでは醸造が機械化されているため、蔵人が作業をすることはありませんが、各地の蔵元では今も、杜氏と蔵人による酒づくりが行われています。

かつて杜氏は蔵元から酒づくりを請け負い、作業が始まる秋以降、蔵人たちと共に蔵元に住み込んで醸造を行っていました。南部杜氏（岩手）・越後杜氏（新潟）など、杜氏の流派があるのはその名残です。今では蔵元と雇用関係を結んで従業員として働く杜氏が増えています。また、女性杜氏も登場しています。

杜氏になるためには、**大学の醸造学科などで発酵と醸造の知識を身につける**とよいでしょう。卒業後は、まず蔵人として働き、実際の酒づくりを経験して研鑽を重ねます。

POINT
- 日本酒の醸造責任者
- 大学の醸造学科などで知識を身につける
- 蔵人として修業し、研鑽を重ねる

豆腐職人

豆腐や油揚げなどの大豆製品を製造・販売する仕事です。

豆腐は、前日に水につけておいた大豆を早朝から仕込んで作り、その日のうちに売るのが基本です。翌日になると、油揚げやがんもどきなどの揚げ物に加工します。日によって大豆を水につけ込む時間や水の割合が変わるため、熟練の職人でも毎日同じ豆腐にはならないといわれます。

豆腐職人になるためには、まず**豆腐店で働いて製造方法を学ぶ**とよいでしょう。道具をそろえれば、店舗がなくても販売の道は開けます。最近では昔ながらの台車をひいて豆腐を売る店も注目されていますが、一方でパッケージや製法を工夫するなどしてインターネット販売をする道もあります。

個人で小規模店舗を営む豆腐店は全国的に減少傾向にありますが、豆腐自体の消費量は大きく変わってはいません。むしろ良質の植物性たんぱくを含む健康食品として、世界的にも注目されています。製法やパッケージにこだわった個性派豆腐も人気です。どんな豆腐を作り、どの層に販売を広げるかといった戦略が成功を左右します。

POINT
- 豆腐や油揚げなどの大豆製品を製造・販売する
- 豆腐店で修業して豆腐づくりを学ぶ
- 製法・パッケージ・客層などの販売戦略を考える

関連情報　杜氏 ➡ 日本酒の基礎知識（日本酒サービス研究会・酒匠研究会連合会）HP
豆腐職人 ➡ 日本豆腐協会 HP

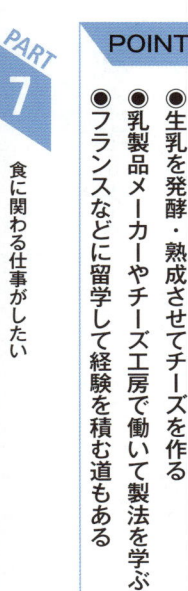

PART 7 食に関わる仕事がしたい

チーズ職人

牛乳や山羊の乳からナチュラルチーズを作る仕事です。日本でよく知られているナチュラルチーズにはヨーロッパ原産のものが多く、カマンベール（フランス）・モッツァレラ（イタリア）・ゴーダ（オランダ）などが挙げられます。

チーズづくりでは生きた発酵菌を扱うため、製造過程でのわずかな変化が製品のできあがりに影響します。原料となる乳の風味や発酵菌の働きは季節によって変わるため、製造のたびに配合を調整するなど作業を工夫する必要があります。ゆえに、チーズ職人には注意力と粘り強さが求められます。

チーズづくりは、牧場で酪農家が乳製品加工の一環として行っている場合も多いですが、チーズ職人を目指すなら、**独学でチーズ製造についての知識を得たのち、乳製品メーカーやチーズ工房で働いて経験を積む**とよいでしょう。チーズの本場であり「チーズ熟成士」の資格を設けているフランスやイタリアなどに留学して、修業するという道もあります。また、チーズ以外の発酵食品についても、その発酵の過程などを学んでおくとよいでしょう。

POINT
- 生乳を発酵・熟成させてチーズを作る
- 乳製品メーカーやチーズ工房で働いて製法を学ぶ
- フランスなどに留学して経験を積む道もある

ショコラティエ

チョコレートを使ってお菓子やデザートを作る仕事です。チョコレートの加工は、原料のチョコレートにクリームや酒などを配合して味と質感を調整し、トッピングやフィリング（詰め物）を工夫して美しく造形する作業です。チョコレートは繊細な温度・湿度の管理が必要なため、加工には高度な技術が求められます。

日本でもチョコレート専門店は徐々に増えてきていますが、洋菓子店やレストランなどでは、パティシエがチョコレートも含めたお菓子づくり全般を担当していることがほとんどです。ショコラティエになるためには、**製菓専門学校などで洋菓子全般の知識と技術を学び、洋菓子店などで働きながら経験を積む**必要があります。その後、専門店への就職を目指すか独立して開業するかのどちらかを選択するのが一般的です。また、チョコレートの文化と歴史を持つフランスやベルギーなどの製菓学校に留学し、本場のショコラトリー（チョコレート専門店）でスタージュ（実務研修）を経験するのもスキルアップにつながるでしょう。

POINT
- 繊細で高度な技術が必要なチョコレート加工の仕事
- 製菓全般を学び、製菓の現場に入って経験を積む
- 本場フランスやベルギーに留学する道もある

関連情報　チーズ職人 ➡ 日本乳業協会 HP
　　　　　ショコラティエ ➡ 日本洋菓子協会連合会 HP

和菓子職人

伝統の一品から新しい創作品まで、**日本の四季を表したお菓子を作る仕事**です。餡づくり・練り（羊羹（ようかん）など）・焼き菓子などの様々な手法を習得し、美しいお菓子づくりに精魂を込めます。

和菓子店やメーカーで働くためには、**専門学校の製菓コースで学んで就職するのが一般的**です。製造を機械化しているところもありますが、1つひとつ手作業で作られる和菓子には手の感覚が大切です。例えば大福であれば、餡と餅をバランスよく丸めたうえで、何十個もの製品を手早く同じ大きさに仕上げなければなりません。一人前の職人になるためには、実際に働き始めてからの積み重ねが何よりも大切です。

また、和菓子づくりに携わるのであれば、茶道の知識を身につけておくのもよいでしょう。上生菓子（餡を使った上等なお菓子）・干菓子（ひがし）（水分の少ないお菓子）はお茶席になくてはならないもので、四季折々の風物と行事を表現することが求められます。日本文化の「粋」を集めた茶道を学ぶことでセンスが磨かれ、商品開発にも役立ちます。

POINT
- 製菓専門学校で学び、和菓子店やメーカーに勤める
- 手の感覚を磨くことが大切
- 茶道の知識を身につけておくと役立つ

パン職人

専門店・ホテル・スーパーなどでパンを作る仕事です。パンづくりは基本的に、酵母菌の発酵作用を利用して生地を膨らませるため、レシピ通りに作っても毎回同じ製品ができるとは限りません。気温や湿度・糖分によって発酵の進み具合が変わるため、発酵の度合いや仕上げの焼き加減を見極めるには経験と勘が大切な、まさに職人技です。

ベーカリー（パンの製造・販売店）には、個人ですべての工程を行う中・小規模な店、仕込みや焼成などの工程別に担当を設けている大規模な店・工場から配送された生地を焼くだけのチェーン店などがあります。

パン職人になるためには、自分たちで仕込みから製造・販売のすべてを行う小さな**ベーカリーで3〜5年働いて腕を磨くのが一般的**です。また、**調理・製菓専門学校の製パンコースで学んだり、パンの伝統を持つフランス・ドイツなどに留学するのもよいでしょう**。また、食品衛生の知識を持つ製菓衛生師・厚生労働省認定の国家資格であるパン製造技能士などの資格があると、就職などの際に強みになるでしょう。

POINT
- 配合・仕込み・発酵・焼成などの工程を極める
- ベーカリーで3〜5年修業をする
- フランス・ドイツへ留学する道もある

PART 7 食に関わる仕事がしたい

カフェオーナー

自分でカフェを経営する仕事です。オーナーが自分で切り盛りするケースと、フランチャイズ経営に携わって店舗や資金を提供するケースがあります。

カフェをオープンするためには、店のコンセプトを決め、資金や店舗・機材を確保しなければなりません。メニューの決定やスタッフの募集なども必要ですし、接客サービスや経理の知識も不可欠です。これらの知識を学ぶためには、スクールに通ったり、カフェプランナーに相談したりする方法があります。毎年多くのカフェが開店しますが、一方で閉店も多いのが現実です。運営を続けるためには、店の特徴となるコンセプトや、ターゲットとなる来客層とそのニーズを見定めたサービスを日々提供していくことが必要でしょう。

開業にあたっては**保健所の営業許可が必要**ですが、許可を得るためには、1つの店舗に食品衛生責任者の資格を持つ人がいることが必須条件となります。**栄養士・調理師・製菓衛生師などの資格を持っているか、または食品衛生協会が行う講習を受ける**ことで食品衛生責任者として認められます。

POINT
- 開業またはフランチャイズ店のオーナーとなる
- 必要な知識はスクールなどで学ぶことができる
- 開業には食品衛生責任者の資格を持つ人が必要

バンケットスタッフ

ホテルなどで行われるパーティの際に飲食サービスを提供する仕事です。

ホテルは結婚披露宴や記念式典などのパーティ会場として利用されることが多く、バンケットスタッフは、その会場設営・厨房・接客サービスなどを担当します。料理やワインに関する知識を持ち、コースに応じた食器とカトラリー(フォーク・ナイフ・スプーンなど)の並べ方や、飲み物や料理のサーブの技能に通じた飲食サービスの専門家です。大きなホテルでは、営業からイベント企画までを行うバンケットスタッフを配置している場合もあります。

バンケットスタッフとして働くためには、**ホテル・飲食サービス関連学科のある専門学校**で学んだのち、ホテルや結婚式場の募集に応募するか、派遣会社に登録する必要があります。関連資格として、レストランサービスに必要な知識が問われます。接客マナーとテーブルサービスに必要な知識が問われる学科試験と実技試験に合格すると、「レストランサービス技能士(1〜3級)」の国家資格が取得できます。

POINT
- ホテルなどで接客・飲食サービスを行う専門家
- 飲食サービス関連学科のある専門学校で学ぶ
- 有 取得すると有利な資格・免許あり

関連情報 カフェオーナー→日本食品衛生協会 HP
バンケットスタッフ→日本ホテル・レストランサービス技能協会 HP

バリスタ

おいしいコーヒーをいれる仕事

です。もともとはイタリア語で、昼はコーヒー、夜はお酒を提供する店で働く人のことを指す言葉です。エスプレッソをはじめ、カプチーノやカフェラテなどを作ります。最近では、コーヒーの表面に描く華麗なラテ・アートもよく知られています。

バリスタの技術が求められるのは、カフェやレストランですが、独立開業するという選択肢もあります。オーナーバリスタの店では、こだわりのコーヒー豆の仕入れ・焙煎の工夫などでコーヒー好きの客を惹きつけることができるでしょう。フードやスイーツなどのメニューを加えることで、他の店との差別化を図ることもできます。

バリスタになるために必要なのは、コーヒーに関する専門知識をはじめ、抽出法や機械の操作、接客サービスなどです。**技術はスクールや講座で学べますが**、調理師・製菓専門学校へ通えば、より幅広く料理やお菓子についても学ぶでしょう。飲食店で働いて経験を積み、サービスの実際を学ぶとよいでしょう。

POINT
- おいしいコーヒーをいれる技術を持つ人
- カフェやレストランで働くか、自分の店を持つ
- スクールなどで学び、飲食店で経験を積む

バーテンダー

幅広いお酒の知識を持ち、シェイカーを振ってカクテルを作り、お酒に合う料理も用意する仕事

です。バーには、バーテンダーが1人で切り盛りしている小規模の店・ラウンジのような大規模の店・ホテルのバーやレストランバーなどがあります。いずれも会話の楽しみやくつろぎを求めて来店する人が多いため、居心地良く過ごせるように気を配れることが求められます。

バーテンダーになるための知識・技術を教えてくれる専門学校やスクールもありますが、将来独立を目指すのであれば、**バーで修業を積むのが一般的**です。仕事を覚えると同時に、自分の顧客をつかむことができるからです。

バーテンダーに向いているのは、お酒に興味があって調理が好きな人やくつろぎのひとときを提供できるホスピタリティを持つ人です。実は、バーテンダーだからといって必ずしもお酒に強いわけではありません。自分が飲めることより、お酒の味わいや、お酒と共に時間を楽しむことを知り、自信を持って「おもてなし」ができることが大切なのです。

POINT
- お酒や料理を提供し、接客する
- バーで修業をする
- 「おもてなし」ができる人に向いている

板前

日本料理の調理を行う仕事です。料亭・割烹（かっぽう）・旅館・専門料理店などで働きますが、懐石（会席）・割烹・精進・天ぷら・うなぎ・郷土料理など料理ジャンルによって異なります。

板前になるためには、料亭などで修業を積み、一人前になって支店を任されるか、または独立して自分の店を持つという道があります。

修業は、見習いとしての下働きから始まるところがほとんどで、住み込みで働くこともあります。店によりますが、最初は調理器具の準備や洗い場・まかないなどの雑用をこなし、次いでご飯炊き・盛りつけ・揚げ物・焼き物・お造り・煮物とステップアップしていきます。煮物を任せられるようになれば一人前といえます。何年も大根の皮むきや鍋洗いを続けなければならないことに耐える力が求められます。なお、献立を決める板場（調理場）の責任者を花板といいます。

板前として働く人は、**中学・高校を出て店に修業に入るケース**が多いようですが、一方、調理師専門学校で基本的な知識と技術を学んだのち、店で修業をするケースもあります。

POINT
- 料亭や旅館などで日本料理を作る
- 修業を経て一人前になるまでは5〜10年かかる
- 独立して自分の店を持つ道もある

寿司職人

お客の要望に応じた寿司を握り、提供する仕事です。寿司屋で修業を積む方法をとるのが一般的です。料亭など日本料理を提供する店で働いたあと、寿司の修業に入る人もいます。

修業では、出前や皿洗いなどの下働きをこなしながら市場への買いつけに付き添い、魚の選び方を学びます。次いでシャリづくりや焼き物・魚のおろし方を学んだのち、カウンターでの客前の仕事を任されるようになります。寿司は海苔巻きから習い始め、握りができるようになって初めて一人前と認められます。

寿司職人として一人前になれば、のれん分けをしてもらって支店を任されるか、自分で店を開くなどの道があります。**5年ほど修業を積めばひと通り仕事を身につけられますが、握りについては一生修業**ともいわれます。

近年では、日本料理の広がりと共に寿司も海外で広く受け入れられるようになり、「ミシュラン・ガイド」で寿司店が5つ星に選ばれるなど、寿司職人は世界でも注目を集めています。

POINT
- 寿司屋で修業して技術を身につける
- 一人前になるまでに最低5年はかかるといわれる
- 寿司職人としてのフィールドは海外にも広がる

ラーメン屋

ラーメンを作りお客に提供する仕事です。ラーメン屋には、**自分でラーメンを作って経営も行うケース**と、フランチャイズ店のオーナーになるケースがあります。

ラーメン屋の開業には、メニューや調理方法に関する研究を重ねて理想のラーメンを追求する強い意志や、様々な店を食べ歩いて味覚を磨き、研究を重ねる探究心も必要です。資金を準備して店舗と機材を調達する行動力も不可欠です。仕入れ先の選定と確保・従業員の雇用も考えなければなりません。さらに、数あるラーメン屋の中で生き残っていくためには、マーケティングの知識やブランディング戦略も必要です。これらの知識を身につけるためには、ラーメン店で働きながら身をもって実際の仕事を学ぶ方法も有効です。

ラーメン屋の開業にあたっては、そのためには**食品衛生責任者をおかなければなりません**。調理師などの免許を持った人がいれば認められますし、そうでなくても、都道府県の食品衛生協会が実施する講習会を受講して資格を得ることができます。

POINT
- 独立開業かフランチャイズ店のオーナーになる
- 生き残りのために様々な研究と戦略が必要
- 開業には食品衛生責任者の資格を持つ人が必要

そば職人

おいしいそばを打つと共に、そば屋で出す天ぷらなどの料理を作る仕事です。そばの基本はそば粉と水ですが、少しの配合の違いで仕上がりには大きな差が出ます。毎日同じ良質のそばを打つためには、職人としての技と経験が必要です。

最近は、素人でも趣味としてそばを打つ人が少なくありません。打ち方についてはスクールや講座などで学ぶこともできますが、**職人を目指すのであれば、有名そば屋などで修業を積む**とよいでしょう。そばの打ち方はもちろん、有名店では秘伝とされるそばつゆの作り方や天ぷらをはじめとした料理の技術も身につけることができます。将来自分の店を持つことを目指すならば、経営のノウハウについても学ぶことができるでしょう。

そばの打ち方は、人によっては1年程度で身につけられるといいますが、店によって料理や経営に対するスタンスが違うので、開業したそば職人の中には複数のそば屋で修業を重ねた人も少なくありません。調理師や食品衛生責任者の資格があると、開業の際に役立つでしょう。

POINT
- そばを打ち、天ぷらなどの料理を作る
- そばの打ち方はスクールでも学ぶことができる
- そば屋で修業をして習い覚えるのが近道

関連情報 ラーメン屋→ラーメンワンダーランド（西山製麺）HP
そば職人→そば・うどん業界.com HP

食品移動販売業者

ワゴンや屋台などで食品を販売する仕事です。店舗を構える必要がないため、資金が少なくても始めることができます。販売形態には、麺類やクレープのように調理して販売する場合と、菓子パンなど調理済みの商品を販売する場合があります。ワゴンを改造した車両・引き屋台・自転車など、なるべく目を引く形態にすると効果的です。

繁華街などに店舗を構えるためには多くの資金が必要ですが、店舗自体は別の場所に構え、営業活動の一環として人の集まる場所でお弁当やスイーツを販売し食べてもらうことで、集客が期待できます。また、移動販売で資金を貯めながらリピーターを獲得し、のちに店舗開業をする場合もあります。フランチャイズ形式で展開している業者もいます。

食品の移動販売を行う際には、地区を管轄する保健所に申請を行うと共に、食品衛生責任者の資格を取得しておく必要があります。なお、路上販売では道路交通法に抵触しないよう気をつけなければなりません。また、屋外で食品を取り扱うため、衛生管理には細心の注意を払う必要があります。

POINT
- 店舗を構えず少ない資金で始められる
- 集客率の高い場所でも営業可能
- 開業には食品衛生責任者の資格を持つ人が必要

食品開発技術者

新しい食品やメニュー・飲料などを企画・開発する仕事です。品質の分析や、食品の生産に役立つ技術開発も行います。食品・飲料メーカーをはじめとして、飲食店チェーンやコンビニエンスストアの開発部門・公的な食品研究機関などに所属して働くのが一般的です。

コンビニエンスストアやファミリーレストランでは、毎月のように新しい食品やメニューが生まれています。新しい味やおいしさの向上・栄養や健康を考慮したアプローチ・消費者のニーズなど、様々な角度から立てられた企画を実現するために、試作と試食を繰り返して新しい商品が生まれます。

このような一連の流れの中で、食品開発技術者は、試作品で成分や食味などを分析し、安全性や品質などを検証します。食品開発技術者になるためには、大学や大学院・専門学校で農学や化学・栄養学などを学び、食品メーカーなどの開発・研究職に就職する必要があります。

POINT
- 食品の開発・品質分析などを行う
- 大学などでバイオや栄養学などの専門知識を学ぶ
- 食品メーカーや飲食店・食品研究機関に就職する

農家

こんな人におすすめ！
- 農業について関心がある人
- 自然のわずかな変化に気づける人
- 辛抱強い人

1 農家の仕事とは？

米や野菜などの作物・花などを生産する仕事です。

植えつけから収穫までの期間は、数カ月の短いものから数年かかるものまであります。土壌づくりから始まって、天候や病虫害に気を配りながら、収穫までの間、作物の世話をします。

かつては農家のほとんどが専業農家であり、代々家業を継いで農業に従事する人が多かったのですが、近年では、農業以外の仕事でも収入を得る兼業農家が、農家全体の7割以上を占めています。また、農業生産法人（農業法人）に勤め、給料をもらって農業に携わる人も増えています。

農業法人とは、有限会社・株式会社として農業を行う企業のことで、大規模生産により収益の拡大を目指します。そのために、作物の生産と出荷に加えて農産物の加工や販売を行い、営業や広報活動を通じて販路を広げるなど、多角的な経営を行っているところもあります。

生産した農作物は、地域の農業協同組合や卸売市場に出荷するのが一般的ですが、近年では、スーパーやレストランなどに直接納める契約販売やインターネットでの直接販売を手がける農家も増えています。

また、最近は、消費者の「食の安全」への関心の高まりと共に、生産者の氏名を表示して販売する「顔の見える生産」が評価されています。有機農法や減農薬で栽培された米や野菜に対して、消費者から直接「おいしい」「安心だ」などという声が届き、農家のやりがいにもつながっています。また、いちごやりんごなどの果実をハウスで育て、一般客が自分で収穫する「果物狩り」を中心に観光農園の経営に乗り出す農家もあります。併設された直売所では、漬物やジャムなどの加工品を販売し、さらに観光客の人気を集めています。

農業という仕事は、天候などの条件に左右されるとはいえ、基本的には経験や技術が作物の品質に大きく関わります。しかし、種をまくところから収穫まで、すべての仕事を自分の手で行うことができるのも魅力の1つです。

304

2 農家の役割・資質とは？

農家には第一に、**安心して食べることのできる農作物を生産すること**が求められます。特に近年は、国産の農産物に人気が集まっています。食料自給率の向上や、貿易自由化の流れの中で、場合によっては遺伝子組み換え作物のように安全性が証明されていない作物が大量に流入してくる可能性があるという面からも、ますます国内の農家の重要性は高まるでしょう。また、今後の農業には、植物をはじめ、生物・土壌・水源など環境に配慮した生産を目指すことが求められます。

農作業は、毎日戸外で体を使うため、体力が基本です。**自然が好きであることはもちろん、植物の成長におけるわずかな変化にも気づく観察力も必要**でしょう。観察にもとづいて改善点を見つけ出し、試行錯誤する研究心と向上心があれば、着実にスキルアップすることができます。

3 農家になるためには？

農業に就く場合、**農業大学や大学の農学部・農業系の専門学校に入学して専門知識を身につける**のが一般的な道です。また、農業に就く場合、農業法人に就職する道もあります。将来独立を希望する場合でも、農業法人の中には、農業を学びたい人を研修生として受け入れ、育成を行っているところもありますし、地域によっては、就農希望者を積極的に受け入れ、土地を用意するなどの支援をしています。**栽培作物によりますが、普通免許の他にトラクターを運転するための小型特殊免許がある**とよいでしょう。

PART 7 食に関わる仕事がしたい

進路フローチャート

就農
↑
農業の知識と技術を学ぶ中で、栽培作物・栽培方法・働く場所など、自分自身の農業のイメージを考える

大学・短大・専門学校に入学
↑
全教科をバランスよく学びつつ、大学進学の場合は、農学部受験に必要な科目に力を入れる

高校入学

POINT
- 食の安全・環境保全を考慮した生産が求められる
- 研究心と向上心が必要
- 兼業または農業法人に就職するという方法もある

関連情報
- **全国新規就農相談センター** HP
  新しく農業を始めたい人のための情報が満載。学生・社会人向けインターンシップの紹介ページもある

オススメの1冊！
『イラスト図解 農業のしくみ』
(有坪民雄著／日本実業出版社)
栽培の基礎知識から農業経済・バイオまでをカバーした農業全般に関する入門書

ⓘ 生産者が自作の農産物を消費者に直接販売するファーマーズマーケットの人気が高まっている

酪農家

こんな人におすすめ！
- 動物の世話がしたい人
- 肉体労働に自信のある人
- 他者の生活リズムに合わせて自分も生活できる人

1 酪農家の仕事とは？

乳牛を飼育して繁殖させ、乳を搾って生乳を生産するのが酪農家の仕事です。牧場によっては、生乳を加工してチーズやアイスクリームなどの乳製品を作るところもあります。

酪農家の1日は、早朝に牛舎の掃除をすることから始まります。清潔な環境を保つことで病気を予防するためです。敷きわらを取り替えてエサをやり、ミルカーという搾乳機を使って順番に牛の乳を搾っていきます。その際、搾り残しや搾り過ぎにも気をつけなければなりません。搾乳の前後には器具や乳房を消毒します。

牛は繊細な動物であるため、毎日決まった時間にエサをやり、乳を搾る必要があります。牛舎の掃除と搾乳は、たいてい朝夕2回行われます。搾った乳は、地域の農協や乳業会社が回収に来た際に検査され、成分が薄くなったりすると買い取り価格が低くなります。

搾乳が終わると、乳牛のデータ管理や牧草の世話、たい肥づくりを行います。季節によっては、牧草を刈り取って飼料を作ったり牛を放牧に出したりします。乳牛は人工授精によってほぼ年に1回出産するため、獣医師を手伝ってお産に携わる機会も頻繁です。また、病気の予防や治療・若い乳牛の入れ替えも必要です。

良質でおいしい牛乳を得るためには、牛を健康に育てることが一番重要ですから、**酪農家は毎日牛を中心とした生活を送っています。**

2 酪農家の役割・資質とは？

酪農家に求められるのは、**牛の健康を第一に考え、毎日欠かさず世話をすること**です。乳牛は1日およそ30kgのエサを食べ、1頭の搾乳量は1回10kg以上と、作業にはかなりの力が必要とされます。そのため、まずは自分自身が健康と体力づくりに注力することが求められます。毎日エサをしっかり食べているか・ストレスはないか・発情の兆候があるかなど、牛のちょっとした変化に気づくことのできる観察力と粘り強

3 酪農家になるためには？

ゼロから牧場を開く場合、土地・牛・牛舎・機械などへの莫大な投資が必要になるため、**酪農家は家業として牧場を継ぐケースが一般的**です。しかしながら、近年では、高齢化や跡継ぎの不在によって廃業するケースが増えているため、**牧場を手放す人と新規に酪農を始めたい人のマッチングが、地域ぐるみで積極的に進められています。**

新たに酪農家になるまでの流れとしては、農業大学や農学部のある大学・短大で、酪農と畜産に関する知識と技術を学んだのち、酪農ヘルパーや牧場スタッフに応募して、実際に乳牛の世話をしながら酪農家の仕事を身につけるのが一般的です。

酪農ヘルパーは、365日休みのない酪農家にかわって乳を搾ったりエサをやったりと、乳牛の世話をする仕事です。酪農家が不在の間に牛の世話全般を任されるため、それ相応の技術と責任が求められます。また、毎日異なる牧場で働くため、作業内容や使う機械の違いに適応する必要があります。酪農地帯には、酪農ヘルパーの派遣会社があるところもあります。牧場の大型化に伴い、スタッフを募集している酪農家も少なくありません。

酪農ヘルパーとして働いて必要な資金を貯めたのち、離農予定の牧場とのマッチングを図り、牧場を受け継ぎます。最初の数年間はリース契約を結んで賃料を払い、経営を安定させたうえで牧場を買い取ることになります。

PART 7 進路フローチャート

酪農家に
↑ 牧場で実際に乳牛の世話をしながら資金を貯める

酪農ヘルパーなど
↑ 酪農と畜産の知識と技術を学ぶ

大学・短大の農学部に入学
↑ 酪農・畜産について学ぶ。牧場の仕事で牛の世話を経験するとよい

高校入学

POINT
- 健康で体力がある人に向く
- 大学や短大の農学部で酪農・畜産を学んでおくと役立つ
- 酪農ヘルパーや牧場スタッフとして働く道もある

関連情報
● 畜産ZOO鑑（乳用牛） **HP**
酪農の仕事と歴史から、乳牛の体・牛乳についてわかりやすく紹介するページ

オススメの1冊！
『新しい酪農技術の基礎と実際 基礎編』
（中央畜産会、酪農ヘルパー全国協会編／中央畜産会）
最新の酪農技術についてわかりやすく解説した、酪農ヘルパー養成の入門書

ℹ 日本の乳用牛の90％以上は、乳量の多いホルスタイン種（白黒まだら模様の牛）である

果樹栽培者

果樹園を経営し、季節ごとに実る果物を栽培・出荷する仕事です。観光客が自分で収穫できる観光農園の形態をとることもあります。

日々の仕事は、より良い実を結ぶよう、肥料をやったり雑草を引いたり病虫害を防ぐなどです。例として、リンゴやナシ栽培の1年の流れを見てみましょう。まず、花が咲いたらミツバチなどを利用して受粉させます。次に、実がついたら質の悪い実を取り除いて残った実を大きく育てます。出荷する実には袋をかけて雨風から保護し、適度な大きさになったら収穫します。収穫作業は最も手がかかるため、場合によっては人手を増やすなどして1個1個傷めないように摘み取っていきます。収穫が終わると、枝を剪定して翌年に備えます。大半の果実は年1回収穫することができますが、苗木から育てる場合には収穫までに数年の期間を必要とします。

果樹栽培をするためには、**農業大学・大学の農学部や短大などで園芸や果樹栽培について学ぶ**か、農業者大学校や国立の果樹試験場で研修を受けて就農する道があります。

POINT
- 一つひとつ手で行う作業が多い
- 時期によって忙しさが変わる
- 大学や短大などで園芸・果樹栽培を学ぶ

農産物検査員 〔資格免許〕

消費者が米・麦・大豆などを購入するときに判断の基準となる、銘柄や品位などの項目について検査する仕事です。

検査項目は「品位」「銘柄」「種類」などです。例えば、米では品位は1等級・2等級・3等級・規格外に分けられます。また、米の中でもうるち米・もち米・醸造用の米(酒米など)のそれぞれに等級を決める基準が定められており、粒のそろい方・水分含有量・不良米の含有率などによって等級が決まります。銘柄とは「コシヒカリ」「ササニシキ」「ひとめぼれ」など、米などの品種につけられた名前のことです。

政府買入米は、この検査を受けなければなりません。購入者にとっては購入するか否かの判断の目安となり、生産者にとっては買入価格の決定に直結するため、正確な判断が求められます。

農産物検査員になるためには、**農協または米穀の売買取引に関わる会社(米屋など)に所属して、農産物検査における1年以上の実務経験があること、及び都道府県で行われる研修を受講し筆記と実技の試験に合格すること**が必要とされます。

POINT
- 穀類の検査を行い、食の安全を担う
- 農協または穀類取引に関わる企業で実務経験を積み、試験に合格する

農作物品種改良研究者

「より栽培しやすい」「よりおいしい」などの様々なニーズに合わせて、農作物の新しい品種を開発する仕事です。

品種改良には長い時間がかかります。まず多くの原種から目的に合った母本（もととなる素材）を選び出して交配し、試験的に栽培します。どのくらい病気に強いか・収穫量はどうか・味はどうかなどを調べ、望む結果が得られない場合には、何度も試作を繰り返します。新しい品種が誕生するまでには最短でも5年以上かかるとされ、長いスパンの研究に取り組みながら、自分で農作業も行わなければなりません。開発にかける情熱と、根気よく物事に向き合うことのできる力を持ち合わせなければならない仕事といえます。

農作物品種改良の仕事に就くためには、**大学でバイオテクノロジーを専攻して学ぶとよいでしょう。**卒業後、種苗会社の研究職か、農業試験場（農業研究センター）に就職するか（都道府県が設置する農業試験場の場合は、公務員試験に合格後、配属されます）、大学の農学系の研究機関で研究を続けるという方法があります。

POINT
- ●交配と試験を繰り返して新しい品種を生み出す
- ●長いスパンの研究に取り組める根気が必要
- ●大学でバイオテクノロジーを学び、研究職に進む

畜産農業者

食肉として販売するために、牛や豚・鶏などの家畜を繁殖させて育てる仕事です。近年、養豚・養鶏では農業法人による大規模経営が増えています。

ここでは、肉用牛を育てる仕事について紹介しましょう。肉用牛では、子牛の繁殖を中心に行う繁殖農家と、肉の肥育を行う肥育農家、繁殖と肥育を一貫して行う繁殖肥育一貫経営農家があります。

繁殖農家では、雌牛が1年に1頭の子牛を生めるように人工授精を行います。健康な子牛が生まれたら、9カ月くらいまで育てたあと、市場でせりにかけて肥育農家に売り渡します。肥育農家では、年齢や季節によってエサの種類を変えたりしながら大きく育て、生後30カ月前後になると出荷します。できる限りストレスなく健康に育つよう気を配ります。

畜産農業を営むなら、**大学や専門学校の畜産科で畜産の基礎を学んでおくとよいでしょう。**その後、畜産農家や畜産会社などに就職します。また、地域の農協や畜産組合では、農家などからの従業員やスタッフの募集を紹介しています。

POINT
- ●食肉として販売する家畜を育てる
- ●家畜の健康を配慮した生育環境を整える
- ●大学や専門学校の畜産科で専門知識を学ぶ

関連情報　農作物品種改良研究者 ➡ 農業・食品産業技術総合研究機構 HP
畜産農業者 ➡ 全国畜産農業協同組合連合会 HP

養蜂家

ミツバチを飼って蜂蜜や蜜ろうを採取する仕事です。おもな仕事内容は、1年を通してミツバチを健康に育てて増やすことです。春は産卵の世話をし、蜜を集めます。蜂蜜が採れるのはこの時期だけで、1年で最も忙しい時期です。夏以降は花が少なくなるため、エサやりに気を配り、秋が訪れると天敵であるスズメバチから守って越冬の準備にかかります。冬は巣箱の保温や管理をします。

養蜂の方法には、定置養蜂と移動養蜂があります。定置養蜂では同じ場所で次々に花を咲かせて蜜を集め、移動養蜂では特定の花の開花時期に合わせて場所を移動していきます。現在は定置養蜂が主流になっています。果樹園やハウス栽培の作物の花粉交配(受粉)にミツバチは欠かせない存在であるため、養蜂家の中には貸し出しに特化して蜂を育てている人もいます。

養蜂家になるためには、**養蜂会社に就職して働く道もありますが、独立を目指すのであれば、個人経営の養蜂家のもとで修業するケース**が多いようです。

POINT
- 作物の受粉のためだけにミツバチを貸し出す養蜂家も多い
- 養蜂家のもとで修業しながら技術を習得する

家畜人工授精師

牛や豚などの家畜の人工授精を行う仕事です。種付技術員とも呼ばれます。

農家で育てられる家畜には、食肉として繁殖させたり搾乳したりするために効率的な人工授精が必要です。乳牛・肉牛では1頭につき年1回、豚であれば1頭につき年2〜3回の出産が理想とされています。出産後一定期間が経つと、発情の兆候が見られますが、このタイミングを見極めて質の良い精液を選ばなければなりません。

家畜人工授精師の職場は、各地の農業共済組合(農済)・農協・家畜診療所などです。獣医師や農済職員・生産者が兼任しているケースもありますが、経験の有無が重要な仕事のため、専業として独立開業する人もいます。

家畜人工授精師は国家資格の1つですが、資格は牛・豚・馬・羊など動物によって異なります。資格を取得するためには、**畜産科のある大学で必要な課程を学ぶか、都道府県が行う講習会を受けて試験に合格する**必要があります。ただし、獣医師であればこの資格を取得する必要はありません。

POINT
- 家畜の人工授精に関わる
- 動物によって異なる資格が必要
- 大学で必要な課程を学び、国家試験に合格する

PART 7 食に関わる仕事がしたい

漁師

魚介類を捕る、または育てる仕事です。漁業には沿岸漁業や遠洋漁業などがありますが、日本の漁師はそのほとんどが**小規模の沿岸漁業に従事**しています。小さな漁船を所有し、家族経営のところも多いです。場所によって捕る魚種も漁の方法も異なりますが、漁師の1日はおおむね次のようなものです。早朝に出漁して操業し、帰港して水揚げを出荷したのち、船や道具の点検・修理をして翌日の準備をします。

漁師になるためには、**水産系の学校を卒業して水産会社に就職する**（この場合は沿岸漁業に限りません）か、**漁師を募集している網元などのもとで技術を習得する**必要があります。

近年、漁師の高齢化と跡継ぎ不足が深刻になっており、未経験の人向けに漁師養成施設を設けている地域もあります。独立するためには漁協の組合員になり、地域で漁業を営むための権利「漁業権」を得なければなりません。漁船や機械など備品の購入費や、保険加入費などまとまった資金も必要でしょう。なお、沿岸漁業での漁船操縦には、一級小型船舶操縦士・第二級海上特殊無線技士などの資格が必要です。

POINT
- 水産会社に就職するか、網元のもとで修業する
- 未経験者向けの漁師養成施設がある場合も
- 独立するためには漁協の組合員になって漁業権を得る

海女・海士

海で魚介類や海藻を採る仕事です。「海女」は女性を指し、「海士」は男性を指すのが一般的です。全国の海女・海士の割合は7対3程度で、海女と海士の半数が働いている三重県では、伝統的な海女漁を行っている地域です。

ウエットスーツを着ておもりとなる鉛を身につけ、素潜りで水深10メートル以上もの海底に潜り、アワビ・サザエ・ナマコ・テングサなどを採ります。潮の流れや天候から危険を察知したり、獲物のいるポイントを知るためには経験が第一です。春から秋にかけてが漁のシーズンで、漁に出られない日やシーズンオフの冬には海産物加工や養殖業・飲食業などに従事します。

海女になるためには、海女漁の行われる地域に住み込み、地域の漁協や組合に加入して、先輩海女の弟子として修業する必要があります。地域に根づいた仕事のため、その土地に住んでいる人がなることの多い職業です。一方で、担い手不足の現実もあります。伝統的な海女漁を行っている地域では、人材募集を行っているところもあります。

POINT
- 素潜りで長時間潜る体力が必要
- 養殖業や飲食業との兼業も多い
- 漁協や組合に加入し、海女の弟子として修業する

関連情報 漁師 ➡ 漁師.jp（全国漁業就業者確保育成センター）HP
海女・海士 ➡ 志摩市観光協会 HP

水産物の養殖家

魚介類を養殖して出荷する仕事です。日本の沿岸でおもに養殖されているのは、魚類ではタイ・マグロ・ブリ・アジ・ハマチ・ウナギ、貝類ではカキ・ホタテ・アコヤガイ（真珠）、海藻ではワカメ・ノリ・コンブなどがあります。この他に、スッポンや金魚などの養殖業者もいます。

養殖は、海面養殖と陸上養殖に大別されます。タイなどの魚は海に設けたいけすで育てますが、これを海面養殖といいます。成長に伴っていけすを移し、大きく育ったものを出荷します。一方、陸上養殖は、ヒラメやアワビなどに用いられ、大きな水槽で育てる方法です。陸上養殖では稚魚の養殖も盛んで、稚魚は漁業者や海面養殖業者に販売されます。養殖家のおもな仕事は、魚の世話と管理ですが、季節によっては赤潮や台風などへの対応も必要です。

養殖の仕事をするためには、**養殖業を行う企業に就職するのが一般的**です。地域によっては、人手不足から漁業従事者の育成プログラムや就業支援を行っているところがあり、これらの制度を利用するのも1つの方法です。

POINT
- 魚介類の養殖には海面養殖と陸上養殖がある
- 赤潮や台風などへの対応も必要
- 養殖業を行う会社に就職して技術を身につける

せり人

卸売市場で行われる「せり」を仕切る仕事です。中央卸売市場（都道府県が開設）と地方卸売市場（市区町村・協同組合・企業などが開設）では、早朝に鮮魚や青果・花卉（観賞用の植物）が取引されています。せりとは、買う側（仲買人など）が買い取り価格を示して競い合い、一番高い値段をつけた人が買い取ることのできる仕組みです。卸売会社に所属するせり人の仕事は、出荷者（生産者・農協・漁協など）から仕入れを行い、せりを取り仕切って値段を決めることです。鮮魚や青果のせりでは、「手やり」と呼ばれる独特の指のサインで買い取り価格が示されます。せり人は、多くの仲買人からすばやく繰り出される手やりを正確に読み取り、効率的に落札者を決めなければなりません。さらに、なるべく高く売りたい生産者となるべく安く買いたい仲買人との間で公正な取引を行う責任を負います。

せり人になるためには、市場に出入りする卸売会社に就職して販売業務の経験を積み、各市場が定める試験に合格する必要があります。

資格免許

POINT
- 「手やり」を読み取り、公正な取引に責任を負う
- 卸売会社に就職して経験を積み、各市場で定められた試験に合格することで人材登録される

PART 8

乗り物や
ITに関わる
仕事がしたい

子どもの頃、誰もがあこがれたパイロットや電車の運転士。近年、子どもに大人気のIT関連職。子どもの頃からの夢を追い続けながら、新たなフィールドにも興味がある皆さんにぴったりの仕事を集めました。

電車の運転士

旅客から貨物まで、列車を安全かつ快適に運転する仕事

こんな人におすすめ！
- 列車が好きな人
- 時間管理をしっかりと行える人
- 健康管理ができる人

資格免許

1 電車の運転士の仕事とは？

電車の運転士とは、電車（動力車）を運転する資格を持ち、旅客から貨物まで、公共交通機関たる列車の運転に携わる人のことです。

運転席を外から覗いてみると、座ってレバーを操作しているだけに見える電車の運転士ですが、**「乗客を安全に目的地まで運ぶ」「時間どおりに運行する」**という2つの義務を両立させるため、様々な作業をこなさなければいけません。車庫では、電車が正常に加速・減速するか、搭載機器に異常はないかなど各車両を点検します。走行中は常に信号機や踏切など、指差称呼により意識的に安全確認を行い、ダイヤグラム（ダイヤ・列車運行図表）と時計を見比べながら、時間どおりの運行を目指します。揺れや振動を発生させない運転操作も大切です。司令所（指令所）からの情報・指示に耳を傾け、運転状況や進路上の安全を確認し、トラブル発生時は事故の拡大防止と乗客の安全確保に全力を尽くすなど、運転に関わるあらゆることを1人でこなしているのです。

特例として、次の交代駅へ向かう運転士やレールを点検する保線員、技能講習中の見習い運転士などを同乗させることがありますが、原則として、運転台に入れるのは運転士1人です。乗客の生命と財産の守り手として、運転士の責任は非常に重いといえるでしょう。しかし、それだけやりがいが大きく、名誉な仕事ともいえるのです。

2 電車の運転士の役割・資質とは？

「何よりも安全で、可能な限り正確に」というのが、公共交通機関である電車の運転士へ課せられる大きな義務です。運転中には、信号機などの設備故障や乗客の中に急病人が発生するなど予期せぬ事態も起こりえます。すると、予定されているダイヤから時間がずれ込みますが、それでもむやみに焦らないことが重要です。何よりも安全を第一に考え、冷静さを失ってはなりません。**感情をコントロールできる人、**

314

乗り物やITに関わる仕事がしたい

どんなときにも冷静でいられる人に向く仕事といえます。また、安全に運転するためには体力と健康も重要です。どんな長距離の列車でも、乗務中は運転席で座りっぱなしです。中座することはできません。それに耐えうる持久力も大事でしょう。もちろん、体調不良のまま乗務することは禁止されています。**アルコールの摂取や睡眠時間の調整、日々の健康の維持など、徹底した自己管理**が求められます。

3 電車の運転士になるためには？

電車の運転士になるためには、**運転士希望として鉄道会社の採用試験を受け、就職する**のが一般的です。しかし、入社後すぐに運転士になれるわけではありません。まずは沿線の駅に勤務し、駅務を数年こなします。次に**車掌の登用試験**を受けて合格し、車掌業務を経験したあとに初めて**運転士の登用試験**を受けることができます。**国の定める基準にもとづく身体検査や適性検査**などに合格すると、運転士見習として国土交通省指定の**動力車操縦者養成所へ入所**します。養成所では3～4カ月間の学科講習後、学科試験を受験します。合格すると実際の路線で4～5カ月にわたる技能講習に臨み、技能試験に合格すると、ようやく**動力車操縦者運転免許証**が交付され、運転士としての勤務がスタートします。

運転免許証には蒸気機関車・電気車・内燃車（ディーゼル車）・新幹線電気車などの他、甲種乙種・第一種・第二種と細かい分類があります。鉄道会社の所有車両に対して免許を取得する必要があるため、運転したい車両がある人は、その車両を所有する鉄道会社を目指しましょう。

進路フローチャート

```
動力車操縦者試験
     ↑ 数カ月間
動力車操縦者養成所
     ↑ 数年間（会社による）
車　掌
     ↑ 数年間（会社による）
駅　務
     ↑
就職試験
     ↑ 知識面では一般教養を広く学んでおく。自己管理能力・忍耐力・感情抑制力を鍛えよう
大学入学
     ↑ 運転士志望であれば高卒入社を認める会社もある。教養を幅広く学んでおく
高校入学
```

POINT
- 列車を安全かつ快適に運転する
- 数年間の業務と専門講習を受けて動力車操縦者運転免許を取得する

関連情報
- **日本鉄道運転協会** HP
協会主催の講習会（法人会員の社員対象）や運転技術に関する出版物などの情報を提供している

オススメの1冊！
『電車の運転――運転士が語る鉄道のしくみ』（宇田賢吉著／中公新書）
元JRの運転士である著者が、職人技的な運転技術と精緻な運転システムを解説した1冊

ⓘ シミュレーターや運転席を体験できる一般公開日を設けている鉄道会社もある

INTERVIEW

現役の電車の運転士に聞きました

小田急電鉄
大野電車区
指導主任兼配車係

髙田 諭史さん

電車に乗るのが大好きで、ガタンゴトンという揺れ心地に魅せられた少年期を過ごし、電車と運転士の制服にあこがれを抱き続けてきた髙田さん。

その「夢」をかなえた今、実際の運転士の仕事についてうかがいました。

❶ お仕事の内容は？

小田急線を走る特急ロマンスカーをはじめ、通勤車両すべての電車に乗務しています。宿泊を伴う勤務形態を基本として、3日間の休日を含む11日勤務のサイクルで、始発から終電まで交代しながら決められた車両の運転をしています。

乗務前には、電車区（運転士が所属する職場）で各種指示の確認や注意事項の伝達・アルコール検査・健康チェックなどが行われ、異常がなければ決められた時間に乗務する電車へ向かいます。日中は駅のホームでの交代が多いのですが、車庫から出発する場合には出庫点検を行います。運転台や車両床下にあるスイッチ類・機器類・台車を含む各車両すべてを点検し、異常があれば改善指示、または報告をします。

乗務中は信号を指差確認称呼（対象を指差し、声に出して確認）し、車掌や運輸司令所と連絡を取りながら安全運行を心がけています。また、特急ロマンスカーの他、急行・準急・各駅停車といった列車の種別や、編成両数（6両・8両などの編成）の種類が多いため、常に誤りのないように細心の注意を払うことが大切です。

電車の運転士には、お客さまの生命と財産を預かる重い責任が求められます。運転操作のミスはお客さまが怪我をする危険性にもつながり、場合によっては命に関わります。適度な緊張感を維持しつつ、運転に集中することが大切です。

泊りの日は、沿線各所にある乗務員宿泊所で仮眠を取ります。時間も不規則ですので、日頃から十分な健康管理を心がけています。

ある日の髙田さん

- 🕛 12:00 出勤。出勤点呼。乗務開始
- 🕒 15:30 休憩後、乗務開始。シフトにより、どの車両に乗るかが決まる
- 🕕 18:00 休憩、夕食
- 🕖 19:00 乗務開始。ラッシュ時間帯なので乗客に細心の注意を払う
- 🕘 21:00 休憩後、乗務開始。当日のシフトにより終了駅や時間が変わる
- 🕥 22:30 乗務終了。退出点呼後、乗務員宿泊所で就寝
- 🕓 4:00 起床。身支度し、制服に着替えたら乗務準備。出勤点呼
- 🕟 4:30 車庫にて出庫点検後、乗務開始
- 🕢 7:45 休憩・朝食後、乗務開始
- 🕙 10:00 乗務終了。退出点呼。退勤

所属電車区から駅へ向かう。鞄の中には運転ツール以外にも専用の寝具が入っている

PROFILE
たかだ さとし
中央大学 法学部卒業

❷ このお仕事の醍醐味は？

例えば、電車が無事に新宿へ到着すると非常に大勢のお客さまが電車を降りていきます。特急ロマンスカーであれば、箱根や小田原などの観光地へ向かう方々が笑顔で電車を降ります。そうしたお客さまの姿を見ると、「これだけ大勢の人にご乗車していただき、お客さまの仕事やお楽しみの役に立つことができた」と心の底から嬉しくなります。

また、運転台に座っていると色々な風景が見えます。沿線には季節ごとに色とりどりの花が咲き、子どもたちが手を振ってくれます。そうした季節の移ろいや暮らしの一場面を目にすることができると、気持ちがいいものですね。

❸ 電車の運転士を目指す人にアドバイス

動力車操縦者の免許を取得するためには、指定された養成所へ通い、学科や実技などの専門的な訓練を受けることになります。そこでは、鉄道に関する法律や電車の構造・性能のように、初めて学ぶものがある一方で、速度と距離・時間の計算を多用する「運転理論」や、オームの法則・フレミングの法則といった電気や物理の知識を必要とする「鉄道電気」といった科目もあります。高校生のうちに数学や物理をきちんと学んでおくと、非常に役に立つはずです。

また、一般教養の試験もありますので、新聞をしっかり読み、社会の常識や出来事を把握しておくことも大切です。

パイロット

こんな人におすすめ！
- 判断力のある人
- 協調性・英語力に自信がある人
- 健康で体力に自信がある人

1 パイロットの仕事とは？

航空機を操縦する仕事です。航空機は、民間機（旅客機・貨物機を含む）と軍用機に大別されますが、ここでは旅客機のパイロット（エアラインパイロット）について取り上げます。

国際線など大型の航空機は、**機長と副操縦士の2人のパイロットが協力して操縦**します。パイロットはフライト前にディスパッチャー（運航管理者）と打ち合わせて、航路・速度・高度などを決定します。パイロットとしての技術が特に問われるのは、離着陸の場面です。離着陸後は常に計器や気象状況に気を配り、緊急事態には適切な対応ができるように万全の備えをしています。

2 パイロットの役割・資質とは？

多くの乗客と乗員の命や財産を預かるパイロットにまず求められるのは、**責任感と判断力、協調性**です。フライトの際には副操縦士などのスタッフとの協力が欠かせないためです。

第二に、**健康と体力**をはじめとしたパイロットとしての**身体的適性**があることが条件となります。晴れてパイロットとなったあとも、旅客機パイロット（機長）の場合、半年に一度の航空身体検査を受けなければなりません。健康維持と共に、時差に左右されない体調管理ができることも求められます。

第三に、**英語力と学力**です。パイロットと管制官の会話は英語が中心ですし、飛行機と操縦のシステムについて学ばなければならないことが多岐にわたるためです。パイロットとして乗務を続けるならば、航空身体検査同様、知識と技術についても定期的な訓練と試験を受け続けることになります。

3 パイロットになるためには？

日本でパイロットの仕事に就くためには、操縦する航空機の種類に応じた免許を取得する必要があります。そのためには、大きく分けて3つの方法があります。**航空大学校へ進学**するか、**大手航空会社に就職して自社養成パイロットになる**か、それ以外の訓練を受けて免許を取得するという道です。

資格免許

318

PART 8 乗り物やITに関わる仕事がしたい

進路フローチャート

航空会社に就職
飛行機や操縦に関する知識と共に、訓練を重ねて操縦技術を身につける。事業用操縦士などの資格を取得

↑ 2年

航空大学校入学
英語に力を入れ、その他の受験科目についても基礎をしっかりと固める

↑

大学・短大入学

↑

高校入学

※高校を卒業し、航空大学校に進学する場合

POINT
- 協調性と体調管理が大事
- 視力や身長など、一定の身体条件を満たす必要がある
- 航空会社によっては、自社でパイロットを養成している

関連情報
- **パイロットになるには（国土交通省）** HP
  日本でパイロットになるための資格・試験に関する詳しい情報を掲載

オススメの1冊！
イカロスムック『エアラインパイロットになる本』（阿施光南著／イカロス出版）
エアラインパイロットになるための最新情報。仕事の内容の他、訓練の実際や航空身体検査についても掲載

ⓘ 年々パイロットの需要は増えており、自分でライセンスを取得した人の採用枠が広がっている

航空大学校は、パイロットを養成する国内唯一の公的機関です。受験資格としては、25歳未満であり、4年制大学に2年以上在学（修得単位数に規定あり）しているか、または短大・高専卒業程度の学力があることが求められます。試験では学力と適性が試され、加えて身体検査もあります。在学期間は2年間で、卒業後、各航空会社へ就職します。

また、大手航空会社の中には、自社でパイロットを養成しているところがありますが、この場合は4年制大学、または大学院修士課程を卒業して、各航空会社のパイロット採用枠に応募する必要があります。出身学部は不問です。

この他に、パイロット養成学校などに通ってエアラインパイロットに必要な資格を取得し、航空会社への就職を目指す方法があります。専門学校の他、私立大学にも操縦士養成を掲げた学部や学科を設けているところがあります。それ以外に、自衛隊からパイロットとしての訓練を受けたのち、民間航空会社に転職したパイロットも一定数存在します。

なお、日本では、パイロットのおよそ8割が大手航空会社で働いていますが、地域航空会社（コミューター）で乗客や貨物を運ぶ仕事に就いているパイロットもいます。

一方、海外の航空会社では、日本のように航空大学校や自社養成の制度を経てパイロットになるケースはほとんどないようです。国によって条件は異なりますが、**パイロット応募の際には一定の飛行経験（飛行時間）が求められるため、ライセンスを取得したのち、様々な現場で飛行経験を積み、募集を探す**ことになります。採用にあたっては就労ビザまたは永住権が必要になるでしょう。

通関士

こんな人におすすめ！
- 法律を扱う仕事がしたい人
- 貿易に関わる仕事がしたい人
- 国際的な視野を持っている人

1 通関士の仕事とは？

輸出入品が税関を通過できるよう手続をする仕事です。

通関制度とは、貿易が滞りなく行われるように税関手続（通関手続）を迅速かつ適正に行うためのものです。

そもそも通関とは、日本に輸出・輸入されるものの内容を国（税関）に対して申告し、許可を受ける一連の手続をいいます。すべての貿易品はこの通関手続を経なければならず、手続なしに輸出入された品物は密輸品となってしまいます。

例えば、海外から魚を輸入する際には、貿易が禁止された生物種ではないことを法に照らして証明したのち、商品価格・パッキング個数・輸送料・保険料などから関税と消費税を割り出します。このとき、原産地が発展途上国であった場合などは関税率が下がるため、産地を証明する必要があります。伝染病が流行している地域からの輸入であれば、検査を行うと共に厚生労働省への届け出も求められます。

このように、輸出入に関わる様々な法令を知り尽くし、国（税関）と顧客（貿易を行う企業など）にかわって正確かつ迅速に手続を進めるのが通関士です。

また、通関士の仕事には「通関手続」「通関書類作成」の他に、「不服申立て」や「（税関に対する）主張・陳述」があります。

2 通関士の役割・資質とは？

税関職員が、空港や港で違法な輸出入を取り締まるのに対し、通関士は法令に則って活発かつ健全な貿易を推進する役割を担います。通関士としての仕事は**デスクワークが中心**になりますが、日常的に、世界各国の通貨レート・生産品などを視野に入れて作業しなければなりませんから、日本にいながらできる国際的な仕事といえるでしょう。

通関の仕事では単純なミスが膨大な損失につながることもあるので、**集中力があり、注意深く作業ができる人**に向いています。

資格免許

3 通関士になるためには？

通関士になるためには、まず国家試験である**通関士試験**に合格しなければなりません。そのうえで、税関手続を専門とする会社（通関業者）に就職し、会社の申請によって税関長の確認を受けることが必要です。

通関士の試験は年に1度行われ、受験資格に特に制限はありません。試験内容は、**通関業法・関税法・関税定率法・外国為替及び外国貿易法といった法律の知識や通関書類の作成要領など実務面の知識**を問うものです。受験対策としては、専門学校や通信講座などで学ぶことが多いようです。大学によっては、通関士資格取得のための専門講座を設けているところもあります。

通関士は、税理士や公認会計士のように独立して業務を行うことがほとんどないため、資格を活かした就職先としては、**通関業者か貿易に関わる会社**が挙げられます。

通関業者とは、輸出入業者から依頼されて通関手続を専門的に行う会社のことです。ただし、通関手続のみを行っている会社はほとんど存在せず、多くの場合、他にも輸出入に関わる仕事として陸海空路の輸送を行ったり、倉庫で保管したり、荷物を積み込んだりといった流通業務も同時に行っています。

一方、貿易に関わる企業では、通関業務そのものは通関業者に依頼するとしても、輸出入と通関に関する知識は欠かせません。この場合、肩書は「通関士」にはなりませんが、商社やメーカーの購買部門や調達部門などでの活躍が可能です。

進路フローチャート

高校入学
↓
通関士試験は、高校在学中に受験することも可能
↓
専門学校・大学などに入学
↓
通関士試験受験対策。関連法・実務を学ぶ
↓
通関士試験に合格
↓
通関業者に就職。会社の申請により税関長の承認を受ける

POINT

- 膨大な数の貿易品目について、法律に照らして手続を行う
- 高校在学中でも通関士試験は受験できる
- 通関業者に就職し、税関長の承認を受けて通関士となる

関連情報
- 税関 HP
  通関士試験の受験案内・過去問などが閲覧できる
- 合格率（通関士）：8.6%（2012年度）

オススメの1冊！
なるにはBOOKS『通関士になるには』
（赤坂和則著／ぺりかん社）
現役通関士のインタビューが多数掲載され、通関士という仕事が具体的に想像できる本

ℹ️ 通関業者に就職し正社員になるだけでなく、契約社員として勤務する人も増えている

PART 8　乗り物やITに関わる仕事がしたい

航空管制官

こんな人におすすめ！
- 空間把握能力の高い人
- 冷静に判断が下せる人
- 同時に複数の事象を結びつけられる人

1 航空管制官の仕事とは？

空の交通安全を支えるため、空港などからパイロットと交信し、安全に航行できるよう指示を出す仕事です。

航空管制官が働く場所は、**空港の管制塔と国土交通省管轄の航空交通管制部**です。

空港の管制塔では、**目視とレーダーによって航空機の動きを誘導**しています。管制塔の最上階にあるガラス張りの管制室では、出発機の経路を確認し出発の許可を与える仕事・出発機を誘導して滑走路に導く仕事・離着陸の許可を与える仕事が行われています。レーダー室では、空港周辺を飛行している航空機の現在地・便名・速度・高度などの情報がとらえられており、空港に近づく航空機に進入許可を与えて滑走路へ誘導する仕事・離陸後に航路へ誘導する仕事が行われています。

航空交通管制部は、札幌・東京・福岡・那覇の全国4カ所に設置され、全国の航空機をレーダーでとらえています。こ

こでは、レーダー室のない空港への進入規制や出発機が到着空港へ近づくまでの航路誘導を行っています。

世界には民間の航空管制官もいますが、日本では国土交通省の管理のもと、公務員が管制業務にあたっています。国家公務員であるため、数年に1度の異動または転勤があります。空港ごとに地形や発着航空機の数が異なるため、別の空港に異動になると、仕事を最初から覚え直さなければなりません。また、年に1度の定期審査があり、管制能力をチェックされます。

2 航空管制官の役割・資質とは？

航空機の運航ではちょっとした判断ミスが大事故につながります。特に航空機の離発着の際、パイロットと並んで安全の要となる航空管制官には、**知識と経験・持続性のある集中力・的確な判断力**が求められます。

管制官は、飛行機をどのように動かせば安全かつ最短のルートを飛べるのか、瞬時に導き出さなければいけないた

PART 8 乗り物やITに関わる仕事がしたい

進路フローチャート

航空管制官採用試験に合格・採用
↑
公務員試験対策。法律と一般教養の他にも、管制官にとって特に必要な英語力を身につける

航空保安大学校・大学入学
↑
特に英語の勉強に力を入れる。基礎学力の向上にも努める

高校入学

POINT
- 航空機の誘導・航行の許可を行う
- 学力・英語力の他、記憶力と空間把握力が測られる
- 国家公務員として採用される

関連情報
- 航空保安大学校 HP
  航空管制官採用試験の受験資格について掲載されている。管制業務の内容なども紹介

オススメの1冊！
交通ブックス303『航空管制のはなし』
（中野秀夫著／成山堂書店）
航空管制の歴史・現状や、管制官のリアルな仕事の様子がわかる1冊

ⓘ 国家公務員として勤務し、初任給は173,827円（2013年2月7日時点）

め、航空管制官の身体能力としては、**空間把握能力**が求められます。これは、立体的に空間をとらえる能力のことで、複数の航空機の動きを把握して安全に誘導する際に必要となるものです。

3 航空管制官になるためには？

航空管制官になるために必要な資格はありませんが、最初のステップは、大学卒業程度とされる「**航空管制官採用試験**」に合格することです。この試験には年齢制限があり、**受験する年度に30歳未満でないと受験することができません**。一般の国家公務員試験と同様に、**一般的な知識・教養・そして外国語能力**が問われます。これは航空管制官の仕事がおもに英語で行われるためです。また、**適性検査として空間把握力の**試験が特別に課され、示された図や記号を記憶できるか・方向や移動の空間認識が可能かどうかが試されます。2012年度では、1275人の受験者のうち、合格者は70人でした。

試験に合格すると、**航空保安大学校で1年間の研修を受け**たあと、各地の航空交通管制部などの現場や、国土交通省の行政・管理部門などで勤務し、技能証明を受けることになります。

また、航空保安大学校学生採用試験を受けて進学する方法もあります。航空保安大学校では、航空管制官の他にも「航空管制運航情報官」「航空管制通信官」「航空管制技術官」「飛行検査官」など、航空交通の保安に関わるスペシャリストを養成しています。

航海士(海技士)

こんな人におすすめ!
- 海や船が好きな人
- 海上輸送を通じて国民生活に貢献したい人
- まわりの状況を見ることができる人

1 航海士の仕事とは?

客船や貨物船に乗り、船舶の運航の全責任を一身に負う**船長を助けて船を操縦する仕事**です。

船の乗組員は、船長以下、仕事の種類によって4つに大別されます。船舶の運航面を司る「航海士」・陸上や他の船舶との無線通信・電子通信を司る「通信士」・「電子通信士」・船舶の機械の面を司る「機関士」です。

これらの職務に就くためには、それぞれ「海技士免許(海技免状)」が必要になります。海技士免許とは、いわば船の運転免許のようなものです。

航海士には一〜三等航海士の等級があり、**等級によって業務の内容が定められています**。航海士としての位が高くなるほど、高度な海技免状が必要です。船長であれば一級海技士の資格を、一等航海士は二級海技士の資格を持っていなければなりません。外国航路を行く大きな船であれば一〜三等航海士が乗り組みますが、航路や船の大きさによっては船長の

み、もしくは船長と一等航海士のみで乗船することもあります。

乗船中は**レーダーやGPSなどを使って船の位置・航路を確認し、気象や他の船の状況も考慮に入れながら安全に船を航行させます**。積荷の管理も航海士の仕事に含まれます。

2 航海士の役割・資質とは?

食糧やエネルギーなどを輸入に頼る日本では、タンカーや貨物船などの海上輸送はまさにライフラインですので、航海士は大変貴重な存在であるといえるでしょう。

航海士には、**船や気象・海に関する専門知識**が求められます。船の上では、状況に応じて最適な行動がとれる**判断力**が必要ですが、さらに階級が上がると責任の範囲が広くなるので、**強いリーダーシップ**も求められます。

また、船の上では、体調が悪くなっても受けられる医療が限られているため、船員として働くには、**健康で体力**があり、**体調管理**ができなければなりません。

資格免許

324

PART 8 乗り物やITに関わる仕事がしたい

3 航海士になるためには？

航海士になるためには、**海技士国家試験**に合格し、海技免状を取得する必要があります。

海技士国家試験は「海技士（航海）」「海技士（機関）」「海技士（通信）」「海技士（電子通信）」の4つの分野に分かれていますが、その中でさらに、航海と機関は六級から、通信は三級から、電子通信は四級からと、それぞれの海技士には等級が設けられており、これによって、扱える船舶や職務の種類、職務を行うことのできる海域などが細かく定められています。

普通科の高校生が、大型船に乗り組む航海士を目指す場合、次のような進学コースが一般的です。

高校卒業後、登録船舶職員養成施設である学校（商船系学部や水産系学部を持つ大学・海上技術短期大学校など）で2～4年の間に必要な単位を履修したのち、1～9カ月間の乗船実習を経ると、「三級海技士（航海）」の受験資格を取得することができます（乗船経験を含む。短大の場合は四級）。

卒業後は、筆記試験と講習（レーダー・消火・救命・上級航海英語）が免除されるため、口述試験と身体検査に合格すれば海技免状が取得できます。この資格があれば外国航路の大型船の二～三等航海士として乗船できるようになりますが、陸から近い海域で小型の船に乗るのであれば、船長や一等航海士としても乗船できます。資格を取得したら、船舶会社や商船会社で海上職の就職試験を受けます。就職後は貨物船やタンカー・漁船・客船などに乗船し、経験を積みながらさらに上級の資格を取得して上位の階級を目指しましょう。

進路フローチャート

船舶会社・商船会社に就職
試験に合格すると、外国航路の大型船の二～三等航海士として乗船できる

↑

海技士国家試験に合格
卒業に必要な科目を履修し、訓練船で乗船実習を半年～9カ月間行う

↑

商船系・水産系大学、短大入学
大学進学のための科目学習に力を入れる。英語の勉強に力を入れておくと外航船乗船に役立つ

↑

高校入学

※3級海技士（航海）を目指す場合

POINT

- 船の乗組員になるためには海技士免許が必要
- 長期の航海や、様々な仕事をこなす体力が求められる
- 商船系大学などで免状を取得し、海上職のある会社に就職

関連情報
● **全日本海員組合** HP
船員の仕事について、現役航海士や機関士などへのインタビューが充実。奨学金制度の紹介もある

オススメの1冊！
なるにはBOOKS『船長になるには』
（今井常夫、大森洋子著／ぺりかん社）
船と海の世界を詳しく解説。船長（航海士）になるための情報も紹介

ℹ️ 近年は日本人船員が減少して外国人船員が増えているため、航海士を目指すなら英語が必要となる

宇宙開発技術者

こんな人におすすめ！
- 宇宙に興味がある人
- 好奇心旺盛な人
- 最先端の技術開発や研究に携わりたい人

1 宇宙開発技術者の仕事とは？

宇宙の観測・地球環境の観測・新しい医療技術や素材技術の開発などの科学技術を結集して研究活動を行うのが宇宙産業を支える技術者は、大学や研究機関のみならず、大小様々な民間企業で持ち場に応じた仕事をしています。

宇宙産業は、**理論や研究**の面と、**ロケットや国際宇宙ステーションの資機材及び研究と実験に用いる資機材の開発・生産**の面に分かれます。

宇宙開発技術とは、資機材の開発・生産から理論・研究までの広範な分野を含みますが、それは、宇宙の仕組みや実際を知ることなく必要な開発や生産活動を行うことはできませんし、開発や生産技術を知らずして研究活動を行うこともできないからです。ゆえに、宇宙開発技術者はこれらの面を統合していく**コーディネーターの役割**も担います。

2 宇宙開発技術者の役割・資質とは？

宇宙開発には、長い年月を重ねながら多額の資金を投入しなければならないため、国境を越えた協力が不可欠です。また、最先端的な成果もどんどん取り込んでいく必要があります。

研究者であれ技術者であれ、**専門知識はもちろんのこと、外国語の能力も必須**です。宇宙開発技術者は、分野が多岐にわたるため、技術を一歩進めるためには、他の分野の成果も取り込んでいくような**柔軟な発想**を持つことが求められます。

3 宇宙開発技術者になるためには？

宇宙開発技術者を目指すなら、**宇宙開発のどの分野で、具体的に何をやりたいかをはっきりと見定めましょう。**

まずは入り口として、宇宙科学や最先端の工業技術に関係する学問を修めます。その際、物理・化学・天文学などの基本

326

PART 8 乗り物やITに関わる仕事がしたい

進路フローチャート

宇宙開発に関わる研究機関・企業に就職
↑
大学院に進学
専門分野と外国語・理論物理学を学ぶ。必要に応じて大学院に進学する
↑
大学入学
理工学部などへの進学に必要な理系科目を中心に学ぶ。英語は必須となる
↑
高校入学

POINT
- 未知の世界を切り開く仕事
- 理論・研究から開発・生産まで、フィールドが幅広い
- JAXA関連以外の機関や民間企業での研究活動もある

関連情報
- **宇宙航空研究開発機構（JAXA）** HP
  JAXAで行われているプロジェクトや宇宙に関するビジネスも紹介している
- **オススメの1冊！**
  『日本の宇宙探検』
  （宇宙航空研究開発機構著他／日経印刷）
  日本の宇宙開発の歴史・現状・展望。宇宙飛行士の体験談も読みごたえがある

ℹ 全国の宇宙開発技術者は、民間企業も含めておよそ7,000人（2011年3月末現在）である

だけでなく、機械・電子・電気などの知識も必要です。宇宙科学であれば、大学の理工学部や理学部で物理などを専攻し、さらに大学院で研究を続けます。

一方で、宇宙における特殊な環境、例えば強い放射線や様々な微粒子・温度の大きな変化・無酸素状態のもとで人や機械を守る特殊な素材を開発したいといったテーマを持っているのであれば、宇宙科学を学びつつ、化学を扱う理工学部の専門課程や工学部で特殊素材の開発について学ぶ必要があります。

また、地上や衛星間での通信を支える分野に関わりたいのであれば、通信技術を専門に学びながら、衛星開発・衛星運用の分野の職を目指します。今後の宇宙開発に還元するためには、天体望遠鏡などの宇宙観測機器の開発に関わっていくことも重要となるでしょう。

日本における宇宙開発は、宇宙航空研究開発機構（JAXA）の研究開発活動と提携している大学などの研究機関・民間企業が中心となって行われていますが、これらとは別に研究を進めている機関や民間企業の活動もあります。東大阪市の中小企業がロケット技術開発に関わった例はよく知られていますが、このような組織や企業に就職し、技術者として自分の持つ知識や技術を活かすこともできるでしょう。

また最近では、学生のグループらが開発した小型衛星が打ち上げに成功し、実際に宇宙空間で活動しているなど、宇宙開発分野には年齢や所属などにかかわらず大きな可能性があります。宇宙という未知の世界を最先端の知識と技術で切り開く、大変夢のあるフィールドでしょう。

駅員

列車が安全に、時刻表どおりに運行できるよう現場で支援する仕事です。

ホームでのおもな仕事は、列車の運行をサポートする安全確認です。目と手・声・耳を使って安全を確認します。ホーム以外では、改札の監督・切符の販売と精算・駅の開け閉めや清掃などの運営業務、構内放送をはじめとした案内業務です。都市近郊の主要駅では、勤務はシフト制です。日勤（9時～18時など定時）が入る場合もありますが、多くは朝9時から翌朝9時までの24時間勤務です。ただし、泊まり勤務の翌日は休みになります。

乗客にとって、駅員はまさに駅の「顔」ですから、路線案内や道案内・病人やトラブルへの対応など日々の業務をあたりまえのように丁寧に行うことが重要な仕事です。安全と時間を守る責任感が求められます。

鉄道会社に就職すると、**まずは駅員として働くことが多い**ため、駅員を目指すのであれば近道です。また、社会人経験が1年以上あれば、中途採用試験も受けることができます。

POINT
- 列車と駅の利用客の安全を守る
- 接客の心得が大切
- 責任感と自己管理能力が求められる

車掌

列車に乗車し、運転士と協力して安全な運行を支える仕事です。

車掌の仕事の1つに車内放送があります。遅延情報や乗換案内の放送をする場合もあるため、他社の路線や駅名にも通じている必要があります。

空調の管理とドアの開閉も車掌の仕事です。特にラッシュ時や駆け込み乗車の際には、安全を確認してから発車指示を出します。

走行距離の長い路線などでは、車内で検札や精算も行います。トラブルの際には真っ先に対応し、乗客の安全を守ります。また、乗車している間は座ったりトイレに行ったりすることができないので、体調管理も重要です。

車掌になるためには、鉄道会社に入社後、**駅員として数年の経験を積んだうえで、試験を受けて車掌になる道が**一般的です。学歴は問われませんが、乗務員としての採用は工業・商業高校の卒業生が多い傾向にあります。また、信号確認作業があるため、色覚が正常であることが求められます。

POINT
- 運転士と協力しながら安全な運行を支える
- 乗客対応の窓口となる
- 駅員として数年の経験が必要

鉄道指令員

列車が安全かつ時刻表どおりに運行できるよう管理する仕事です。事故や災害が発生したときには、各列車の運行状況・混雑状況・線路の状態・天候などの情報を分析して運転調整の指示を出し、ダイヤの正常化に努めます。

指令の仕事はいくつかの分野に分けられます。中でも運転（運輸）指令は、列車がダイヤどおりに走っているかを監視して運転を調整する中心的なセクションです。一方で旅客指令は、運行がストップした際に振替輸送の手配を行い、施設指令は、線路や踏切などの管理と復旧手配を担当します。

指令所では、常に運行状況や気象状況がリアルタイムでモニターに映し出されています。運転指令の仕事では、列車内で急病人が出たときには、運転士や駅員と無線で連絡を取って運行が続けられるかどうかを確認し、停車時間が長引くようであれば、前後の列車に運転調整の指令を出します。

運転指令に選ばれるのは各分野のベテランと決まっており、指令員になるためには、駅員・乗務員の経験を積み、路線状況やダイヤの作成などに精通した者が選出されます。

POINT
- 運転・旅客・電気・施設などの分野に分かれ、列車が安全にダイヤどおり走れるよう管理する
- 各分野のベテランから選出される

保線員

列車の安全走行を支えるため、線路のゆがみやズレを修正する仕事です。保線とは、「線路の保守」を意味します。列車が走ることによって線路にはどうしてもゆがみやズレが生じますが、放置すると走行時の揺れが大きくなるうえ、脱線事故につながりかねません。そのため線路を点検して修正していく保線作業が不可欠なのです。

保線作業では、レールの間隔が適切に保たれているか・高低差はないか・カーブでは線路全体が適切な形に曲がっているか、といった点を確認していきます。作業にはミリ単位の正確さが必要です。補修が必要な場合は修繕計画を立てて、レールや枕木の交換・バラスト（砂利）の入れ替えなどを行います。

保線作業で一番大切なのは作業員の安全です。列車が通る合間を縫って作業が行われる場合もあるため、列車が接近するのを見張る係が立てられるなど、安全を確保するために厳格なルールが定められています。

保線員になるためには、鉄道会社または保線を専門に行う会社に就職する必要があります。

POINT
- 線路のゆがみ・ズレを修正する
- チームワークが求められる
- 鉄道会社か保線の専門会社に就職する

関連情報
鉄道指令員 ➡ 東日本旅客鉄道 HP
保線員 ➡ 日本鉄道施設協会 HP

鉄道車両整備士

鉄道の安全な運行を支えるために、鉄道車両の整備を行う仕事です。

車両整備には、数日に一度行う日常点検と、数年に一度行う大規模な定期点検があります。日常点検では、モーターやブレーキなどの主要なポイントの動作を確認し、故障などの異常があれば調整します。毎日の運行に必要なメンテナンスを行い、劣化を防ぐのが目的です。一方、定期点検は、自動車でいう車検のようなもので、車両を分解して部品を磨き直し、新車同様に生まれ変わらせる作業です。また、これら以外にも、車両故障やトラブル発生の際には修理点検を行います。

従来は、鉄道会社の中の一部門として車両整備を行う部署があるのが一般的でしたが、近年は鉄道車両の整備を専門とする別の会社に委託するところが増えています。

鉄道車両整備士になるためには、**鉄道会社か専門の鉄道車両整備会社に就職する**必要があります。必要な技術は、実際に仕事をしながら身につけていきます。

POINT
- 鉄道車両の整備を行う
- 鉄道会社か鉄道車両整備の会社に就職する
- 経験を積みながら整備技術を身につけていく

自動車整備士

ガレージと呼ばれる自動車分解整備事業場で、自動車のメンテナンス（**診断・点検・分解・組立・修理・調整**など）を行う仕事です。

自動車整備士になるためには、**自動車整備士国家試験**に合格する必要があります。自動車整備士の種類は、一〜三級整備士（級ごとに、大型車・小型車・ガソリン車・ジーゼル車・二輪など扱える自動車のタイプが異なる）と、タイヤ・電気装置・車体に分けられた各分野の専門知識と技能を有する特殊整備士に分かれます。

受験資格については、例えば三級の自動車整備士であれば、整備工（整備士資格がなく自動車分解整備事業場で働く者）として1年以上の実務経験があるか、または専門学校や短大・大学の自動車専門の所定の課程を修了しているなどの条件を満たす必要があります。試験は学科と実技に分かれ、学科では**関連法規や自動車の構造・計器や整備機器の取り扱い**などに関する知識が、実技では**点検・調整・修理や整備機器の取り扱い方**などが試されます。

POINT
- 一〜三級自動車整備士と特殊整備士がある
- 実務経験を積むか、専門学校などで必要な課程を学ぶことで、国家試験の受験資格が得られる

関連情報
鉄道車両整備士 ➡ 日本鉄道運輸サービス協会 HP
自動車整備士 ➡ 全国自動車大学校・整備専門学校協会 HP

PART 8 乗り物やITに関わる仕事がしたい

バス運転士

資格・免許

バスを安全に運転する仕事です。**路線バスの運転士と観光バスの運転士に大別**できますが、どちらも乗客とのコミュニケーションをとる力が不可欠です。

駅や住宅街などを結ぶ路線バスの運転士は、1日に7時間ほど乗車業務に就き、それ以外は営業所で車両の点検・清掃、料金の精算などを行います。

観光バスの運転士は、修学旅行などの団体客を目的地まで運ぶ他、旅行会社の企画するバスツアーの運転を担当します。路線・観光バス両方の事業を行うバス会社の他、観光バスに特化したバス会社も多数あります。長距離の運転、また会社によっては夜勤もあるため、体調の自己管理が重要です。

運営主体が地方自治体である公営バスの運転士になる場合は、交通局の募集に応募します。バスを運転するためには「**大型第二種免許**」を取得しなければなりません。第二種免許はバスやタクシーの運転士など乗客を運ぶ仕事に必要な免許で、**21歳から取得でき、普通免許を取得し、3年以上の運転経験**を積むと受験資格が得られます。

POINT
- 21歳以上、かつ大型第二種免許が必要
- 運転技術とサービス業としての心得が必要
- 夜勤や長時間勤務もあるため、体調管理は万全に

バスガイド

バスツアー旅行や定期観光バスなどで、**地域の情報に精通して乗客を案内すると共に、巧みなトークで楽しませる仕事**です。

走行中のバスという閉ざされた空間で過ごすことになるため、笑顔・話し方・礼儀正しさなどに高度な接客スキルが求められます。また、地理や歴史の知識をはじめ、新しい観光情報もどんどん仕入れなければなりません。よどみなく話すための記憶力と頭の回転の速さも求められます。勉強が苦にならず、人と接するのが好きな人に向いている職業といえるでしょう。

バスガイドになるためには、**バス会社に就職してガイドとしての研修を受ける**か、**観光学科のある専門学校で学び、旅行関係の人材派遣会社に登録**します。近年、バスガイドの需要は縮小傾向にありますが、その分、質の高いサービスや、オリジナリティのあるサービスが高く評価されるでしょう。ツアー旅行の場合、ツアーコンダクターのように旅程の管理をすることもありますが、観光シーズンが多忙となります。

POINT
- 高度な接客スキルが求められる
- 地理・歴史・観光情報などの知識が必要
- 記憶力と頭の回転の速さが必要

関連情報　バス運転士 ➡ 日本バス協会 HP
バスガイド ➡『ご指名！古都のバスガイド』(木島亜里沙著／メディアファクトリー)

セールスドライバー

宅配便を中心とした荷物の集配を行う仕事です。宅配便の荷物は、まず地域の営業所に集められ、そこから複数の営業所を統括するターミナルへ運ばれます。出荷ターミナルからの送り先ターミナルへの移動は、夜間に走る路線トラックなどが担当します。さらに送り先住所の最寄り営業所にそこから送り先へ届けられます。

セールスドライバーが担当するのは、「依頼主または送り先—営業所—ターミナル」間での荷物の集配です。配達に回るときは、営業所で担当エリアの荷物を自分のトラックに積み込みます。その際、住所や時間指定の有無をチェックして、先に配達するものが手前に来るよう要領よく配置しなければなりません。セールスドライバーは顧客と顔を合わせて荷物をやり取りする機会の多い仕事です。商店などへ営業に回ることもあるため、**言葉づかいや身だしなみなどの接客マナー**を身につけておく必要があるでしょう。セールスドライバーとして運送会社に採用されるためには、自動車の**普通免許**を持っていることが条件です。

POINT
- 多くの荷物を運ぶので要領の良い作業が必要
- 言葉づかいや身だしなみなどに気をつける
- 自動車の普通免許が必要

資格免許

バイク便・自転車便のライダー

「今日中に届けたい荷物がある!」という依頼主の要望に応え、荷物を迅速に配達する仕事です。バイク便は都市圏だけでなく高速道路を使って遠方まで荷物を運ぶこともありますが、自転車便は都市圏がおもな営業範囲になります。

バイク便・自転車便ライダーは、両者共にバイク便の会社と契約して個人事業主として働くことが多いようです。会社のバイクをリースするか自前のバイクを使って配達します。したがって普通自動二輪免許が必要です。迅速・安全・確実に届けなければならないため、**一定以上の運転技術**が求められます。

自転車便ライダーは「メッセンジャー」とも呼ばれ、バイク便よりも営業範囲は狭くなりますが、交通渋滞や一方通行を気にせず走ることができるのと、環境に配慮した業務形態から、根強い人気があります。効率の良い集配のため、エリアごとにチームを組んで動くことが多く、**チームワークが重視される仕事**です。自転車(ロードバイク)は自分で用意するのが一般的です。

POINT
- 迅速・安全・確実に荷物を届ける
- チームワークが重視される
- 個人事業主として働くことが多い

PART 8 乗り物やITに関わる仕事がしたい

トラック運転手

【資格・免許】

トラックで荷物を運搬する仕事で、航空機・船舶・鉄道と比較すると小回りが利いて安く運べる、**日本の物流の主流**となっています。

最も一般的なのは短距離（地場）輸送の配送会社があります。メーカーの商品をスーパーに届けるなどの目的で使用されます。食品輸送では衛生面にも注意が必要なため、消毒や温度管理などのルールが細かく決められていることもあります。

長距離トラックでは、複数の荷主の依頼を受けて各地を移動するチャーター便がよく利用されます。例えば、往路ではA社の荷物を東京から大阪へ運び、復路ではB社の荷物を大阪から東京へ、というような効率的な配送ができるからです。

トラック運転手になるためには、**普通免許を取得して運送会社に就職するのが一般的**です。必要に応じて中型免許・大型免許、積み込みに活躍するフォークリフトなどの免許を取得します。その他、引越業や建設業などでもトラック運転手の需要があります。

> **POINT**
> ● 日本では物流の主流として活躍
> ● 自動車普通免許を取得して運送会社に就職する
> ● トラック運転手としての人材の需要は幅広い

クレーン運転士

【資格・免許】

建設現場などで利用されるクレーンを用いて重量5トン以上のつり上げを行う仕事です。**クレーン運転士は国家資格**ですが、免許は扱うクレーンによって異なり、「移動式クレーン運転士」と、固定式クレーンを運転する「クレーン・デリック運転士」に分けられます。

道路上で見かけるタイヤ走行するクレーンは移動式クレーンと呼ばれ、建設現場だけでなく、消防車や自衛隊車両として災害救助でも用いられます。

一方、固定式クレーンは、工場内や港湾・建設現場などにおいて物資の移動に利用されています。高層ビルの建設現場で見かけるタワークレーンも固定式クレーンの1つです。

クレーン運転士になるためには、クレーンを扱う**運輸または建設関連会社に就職**し、クレーン運転士の免許を取得します。最初はつり上げ荷重の小さいクレーンの操作から始め、慣れるにしたがってより大きいクレーンを扱えるようになります。つり上げた荷物をなるべく揺らさずに、正確な位置に運ぶのが腕の見せどころです。

> **POINT**
> ● クレーン運転士の免許が必要
> ● 運輸・建設会社に就職する
> ● 注意深く繊細な作業ができる人に向いている

関連情報　トラック運転手 ➡ 全国トラック協会 HP
　　　　　クレーン運転士 ➡ 安全衛生技術試験協会 HP

タクシー運転手

乗客を快適に目的地へ運ぶ仕事です。渋滞などの道路状況も考え合わせながら、指定場所まで最も早く到着できるルートを走る必要があるため、**運転が好きで地理に明るいこと**が、この仕事に就くための強みになります。

勤務はシフト制で夜勤もあり、拘束時間は長くなります。また、気持ちよく乗車してもらうためには、洗車や車内清掃に常に気を配るなど、快適さの追求が大切です。

タクシー運転手として働くためには**自動車の普通第二種免許**が必要です。一般的には普通免許を取得してタクシー会社に就職し、採用後の研修で第二種免許を取得することが多いようです。給与形態には、会社によって月給制と歩合制があります。多くの乗客を得るためには、街と人の動きの特性を知って効率的に移動する必要があります。

また、独立して個人タクシーを開業する道もありますが、例えば35歳未満の場合、同一のタクシー事業者のもとで10年以上の乗務経験があることや、過去10年間無事故無違反であることなど、厳しい条件をクリアする必要があります。

POINT
- 運転が好きで、地理や道路に詳しいと有利
- 利用者に対するおもてなしの心が必要
- 自動車の普通第二種免許が必要

自転車技士・自転車安全整備士

自転車の修理や整備・組み立てを行う仕事です。近年、環境と健康を配慮した交通手段として、自転車の人気が高まっていますが、一方で危険な運転や構造上不適格な自転車が問題となっており、安全走行のための指導をするのも重要な仕事の1つです。自転車技士・自転車安全整備士は自転車走行の安全を守る資格で、自転車販売店などで働くなら取得しておきたい資格です。資格試験を受験する条件は、**18歳以上で、自転車整備などに関する2年以上の実務経験があること**です。

自転車技士は、自転車の検査・整備・組み立ての技術検定に合格した人に与えられる称号です。学科試験と共に、新車の分解・組み立てなどの実技試験が課されます。

自転車安全整備士は、点検・整備を行う他、自転車が法令に定める安全な自転車であることを確認し（その証としてTSマーク〈傷害保険・賠償責任保険付〉を貼付）、自転車利用者に交通ルールや正しい乗り方などを指導します。試験は**学科・実技・面接**の3科目で、**点検・整備の知識・技術と共に自転車の安全利用に関する知識と指導能力**が問われます。

POINT
- 自転車技士は自転車の組み立て・検査・整備を行う
- 自転車安全整備士は点検と整備の他、自転車利用の安全指導を行う

関連情報
タクシー運転手 ➡ 全国ハイヤー・タクシー連合会 HP
自転車技士・自転車安全整備士 ➡ 日本交通管理技術協会 HP

ヘリコプターのパイロット

ヘリコプターを操縦して物や人を運んだり、災害時に救助活動をしたりする仕事です。

ヘリコプターを活かして様々な場面で活躍するヘリコプターのパイロットになるためには、国家試験を受けて資格を取得する必要があります。具体的には、用途に応じて**自家用・事業用・定期運送用（回転翼航空機）**のいずれかの学科試験と、実地試験が課されます。受験の前提として、**年齢（自家用は17歳以上、事業用は18歳以上、定期運送用は21歳以上）**や、飛行時間（最も厳しい定期運送用では、総飛行時間1000時間の他、夜間飛行・計器飛行についても規定あり）などを満たすことも必要です。また**無線従事者**の資格も求められます。

ヘリコプターのパイロットになるためには、海上保安学校や自衛隊の訓練課程を経るか、国内外の養成コースを受講する道があります。ただし、国外免許は国内では通用しないため注意が必要です。職業としてのヘリコプターのパイロットは、**航空写真の撮影支援・災害救援や医療支援・農薬散布**など、特定の業務に専従するか、兼業することになります。

POINT
- 資格取得の際は種別（自家用・事業用など）に注意
- 無線従事者の資格も必要
- 国外免許は日本国内では使えない

グランドハンドリングスタッフ

空港の駐機場を中心に、航空機の移動や駐機・出発準備・乗客の搭乗・荷物の積み込みを行う仕事です。

定刻どおりの運航を目指し、様々な作業を行います。旅客機が着陸したときの仕事の様子を見てみましょう。管制官の指示により航空機が着陸し、駐機場に近づいたところで、地上の障害物や近くの航空機などを避けながら安全に移動できるように、駐機場の定められた位置（スポット）に航空機を誘導します。航空機の操縦室では視界が狭くなるため、グランドハンドリングスタッフの誘導が欠かせません。航空機が完全に停止すると、降機のためのボーディング・ブリッジを装着し、貨物室に積載された荷物を搬出します。搬出の際は航空機が傾いたりしないよう、あらかじめ決められた計画に沿って慎重に作業します。航空機の出発時も同様ですが、給油など別の業務も並行して行われます。

就職先は**航空会社の空港業務専門子会社**などです。特に必要な資格はありませんが、**専門学校で必要な知識や技術を学んで就職する**ことも多いようです。

POINT
- 地上における飛行機の安全を確保する
- 専門学校で学んでから就職することも多い
- 航空会社の空港業務専門子会社などに就職する

関連情報　ヘリコプターのパイロット➡日本航空技術協会　HP
　　　　　グランドハンドリングスタッフ➡『グランドスタッフ入門（改訂）』（野田勝昭著／イカロス出版）

ディスパッチャー（運航管理者） 資格免許

航空機の運航にあたって、**気象状況などを考慮しながら出発地から目的地までの最善の飛行ルートを作成し、運航を管理する仕事**です。最近では、安全性が確保されたうえで、経済的かつ環境に負荷の少ない効率的な空路を計画することも求められています。

飛行の際、機長はディスパッチャーが作成した飛行ルートにサインし、それに従って実際の飛行の責任を負います。そのためディスパッチャーは、機長に並ぶものとして認識され、「地上の機長」と呼ばれることもあります。

ディスパッチャーになるためには、**運航管理者技能検定に合格して国家資格を取得する必要があります**。受験資格としては、21歳以上で、操縦や管制・気象業務など、**航空機を使った運送業務の分野で定められた期間、実務経験を積んでいること**が求められます。試験には学科と実地があり、学科は航空機・航空機の運航・無線通信・気象予報・法律関係などの9科目、実地は天気図の解説・航空機の航行の援助の2科目です。

POINT
- 様々な条件を考慮して最善の飛行ルートを作成する
- 「地上の機長」とも呼ばれる、責任ある仕事
- 実務経験を積み、運航管理者技能検定に合格する

航空整備士 資格免許

航空機の機体の整備や修理を行う仕事です。航空機の安全な航行には点検と整備が欠かせないため、何百万という部品から造られている航空機の機体を点検し、各部の精度と性能を確認します。多数の人命に関わるため、慎重かつ正確な作業が求められます。航空整備士としての職場には、航空機整備を専門とする会社の他に、自衛隊・警察・消防・飛行機やヘリコプターを持つ企業（テレビ局・新聞社・測量会社など）の格納庫などがあります。

航空整備士は国家資格の1つです。進路としては、高校卒業後、航空専門学校や大学の理工系学部に進学し、航空機整備会社などに就職する道が一般的です。既定の実務経験を積むと、国家試験を受験することができます。**一等航空整備士は大型機の整備と検査を、二等航空整備士はヘリコプターなどの小型機の整備と検査を行うことができる資格**です。

なお、関連資格として、飛行機の保守と軽微な修理を行う航空運航整備士（一等・二等）や、部品の整備を行う航空工場整備士があります。

POINT
- 航空機整備の実務を積み、資格を取得する
- 一等航空整備士は大型機、二等航空整備士は小型機を中心とした整備・検査を行う

関連情報　ディスパッチャー→全日本空輸 HP
　　　　　航空整備士→国土交通省 HP

PART 8 乗り物やITに関わる仕事がしたい

船長 <資格免許>

船舶の運航の最高責任者として船内を取り仕切る仕事で、キャプテンなどとも呼ばれます。

船長の職務や責任は法律（船員法）で詳細に定められており、航路を管理する船員・船の機械を管理する船員・船の通信を担当する船員などの乗組員を指揮し、船内の秩序を維持する権限を与えられています。

同時に、船舶の出港にあたって船舶の安全を確認し、緊急時には甲板上で指揮し、原則として乗客や荷物が陸上に下ろされるまで船にとどまる義務を負うなど、その権限に伴う特別な責任を負っています。

船長になるためには海技士（航海）免許（一〜六級）を取得し、小型船舶で船長としての経験を積まなければなりません。さらに、上位の海技士免許を取得すると共に大型船舶の船長を目指します。大人数の船員・乗客の安全と積荷を守るためには、強いリーダーシップと責任感が必要です。また、長期間の航海に耐えるための体力も求められます。

POINT
- 船の大きさや航行区域ごとに船長の資格が定められている
- 強いリーダーシップと責任感が求められる

水先案内人（水先人） <資格免許>

港や海峡などで船長を助け、安全に船を誘導する仕事で、「パイロット」とも呼ばれます。日本には現在、水先案内人がおかれている「水先区」が35カ所あります。

操船の際に最も難しいのが、港の出入りと離岸・着岸です。水先案内人は、港の地形や航路・工事などの情報を把握し、港に出入りする船に乗り込んで安全に航行できるように案内します。

水先案内人になるためには、一〜三級まである「水先人」免許が必要となりますが、免許取得のためには3つのステップを経なければなりません。まずは、「三級海技士（航海）」の資格を取得して一定の乗船経験を積みます（三級水先人の場合は、総トン数千トン以上の船舶において1年以上の乗船経験が必要）。次いで、東京海洋大学・神戸大学・海技大学校に設置されている養成課程（三級水先人の場合は2年6カ月）を修了後、水先人国家試験に合格すると免許が取得できます。試験では航海・運用・法規・英語が問われます。

POINT
- 日本には、水先案内人がいる「水先区」が35カ所ある
- 航海士として乗船経験を積み、水先人養成課程を修了して国家試験に合格する必要がある

関連情報　船長 ➡ 日本船舶職員養成協会 HP　水先案内人 ➡ 海技振興センター HP

システムエンジニア

こんな人におすすめ！
- コンピュータのプログラムに興味がある人
- 創意工夫が得意な人
- マネジメント能力がある人

1 システムエンジニアの仕事とは？

コンピュータを使ったシステムを作るのがシステムエンジニアの仕事です。

システムとは、「コンビニエンスストアでお金や商品を管理する」「全国のATMで自分の銀行口座からお金を引き出せる」「インターネットで買い物ができる」など、一連の仕組みをもって働くコンピュータのプログラムのことです。システムエンジニアは、これら**大小様々な規模のシステムを設計・開発し、運用・メンテナンスも行います。**

システムエンジニアの仕事の流れを見ていきましょう。まず、顧客企業の要望を聞き取り、何をすべきなのかを明確にします。「業務を改善したい」という漠然とした要望であっても、業務分析を行ったり、同業他社の事例を参考にしたりして、「顧客が何を求めているのか」を明確にし、「どんなシステムを作ればよいか」という具体的な提案を行います。

顧客の要望と作るべきシステムが明確になったら、次はシステムの設計を行います。費用の見積もりを出し、スケジュールを組んで、仕様書を作成します。仕様書とは家を建てるときの設計図にあたります。これをもとにプログラマーがプログラムを作成していきます。

プログラムが完成すると、各プログラムの検査、プログラムどうしがうまく連携しているかの検査、システム全体の検査など確認作業を行い、不具合がなければ納品となります。納品後も運用方法を説明したり、トラブル対応をしたり、改善を行うなどの仕事があります。

企業の業務に関わるシステム開発には、業界や業務に関する深い知識が必要なため、システムエンジニアは**専門分野を持っていることが多い**です。コンピュータ会社・システム開発会社・ソフトウェア開発会社・企業の情報通信部門などがおもな勤務先です。実力をつけて独立する人もいます。

2 システムエンジニアの役割・資質とは？

システムエンジニアは、コンピュータを使って顧客の様々

3 システムエンジニアになるには？

な要望を実現していきます。

コンピュータやプログラム言語に関する知識はもちろんのこと、顧客からの聞き取りや調査などを通じて問題点をつかみ、改善点を見出してわかりやすく相手に伝えられる**コミュニケーション能力**が基盤となる仕事です。また、プロジェクトの進行管理を任されるため、**マネジメント能力**も必要でしょう。

システムエンジニアになるために、特に資格は必要ありません。仕事の領域も広がっているので、採用では**文系・理系の区別や学歴も不問で募集が行われていることが多い**です。とはいえ、コンピュータやプログラミングの知識を持っていた方が、システムを組み立てる際の選択肢が増え、よりすぐれたシステムを作ることができます。大学の情報工学や理工系学部、短大や専門学校で学んでおくとよいでしょう。

就職後、**最初はプログラマーとして経験を積むことが多い**ようです。システムの種類や作り方など、得意とする分野を打ち立て、システムの開発に携わりながら能力を磨いていきます。その後はシステムエンジニアとして会社で活躍の幅を広げたり、別の会社に転職したりする道もあります。実力主義の世界なので、転職してより良い待遇を求める人も少なくありません。

実力をつけるために、「**情報処理技術者試験**」というシステムに関する知識と技術を証明できる国家資格を取得するなどしてスキルアップを図るとよいでしょう。

PART 8 乗り物やITに関わる仕事がしたい

進路フローチャート

システムエンジニア
　↑
プログラマーとして経験を積み、資格を取得するなどしてスキルアップする
　↑
システム開発会社に就職
　↑
情報系の知識と技術の習得に励む
　↑
情報工学系の大学・短大・専門学校入学
　↑
進学のために必要な科目を学ぶ。コンピュータやプログラム言語について知見を深めるとよい
　↑
高校入学

POINT

- 顧客の要望を聞き、システム開発を行う
- 大学などで情報処理技術を学び、システム開発会社に就職する
- 有 取得すると有利な資格・免許あり

関連情報
- ソフトウェアは未来をつくる（電子情報技術産業協会）HP
  高校生向けにソフトウェアとは何かや、ソフトウェアを作る仕事などを紹介

オススメの1冊！
『プログラムはなぜ動くのか 第2版』（矢沢久雄著／日経ソフトウエア）
プログラムが動く仕組みについてわかりやすく解説した1冊

ⓘ 情報処理技術者試験の他、民間の認定試験「ORACLE MASTER」、「MCP」なども有名な資格である

プログラマー

プログラミング言語を使ってプログラムを組み、ソフトウェアやシステムを作る仕事です。

プログラミング言語にはJava・Ruby・C・C#・C++などの種類があります。どの言語を使うかは、作成するプログラムの種類や所属する会社によって異なります。作成するプログラムは、ゲームなどで使うもの・企業が使うビジネス系のもの・自動車の制御プログラムなどの工業製品に組み込むものなど様々です。プログラミングはシステムエンジニア（SE）の作った仕様書にもとづいて行いますが、仕様書では大枠の指示がなされているだけなため、作業の際には細部を補うことになります。ただし、近年ではプログラマーとSEの違いはほとんどなくなってきており、顧客対応など営業職を兼ねる人をSEと呼ぶようです。

プログラマーになるためには、大学・短大・専門学校などで**情報処理技術を学び、ソフトウェア開発会社などに就職**します。技術を証明する資格試験として**情報処理技術者試験**などがあります。

POINT
- 仕様書にもとづいてプログラムを作成する
- ソフトウェア開発会社などに就職
- 有 取得すると有利な資格・免許あり

ウェブクリエイター

ウェブクリエイターとは、ウェブサイト（ホームページ）を制作する仕事に関わる人の総称です。ページデザインをするだけにとどまらず、コンテンツの制作やウェブを用いたビジネスの立ち上げなどにも携わります。

ウェブクリエイターになるためには、まずはどのようなウェブサイトを作っていきたいかを見定めて進路を考えるとよいでしょう。企画職としてソフトウェアやシステム開発までを視野に入れるならば、大学・短大や専門学校で情報工学やプログラミングを学ぶと役に立ちます。技術職としてウェブデザインの仕事をしたいのであれば、プログラム系またはウェブデザイン系のコースに進んで技術を習得すると役に立つでしょう。ウェブクリエイターの仕事では、使うべきツールや関わる領域がどんどん更新されていくため、**常に新しい情報を取り入れていく高い感度**が求められます。

なお、関連する国家資格として、ウェブデザイン技能検定（1〜3級）があります。合格するとウェブデザインに関する技術が認められます。

POINT
- ウェブサイトを制作する
- ウェブ制作に関する新しい情報・技術を常に取り入れる
- 有 取得すると有利な資格・免許あり

PART 9

ものづくりに関わる仕事がしたい

サービス業などの第三次産業が主流となった日本ですが、近年は職人さんなどの「ものづくり」が再評価されています。職人技によるものづくりはもちろん、ロボットやCGといった「現代のものづくり」に関わる仕事を集めました。

CGデザイナー

コンピュータを駆使して画像や映像を作り出す仕事

こんな人におすすめ！
- コンピュータが好きな人
- 多彩な表現方法に興味のある人
- 物事に根気強く取り組める人

1 CGデザイナーの仕事とは？

CG（コンピュータ・グラフィックス）デザイナーとは、広告・出版・TV・映画・ゲームソフトなどの様々な分野において、**コンピュータを使って依頼主の要望やエンドユーザー（消費者など）の求めに応じたCG画像・映像の作成・加工などの仕事を行う人**のことです。

特撮映画を例に、CGデザイナーの仕事について概観してみましょう。まずは、その作品に必要なアイテムをコンピュータで作成します。ロボットや自動車、ロケットなどから、武器や衣服、あるいは宇宙空間や未開の惑星などの背景まで、絵コンテ（映像の設計図となるもの）や設定資料をもとに、スタッフと相談しながら作成していきます。実際の車や衣類などを撮影して加工する場合もあれば、ゼロから作り上げる場合もあります。何度も試行錯誤を繰り返してCGが完成すると、次は実際の映像と合成します。CGと実写部分との整合性をつけるだけでなく、大きさ・重量感・スピード感などの演出面も十分に検討を加えながら作業を進めていきます。

こうした一連の工程では、CGの量・時間・精度など、必要とされる条件は様々です。共通するのは、データ作成・加工・修正・テストといった流れを繰り返す中で、映像全編の統一感や整合性、完成度を徐々に上げていくということです。

2 CGデザイナーの役割・資質とは？

必要な技術は、担当分野によって多岐にわたります。写真やイラストなどの場合には、依頼主の意向に合わせた加工・修正が多くなり、ゲームの場合には想定されるプレーヤー（男性か女性か、何歳くらいか）を具体的に考えながら、キャラクターや背景、エフェクト（効果）やメニュー画面などをゼロから作り出すことが必要です。まずは**「必要とされているものは何か」を知ること**がCGデザイナーの仕事の第一歩となります。そのためには、依頼主や開発チームのメンバーたちとのミーティングを繰り返し、きちんとした完成イメージを把

342

3 CGデザイナーになるには？

CGデザイナーになるためには、自分がCGのどの業界や分野に進みたいのか、そこで何を専門分野にしたいのか（写真・イラスト・動画など）を決めておく必要があります。

握することが大切です。そのあとに、それを高いレベルで表現できる力が必要となります。その理解を助けるために、**相手の意図を聞き出す会話力、自分の考えをしっかりと伝える伝達力といったコミュニケーション力が重要**になります。作業は時間との戦いになるケースがほとんどです。計画的に作業を進められる力が問われる一方で、どこまで品質の高いものを仕上げられるかという**根気と技術力**も問われる仕事です。

もし、ゲーム業界のようにゼロからCGを作成する仕事に携わりたいのであれば、コンピュータを使いこなす力だけでなくデッサン力や表現力が非常に重要になります。美術系大学やゲームCGの専門学校で、CGとデッサンの両方のスキルを学ぶとよいでしょう。

映画や写真などの場合は、美術系大学の他、映像業界の専門学校に設置されている映像クリエイター学科などで学ぶ方法もあります。

個人でも、市販のCG作成ソフトを使ってある程度スキルを磨くことはできますが、より専門的な能力と実践力を身につけるには、**業界や分野を問わず、これらを学べる学校を探す**ことをおすすめします。また、CGのみならず、幅広く芸術に触れ、感性を磨く必要があるでしょう。

PART 9 ものづくりに関わる仕事がしたい

進路フローチャート

```
        就職試験合格・就職
          ↑              ↑
  目指す分野の        CGのスキル
  専門科目に加        やデッサン力
  え、CGのスキ        と共に、映像
  ルを磨く。静        ・演出・構図
  物画だけでな        などを学ぶと
  く彫刻などで        幅広い業界で
  立体の表現技        応用できる
  法を習得する
  とよい
  
  美術・芸術系大学入学  専門学校入学
          ↑              ↑
          英語を学んでおくと開発
          現場で役立つ。美術系の勉
          強や経験がない場合は、
          積極的に美術全般を学ん
          でいこう
          
              高校入学
```

POINT
- 広告・出版から映画・ゲームまで、様々な分野で活躍する
- 豊富なアイディアと豊かな表現力が必要
- CGの基礎とデッサン力が学べる学校へ進学する

関連情報
- CG-ARTS検定（CG-ARTS協会） HP
  検定試験の概要などを掲載している

オススメの1冊！
『ゲームの教科書』
（馬場保仁・山本貴光著／筑摩書房）
ゲーム開発現場のリアルな姿がよくわかり、企画から生産まで、全体像を把握できる。ゲーム業界でCGデザイナーを目指す人におすすめ

ⓘ CGの制作中には三角関数の考え方が必要となることも。高校数学の知識を一通り知っておくと役立つ

INTERVIEW

現役のCGデザイナーに聞きました

バンダイナムコスタジオ
高橋 謙介さん

中学時代に仲間と作ったPCゲームで、絵を担当したのが今の仕事に就くきっかけになった高橋さん。美術大学で磨いた彫刻の技術が、リアルな3Dキャラクター製作につながっています。人気ゲームの3Dキャラを担当する高橋さんに、ゲームのCGデザイナーの仕事についてうかがいました。

❶ お仕事の内容は？

現在は、キャラクターのCG製作を担当しています。基本的にはイラストレーターが描いてくる原画を立体のデータへと描き起こしていく作業です。当然イラストは平面ですから、奥行きはどのくらいあればよいのか、肉付きや身長などのボディサイズはどうするか、他のキャラクターと比べてどの程度の大きさにすればバランスが良いか……といったところに注意を払いながら、開発専用のアプリケーションを使って作業していきます。

3Dキャラクター業務で最も難しい部分が、キャラクターそのものの魅力を表現することです。イラストレーターさんの描いた設定画どおりに、ただキャラクターをCGで忠実に再現するだけではいけません。そのキャラクターを特徴づけるイラスト（コンセプトアート）や設定画を下敷きに、常にビジュアルのテイストを意識して作業を進めることが重要です。そして、そのコンセプトからはみ出さずに、どうやって魅力的な3Dキャラクターを作り上げるか。そこがゲームの根本にも関わる大切なところであり、一番難しいところでもあります。

「誰に向けたゲームなのか」を常に意識して作業することも重要です。対象は子どもなのか大人なのか、男性なのか女性なのか、といった想定プレーヤーの属性により、目指すべきキャラクターが大きく違います。そのための資料収集を怠らないよう、日々様々な情報を収集しています。

344

❷ このお仕事の醍醐味は？

誰かが話した一言や誰かが描いた絵を見て、「ドキッ！」とする瞬間があります。ミーティング中でも雑談の中でも、これまで自分の頭にかすめもしなかった世界観・表現・アイディアに触れたときには、「すごい！」と思うと共に「負けていられない」とワクワクしてきます。

そういう機会が多いのも、ゲームを作る作業が黙々と孤独な作業ではなく、色々な感性を持った人たちが集まり、議論を交わしながらチームで作業しているからです。互いに刺激し合うこの環境が、私にとっては仕事の醍醐味・「楽しさ」の1つになっています。

❸ CGデザイナーを目指す人にアドバイス

ゲームの知識が豊富でも、それらは既存のゲームのお話に過ぎません。新しい表現やアイディアを生み出すためには、美術館・映画・演劇など、色々なものを見聞きして、常に感性を磨いておくことが大切です。

また、自分は何が好きなのかを知ることも重要です。その手助けとして、気に入った新聞広告や雑誌の切り抜きをスクラップするのがおすすめです。そして時々、スクラップブックをめくってみてください。色・構図・デザインなど共通点を発見できます。こうして少しずつ自分の好みを見つけ、そこからオリジナルの表現を見つけ出してください。

🕐 ある日の高橋さん

- 9:45　出社。メールチェックなど
- 10:30　写真集・画集・書籍・雑誌・ネット記事などから資料収集。3Dデータの製作開始
- 12:00　昼食
- 13:00　定例ミーティング。作業の進捗報告やスケジュール調整など
- 13:15　データ製作。スタイルだけでなく、関節の動きなどにも注意を払う
- 16:00　新規製作アイテムの打ち合わせ。重量感・大きさ・色合いなどに対しても細かいオーダーがある
- 17:30　作成データをチェック
- 18:30　休憩。ゆっくりと目を休める
- 19:00　データ修正・製作作業を続ける。区切りのよいところで退勤

ミーティングから新しい「見せ方」が生まれることも多い

PROFILE
たかはし けんすけ
多摩美術大学 美術学部彫刻学科卒業

ゲームプログラマー

こんな人におすすめ！
- ゲームが好きな人
- 新しい技術の開発に興味のある人
- チームで協力して仕事が進められる人

1 ゲームプログラマーの仕事とは？

携帯電話やゲーム専用機器で遊べるゲームのプログラムを、パソコンを使用してプログラミング言語を操りながら制作する仕事です。ゲームプログラマーは、ゲームデザイナーやゲームプランナーと協力して、立案されたゲームの世界観を具体化する役割を担います。

ひとことでゲームプログラマーといっても、様々なプログラミングの開発を担当します。例えば、プランナーが考案したゲームの世界観やデザイナーが考案したキャラクターを1つのゲームとしてプログラムにまとめる「ゲーム開発」、様々なコンテンツに対応できるゲーム制作ツールを開発する「ゲームエンジン開発」、プログラマー以外の制作に関わるスタッフも煙や炎などの演出ができるように制作進行を行う「支援ツール開発」が挙げられます。

また、本来の業務とは別に、会社全体のネットワーク構築や管理を依頼されることもあります。

2 ゲームプログラマーの役割・資質とは？

まずは、ゲームのプログラムを作成する**プログラミング言語の知識**がゲームプログラマーの基本技能といえるでしょう。特に欠かせない共通言語である「C++（シープラスプラス）」と呼ばれるプログラミング言語は、あらかじめ勉強しておくとよいでしょう。プログラム言語に限らず、幅広いコンピュータの知識の習得も重要です。

何よりもゲームの完成度や納期の厳守が重要視されます。納期が近くなると、作業が深夜に及ぶこともあります。不規則になりがちな生活の中で、**自己管理能力**も求められます。

また、ゲーム制作の現場では、長時間プログラミングを進める**集中力**と、関係各者と話し合いながら制作を進めていく**協調性**も必要です。

ゲームそのものが好きであることも大切ですが、日々プログラミング技術が進化し、最先端の技術を使用する機会も多い中、日頃から**ゲームやパソコンに接し新しい技術を吸収し**

346

3 ゲームプログラマーになるためには？

高校では、**数学や物理（特に力学）** を重点的に学んでおくとよいでしょう。情報処理科を設けている学校や高等専門学校ではプログラミングの基礎を学べます。

ゲームプログラマーにはプログラミングの知識があれば、取得しなければならない資格はありません。大学では情報系や電気系などを専攻すれば、プログラミングを理論から学ぶことができます。

大学の他、ゲームプログラマーを養成する専門学校もあります。専門学校では、カリキュラムの中にゲーム制作が含まれているため、実務的なことを中心に学べます。ゲーム会社が運営している学校もあるので、志望する学校について調べておくとよいでしょう。

大学卒業後は、ゲーム会社などの企業の採用試験を受けますが、いずれの場合も採用の選考材料として学生時代に制作したゲームの提出が求められることが多いです。

この世界は、プログラミング技術がものをいいます。パソコン雑誌のゲーム募集コーナーや自分の好きなゲームを制作している会社に直接自分の作品を見てもらい、ゲーム制作の現場に入る人も多いです。中には10代のプログラマーもいます。

ていくことや、「立案されたゲームの世界観を具体化する」という観点ではプログラミング技術の他に柔軟な思考ができる能力も重要な資質となります。

進路フローチャート

ゲーム会社、ゲーム制作会社、またはフリーで活動

進化を続ける新プログラミング技術の習得に励みながら、現在のスキルで作品を作り続ける。多忙な業種なので、学生の応援依頼も多い。積極的に参加しよう

↑

大学・短大・専門学校入学

大学・短大であれば、情報系や電気系の学部・学科を目指す。あるいは、ゲームクリエイターを養成する専門学校を目指す。数学や物理など理数系科目を重点的に勉強する

↑

高校入学

POINT

- ゲームのプログラムを制作する
- 日々進化する新しい技術の習得が欠かせない
- チームでの仕事が多く、協調性が求められる

関連情報
- 日本工学院クリエイターズカレッジ HP
  ゲームプログラマーになるためのカリキュラムなどが掲載されている

オススメの1冊！
『プログラムはなぜ動くのか第2版』
（矢沢久雄著・日経ソフトウエア監修／日経BP社）
なぜプログラムが動作するのか、その仕組みから実際の使用法までをわかりやすく解説。システム構築に関わりたい人におすすめの1冊

ℹ 大学卒業程度だと、初任給は18～22万円程度。専門学校卒だと2万円ほど低いといわれる

ゲームデザイナー

ゲームの展開やストーリー・世界観にもとづいて、キャラクターの動きや背景などをデザインする仕事です。

実際の製作現場では、ゲームプランナーやゲームプログラマーとチームを組んで製作していきます。プランナーが企画したゲームの骨子を画像に描き起こす役割を担います。

グラフィックソフトを使える程度の**パソコンの知識がある**と有利ですが、デザイナーの中にはパソコンの作業よりも、手描きでの作業を得意とする人もいます。ゲームの世界観を具体化する「デザイン力」が必要です。美術系大学やゲームデザインの専門学校などで**デザインの基礎を身につける**とよいでしょう。その後、ゲーム会社に就職します。キャリアを積んで独立することも可能です。

現在のゲームは、実写映画のようにリアルな映像が使用されているものが主流です。映画やドラマ・演劇などのトレンドを常に取り入れ、センスを磨き続けることも重要です。また、プランナーの考える世界観をくみ取るための**イマジネーション**や**言語表現力**も必要になります。

POINT
- ゲームキャラクターの動きや背景をデザインする
- ゲームデザインを学んでゲーム会社に就職する
- トレンドを敏感に取り入れるセンスも必要

おもちゃクリエイター

積み木などの木製のおもちゃから、最新のロボット技術が使われたおもちゃまで、**対象年齢に合わせておもちゃを企画・設計する**仕事です。おもちゃメーカーの商品開発部門で企画立案の業務に携わり、実際に設計図や模型を製作しますが、小さな会社やフリーランスのおもちゃクリエイターは、設計から製作までの業務を1人でこなすこともあります。

まず、デザインや機械工学・電子工学を大学や専門学校で学び、おもちゃメーカーやおもちゃのデザインを行っているデザイン会社に就職するのが一般的です。

今までになかったおもちゃを作り出す**発想力**や、その製作が技術的に可能かどうかを考える**工業的な技能**が試される仕事です。場合により、大人も楽しめるようなおもちゃを作ることもあります。設計や模型づくりの際には、パソコンで作業を行うことも多いので、デザイン関係のソフトを使いこなすスキルも必要です。一番大切なのは、最大の利用者である子どもの目線に立って仕事を進めることが肝心です。また、使用する材料の安全性への配慮も欠かせません。

POINT
- 発想力とそれを具体化する工業的な技能が必要
- デザイン関係のパソコンソフトの技術が必要
- 子どもの視点に立って仕事を進めることが大切

関連情報　ゲームデザイナー→『ゲームデザイン脳』(桝田省治著／技術評論社)
おもちゃクリエイター→『おもちゃクリエータになるには』(トイジャーナル編集局編著／ぺりかん社)

PART 9 ものづくりに関わる仕事がしたい

テクニカルライター

パソコンやテレビなど、操作方法が複雑でマニュアルが必要な電化製品の取扱説明書や、パソコンのヘルプ機能で使われる原稿を執筆・編集する仕事です。

雑誌や書籍の原稿を執筆するライターと違い、パソコンや電化製品に使われる専門用語を、幅広い年齢層の利用者にわかりやすく伝え、問題なく理解してもらうことのできる文章力や構成力が必要です。また、外国製品を取り扱う場合は、**外国語を日本語に翻訳する技能**も必要になります。

メーカーの技術部門や商品企画部での仕事が中心ですが、テクニカル・ライティングを専門とした編集プロダクションに就職する道もあります。ライティングの腕を磨き、フリーランスでメーカーやプロダクションから直接仕事を請け負う人もいます。テクニカルライターになるための資格は特にありませんが、テクニカルライターの養成講座を受講し、そこからライティングのアルバイトで仕事の経験を積むことも、この職業に就く近道の1つです。また、テクニカルコミュニケーション技術検定といった民間資格もあります。

POINT
- ●どんな利用者でも理解できる取扱説明書の作成を行う
- 有 取得すると有利な資格・免許あり

本書 編集部が薦めるこの 1 冊

「文系／理系」を越えて、「科学」の世界を見つめてみよう！

『科学・技術の二〇〇年をたどりなおす』
村上陽一郎著
（NTT出版、2008年）

　私たちが、大学という「知」の空間で触れる「科学」とは、一体どこから来たものなのでしょう。毎日のように用いている「科学・技術」とは一体どのようなものなのでしょう。今まで、あまりに自明（あたりまえ）のものとして受け入れてきた学問の"あり方"、さらにはこの世界の"あり方"を、少しでも客観視できるとしたら、どんな世界が見えてくるのだろう……。本書は、そんなことを考えさせられる1冊。科学史・科学哲学の大家による、文／理の垣根を越えた「知への招待状」といえるでしょう。

　障壁とは、何も「文／理」の間だけに存在しているのではありません。「文系／理系」の中にも「○○学部」と呼ばれるものがいくつもあるように、現在の「知」の世界は、無数に、かつ高度に専門分化されています。にもかかわらず、ある科学領域における研究成果が、その出身領域をはるかに越えて人々の生活に多大な影響を与えることも、決して少なくありません。そのような現在において、私たちはどのように「科学・技術」と向き合えばよいのでしょう。

　「科学」と「技術」が渾然一体となって現れている現代、その本質に対して、本書は"ニュートンやコペルニクスは「科学的」ではなかった"という一見奇妙な（それゆえに興味をそそる）命題から出発し、迫っていきます。本書は現在を生きながら現在を超越するような視点へと読者を導いてくれるでしょう。

関連情報　テクニカルライター→テクニカルコミュニケーター協会 HP

建築士

依頼主の要望を聞いて住宅やビルなどを設計する仕事

こんな人におすすめ！
- 間取りなど建物の設計に興味がある人
- 根気強く研究や作業に取り組める人
- 緻密な作業が得意な人

1 建築士の仕事とは？

建築士の仕事は、ビル・マンション・戸建て住宅などを建てるための**設計図を作成すること**です。

建築物には高さ・面積・容積など多くの基準が法律で定められているため、その基準に沿って設計しなければなりません。さらに、耐震性・耐火性・防音性に加え、最近では省エネルギーも考慮する必要があります。そのうえで、デザインの観点から使い勝手や快適さを考えます。

設計は、全体をまとめる建築士、耐震性をチェックする構造建築士、水道・電気・換気システムなどを設計する設備建築士、庭や植栽のデザイナー、家具デザイナー、インテリアコーディネーター、照明デザイナーらのチームワークで進めます。

設計を終えると、その図面をもとに建設業者が工事を始めます。建築士は、**工事費用が適切な金額かどうかのチェック**はもちろん、図面どおりに工事が進んでいるか、図面に不具合がなかったか、指定した材料が工事に使われているかなど、定期的に建築現場へ足を運んで確認します。建築士には、依頼主の夢や希望を反映した図面と莫大な工事資金が託されています。希望と違った建物ができたのでは依頼主は納得できません。その依頼に応えるために負う責任はとても大きいのです。

扱う物件は、新築だけでなく、リフォームや耐震補強工事などもあります。図面と違う構造や老朽化の激しい物件、狭い工事スペースなど問題を抱えた建物の場合もありますが、それらの問題を1つひとつクリアしながら依頼主の要望をできるだけかなえることが大切です。

2 建築士の役割・資質とは？

建築士に求められるのは、第一に**建築基準法をはじめとする関係法令を熟知し、法に則った建物を設計すること**です。法令の文章には独特の表現があるので、最初はわかりにくいかもしれませんが、読み慣れてくると理解が進み、仕事がスムーズにできるようになります。

第二に、**頑丈で安全な建物を設計すること**です。最低限の

資格免許

350

PART 9　ものづくりに関わる仕事がしたい

進路フローチャート

一級建築士資格取得
↑ 設計実務と法令などの学習を並行して行う
↑ 建築会社で実務経験を積む
二級建築士資格取得
↑
就　職
↑ 一般課程と専門課程を学ぶ
↑ 専門課程を集中して学ぶ
建築系大学　／　短大・専門学校
↑
高校入学

※普通高校に入学し、一級建築士を目指す場合

POINT
- ビルから戸建て住宅まで、様々な建物を設計する
- 工事の進捗も確認しながら設計図どおりの完成を目指す
- 二級建築士を取得後、実務経験を経て一級建築士を目指す

関連情報
- 建築技術教育普及センター HP
  建築士制度についての概要や資格試験について掲載している
- 合格率（二級・総合）：23.1%（2012年）

オススメの1冊！
『建築を知る──はじめての建築学』
（建築学教育研究会編集／鹿島出版会）
高校から大学生向けの建築入門書。建築学の概要から建築用語・学習アドバイスなど、初心者向けの建築本

ⓘ 依頼は全国各地から。南国の町やのどかな里山に自分のデザインした家が建つかも！

安全基準は決まっていますが、日々技術も理論も進歩しているため、その変化に対応しなければなりません。構造計算では緻密な計算が必要です。新しい技術や材料の情報収集力も必要で、**様々な建物の特性を知っていることも求められます**。こうした点から考えると、**研究熱心であることや、情報収集力の高さは建築士にとって重要な素養**といえるでしょう。

一方で、依頼主の希望や予算にも配慮しなければいけません。依頼主の要望を引き出す会話力や満足させるためのアイディアを考案できることと、厳しい予算の中で工夫を重ねる創造力や業者へ依頼する際の交渉力なども大事です。依頼主の要望は、落ち着ける家・斬新な建物・実用的な間取りなど多種多様です。**豊富なアイディアで柔軟に対応できる能力**が望まれます。

3 建築士になるためには？

2008年の建築基準法改正で、工事管理や顧客への説明などは建築士の資格を持った人でなければできなくなりました。そのため、まずは**二級建築士の資格を取得し、数年間実務経験を積みながら一級建築士を目指しましょう**。

まずは建築関連の法律や構造計算、建築計画などの指定科目を学べる大学や専門学校へ進みましょう。必要な実務経験の年数は、取得した単位数やその後の経験内容によって細かく決まっています。建築技術教育普及センターのホームページなどで確認するとよいでしょう。

また二級建築士資格は、学校を卒業することで受験資格が満たされるため、就職後の受験となります。

INTERVIEW
現役の一級建築士に聞きました

一級建築士事務所 匠拓
寺澤 秀忠さん

模型や絵が大好きで、住宅広告の間取り図を見ながら「自分だったらこうする」と子どもながらにアイディアをひねりながらペン入れをしていた、という寺澤さん。一級建築士として独立・開業している寺澤さんに、建築士の仕事についてうかがいました。

❶ お仕事の内容は？

私の仕事は、依頼者から希望する建物についての要望をうかがい、それが実現するよう最大限の努力を傾けて建物を設計すること、建築基準法などにもとづく手続を行い、建築工事を監理することです。

依頼者の要望は漠然としていたり、予算の見込みがズレていたりする場合がよくあります。それを土台に、いかに要望を満たし、予算内に収まる建物とするか……暗中模索しながら設計のアイディアをひねり出す作業が多くあります。外観デザインや内部空間のデザインと共に、使い勝手を良くするためにはどうすればよいのかと考え、依頼者に満足していただけるよう工夫します。

設計作業は、依頼者との打ち合わせはもちろん、強度計算などを受け持つ構造建築士や電気・水道などを担当する設備設計士と話し合いを重ね、安全な構造や適切な配管を検討しながら進めます。そのため、建築材料に関する調べ物や強度計算など、1日の大半がデスクワークとなる場合もあります。

また、建築現場での打ち合わせでは、職人の作業を観察し会話を重ねる中で、新しいアイディアが生まれることがよくあります。考えたこともなかった空間の使い方を学ぶこともできます。こうしたことは1人では決して身につかないものばかりです。現場での立ち会いは、とても魅力的な時間なのです。こうして、日々生活を重ねていける「安心できる建物」「快適な空間」を創造するのが、私たちの仕事だと思います。

352

PART 9 ものづくりに関わる仕事がしたい

ある日の寺澤さん

- 9:00 事務所へ。メールチェックや電話での打ち合わせなど
- 10:00 工事現場へ出発。現場で建築会社など工事関係者との打ち合わせ。進捗確認などを行う
- 12:00 昼食
- 13:00 デスクワーク。打ち合わせ時のメモや依頼者の要望書などを参考に図面を引く
- 15:20 小休憩
- 15:40 再び設計作業。問い合わせや連絡の電話・メールにも対応
- 18:00 夕食
- 20:00 新規案件の設計プラン作成。図面の校正。終わり次第、終業

施工現場で図面との整合性を確認中。配置・素材・太さなどもしっかりとチェック！

PROFILE
てらさわ ひでただ
中央工学校 建築設計科卒業

❷ このお仕事の醍醐味は？

完成した建物を見て、「良い建物だね」と喜んでもらえるのはもちろん、入居後数カ月経ってから住み心地や使い勝手の良さを褒めていただけると、心底ホッとします。

私は依頼者の要望・家族構成・間取りの使い方などを考え、窓を作る場所1つにも気を配って設計しています。そこを「よさ」として実感してもらえるのが何より嬉しいのです。

私が手がけた建物は様々な場所に点在していますが、ある地域内で手がけた建物が増えれば、いつかその地域は"私が手がけた街並み"になります。街並みを作る、という広がりがある仕事であることも建築士の醍醐味だと思います。

❸ 建築士を目指す人にアドバイス

表現力・伝える力が重要です。すぐれたアイディアやデザインでも、説明の文章が相手に伝わらなければ仕事へつながりません。人を惹きつける表現力を身につけてください。

また、依頼者の要望を正確に把握するために、会話力や観察力を含めたコミュニケーション力を高めることが大切です。アイディアのストックも大切です。興味のある建物や工夫を凝らした作品を見つけたら、どんどん観察して写真やスケッチなどに記録しておくと実践で役立ちます。街並みを観察し、展示場・内覧会・作品展へも積極的に出かけましょう。芸術作品も発想を広げ、表現力を豊かにしてくれます。

大工

設計図にもとづいて、建築物の建築や修理を行う仕事です。

最近の建設現場では木材などを手仕事で調節するようなことは少なくなり、建築工程の大部分が機械化されるようになりました。しかし、現場で得られる経験の多さが何よりものをいいます。一人前に仕事ができるようになるためには、最低5年の修業が必要とされています。納期次第では夜間や雨の日も屋外で仕事をしなければなりません。

大工に関する国家資格には建築大工技能士・建築施工管理技士・二級建築士・木造建築士などがあり、これらの資格を取得しておくと現場の責任者になる場合には有利です。手先の器用さと現場作業をチームで円滑に進められるリーダーシップも、大工の資質といえるでしょう。

大工になるためには、建築会社や工務店に就職するか、現場の責任者である「棟梁」に弟子入りして修業を積むのが一般的です。大工を養成する専門学校で技術を学んで就職する道もありますが、いずれにしても長く続けられる体力とやる気が問われます。

POINT
- 設計図にもとづいて建築物の建築や修理を行う
- 手先の器用さやリーダーシップも大切な資質となる
- 🈶 取得すると有利な資格・免許あり

宮大工

大工の中でも神社仏閣の修繕を手がけるのが宮大工と呼ばれる職業です。歴史的価値のある建造物の修繕を長期間にわたって行います。釘を使わずに建造物を建てる昔ながらの技法や、時代ごとに異なる装飾などの伝統的な手仕事の技術、歴史的背景を理解する文化財の知識が求められます。

熟練した技能を持つ宮大工の中には、唯一無二の存在として人間国宝に認定されている宮大工もいます。歴史的遺産として、時代を超えて自分の作品が受け継がれる、伝統に裏打ちされたやりがいのある仕事です。

宮大工になるためには、神社仏閣の修繕を手がける専門の工務店に就職するのが一般的です。大工として基礎技術を身につけてから宮大工の道を志す人もいます。

現場の掃除や道具の手入れなどから見習い修業が始まり、先輩の仕事を体で覚えながら試行錯誤を繰り返す中で宮大工としてのスキルアップを図ります。技能の習得は昔ながらの手作業なので時間がかかります。根気よく仕事に打ち込める人がこの仕事に向いているといえるでしょう。

POINT
- 神社仏閣の修繕を行う
- 自分の仕事が時代を超えて受け継がれる
- 神社仏閣の修繕を行う工務店への就職が一般的

PART 9 ものづくりに関わる仕事がしたい

とび職人

建築現場での足場を組むなど、高所の作業を専門とする仕事です。仕事の際には、高所に上るために組み立てる足場の建造物の強度管理や、足場を含めた現場環境の利便性の保持、使用後の効率的な撤収作業を行う段取りの能力が求められます。

これら以外にも、ビルなどの建造物において、クレーンでつり上げた鋼材を組み立てたり、海や河川に橋をかけたり、送電線の敷設や保守作業を行ったりする仕事もあります。命の危険にさらされる高所での作業が続くので、**体力や運動神経・タフな精神力が求められる**でしょう。その他、作業中の近隣への配慮など**細かな気づかい**も必要になってきます。

一見ダイナミックに見えても、繊細さが要求される仕事です。とび職人の国家資格として、「足場の組立て等作業主任者」があります。また、とび職人の現場責任者を目指す人は取得しておきたい資格です。その他、作業に欠かせない重機を運転できるよう、大型や特殊車両の運転免許があるとよいでしょう。

POINT
- 高所の作業を専門とする
- 体力や運動神経・タフな精神力が求められる
- 有 取得すると有利な資格・免許あり

左官

「こて」と呼ばれる塗料を平らに塗る道具を駆使して、**建造物の壁や床などをきれいに仕上げる仕事**です。かつては、昔ながらの土塀に使われる素材や漆喰などを扱うことが多かったのですが、近年ではコンクリートやコンクリートと砂を混ぜたモルタルなどの建材をきれいに塗り上げる仕事が多くなっています。左官の仕事は機械化することが難しく、大きな建造物でも左官が手仕事で仕上げを行います。一人前の仕事ができるようになるためには4年以上の修業が必要といわれています。なり手が少なくなってしまった一方で、多くの人材が求められている職業です。

左官になるためには、親方に弟子入りして修業を積むのが一般的ですが、職業訓練校で基礎的な技術を身につけることもできます。また、国家資格として「左官技能士」があります。野外での仕事が中心で、重いセメントを運ぶ肉体労働や、素材の乾き具合などにより仕事が深夜に及ぶ長時間労働もあります。**体力に自信がある人**が向いているでしょう。また、建造物にマッチした塗りができる**美的なセンス**も必要です。

POINT
- 建造物の壁や床をきれいに仕上げる
- 親方に弟子入りして修業を積むのが一般的
- 有 取得すると有利な資格・免許あり

関連情報 とび職人➡日本鳶工業連合会 HP
左官➡日本左官業組合連合会 HP

土木技術者

道路や鉄道・港湾などの土木工事で、期間内に工事が終了するように現場を調査して工事計画を作成し、工事現場で負傷者を出さないように、**作業が安全かつスムーズに進行するように監督・指導する仕事**です。

工事では、計画の微妙な誤差が作業の進行に大きく支障をきたす場合があります。安全かつスムーズな進行のために、計画立案を行う土木技術者には厳密さが求められます。大規模な工事の場合は、各工程を複数の土木技術者で分業し、チームで仕事にあたることもあります。

工業系の大学や専門学校で基礎を学び、土木工事を請け負う建設会社や、公務員試験を受けて各官庁の土木部門で仕事をするのが一般的です。

資格には、土木学会が認定する「土木技術者資格」がありす。その他にも、建設機械施工技士や土木施工管理技士などの土木部門の管理資格は仕事の幅を広げることにつながります。最終目標として、受験資格に長い実務経験と深い知識が試される、国家資格の「技術士」の取得を目指します。

POINT
- 工事が安全かつスムーズに進行するように工事計画を作成し、監督・指導を行う
- 有 取得すると有利な資格・免許あり

土木作業員

土木工事において、機械だけでは作業ができない場合や、機械の入り込めない現場での工事に携わる仕事です。機械化が進んだ大工事では必要不可欠な、建設工事の"縁の下の力持ち"として活躍しています。建材などを運ぶ単純作業から、ブルドーザーやクレーンの運転、建材などを接着する「ガス溶接」やクレーンなどへの荷物のかけ外しを行う「玉掛作業」などは免許の取得と技能講習を修了しなければなりません。特に資格は必要ありませんが、野外での重労働が多いので**体力が必要**となります。**また、チームで協力して仕事ができる協調性も必要**となります。

土木作業員になるためには、建設会社に就職する道が一般的ですが、工事現場ごとに働く期間を定めた「臨時工」や日単位で雇われる形態もあります。景気の好不況により仕事の量が左右されるので、多くの技能講習で学んだり各種資格や免許を取得したりして、様々な工事の現場に対応できる技能を身につける必要があります。また、職務経験を積み、工事現場の責任者に進む人も多くいます。

POINT
- 機械だけではできない工事作業を担当する
- 野外での作業をこなす体力が必要
- 有 取得すると有利な資格・免許あり

関連情報　土木技術者➡土木学会 HP
　　　　　土木作業員➡中央職業能力開発協会 HP

PART 9 ものづくりに関わる仕事がしたい

CADオペレーター

建築や電化製品などについて、設計者が作成した手書きの設計図（原図）をもとに、製図作成用ソフト「CAD」を使用して設計図を描く仕事です。建築会社やメーカー・デザイン会社などが活躍のフィールドです。

技能資格は多くありますが、「CAD利用技術者試験」が一般的に認知されている資格です。CADソフトを理解するためには専門的な知識を要するので、工業系の大学や専門学校に入学して授業の中で資格を取得するか、通信教育や資格スクールで学ぶのが近道でしょう。最近では平面の製図だけでなく、立体的な製品をパソコンで再現できる3D用のソフトも登場しているため、新しいソフトにも対応できるように技能を磨き続ける必要があります。

CADの操作技術の熟達はもちろんのこと、依頼に対する理解力・原図を忠実にデータ化する正確性・納品の期日を守るスピードが求められます。また、建築や機械などの原図を読み解きながらCADで作業する技量があれば、修正点の指摘など製作分野における仕事も可能です。

POINT
- 原図をデータ化し、パソコンで再現する
- 日々進化するソフトを学ぶ姿勢を持ち続ける
- 有 取得すると有利な資格・免許あり

ストアプランナー

ショッピングモールなどの商業施設を企画立案する仕事で、「商業施設士」とも呼ばれています。商業施設を立ち上げるエリアの住民の購買動向や景観を考えながら、店舗のデザインを企画します。

まずは、商業施設士の資格を取得することを目指します。大学や専門学校などを卒業したあとに、何年かの実務経験（商業施設に関わる仕事）を経た人や、建築士やインテリアプランナーなどの資格を持っている人は、受験資格が得られます。実務経験については、店舗の立ち上げをしている建設会社やディスプレイ会社・設計事務所・大手チェーン店の新規店舗の立ち上げ部門などに就職するのが一般的です。フリーランスでプロジェクトごとに仕事に携わる人もいます。

商業施設は、地域住民の生活に影響を与える重要な施設になります。店舗で扱う商品ラインナップやお店のデザインのことだけではなく、生活環境など地域全体への影響も考慮に入れなければいけません。幅広い視野で物事を考える習慣をつけておきましょう。

POINT
- 商業施設の企画立案を行う
- 商業施設士の資格取得を目標に実務経験を積む
- 幅広い視野で仕事にあたることが重要

関連情報　CADオペレーター➡『なる本CADオペレーター』（ティーエムエス編／週刊住宅新聞社）
　　　　　ストアプランナー➡商業施設技術者・団体連合会 HP

カーデザイナー

パーツ・素材・色にこだわり抜き、新しい車のカタチを生み出す仕事

こんな人におすすめ！
- 車が好きな人
- デザインに興味がある人
- 新しいアイディアを思いつくのが得意な人

1 カーデザイナーの仕事とは？

カーデザイナーとは、車の外装から内装・配置・素材・色に至るまでアイディアを出し、開発する新車の全体像を決めていく仕事をしている人のことです。

カーデザイナーの仕事には様々な種類があります。彼らは設計者やエンジニアと共に開発チームに属し、パッケージレイアウト・エクステリア（外装）・インテリア（内装）・カラー／マテリアル（色／素材）・CGや三次元データの制作など、自分の専門分野に特化して、それぞれの工程を担います。

大まかに開発工程を紹介しましょう。まず、市場調査ではどんな車や機能が求められているかを把握します。海外向け開発の際も現地調査を行います。その結果をもとに開発の基礎となるコンセプトを決め、エンジンの位置や居住空間（人が乗る空間）などの骨格を決めます。

スケッチ作業では1台につき何十枚、何百枚というアイディアスケッチを描き、その中から採用するデザインを選びます。

その後、各担当者が設計者と調整を行い、生産工程で使うデータを作成すると、ようやく製造段階に入ります。自動車メーカーなどにより微妙な違いこそありますが、自動車開発の要所で、カーデザイナーが自分の得意分野を活かしながら活躍しています。

実物大の粘土模型の作製では、ドアのつなぎ目など細部まで検討し、デザインを洗練させていきます。インテリアとカラー／マテリアルのデザインも並行して行われます。ここでもアイディアスケッチを描き、実物大のモデルを使って使いやすさ・視界の良さ・触感・カッコ良さなどを追究して開発車両にベストマッチするものを探っていきます。

2 カーデザイナーの役割・資質とは？

第一に**発想力**、そしてそれを表現する**デッサン力**が大切です。基本は、コンセプトに沿いつつユニークさ、新しさをデザインに取り入れることが基本ですが、モーターショー向けに既成概念にとらわれない斬新で洗練されたデザインを提案す

PART 9 ものづくりに関わる仕事がしたい

3 カーデザイナーになるためには？

軽自動車やスポーツ車など、どんな車を担当する場合でも、**次々とアイディアを思いつくための発想力と豊富なアイディアストック**は不可欠です。ものづくりが好きな人・創意工夫にあふれた人に向いている仕事です。もちろん、一方的にアイディアを押しつけるのではありません。ユーザーの声に耳を傾けつつ、「使いやすくするためには？」「この生活スタイルに一番マッチする形や機能は？」と、**実際に使うユーザーを意識して考えることや細部へのこだわり**が求められます。

カーデザイナーになるためには、美術・工芸・工業デザインなどを専門的に学べる大学か専門学校に進学します。そこでデッサン力の修練を土台に、スケッチ／レンダリング・モデリング・CG・カラーリングなど、将来携わりたい分野を専門的に学びます。自動車メーカーは世界中に研究開発拠点を設けています。このことを視野に入れて、近年は海外の専門学校の自動車デザイン学科を目指す人もいます。海外向けの車の開発期間中は、その国の現地法人で働くスタッフとのやり取りも頻繁にあります。**日常会話がスムーズにできる程度の英語力**は身につけておきましょう。

就職に関しては、自動車メーカーの採用試験を受けるのが一般的です。カーデザイナーの中には独立・起業している人もいますが、実力も実績も人脈もない状態では成功しません。いずれ独立を考えるにしても、まずはメーカーに就職して経験と実績を積み、技量を磨くことに専念しましょう。

進路フローチャート

就職試験
↑
- 美術・芸術系の大学でインダストリアルデザイン・造形などデザイナーとして専門にしたい分野を学ぶ
- 自動車デザイン科・工業デザイン科などで実践的に学ぶ。英語は引き続き勉強しよう

美術系大学入学 / **専門学校入学**
↑
専門にしたい分野を見極め、それを学べる進路を目指す。進路にかかわらず、英語力を高めておくとよい

高校入学

POINT
- 新しい車のデザインを手がける
- 発想力と豊富なアイディアストックが必要
- 自分の専門を見極め、スキルを伸ばしていく

関連情報
- 日本インダストリアルデザイナー協会 HP
  インダストリアルデザイン（工業デザイン）の魅力を伝えるコンテンツが充実
- ホンダデザイン（本田技研工業） HP
  魅力ある車のデザインがどのようにして生まれるのかを、デザイナーのインタビューなどから解説している

オススメの1冊！
『日本発21世紀デザイン』
（日経デザイン編／日経BP社）
世界中で売れている様々な日本製品の開発プロセスや取り組みについて解説

ⓘ ここ数年、自動車業界の開発職は希望者が少なく、就職には"狙い目"というメーカーからの声も

INTERVIEW

現役のカーデザイナーに聞きました

プラモデルや模型などに熱中して子ども時代を過ごした木越さんは、アメリカの現地法人でも開発に携わった生粋のカーデザイナー。現在は開発チームをまとめる木越さんに、カーデザイナーの仕事についてうかがいました。

本田技術研究所
四輪R&Dセンター
デザイン室 室長
木越 由和さん

① お仕事の内容は？

当社の開発は、大きく13の工程に分かれています。市場調査やコンセプトの模索から始まり、パッケージデザイン・アイディアスケッチ・レンダリング・モデル作成・インターフェイス（表示・操作系）デザイン……その工程1つひとつに職人気質の専門家集団が携わり、ときには口論し、ときには笑い合いながら作業を進めています。こうした開発チームが開発車両の数だけあるのですが、私はデザイン室長としてすべてのチームを見渡し、スケジュールや進捗の管理、様々な取引の決済などに携わっています。

もちろん、それだけではありません。メンバーが困っているとき、悩んでいるときにはアドバイザーの役目も担いますし、交渉役として立ち回るケースもあります。

もともと私はデザイナーで、以前はせっせと自動車のデザインをしていました。しかしチームリーダーという立場ですべての工程を経験してみると、どうしても、その道のプロに任せなければ不可能な部分があると実感します。原寸大の粘土模型であれば、粘土の削り方1つ、力の入れ方1つで形状が変わってしまいますし、実車製造向けに三次元データを制作する際は、何百とあるパーツを1000分の2ミリ単位の数字で調整しなくてはなりません。まさに職人でなければ不可能です。

リーダーとなって全工程に携わると、そうした個々の工程に直接手出しはできなくなりますが、開発車両に携わるメンバーの苦労や面白さがわかり、どの車も我が子のようにいとしいと

360

PART 9 ものづくりに関わる仕事がしたい

ある日の木越さん

- 8:30 出社。メール・スケジュール確認
- 9:00 海外のデザインスタジオとテレビミーティング
- 10:00 スタジオ責任者とミーティング
- 11:00 新商品企画の評価会に出席。企画・コンセプトを検討
- 12:00 昼食
- 13:00 デザインチームとミーティング
- 14:00 先行モデルのデザインチェック
- 15:00 資料作成後、海外のデザインスタジオと電話ミーティング
- 16:00 量産開発デザインのチェック。各チームからの報告・新商品の企画・デザインをチェック
- 18:30 デザイナーらと夕食後、帰宅

原寸大の模型の前で話し合う。ベテランとして、伝えたいことはたくさんある

PROFILE
きごし よしかず
大阪芸術大学 芸術学部
工業デザイン科卒業

おしく感じることができます。

❷ このお仕事の醍醐味は？

自分の生み出したものが世に出ること、それが最初に感じる嬉しさです。1台の車にかかる開発期間は数年にわたるため、その間の苦労が結実する瞬間なのです。

ただ、本当の嬉しさは、その後数カ月から1年を経て訪れます。街で目の前をスッと走り去る車や何気なく停車している車の中に、ふと自分のデザインした車を見つけたときには、他人の車であるにもかかわらず、ほぼ笑みながらしげしげと見つめてしまいます。それは「選んでくれた」という嬉しさを感じる瞬間であり、努力や苦労が報われる瞬間なんです。

❸ カーデザイナーを目指す人にアドバイス

発想力とデッサン力。この2つが車をデザインするうえで求められる能力です。まずは芸術学科・工業デザイン学科などを進路の軸としながら、自分がデザインのどの工程を中心に担当したいのか明確にしておくことが重要です。原寸大の粘土模型の作製であれば造形や彫刻を、外装・内装のデザインであればデッサンを、色にこだわりたければカラーリングを学んでください。

英語力に関しては、海外の現地法人や外国人スタッフとのやり取りが必要になるため、最低でもTOEIC®600点以上を目指してください。

ロボット開発技術者

こんな人におすすめ！
- 工業分野の最先端技術に興味がある人
- 外国語が得意な人
- オリジナリティのある発想ができる人

1 ロボット開発技術者の仕事とは？

自動車の組み立てなど工業製品の製造に使用される**ロボットを、求められる作業に合わせて研究・開発する仕事**です。最近では医療や介護など人の世話をするロボットや、人の動きや表情を忠実に再現したロボットの研究も進んでいます。

ロボット開発は、設計者やコンピュータプログラマー・ロボット本体を製作する技術者など多くの人間がチームを組んで業務を行います。

どのようなロボット開発においても最先端の科学技術が使われているため、**工業系の深い知識や技術が必要となる仕事**です。工業用ロボットを製造するメーカーに就職し、研究開発部門で活躍するのが一般的ですが、ロボット工学を専門とする大学の研究室で最先端の研究を続ける道もあります。最近では、お掃除ロボットを開発していた電化製品メーカーや、工業用ロボットを使用していた自動車メーカーなどでも人型ロボットの研究・開発が行われています。

2 ロボット開発技術者の役割・資質とは？

ロボット開発は日本のみならず、世界の国々で積極的に行われていて、それぞれ新たな技術開発を競い合っています。

工業系の深い知識はもちろんのこと、今までにない**オリジナリティのある発想**を生み出すことのできる能力が求められているといえるでしょう。それと共に、その発想を現在の技術にあてはめて具体化する、地道な作業に取り組む根気も必要です。

他にもチームを組んで仕事を進める**協調性**が必要ですが、その中にあっても自分の意見を理論的に主張する**プレゼンテーション能力**が新技術を導入しなければならない開発研究の舞台では必要になります。

ロボット開発では、海外の大学の研究室やメーカーとの共同研究・技術交流が頻繁に行われています。**英語でのコミュニケーション能力**のみならず、発展の著しい**アジア諸地域の語学運用能力**が必要になっています。

362

PART 9 ものづくりに関わる仕事がしたい

3 ロボット開発技術者になるためには？

ロボットの新技術の展示会やニュースを参考にして自分が目標とするロボット開発分野を決め、それに向けて知識を蓄積していくとよいでしょう。

ロボット開発には、最先端の非常に高度な**理数系の知識**が必要です。ロボット開発技術者になるためには、工学系・工業系の専門学校・大学に進学して**ロボット工学の基礎知識**を学び、各メーカーに就職することが一般的です。

工業用ロボット以外に、人間の感覚の領域に近い最先端の技術を使用したロボットを開発する場合は、医学や人間工学などの知識が必要になるため、大学院に進学し、研究を積んで論文を発表し、博士号を取得してから就職する人もいます。

今後、ロボットが活躍する現場はますます広がり、かつロボット自体は複雑化することが予想されます。毎年行われるまた、何よりも物事に対する**好奇心を失わないこと**が大切です。新技術は、身近なところや他分野の技術との融合から生まれることも多々あります。**俯瞰的な視野で自分の仕事に取り組める姿勢**が求められます。加えて、開発途上の分野ですので、健全な発展のための倫理感も必要でしょう。

最近では工業系の高校や高等専門学校を対象に、ロボットのアイディアや能力を競う「ロボットコンテスト」が開催され、海外の学生も積極的に参加しています。全国で予選会が行われているので、まずはこの大会に出場して、全国大会出場を目標に基礎知識の習得や技術の研鑽に励みましょう。

進路フローチャート

工業用ロボットメーカー・各研究機関など
↑
工業系や工学系の知識が学べる専門学校や大学に進学する。ロボット工学の研究が盛んな大学の研究室で研究を続ける道もある。海外留学も選択肢の1つ

大学・専門学校入学
↑
工業系の高校や高等専門学校で、電気工学の基礎を学ぶ。ロボットコンテスト出場に向け技術を磨くのもよい

高校入学

POINT
- 工業用ロボットの研究・開発を行う
- 全世界のロボット技術者と開発競争を繰り広げる

関連情報
● 日本工作機械工業会 HP
工業用ロボットを製造する日本の企業が加盟。新技術を披露する見本市の日程や工業機械の入門書なども紹介されている

オススメの1冊！
『ロボット技術者になるには』
（越川彰彦著／ぺりかん社）
日本の主要産業として期待されるロボットの魅力と、ロボット開発技術者になるためのノウハウや職場などを紹介

ⓘ 日本は二足歩行ロボット（人型ロボット）の最先端技術を持つ

バイオ技術者

こんな人におすすめ！
- 生命科学・生物に興味がある人
- 地道な努力を積み重ねられる人
- 数学・理科・物理が好きな人

1 バイオ技術者の仕事とは？

バイオ技術者は、**バイオテクノロジーを用いて新しい医薬品や生物の新品種を研究・開発する仕事**です。

バイオテクノロジーとは、生命現象を科学的に解明し、遺伝子組み換えや細胞融合などに利用する技術のことです。バイオ技術が利用されている身近な例としては、微生物を利用して発酵させた新しいタイプの発酵飲料や、遺伝子を組み換えて作られた観賞用の花、同じ生物を複製することができるクローン技術などが挙げられます。クローン技術においては、難病の特効薬の研究・臓器や皮膚の再生医療にも活用されています。また、2012年にノーベル生理学・医学賞を受賞した人工多能性幹細胞（iPS細胞）の開発は、バイオテクノロジーの最先端技術の1つであり、医薬品・農林・畜産・水産、食品、醸造、化学工業、エネルギー、環境などの幅広い分野で実用化が期待されています。

2 バイオ技術者の役割・資質とは？

バイオテクノロジーは最先端の技術です。これからますます広範囲に利用され、技術革新が進んでいく分野です。日進月歩で進化していく技術を日々吸収しながら、自分がテーマとする研究に新たな理論や技術をつなげていかなくてはなりません。

バイオ技術者に求められるのは、**地道な知識の習得や研究の積み重ね**です。成果はすぐには現れず、場合によっては何十年もの間、研究が続きます。そのような中でも好奇心を失わず、**絶えず新しい技術と共に柔軟な発想を取り入れる心構え**が必要です。

また、クローン技術などでは、生命のあり方そのものにまで踏み込んでしまうという倫理的な問題も抱えています。自分の取り組んでいる研究が、今後の生活にどのような影響を及ぼすか、幅広い視野で考えられる思考と社会的な責任感も必要になってくるでしょう。

364

PART 9 ものづくりに関わる仕事がしたい

3 バイオ技術者になるためには?

バイオ技術者は、大学の研究室や製薬・食品など民間企業の研究部門や農業試験場をはじめとする公的な研究機関で働きます。

バイオ技術者になるためには、バイオテクノロジーの理論や技術を習得できる教育機関で学ぶのが一般的です。大学や短大・専門学校のバイオテクノロジー関連の学科(バイオテクノロジー学科・生命科学科・分子生命科学科・遺伝子工学科など)で、バイオテクノロジーについて基礎から学びましょう。また、農学部・医学部・工学部などでもバイオテクノロジーの研究に力を入れているところがあります。研究のテーマや目的が具体的にイメージできている人は、専門の学部や学科がある大学が最適な進路といえるでしょう。

専門の資格としては「バイオ技術者認定試験」(初級・中級・上級)があり、取得しておくと研究職への就職に有利です。食品関係であれば、食品衛生管理者などの国家資格もあるとよいでしょう。

数学・理科・物理などの理数系の知識は、高校のうちから十分に習得しておく必要があります。また、最新知識を取り入れるうえで、論文を読み込むだけでなく海外の研究室や学会に参加する機会も多くなるため、高校生のうちから**英語などの語学力**を磨いておきましょう。世界的な研究所などは、多国籍のチームで研究が進められています。様々な世界の人々と仕事がしたい人に向いている仕事といえます。

進路フローチャート

民間企業の研究所・大学の研究室・独立行政法人

↑ バイオテクノロジーの理論と技術を習得する。卒業時に「バイオ技術者認定試験」に合格していると有利

大学・短大・専門学校入学

↑ バイオテクノロジーが学べる大学・短大・専門学校を目指す。高いレベルの理数系の知識が求められる

高校入学

POINT
- バイオテクノロジーを用いた研究・開発を行う
- 最先端の技術を習得しつつ、地道な努力の積み重ねが必要
- 有 取得すると有利な資格・免許あり

関連情報
- **日本バイオ技術教育学会** HP
バイオ関連の認定試験を実施している学会。掲載されている会員名簿から、バイオ技術を取り扱う大学や専門学校などの教育機関まで調べられる

オススメの1冊!
『ひらく、ひらく「バイオの世界」』
(日本生物工学会編／化学同人)
DNA・ゲノム・バイオエタノール・iPS細胞などのバイオ用語をわかりやすく解説してくれる1冊

ⓘ 精密機器での科学的な実験の他、動物や植物を使った実験も多い。動植物の飼育技術も求められる

自動車製造工

自動車組み立て工場や部品工場で、機械化できない繊細な工程部分を人間の手によって扱う仕事です。

自動車製造工になるために、特に必要な資格はありませんが、**工業大学の機械科や自動車関連の専門学校などで基本的な知識を習得**し、自動車製造会社に就職するのが一般的です。自動車全体の組み立てだけでなく、エンジンや変速機などの特殊なパーツを製作する専門工場で働く人もいます。

何万点にものぼる自動車のパーツはライン製造（ベルトコンベヤーなどに乗って流れてくる組み立て工程中の自動車に、部品の取りつけなど自分の担当する作業を加えていく製造方法）での組み立てが主流でしたが、セル方式（1人もしくは小人数のチームで完成品を製造する方式）を取り入れる工場も多くなりました。作業効率を考えながら、品質の良い製品づくりが求められるので、**集中力を長時間持続できる資質**が求められるでしょう。チームで作業することが多いため、**協調性**のある人材が求められます。現在は海外に工場がある場合も多いです。**英語などの語学力**があるとよいでしょう。

POINT
- ●自動車が好きな人
- ●集中力を長時間持続できる資質が求められる
- ●海外の工場勤務の場合は語学力も必要となる

板金工

銅やアルミなどの金属の板を、何種類ものハンマーやペンチ、「絞り」という技術を使って加工していく仕事です。板金工の中には、自動車の傷やへこみを直す「自動車板金」や、屋根や外壁などを作る「建築板金」があります。熟練した技術がある会社の中には、新幹線やロケットの部品などを製造する会社もあり、世界に誇る日本の工業技術の1つとされます。

板金工の仕事に就くためには、学校卒業後に板金工見習いとして工務店や板金専門の工場で働くのが一般的でしたが、最近は**職業訓練校や工業系の高校などで金属加工の基礎を身につけてから工務店や板金専門の工場で働く**人が増えています。実務経験を積み、国家資格の「建築板金技能士」や「工場板金技能士」を取得する人もいます。

一方で、まだまだ職人技が活きる世界です。就職後に技術を習得し、一人前の仕事ができるようになるまでには10年の月日が必要であるといわれています。先輩の技術を体で覚えながら技を磨いていきます。一生ものの技能を得るためには、厳しい修業を続けられる精神力が必要です。

POINT
- ●日本が誇る工業技術を扱う仕事
- ●おもに自動車と建築の分野で活躍する
- 有 取得すると有利な資格・免許あり

PART 9 ものづくりに関わる仕事がしたい

プレス工

金属板を機械の型で押しつけることによって、自動車のドアやカメラなどに用いられる**小型精密部品を作る仕事**です。電気製品のみならず生活用品全般は、プレス技術がなければ大量生産できないものがたくさんあるため、工業製品の製造にはなくてはならない仕事です。

プレス工になるための資格は特にありません。学校卒業後、プレス機器を扱う会社に就職するのが一般的です。実務経験を5年積むと「プレス機械作業主任者」の受験資格が与えられます。プレス機械の保守や安全を管理する現場の責任者に必要な資格です。職場でのレベルアップのために取得するとよいでしょう。

プレス機械での作業は、一歩間違うと指を切断してしまうような大事故を引き起こしかねません。**目標を設定し、安全第一で正確に、コツコツと仕事に向き合える資質**が必要になります。最近では、プレス工場の海外への移転も多くなっています。工場の責任者として海外に赴任する際は、語学力と**コミュニケーション能力**も求められます。

POINT
- プレス機械を用いて工業製品の部品を作る
- プレス機械を扱う会社に就職するのが一般的
- 有 取得すると有利な資格・免許あり

溶接工

金属を加熱して溶かし、**接着する仕事**です。工業全般に必要とされる、金属を用いたものづくりや土木関係の現場になくてはならない仕事です。溶接の作業は機械化が進んでいますが、人間の手によるものでないとできない作業もまだ多く、溶接工が活躍する場面は多々あります。

溶接工の仕事に就くためには、**工業系の大学や専門学校・職業訓練校で溶接の基礎を学んでから建設会社・造船・自動車・車両メーカー・製造業などに就職するのが一般的**です。最低限の仕事は1年程度で習得できるとされていますが、一人前の仕事ができるようになるには数年かかります。溶接の中でもガスを使った溶接については、可燃性ガスを使用するために、国家資格の「ガス溶接技能者」の資格を取得する必要があります。実務経験が3年以上あれば、より大規模な溶接装置を使用できる「ガス溶接作業主任者」の受験資格が得られます。現場によっては無理な体勢での作業も求められます。**集中力が維持でき、体力に自信がある人**が向いています。溶接器具を正確に扱う**手先の器用さ**も必要な資質です。

POINT
- 金属を加熱して溶かし、接着する
- ガス溶接技能者の資格の取得を目指す
- 溶接器具を正確に扱う手先の器用さも必要

関連情報　プレス工➡東京労働基準協会連合会 HP
　　　　　溶接工➡溶接人（スター電器製造）HP

造船技術者

漁船やタンカーなどそれぞれの用途に合った船を設計し、製造する仕事です。船体の設計から素材測量・切断・部品ごとの組み立て、塗装など、その業務内容は多岐にわたります。造船の現場では、様々な部門が関わって業務を進めていきます。構造計算や図面を引く理数的な技能を使う部門から、実際の船体の組み立てを行う現場作業の部門まで、各部門が緊密に連携をとりながら造船という一大プロジェクトに携わっています。自分が進みたい方向性を見定めて、必要とされる能力を伸ばす努力が大切です。また、チームプレーの中で求められる**協調性**も必要な資質といえるでしょう。

造船技術者になるためには、**工業系の大学に進学して造船会社に就職する**道もありますが、**造船科のある高校や海洋システム工学・船舶工学科などがある専門学校や大学で造船の知識を積み、造船会社に就職する**道もあります。造船会社に入社すると、造船関連会社の新入社員を対象にした研修所でベテラン技術者から3カ月の研修を受け、溶接やクレーンなど業務上欠かせない技術を学びます。

POINT
- 造船に関わる様々な業務に携わる
- 海洋工学などが学べる専門学校や大学で学ぶと有利
- 造船会社に就職し、研修を通じて技能を習得する

プラント技術者

石油精製施設や工業製品の生産施設・発電施設・通信施設など**工場の設備一式を運転し、保守する仕事**です。工場における業務を部分的に担当するというよりも、施設全体を見渡す仕事であり、そのためには幅広い工業的な知識が必要とされます。電力など大規模なインフラのプラント管理にも携わりますので、技術者としての使命感と責任が問われる仕事です。

プラント技術者になるためには、理工系の大学で化学や電気に関する知識を習得し、建設会社・エネルギー関連会社・石油化学メーカー・産業機械メーカーに就職するのが一般的です。幅広い知識が必要なため、工業系の大学院を修了して就職するケースが多いです。経験を積み、技術士という資格の化学部門やアメリカの資格であるプロフェッショナルエンジニアの取得を目指します。

また、近年は海外でのプラント建設なども多いため、**英語などの語学力**が必要です。プラントは各部門が正常に稼働し、円滑に連動しなくてはいけません。高校生のうちから**筋道を立てて物事を考える力**を磨いていきましょう。

POINT
- 工場の設備全体を運転し、保守する
- 工業系の知識と共に、語学力も必要
- 筋道を立てて考える能力が求められる

関連情報 造船技術者→日本造船工業会 HP
プラント技術者→プラント技術者の会 HP

PART 9 ものづくりに関わる仕事がしたい

時計技術者

腕時計の中でも、特に複雑な機構で時を刻む機械式時計の**組み立てや修理、また部品がない場合はその製造**を行います。かつては、時計職人に弟子入りして技能を磨きましたが、現在は専門学校などで基礎を学び、時計メーカーや修理工房・百貨店・時計店などに就職するのが一般的です。

この職業で必要なのは**根気強さ**です。1ミリにも満たない部品を組み立て、細かな修理箇所を捜し当てて修復するためには、**機械式時計の深い知識や手先の器用さ**が求められます。何より緻密な機構に美しさを感じる「時計好き」であることも資質の1つといえるでしょう。

専門学校でも取得できる「**時計修理技能士**」は国家資格です。これにより、時計技術者としての技能が保証されます。資格取得を目指した方がよいでしょう。

腕時計には歴史的な史料価値のあるものから宝飾品として使用される高価なものなどもあります。**時計の歴史やデザインの変遷などの知識**も求められます。深い教養もまた大事な資質の1つといえるでしょう。

POINT
- 機械式時計の組み立てや修理、部品の製造を行う
- 細かい作業を続けられる根気強さが重要
- 有 取得すると有利な資格・免許あり

機械組立技術者

設計図面をもとに、工業用機械から電気機器などの機械を組み立てる仕事です。会社によって製作するプロジェクトチームを編成し、業務を分業して作業を進めていきます。

機械組立技術者になるために特に必要な資格はありませんが、工業系の専門学校や大学で、**機械工学**を学び、機械などの製造メーカーに就職するのが一般的です。職業訓練校でも機械の組み立てに必要な技能を学ぶことができます。実務経験を積みながら「**電気機器組立技能士**」の資格を取得することを目標に、技術を磨くのもよいでしょう。

機械技術の進歩は、目覚しいスピードで進んでいます。新技術に興味を持ち続けることが大切です。また、製造機械は常に人の手によるメンテナンスが必要になります。自ら課題を見つけ解決に努力し、毎日の業務を過不足なく遂行できる力が必要です。現在の設計図面はパソコンの製図ソフトCADで作成されていることも多いため、**CADの操作技能**もあるとよいでしょう。

POINT
- 設計図面をもとに機械を組み立てる
- 工業系の専門学校や大学で学ぶ
- 有 取得すると有利な資格・免許あり

関連情報　時計技術者 ➡ 日本時計協会 HP　機械組立技術者 ➡ 中央職業能力開発協会 HP

革職人

牛やワニなど動物の皮革(ひかく)を加工して、財布やバッグなどの**革製品を作る仕事**です。最近では日本の熟練した職人が作る製品が世界で高い評価を得ています。皮革には実に様々な種類があります。例えば、牛革は牛の年齢によって質感が異なり、風合いや耐水性、堅さや柔らかさなどによって色々な用途に分かれます。

革職人になるには、皮革の加工品を製作している会社や工房に就職するのが一般的です。皮革の加工を教える専門学校や教室で基礎の技能を学んでから就職する方法もあります。一人前になるためには長い修業期間が必要です。修業後に独立し、個人でお店を経営する人もいます。その場合は、材料の仕入れや、商品の販売ルートを開拓するような経営の能力も必要です。革職人の中には、ブランドメーカーにその技能を認められて海外で活躍している人もいます。**トレンドをつかむ能力**や独自のカラーを出す**デザイン力**も重要です。

革製品は、大事に使うと世代を超えて使用することができます。修繕の技術も、革職人の腕の見せどころです。

POINT
- 動物の皮革を加工して革製品を作る
- 一人前になるためには長い修業期間が必要
- デザイン力を磨いて海外へ進出する人もいる

靴職人

靴のデザインや、実際に靴を製作する仕事です。デザインを重視した靴の他にも、最近では健康を重視して、長時間はいても疲れず、体に負担のかからない靴も研究され、人気を博しています。また、上質な靴であれば、修理を重ねて長年使用することも可能です。高い修理技術も期待される職業です。

革や通気性の良い新素材など、それぞれの素材の特性を活かしながらも、デザイン性や機能性が求められる仕事です。近年では大量生産される靴だけでなく、オーダーメードで靴を製作する工房も増えており、個人の好みや足に合う靴づくりが求められています。消費者の好みをくみ取る**コミュニケーション能力や発想力**も必要になってくるでしょう。

靴職人になるためには、**デザイン系の大学や靴づくりの専門学校**で技能を磨き、靴メーカーや工房に就職するのが一般的です。

また、国内で経験を積んで、靴づくりの本場であるヨーロッパで修業する道もあります。ヨーロッパなど、海外でフリーの靴職人として活躍する日本人も多数います。

POINT
- 靴のデザインや製作を行う
- 消費者の好みや足に合う靴づくりを目指す
- 靴づくりの本場であるヨーロッパで修業する人も

関連情報 革職人 ➡ 日本皮革産業連合会 HP
靴職人 ➡ サルワカ・フットウェア・カレッジ HP

PART 9 ものづくりに関わる仕事がしたい

家具職人

木工家具を機械で大量生産するのではなく、利用者の注文に合ったものをなるべく手仕事で製造する仕事です。機械や道具を扱いながらも、手触りで微妙な誤差を感じ取る**手先の感覚の鋭さ**が求められます。またオーダーメードの家具を製造する会社では顧客からの要望も多いので、顧客が**何を求めているかを感じ取るコミュニケーション能力**も必要になってきます。何より地道な作業を積み重ねていく**根気強さ**が必要といえるでしょう。

家具職人になるための必須資格はありませんが、工業高校や職業訓練校で、機械の操作法や図面の見方などの木材加工に関する基礎知識を習得するとよいでしょう。卒業後は、家具の製造会社に入社して技術を磨くのが一般的ですが、人材の採用枠は限られているため、工房に直接問い合わせるか、木工品の展示会に足を運ぶなど、積極的な情報収集が必要です。先輩に道具や機械の使い方を学びながらキャリアを積んだあと、現場責任者を担うことのできる「家具製作技能士」という国家資格を取得する人もいます。

POINT
- 手仕事で木工家具を製造する
- 道具や機械を扱う手先の感覚の鋭さが必要
- 有 取得すると有利な資格・免許あり

化粧品開発技術者

化粧品メーカーの研究所で**化粧品を開発する仕事**です。女性に喜ばれる高品質なヒット商品を生み出すことも重要ですが、工場で製品として生産しやすいような成分構成の考案（レシピづくり）も業務の1つです。

化粧水部門など、化粧品の種類によって開発チームを組んで研究を進めていくため、化粧品の品質に影響されます。成分の0.01％の違いだけでも化粧品の品質は全く異なるものになります。成分に微妙な違いを施したサンプルを製造し、テストを繰り返しながら納得のいく製品に仕上げていきます。細かい作業が苦にならず、少しずつ研究を積み重ねられる人が向いているでしょう。また、微量の成分の違いが品質に影響してしまう研究です。環境を清潔に保てる衛生管理能力は欠かせません。

女性の研究者が多い職業ですが、実は男性も多く活躍しています。化粧品開発技術者になるためには、**大学や短大の薬学部などを卒業して化粧品メーカーに就職するのが一般的**です。

POINT
- チームで研究するため協調性が求められる
- 衛生管理能力が欠かせない
- 男性の研究員も数多く活躍している

関連情報　家具職人→飛騨木工連合会 HP
化粧品開発技術者→ナリカタ―化粧品開発技術者編 HP

商社員

こんな人におすすめ！
- 外国語の勉強が好きな人
- 相互の利益を考え、交渉できる人
- 商品の流通や売買に関心がある人

1 商社員の仕事とは？

売り手と買い手の間に立ち、契約内容の設定、輸送方法の手配、保険や通関の手配など、商品が円滑に動くように段取りをしていきます。

また、新しい商品の開発や販売ルートの開拓、その後の商品の品質管理も商社員の大切な仕事です。

商社員が扱う商品は、生活に関するあらゆるものです。製品はもちろんのこと、エネルギーや情報そのものも含まれます。自国の商品を輸出し、海外の商品を輸入する貿易において、世界中で商売が成り立つところには必ず商社員が存在するといわれるくらい商社員の活躍のフィールドは全世界に及びます。また、**自国企業の海外進出の手伝いとして、現地の人材の採用や教育を行う**こともあります。なお、商社の中にも、あらゆる商品を扱う「総合商社」と、食品など特定の品目を取り扱う「専門商社」があります。海外駐在の仕事になると、長期海外出張が多い仕事です。海外駐在の仕事になると、長期間にわたり海外で生活することになります。複数の国や地域に10年以上駐在する商社員も少なくありません。

2 商社員の役割・資質とは？

商社員は、売り手と買い手の間に立ち、相互の利益を出しながら、自社の利益も出さなくてはいけません。それぞれの**立場をくみ取りながら商談を進めるコミュニケーション能力・交渉力**が必要になります。これらの能力には2つの意味があります。

1つ目は**語学力**です。様々な国の人々が商売相手になります。基礎的な語学力だけでなく、細かい交渉もこなせる語学力を、**複数の外国語において持つこと**が必要です。

もう1つは、会話の前提をなす**人間力**です。いくら内容が伝わっても、その商社員が信用をなさなければ商売は成り立ちません。多くの商社員が**利害を調整しながらリーダーシップがとれる交渉力**や、**好奇心旺盛で人間性が豊かな人**が、万国共通でビジネスの舞台で大活躍することはいうまでもありません。

PART 9 ものづくりに関わる仕事がしたい

3 商社員になるためには？

商社員になるために特に資格は必要ありませんが、大学卒業以上の学力を求めている会社がほとんどです。今後、さらに加速するグローバル化を前に企業側も即戦力を求めています。大学では語学を重点的に学ぶとよいでしょう。外国語大学など外国語が重点的に学べる大学や、留学がカリキュラムに組み込まれている大学に進学し、海外の大学へ留学するという選択肢を視野に入れておきましょう。

一方で、入社後の海外研修制度を重視している企業もあります。ある日本の大手商社では、「国際的視野の醸成」「語学力の向上」を目的とした海外派遣事業を展開しています。入社4年以内のすべての総合職社員を対象とした海外派遣事業を展開しています。北米の大学を中心に4～5カ月程度の派遣期間を設けて、語学レッスン・ボランティア活動・現地レポートなど実務に直結した語学力向上について徹底したトレーニングを行っています。

また、最近では、学生だけでベンチャービジネスをおこす人も増えています。顧客やビジネスパートナーの中には外国人も多数います。起業して自らの才覚で道を切り開いていく新しい商品の発見や開発には、海外での地道な交渉が欠かせません。強い意志を持って物事を進めていくことのできる力も必要になるでしょう。

フロンティア精神や外国人とのチームプレー・交渉の経験を持つ学生は、商社が求める即戦力となる人材です。最近では大学新卒の採用の他にも、このような社会経験を経た人材を採用する制度を取り入れている商社もあります。

進路フローチャート

商社に就職
↑
外国語大学などで語学を重点的に学ぶ。海外留学なども視野に入れておく。通関など、貿易関係の知識もあわせて勉強しておくとよい

大学入学
↑
基礎になる英語を徹底的に磨き上げる。外国語科のある高校や短期留学制度がある学校・アメリカンスクールなども進学の選択肢に入れる

高校入学

POINT

- 売り手と買い手の間に立って商品の流通を円滑にする
- 商社員の職場は全世界に広がる
- 学生時代から海外経験を積む

関連情報
● 日本貿易会 HP
政府への政策提言や外国との貿易交流の窓口になっている。商社員を志望する人向けに商社員の仕事内容や新卒向けの採用情報も掲載している

オススメの1冊！
『総合商社図鑑』
（三井物産監修・青山邦彦著／日経BPコンサルティング）
具体的な事例を挙げながら、商社員が関わる商売をイラストや図版でわかりやすく解説している1冊

ⓘ 現在、商社員にとってモバイルツールは手放せない"商売道具"の1つである

文化財修復技術者

こんな人におすすめ！
- 歴史や美術全般に興味がある人
- 手先が器用な人
- 根気と粘り強さのある人

1 文化財修復技術者の仕事とは？

絵画や古文書、建造物や仏像などの文化財の傷みを診断して、修復を行う仕事です。絵画や古文書などを、現在の保存状態で維持するために、必要に応じた修復技術を使います。仏像や寺社などは、大規模なものになると工事に何年もの期間を要することがあります。

文化財は唯一無二のものです。したがって、修復作業には失敗が許されません。一人前の仕事ができるようになるためには、長年の実務経験を積まなければなりません。最初は、古文書などを貼り合わせる特殊なのりを作ったり、作業の準備など修復作業をサポートすることから仕事を覚えていきます。無数にある古文書の虫喰い穴を1つずつ埋めるなど、工房での地道な作業も行います。

文化財を修復するためには、まず作業の前段階として**文化財の材質や歴史的な背景などの下調べ**も行います。歴史文献の調査においてはデスクワークをこなせる能力も必要です。

2 文化財修復技術者の役割・資質とは？

普段から美術館や神社仏閣を訪れるなど、文化財に強い興味がある人がこの仕事に向いているでしょう。作業自体は繊細で地道な作業の連続です。**長時間地道に根気強く作業を続けられる努力**が求められます。汚れ仕事が多く職人的な気風が強い職場なので、技術者は男性が大半を占めていましたが、比較的繊細な作業を得意とする女性の進出も多くなっています。

文化財の修復には、その作品が作られた歴史的な背景を知ることも大切です。**美術史や歴史などの知識を積む**ことも大切です。なお、文化財を汚したり傷つけたりする恐れがあるので、女性の場合は、化粧やアクセサリーの着用を禁止する工房が多いです。汚れ仕事を厭わない姿勢も大切でしょう。

実務経験が少ない若手には、業務時間後に自主練習を積み、先輩の仕事を見て学びつつ、自分で課題を見つけて鍛錬

3 文化財修復技術者になるためには？

文化財修復技術者になるための資格は特にありません。美術系の大学や専門学校・大学の史学科や文化財学科を卒業して修復工房に就職し、長年修業を積みながら技術を習得していきます。油絵などを修復する技術は、ヨーロッパなどに留学して習得する人もいます。優秀な文化財修復技術者は、国内に限らず海外にも活躍の場が広がります。確かな技術さえ備えれば、海外進出が期待できる職業といえます。

国宝や文化財の修復を行っている工房は、全国に10カ所程度です。その他にも、絵画など個人所蔵の作品の修復を請け負う工房もあります。神社仏閣などの建造物を修復する宮大工と協力しながら、建築物の彫刻などの装飾物を修復する共同作業も行われています。なお、日本国内では、国宝・重要文化財を中心とした文化財の保存修理を専門的に行う修復技術者集団「国宝修理装潢師連盟」が、国の選定保存技術である「装潢修理技術」の保存と発展・向上を図るべく文化財修理とそれに関連する諸事業を展開しています。

東京大学などでは、国宝を科学的に検証する研究室があります。一方、研究機関や美術館は考古学的なアプローチで文化財に関わることに重点が置かれています。自分の希望と照らし合わせながら進路を考えましょう。

貴重な文化財は世界各地に存在し、修復を重ねつつ現在まで受け継がれてきました。文化財の修復は、人類の財産を守る価値ある仕事です。

PART 9 ものづくりに関わる仕事がしたい

進路フローチャート

フリーランスで活動、工房を構える
先輩技術者のもとで修復技術の習得を目指す。10年ほどの経験で一人前といわれる。地道に自分の技術を磨き続けよう

↑

修復工房に就職
美術系の大学や専門学校、大学の史学科や文化財学科で文化財の取り扱い方や修復の基礎技術を学ぶ。どの文化財がどの工房で修復されたか調べるのも進路を具体化する近道となる

↑

大学・短大・専門学校入学
美術や歴史などの勉強に力を入れ、知識を増やす。美術館や神社仏閣など、文化財に触れる機会を持とう

↑

高校入学

POINT
- 文化財の傷みを診断し、修復を行う
- 仏像から油絵まで取り扱う文化財は広範囲にわたる
- 失敗が許されない繊細な作業が続く

関連情報
- 文化財保存修復学会 HP
文化財の保存に関わる科学・技術の普及を目的とした学会。修復専門家の養成セミナーなどの情報も掲載されている

オススメの1冊！
『壊れても仏像——文化財修復のはなし』
(飯泉太子宗著／白水社)
文化財修復のプロが、仏像の内部などの技術者らしい角度から仏像の魅力を解説した1冊

ℹ 大卒で初任給はだいたい20万円。納期が集中する年度末は残業も多くなる

マーチャンダイザー

百貨店やアパレルメーカーなどで市場動向を調査し、商品企画から販売の計画まで、商品開発計画の全体を取り仕切る仕事です。

マーチャンダイザーになるためには、アパレルメーカーの販売促進部門や百貨店の商品開発部門などの採用試験に合格する必要があります。しかし、採用されてからすぐにできる仕事ではありません。販売員や商品管理・仕入れなど、様々な角度から商品の知識を蓄積し、マーチャンダイザーを目指します。

世の中の**トレンドに敏感であること**が、最も必要とされる資質です。購買動向などのデータを見る機会も多いので、**資料から動向を読み取る分析力**も必要でしょう。また、**トレンドを商品にすばやく取り入れることのできる行動力**も必要になります。

マーチャンダイザーになるために特に必要な資格はありませんが、**流通に関する知識・経済学・商学・マーケティング**を学んでおくとよいでしょう。

POINT
- 商品開発計画の全体を取り仕切る
- 様々な角度からの商品知識が必要
- トレンドから商品化を実現する行動力が大切

バイヤー

購買傾向から世の中の流行を読みながら、生活品から美術的な骨董品に至るまで**様々な付加価値のある商品を探し出し、買いつけ（仕入れ）を行う仕事**です。付加価値のある商品を探すために、世界中を駆けめぐることもあります。

バイヤーになるためには、百貨店などの採用試験に合格し、買いつけ部門で働きます。ただし、販売促進などの買いつけ後の商品管理までは業務に入らないことが多いようです。経験を積んで食品などの深い専門知識を持ち、フリーランスで活躍するバイヤーもいます。最近はインターネットショップを運営して、バイヤーとショップオーナーを兼務している人もいます。

買いつけ先や問屋との交渉が仕事の基本になるので**コミュニケーション力**も必要な資質です。また、海外で仕事をすることが多い職業です。**英語をはじめとした語学力**が必要です。

食品を例にとると、品種や農薬の有無・栽培法など消費者の要望はますます細分化しています。商品情報の収集力もバイヤーの仕事の力量の1つといえるでしょう。

POINT
- 付加価値のある商品を探し、買いつけを行う
- 交渉にはコミュニケーション力が重要
- 常に世の中に対してアンテナを張る

PART 9 ものづくりに関わる仕事がしたい

農協職員

日本全国にある農業協同組合（農協）で、組合員である農家や農業法人の生活をサポートする仕事です。農協職員が携わる業務は多岐にわたります。苗や肥料・農作業器具の販売・営農指導・農産物の販売などの農業関係の仕事から貯金や貸付などの金融事業・生命保険や自動車保険などの保険（共済）事業も行います。農業経営から生活の基盤まで、農業が盛んな地域にとって農協はなくてはならない組織です。

農協職員に求められることは、何より組合員が何代にもわたって築き上げた**「地域」を愛する心**を大切にすることです。そのためには、志望する農協が担当する地域の特色、農業の特色などを事前に知っておくことが大切です。また、業務が多岐にわたるため、例えば農業高校や大学を卒業して、農協の農業部門での仕事を経験後に、共済部門など異分野の部門に配属されることも少なくありません。**どの部門に配属されても、地域に貢献する気持ちを忘れずに業務に対応できる柔軟性が必要**になります。農業政策の国際化・情報化が進む中で、日本の農業を支える重要な職業です。

POINT
- 農家や農業法人の生活をサポートする
- 地域を愛する心が大切
- 多岐にわたる仕事に対応できる柔軟性が必要

調香師

香料のもととなる物質を植物や動物から採取し、化学的に作り出すことを通して香料を調合・開発する仕事です。最近では、香水だけではなく食品や日用品にも香りが求められており、仕事の幅が広がっている職業です。

調香師になるためには、「パフューマー」と呼ばれる専門コースが設けられている美容専門学校で知識を学び、化粧品メーカーに就職するのが一般的です。化学的な実験を行って香料を開発している人もいます。6000種以上あるとされる香りの種類をかぎ分ける職業でもあります。嗅覚の感覚がものをいう職業なので、化学系や薬学系の大学から就職する人もいます。6000種以上あるとされる香りの種類をかぎ分ける職業でもあります。嗅覚の感覚がものをいう職業なので、風邪などの病気にかかると仕事に支障をきたすことが多いので、**体調管理**には特に気をつけなくてはいけません。

ファッションのように、**流行を取り入れる時代感覚**も必要とされるので、女性も多く活躍している職業です。良い香りのものを作り出すだけではなく、日用品全般に活躍の場がある**香料の安全性や安定性、着色**の知識も必要とされます。

POINT
- 香料を調合・開発する
- 香水だけでなく、日用品全般に活躍の場がある
- 時代のトレンドをつかむ感覚も大切

関連情報
農協職員 ➡ 全国農業協同組合中央会 HP
調香師 ➡ 『調香師の手帖』（中村祥二著／朝日文庫）

楽器職人

設計図にもとづいて、楽器の部品を製造し、組み立てる仕事です。大手の楽器工場で楽器を大量生産するために1つの部品を作り続ける楽器職人もいれば、プロの音楽家の要望に合わせて楽器をすべて1人で作り上げる楽器職人もいます。

1000点以上の部品で構成されるような楽器は、各部品の0.1ミリの大きさの違いで奏でられる音が大きく変わってきます。楽器職人は、ヤスリなどで楽器の部品を加工していきます。些細な作業の違いでも音が漏れたり余計な音が入ったりすることもあるため、神経を使う作業が続きます。プロ仕様の楽器になると、感覚的な部分までの要求に応えていくようになります。

楽器職人になるためには、楽器メーカーや工房に就職するのが一般的です。**楽器製作の基礎が学べる専門学校から就職する道もあります。**

一人前の仕事ができるようになるためには、10年以上の修業が必要といわれる職業です。1つひとつの工程を、丹念に積み重ねられる向上心が必要です。

POINT
- 緻密で繊細な作業が求められる
- 楽器メーカーに就職するのが一般的
- 地道に技術を磨き続ける向上心が必要

楽器リペアマン

楽器の修復・調整を行う仕事です。工房や会社で修復を行うのがおもな作業内容ですが、学校やオーケストラを巡回して、使用されている楽器の修理依頼を受ける営業業務にも携わります。

最初は楽器を分解してクリーニングを行うのがおもな業務です。そこから1つの楽器を重点的に手がけ、徐々に取り扱う楽器の種類を増やしていきます。

膨大な種類の部品で構成されている楽器の、どこの部品が故障しているかを見極めるには、経験を積み、感性を磨いておくことも大切です。

楽器リペアマンになるためには、まず**音楽関係の専門学校の楽器リペア科などで基礎知識と技術を学ぶのが一般的**です。卒業後は、修復専門の会社や大手楽器メーカーの修理部などに就職するケースが多いです。また、楽器の販売をしながら楽器リペアマンの仕事をしている人もいます。直接工房に弟子入りする人もいます。楽器が演奏できるとより良いですが、必須ではありません。

POINT
- 楽器の修復と調整を行う
- 修理依頼業務の営業活動に携わることも
- 故障箇所を見つけ出す推察力も大切

PART 9 ものづくりに関わる仕事がしたい

陶芸家

山などから採取した粘土を使い、器や壺など装飾品を成型し、窯でそれらを焼いて陶器を作る仕事です。「窯元」と呼ばれる工房で、大勢の人数が共同作業で焼き物を作るところもあれば、1人で作業を続けている人もいます。

「ろくろ」という回転台で粘土を成型しますが、技術が必要です。「土こね3年、ろくろ8年」といわれるほど、長い修業の年月を必要とします。陶芸教室やカルチャー教室などの講師をしながら陶芸家を続ける人もいます。成型した粘土にかける上薬や窯での焼き方など、経験がものをいう工程も多く、陶芸家の仕事は生涯にわたる修業が必要といえるでしょう。

陶芸家になるためには、窯元に就職して現場で学んだのちに独立するか、陶芸家に弟子入りして修業を積むのが一般的です。陶器づくりが盛んな地域では陶芸家を志す人も多く、活躍の場も多いでしょう。芸術系の大学や専門学校でデッサンなど美術の基礎を学び、就職する人も多いです。また、全国各地の陶芸を見てその技術を学びましょう。

POINT
- 陶器を作る芸術性の高い仕事
- 成型だけでなく、焼きなどの長期の修業が必要
- 窯元に就職するか陶芸家に弟子入りする

漆職人

漆の木から採取した樹液を熟成させて木製の器などに塗り、湿度に対して耐久性をつけた「漆器」を作る仕事です。木の加工を行う木地師・加工した木に漆を塗る塗師・仕上げに装飾を施す蒔絵師など、漆器を作る各工程を専門とする職人がいます。

漆器を特産としている地域では、職業訓練校などで漆職人の知識や基礎技術を教えてくれる場合もありますが、漆職人になるためには漆器製造会社に就職するか、工房に弟子入りするのが一般的です。どの工程も、一人前になるのに10年以上の修業が必要といわれている職業です。「漆器製造技能士」という国家資格があり、各工程の技能ごとに資格があります。実務経験を積んで挑戦するのもよいでしょう。

海外では漆器を「ジャパン」と呼ぶように、漆器は日本独特の歴史ある特産品です。海外でも人気が高く、西洋風のインテリアなどに漆器の技術を取り入れる試みもされています。伝統を守りながら、新しいことにもチャレンジする気持ちを失わない人が求められるでしょう。

POINT
- 日本特有の伝統を受け継ぐ漆器を作る
- 各工程に10年以上の修業が必要な職人技
- 有 取得すると有利な資格・免許あり

関連情報
陶芸家 ➡ 『陶芸家になるには』（森孝一、山田明著／ぺりかん社）
漆職人 ➡ うるしとわたしたちのくらし（いわて芸術文化技術共育研究所）HP

絵本作家

こんな人におすすめ！
- 絵本が好きな人
- 地道に作品を発表し続けられる人
- 洞察力や観察力にすぐれている人

1 絵本作家の仕事とは？

絵本の絵や文章を創作する仕事です。絵本は子ども向けの読み物と思われていますが、最近では大人向けの絵本なども多く出版され、その出版数は年間1000点以上にのぼります。絵と文章を創作する絵本作家もいますが、どちらかのみを担当する作家もいます。イラストレーター・小説家・詩人など様々なクリエイターが絵本作家として活躍しています。絵や文章を創作するために、資料の下調べをしたり取材に行ったりして創作に必要な題材を探すのも絵本作家の仕事になります。出版社や編集プロダクションの編集者と協力しながら作業を進めていきます。

雑誌のような新鮮な情報を伝えるものとは違い、普遍的なテーマを子どもにわかりやすい形で表現するため、中には製作期間5年などの長期間かけて創作される作品も多く、じっくりと作品に向かい合うことになります。

2 絵本作家の役割・資質とは？

絵本作家には、**日常の中で絵本のテーマを拾い上げる視点**が何よりも大切です。

絵本の中には、物語を扱うものから科学的な仕組みをわかりやすく解説するものなどジャンルは幅広くあり、その中でどの題材を選び、どのような手法で表現するかは絵本作家の力量にかかっています。題材を原稿に具体化する技術的な能力のみならず、創作の根源になる**洞察力や観察力**が不可欠です。

いつでも新鮮な視点を維持しつつ、長期間の創作を積み重ねながら完成に向けて作業を進めていきます。コツコツと作業ができる人が向いているでしょう。

また、絵本作家が創作する原稿を書籍にするためには、絵本製作の工程管理を担当している編集者との協力が不可欠です。自分のイメージを明確に伝える言語感覚も必要です。

何より絵本が好きな人、子どもをはじめとした読者が面白

380

PART 9 ものづくりに関わる仕事がしたい

3 絵本作家になるためには？

絵本作家になるための資格は特にありません。美術やデザイン系の大学・専門学校でデッサンや文章力を磨いたり、カルチャースクールや絵本作家のイベントで絵本づくりを学んだりする人もいます。

絵本作家になるためには**創作した原稿を出版社や編集プロダクションに持ち込むか、コンテストに応募して入賞し、出版までこぎつけるのが一般的**な道といわれます。中には、独学で絵本を製作し、自費で絵本を出版したあと、徐々に人気が出て商業出版されるケースもあります。

絵本作家だけで生計を立てられる人は、ベストセラーシリーズを持っている人などに限られています。デザイナーやイラストレーターを兼務する人や、児童書の出版社に勤務しながら執筆者として活動する人もいます。

絵本作家に重要なのは、絵本が好きであることと共に、たくさんの作品を読み、自分の創作の肥やしとし、作品に活かしながら、絵や文章を創作し続けることです。最初はうまくいかなくても書き続けていくことで、自分のカラーが確立できます。出版社や編集プロダクションは、そのようなカラーを持つ新しい才能の発掘に努めています。

実際、精巧な絵の他にも、独特の味を持つ絵や文章が絵本の世界では重宝されます。なかなか世の中に認められなくても、自分を信じて描き続ける意志の強さも大切な資質の1つといえるでしょう。

進路フローチャート

絵本作家として活躍
イラストレーターなどの仕事をこなしながら絵本を創作する人も多い。児童書の出版社で執筆者になる道もある

↑

絵本作家、児童書の出版社
美術系の大学や専門学校で学ぶ。絵本創作に特化した学校やカルチャースクールもある。ひたすら創作し、作品を見てもらうように心がける

↑

大学・短大・専門学校入学
美術科目を重点的に勉強し、デッサン力・文章力・創作力をつける。絵本を読み、自分の世界を広げることも必要

↑

高校入学

POINT

- 絵本の絵や文章を創作する
- 絵と文章を分業している作家も多数
- 絵本作家として生計が立てられる人は一握り

関連情報
- 日本児童文学者協会 HP
創設60年を超える団体。絵本を含む児童文学の創作を目指す人に講座などを開いている

オススメの1冊！
『絵本作家という仕事』(講談社)
新人時代や初めての作品、作家への道のりなど、人気絵本作家たちのインタビューを通して等身大の絵本作家の日常が垣間見られる1冊。アトリエや原画などの写真も満載

ℹ 出版されている絵本の中には、1,000万部を超す大ベストセラーもある

漫画家

こんな人におすすめ！
- 漫画が好きな人
- 漫画の題材を探す好奇心がある人
- 作品を描き続ける持続力がある人

1 漫画家の仕事とは？

少年漫画・少女漫画・学習漫画などの様々な**漫画を創作する仕事**です。その仕事は大きく分けてストーリー制作（ネームづくり）と作画に分けられます。全工程を1人で行う漫画家もいれば、分業する漫画家もいます。

漫画家として雑誌にデビューするのは狭き門です。また、人気がないとすぐ連載を打ち切られる厳しい世界でもあります。一方で、人気漫画家になると、連載本数が増えることや単行本がベストセラーになることだけでなく、作品のキャラクターを他のコンテンツに利用することで生じる使用料（版権）など大きな価値を生み出します。

2 漫画家の役割・資質とは？

漫画の制作は、基本的には1人でゼロから作品を作り出す地道な作業です。作品のクオリティに妥協せず、締め切りという時間と戦いながらの作業が続きます。**物事に動じない精神力**が必要です。

また、読者に喜んでもらえる作品でなければ意味がありません。作品の主題を発見する観察力・好奇心は必要不可欠な資質といえます。もちろん、**作品を表現する画力やストーリーの展開力も磨き続ける必要があります**。他の作品を読み、研究する好奇心と研究心が必要といえるでしょう。

漫画家は、脚本家・監督・カメラマンなども兼任するようなものなので、執筆には相当の労力が必要です。人気のある漫画家になると連載を複数抱えることになり、ハードなスケジュールをこなさなければいけません。それと並行して、新たな作品の題材の下調べや取材も行います。

人気漫画になると、スタッフでチームを組んで業務を進めることもあります。スケジュールを調整してくれる編集者の協力も必要です。

3 漫画家になるためには？

漫画家になるための資格は、特にありません。

PART 9 ものづくりに関わる仕事がしたい

進路フローチャート

連載を持つ人気漫画家へ
人気がすべての厳しい世界。新たなジャンルや他の作品を研究する姿勢が大切

↑

漫画家
漫画制作の専門学校や美術系の大学で画力をつける。漫画雑誌が主催する賞への入選を目指し、自分の作品を描いて投稿する。アシスタントのアルバイトで現場を知るのもよい

↑

大学・短大・専門学校入学
美術の科目を重点的に勉強する。美術や漫画などの部活動に参加してみよう

↑

高校入学

POINT
- 漫画雑誌主催の賞に入選することを目指し、作品を描き続ける
- デビューから売れっ子になるまで常に狭き門が待ち構える
- 最近は海外でも漫画の人気が高まっている

関連情報
- 日本漫画家協会 HP
漫画の普及や制作環境の向上を目指して組織した団体。日本が誇るコンテンツとして海外との交流も担う

オススメの1冊！
『マンガの道――私はなぜマンガ家になったのか』（ロッキング・オン）
人気漫画家11人が、創作やデビュー当時の苦労を語るインタビュー集

ⓘ 人気漫画家の中には、アニメ化やキャラクターの使用料などで年間10億円の収入を得る人もいる

漫画雑誌が主催している新人賞への入選を目指すのが一般的です。漫画を出版社へ持ち込んだり、漫画家のアシスタントとして活動したりしても、なかなか雑誌に作品が掲載されることは難しく、賞に入選することが漫画家としてデビューする条件といえるでしょう。

最近では、商業雑誌ではない同人誌が販売されるコミックマーケット（コミケ）などのイベントで人気が高まり、漫画家としてデビューする人も多いです。またインターネット上で作品を発表する漫画家もいます。

基礎を学校で学びたい人は、美術系の大学で絵の勉強をしたり、漫画に特化した専門学校で技術を習得したりする道があります。また独学で漫画家になった人も多数いるので、自分に合った方法で基礎を習得するとよいでしょう。

何よりも作品を描き続けて、評価を得ることが大切です。常に題材になるものを探し続ける好奇心や、題材を自分の作品に具体化することのできる表現力が欠かせません。

現在、日本の漫画は海外にも進出し、アメリカのみならずアジア・ヨーロッパ・南アメリカなどでも人気を博しています。漫画を含めた日本のポップカルチャーは「クール・ジャパン」と名づけられ、経済産業省内には「クール・ジャパン／クリエイティブ産業政策」を進めるプロジェクトが展開中です。2013年には、政府は「クールジャパン推進会議」を発足させました。

つまり、漫画家は世界に向けてコンテンツを提供することができる職業であり、新たな文化交流の担い手として期待されている職業です。

DTPオペレーター

文章や写真をデータ化し、DTPソフトを使用して紙面にする仕事です。

DTPは「デスクトップパブリッシング」の略で、今まで手作業で行っていた新聞や書籍・ポスターなどのデザインと文字組み作業がコンピュータ上で可能になった技術です。

DTPオペレーターになるためには、フォトショップ・イラストレーター・インデザインなどDTPに必要なソフトの操作が必須になります。デザインの基礎知識とソフトの操作が習得できる専門学校を卒業したあとに、印刷会社や編集プロダクション・デザイン会社などに就職するのが一般的です。「DTP検定」や「DTPエキスパート」といった民間の検定試験もあります。技能とパソコンがあればできる仕事なので、フリーランスとして仕事をする人もいます。

データを納品する期日が重要視される職業です。スケジュールを管理する能力も大切な資質の1つです。また、印刷の仕上がりを想定したデータづくりができる印刷知識もあった方がよいでしょう。

POINT
- データ化した文章・写真をもとに紙面を作る
- DTPに使用するソフト操作技術が必要
- 有 取得すると有利な資格・免許あり

イラストレーター

書籍やポスターなど世の中に流通する様々な媒体に掲載される絵（イラスト）を描き出す仕事です。自分の持ち味を活かしたイラストから、正確さが求められる写実的なイラストまで、自分の能力とジャンルに合わせて、依頼の内容を理解しつつ、作品を描き出します。

美術系の大学や専門学校に通えば、基礎的な技術を習得できますが、独学でイラストレーターになる人もたくさんいます。

出版社や広告プロダクション・デザイン事務所など、**イラストを必要としている会社に作品集を持ち込み、売り込むこと**も必要となります。自分のイラストが認められ、仕事を依頼されるようになることでイラストレーターの道が開けることになります。

特に男女による向き不向きは関わりなく、1人で黙々と仕事を行うことが多い職業です。長時間集中力を持続させながら、仕事に向き合える人が向いているでしょう。また、仕事内容によっては、自分のセンスを存分に発揮できる職業です。

POINT
- 絵（イラスト）を描き出す
- 相手の要求をくみ取ることが必要
- 長時間、仕事に向き合う集中力が必要

関連情報　DTPオペレーター ➡ DTP検定（日本経営協会）HP
イラストレーター ➡ 『イラストレーターの仕事』（イラストノート編集部編／誠文堂親光社）

PART 9 ものづくりに関わる仕事がしたい

印刷技術者

印刷所で印刷機械を操作して、印刷物を製造する仕事です。

印刷機械のクセや紙質・温度や湿度・インクの種類や配合・分量などで印刷物の品質は左右されます。このような諸条件を頭に入れ、印刷物の目的に合った印刷をしていきます。おもな印刷物はポスターや書籍・パッケージですが、最近は様々なものに印刷を求められることも多く、最新技術を習得しておくことも必要です。

印刷技術者になるために必要な資格はありませんが、**印刷会社に就職して経験を積むのが一般的**です。根気よくイメージする印刷に近づける、印刷機械と日々向き合う地道な作業が続きます。長年の実務経験が必要な仕事です。また、**日頃の印刷機械のメンテナンスも重要な仕事**です。日本は世界有数の印刷技術を持っています。技能があれば、海外でも活躍できる仕事といえるでしょう。一方で、紙を使用しないデジタル化の流れが加速している中で、これまでの印刷技術のノウハウを活かしつつ、新たなビジネスの開拓も求められています。

POINT
- ●印刷機を操作して、印刷物を製造する
- ●印刷機械の保守や管理も行う
- ●日本は世界有数の印刷技術を持っている

製本技術者

印刷所で印刷された紙を書籍や雑誌の体裁に仕上げる仕事です。

現在は機械で製本されることが多いですが、希少価値が高い書籍や美術的な価値を持つ書籍などは、手作業で製本されることもあります。

納期を守り、きれいな製本をするために機械の深い知識が求められます。手作業の製本では、紙だけでなく動物の皮革などを使用する場合もあります。また、製本機械のメンテナンスも主要な業務です。

製本技術者になるために必要な資格はありませんが、手作業の製本を行うには長年の技術が必要になります。カルチャー教室などで技術を習得する人もいますが、独学で習得する人もいます。どちらの場合も、技術の習得後は**製本会社に就職して技能を磨くのが一般的**です。

印刷業界の中でも、「縁の下の力持ち」として製本技術者は活躍します。地道に日々の業務をこなせる人が向いている仕事といえるでしょう。

POINT
- ●印刷された紙を書籍や雑誌の体裁に仕上げる
- ●印刷から製本まで専門的な知識が求められる
- ●地道に日々の業務をこなせる人に向いている

関連情報 印刷技術者／製本技術者 ➡ 日本印刷技術協会 HP

アニメーター

アニメーション作品の制作に携わる仕事です。最近では、テレビゲームの制作現場でもアニメーターが活躍することがあり、その仕事の領域は広がりを見せています。

アニメーターには大きく分けて、監督や脚本家の世界観をくみ取りイラスト化していく「原画マン」と、その原画をもとにイラストが動くように1コマずつ動きが連動するように作画する「動画マン」といった職種があります。近年はアニメーション制作の現場もデジタル化が進み、以前のように1コマずつ手描きでセル画を描き上げることはなくなりましたが、依然として仕事量は多い職業です。アニメーション映画の制作終盤は、忙しい日々が続きます。テレビのシリーズ番組の制作になると、半年以上も地道な作業が続きます。

アニメーターになるためには、美術系の大学やアニメーションの専門学校を卒業し、制作会社に就職するのが一般的です。アニメーションの質はアニメーターで決まるといわれています。監督の要求に応えることができるデッサン力が必須の仕事です。

POINT
- アニメーション作品の制作に携わる
- 「原画マン」と「動画マン」に大きく分かれる
- 作品の質はアニメーターで決まるといわれている

人形作家

人形を作る仕事です。伝統的な日本人形や西洋人形など、様々な人形づくりを担当します。製作工程はそれぞれの人形で特徴があり、一口に人形作家といっても材質・大きさ・用途によって要求される技術も異なってきます。ただ、様々な工程に対応できる手先の器用さや美術的な感覚は人形作家の共通した資質といえるでしょう。

人形作家になるためには、工房へ就職するか、作家に弟子入りする方法が一般的です。カルチャー教室などで人形づくりの基礎を学ぶ人や、独学で人形作家になる人もいます。最近ではオリジナルキャラクターの人形を作り、それがおもちゃメーカーに採用され、全世界に愛されるキャラにまで成長したりするケースもあります。

また、アニメーションやゲームのキャラクターを忠実に人形として再現した「フィギュア」などの需要も国内外で多くなり、日本の技術力が世界に評価されている分野にもなっています。ネットを通して、世界に人形を販売している作家もいます。

POINT
- 製作する人形により、その製作工程は様々
- 手先の器用さ、美術的資質は必須要件
- 人形・フィギュアは世界に誇る日本の技術力の1つ

関連情報　アニメーター→日本アニメーター・演出協会 HP
人形作家→『人形作家』(四谷シモン著／講談社現代新書)

PART 9 ものづくりに関わる仕事がしたい

美術監督・スタッフ

映画やテレビドラマにおいて、セットなどの大道具や俳優が演技のために使う小道具の準備を、作品の責任者である監督や演出家と相談しながら行う仕事です。

美術監督は、作品の美術全般の責任者として、セットを組み立てるスタッフや、時代劇なら刀やよろいなどを管理する装飾担当のスタッフを取り仕切ります。

美術監督として美術プランを立てるにはセットに応じて大道具・小道具の配置が誰にでもわかる設置図を製図できる能力や、作品設定に合ったプランを立てられるセンスが必要になります。また、作品の時代設定に合ったプランを立てるための時代考証は特に大事な仕事です。

美術スタッフになるためには、**映像や美術系の専門学校などを卒業して、映画・映像・美術製作会社に就職するのが一般的**です。

有名な美術監督に弟子入りする道もあります。最初はアシスタントとして、小物集めを行うことから仕事が始まり、徐々に大きなパートを任されるようになります。

POINT
- 映画やテレビドラマなどの作品で使う道具の準備を行う
- 映像系・美術系の専門学校などに進む

舞台監督

お芝居やミュージカルなどの美術・照明・音響スタッフなどを取りまとめる仕事です。映画監督のような演出に特化した職業でなく、実務作業の責任者の要素が強い業務内容です。

稽古では演出家の補佐もしますが、俳優やスタッフ・劇場などのスケジュール管理、本番では舞台や客席の安全管理や舞台の転換・衣装の用意・トラブル対応がおもな仕事になります。

上演現場の責任者なので、代役がどうしても見つからないときは、自ら音響なども行います。全体が見渡せ、窮地でも落ち着いて策を打てる強いメンタリティーが必要でしょう。

舞台監督になるためには、**劇団・劇場・制作会社に就職して助手からスタートするのが一般的**です。舞台監督の中には、実務経験を積んでからフリーランスで活動を始める人も多くいます。

スタッフ間の調整も多いポジションです。コミュニケーション能力も必要な資質といえます。

POINT
- 上演現場の責任者として舞台の美術・照明・音響スタッフを取りまとめる
- 劇団や劇場に就職し、経験を積むのが一般的

関連情報　美術監督➡日本映画・テレビ美術監督協会 HP
　　　　　舞台監督➡日本舞台監督協会 HP

撮影技師

動画を撮影できるカメラで映画やCMを撮影する仕事や、テレビ番組などで映像を収録する仕事です。ビデオカメラを使用するときは「ムービーカメラマン」と呼ばれることもあります。

撮影場所で品質の良い映像作品を撮影するためには、確かな技術が必要になります。光の加減やアングルの調整など、監督や演出家の意図をくみ取りながら撮影を行う仕事です。撮影のために、重い機材を持ちながら無理な姿勢を続けることや、野外などでの過酷なロケも多い職業です。体力に自信がある人が向いている職業といえます。

撮影技師になるためには、**映像系の専門学校などでカメラの基礎知識や技術を習得し、映画や映像制作会社・テレビ局に就職する方法が一般的**です。フリーのカメラマンの助手になる方法もあります。まずは、撮影技師のアシスタントからの仕事は始まります。カメラやフィルム・テープの管理や、カメラコードをもつれないようにさばくこともアシスタントの仕事です。

POINT
- 映画やCMの撮影・テレビ番組の収録を行う
- 高度な動画撮影技術が必要
- 技師のアシスタントから下積み修業が始まる

録音技師

映画やテレビドラマなどのセリフを録音する仕事です。映画やドラマの他にも、貴重なロケなど失敗が許されない現場も多く、神経を使う仕事です。

あまり動きがない場面であれば、小型マイク(ピンマイク)を取りつけて集音しますが、動きがあり、服がこすれる音や不必要な音を集音してしまう場面だと、「ムーブ」という長い棒にマイクを取りつけたものをカメラに写らないギリギリの位置まで伸ばし、音源までマイクを近づけて集音します。現場ではカメラの画面に映り込まないように気をつけながら、一番いい音が集音できる位置をとります。撮影現場は、時間との戦いなので、ゆっくり位置を探すことはできません。長年の経験でより良い位置につきます。また、必要な音でも**撮影時に録音が難しい場合は、後から加えて録音すること**(アフレコ)もあります。

録音技師になるためには、映像や映画・CM制作プロダクションに就職するのが一般的です。最初は技師のアシスタントとして、ムーブの棒を支え続けるなどの体力と気力が必要です。

POINT
- 撮影現場での集音を担当する
- 集音の調整には長年の経験が必要
- アシスタントとして録音の補助から下積みが始まる

PART 9 ものづくりに関わる仕事がしたい

照明技師

映像には欠かせない「光」を、その作品の意図に合わせて現場で作り出す仕事です。夏の撮影で冬の情景を作るといった光の加工や調整、夜の撮影への対応など、監督や演出家と話し合いながらライトのセットを組んでいきます。

撮影現場では、照明技師がアシスタントに指示を送りながらライティング（光を作り出すこと）を行います。チームで仕事にあたる協調性と、照明技師の立場から現場を取り仕切るリーダーシップも必要な資質になります。

光の加減やライトの位置など、何通りも考えられるライティングから最上のセッティングをするためには、長年の経験が必要です。監督や有名俳優の中には、「この照明技師としか仕事をしない」という人もいます。

照明技師になるためには、**映像系の大学や専門学校を卒業したあとに、照明会社に就職する方法が一般的**です。フリーの照明技師のアシスタントから始める道もあります。

照明技師は就職の枠が少ない職種です。学生のうちにアシスタントのアルバイトからこの世界に入る人も多いです。

POINT
- 撮影現場で、映像用の光を作り出す
- チームで照明をセッティングすることが多い
- アルバイトから経験を積む人も多い

映像（フィルム）編集者

現場で撮影した映像を脚本や演出プランどおりに組み換える仕事です。監督や演出家の意図をくみ取りながら作業を進めていきます。

以前は、フィルムを物理的に切って貼り合わせる作業でしたが、現在はコンピュータの中にデータとして取り込み、専用ソフトで編集するのが主流です。

テレビ番組の編集者は、編集した映像に特殊効果や文字を入れる「テロップ作業」を行うことがあります。放映や公開の期日が迫ってくると、最終段階の編集作業に時間がなくなることが多く、放送日時ギリギリまで仕事をすることもあります。

映像編集者になるためには、**映像関係の専門学校で学んだあとに、編集専門の会社や編集スタジオなどに就職して、アシスタントとして機材の操作法を学びながら経験を積みます**。中には、経験を活かしてフリーランスで活躍する人もいます。また、テレビや映画だけでなく、企業の紹介ビデオや社内研修用のビデオ、インターネットで配信する映像を編集するなど、活躍のフィールドはますます広がっています。

POINT
- 撮影した映像を編集し、映像作品を仕上げる
- 現在はコンピュータでの編集作業が主流
- 専門学校卒業後、アシスタントとして経験を積む

関連情報　照明技師➡日本映画テレビ照明協会 HP
　　　　　映像編集者➡日本映画・テレビ編集協会 HP

レコーディングディレクター

音楽作品を総合的にまとめあげ、楽曲のクオリティに責任を持つ仕事です。歌手や曲の選定はもちろん、楽器や録音技術など音楽に関する深い知識が必要です。また、優秀な演奏者やスタッフとの人脈や会社内の企画のプレゼンテーションなど、コミュニケーション能力が重要です。

レコーディングディレクターになるためには、**音楽大学や専門学校を卒業後、レコード会社や音楽制作会社に就職する**のが一般的です。

ただし、人気の職業なので狭き門です。就職できたとしても、あらゆる観点から音楽制作の現場を経験してからディレクターの仕事を任されることが多く、どれだけ音楽と触れ合い、知識や技能があるかがものをいう世界です。なお、歌手やバンドを兼務するディレクターも多くいます。

その他にも、レコーディングディレクターには新人発掘や育成など歌手を育てる役割もあります。常に音楽と、それを取り巻く環境や歌手やマーケットに対してアンテナを張る**情報収集**力も大切な資質の1つといえるでしょう。

POINT
- 楽曲のクオリティに責任を持ち、音楽作品をまとめあげる
- レコード会社や音楽制作会社に就職する

レコーディングエンジニア

レコーディングディレクターのイメージを意識しながら、**各楽器・パートの演奏を録音し、バランスを考慮しながら1つの楽曲にまとめあげる**仕事です。

おもにスタジオでは、「ミキサー」という音楽を調整する機械を操作します。多いものだと60以上ものチャンネル（周波数などの音を入力する要素）を調整しながら音楽作品を仕上げていきます。スタジオにある機器の使用法をはじめ、**専門的な音楽の知識と機器の知識が必要**な職業です。

歌手の中には長年同じレコーディングエンジニアとチームを組む人も多く、レコーディングエンジニアは音楽制作に欠かせないスタッフです。

レコーディングエンジニアになるためには、**音楽大学や専門学校で基礎知識や技術を学んで、レコード会社や音楽制作会社・レコーディングスタジオに就職する**のが一般的です。実務経験を積んでフリーランスで活動する人も多くいます。アルバム制作の場合だと、数カ月以上スタジオにこもる生活が続きます。自己管理能力も必要になるでしょう。

POINT
- 各楽器・パートの演奏を録音し、調整して楽曲にまとめ上げる
- 音楽や使用機器の深い知識が必要

関連情報　レコーディングディレクター→日本レコード協会 HP
　　　　　レコーディングエンジニア→日本ミキサー協会 HP

プラネタリアン

星空を人工的に再現し、星の観測体験を提供するプラネタリウムを運営する仕事です。プラネタリウムでは、星の動きを制御する機械や音響など様々な機器が連動して星空を再現しています。これらの**機器の保守点検**もプラネタリアンの大切な仕事です。

ただ、夜空を時間ごとに映すだけではなく、演出に合わせた各機器へのデータ入力も担当します。**プラネタリウムのプログラムづくりや演出**もプラネタリアンの仕事になります。

プラネタリアンによる解説は、星の知識を伝えるだけでなく、来場者に楽しんでもらえるような話術や声質にも注意を払わなくてはいけません。学校行事で天体観測教室や出張プラネタリウムを行う施設もあります。

プラネタリアンになるためには、おもに自治体などで運営されているプラネタリウムの職員募集に採用される必要があります。自治体の広報紙やホームページ・専門誌などをこまめに確認するとよいでしょう。

POINT
- 星空の魅力をわかりやすく伝える
- 機械操作を習得し、かつ話術も磨く必要がある
- 人材募集情報をこまめに確認する

ゲームサウンドクリエイター

ゲームの中に流れる音楽や効果音を制作する仕事です。ゲームの中で大きな魅力を占める音の部分を担当します。ゲームサウンドクリエイターは、ゲームデザイナーやディレクターの企画に従い、音を作り上げていきます。最終的には音をデータ化してゲームと融合させるので、パソコンスキル、特に音響ソフトの操作は必須の技能です。音づくりには、生オーケストラや著名な作曲家・音楽家を起用することもあるので、ゲームの世界観を伝え、共有できる**コミュニケーション能力**も重要な資質になります。

ゲームサウンドクリエイターになるためには、**ゲーム制作や音楽制作の専門学校で学び、ゲーム制作会社で実務を積むのが一般的**です。作曲や編曲能力がある音楽家が、逆にパソコンスキルを学び、ゲームサウンドの制作に携わるケースも増えています。

パソコンでの音楽制作が得意で、限られた期間の中でゲームの世界観を理解しつつ、ゲームに必要な多数の候補曲を制作できる手腕が求められます。

POINT
- ゲームにおける「音の世界」を作り上げる
- パソコンでの音楽制作技術が必須
- 音楽家や作曲家が携わる場合も

キャラクターデザイナー

企業や自治体などの依頼主の要望に応じて、商品やキャンペーンを象徴するキャラクターを考案する仕事です。ゲームやアニメーション・漫画から企業やご当地キャラクターまで、日本のキャラクターの中には海外でも絶大な人気を誇るものも多くあり、大きなマーケットになっています。

キャラクター自体のデザインは、イラストレーターや漫画家が担当することが多いです。依頼主の意図をくみ取りつつ、親しみやすいキャラクターを作り上げるには、デザイン力のみならず、依頼主が求めるコンセプトの理解力も必要になってきます。また、コンセプトづくりの段階ではチームで会議を行うことも多いので、関係者を納得させる**プレゼンテーション能力**も必要です。

キャラクターデザイナーを志す人は、デザイン会社・イベント会社などの様々な媒体の制作会社、特に企業や自治体分野を得意とする会社に**イラストの作品集を持って売り込む**のもよいでしょう。また、キャラクターを公募することもあるため、こまめな情報収集を心がけましょう。

POINT
- 依頼主の要望に応じてキャラクターを作る
- デザインセンスとコンセプトの理解力が必要
- 積極的に売り込みやコンペへの応募を行う

関連情報 キャラクターデザイナー➡『キャラクターデザイン見本帖』
（西村直樹解説、麻湧イラスト／ビー・エヌ・エヌ新社）

PART 10

おしゃれに関わる仕事がしたい

高校生の中には、流行のおしゃれやファッションに関する仕事にあこがれる人も多いでしょう。でも、単に流行に敏感なだけでは務まらないのがこの仕事です。なぜなら、流行を追うだけではなく"作る"ことが仕事だからです。

ファッションデザイナー

コンセプトの立案から完成まで、衣服製作に関わるプロデューサー的存在

こんな人におすすめ！
- 服装などファッションにこだわりのある人
- デザインに興味がある人
- 流行を分析することに興味がある人

1 ファッションデザイナーの仕事とは？

デザインを中心に衣服の製作に携わる仕事です。アパレルメーカーやデザイン事務所に所属している人と、フリーランスで活動している人に大きく分かれます。どちらも基本的には対象や市場の流行傾向をふまえて、**製品の企画コンセプトを決める**ことから仕事が始まります。誰が、どのような場面で着る服を作るのかを考え、それを企業内やクライアントに提案し、合意を得て初めて製品化に向けて動き出します。

衣服は製品の完成までに、パターン（型紙）製作・生地の手配・サンプル縫製・工場の生産ラインの確保など、様々な過程を経ます。ファッションデザイナーがおもに担当するのは第一段階の**デザイン画の作成**です。ただし、この時点ですでに生地・シルエット・縫製などのイメージはある程度固めておく必要があります。

その後、型紙を製作するパタンナーや縫製・プレス担当者に注文や指示を出しつつ、当初のコンセプトとズレていないか、試作品をチェックしながら調整していきます。

想定する販売価格をもとに採用する生地を変更するなど、原価管理もファッションデザイナーの大切な仕事です。いくら高品質な生地と手の込んだ縫製で製品を仕立てても、価格が高くなれば想定していたターゲット層に製品を買ってもらえないかもしれません。

ファッションデザイナーとは、**企画考案から完成まで衣服製作に関わるプロデューサー的な存在**ともいえるでしょう。

2 ファッションデザイナーの役割・資質とは？

企業に所属するファッションデザイナーの場合、「春夏モデル」といったように、あらかじめ納期や販売時期が決まっている製品を製作することがほとんどです。

そのため、自分の感性に沿って好きな衣服を作るのではなく、**市場の傾向から将来のトレンド（流行）を予測する市場分析力**や、納期までに製品を完成させる**スピーディーな判断力と遂行力**が問われます。もちろん、コンセプトの提案から縫

PART 10 おしゃれに関わる仕事がしたい

3 ファッションデザイナーになるには？

企業のデザイナー・フリーデザイナーのどちらも、服飾専攻科のカリキュラムがある大学・短大や、服飾系の専門学校の卒業者が大半を占めます。それぞれの教育機関でパターン製作・縫製・染色などの生産工程を一通り学んだうえで、ファッションデザイナーの道を選ぶのが一般的です。

専門学校などで様々な生産工程を学ぶことで、「パタンナーになりたい」「縫製が向いていそう」などと自分の適性に気づく人もいます。一概に服づくりといっても、工程によって役割は全く異なります。自分のしたいことを明確にするためにも専門教育機関への進学はメリットが大きいといえます。

学校によっては、外部のコンテストなど、発表や腕試しの機会を紹介してくれるところもあります。自分の作品について客観的評価を得られる貴重な経験です。仲間と切磋琢磨する中で感性を磨きましょう。

製といったそれぞれの製作過程で、説明能力が問われる場面も少なくありません。

製作の完了が終わりではなく、売り上げをチェックするのも大切な仕事の1つです。売り上げが良くない場合は、どこに問題があったのか、反省点や改善点を次のシーズンの製品に活かすことも重要です。逆に製品の売り上げが良ければ、自分の発想力や市場分析力に対する自信と、続く商品開発の原動力につながります。地道な作業の積み重ねを経て、自分の仕事が世の中とリンクしたことを実感できる魅力的な体験となるでしょう。

進路フローチャート

採用試験・就職
↑
縫製やパターン製作など生産過程を一通り学びながら、自分のやりたい分野を見つける

大学・短大・専門学校入学
↑
大学・短大の場合は服飾専攻科、専門学校では服飾系コースがある教育機関を選ぶ。ファッション誌などでトレンドを把握しておく

高校入学

POINT

- 衣服の製作過程全般に関わるプロデューサー的存在
- おもにデザイン画の作成を行う
- 市場傾向に対して常にアンテナを張る

関連情報
- 週刊ファッション情報 HP
  業界ニュースやファッションショー、コレクション模様などを掲載

オススメの1冊！
『装苑』(文化出版局)
創刊77年の歴史を持つ女性向け月刊ファッション誌。業界紹介から若手スタイリスト特集まで幅広いテーマを取り扱う

ℹ 企業で経験を積んで、その後独立してフリーで活躍する人も少なくない

INTERVIEW

現役のファッションデザイナーに聞きました

小さい頃からデザインをすることが大好きだったという栗田さん。ファッションデザイナーとして働くようになってから、衣服に対する見方も変わったそうです。衣服を作るという仕事の醍醐味や求められる能力についてうかがいました。

クロスプラス株式会社
栗田 麻奈美さん

① お仕事の内容は？

私の肩書はデザイナーですが、デザイン画を描く業務は全体の3割ほどです。型紙を作るパタンナーと一緒に型紙の製作を進めたり、縫製や工場生産用に仕様書を書いたりと、製品が出来るまでのすべての工程に携わっています。

当社の場合は、パンツやカットソーなどカテゴリーによって担当デザイナーがさらに振り分けられています。私はブランドのコンセプトに沿うように、統括責任者として各製品のディレクションを行っています。多くの人たちとの共同作業になるため、説明能力も問われます。

また、海外の生産工場に出向いてサンプルの検品を行うこともあります。仕上がりが常に完璧なイメージどおりの状態とは限りませんので、そのような場合には縫製などの指導をして、製品について一生懸命に説明します。納期が迫っている製品の場合には、中国や韓国の現地メーカーまで足を運んですぐに手配できる生地や糸をセレクトし、現地でサンプル仕様書を作成して依頼を済ませることもありました。スケジュールによっては、帰国する頃には早速サンプルが送られてくるような、製作スピードが重視される案件もあります。

デザイナーは感性の仕事といわれることがありますが、製品には納期や原価など様々な制約があります。例えば高級な生地を用いる場合や、手間のかかる縫製でオーダーする場合となると、原価はその分高くなってしまいます。数ある制約の中で、トレンドの傾向を取り入れつつ製品を作り上げていく。つまりセンスだけでなく、いかに創意工夫をして製品と

PART 10 おしゃれに関わる仕事がしたい

して成立させるかを考えるのが、私の仕事ともいえます。

❷ このお仕事の醍醐味は?

人気のデザイナーやパリコレのデザイナーなど、ときにはあこがれの人と一緒に製品を作ることもあり、そういった方々と同じ仕事に携わるのは、やはり大きな刺激になります。自分の手がけた製品が店頭で並んでいるのを見るときも、仕事の醍醐味を感じる瞬間の1つです。ただ、それで終わりではありません。もし売り上げが伸び悩んでいる製品があれば、サイズ感・デザイン・プリントの柄など複数面から原因を洗い出します。売り上げデータはカラー別でもチェックし、次のシーズンの製品を企画する際に役立てます。

❸ ファッションデザイナーを目指す人にアドバイス

この仕事で最も大切な資質は、衣服が好きだということに尽きます。高校生のうちは、まず好きな服やファッション誌について、それらのどこに自分が惹かれるのか、「好き」の理由をとことん掘り下げてほしいですね。また専門の教育機関に進学することで、自分の適性も把握しやすくなります。私も専門学校に進みましたが、同じ道を目指す仲間を見つけるためにも良い選択肢だったのかなと思います。

休日はよくファッション店に足を運び、トレンドをチェックしていますね。好きなことなので、負担に思うことはほとんどないですよ。

🕐 ある日の栗田さん

9:30	出勤。メール確認
10:00	情報交換会議
11:00	企画打ち合わせ。商談準備（アイテム構成・スタイリング作成）
12:00	昼食
13:00	得意先のバイヤー（買い付けをする人）と商談（デザイン・素材・カラー・価格設定・納期の確認）
16:00	生地屋や工場と納期・価格設定などの交渉
17:00	サンプル依頼・修正。シルエットの確認やアイテムごとの素材のあて込みなどから具体的な仕様書を作成
18:10	終業、帰宅。残業の場合も

ブランドのコンセプトに合うように、デザインを作り上げる

PROFILE
くりた まなみ
常盤女学院専門学校卒業

インテリアデザイナー

こんな人におすすめ！
- 空間の演出に興味がある人
- 体力と精神力に自信がある人
- コミュニケーション力に長けた人

1 インテリアデザイナーの仕事とは？

住宅や店舗・ホテルなどのあらゆる居住空間にある家具や床材・照明器具・壁材・カーテンなどの**インテリア用品を選んで、空間を総合的にデザインする仕事**です。素材による色彩や光源・音や熱を巧みに組み合わせて、快適な空間を作り上げます。

また、インテリア用品自体の設計やデザインもインテリアデザイナーの仕事です。メーカーと開発したインテリア用品が商品として売り出されることもあります。

一般的に家具メーカーや設計事務所に勤務して、少しずつ仕事を任されながら実務経験を積んでいきます。ホテルなど大きな仕事を総合的に任せられるようになるためには、10年程度のキャリアが必要とされています。

特に納品直前になると多忙になり、依頼主の店舗の営業時間外に作業することも多いため、仕事を行う時間が不規則な場合もあります。

2 インテリアデザイナーの役割・資質とは？

インテリアデザインの知識もさることながら、人間の心理や行動についても知識が必要になります。色が人に与える印象を学べる**色彩学**や空間演出に欠かせない**造形デザイン・美術・建築・工芸など、幅広い知識**が求められます。

依頼者のイメージを具体化する仕事なので、相手の話を聞き出す**社交性やコミュニケーション能力**も必要になります。勤務時間が不規則になることも多いので、精神的にも体力的にも自信のある人が求められます。

実務経験を積んで、会社を離れてフリーランスで活躍する人も多くいます。日本のみならず、海外の仕事をこなすこともあるので、外国人を相手にして自分の意思を表現する**プレゼンテーション能力**や、外国語能力、様々な国の生活に適応できる**自己管理能力**も要件の1つです。

自分のデザインを具体的に表現できる素材メーカーなど、ビジネスパートナーの人脈の広さも求められます。

398

PART 10 おしゃれに関わる仕事がしたい

3 インテリアデザイナーになるには?

建築系や美術系の専門学校や大学・短大で、**デザインや製図の基礎**を学びます。その後、課題に即したミニチュアづくりなど、実践的な授業が行われる学校が多いようです。

就職先は、建設会社やデザイン事務所・インテリアメーカーのデザイン部署が一般的です。

インテリアデザイナーの仕事は、建物の設計をする建築士や工業製品をデザインする「インダストリアルデザイナー」が兼務して行うことがあります。実務経験が必要ですが、国家資格である建築士、建築物の空間の設計や工事管理が行えるインテリアプランナー、人と色との関係が学べるカラーコーディネーターの資格があれば仕事の幅が広がるでしょう。

この仕事で最も重要なのは、現場での実務経験です。学校で基礎知識を学んでも、実際に現場で使えなければ意味がありません。デザイン系の学校であれば学校の先生や先輩からの紹介や、ホームページを探して連絡を取り、現場でアルバイトをさせてもらうことが大きな経験になるでしょう。

実際、学生時代からのアルバイトの延長でインテリアデザイナーになった人もいます。正式な採用枠は少ない業種です。行動力を活かして門を叩くのも1つの道でしょう。

また、**人間工学などの広い知識も求められます**。常に学び続ける姿勢も必要です。最近では、病院などのインテリアに対して関心が薄かった施設でも、人間工学に基づく「心地よい空間」のコーディネートの仕事が求められており、活躍の範囲が広がっています。

進路フローチャート

独立してプロジェクトごとに活躍
↑ 10年程度の実務経験を積み、独立する。建築士の資格に挑戦することも可能

建築会社・デザイン事務所・インテリアメーカーに就職
↑ 学校のカリキュラムと並行して、カラーコーディネーター・インテリアコーディネーターなどの資格取得を目指す。できれば、現場でアルバイトをすると大きな経験になる

大学・短大・専門学校入学
↑ 美術系や建築系の大学・短大へ。造形デザインや製図が学べる専門学校を目指す

高校入学

POINT

- ●大きく分けて、空間演出と商品開発がある
- ●住宅やお店・ホテルなどの居住空間をデザインする
- 有 取得すると有利な資格・免許あり

関連情報
- ●日本インテリアデザイナー協会 HP
  日本のインテリアデザイナーの啓蒙を目的とした全国的な学会。講演会や作品の展覧会などの活動の他、業界研究に役立つ出版物も多数紹介している

オススメの1冊!
『デザインの仕事なり方完全ガイド』
(学習研究社)
インテリアデザインについての資格や収入、働ける会社などの情報を掲載

ℹ CADや各種のグラフィックソフトも取り扱えると就職には有利

カラーコーディネーター

こんな人におすすめ！
- 色彩に敏感な人
- デザインの知識と技能に関心がある人
- チームで仕事ができる人

1 カラーコーディネーターの仕事とは？

おもに製品や居住環境・商業施設などの環境を、専門的な知識と経験をもとに、その空間の使い道や目的に適した色彩になるようにアドバイスする仕事です。

また、企業のユニフォームやテレビ・雑誌に登場する芸能人の衣装・小物の色についてアドバイスするコンサルティングや、店舗の建築・インテリア、大きい規模では町全体の色彩計画、あらゆる商品やパッケージなどの色彩環境調査、商品開発まで仕事の内容は多岐にわたります。

最近では、色が人間に及ぼす心理的な作用も解明されつつあり、色によって心を落ち着かせ、精神的な治療を行うカラーセラピーなどにもその技能が求められています。

企業に所属して活動することが多いようですが、フリーランスとして複数の芸能人と契約し、衣装などに対してアドバイスするカラーコーディネーターもいます。女性に人気のある職業の1つです。

2 カラーコーディネーターの役割・資質とは？

日本ではカラーコーディネーターの技能だけで収入を得ることは難しく、他の技能とカラーコーディネーターの資格をあわせて仕事をすることが多いようです。

印刷や商品開発などのデザイナー・インテリア・建築、ネイルや美容などが活躍の場になります。色の技能を活かして、様々な活躍の場の価値を高めることのできる力が求められるといえます。

他業種の人と連携した仕事も多いので、**チームで問題にあたる協調性**や自分の考えをチームに広める**プレゼンテーション能力**もあるとよいでしょう。

街中にあふれる色の意味合いや改善点・感覚的な快・不快などについて意識的に見ていくこともカラーコーディネーターの業務に活かされる重要な経験値になります。日常生活において色に敏感であることも、カラーコーディネーターに求められる姿勢といえるでしょう。

400

PART 10 おしゃれに関わる仕事がしたい

3 カラーコーディネーターになるには？

カラーコーディネーターになるために、特に必要な資格はありませんが、色彩関連の資格を取得しておいた方がよいでしょう。文部科学省後援の公的資格である「色彩検定」をはじめとして、東京商工会議所が設けている「カラーコーディネーター検定」、全国美術デザイン専門学校教育振興会が設けている文部科学省後援の「色彩士検定」などが技能を保証する資格です。**色彩の物理学・測色学・生理学・心理学・色彩計画などの知識**が必要になります。

高校生の今からでも、日常生活の中で接する様々な色に対して敏感になり、その色が持つ意味や人に与える影響について考えてみるのもよいでしょう。

カラーコーディネーターになるためには、ファッション関係の商品企画部門や製品メーカーのデザイン部門の社員として働く方法が一般的です。ほとんどの場合、商品を企画した人もしくは商品のデザイナーがカラーコーディネーターを兼任することが多いようです。

近年は色彩が人に及ぼす生理的・心理的作用を使った医療系や美容系サービスを行う業種も増えており、カラーコーディネーターの技能を持つ人材が求められています。介護系や理・美容師などの資格も一緒に取得しておくと、仕事の選択の幅も広がるでしょう。特に色を使った医療面での技術は海外で発達しているので、外国で技能を磨くために留学をする人も多くいます。日本では発展途上にある分野なので、様々な方向に道が開けるかもしれません。

進路フローチャート

カラーコーディネーターとして独立
カラーコーディネーターの技能の他に、服飾やインテリアのデザイン知識や技術が不可欠

↑

アパレルメーカー・デザイン事務所など
アパレル系の就職を目指すなら、服飾系や美術系の大学・短大や専門学校でデザインなどの基礎知識と技術を学ぶ。医療系の色彩の技能を学びたいのであれば、海外留学という選択肢も

↑

大学・短大・専門学校入学
美術の勉強に力を入れる。カラーコーディネーターの資格は高校からでも取得可能なのでチャレンジしてみよう

↑

高校入学

POINT

- 製品や空間を構成する色についてアドバイスする
- 最近では、医療分野でも必要とされている
- 有 取得すると有利な資格・免許あり

関連情報
- 日本カラーコーディネーター協会 HP
  色彩の基礎や日常生活ですぐ応用できる色のテクニックについて学べる講演・講座の開催情報が掲載されている

オススメの1冊！
『カラーコーディネーターになろう』
（森内理子著・根元美奈監修／インデックスコミュニケーションズ）
色についての基礎知識からカラーコーディネーターの仕事内容・第一線で活躍する先輩の生の声・資格取得の方法と勉強のポイントまで満載

ℹ 美観条例がある地域の店舗看板に使用される色彩の判断は、カラーコーディネーターの仕事である

美容師

美容技術を駆使してその人に合ったヘアメイクを施す仕事

こんな人におすすめ！
- ヘアメイクに興味がある人
- 手先が器用な人
- 創造力のある人

資格免許

1 美容師の仕事とは？

カットやパーマなど髪に関する美容技術を用いて、顧客の要望に応じた髪型を作り出す仕事です。

技術面では、シャンプー・リンス・トリートメントといった洗髪・手入れや、カット・パーマ・カラーリングなどの技術を施すなどのスタイリングを行います。髪質は人それぞれに異なり、クセや悩みもあります。顧客の要望を聞くと共に、**髪に関するプロとして、髪質に合わせたケアとスタイリングの技術**が求められます。

おもな職場としては、美容室に勤務する他、雑誌などの撮影やファッションショーでヘアメイクを担当するヘアメイクアップアーティスト、ヘアメイクにとどまらずネイルやエステティックなど総合的な身体美術表現の専門家（ビューティーディレクター）、カラーリングの技術を身につけたカラーリストになる人もいます。

美容室の業態には、オーナー美容師の店や全国に店舗を持つグループ美容室、チェーン展開のリーズナブルな美容室などがあります。また、ブライダルヘアやキッズヘアに特化した美容室・着つけやネイルサロン・エステティックサロン併設の美容室もあります。

2 美容師の役割・資質とは？

ヘアスタイルは外見の印象を左右するものです。「おしゃれに見せたい」「かわいらしく」「芸能人の○○さんのように」などと、顧客は「こうなりたい」というイメージを膨らませて美容室を訪れます。美容師はそのイメージを具体的なヘアスタイルに作り上げる技術者であると同時に表現者（アーティスト）です。技術とセンスで人を喜ばせることのできる仕事といえるでしょう。

ヘアスタイルはファッションとの結びつきも深く、毎シーズン新たなトレンドが生まれています。顧客が希望するヘアスタイルに仕上げる技術はもちろん、**センスを磨き、流行にアンテナを張って**旬のヘアスタイルに仕上げる技術はもちろん、顧客の満足度を高めていくためにも、センスを磨き、流行にアンテナを張って旬の

402

PART 10 おしゃれに関わる仕事がしたい

3 美容師になるには？

スタイルを提案できるようにしておくことが大切です。また、美容師には、多くの人に接する仕事として**接客力**も求められます。顧客の要望を聞き出すための会話術をはじめ、くつろいでもらえるもてなしができてこそ、一人前の美容師といえるでしょう。

美容師になるためには**美容学校（厚生労働大臣指定の美容師を養成する施設）を卒業し、国家試験に合格して美容師の資格を取得する必要があります。**

まず高校を卒業（または高校卒業資格を取得）して美容学校に入学します。学校には、2年間の昼間課程と2年～2年半の夜間課程の他、3年間の通信課程があり、いずれかを選ぶことができます。学校では、カットやメイクなどの技術の他、美容についての法規、パーマやカラーリングに関する物理・化学、公衆衛生の知識などを学びます。必要な学科を修めて美容学校を卒業すると、美容師国家試験の受験資格が得られます。試験には筆記と実技があり、両方に合格することで美容師の資格を取得できます。

資格を取得したら美容室で働き、実務を経験しながら美容と接客の技術向上に努めるのが一般的です。自分で美容室を開業したい人は、美容師資格を取得して3年以上の実務経験を積み、「管理美容師」の講習を受けます。この講習を受けることで、2人以上の美容師が従業する美容室を開く資格が得られます。

進路フローチャート

就職
↑
まずは美容室に就職。独立を目指す人もいる

美容師国家試験に合格・美容師資格を取得
↑
カット・パーマ・カラーリングなどの実技を習得しながら、卒業するために必要な美容に関する法規・化学などの科目を学ぶ

美容学校入学
↑
ヘアスタイルやファッションへの感度を高め、美的センスを磨く。コミュニケーション能力を身につける

高校入学

POINT
- 美容技術を駆使してヘアメイクを施す
- 技術者であると共に表現者（アーティスト）でもある
- 美容学校を卒業して美容師国家資格を取得する

関連情報
- 理容師美容師試験研修センター HP
  理容師・美容師資格取得の方法や国家試験についての情報を掲載している
- 合格率：85.1％（第41回・2019年度）

オススメの1冊！
『理容師・美容師になろう』
（上野玲奈／オーエス出版）
理容師や美容師になりたい人のためのガイドブック。資格の取得方法、実際の仕事の詳細、先輩たちの生の声を掲載

ℹ️ 美容師の使うハサミ（シザー）はプロ仕様。1本数万～十数万円するものもある

INTERVIEW

現役の美容師に聞きました

全国に展開している美容室EARTH五反田店の店長として幅広い顧客の信頼を得ている津田さん。働き始めた頃は同期の仲間たちより不器用だったのが、今では多くの指名を受ける人気美容師となり、数々のコンテストでの入賞も経験するようになりました。そんな津田さんに美容師の仕事についてうかがいました。

EARTH 五反田店
店長
津田 圭太郎さん

❶ お仕事の内容は？

EARTHに勤務して11年目になります。現在は五反田店の店長として、美容師の仕事の他に美容技術や営業のノウハウについて教える講師の仕事もしています。

美容師の仕事では、お客様にカウンセリングを行い、なりたいイメージや髪の悩みをうかがってご希望のヘアスタイルを作っていきます。イメージを聞き取って私から提案することもあります。お客様と一緒にヘアスタイルをデザインしていく感じですね。

EARTHは全国展開している美容室なので、月に数回、美容師育成のための社内講習会が催されます。私は講師として、カットの技術やお客様の満足度を高める接客方法について指導しています。

普段は私が所属している東京エリアの講習会に出ることが多いですが、全国エリア・地方エリアの講習会に出向くこともあります。美容師は、常にお客様のニーズやトレンドをつかんでおくことが大切なので、こういう場はいい刺激になりますね。「最近こんなスタイルが好まれている」「こんなサービスの評判が良かった」など美容師どうしの情報交換も活発です。

❷ このお仕事の醍醐味は？

一番やりがいを感じるのは、お客様から指名を受けて、カットとスタイリングについて「津田さんにお任せするわ」といううお話をいただいたときです。

PART 10 おしゃれに関わる仕事がしたい

ヘアスタイルは外見の印象を決める最大の要素です。それを任されたということは、私のセンスを信頼してくださっているんだ、と大きな励みになります。

また、年に2回ほど、全国の美容師がカットなどの技術を競うコンテストに出場しています。2012年10月に行われたアップルインターナショナル主催のビッグコンテストでは約1000人の美容師が集まり、部門別に技を競いました。このときはクリエイティブスタイル部門で準優勝することができました。

コンテストでは美容のプロである審査員の目から技術とセンスを評価されます。普段、お客様からいただく評価とはまた違った観点なので緊張感があり、入賞経験は自分を高めるモチベーションにつながります。

❸ 美容師を目指す人にアドバイス

美容師を目指すなら、色々なことにチャレンジする気持ちが大切だと思います。「自分は○○系だから」「○○の技術には自信がないから」と食わず嫌いなのはもったいない。たとえ不器用だったとしても、練習を重ねれば必ずうまくなります。むしろ最初から器用な人よりも、「どうしてできないんだろう？」と考えながら多くの練習をすることで、着実に技術が身についていきます。

「この仕事が好き」「人と接するのが好き」という気持ちを持って挑戦を続けていけば、必ず道が開けるはずです。

ある日の津田さん

- 8:30　出勤。開店の準備。カット練習のために早く出勤することも
- 9:20　ミーティング。前日の報告や連絡事項を伝え、当日の予約を確認
- 10:00　開店、来客対応。カウンセリング・シャンプー・カット・カラーリング・パーマなどの施術やブロー・スタイリングを行う
- 12:00　交代で昼食
- 13:00　来客対応
- 20:00　終業、帰宅。遅番の日は21時に閉店し、店内の片づけと清掃を行う

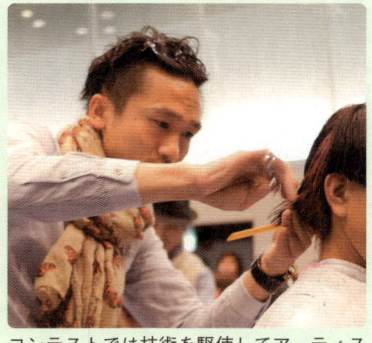

コンテストでは技術を駆使してアーティスティックなヘアスタイルを作り上げる

PROFILE
つだ けいたろう
山野美容専門学校 通信課程修了

スタイリスト

こんな人におすすめ！
- ファッションに興味がある人
- 人を演出するのが好きな人
- 体力に自信のある人

1 スタイリストの仕事とは？

テレビ・雑誌・映画などで出演者が身につける**衣装やアクセサリー・小道具などを演出の意図に沿うようにコーディネートする仕事**です。

最近では、ファッション誌の人気スタイリストのコーディネート特集は人気コーナーとなり、ファッション全般のトレンドを生み出す存在として注目を集めています。また、タレントのイメージ戦略にスタイリストが関わることも増えています。

仕事は撮影前の打ち合わせ段階から始まります。テーマに沿って出演者のファッションを提案し、衣装などを準備します。スタイリストは複数の仕事を掛け持ちすることが多く、準備が重なると多忙を極めます。

現場でのコーディネート業務では、ただ衣装を用意するだけでなく、企画の予算内で依頼者が納得する衣装や小物を集めなくてはいけません。衣装などは、基本的にはメーカーやショップからレンタルすることが多く、業界内の人脈やショップ・ブランドの情報が必要になります。

現場では**カメラマン・演出家・モデル・ヘアメイクなど大勢のスタッフとの連携**が求められます。現場での気配りやコミュニケーション能力が大切です。

2 スタイリストの役割・資質とは？

何よりもファッションが好きであることが資質に挙げられます。休日でも**街を歩く人たちのファッションチェックやショップめぐりなどをして情報を収集し、スタイリストとしての表現の引き出しを多くすること**が大切です。

華やかな現場を作る裏方として、スタイリストは大きなバッグに詰め込んだ大量の衣装・小物の移動や、朝早く夜遅い不規則な現場仕事など体力が必要な仕事でもあります。また、使用するものは基本的にメーカーやショップからのレンタル品です。管理リストづくりや返却作業、アイロンがけや靴みがきなど品物の取り扱いに神経を使う仕事でもあります。

PART 10 おしゃれに関わる仕事がしたい

3 スタイリストになるには？

スタイリストになるために、特に必要な資格はありません。**服飾系の大学・短大や専門学校に進学し、服の取り扱い方やコーディネートの基本を学ぶのが一般的**です。

学校卒業後は、スタイリスト事務所や写真スタジオに就職し、先輩スタイリストのアシスタントとして服の扱い方や、撮影の段取りを覚える仕事が始まります。地味で体力が必要な作業が続くため、辞めてしまう人も多いといわれています。

1～5年程度のアシスタント期間を経ると、ようやく独立できるようになります。技能次第では、タレント専属のスタイリストやフリーランスで活躍する人も多い職業です。

また、映画やテレビドラマの世界では、海を越えて海外で活動するスタイリストも多くいます。世界に自分のスタイリングの技術を見せる機会が大きく広がっている職業といえるでしょう。

人を飾ることが好きな人、そのためであれば地味な仕事でもこなすことができる人が向いているでしょう。また、求められている**コンセプトを把握する理解力や大勢のスタッフや関係者と連携しながら仕事を行う能力**も必要な資質の1つです。

細やかな配慮ができることも大切な資質です。

最近では、スタイリストの活躍の場はファッション関係に限らず、食品・インテリア・雑貨などにも広がっているため、このような方面の知識もあるとよいでしょう。

進路フローチャート

フリーランスのスタイリストとして活躍
↑
忙しい業務の合間を縫い、ショップのファッションチェックなど常に流行を敏感に感じ取る姿勢が大切

スタイリスト事務所などに就職
↑
服の取り扱い方法やコーディネートの基本を学ぶ。スタイリストのアシスタントのアルバイトをして現場の感覚をつかむとよい

大学・短大・専門学校入学
↑
ショップや雑誌などで好みのスタイリストの仕事をチェックするのも勉強になる。休日には街を歩く人のファッションチェックもしてみよう

高校入学

POINT

- 出演者の衣装やアクセサリーをコーディネートする
- 華やかな世界を支える裏方として、体力と精神力が必要
- コンセプトを把握する力も大事

関連情報
- **文化服装学院** HP
  国内外で活躍するスタイリストを輩出する服飾の専門学校。実際のスタイリスト事務所で仕事が経験できる実習もある

オススメの1冊！
『スタイリストの鉄則』（梅原ひさ江著／講談社）
スタイリストになるために必要なこと、プロとして大切なことを伝授

ⓘ キャリアによって収入は大きく異なる。雑誌はページ単位、ショーやテレビは仕事単位での収入が多い

インテリアプランナー 資格免許

家やビルなど居住空間の設計について、企画から設計・工事管理まで全体的に管轄する仕事です。工事管理もすることから、インテリアデザイナーよりも現場に近い仕事になります。現在活躍の舞台は建設会社・設計事務所・住宅メーカーなどになります。現在多くなっている仕事は、高齢化社会を迎える中で高齢者が快適に生活できるようなリフォーム工事です。現場では、建築士や職人などとチームを組んで仕事を進めていくことが多く、**協調性**があるとよいでしょう。また、その建造物に合ったデザインが求められるため、**デザインのスキル**も必要です。美的センスだけでなく、確かな技能とコミュニケーション力が求められる仕事といえるでしょう。

インテリアプランナーになるためには、**工業系の大学や高等専門学校のインテリア・建築系学科に進学して設計製図などの知識を習得し、就職するのが一般的**です。実務経験を積んで「インテリアプランナー」の試験に合格し、登録されることが就職において必須となります。

POINT
- インテリアを工事管理まで請け負う
- 建築会社・設計事務所・住宅メーカーなどに就職する
- インテリアプランナーの資格が必須

パタンナー

ファッションデザイナーが描いたデザイン画をもとに、服の型紙をパーツごとに起こしていく仕事です。デザイナーの意図をくみ取る能力や着心地の良さ、美しい服のフォルムなどを考えながら型紙を作り出すことのできる、非常に高い技能が求められる仕事です。また、デザイナーと協力して作業を進め、地道に腕を磨き続けながらファッションを陰で支える、**職人気質**の人が向いている仕事といえるでしょう。

パタンナーになるためには**被服系の専門学校などで服づくりの基礎を学び、デザイン事務所や洋服メーカーに就職するのが一般的**です。パタンナーになるための必須資格はありませんが「パターンメーキング技術検定試験」という資格が設けられています。パタンナーになるためには2～3級を取得しておけば有利でしょう。腕のいいパタンナーはファッション業界で引く手あまたです。独立してフリーランスとして働く人や海外の有名ブランドで働く人もいます。

POINT
- 服の総合的なデザインを決める重要な仕事
- 地道に作業を続ける職人気質の人向き
- 有 取得すると有利な資格・免許あり

関連情報　インテリアプランナー➡建築技術教育普及センター HP
パタンナー➡『めざせ！あこがれの仕事(16) ファッションデザイナーパタンナー』(井田ゆき子著／ポプラ社)

おしゃれに関わる仕事がしたい

染色家

植物や鉱石を原料とする染料を用いて、おもに着物の絵柄をつける仕事で「染織」とも呼ばれます。日本の伝統的な染色方法として、型染（かたぞめ）・友禅染・ろうけつ染・絞り染などがあります。また、絵筆で着物に絵柄を描き入れる手法もあるため、染色の技術と作画の技術が必要な職人仕事です。近年では、その美しい技法が国内外で評価され、海外ブランドの洋服でも採用されています。

染色家になるためには、美術・工芸系の大学・短大や専門学校・職業訓練校の染色コースなどで基礎的な知識や技能を身につけたあと、京都など織物で有名な産地の工房などで働きます。以前のように、染色作家や職人のもとに弟子入りして、工房に住み込んで修業を積むというケースは減ってきています。国家資格の染色技能士を取得すれば、着物の染色に限らず、染色に関する幅広い知識や技能が認められます。また、工房の責任者になるためにも必要な資格になります。一人前の仕事ができるようになるためには、長い修業が必要な職業です。地道に仕事をこなす資質が求められます。

POINT
- 染料を用いて生地に絵柄をつける
- 国内外で伝統的な技法が再評価されている
- 有 取得すると有利な資格・免許あり

テキスタイルデザイナー

服の生地やカーテン・壁材・カーペットなどのインテリア素材をデザインする仕事です。模様や染色の他に、原料や織り方なども指定します。工業製品の原料や製造工程の深い知識が必要になります。

最近では、アジア地域などの国外に製造工場を移転させている会社も多いため、語学能力も必要です。また、現地ではスタッフとチームで業務を進めることも多いため、コミュニケーション能力も必要な資質といえるでしょう。日々開発される新素材の情報収集もテキスタイルデザイナーの仕事の1つです。常にアンテナを張り感性を研ぎ澄ましている姿勢が大切です。

テキスタイルデザイナーになるために、特に必須の資格はありません。まずは服飾・デザイン・工芸系の大学・短大や専門学校に進学してテキスタイルデザインに関する知識・技術を身につけます。卒業後は、生地・繊維メーカーや問屋、アパレルメーカー、インテリア関連会社、デザイン事務所などに就職するのが一般的です。

POINT
- 生地やインテリア素材などをデザインする
- 最近では海外の生産拠点での仕事も多い
- 工業製品の原料や製造工程に関する深い知識が必要

関連情報　染色家 ➡ 日本染織文化協会 HP
テキスタイルデザイナー ➡ 日本テキスタイルデザイン協会 HP

ファッションアドバイザー

デパートやショップで、顧客の要望に応じてアドバイスしながら、洋服・バッグ・靴・小物などファッション関連の商品などの買い物を手助けする仕事です。

取り扱う商品の知識やコーディネートのセンス、顧客の要望を的確にくみ取るための会話術が求められます。常にファッションの流行にアンテナを張りめぐらし、自分のセンスを磨き続ける必要があります。

また、この仕事は立ち仕事でもあり、倉庫や店への商品の運搬や売り場の移動などもあるため、華やかな見た目以上に体力を必要とします。

店によっては、商品の仕入れや販売企画も提案することがあります。取り扱う商品だけでなく、店全体をプロデュースする力も必要になります。

ファッションアドバイザーになるために、特に必要な資格はありませんが、服飾系の専門学校などを卒業して就職する方法が一般的です。学校の中には、アドバイザーのコースを設けているところもあります。

POINT
- ファッションに関するアドバイスをして、顧客の買い物を手助けする
- 商品への深い知識とファッションセンスが必要

ファッションプロデューサー

ブランドのコンセプトやイメージを考え出し、それにもとづいて会社経営も担う仕事です。時代のトレンドを読みながら、ブランドの企画・販売・広報・生産管理などの各業務も管轄する、ブランド全体の責任を担う職業です。

学校を卒業してアパレルメーカーに就職したとしても、すぐにファッションプロデューサーになれるわけではありません。ブランドの各部門に指示を出すためには深い知識が必要です。各部門で実務経験を積み、ファッションプロデューサーを目指すことになります。

また、会社の経営を任されることがあります。人事・財務・庶務などの知識も必要になります。人をまとめ、1つのコンセプトに集中させるということには、リーダーシップはもとより、コンセプトを伝えるプレゼンテーション能力や行動力も大切です。

日本のブランドのデザイン力は、世界各国にも認められる技術力です。今後は、日本だけでなく海外も視野に入れたブランド戦略が考えられる人材が求められています。

POINT
- ブランドの方向性を決める責任者の役割を担う
- 各部門に指示が出せる深い知識が必要
- 海外も視野に入れたビジネス戦略が求められる

関連情報 ファッションアドバイザー ⇒ 日本ファッション教育振興協会 **HP**
ファッションプロデューサー ⇒ 『図解雑学 アパレル業界のしくみ』（山村貴敬・鈴木邦成著／ナツメ社）

PART 10 おしゃれに関わる仕事がしたい

テーラー

顧客の要望を聞きながら、おもにスーツやタキシードなどの紳士服を仕立てる仕事です。服地選び・デザインの決定・採寸・パターンづくり・生地の裁断・仮縫い・縫製の一連の仕事を1人のテーラーでこなすことが多く、服飾の仕事の中でもとりわけ技術が必要になります。現在は大量生産で安価なスーツが出回り、テーラーに依頼をして紳士服を仕立てる人は減りましたが、顧客に紳士服づくりの技術を認められて、多くの得意客を担当しているテーラーも存在します。

紳士服づくりの技術はもとより、生地の産地別の特徴などに関する知識も必要です。流行のスタイルなどのファッション感覚のみならず、自身の身だしなみには特に配慮しなくてはいけません。

紳士服の本場であるイギリスなどの技術を習得するために海外へ留学する人も多くいます。

テーラーになるためには、**服飾系の大学・短大や専門学校で服づくりの基礎を学び、テーラーや紳士服メーカーなどで修業を積んで**必要な知識と技術を身につけます。

POINT
- 紳士服をオーダーメードで仕立てる
- 一連の作業を1人でこなすための高い服飾技術が必要

和裁士

生地である反物を扱い、長着・羽織・じゅばん・袴などの着物を仕立てる仕事です。呉服店や個人の顧客から依頼を受けてから、寸法を測り、裁断・縫製・仕上げを行っていきます。近年では着物ブームが起こり、腕のある和裁士の需要が多くなっています。新しい反物から着物を仕立てる他に、着物を仕立て直す仕事も多くなってきています。上質な反物で仕立てられた古い着物を洋服や小物に仕立て直すこともあります。反物の中には手織りで大変高価なものもあり、失敗が許されない仕事が多くあります。地道に作業を進める集中力が必要になります。

和裁士になるためには、**和裁の専門学校やカルチャー教室で技術を学んだあと、和服メーカーや和服仕立て店などに就職するのが一般的**です。実務経験を積み、独立して自宅で作業をする人もいます。和裁士に必須となる資格はありませんが、**厚生労働省の認定資格「和裁技能士」や東京商工会議所の認定資格「和裁検定」**などを取得していると、その技能が保証されます。

POINT
- 着物を仕立てる、あるいは仕立て直す
- 独立して自宅で仕事をする人も多い
- 有 取得すると有利な資格・免許あり

関連情報　テーラー➡日本テーラー技術学院 HP
和裁士➡日本和裁士会 HP

ソーイングスタッフ

洋服やバッグ・アクセサリーなど布地を使った商品の縫製をする仕事です。縫製のスキルによって仕事の幅は様々です。大量生産の工場で、洋服の袖などのパーツを縫製し続ける仕事もあれば、ファッションショーや展示会に出す、一点しかないサンプルの縫製を任される重要な仕事もあります。イメージされた服飾品を具体化する仕事なだけに、その仕事内容は細かい作業の連続です。細かい作業を長時間にわたって続けることのできる集中力が求められます。

ソーイングスタッフになるためには、**服飾系の大学や短大・専門学校を卒業し、アパレルメーカーや繊維メーカー・洋服店・個人経営のアトリエやブティックに就職するのが一般的**です。

ソーイングスタッフにとって、ファッションデザイナーからの専属依頼の件数が活躍のバロメーターになります。会社から離れフリーランスで活動する人も多い職業です。まずは技術とセンスを磨きましょう。

POINT
- 布地を使った商品の縫製を行う
- 地道な作業を続けられる集中力が必要
- フリーランスで活躍する人が多い

リフォーマー

洋服の好みに合わせたデザインの直しや、寸法の直し、服飾品の修復を行う職業です。服飾関係全般の技能や洋裁・和裁の技術、服の傷を修復するかけはぎ、修理、寸法直しなどオールマイティーな技能が必要になります。

リフォーマーになるために必要な資格は特にありませんが、**服飾系の専門学校や大学・短大の家政科などで洋裁や和裁についての基礎的な知識や技術を身につけ、リフォーム専門店やアパレルメーカー・クリーニング店などに就職して腕を磨くのが一般的**です。洋裁については「洋裁技術検定」を取得していると就職に有利になるでしょう。

近年はリサイクルの考え方が定着し、リフォーマーのニーズが高まっていて、服飾品の直し専門の店舗も多くなっています。また古着を素材にし、新しいデザインの服に仕立て直し販売するショップなども現れ、若い女性が小規模なショップを経営することも多くなっています。自宅でも作業ができる仕事でもあります。家庭との両立を図りながらリフォーマーの仕事に携わっている人も多いです。

POINT
- 服飾品のデザインや寸法直し・修復を行う
- リサイクルブームを背景に需要が高まっている
- 有 取得すると有利な資格・免許あり

関連情報　ソーイングスタッフ➡武蔵野ファッションカレッジ HP
　　　　　リフォーマー➡日本ファッションリフォーマー協会 HP

PART 10 おしゃれに関わる仕事がしたい

ジュエリーデザイナー

指輪やネックレス・スーツのカフスボタンや機械式時計などを製作する仕事です。金・銀・プラチナ・ダイヤモンドなどの貴金属や宝石類を用いて、デザインから加工・製作・メンテナンスまで行います。

それらの形成や研磨などの加工に必要となる、貴金属の知識やデザインを説明する製図を作成する技術・消費者が好むトレンドを読み取る力・オリジナリティーのあるデザインセンスが必要になります。

多くのジュエリーデザイナーは、デザインだけでなく全製作工程に携わることが多いようです。また、アクセサリーの修理やジュエリーのメンテナンスを行う場合もあります。

ジュエリーデザイナーになるためには、ジュエリースクールや美術系の大学・短大などで工芸技術やデザインを学び、ジュエリーメーカーのデザイン部門や宝飾品クラフト製作所に就職して技能を磨く方法が一般的です。なお、「ジュエリーコーディネーター」や厚生労働省認定の国家資格である「貴金属装身具製作技能士」などの資格もあります。

POINT
- ●アクセサリーのデザイン・製作を行う
- ●宝飾品のメンテナンスや修理も行う
- 有 取得すると有利な資格・免許あり

帽子デザイナー

帽子をデザインする仕事です。ファッションブランドや工房などでファッションデザイナーとしての帽子づくりに携わるデザイナーを「帽子デザイナー」と呼ぶことが多いようです。

帽子デザイナーには、デザイン画を描き、製帽工場にイメージを伝えるサンプルづくりまでを担当する人と、自ら裁断・縫製まで行う場合とがあります。最近は、自分が作った帽子のみを扱った専門のショップも多くあります。

帽子デザイナーには、服とのトータルファッションを考えながら、市場や流行に対して常にアンテナを張り、広くファッションの知識と技術を学ぶ姿勢が必要となります。

帽子デザイナーになるためには、服飾やデザイン系の専門学校や大学などで製帽に関する知識や技術を学んだあと、帽子メーカーやアパレルメーカーに就職したり、デザイン事務所や帽子デザイナーの工房などで経験を積んだりするのが一般的です。カルチャー教室などで帽子製作の知識や技術を学び、帽子デザイナーに転身する人も多くいます。

POINT
- ●ニーズに合わせて帽子をデザインする
- ●帽子そのものを製作するデザイナーも多い
- ●カルチャー教室で技能を学ぶこともできる

関連情報　ジュエリーデザイナー→日本ジュエリーデザイナー協会 HP
帽子デザイナー→Haute Mode Hirata オートモード平田 brand HP

バッグデザイナー・鞄職人

動物の皮革や合成皮革・布・プラスチックなどの素材を使い、**ハンドバッグ・セカンドバッグ・ポーチなどのバッグや財布・キーケースなどの小物類をデザインする仕事**です。バッグメーカーでのデザイナーの場合は、デザイン画や素材の指定までの仕事が多いですが、工房ではデザインから製作までこなすこともあります。

革製品のバッグを製作する際には、素材となる革の種類や加工法についての深い知識が必要です。特に工房においてバッグの製作を行うデザイナーは、革の加工の技術も必要になります。個性的なデザインと共に、収納性や機能性を考慮に入れたデザインが求められます。

バッグデザイナー・鞄職人になるためには、**服飾やデザイン系の大学・短大や専門学校などでデザインの基礎知識を学んだあと、バッグメーカー・皮革工芸メーカーなどに就職するか、デザイン事務所やバッグデザイナーの工房などで経験を積むのが一般的**です。

POINT
- バッグをはじめ、財布や小物類をデザインする
- 様々な素材の知識や革の加工技術が必要
- デザインと共に収納性や機能性が求められる

美容インストラクター

化粧やエステティックの知識と技術について、エステティシャンやビューティーアドバイザー（化粧品販売を担当する美容部員）に指導する仕事です。

専門的な知識や技術を習得してもらうための勉強会や研修会の講師を務めることもあります。その際には相手に伝わるような会話術も求められます。

販売現場の技術的なクオリティを担う仕事です。**販売現場を全体的に眺められる幅広い視点やビューティーアドバイザーのモチベーションを維持するリーダーシップが求められます**。何より、化粧品や美容に関する知識を極めたいという気持ちが必要です。

美容インストラクターになるために、特に必要な資格はありませんが、販売の現場で指導したり、相談に乗ったりすることもあるので、**化粧品や美容関係について深い知識が必要**です。化粧品メーカーの中では、社内で選抜試験を行うこともあります。化粧品メーカーやエステティックサロンなどで化粧品や美容用品の販売経験を積むことになります。

POINT
- 化粧やエステティックの知識や技術の指導を行う
- 勉強会や研修会の講師を務めることも
- 化粧品や美容に関する深い知識が求められる

PART 10 おしゃれに関わる仕事がしたい

ファッションショープランナー

アパレルメーカーの最新の作品を披露し、ブランドイメージを伝えるファッションショーの企画・準備・進行を行う仕事です。

ファッションショーを開催するにあたり、ブランドやデザイナーのコンセプトを十分に理解するためには、コミュニケーション能力が必須条件になります。また、多くの人にブランドイメージを発信する仕事のため、企画力やそれを具体化する実行力が求められます。

ファッションショープランナーになるためには、服飾系の大学・短大や専門学校を卒業後、ファッションブランド企業やファッションショーを開催するイベント会社などに就職して、商品の企画・生産から流通までのファッション業界の基礎知識を学ぶことから始まり、実際のショー運営の実務経験を積むのが一般的です。市場の先行きを見極めて企画を発案する能力を試される「ファッションビジネス能力検定」や、ファッション販売の現場で必要な知識や技術を試される「ファッション販売能力検定」の資格を取得しておくと有利でしょう。

POINT
- ファッションショーの企画・準備・進行を行う
- ブランドイメージを具体化する企画力と実行力が大切
- 有 取得すると有利な資格・免許あり

プレス

アパレルメーカーやファッションブランドの広報や宣伝を担当する仕事です。

雑誌などのマスコミから商品の貸出の対応や、商品発表会の企画から進行、「プレスリリース」と呼ばれる新商品の内容が書かれたパンフレットの製作・送付、撮影の立ち会いなども行います。

ブランドの窓口としてマスコミに登場することも多く、ブランドイメージを体現する姿勢が求められます。一方で、様々なマスコミからの依頼を調整する事務処理能力も必要です。撮影の立ち会いやマスコミへの宣伝活動などには気力や体力が必要です。

服飾系の大学・短大などを卒業し、洋服・コスメ・宝飾などのブランド企業に就職して広報宣伝部門で働くことが一般的です。プレスになるために、特に必要な資格はありませんが、秘書的・営業的な技能が求められます。ブランドの広報としての役割を担いますから、ブランドイメージを損なうことのないよう、慎重に仕事に徹する必要があるでしょう。

POINT
- ブランドの広報と宣伝を担う
- マスコミ対応などの窓口となる
- 華やかな一方で、気力と体力が求められる

関連情報　ファッションショープランナー➡日本ファッション教育振興協会 HP
プレス➡EFAP JAPON エファップ・ジャポン HP

呉服店スタッフ

町やデパートに店舗を構える呉服店で、**接客や営業を行う仕事**です。着物には高価な商品が多く、長年の顧客との結びつきで商売することが多い仕事です。得意客の好みの反物(生地)を仕入れて直接得意客の自宅を訪問し、品物を紹介することもあります。

近年では着物の良さが再発見され、安くて高品質の着物に対する需要が高まっています。デパートなどで開催される着物の販売セールでの接客や、古い着物のリフォームなどの相談も多くなっています。また、食事会などのイベントを開催する呉服店もあり、そのようなイベントの準備や進行も呉服店スタッフの仕事になります。

仕立てなど着物全般の深い知識はもとより、顧客の要望をくみ取りながら、**長いつき合いを構築する人間性やコミュニケーション能力**が求められます。

呉服店のスタッフになるために、特に必要な資格はありません。服飾系の大学・短大や専門学校などを卒業後、呉服店に就職して経験を積むのが一般的です。

POINT
- 呉服店で着物の販売を行う
- 得意客との関係づくりが大切
- 着物の直し相談やイベント開催などにも携わる

着付け師

結婚式や卒業式などの冠婚葬祭や、時代劇などの撮影現場で**着物の着用を手助けする職業**です。様々な場面に応じて、着物の色や柄・帯・小物の組み合わせを考えるのも着付け師の仕事です。最近では、若い女性や海外の人にも着物の良さが再発見され、着付け師の技能が求められる場面が多くなっています。

着付け師に必要な技能は、**着物を着付ける確かな技術**です。着付けに関する基本的な知識や技術を学び、「**きものコンサルタント一般認定試験**」など民間の認定資格を取得するのが一般的です。女性が多い職業ですが、男性の着付け師も活躍しています。

呉服店や結婚式場・美容院・写真館など就職先は様々です。美容師の資格を活用し、和の装いを演出する人も多くいます。また、着付け教室やカルチャー教室・専門学校などの講師をしている人や、自宅で着付け教室を開いて、フリーランスで活動する人もいます。確かなスキルと経験が求められる仕事といえるでしょう。

POINT
- 着物の着用を手助けする
- 「きものコンサルタント一般認定試験」の資格を取得する
- 美容師などの資格も活用して活動する人も多い

関連情報　呉服店スタッフ➡東洋きもの専門学校 HP
　　　　　着付け師➡全日本きものコンサルタント協会 HP

PART 10 おしゃれに関わる仕事がしたい

理容師

【資格・免許】

理容師とは、頭髪のカットやシェービングをし、容姿を整える仕事です。洗髪や頭皮のケアなども行います。特に剃刀を使った「シェービング」は、理容師資格を取得した人だけに許されたサービスです。

理容師になるためには、**理容師という国家資格**を取得する必要があります。資格を取得するためには、高校を卒業後、厚生労働省指定の理容師養成施設(理容学校)で理容師になるための専門教育(昼間課程の場合は2年、夜間課程は2年～2年半、通信教育課程は3年)を受けます。中学校を卒業した人でも、理容店の手伝いをしているなどの要件に該当すれば理容学校に入学できます。理容学校を卒業後、**国家資格である理容師試験**に合格すると、厚生労働大臣から理容師免許状が与えられ、理容師として仕事ができるようになります。

理容店では、掃除やタオルの洗濯などから始まり、徐々にシャンプーなどのサービスを任されていきます。最終的には独立して自分の店を持つことを目標にする人も多くいます。

POINT

- ●シェービングを含めて頭髪を整える有資格の職業
- ●理容学校卒業後、国家資格の取得が必要
- ●理容店の下積みを経て、独立する人も多い

ネイリスト

手や足の爪の健康に関するアドバイスやヤスリがけ・マニキュアを綺麗に塗るなど美容サービスを行う仕事です。若者を中心に女性に大変人気のある職業の1つです。若者の健康面では傷んだ爪を整えたり、美容面では面積の小さい爪にミリ単位のアクセサリーやマニキュアで模様を施したりするため、細かい仕事が多く、手先の器用さが求められる仕事です。また、人を美しく飾ることに喜びを感じる人に向いている職業といえるでしょう。

ネイリストになるためには、**美容系の専門学校やネイルアートの基礎技術を教えるカルチャー教室などで学んだあと、ネイルサロンや美容院・エステティックサロンなどで経験を積んでいくのが一般的**です。必要な資格は特にありませんが、ネイリスト技能検定試験に合格していれば就職に有利となるでしょう。中には、得意客を多く獲得し、若くしてお店を構える人も多くいます。

ネイルアートの技術はアメリカが本場です。海外で技能を磨き、日本で開業する人もいます。

POINT

【有】
- ●爪の健康や美容についてのサービスを提供する
- ●爪を細やかに手入れする手先の器用さが必要
- ●取得すると有利な資格・免許あり

関連情報 理容師 ➡ 日本理容美容教育センター [HP]
ネイリスト ➡ 日本ネイリスト協会 [HP]

メイクアップアーティスト

化粧の技術を用いてモデルや俳優などの顔をその時々の要望に合う雰囲気に整える仕事です。舞台やテレビなどで活躍するメイクアップアーティストだけでなく、結婚式を行うホテルや化粧品を販売するデパートなどで活躍する人もいます。中には映画の特殊メイクを専門にする人もいます。

化粧品や服飾などの知識から、皮膚や骨格などに関する専門的な知識が必要になります。メイクを円滑に行うために、相手をリラックスさせるコミュニケーション能力も必要です。

メイクアップアーティストになるために、特に必要な資格はありません。美容関係の専門学校で基礎的な知識や技能を学んだあとに、実践の場でアシスタントをして実務経験を積むのが一般的です。スケジュールによっては、早朝から深夜まで長時間にわたって働いたり、メイク道具など重い荷物の移動も行ったりするため、体力も気力も必要な職業です。技能を積んだメイクアップアーティストの中には、フリーランスとして働く人も多く、俳優など特定の人物や団体の専属になる人もいます。

POINT
- 化粧を用いて顔立ちを整える
- アシスタント時代は体力と気力が必要
- 相手を和ませるコミュニケーション能力も必要

ビューティーアドバイザー

化粧品店やデパートなどで化粧品や肌の手入れについてアドバイスを行いながら、化粧品を販売する仕事で、「美容部員」とも呼ばれています。得意客の家々を回り、化粧品を販売する経験豊かなビューティーアドバイザーもいます。

ビューティーアドバイザーに最も必要な技能は相手の要望をくみ取る会話術です。自分に合った化粧品や肌の手入れの方法は、女性にとって重要な情報であり、かつ人それぞれ異なります。様々な悩みや相談に的確に答えることにより、信頼が生まれ、商売が成り立つ職業といえるでしょう。化粧品の知識はもとより、様々な話題を提供できるコミュニケーション能力も必要な資質です。

ビューティーアドバイザーになるために、特に必要な資格はありませんが、自分の取り扱う化粧品について深い知識が必要です。化粧品メーカー・デパート・ドラッグストアなどに就職し、販売コーナーで経験を積むのが一般的です。

POINT
- 化粧品全般のアドバイスと販売を行う
- 店頭販売と訪問販売の業務形態に大別できる
- 相手の要望をくみ取る能力が大切

PART 10 おしゃれに関わる仕事がしたい

エステティシャン

理容師や美容師が行う整髪以外の美容サービスを施す仕事です。髪や肌のトリートメント・痩身マッサージ・脱毛などを行います。顔を中心としたサービスを行うエステティシャンを「フェイシャルエステティシャン」と呼びます。

エステティシャンは、身体的な美容サービスを提供するだけでなく、心理的な癒しも提供する仕事です。話しやすい雰囲気づくりや話題の提供などの細やかなサービスができる人が向いているでしょう。

エステティシャンになるためには、**美容系の専門学校などで基礎知識と技術を学び、エステティックサロンや化粧品メーカーなどで経験を積んでいくのが一般的**です。日本エステティック協会が認定する学校では、エステティックの技術だけでなく心理学や生理学、美容器具の知識や操作法を学ぶことができます。

エステティックの技術の本場は欧米です。海外にはその専門学校や大学が多数あります。海外で専門的に学んで技能を磨き、日本で開業する人もいます。

POINT
● 身体全般の美容サービスを行う
● 心を癒す細やかなサービスも求められる
● 海外に留学して技術を学ぶのも1つの方法

アロマセラピスト

おもに植物成分でできたエッセンシャルオイルを肌に塗り、その香りやマッサージによって心身をリラックスさせる仕事です。化学物質を使用しない体に優しい療法として、心理治療の現場でも用いられています。

利用客をリラックスさせるための細やかな接客技術は、アロマの技術と同様に必要なものとなります。話しやすい雰囲気づくりや**コミュニケーション能力**は、サービスを行ううえで大切な資質になります。また、新しい技術なども開発途上にある分野です。常日頃から情報収集や新技術を習得する姿勢が必要な職業です。

アロマセラピストになるためには、**アロマセラピーサロンやアロマグッズのお店・エステティックサロンなどで実務経験を積む方法が一般的**です。技能が認められて担当する顧客が増えると、個人で開業する人も少なくありません。

アロマセラピストになるための資格は特にありませんが、アロマセラピーの教室などで基礎知識を学び、「アロマテラピー検定」という民間の認定試験で資格を取得することで技能が保証されます。

POINT
● 植物成分でできたエッセンシャルオイルを用いて心身をリラックスさせる
● 有 取得すると有利な資格・免許あり

装丁家

こんな人におすすめ！
- 本の表紙などのデザインに興味がある人
- 書籍全般に興味がある人
- 周囲の人の意見を集約できる人

1 装丁家の仕事とは？

装丁家は、書籍の顔である装丁をデザインする仕事です。

一般的に装丁とは、書籍のカバー・表紙・「扉」と呼ばれるタイトルが印刷してある1ページ目・本に巻かれてある帯のことを指します。装丁家の中には、本の中身のデザインも手がける人もいます。また、装丁の仕事だけをしている人はほんのひと握りで、イラストレーターやグラフィックデザイナーなどを兼任している人が多い仕事です。

装丁家には、書店やネットショップにおいて一目で書籍の内容をイメージでき、読者の興味を引くようなデザインが求められます。編集者や著者と相談しながら、さらには原稿段階の書籍の内容も読みながら、デザインを詰めていきます。

デザイン以外にも紙の色や質感などにについても注意を払い、動物の革などを装丁に用いる場合もあるので、デザイン的な知識と共に素材選びも重要な仕事の1つです。また、イラストや写真など素材を1つのデザインとしてまとめるために、現在ではグラフィック系のパソコンソフトを使用して作品を作成することが多いです。

2 装丁家の役割・資質とは？

装丁家には、**書籍を多くの人に手に取ってもらえるためのデザイン**が求められます。書籍の内容をくみ取りながら、読者が興味をそそられるデザインの手法を複数持ち合わせる技術力が必要です。

装丁には、編集者や著者の意見が大きく影響します。また、イラストや写真・人形などを用いて装丁に使用する素材を作成することもあります。編集者や著者とコミュニケーションしつつ、意図に合った独自の作品を形にしていく調整能力も大切です。

デザインの手法の他にも、**文字の書体や印刷知識・製本の知識など本に関わる総合的な知識**が求められます。内容によっては、本の流通形態も知っているとデザインの方向性を絞りやすくなるでしょう。

3 装丁家になるためには？

何よりも本が好きで、特に書籍のデザインに強い興味がある人に向いているでしょう。

装丁家になるために、特に必要な資格はありません。**大学・短大や専門学校などでデザインを学び、出版社のデザイン部や編集プロダクション・デザイン事務所で実務経験を積むのが一般的**です。また、造本や装丁のカルチャー教室で学んだ人や、編集者が装丁家になるケースもあります。自分の好きな装丁家に弟子入りして修業するのも1つの道でしょう。また、美術館などで作品を見ながら美術的な手法を自分の中でストックすることが大切です。色彩感覚など過去の作品の技法を自分の中で消化しておくことは、装丁家にとって大きな武器になります。

装丁のみの仕事で生計を立てている人はごく限られています。装丁だけでなくブックデザイナーとしての技能を出版社や編集プロダクションから求められていることが多いのが実状です。書籍の中身のデザインをこなせるエディトリアルデザインの技能があれば、仕事の幅は広がるでしょう。また、装丁に使用するイラストや写真を編集・加工できる技術があるとよいでしょう。近年では、素材をまとめ上げてデザインするのにコンピュータを用いるため、**DTP系の技能を習得しておく必要**があります。

装丁家の中には、過去の名作小説に自分なりの装丁をデザインして腕を磨いた人もいます。作品を作り続け、作品集として出版社などに売り込みに行ってもよいでしょう。

PART 10 おしゃれに関わる仕事がしたい

進路フローチャート

装丁家として活躍
↑ 実務経験を積みながら、一人前の装丁家を目指す

出版社のデザイン部・デザイン事務所・編集プロダクション
↑ 美術系の大学・短大・専門学校などでデザインの基礎知識や技術を学ぶ。デザイン会社などでアルバイトを経験する方法も

大学・短大・専門学校入学
↑ 美術やデザイン系の学科の勉強に力を入れる。美術館などに行き、過去の作品の技法などを自分の知識として吸収する

高校入学

POINT

- 読者の目を引く装丁のデザインを行う
- ブックデザイン全般ができると仕事の幅が広がる
- 装丁の作業をしている会社に対して営業活動も行う

関連情報
● **日本図書設計家協会** HP
装丁・装画や印刷・造本などを手がけるクリエイターの団体。トークショーや展覧会などの情報も掲載している

オススメの1冊！
『**装丁を語る。**』（鈴木成一著／イースト・プレス）
個々の書籍を引き立てる演出法やその根源となるアイディアの発想法を解説した1冊

ℹ 作家によっては、装丁家を指名する人もいる。作品によっては歴史に残る仕事となる

エディトリアルデザイナー

書籍やパンフレット、漫画など印刷物の紙面を依頼者のイメージに合わせて、美しく、かつ読みやすくデザインする仕事です。

デザインの知識やセンスはもちろん、**印刷物の性格を的確に表現したレイアウト**が求められます。また、完成形を想定しながら仕事を進めます。**印刷に関する知識**も必要です。編集者やライター・カメラマン・イラストレーターなど紙面の素材を作る職業の人たちと意思疎通を図りながら仕事を進めるので、**コミュニケーション能力**が大変重要となるでしょう。

エディトリアルデザイナーになるために、特に必要な資格はありません。ただし、現在行われている業務の大部分がパソコンで行われているので、**デザイン系のソフトを使いこなす技術**が必要です。デザイン系の大学や専門学校で学び、出版社や編集プロダクション・書籍のデザイン事務所に就職して、実務経験を積んでいきます。様々な印刷物に目を通し、どのような工夫がされているか注目してみましょう。

POINT
- 印刷物の紙面を美しく、かつ読みやすくデザインする
- デザイン系ソフトの技術が必須条件
- 印刷知識など紙媒体全般の知識が必要

グラフィックデザイナー

商品パッケージやポスター・飲食店のメニューなどの、絵や文字を中心とした平面的な媒体のデザインを行う仕事です。デザインする領域は多岐にわたり、個々のデザイナーが得意分野を持ち、活躍しています。

以前は手描きも多い職業でしたが、近年はパソコンのグラフィック系ソフトを使ってデータで納品することが多く、グラフィック系ソフトの使用などパソコンの技能なくしては仕事が成り立たなくなってきています。パソコン以外にも、**印刷や印刷物の素材などについての幅広い知識**が必要です。

グラフィックデザイナーになるために、特に必要な資格はありません。美術系の大学や専門学校でデザインの基礎知識や技術を学んだあと、デザイン事務所などに就職して実務経験を積むのが一般的です。実務経験を積み、スタッフを雇ってグループで仕事に取り組み、その責任者となる「アートディレクター」として活動する人もいます。実務経験を積んだあとに独立してフリーランスで活動する人も多いです。

POINT
- ポスターなどの平面的な媒体のデザインを行う
- グラフィック系ソフトの技術が必須条件
- 実務経験を積み、フリーランスで活躍する人も多い

関連情報 エディトリアルデザイナー ➡ 『標準 編集必携』（日本エディタースクール編／日本エディタースクール出版部）
グラフィックデザイナー ➡ 『グラフィック・デザイナーの仕事』（祖父江慎他著・平林享子編／平凡社）

PART 11

メディアに関わる仕事がしたい

テレビや新聞・雑誌・インターネットなど、媒体（メディア）の種類は様々ですが、それらに携わる職種も様々です。しかし、それらの仕事の多くは、表に出ない「裏方」の仕事です。一見華やかなメディアの世界を、裏で支える仕事を集めました。

アナウンサー

テレビやラジオで原稿を読み上げ、正確で聞き取りやすく情報を伝える仕事

こんな人におすすめ！
- 話すことや伝えることが好きな人
- 正確さや公平さにこだわれる人
- 正しい言葉づかいに関心がある人

1 アナウンサーの仕事とは？

アナウンサーとは、**テレビやラジオなどを通じて、視聴者へ様々な情報を伝える仕事**です。

その領域は報道番組にとどまらず、情報番組やバラエティー番組、歌番組の司会・進行、現場でのリポート、ドラマやドキュメンタリーのナレーションなど、多岐にわたります。

報道番組であれば、取材記者が得た情報やニュース映像をもとに、決められた時間内でアナウンサーがニュース原稿にまとめます。次々に送られてくる情報に合わせて原稿を修正し、リハーサル後、本放送へと臨みます。

バラエティーや情報番組の場合は、台本に従ってわかりやすく、面白く内容を伝えられるように出演者やスタッフと共に番組を作り上げていきます。

スポーツ実況の場合は、あらかじめ決められた台本も原稿もありません。刻々と変化する様子を視聴者にわかりやすく、解説も交えながら正確に伝えます。その他、イベントや式典の司会進行を担当する場合もあります。

このようにアナウンサーの仕事は原稿を読み上げるだけでなく、場に応じた進行が求められる仕事も多く、普段からいかに様々な知識を吸収しているかが問われることになります。バリエーションに富んでいますが、どのような場合であっても仕事の基本姿勢は同じです。それは、**いかなる場面や出来事、感情であっても情報として正確に伝えなければならない**ということです。

2 アナウンサーの役割・資質とは？

物事を正確に伝えることは、実際には非常に難しいものです。世の中には、同音異義語や似通った言葉、発音が難しい言葉や聞き慣れない固有名詞などがたくさんあります。それらを**イントネーションや文脈をきちんと押さえて話し分けること**により誤解を招かないようなアナウンスが必要です。

また、視聴者や出演者、取材対象者の気分を害することもないように、言葉を吟味することも大切です。**TPOに合わ**

PART 11　メディアに関わる仕事がしたい

進路フローチャート

採用試験・就職
↑
文学・芸術・政治・経済・科学・スポーツなど様々な知識を吸収することで、実践に向けた知識を蓄積しよう

大学入学
↑
語彙や漢字の知識を増やす。また、外国人へのインタビューや現地リポートができるくらいの英語力を習得しておきたい

高校入学

POINT

- テレビやラジオで必要な情報をわかりやすく正確に伝える
- TPOに合わせて言葉を選べる常識が必要
- テレビやラジオの放送局に入局するのが一般的

関連情報
- TBSテレビ HP
アナウンサーの仕事や採用についての情報が掲載されている。他の各テレビ局・ラジオ局のホームページも参考になる

オススメの1冊！
『プロアナウンサーの「伝える技術」』（石川顕著／PHP新書）
実況アナウンサーとして経験を積んだ著者が、アナウンスのコツと技術を伝授

ⓘ 古典落語がとても勉強になる。豊かな表現力や知らない言葉、昔の風習を学べるので聴いてみよう！

3 アナウンサーになるためには？

アナウンサーになるためには、全国各地にあるテレビやラジオの**放送局へ入局する**のが最も一般的な方法です。現在フリーで活躍している人も、放送局勤務を経て独立した人が多いのが現状です。

テレビやラジオなどのメディアは、多くの人が手軽に様々な情報に触れることのできる媒体です。それだけに、メディアの影響力は大変大きく、情報の伝え手であるアナウンサーは正確さと公平さが求められる責任の重い仕事といえます。

せて言葉を選べる常識を持ち合わせたうえで、語彙の豊富さや他人の気持ちへの細やかな配慮、状況を正確に言葉にできる豊かな表現力が問われます。

多くの放送局では、就職試験を受けるための条件として4年制大学の卒業を挙げています。また、就職試験では、「アナウンサー枠」と呼ばれるアナウンサー志望の学生だけを集めた選抜試験が実施されます。実技を伴うため、一語一語を正確に、滑らかに話すことができるように訓練しておきましょう。放送局などが主催するアナウンサー講座なども開講されています。中には無料のセミナーもあるので、大学に入学したら各局のホームページなどをチェックし、積極的に参加するとよいでしょう。

大勢の視聴者に多様な情報を伝達する仕事ですので、各方面の幅広い知識と深い教養が求められます。また、メディアのあり方について大きな視点でとらえ、どのようなアナウンサーになりたいのかを考えることも必要でしょう。

425

INTERVIEW
現役のアナウンサーに聞きました

TBSアナウンス部　駒田 健吾さん

あこがれの女性タレントへのインタビューをテレビで観て以来、アナウンサーの仕事を意識し始めた駒田さん。紛争地域からの中継レポートを観たことでアナウンサーを目指そうと決意したそうです。番組収録に追われる日々の中、駒田さんにアナウンサーの仕事についてうかがいました。

① お仕事の内容は？

私はアナウンス部の「総合班」という、おもにバラエティや情報番組に携わる班に所属しています。現在は『中居正広の金曜日のスマたちへ』を筆頭に、特別番組のリポーターや司会進行、ナレーションなどを担当しています。また、TBSラジオの音楽番組『Kakiiin』のDJも務めています。
バラエティー番組の場合は、ニュースと違ってはじめから台本があるので、原稿を書く作業はほとんどありません。しかし、今も流されているVTR、目の前で行われている出演者どうしのやり取りがどうすればもっと面白くなるのか、どうすれば視聴者により楽しんでもらえる内容にできるのか、そういった部分についてミーティングやリハーサルを重ね、出

演者やスタッフが意見を出し合いながら、より高いレベルの番組を追究しています。本番はその集大成になるはず……なのですが、実際には出演者の予期せぬ発言や意外な反応が次から次へと出てきます。それらへの対応を瞬時に考えて発言し、次の展開へとつなげていくのが、バラエティーにおける私のおもな仕事の1つだと思っています。
また、番組内で流れるVTRは何度も確認します。そのうえで視聴者や出演者が疑問に感じそうな部分を洗い出し、下調べをすることで、どんな質問にも答えられるように準備しています。
取材リポートに出る場合も同様で、単に取材対象者の話を聞くのではなく、より深い情報をお話ししてもらえるよう、必ず事前に勉強をしてから臨みます。

PART 11 メディアに関わる仕事がしたい

ある日の駒田さん

8:00	出社。メールチェックや書類の確認をし、その日の予定を確認。ラジオ番組の資料作成
9:00	特番の内容確認。必要な資料を洗い出して、わかりやすくまとめる
10:00	番組のロケで外出。出先はその時々で異なる
12:00	昼食。ロケ先で食べることも
13:00	TBSラジオの番組収録。ゲストと一緒にトークと音楽を楽しむ
15:00	出演番組のリハーサル。スタッフや出演者全員で打ち合わせを重ねる
18:00	出演番組の本番。1時間番組の収録は決して1時間では終わらない。終了後、反省会を経て帰宅

ラジオ番組の収録。無音状態が10秒間続くと放送事故とされるため、緊張感を持って臨む

PROFILE
こまだ けんご
早稲田大学 教育学部卒業

❷ このお仕事の醍醐味は？

たった1人の人間にさえ、自分の気持ちはなかなか伝わらないもの。人の想いや出来事を相手に伝える行為自体が難しいことだと思います。だからこそ、想像力を働かせて相手の気持ちを察し、どんな人にもわかりやすく伝えることが、アナウンサーの使命であり、醍醐味でしょう。

普段は入れない施設や危険区域、めったに誰も足をふみ入れない土地へ行き、それをつぶさにリポートする場合もあります。そのような仕事は、それなりの苦労やつらさを伴いますが、貴重な体験の中でスリルや感動を味わうこともできます。これもアナウンサーならではの醍醐味ですね。

❸ アナウンサーを目指す人にアドバイス

発声の練習や音読・朗読などが大事といわれがちですが、そうした技術は入社後、徹底的に訓練します。学生のうちはその頃にしかできないものに懸命に打ち込んでほしいと思います。運動・勉強・遊び・アルバイト……何でも構いません。精根尽き果ててもなお、とことん打ち込んでください。

アナウンサーはあらゆる情報を扱い、たくさんの人と出会う職業です。ですから、経験の豊かな人、がむしゃらに打ち込んだ経験のある人の方が相手との共通点を見出しやすく、良い仕事や良い関係へとつなげやすいのです。だからこそ、自由な時間を作りやすい学生時代の経験が重要だと思います。

新聞記者

社会の様々な出来事を取材し、紙面を通じて多くの人へ発信する仕事

こんな人におすすめ！
- 自ら情報を収集し、誰かに伝えたい人
- 正確さを追い求められる人
- 物事の本質を見極めたい人

1 新聞記者の仕事とは？

新聞記者は、事件・事故・政治・経済から生活情報・エンターテイメント情報まで、**世の中の様々な出来事を取材し、記事として広く世の中へ発信する仕事**です。

新聞記者といっても色々な種類があります。中でも、現場を飛び回って情報を収集し、記事にする取材記者を思い浮かべるかもしれませんが、その記事に誤った情報や誤字・脱字がないかをチェックする校閲記者や、見出しをつける整理記者と呼ばれる人たちもいます。最近ではインターネット上で記事を配信する電子版の記者もいます。また、新聞に写真を掲載するのは写真部の記者の仕事です。

新聞記者が取材するテーマは、**自分で問題を見つけてそれを追究する場合**と、**国会や警視庁などに設置された「記者クラブ」に常駐して発表・提供される情報を伝える場合**があります。他にもライフサイエンス担当・スポーツ担当・文化欄担当など、大まかに振り分けられ、その分野に特化してニュースや出来事を取材にしていきます。

新聞記者が記事を書く際に参考にするのは、官庁や関係機関が発表・提供する資料の他、記者自らが取材した当事者や周辺人物の発言、専門家の見解などです。それらをもとに、記事の内容が一方へ偏らないようにバランス良く記述し、**客観性を保った記事**へと仕上げます。完成した原稿はデスク（編集責任者）のチェックを受け、整理部で見出しがつけられます。その後、校閲部でチェックを受け、新聞に掲載されます。新聞は毎日締め切りがあるので、限られた時間の中で取材と執筆が行われています。

2 新聞記者の役割・資質とは？

第一に**正確さ**が求められます。新聞での誤った報道は関係者や一般の読者に大きな影響を与えることになります。事実関係はもちろん、数字や読み方まで正確でなければなりません。**情報の正しい把握と、その情報を徹底的に確認・点検する慎重さ**が求められます。

428

3 新聞記者になるためには？

新聞記者になるためには、新聞社へ入社します。学部学科は問われませんが、ほとんどの新聞社では**4年制大学の卒業**が就職試験の条件としています。

大学進学の際、マスメディアやジャーナリズムなどに関する学科を選んだ場合は、新聞・テレビ・雑誌・インターネットなど、メディアを幅広く学ぶことができるため、メディアのとるべきスタンスや業界の現状・各紙の違いを把握できるという大きなメリットがあるでしょう。

現実的には、どの新聞社でも経済部・政治部・社会部・科学部といった各配属先がそれぞれ専門的な取材を行うため、何か1つの専門分野に精通している方が、正確でスピーディーな取材活動と記事の執筆につながります。

新聞記事では**5W1H（いつ、どこで、誰が、何を、なぜ、どのように）**が重要視されます。日頃から5W1Hを心がけた会話、文章づくりを行うと共に、これらを深く掘り下げる力を磨きましょう。

また、あらゆるものに対して**問題意識を持つ**ことも重要です。例えば、野菜の値段が上がっていることについて、流通・生産量・天候・燃料代・制度といったあらゆる側面から問題意識を持って調べ始めると、問題の核心が浮かび上がってくることもよくあります。こうした疑問を連続的かつ多面的に考えていくことのできる能力、さらにはそれを報道することで多くの人に知ってほしいという理想を持つ意欲が、新聞記者として不可欠です。

PART 11 メディアに関わる仕事がしたい

進路フローチャート

採用試験・就職
↑
マスメディア論やジャーナリズム論などの科目を選択すると仕事の全体像が見えやすい。政治・経済・歴史など得意な専門分野を作っておくことも大切

大学入学
↑
最近では海外の企業や要人への取材も多い。会話やビジネス文書を含めた英語力を高めておくとよい。また、様々な新聞に目を通し、各社の特徴を把握してみよう

高校入学

POINT
- 配属先の専門分野を軸に取材テーマについて深く掘り下げる
- 第一に正確さが求められる
- 5W1Hを常に意識して活動する

関連情報
- **新聞記者の仕事 (Career Garden)** HP
  採用試験対策や仕事の内容などについて、体験談を交えながらわかりやすく解説している

オススメの1冊！
『記者になりたい！』（池上彰著／新潮文庫）
地方記者からスタートし、数々の事件・事故・災害を取材した経験を持つ著者の半生記

ℹ 平均年収は新聞社によってまちまち。全国紙では地方支局への配属もある

INTERVIEW

現役の新聞記者に聞きました

日本経済新聞社
編集局 経済部
濱 美佐さん

幼少時代に様々な絵本と出会い、本や文章に触れることが好きになった濱さん。文学を学ぶにつれてその思いは強くなり、活字に関わる仕事として新聞記者の道を選びました。変化の激しい経済部記者として活躍する濱さんに、新聞記者の仕事についてうかがいました。

❶ お仕事の内容は？

経済部のマーケット担当記者として、時々刻々と変動する為替や株などの市場動向に目を凝らし、変動の理由や専門家の見解、将来の見通しなどを記事にしています。

特に大きな変動や意外な動きがあった際は、すぐにアナリスト（調査・分析・評価を行う専門分野）やディーラー（金融機関などで為替などの売買を行う職種）、投資家の方々へ取材をし、見解を聞きます。また、為替、株の銘柄によっては業界の動向や現状を調べ、関連企業に取材します。多角的な取材で得た状況や原因などの情報を、客観的に記事に仕上げていくのが仕事です。

経済の記事は非常に奥が深く、この仕事を続ければ続けるほど「円相場や株など1円でも変動したその裏側には、様々な人や企業のおかれた状況、投資家の思惑などが隠れている」ということが感じられます。どこかの国の政情不安が影響するケースもあれば、会社の経営判断がまずかった場合、重要人物の発言が発端となって大きく数字が変動することさえあるのです。だからこそ、1つでも数字を間違えないように、常に細心の注意を払って記事を書いています。

普段、取引で忙しい市場関係者への取材は、電話のみのことも多いですが、大きな出来事があれば写真部のカメラマンとチームを組んで出かけます。また、記事を書く際は間違いや誤解がないよう、取材先には細部まで聞き取りや確認を徹底します。深く取材して良い記事を書くことが、取材先との信頼関係の前提になると思うからです。

430

❷ このお仕事の醍醐味は？

自分の興味を深く掘り下げていける面白さがあります。例えば、記者ではない人が相手（他人）に根掘り葉掘り尋ねると、たいてい煙たがられます。でも、新聞記者であれば心の底にたまっていたものを一気に吐き出すように話をしてもらえることがあるのです。そうした生の証言を集め、「なぜ」「どうして」を追究するために日本全国、ときには海外への出張も許されていることもまた、やる気の源です。

私が興味を持つテーマは、常に会社の外にあります。だからこそ私は、いつまでも現場を駆け回って記事を書いていきたいです。

❸ 新聞記者を目指す人にアドバイス

一見無関係に見えるものでも、世の中のものはすべてどこかで必ずつながっています。例えば、イワシ（鰯）は海という環境だけでなく、食生活・漁業・流通・経済の他、サプリメントや医薬品の開発にも密接に関係しています。こうした関係性を知るのと知らないのとでは、取材の幅が全く異なります。だからこそ、たくさん本を読んで知識を吸収し、色々な体験をしておくことが大切です。

今後、世界はどんどん狭くなり、新聞記者も積極的に外国人を取材するようになるでしょう。そのためにも英語力は必須です。今からしっかりと勉強しておいてください。

🕐 ある日の濱さん

朝	各紙の朝刊をチェック
9:00	出勤。メールチェック。今日の為替相場の動向などを確認。市場関係者に電話取材
10:00	円安が進むなど、市場の動きを見極めながら夕刊用の記事を執筆
13:00	夕刊業務が落ち着いたら昼食
14:00	明日の朝刊に向けた記事の打ち合わせ後、取材へ
17:00	帰社。留守中のメールや電話に対応。朝刊用の記事を執筆
19:00	執筆終了。デスク（編集責任者）のチェック後、最終を確認して入稿
21:00	遅めの夕食。取材先との食事会や夜回り（約束の取りにくい相手が帰宅したところを取材）。終了後、帰宅

市場に大きな変化があれば、専門家へ電話取材。裏づけがあってこそ「記事」となる

PROFILE
はま みさ
早稲田大学大学院 文学研究科修了

PART 11 メディアに関わる仕事がしたい

編集者

こんな人におすすめ！
- 雑誌や書籍が大好きな人
- 好奇心が旺盛で、流行に敏感な人
- 地道な作業を続けられる人

1 編集者の仕事とは？

雑誌や書籍の企画を立てて、ライター・デザイナー・カメラマン・印刷所など制作に携わるスタッフを取りまとめながら制作の進行を担う仕事です。

読者を惹きつける誌面や内容を考え、形にしていくことが最も重要な仕事になります。文芸作品の編集者なら、作家やライターからいかにクオリティの高い原稿をもらえるか、ファッション雑誌の編集者なら今後ブレイクしそうなファッション情報をつかみ、モデルやカメラマンにディレクションするなど、編集者の仕事は多岐にわたります。漫画本の編集者は、漫画家と一緒にストーリーを考えることもあります。

その他にも、企画のプレゼンテーションや、書店などへの営業活動などの仕事も多くあります。最近ではウェブマガジンなどリアルタイムで記事を制作する編集者も活躍しています。

2 編集者の役割・資質とは？

編集者は、雑誌や書籍制作全般の業務に携わります。スタッフそれぞれの進行を見渡せる視野の広さが求められます。その反面、いったん印刷されてしまえば修正ができないという媒体を扱っているため、1文字の間違いも許されません。情報が正確かを確かめる地道な仕事も必須です。細やかな仕事もこなせる資質が重要です。

企画を具体化するためには、様々なスタッフに企画意図からスケジュール・予算などを伝えながら仕事を進行していきます。**コミュニケーション能力**やチームを率いる**リーダーシップ**も必要になるでしょう。

何より、雑誌や本が好きなことが編集者の資質といえるでしょう。雑誌・書籍という媒体で何かを表現することに喜びを感じる人がこの職業に向いているといえます。特に週刊誌などの編集者になると、締切間際には限られた時間で編集作業に追われます。体力に自信があり、締切というプレッシャー

432

PART 11 メディアに関わる仕事がしたい

3 編集者になるためには？

編集者になるために、特に必要な資格や免許はありません。大手出版社なら大学卒業以上の学力が必要とされるようですが、それ以外の出版社や編集プロダクションでは、専門学校やエディタースクールなどで編集の基礎知識を学ぶことで就職への道が開けるでしょう。また、学生時代に雑誌の編集部でアルバイトとして働き、そのまま編集者になる人もいます。

根強い人気がある職業の1つですが、著名人とつき合いながら大きな予算を動かして本を制作する編集者はひと握りです。デスクワークも多く、各業者の調整役として間に立つ非常に神経を使う仕事です。そんな中でも好奇心を失わず、自分の立てた企画の実現に向けて少しずつ努力を積み重ねていける忍耐強さも必要です。

また、企画を考案する際には新たな才能を発掘することも大切です。書籍や雑誌・映画や音楽など、**あらゆる流行にアンテナを張り、自分の感性を磨いておきましょう**。人と会い、話しながら新しい企画が生まれることもあります。人と話をすることを好む社交的な人柄も望まれる資質といえるでしょう。優秀な編集者は、人間的にも魅力的な人が多いようです。

編集者としてキャリアを積むと、出版社では実務の責任者（デスク）や編集部を統括する編集長の地位に就いて働くことになります。フリーランスの編集者として、自分の得意分野の媒体で活躍する人も多くいます。

進路フローチャート

フリーランス・出版社・編集プロダクション
駆け出しの編集者は、資料の下調べや校正作業、取材のアポイントメントなど雑務が多い。企画のプレゼンテーションができるまで企画案を作り込む

↑

編集者
出版社や編集プロダクションへの就職を目指す。編集部や出版社でのアルバイトは、ジャンルを問わず挑戦すると編集職への近道になる

↑

大学・専門学校入学
国語系や語学系の学科の勉強に力を入れる。雑誌・書籍・新聞・音楽や映画などに触れ、自分の引き出しの数を増やす

↑

高校入学

POINT

- 雑誌や書籍の制作についてスタッフを取りまとめながら行う
- 自分の立てた企画の実現に向けた地道な努力が必要

関連情報
- 日本編集制作協会 HP
  編集者の求人情報をはじめ、編集者の技能を基礎から学べる講座の開講情報も掲載している

オススメの1冊！
『働く、編集者——これで御代をいただきます。』（加藤晴之著／宣伝会議）
駆け出し編集者から編集長クラスまでがQ＆A方式で質問に答える。編集者を志す人にとっては、プロの編集という仕事が具体的にわかる1冊

ℹ️ 大手出版社では、実務的な編集作業は少なく、どちらかというと制作進行に近い業務が多い

映画監督

こんな人におすすめ！
- 映画が好きな人
- リーダーシップがとれる人
- ゴールをイメージし、物事の全体を見渡せる人

1 映画監督の仕事とは？

映画制作においてその工程から完成品についてのすべての責任を担う仕事です。企画段階では作品の方向性を会議で練り上げ、キャスティングや衣装の選定、撮影部や美術部・録音部との打ち合わせなど撮影前の準備やスタッフの仕事の指揮・判断も監督の仕事です。また、自分で脚本を執筆する場合もあります。

撮影時には、監督が作ったセリフやカメラアングルがわかる「絵コンテ」と呼ばれるイメージ図をもとに、監督の補佐をする助監督と協同で現場を指揮します。現場での俳優への演技指導、撮影監督・録音部が収録した素材のOK／NGの判断をします。

撮影された素材を作品に仕上げるのも監督の仕事です。映像編集者や音響編集者と協力しながら編集作業を進めます。現在ではコンピュータグラフィックス（CG）を使用することも多いので、映像の合成作業の管轄も重要な仕事となっています。完成後の宣伝活動も大切な仕事です。

2 映画監督の役割・資質とは？

映画監督には、**映画制作の工程の全般を見渡せる能力**が必要です。スタッフは個々の部門では力を尽くしますが、映画監督はさらに映画の完成品をイメージしなければなりません。そのためには、自分の完成品へのイメージにもとづいてスタッフを動かす**リーダーシップ**が必要です。また、カメラや美術セットなど映画全般の技術的な知識がないと、あらゆる部署のスタッフに指示を出せません。このような知識を持ち合わせたうえで、スタッフとイメージを共有する**コミュニケーション能力**が必要になります。

自分の才能を信じ続ける気持ちも大切です。商業映画を制作できる映画監督は、ほんのひと握りの人たちです。映画監督の夢に向かって、様々な分野で映画業界に関わっている人がいます。

何よりも大事なことは、映画が好きであるということで

434

3 映画監督になるには?

映画監督になるためには、**様々な媒体の映像制作会社に就職するのが一般的**です。映像系の大学や専門学校などで学んだあと、映画制作プロダクションやテレビ番組制作会社、CMプロダクションなどで映像制作の現場をふみながら、映画監督を目指します。

まずは現場で、監督のアシスタントとして働く助監督という立場で監督の補佐をしながら実務を覚えていきます。かつては、映画制作会社が助監督を直接採用して映画監督を育成していましたが、今ではそのシステムはありません。

また、映画祭でのコンテストなどで入賞し、そのまま映画監督としてのキャリアをスタートする人もいます。さらに、ジャンルごとにも監督になる様々な道があります。アニメの映画監督を目指すなら、アニメーションの制作プロダクションでアニメ独特の演出技術を学びながら監督を目指します。ドキュメンタリー映画の監督であれば、自らカメラを回して取材対象に密着して素材を撮り、制作を行う映画監督もいます。

す。職業として映画を制作していても、一映画ファンとして映画を楽しめる気持ちが必要です。

最近では、小説家やタレントなども映画監督として活躍することがあります。そんな中で、映画監督としてチャンスが来ることを信じて、地道に脚本を執筆することや、自主映画づくりに取り組む努力が必要です。

PART 11 メディアに関わる仕事がしたい

進路フローチャート

映画監督
↑
テレビ・映画などの映像制作の現場で、助監督として実務経験を積む

映画制作プロダクション・CM制作会社などに就職
↑
映像系の大学や専門学校で、映画制作の現場での基礎知識や技術を学ぶ。映画コンテストなどに作品を応募すると腕試しにもなる

大学・短大・専門学校に入学
↑
様々な映画作品を観る。書籍・音楽・美術など映画以外のジャンルにも積極的に触れるとなおよい

高校入学

POINT

- スタッフを取りまとめて映画の制作を行う
- 映画制作のすべての判断を任される仕事
- 映像制作会社に就職して映画監督を目指すのが一般的

関連情報
- 日本映画監督協会 **HP**
  映画や映像分野の発展と監督の地位向上を目的とした協会。毎年「日本映画監督協会新人賞」を選定している

オススメの1冊!
『一人でもできる映画の撮り方』
(西村雄一郎著/洋泉社)
撮影テクニックからパソコンを使った編集方法など、映画全般の作業を解説したマニュアル

ⓘ 映画監督のギャラは、ハリウッドなどの有名監督だと億単位の場合も

キャスター

ニュースや報道番組で司会を務め、視聴者にわかりやすくニュースの内容を伝える仕事です。ニュース番組においては国内外の政治や経済・スポーツや芸能などの基礎知識と共に、最新の情報を理解して分析する力が求められます。また、親しみやすい人柄や聞き取りやすい滑舌・言葉づかいも重要な資質といえるでしょう。

早朝・深夜のニュースや平日放送されるレギュラー番組を受け持つこともあるため、体調管理には気を遣う職業です。特にのどのコンディションを保つことは必須です。

また、企業の講演会などに招待されることもあるため、人と接する際のコミュニケーション能力も必要となるでしょう。

キャスターになるためには、**テレビ局やラジオ局にアナウンサーとして就職するのが一般的**ですが、最近では、プロダクションに所属している人や新聞記者・ジャーナリストなどがキャスターに起用されることも増えています。自分の専門分野に関するニュースや情報をキャスターとして報道できるということは大変やりがいのある仕事でしょう。

POINT
- ニュースを視聴者にわかりやすく伝える
- 不規則な勤務もあるため自己管理が必要
- テレビ局やラジオ局のアナウンサーになるのが一般的

ラジオパーソナリティー

ラジオ番組の進行を行う司会者の仕事です。音楽番組ではDJと呼ぶこともあります。キャスターやアナウンサーと同じように、聞き手にわかりやすい話し方が求められます。また、個性的な声・話の内容・選曲のセンスなども重要です。

ラジオでは、**話の内容や表現の豊かさ**がリスナーの心をつかみます。日頃から読書や音楽鑑賞などを行い、**知識を深めたり表現の研究を行ったりするとよい**でしょう。何よりもラジオという媒体が好きな人に向いている職業といえます。タレントやキャスターなどがラジオパーソナリティーを務めることもありますが、ラジオに愛着を持ち、ラジオパーソナリティー専門で活動している人も多くいます。

ラジオパーソナリティーになるためには、アナウンスの専門学校などで発声の基礎を学び、オーディションを受ける道もあります。ラジオパーソナリティーが所属している芸能事務所に入ることも近道です。めったにありませんが、放送局でパーソナリティーを公募することもあります。こまめにホームページなどの情報を確認するとよいでしょう。

POINT
- ラジオ番組の進行を行う
- 日頃から知識を深め、表現の研究を行うとよい
- ラジオが好きな人に向いている

関連情報　キャスター ➡ テレビ朝日アスク HP など
ラジオパーソナリティー ➡ 『ラジオパーソナリティー〜22人のカリスマ〜』（軍司貞則著／扶桑社）

PART 11 メディアに関わる仕事がしたい

放送記者

放送局に勤務して、ニュース番組の制作をする仕事です。

放送記者には、事件の現場で取材して情報を収集する「**外勤記者**」と外勤記者が入手したニュース素材を整理し、視聴者にわかりやすいように加工する内勤の「**整理記者**」に大きく分かれます。外勤記者は、カメラマンとチームを組んで、他の放送局では扱っていないような新情報を探し、取材を行います。扱う話題の知識はもとより、その裏に隠れているニュース性を見出す能力と、それを具体的に素材に収める行動力が必要になります。整理記者は、話題への深い知識はもちろん、より視聴者に伝わるようなニュースにする構成力が必要な職業です。日夜、番組の放映に追われる肉体的にも精神的にもハードな仕事です。そんな状況でも**冷静に状況を判断し、話題を掘り下げる好奇心**が必要です。

放送記者になるためには、**テレビ局やラジオ局に就職し、報道局などに配属されるのが第一歩**となります。しかし、放送局の採用枠は少なく、条件も大学卒業以上を求める会社が多いため、狭き門となっています。

POINT
- 放送局のニュース報道を支える
- 精神的なプレッシャーの中でも冷静さが必要
- 放送局への採用を通過しなくてはならない

海外特派員

新聞社や放送局に勤務し、海外にある支局から現地のニュースを日本へ送る仕事です。年単位で海外に在住するため、**現地の人と十分にコミュニケーションできるだけの語学力**が必要です。積極的に人と触れ合うことができる社交性や好奇心も必要な資質といえるでしょう。また、現地でのスタッフの採用や、現地事情にふみ込んだ取材など、プロジェクトの指揮を執れる**リーダーシップ**も重要です。

気候風土が日本と異なり、時差のある国や地域での活動も珍しくありません。体力と強い精神力が必要な職業です。

新聞社や放送局の国際部や報道部に配属されることが海外特派員となる第一歩になりますが、募集人員は少なく狭き門になります。新人のうちは発展途上国を経験し、経験を積むと中国やヨーロッパ諸国など世界の動きに大きく関係する国に派遣されて業務を行うことになります。

日本に帰ると管理職に進む場合が多いので、現場での活動を望む人の中にはフリーのジャーナリストに転身する人もいます。

POINT
- 放送局などの海外支局から自国に現地情報を送る
- 語学力やコミュニケーション能力が必要
- 過酷な環境に耐え得る体力と精神力が必要

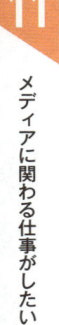

関連情報 放送記者➡『記者になりたい！』（池上彰著／新潮文庫）
海外特派員➡日本外国特派員協会 HP

ジャーナリスト

ニュースで取り扱われるような話題を、雑誌やインターネットの記事にしてマスコミなどに送る職業です。ジャーナリストは、それぞれに追うテーマについて深い知識や最新情報を持ち合わせていることが多いため、テレビやラジオなどでコメントを求められる場合があります。

ジャーナリストの命は、発信する情報です。その情報を集める人脈や取材の経験を得るために**雑誌記者や放送記者などで取材のノウハウや人脈を作り上げていきます**。積極的な**行動力**と、その源となる**信念**が必要な仕事です。すでに起きた出来事ではなく、これから起きるかもしれない出来事を取材や分析から予測して情報発信するという役割もあります。

情報のネットワークを広げるためにも**コミュニケーション能力と語学力**は必須となります。また、**情報から記事を起こす分析力や文章力**も必要です。近年では、マスコミを通さずにインターネットを通して活動するジャーナリストも増えています。出版社や放送局に勤務するジャーナリストもいますが、フリーランスで活動する人も多くいます。

POINT
- ニュースに扱われるような話題を提供する
- 「発信する情報」がジャーナリストの命である
- 人脈・取材力・語学力がものをいう世界

プロデューサー

テレビやラジオ番組の企画立案や出演者の選定、制作資金の調達など、**番組全般の責任を担う仕事**です。芸能プロダクションやスポンサー会社などとの対外的で細かな交渉事が多い仕事であるため、**コミュニケーション能力や調整能力**が必要です。また、番組制作の責任者として、ディレクターをはじめ現場のスタッフや出演者などを引っ張っていく**リーダーシップ**も重要です。

深夜まで、会議や番組制作などが続くため、体力的にも精神的にもタフな人材が求められます。また、そのような環境の中でも、常に楽しいことを追い求める好奇心を失わず、良質な番組を視聴者に提供する努力を惜しまない姿勢が求められる仕事です。また、新しいことにチャレンジしようとする前向きな気持ちを持ち続けることが大切です。

大学やマスコミ系の専門学校を卒業後に、テレビやラジオ局、番組制作会社に就職し、ディレクターやアシスタントプロデューサーから実務経験を積むのが一般的です。テレビやラジオ局への就職は募集人員の少ない狭き門です。

POINT
- テレビやラジオ番組の制作責任者
- スタッフや出演者をまとめるリーダーシップが必要
- 忙しさの中でも好奇心を失わないことが大切

関連情報　ジャーナリスト➡『ジャーナリストになるには』(河内孝、岡元隆治著／ぺりかん社)
プロデューサー➡東京ビジュアルアーツ　HP

PART 11 メディアに関わる仕事がしたい

放送作家

テレビやラジオ番組の企画や構成を考える仕事です。番組の台本を書くことも仕事の1つですが、番組内容をより豊かにするアイディアを出すことがおもな仕事になります。番組の企画会議には、放送作家だけでなく、ディレクターやプロデューサーを含めた、複数の関係者が参加します。良い番組を作るために、放送作家にとって視聴者を惹きつける**斬新なアイディアを生み出すための発想力**が最も重要な資質といえるでしょう。また、出演者の個性を活かす企画なども求められるため、事前の情報収集も大事な仕事です。

放送作家になるための道は様々です。例えば、シナリオや放送作家の養成講座、映像系の大学や専門学校などで学んだあと、番組制作会社や番組に関する資料の下調べをするリサーチ会社に就職して、番組の企画構成の実務経験を積みます。中には、芸人から転身する人や、番組の投稿コーナーに採用され続けて、スタッフから声をかけられる場合もあります。実務経験を積んでフリーランスとして活動している人もたくさんいます。

POINT
- 番組の企画や構成のアイディアを考える
- 視聴者を惹きつける発想力が大切
- 出演者の事前の情報収集なども行う

ディレクター

テレビやラジオの番組制作の責任を担う仕事です。番組全体を統括するプロデューサーとは異なり、担当する番組やコーナーのクオリティに力を注ぐ仕事です。

映像系の大学や専門学校で学んだあと、テレビ局や番組制作会社に就職し、アシスタントディレクター（AD）として番組制作の実務を積んでいきます。特にADの仕事は、番組制作の下働きをするポジションとされ、睡眠が取れないほどの重労働です。この実務経験を積んだあとに晴れてディレクターとしてのスタート地点に立つことができます。下積みを乗り越えられる体力や精神力と共に、好奇心と面白いことを追い求める情熱が大切です。

テレビ局に就職してディレクターになるためには、難関であるテレビ局への採用試験に合格し、制作部で経験を積みます。番組制作会社では、学生時代からのアルバイトからADを経て、ディレクターになる人もいます。現在は多くの番組を番組制作会社が作っています。ディレクター志望であれば**制作会社で経験を積むのが近道**といえるでしょう。

POINT
- テレビやラジオの番組制作の責任者
- 体力と精神力・好奇心が大切
- 実務経験を積むことで腕を磨く

関連情報 放送作家➡日本放送作家協会 HP
ディレクター➡『ドキュメンタリーとは何か─テレビ・ディレクターの仕事』（河村雅隆著／ブロンズ新社）

テレビカメラマン

専用のテレビカメラでテレビ番組の映像を撮影する仕事です。撮影現場は大きく分けてスタジオと野外ロケに分けられます。現場ごとに適したテレビカメラを使用します。スタジオでは、調整室とケーブルでつながっている大型カメラを使用します。野外ロケでは機動性を重視した小型カメラで撮影を行います。生番組やスポーツなどの中継では、撮り直しはできません。一番良い撮影のアングルを瞬時に判断する技術が求められます。また、ディレクターと打ち合わせを行い、番組の方向性を確認するのに合わせた撮影の方法を考えるのも仕事の1つです。番組の構成を把握し、それに合わせた撮影の方法を考えるプランニングの能力が必要になります。

テレビカメラマンになるための特別な資格はありません。映像系の大学や専門学校で学んだあとに、テレビ局の制作部や映像会社に就職し、実務経験を積むのが一般的です。最初の仕事はカメラマンの足にひっかからないようにカメラのケーブルをさばくことや、テープの交換や保管をすることから始まり、徐々にカメラマンの技術を見て覚えていきます。

POINT
- スタジオやロケ現場などでテレビ番組の撮影を行う
- 番組の構成を把握して撮影プランを立てる
- まずはアシスタントとして実務経験を積んでいく

映像編集者

収録した映像を編集し、視聴者の見やすい映像作品に仕上げる仕事です。

限られた放映時間枠内に映像を収めるために編集を行うことと、収録素材の表現する意図を視聴者によりわかりやすく楽しんでもらうために編集することが、映像編集者には求められます。おもな仕事場となる編集室で、ディレクターやプロデューサーと話し合いながら作品を組み立てていきます。ディレクターなどの要求に応えられる、編集機器についての深い知識と技術が必要です。ただ映像をつなぎ合わせたり、削ったりするだけでなく、色味の調節やテロップという文字解説の挿入などの映像の加工も大切な仕事です。映画やテレビ番組を見るときも、編集技術の観点で見るとまた違った発見があり、様々な場面での調整技術など大変参考になるでしょう。

映像編集者になるための特別な資格は必要ありません。映像系の大学や専門学校で学んだあとに、映像編集スタジオなどに就職するのが一般的な就職への道です。

POINT
- 映像素材を調整し、番組や作品にまとめ上げる
- 色味などの映像の加工も行う
- 編集機器の深い知識と技術力が必要

関連情報　テレビカメラマン→日本工学院 クリエイターズカレッジ HP
映像編集者→東京フィルムセンター映画・俳優専門学校 HP

報道写真家

新聞や雑誌に掲載する事件現場や、戦場などの写真を撮影する仕事です。

カメラの腕前だけでなく、**時代の流れを読む眼**も報道写真家には必要です。ニュースは刻々と変化します。追い求めているニュースを自分なりに分析できる力を養うことが大切です。

また、一歩間違えば命を落としかねない過酷な現場で撮影を行うこともあります。より高いクオリティを求めながらも、危険を回避するアンテナを常に張っておく必要があります。良い写真を撮るためには、写真家の力量以上に被写体や協力者の存在が不可欠です。どんな取材先でも被写体とコミュニケーションできる能力と、過酷な現場を乗り切る体力が重要です。

報道写真家になるためには、基本的には、新聞社や出版社の写真部に所属する方法もありますが、専属カメラマンとしてフリーランスで活動する人が多いようです。フリーランスで活動する人は依頼主と契約を交わしている人もいます。

POINT
- ●事件現場や戦場などの写真を撮影する
- ●時代の流れを読む眼が必要
- ●フリーランスで活動する人が多い

放送技術者

テレビやラジオの放送技術を開発し、放送電波を送信する業務に携わる職業です。テレビ・ラジオ界を技術面で支えています。また、近年では多チャンネル化が進み、インターネットとの融合技術も注目されている分野です。

制作技術者は、実際に放送される映像などを切り替える「スイッチャー」と呼ばれる機器を用いて番組制作に携わります。番組を時間通りに放送することを「送り出し業務」といいます。

放送技術者は、24時間体制で電波の調整などを行います。アンテナなどの放送機器の保守や点検も仕事に含まれます。また、テレビやラジオにおけるブロードバンド化など新たな放送技術の開発・研究にも携わります。

放送技術者になるためには、深い放送知識が求められます。**通信工学や電子工学などが学べる専門学校・大学で学んだあと、テレビ局や通信系の会社に就職するのが一般的**です。日本CATV技術協会が設ける「CATV技術者資格」を取得しておくとよいでしょう。

POINT
- ●テレビやラジオの制作と送信に携わる
- ●放送に関する深い知識が必要
- 有 取得すると有利な資格・免許あり

関連情報
報道写真家→日本報道写真連盟 HP
放送技術者→日本CATV技術協会 HP

ビデオジャーナリスト

ビデオカメラを用いて事件現場や戦場などを取材する仕事です。仕事の内容は報道写真家と似ているところがあります。自分が提供する素材の質が、ビデオジャーナリストの評価のすべてを決めます。また、激しい戦闘が行われている厳しい環境のもとで取材をする場合もあります。**体力・精神力を持ち、組織に頼らずに行動し、自分の意見を主張できる強さ**が必要とされます。

ビデオジャーナリストになるために、特に必要な資格はありません。ビデオカメラの操作ができれば誰でもできる職業です。フリーランスで活動し、テレビ局と契約して素材を提供する形式が多いです。自分のホームページから動画を配信している人もいます。

ビデオジャーナリストは、日本ではまだなじみの薄い職業ですが、海外では大学に学科があるほどにジャーナリズムの一翼を担っている仕事です。海外に留学して知識や技能を習得するのも1つの道でしょう。より自由な報道スタイルとして今後拡大が期待される存在です。

POINT
- ビデオカメラを用いて取材を行う
- 体力・精神力・自らを信じる強さが重要な仕事
- フリーランスで活動している人が多い

タイムキーパー

テレビやラジオの番組制作において、時間の進行を管理する仕事です。「TK」とも呼ばれ、女性が多いマスコミの職業の1つです。

番組のコーナーからCMに入る時間、番組の残り時間をスタッフに知らせます。秒単位の細かい管理が必要なので、ストップウォッチを片手に業務をします。時間ごとに番組のコーナーやCM時間が書き込まれた番組進行表(キューシート)の作成もタイムキーパーの仕事です。番組を滞りなく、時間通りに制作するうえで、タイムキーパーは貴重な存在となります。

例えば、生放送番組では進行上、コーナーが長くなったり、短くなったりすることがあります。タイムキーパーは、このような場面でどの部分を縮めるか、伸ばすかなどを判断するディレクターに正確な時間を判断材料として提供します。どんな状況でも冷静に時間を管理する姿勢が必要です。

タイムキーパーになるために、特に必要な資格はありません。**番組制作会社に就職して実務経験を積むのが一般的**です。

POINT
- テレビやラジオ番組の時間の進行を管理する
- 秒単位の細かい時間管理や番組進行表の作成を行う
- 番組制作会社に就職して実務経験を積む

関連情報　ビデオジャーナリスト➡『ビデオジャーナリズム』(神保哲生著／明石書店)
タイムキーパー➡ TBG タイムキーパースクール HP

PART 11 メディアに関わる仕事がしたい

雑誌記者

雑誌の記事に合うテーマを探し、取材を行って記事を執筆する仕事です。週刊誌などの雑誌記者は、「旬の情報」を提供するための媒体で取材対象を追うこともあります。

旬な情報を手に入れるための情報収集能力や時代の流れを読む力と共に、取材したテーマを読者が目を引くように記事に仕上げる**文章力も雑誌記者には求められます**。それも、ただ文章力があるだけではなく、魅力ある文章を執筆する力が求められます。限られた時間の中で新しいことを見つけられるだけではなく、例えば資料の下調べや事実確認など、テーマをもとに記事を作り上げるための地道な作業も必要となります。正確な情報を提供することは最優先事項です。

雑誌記者になるためには、大学卒業後に出版社の雑誌編集部に就職する方法が一般的ですが、出版社の採用は狭き門です。雑誌記者の中には出版社と個別に契約を結び、フリーランスの雑誌記者として活動している人も多くいます。

POINT
- 取材を行い、旬の情報を記事に仕上げる
- 時代の流れを読む力と、文章力が求められる
- 出版社の雑誌編集部に就職する

出版取次会社社員

出版社と書店の間で、問屋として雑誌や書籍の流通を担う仕事です。

年間7万点以上の新刊を全国の書店に届けるために物流を担当する業務や、どれだけの冊数を出版社から仕入れ、書店へ卸すかを調整する業務など、取次には様々な業務があります。出版取次は出版社の供給と書店の需要をつなぐ役割を担っています。両者と信頼関係を構築しながら、お互いの意見・要求を調整する必要があります。

出版取次の仕事を行ううえで大切なことは、出版業界の「今」の流れを熟知することです。近年では電子書籍やインターネットの普及に伴い、紙媒体の書籍の物流や業態自体を見直し、新しいビジネスモデルを求める傾向が出版業界全体において見られています。

出版取次会社の仕事に就くためには、**大学や専門学校を卒業したあとに、出版取次会社に就職するのが一般的**です。学生のうちにアルバイトをし、物流や取次の仕組みを知っておくとよいでしょう。

POINT
- 出版社と書店を結び、出版界の流通を担う
- 最近は新しいビジネスモデルが求められている
- 出版取次会社に就職する

関連情報　雑誌記者 ➡ 宣伝会議オンライン　出版取次 ➡ 日本出版販売

書店員

書店で書籍や雑誌を販売する仕事です。最近では、書籍だけでなく文房具やCD・テレビゲームなどを販売する大型の書店が多くなっており、幅広い商品知識が必要になっています。

レジカウンターでの商品精算や接客だけでなく、取次から送られてきた書籍や雑誌を店頭に並べ、逆に売れ残った商品を取次に返品するのも書店員の仕事です。

その他、「書店員のおすすめの本」などPOP（店頭におくポスターや札など）で飾ったり、話題の人の本を集めたフェアやセールなどの企画・運営も行います。

書店員に大切な資質は、**本や雑誌に対する愛着と深い知識**です。また、来店客が書籍を手に取りやすい店の雰囲気づくりも欠かせません。店内の展示方法も書店員の実力次第といえるでしょう。

書店員になるために、特に必要な資格はありません。**書店員に就職して、実務経験を積むのが一般的**です。中には学生時代にアルバイトをし、そのまま書店員になる人もいます。

POINT
- 店頭で書籍や雑誌を陳列し、販売する
- 出版物に対する愛着と深い知識が大切
- 店内の雰囲気づくりや展示方法の工夫に取り組む

図書館員（司書）

公共図書館の窓口で、**書籍やCDなどの資料の貸出・返却の手続を行い、資料の整理・管理を行う仕事**です。また、利用者の資料探しの手助けや読み聞かせ会などのイベントの企画・運営、図書館で収集する資料の選定なども大切な仕事です。

図書館員にとって大事なのは、何といっても**本が好き**であることです。たくさんの本に囲まれているだけで幸せを感じる人に向いている仕事です。

図書館に関する資格に「**司書**」があります。近年、公立図書館でも司書をおかないところが増えており、司書の資格が図書館員になるための必要条件とはいえませんが、資格を持っていると採用に有利です。また、公立図書館の場合は公務員試験に合格しなければなりません。

司書の資格は、大学で図書館学などの必要な科目を履修するか、司書講習を受講・修了することで取得できます。高卒以上であれば、3年以上司書補として働き、司書講習を修了しても資格が与えられます。

POINT
- 図書館で書籍などの管理や貸出・返却業務を行う
- 何といっても本が好きであることが大事
- 有 取得すると有利な資格・免許あり

関連情報　書店員 → 日本書店商業組合連合会 HP
　　　　　図書館員（司書）→ 司書について（文部科学省）HP

PART 11 メディアに関わる仕事がしたい

ライター

依頼者の求めに応じて雑誌や書籍、最近ではホームページやブログなど**文章を作成する仕事**です。ライターといっても、原稿を書くジャンルは様々です。スポーツを専門にする「スポーツライター」・科学分野を専門にする「サイエンスライター」などの専門を持っているライターもいます。また、取材をして原稿を書くライターを総称して「ルポライター」と呼ぶこともあります。

ライターに求められる資質は、日本語の能力もさることながら、原稿にするテーマと求められている文章を把握する能力です。ライターは作家と違って求められるテーマが決まっているので、そのテーマにおける**文章のクオリティ**の高さが必要です。その要件を満たしていれば、誰でもライターになれるといえるでしょう。

多くのライターが**新聞社や出版社・編集プロダクションなどに就職して実務経験を積んだあとに独立します**。あるジャンルに精通していて、学生時代からライターとして活躍し、会社の経験を経ずにライターになる人もいます。

POINT
- 依頼者の求めに応じて文章を作成する
- 日本語能力とテーマを把握する力が必要
- 文章のクオリティが評価のすべてを左右する

映画配給・宣伝スタッフ

海外や国内で制作された映画作品を買いつけて、映画を上映する映画館を確保して配給し、ロードショー決定やDVD化の際はマスコミに**宣伝活動も行う仕事**です。

映画を買いつけることの中には、映画館での上映権やDVD化の権利・テレビ放送権の獲得などが含まれています。海外から作品を買いつけるときは、交渉を有利に進める語学力や交渉術が必要です。また宣伝活動の仕事では、雑誌や新聞・テレビなどマスコミへの広告や告知活動の手配、制作発表や完成試写会などの準備、来日した海外の監督や俳優の宿泊・観光手配を行うこともあります。

映画配給・宣伝スタッフの仕事は、海外や国内の映画制作会社やマスコミなどの幅広い人脈の上で成り立っています。社交的で映画好きの人に向いているでしょう。

映画配給・宣伝スタッフになるために、特に必要な資格はありません。**映画配給会社に就職して、実務経験を積むのが一般的**です。最近注目されているインドや韓国などのアジア諸国の映画を取り扱える語学力があると有利かもしれません。

POINT
- 映画を多くの人に観てもらうための職業
- 国内外の映画界やマスコミ界での人脈づくりが必要
- 映画配給会社に就職して実務経験を積む

関連情報　ライター→ライターズネットワーク HP
映像配給・宣伝スタッフ→キネマ旬報映画総合研究所 HP

広告代理店職員

依頼主と広告を掲載するテレビ局や新聞社などの間に立って広告の制作を行う仕事です。広告代理店の仕事は、大きく分けると、企業などの依頼主に対する企画を提案したり注文を受けたりする営業部門・テレビ局や新聞社などの窓口になる媒体部門・実際に広告を作る制作部門などがあります。

デスクワークが中心の仕事ですが、どの部門でも業務が深夜に及ぶことがあるため、**体力と精神力**のある人が求められます。また、依頼主・媒体・制作スタッフなど多くの人が関わる仕事であるため、人を束ねる**調整能力**も必要な資質です。

広告代理店の仕事をするために、特に必要な資格はありません。**広告代理店に就職する**ことがスタートラインになります。広告代理店の規模は、日本有数の企業規模を持つ総合広告代理店から、ある地域や商品に特化した広告代理店まで様々です。採用試験では、4年制大学卒業以上の基準を設けているところが多く、また人気の業種のため狭き門となっています。

POINT
- 依頼を受けて広告を制作する
- 営業部門・媒体部門・制作部門などに分かれる
- 企業や制作スタッフなどを束ねる調整力も必要

CMプランナー

企業などの依頼主の要望に応じて、CMの企画を立てる仕事です。プランナーはCMのテーマの方向性を決定し、「絵コンテ」と呼ばれるイメージ画やストーリーを作成し、依頼主に内容を理解してもらうためにプレゼンテーションを行います。CMに起用するタレントなどの選定も依頼主と共に行います。プランナーの中には、撮影も取り仕切るCMディレクターを兼務する人もいます。

CMプランナーになるためには、**映像系の大学や専門学校などを卒業したあとにCM制作会社や広告代理店の制作部門に就職する方法が一般的**です。人気の高い職業なので狭き門です。会社の中には4年制大学卒業以上を採用基準にしているところもあります。限られた短い時間内で視聴者に効果的に訴えかけるCMづくりと、企画を通し具現化するためのプレゼンテーション能力が必要です。また、映像作品の側面からも高いクオリティが求められるので、視聴者が求めるものに敏感であることも問われます。実務経験を積んだCMプランナーには、フリーランスで活動する人も多くいます。

POINT
- 依頼を受けてCMの企画を立てる
- 企画を通しプレゼンテーション能力が重要
- CM制作会社や広告代理店の制作部門に就職する

PART 11 メディアに関わる仕事がしたい

コピーライター

CMや広告に使用されるキャッチコピーや文章を作成する仕事です。商品名もコピーライターが考案することがあります。場合によっては、時代を象徴するようなキャッチコピーを生み出すという華やかな側面を持つ仕事です。

コピーライターに必要な技能は、何といっても言語感覚と文章力です。限られた文章の中で広告主の意図する思いを表現し、いかに多くの人に届けられるかが勝負になります。また、時代のトレンドにマッチしたコピーづくりを心がけなければいけません。地道な商品特徴の下調べや購買層の興味を探るリサーチも必要です。

コピーライターになるためには、**コピーライターの事務所・企業の宣伝部や広告代理店・CM制作会社に就職して、CMの制作現場を経験しながらコピーライティングの実務経験を積むのが一般的**です。コピーライター養成講座などに通い、基礎技術を習得する人もいます。名前が売れたコピーライターの中には、フリーランスで活動する人やCMディレクターとして活躍している人も多くいます。

POINT
- CMや広告に使用されるキャッチコピーや文章を作成する
- 言語感覚と文章力が必要
- 企業の宣伝部や広告代理店・CM制作会社に就職する

看板製作者

商業地やビルの屋上などに設置される看板のデザイン考案・製作をする仕事です。平面の看板から、ネオンや立体物を使用した看板まで幅広い看板を扱います。

依頼主から看板の注文を受けると、設置位置や形態を確認してデザインを考えていきます。芸術のセンスも欠かせないでしょう。人目を引くような看板に仕上げるためには、芸術のセンスも欠かせないでしょう。なお、今までは手描きの仕事もありましたが、近年ではパソコンでのデザイン作業が主流になっています。デザイン系のパソコンスキルが必要になっています。

看板製作者には、デザイン業務と実製作の業務があります。デザインの業務を行う場合は、美術系の大学や専門学校でデザインの基礎知識と技術を学んで看板製作会社に就職し、実際の製作業務を行う場合は、工業系の学校で構造設計や都市工学などを学び、看板製作会社に就職して実務経験を積んでいくのが看板製作者を目指す一般的な方法です。「屋外広告士」という技能試験があるので、取得するとさらに仕事の幅が増えるでしょう。

POINT
- 依頼主のニーズに合わせて看板を製作する
- デザイン系のパソコンスキルが必要
- 有 取得すると有利な資格・免許あり

関連情報　コピーライター→宣伝会議オンライン HP
看板製作者→日本屋外広告業団体連合会 HP

イベントプロデューサー

コンサートや博覧会・セミナーなどのイベントを総合的に取り仕切る仕事です。

依頼主の意図や予算に応じた企画づくりから、会場の決定・設営・スタッフや出演者の手配・宣伝活動・イベント進行まで、一連の業務について責任を担う重要な仕事です。イベントを予定通り進めるためのリーダーシップや様々なトラブルに遭遇した際の問題解決能力が必要とされます。

イベントプロデューサーになるためには、イベント会社や広告代理店のイベント部門に就職し、**プロデューサーのアシスタントとして実務経験を積む**ことになります。また、学生時代に自らイベントを開催するなどの経験を積み、それをもとに独立してイベントプロデューサーになる人もいます。

イベント会社もコンサートに特化した会社や産業博覧会など大きなイベントを得意とした会社もあれば、セミナーやシンポジウムなどの運営が得意な会社まで様々です。自分が携わりたいイベントから就職先を絞り込んでおくのもよいでしょう。

POINT
- イベントを総合的に取り仕切る
- イベント会社や広告代理店のイベント部門に就職する
- 学生時代に自らイベントを開催する経験を持つとよい

イベントプランナー

企業などの依頼主が設営するイベントや出店ブースを演出する仕事です。イベントプロデューサーの業務の重点がイベント全般の進行におかれているのに対し、イベントプランナーは、演出に重点をおいた仕事です。依頼主が思い描くイメージをくみ取ってイベント全体や出店ブースの方向性を示し、ブースのデザイン・照明・音響・配布物などを手配していきます。

イベントを総合的に進行できる技能も必要ですが、予算とスケジュールを把握しながら、よりよい演出を施すセンスが何より大切です。

イベントプランナーになるためには、大学・短大・専門学校を卒業したあとに**イベント会社や広告代理店のイベント部門に就職して実務経験を積みます**。中には、自治体の広報室で活躍している人もいます。特に必要な資格はありませんが、23歳以上でイベント関連の実務経験が3年以上の人は「イベント業務管理士」の受験資格を得られます。この資格を取得すると仕事の幅が広がるでしょう。

POINT
- イベントの演出を担当する
- イベント会社や広告代理店のイベント部門に就職する
- 有 取得すると有利な資格・免許あり

PART 11 メディアに関わる仕事がしたい

映画プロデューサー

映画の制作費を集めるためにスポンサーを募り、映画監督をはじめとしたスタッフを選定する映画制作プロジェクトの総責任者です。映画完成後は、上映する映画館の手配や広報宣伝活動を担うこともあります。映画づくりを根底で支える存在です。

映画づくりに関連するスタッフを巻き込む**コミュニケーション能力**と、**制作費や営業戦略など映画づくりをビジネスの観点からとらえられる経営的な思考**が必要です。

現場に限らず、スポンサーなど映画制作に関する調整が必要な場合には、映画プロデューサーがその調整を行います。どんな場所・状況でも気軽に動けるフットワークの良さも大切でしょう。

映画プロデューサーになるためには、映画制作会社に就職してプロデューサーのアシスタントとして実務経験を積むのが一般的ですが、膨大な金額になる映画制作費を捻出する力量と、映画監督や数多くのスタッフとの人脈がなければ務まらない仕事です。

> **POINT**
> ● 制作費の調達やスタッフの選定などを行う
> ● 映画プロジェクトをビジネスの観点で取り仕切る
> ● 調整能力とフットワークの軽さが重要

脚本家

映画やテレビドラマの脚本（シナリオ）を執筆する仕事です。

脚本は、登場人物のセリフ・立ち居振る舞いや物語の展開をも設定していくため、脚本家は映画やテレビドラマの骨子を形づくる非常に重要な役割を担っているといえます。

執筆作業中は、パソコンや原稿用紙と向き合いながら作品と格闘する日々が続きます。もちろん、脚本にも締切があります。何がなんでも完成させる**強い精神力**が必要です。また、仕事上、生活が不規則になりがちなので、自己管理能力も必要です。

脚本家になるためには、シナリオスクールや脚本執筆の指導をしてくれる映像系の大学や専門学校で基礎技術は学ぶとよいでしょう。

脚本コンテストで入選するなど、自分が執筆した脚本が認められることから脚本家への道が開けます。とにかく脚本を書き続けて技能を磨いていき、その脚本を評価してもらうことが大切です。

> **POINT**
> ● 映画やテレビドラマの脚本を執筆する
> ● 強い精神力と自己管理能力が必要
> ● 作品を書き続けて、コンテストなどに入選する

関連情報 映画プロデューサー➡『映画プロデューサー求む』（掛尾良夫編・著／キネマ旬報社）
脚本家➡日本脚本家連盟 HP

演出家

おもに演技指導などを行いながら、舞台やテレビドラマなどの脚本を演技という具体的な形にしていく仕事です。演技の技術は、日常生活のちょっとした会話や動作などにヒントがあることが多く、演出家はそのヒントを見逃さずに、演技指導に活かしていきます。この際、感覚的な指導内容を役者と共有することができるよう、全身を使って指導を行う場合もあります。そのため、**演出家には鋭い観察眼と演技指導を行う際の言語感覚・肉体での表現能力が必要になります。**

演出家になるための方法は、舞台の演出家と映像系の演出家によって異なります。舞台の演出家を目指す場合は、劇団の演出部や養成所に入り、演出助手として実務経験を積んでいきます。演劇の基礎知識や技術を教えてくれる大学や専門学校から、劇団に入って活動する人もいます。また、自分で劇団を旗揚げして演出家になる人もいます。映像系の演出家を目指す場合は、テレビ局の制作部や映像制作会社に入社して、ADや演出家のアシスタントとして実務経験を積みながら演出家を目指していきます。

POINT
- 演技指導を中心に脚本を具体化する
- 舞台やテレビドラマの裏方として活躍する
- 観察眼と指導の際の言語感覚・体での表現能力が必要

本書 編集部が薦めるこの1冊

大学生活や人生の"ビジョン"が見えてくる1冊！

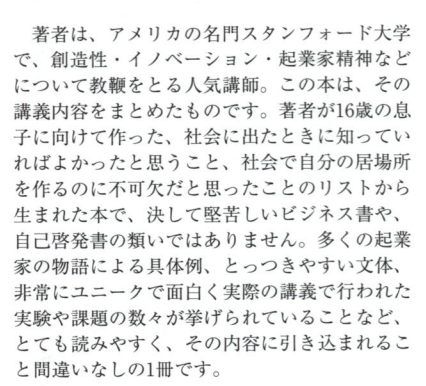

『20歳のときに知っておきたかったこと スタンフォード大学集中講義』ティナ・シーリグ著、高遠裕子訳（阪急コミュニケーションズ、2010年）

　著者は、アメリカの名門スタンフォード大学で、創造性・イノベーション・起業家精神などについて教鞭をとる人気講師。この本は、その講義内容をまとめたものです。著者が16歳の息子に向けて作った、社会に出たときに知っていればよかったと思うこと、社会で自分の居場所を作るのに不可欠だと思ったことのリストから生まれた本で、決して堅苦しいビジネス書や、自己啓発書の類いではありません。多くの起業家の物語による具体例、とっつきやすい文体、非常にユニークで面白く実際の講義で行われた実験や課題の数々が挙げられていることなど、とても読みやすく、その内容に引き込まれること間違いなしの1冊です。

　例えば、著者が「手元にある5ドルを、2時間でできるだけ増やすにはどうするか？」という問題を投げかけます。さて、アメリカの名門大学の学生たちはどのようにして5ドルを増やしていったのでしょうか？宝くじ？それとも手づくりクッキーの販売？実は、大金を稼いだ学生のチームは「常識」を疑った結果、元金には全く手をつけずに、世の中に転がっているチャンスを見つけ、5ドルを見事なアイディアで増やします。この課題を通して、私たちにはチャンスが無限にあるということをはじめ、様々な重要なことに気づかされます。読んだら何だかやる気が出るし、お得なことを知った気になります。皆さん、ぜひぜひ読んでみてください！

PART 12

個性や特技を活かした仕事がしたい

人には、誰にも負けないという特技が1つくらいはあるものです。そんな特技や個性を仕事で活かすことができたら最高ですが、中にはセンスや才能・運だけが頼りの厳しい仕事もあります。だからこそチャレンジしたいという人にぴったりの仕事を集めました。

宇宙飛行士

人類の未踏の地である宇宙に飛び立ち、様々なプロジェクトを実行する仕事

こんな人におすすめ！
- 宇宙に興味がある人
- 物事を慎重に進められる人
- 広く、深く物事を探究できる人

1 宇宙飛行士の仕事とは？

宇宙飛行士は、有人の宇宙船などで宇宙へ行き、地球周回軌道上の宇宙船や宇宙ステーションなどで様々なプロジェクトに携わる専門職です。

従来、宇宙飛行士は、ほとんどがアメリカのスペースシャトルを利用して宇宙へ行き、任務に従事してきましたが、スペースシャトルの打ち上げが終了した現在では、ロシアのソユーズロケットによる打ち上げ・帰還が中心となります。

打ち上げられたロケットは、上空で宇宙飛行士を乗せた宇宙船部分を切り離します。宇宙船が地球周回軌道へ乗ったら、いよいよ宇宙での作業が始まります。これまでにスペースシャトルで行われた作業の一例には、運用中の人工衛星の修理作業があります。軌道上で目的の人工衛星へ接近し、ロボットアームを操作して人工衛星を捕獲・固定し、修理を行います。宇宙服を着て船外活動を行う場合もあります。

国際宇宙ステーションでは、乗員を乗せた宇宙船がドッキングしてから作業が始まります。国際宇宙ステーションの活動では、おもに微小重力や高真空といった特殊環境を利用した様々な実験や観測を行います。宇宙飛行士は、それらの実験をこなすと共に、宇宙ステーションの船体を含むすべての装置や機器類の修理も行います。

一方、宇宙飛行士にも地上任務があります。非常に厳しい環境である宇宙空間で、いかなるときにも冷静沈着に作業を進められるよう多岐にわたる訓練を受け、宇宙での滞在経験を活かした機器や装置類の開発アドバイス、安全審査などの支援業務にも携わります。

2 宇宙飛行士の役割・資質とは？

宇宙飛行士に求められるものは、多様な分野に対応できる柔軟な対応力です。誰でも得意分野であれば人より上手にできますが、宇宙飛行士の場合は不得手な分野でも与えられた時間内で安全かつ完璧に作業をこなし、成果を出さなければなりません。すべてにおいてエキスパートであると共に、高

PART 12 個性や特技を活かした仕事がしたい

進路フローチャート

宇宙飛行士候補者選考試験
定期的な採用はないため、募集情報をこまめにチェックする
↑
企業などでの実務
自然科学系の研究・開発・運用などの実務経験が必要
↑
就職試験
専門分野を深める。修士は1年、博士は3年の実務経験と見なされる
↑
大学院進学
自然科学系学部で得意分野を磨く。英語やロシア語をマスターするとよい
↑
大学入学
健康な肉体づくりと英語力の向上
↑
高校入学

POINT
- 宇宙という特殊環境を利用した業務を行う
- 自然科学系学部の卒業と実務経験を積んでいることが条件

関連情報
● 宇宙航空研究開発機構（JAXA） HP
日本で運営されている宇宙機関。日本人宇宙飛行士の活動報告や各研究成果などの情報が満載

オススメの１冊！
『はやぶさを育んだ50年――宇宙に挑んだ人々の物語』（的川泰宣著・宇宙航空研究開発機構編／日経印刷）
大きな感動を呼んだ「はやぶさ」を生んだ日本の宇宙開発の歴史を、豊富な写真と共に紹介

ⓘ 宇宙飛行士には「得意を伸ばす」よりも「苦手を克服する」力が問われる

いレベルでのゼネラリストである必要があります。**苦手な分野にも取り組み、マスターしていこうとする意欲**のある人、**たゆまぬ向上心**のある人に向いています。

また、**慎重さと根気強さ**を持つことも大切です。宇宙では危険な状態になってもすぐに逃げられるわけではありません。常に「大丈夫か」「これでいいのか」と自問自答を繰り返しながら、根気強く解決していくことが求められます。

3 宇宙飛行士になるためには？

宇宙飛行士になるためには、**宇宙航空研究開発機構（JAXA）の採用**に応募することになりますが、新卒の就職試験のように定期的に募集しているわけではありません。限られた採用のチャンスを逃さないため、ホームページや新聞広告などをこまめにチェックしてください。

応募資格は、**4年制大学卒業以上で理学部・工学部などの自然科学系学部で学んでいることが条件**です。また、その分野において**研究や開発、設計など3年以上の実務経験が必要**となります。まずはその分野の企業へ就職して実務経験を積み、エキスパートになることが重要です。

過去の選抜試験では、**書類審査と英語試験、医学検査や教養・専門・心理適性の筆記試験、面接や泳力試験**などが行われています。合格した場合はJAXAへ入社し、日本やアメリカで数年間にわたる訓練を経て、初めて宇宙へ向かう搭乗アサイン（ミッション要員の任命）を獲得できます。その後、該当ミッションに関する徹底的な打ち合わせや訓練が終了すると、いよいよ宇宙飛行となります。

INTERVIEW

現役の宇宙飛行士に聞きました

宇宙航空研究開発機構
（JAXA）
大西 卓哉さん

宇宙が舞台の映画に感動し、宇宙への夢を広げた大西さん。社会人になってから偶然見つけた宇宙飛行士の募集広告が、夢をかなえる第一歩となりました。アメリカで訓練に励む大西さんに、宇宙飛行士の仕事についてうかがいました。

① お仕事の内容は？

現在私は、アメリカ・テキサス州のヒューストンに滞在し、来るべき宇宙飛行へ向けてNASAやロシアで訓練を続けています。国際宇宙ステーションの修理・保守点検を行うための船外活動訓練、複座式（2人乗り）のジェット飛行機での操縦訓練、機器の操作やロボットアームの操作訓練などと共に、様々なシミュレーション訓練にも取り組んでいます。

中でも特に厳しさを感じたのは、サバイバル訓練です。地球への帰還時にトラブルが発生し、予定外の場所へ着陸してしまったという想定で、救援が来るまでの間、どうやって生き延びるかという内容です。人が生活していない環境で、数日間にわたって行われるため、慣れるまでが非常につらかったです。

また、いったん宇宙空間に出ると、たとえ専門外の分野でも分刻みのスケジュールで多くの実験をこなしていかなければなりません。あらゆる実験機器を繰り返し操作することで、精通していくことも大切な任務です。

大規模な訓練に関しては運営側からスケジュールを指定されますが、それ以外の時間帯については個人でカリキュラムを組みます。私の場合、より高度なコミュニケーションができるように英語の習得やロシアの宇宙船ソユーズでの打ち上げを想定したロシア語の習得、体力の向上・維持のためのトレーニングなど、個人で積極的に取り組んでいます。

出典：JAXA／NASA

PART 12

個性や特技を活かした仕事がしたい

ある日の大西さん

8:00	NASAへ出勤。宇宙飛行士室でミーティング
9:00	配属部署でのミーティング。訓練計画などの変更点や詳細を確認
10:00	シミュレーターで、ロボットアームの操作訓練
12:00	昼食
13:00	ロシアからの打ち上げと帰還を想定してロシア語のトレーニング
15:00	英語のトレーニング
16:00	スポーツジムでトレーニング
18:00	メールチェックや訓練の復習、JAXA事務所との打ち合わせなど
19:00	夕食、入浴など
21:00	翌日の訓練の準備。終了後、就寝

2人乗りのジェット機で飛行訓練。宇宙飛行士どうしの連携を体得する　出典：JAXA

PROFILE

おおにし たくや
東京大学 工学部航空宇宙工学科卒業

❷ このお仕事の醍醐味は？

子どもの頃に宇宙が舞台の映画を観て、宇宙に魅せられてしまいました。それ以来、ずっと夢見てきた宇宙飛行士という立場に、今いるわけです。厳しい訓練ばかりで宇宙への扉がなかなか開かないと焦りを感じたこともあります。でも、それだけ宇宙は厳しく、ちょっとしたミスでも命に関わる場所なのです。将来の宇宙飛行へ向けて、今はスキルと精度を極限まで高めておくことが、私の任務だと思っています。宇宙は、きっと想像をはるかに超えたすばらしい体験を私たちに与えてくれるでしょう。本当の醍醐味は、まだまだ先にあるのだと思います。

❸ 宇宙飛行士を目指す人にアドバイス

宇宙飛行士の訓練は非常に特殊で、普段できるようなトレーニングではありません。いきなり宇宙へ意識を向けるのではなく、宇宙飛行士の資格を得るための努力が先決です。必要なことは、まず健康な体を作ることです。栄養バランスを考えた食事と基礎体力を向上させるための運動を日々積み重ねましょう。次に、英語力です。本格的な訓練はアメリカで行われます。専門用語も頻繁に飛び交い、聞き取りづらい無線での会話もあります。それらを瞬時に、スムーズに受け答えできるレベルを最終的には目指してください。

宇宙機関の職員

こんな人におすすめ！
- 物事の段取りを調整することが得意な人
- 好奇心が旺盛な人
- 語学力を活かした仕事がしたい人

1 宇宙機関の職員の仕事とは？

おもに国などによって公的に運営されている宇宙関連機関で働く仕事です。

一口に宇宙機関の仕事といっても、一般企業のように多岐にわたる部門が分業し、それぞれの役割を果たしています。その代表的なものが宇宙飛行士の所属する**有人宇宙開発部門**です。ここには宇宙ステーションでの医療や産業に関する実験の研究者も所属しています。**宇宙科学部門**では、探査機や人工衛星を使った惑星の探査などを行っています。他にも、宇宙開発や探査を支える**ロケットや人工衛星技術の開発部門**、部品や素材、コンピュータ制御プログラムを開発する**基盤技術の研究部門**、人工衛星のデータ収集やステーションとの通信を行う**情報システム部門**などが業務に携わっています。その宇宙事業を支える総務・財務・人事・広報などを行う**一般管理部門**も宇宙機関にはなくてはならないセクションです。

2 宇宙機関の職員の役割・資質とは？

開発や研究に携わる職員は、**理系の深い知識**が必要になります。大学を卒業し、修士号や博士号を取得している研究員や技術員も多く在籍しています。

一般管理部門では高いビジネススキルが求められます。多国籍の人々が業務を行うので語学、特に**専門用語を交えながらの会話ができる程度の英会話力**は、必修のスキルといえるでしょう。

何よりも未知のものを探求せずにはいられない人並みはずれた好奇心は、宇宙機関の職員になくてはならない資質といえます。また、1つの技術や考え方に凝り固まらず、幅広く意見を取り入れられる柔軟な思考も必要です。

宇宙に関わるミッションは、様々な部門との共同で初めて運営できるものです。**各部門とのコミュニケーション能力**や**調整能力**も必要です。

456

PART 12 個性や特技を活かした仕事がしたい

3 宇宙機関の職員になるためには？

日本の宇宙機関である**宇宙航空研究開発機構（JAXA）**では、**大学・短大卒業者を対象にした一般募集の他に、多種多様な分野で実務経験のある社会人採用**があります。衛星探査などの個別のプロジェクトや研究分野ごとの研究職の採用もあり、一般庶務を行う事務職や機関の経営方針を定める役員募集も行われています。JAXAのホームページで募集情報が掲載されるので、こまめに情報をチェックしましょう。

いくつかの国立大学の研究室や宇宙事業に技術を提供する企業などから宇宙機関に出向という形で職員として業務に従事することもあります。大学との研究提携もしているので、大学選びのポイントとして宇宙機関と提携している大学を進学先として選択するのも近道といえるでしょう。

JAXAでは、宇宙事業を社会に広く認知してもらうために施設見学や宇宙飛行士の講演会などのイベントが行われています。そのようなイベントに参加して、実際に職員に話を聴いて実感をつかむのもいいかもしれません。また、メールサービスやブログなどを通して情報も発信しているので情報を収集する手立ての1つとなります。

宇宙機関は、アメリカやロシア・ヨーロッパにも国立で運営されている機関があります。世界最大であるアメリカ航空宇宙局（NASA）の規模になると、1万人以上の職員が携わっています。有能な人材には広く門戸を開いていることも多く、海外の大学に留学し宇宙機関に就職する日本人もいます。

進路フローチャート

諸外国の機関と連携して宇宙開発を進める
幅広い視野を持ち続けることが大切。最新技術について研究することはもちろん、自分の研究や技術が国の宇宙開発を左右するので、確かな成果を出すことが求められる

↑

宇宙機関へ
採用枠は少ない。研究職を志望するならば理工系の大学で深い知識の習得が必須となる。一般職であれば、財務・人事などの資格があると有利

↑

大学・短大入学
数学・理科・物理などの理科系の学科や英会話を重点的に勉強する。宇宙機関のイベント参加や情報収集に努めよう

↑

高校入学

POINT
- 公的な宇宙関連機関で働く
- 各分野の業務において高度なスキルと語学力が必要となる
- 宇宙機関について情報収集して仕事のイメージをつかむ

関連情報
- **宇宙航空研究開発機構（JAXA）** HP
日本で運営されている宇宙機関。研究成果や貴重な映像の他、施設見学やイベント情報、メールサービスなど最新の宇宙開発現場がわかる情報が満載

オススメの1冊！
『**宇宙を開く 産業を拓く 日本の宇宙産業 Vol.1**』（宇宙航空研究開発機構編著／日経BP企画）
貴重な写真が満載。ビジュアルで最新研究や技術を垣間見ることができる

ℹ 国際宇宙ステーション計画には、日本初の有人実験棟「きぼう」やステーション補給機で参加している

天文学者

天体の観測と計測を行い、新しい現象や法則を発見する仕事です。また解明されていない宇宙に関する様々な事象も研究範囲です。

天文学には大きく分けて2つのアプローチがあります。1つは、天体の光だけでなく、赤外線や電波を計測する装置を使用して、得られたデータから宇宙に存在する物質などを分析する観測的なアプローチです。

もう1つは、物理学や数学、化学などの知識を使い、法則に基づいて研究を進める理論的なアプローチです。いずれも**相当な理数系の知識**が必要です。

したがって、**大学の理学部や天文学専攻の大学院を卒業し修士号や博士号を取得後に、天文学者としてのキャリアがスタート**します。活躍の場は、大学の研究室や国や海外の研究機関になります。

ただし、何年も観察や研究を重ねても、論文として発表できる新発見はごくわずかです。天体が好きで、長いスパンで仕事に取り組める姿勢が求められる職業といえるでしょう。

POINT
- 相当な理数系の知識が必要
- 大学の研究室や国や海外の研究機関で活躍する
- 長いスパンで仕事に取り組む姿勢が求められる

宇宙物理学者

宇宙探査や観測で得たデータをもとに、宇宙の法則性や起源に迫る研究職です。

宇宙に関することはまだ95％以上解明されていないといわれます。宇宙物理学者の使命は、そのような最先端、かつ未知の分野を、人類が今まで培った知識と技術を結集して解明することにあります。

長年研究していても、目に見えて成果が上がる研究者はほんのひと握りです。地道に研究を続ける気力が必要です。また、未知の領域を解明するためには常識にとらわれず、幅広い視点から物事を多面的に観察できる姿勢が重要となるでしょう。

宇宙物理学者のスタートラインは、**宇宙研究分野に強い大学で研究者に師事する**ことです。最先端の研究に携われるだけの**理数系の深い知識**が必要です。大学で研究を続けるか、国立天文台や独立行政法人などの研究室で、自分のテーマを追究していきます。また、アメリカなどの海外の大学の研究室で活動する人もいます。

POINT
- 宇宙を観測データをもとに解明する
- 物事を多面的に観察できる姿勢が重要
- 理数系の深い知識が必要

関連情報 天文学者 ➡ 国立天文台 HP
宇宙物理学者 ➡ 『宇宙物理学入門』（桜井邦朋著／講談社ブルーバックス）

PART 12 個性や特技を活かした仕事がしたい

運用管制官

ロケットや宇宙ステーションでの活動を地球のミッションコントロールセンターから補佐する仕事です。宇宙ロケットの機器系統から飛行状況のチェックなどはもちろん、宇宙飛行士の健康管理や宇宙ステーションで行われている実験に対する助言なども業務に含まれます。

宇宙空間では地球上の生活と違い、様々な精密機器によって宇宙飛行士の生命が維持されています。したがって、機器のトラブルは生命の危機に直結します。そこでミッションコントロールセンター（運用管制室）から24時間態勢で現場を監視し、必要な指示を送るのが運用管制官の仕事です。

運用管制官に必要なことは、生命維持・通信・運行システムなど**宇宙活動に関する深い知識**もさることながら、**物事を俯瞰的に考えられる能力**です。

運用管制官になるためには、宇宙航空研究開発機構（JAXA）の有人宇宙開発に関わる部門に配属されるか、宇宙事業に技術を提供する企業に就職し技術者として運用管制の仕事に従事します。**宇宙工学など深い専門知識**が求められます。

POINT
- 宇宙でのミッションを支える
- ミッションを俯瞰的に考えられる思考が大切
- 宇宙工学などに関する深い知識が求められる

人工衛星開発技術者

世界規模のネットワーク通信や気象観測のデータを収集し、未知の宇宙領域を探査するなど**宇宙空間を無人で活動できる機材の技術を開発する仕事**です。

人工衛星の開発といっても、様々な最先端技術が詰め込まれています。地球では考えられない高温や冷温など過酷な環境でも耐えられる素材の開発や衛星の軌道修正やデータの解析、送受信などのプログラミング開発、宇宙空間でも作業ができるカメラなど電子機器の開発が挙げられます。

人工衛星の開発に携わるためには、**機械工学・電気工学・宇宙工学など高度の工学系の知識**が求められると共に、その知識を使いこなす**応用力**も求められます。

人工衛星開発技術者の多くは、**JAXAや宇宙関連事業を行う企業の開発部門**で仕事をしています。大学の研究室で引き続き研究を行い、技術提供の形で開発に携わる人もいます。また、精密機械部品の生産を担ってきた町工場が、長年培ってきた技術力を活かして人工衛星の開発に取り組んでいるところもあります。

POINT
- 宇宙空間で無人作業ができる機器を開発する
- 素材開発やプログラミングなどの高度な知識が必要
- 人工衛星の開発事業に取り組む町工場もある

関連情報　運用管制官／人工衛星開発技術者　➡　宇宙航空研究開発機構（JAXA）

速記者

こんな人におすすめ！
- 高い集中力を維持できる人
- 整理された資料を作れる人
- 外国語のヒアリングが得意な人

1 速記者の仕事とは？

会話や議論のスピードに対応してメモが取れる**速記記号を使い、様々な会議やインタビューなどをリアルタイムに筆記し、記録する仕事**です。最近では、録音機器で音声をデータとして残し、文書化することが多くなりましたが、誰が発言したかを速記者の記録をもとに確認できることから、公式記録として保存する場合は速記が正式に採用されることが現在でも多いです。

一度聞き逃したら二度と聞き取れない発言を記録するので、発言に対する集中力を要する仕事です。また、政治家の会談などでは、英語をはじめ外国語を聞き取り、日本語に訳しながら記録を取る仕事もあります。会話の意味を聞き取りながら、第三者が見ても内容を把握できる文章にします。言葉の聞き取り方次第で、自治体や国会、諸外国との外交の場での発言や裁判での証言などの意味合いが変わってくるため、どのように記録を残すかという点でも大変重要な業務です。

2 速記者の役割・資質とは？

速記者に求められる能力は何よりもまず**速記の技能**です。速記者の技能を保証する検定として「**速記技能検定**」という認定試験があり、6級から1級まで技能の習得度に合わせて検定を受けることができます。**プロとして仕事をするためには、3級以上の資格を条件にするケースがほとんどです**。3級では「口述や電話の速記ができ、速記記号を文字に変換する反訳（速記記号を言葉に戻すこと）ができる」、2級では「会議などで速記の補佐ができる」、1級では「会議などで速記が単独でできる」ということが技能審査の基準になります。1級の試験ともなると、10分で3200字を速記し130分で反訳を行う厳しい認定試験を通過しなくてはなりません。

日本語の速記法には様々な方法があります。どの速記法を用いても反訳作業ができれば、仕事をするのに問題はありません。現在よく使用されている速記法は「早稲田式速記法」です。

PART 12 個性や特技を活かした仕事がしたい

3 速記者になるためには？

まずは、速記の基礎となる文章力を磨くことが大切です。

特に、**音声を聞き取り、文章化する練習**をするとよいでしょう。また、日本語の他に英語など外国語の通訳ができ、速記の技能があれば貴重な人材となります。語学力、特に会話を聞き取るヒアリング力を磨くことが必要です。

以前は新聞社や出版社、議会事務局などがおもな就職先でしたが、最近は**速記者の専門事務所や法律事務所など**が主流です。

弁護士事務所では、弁護士の口述を速記したものを反訳して原稿を作成します。弁護士が裁判に提出する書類は膨大で、法律事務所に勤務する速記者は原稿作成を通して弁護士の仕事を支えます。事務所によっては、訴訟関連書類の作成や文献調査、弁護士のスケジュール管理といった秘書的業務を担当することもあります。速記者は、速記の技能もさることながら、弁護士のような実務者を補佐する仕事が多くなります。実務者の立場に立って使いやすい資料づくりなどの仕事ができることが望まれます。

国会での速記者を志望する人は、衆参両院の速記者養成所で学ぶことになります。裁判所でも採用を行っているため、こまめにホームページなどで情報をチェックするとよいでしょう。また最近では事務所など組織に入らず、フリーランスとして個人で仕事を受ける人も増えています。年齢や性別を問わず優秀な技能を持ち合わせていれば、フリーランスで活動しやすい仕事といえるでしょう。

進路フローチャート

外国語の通訳もできる速記者
↑
速記者として、実践の現場で技能を磨く。フリーランスとして活動する人も多い

速記者事務所・弁護士事務所・裁判所・国会など
↑
速記技能検定でプロの仕事として通用する3級以上の取得を目指し、技能を磨く

大学・短大・専門学校入学
↑
国語・外国語など語学系の学科を重点的に勉強する。特に外国語では音楽や英会話などでヒアリング力を磨き、言葉を聞き取る技術を鍛える

高校入学

POINT
- 会話や発言を記録として残す
- 外国語の通訳を兼務できると仕事の幅が広がる
- 有 取得すると有利な資格・免許あり

関連情報
- **日本速記協会** HP
  速記の利用分野の開発や正確な発言記録作成技術の普及を目的にした団体。速記技能検定の情報や技術向上のトレーニングルームなども開いている

オススメの1冊！
『増補・改訂版！V式でらくらく合格 速記入門』（小谷征勝著／インデックス・コミュニケーションズ）
学校教育やビジネスなどで使える簡便な速記法を紹介している

ⓘ 国会速記者は、審議が深夜に及ぶ際にも確実に記録を残していかなければならず、ハードな仕事となる

校正者

雑誌や書籍などの誤表記の修正や記述の事実確認をする仕事です。原稿をページデザインした校正紙（ゲラ）に対して、漢字の誤記から用語・用字の統一、原稿内容の事実確認など様々な視点から文献やインターネットを利用し、記載内容をチェックしていきます。

校正者になるためには、**エディタースクールなどで校正の基礎知識や技能を学ぶのが一般的**です。膨大な文章をチェックする作業が多いので、高い集中力と作業を続ける体力を維持していくことが資質となります。また、疑問が生じた際には、事実確認を行うために用いる文献を短時間で探り当てることも、校正業務の手助けとなる技能です。

校正を専門とした事務所に所属する人もいますが、自宅でもできる仕事なので、フリーランスとして活躍する人が多くいます。

また、校正の技能があれば、子育て中や定年後でも仕事の依頼がある職業です。技能検定も行われているので、取得しておくと仕事の幅が広がるでしょう。

POINT
- 書籍や雑誌などの内容をチェックする
- 膨大な文章をチェックする集中力と体力が必要
- 有 取得すると有利な資格・免許あり

翻訳家

外国の書籍や雑誌を自国や他の外国の言語に訳し、多くの読者に読んでもらえるようにする仕事です。小説をはじめ、外国製品の説明書やビジネス文書などを訳すことも業務の範囲に入ります。現在は産業分野での翻訳の仕事が圧倒的に多くなっています。また、海外のホームページなどでニュースの翻訳の仕事も増えています。

特に外国の文学作品の日本語翻訳では能力が試されます。原作の意味合いや文章の味を活かすための日本語の文章能力が、翻訳の技能と合わせて大きく問われるからです。シリーズ作品になると、なるべく同じ文体の翻訳が求められます。技能が認められると仕事が集中する仕事ともいえます。出版社などとの関係づくりも重要です。

翻訳家になるためには、**語学の深い知識**が必要です。**語学系の大学や専門学校で語学を勉強し、翻訳会社やフリーランスで活動するのが一般的**です。英語と中国語に関しては、日本翻訳協会で「翻訳技能検定試験」が行われています。取得すれば技能が保証されるでしょう。

POINT
- 外国語の文章を自国や他の外国の言語に訳す
- 最近は産業分野やニュース原稿の翻訳が増えている
- 有 取得すると有利な資格・免許あり

関連情報
校正者 ➡ 『新しい校正者の基礎知識』（野村保恵著／日本エディタースクール出版部）
翻訳家 ➡ 日本翻訳協会 HP

マーケティングリサーチャー

個性や特技を活かした仕事がしたい

企業や団体の依頼を受けて、商品の需要や消費者のニーズ、販売実績や購入者層の分布などを調べる仕事です。ヒット商品を生み出すことを目標に、データやマーケットの動きなどを収集して、調査分析します。

マーケティングリサーチャーに必要な資質は、**トレンドをつかむセンス**です。トレンドがマーケティングのデータに現れるのは、ある程度消費者に定着してからになります。その前触れをつかむのがこの職業の重要なポイントです。様々な分野の人とつながりを持って、情報を入手できる能力が必要不可欠です。一方で、データから消費者の規則性や動向を見出す冷静で的確な情報分析も重要です。

マーケティングリサーチャーになるためには、大学や短大を卒業後、**リサーチ専門会社や広告会社などに就職して、実務経験を積むのが一般的**です。特別な資格は必要ありませんが、経営学・商学・経営情報学・マーケティング理論・統計学など、経済関係の知識が必要になります。中には、フリーランスで活動し、雑誌などに連載を持つ人もいます。

POINT
- 時代の流れを読み、商品開発に活かす
- トレンドをつかむセンスが必要
- データ分析など冷静で的確な情報分析能力が重要

編集部が薦めるこの1冊

『君たちはどう生きるか』
吉野源三郎著
（岩波文庫、1982年）

「生き方」をめぐる、まさに必読の1冊！

本書は、1937年に当時の青少年に向けて著されたもの。当時の日本は、日ごとに増していく全体主義の圧力の中にあり、言論や思想信条の自由はもはや確保されなくなっていった——世間の大勢になびき、ともかく一丸となることが最高善とされる時代でした。そんな時代の緊張感の中、将来の日本を担う若者たちに一縷（いちる）の希望を託すかのように、著者の吉野源三郎は「君たちはどう生きるか」という一種の「なぞなぞ」を出題したのでした。

それから半世紀以上が経った現在、私たちは技術的進歩に支えられた「豊かな社会」に生きています。戦中期に比べれば、ずいぶん「自由」を謳歌して生きているともいえるでしょう。けれども、恵まれているからこそ、私たちは著者の遺した「なぞなぞ」と、もう一度向き合う必要があるのではないでしょうか。なぜなら、この「なぞなぞ」は、「本当の意味で精神的に成熟するとはどういうことか？」をめぐる壮大な問いかけだからです。

ややもすれば人間の価値が、金銭や服装、家や車の良し悪しで判断されがちな現代社会において、「心」の成熟度は見落とされる傾向にあります。本書は、児童向けのやさしい文体と明瞭なストーリーで、読者をいつの間にか深遠な「心」の世界へと導く、学生の必読書です。こんな時代だからこそ、世間の潮流から少し離れて、自分の内面、「心」を見つめる機会を持ってみてもよいのではないでしょうか。

関連情報　マーケティングリサーチャー➡日本マーケティング・リサーチ協会

声優

アニメ・洋画・海外ドラマなど様々な作品で「声を演じる」仕事

こんな人におすすめ！
- アニメーションや映画が好きな人
- 演じることや表現することが好きな人
- 声に自信がある人

1 声優の仕事とは？

声優とは、アニメーションや映画などの登場人物の動きに合わせてセリフを発する、声担当の俳優のことです。

声優が担当するのは、テレビや劇場で公開されるアニメーション以外にも、洋画や海外ドラマの吹き替え、家庭用ゲームのキャラクターなどがあります。洋画や海外ドラマの場合は、オリジナルの映像を見ながら、登場人物の口の動きに合わせて声をあてはめていきます。アニメーションの場合は映像を見ながらセリフを発する場合もありますが、映像が完成していない段階の台本だけでセリフを発し、そのセリフにキャラクターの動きを合わせる場合もあります。

セリフの録音はスタジオ内で行われます。同じ日に出演者がそろって大人数で収録することもあれば、少人数ずつ別々に収録する場合や、1人別の日に収録する場合など、ケースバイケースです。大人数で収録する際は何本かマイクが設置され、例えば登場人物が画面右側から出てくるなら右のマイク、中央にいるならセンターのマイクというように、登場人物の動きによってどのマイクに声を入れるのかをとっさに判断して、声の方向や息づかいまで合わせて自然な形で録音されるようにします。これらは「**アフレコ（アフターレコーディング）**」と呼ばれる声優のメイン業務です。

声優にはアフレコ以外に**ナレーション**の仕事もあります。バラエティー番組・ドキュメンタリー番組・CMなど、内容によって声のトーンやスピードを変え、内容と声とが不自然にならないように配慮することが大切です。他にも歌手活動をする人、劇団の舞台で活躍する人、映画やドラマに出演する人など、声優以外の活動も精力的に行う人が多いのが特徴です。

2 声優の役割・資質とは？

声優は、もともと舞台俳優などが副業的に携わることが多い仕事でした。声優は、身ぶり手ぶりといったアクションではなく、声だけで演技しなければなりません。そのため豊か

PART 12 個性や特技を活かした仕事がしたい

進路フローチャート

作品オーディション
↑ 発声・立ち回り・歌唱・ダンスなどと共に演技を学ぶ。体力づくりにも積極的に取り組もう

プロダクション・養成所・劇団
↑ 演劇科などで芸術の造詣を深める
↑ 設備を利用し、歌やダンスのレッスンに取り組む

大学入学　専門学校入学
↑ 演劇部や劇団などに入って表現力を磨くのもよい

高校入学

POINT

- アニメ・映画・海外ドラマなど様々なシーンを声で演技する
- オーディションを受け、実力で仕事を得る

関連情報
- 岩男潤子オフィシャルウェブサイト HP
  歌手やナレーターなど幅広く活躍する人気声優の公式サイト（次ページにインタビュー記事あり）。ブログやTwitterなどから人気声優の日々の活動を知ることができる

オススメの1冊！
『声優になる！最強トレーニングブック 基礎編』（松濤アクターズギムナジウム監修／雷鳥社）
有名声優を次々と輩出するアクターズスクールの本。レッスンプログラムを豊富に掲載している

ⓘ 俳優への弟子入りから声優になった人もいる。ベテランの技を見て、聞いて盗む"たたき上げ"ルートである

な表現力が必要とされることから、舞台俳優が活躍することの多い業界となりました。それは今でも変わりません。**声だけで豊かな表現力のある演技ができる人、発声や演技といった芝居の基礎がしっかりできている人**が求められています。

また、1つの作品を作り上げるために大勢の人が関わります。声優もそのチームの一員として、台本を読み込み、与えられた役柄について考え、研究するなど責任をもって仕事にあたることが重要です。

3 声優になるためには？

声優の仕事は、**オーディションを受け、自らの実力でつかみとる**しかありません。オーディションの情報は、オーディション専門誌や声優の所属する各プロダクションのホームページで確認できますが、一般人がいきなり出演を約束されるようなケースはめったにありません。まずはプロダクションに入るためのオーディションを受け、採用されたら系列の養成所に入る方法がほとんどです。そこで数年間、発声や表現法を含む演劇の基礎を徹底的に学びましょう。

また、専門学校へ進む道もあります。卒業時には就職活動の一環として、プロダクションへ登録するためのオーディションを斡旋してくれる場合もあります。ただし、養成所とは異なり、プロダクションと直接関連していないことも多く、オーディション後に養成所へ入り直すケースもあります。

いずれにしても、芝居の基礎を固める傍ら、芸術的な感性が必要とされる仕事です。演劇・音楽・文学・美術など、様々な芸術に積極的に触れるとよいでしょう。

INTERVIEW

現役の声優に聞きました

声優
J.Island
岩男 潤子さん

「引っ込み思案で、それが強いコンプレックスだった」という岩男さんは、自分を変えたい一心で大好きな歌に賭け、芸能界へ飛び込みました。声優として、歌手として幅広く活躍する岩男さんに、声優の仕事についてうかがいました。

① お仕事の内容は？

アニメ作品を中心に声優のお仕事に携わっています。私がアニメ作品に出演する場合は、直接出演依頼をいただく場合もありますが、オーディションを受けて役をいただくこともあります。

出演が決まって台本が届くと、まずは読み込みます。その役がどんな性格に、どういう描かれ方をしているのかまで考えるため、他の出演者のセリフまでしっかり目を通します。でも、本番中のスタジオ内でセリフが変更になることもあるので、最後にOKが出るまでは気が抜けません。

本番中は、何本かあるマイクに対して、自分がどのマイクを使うべきか、立ち位置はどうするかといった部分まで注意を払います。マイクは声の大きさだけでなく、声の方向や息づかいまで拾ってしまいますから、映像に合わせて適切な場所をキープして、あわてないように努めます。

アフレコの日程は、役の出てくる頻度によってまちまちです。劇場版では数日、レギュラー作品であれば数ヵ月続くこともあります。

他に、声を使うお仕事としてナレーションもしています。子育て番組や特別番組以外にも、企業で使われる映像資料などの仕事も担当しました。ナレーションでは、アニメほど声を演じる必要はありませんが、番組内容のトーンに合わせて、ときには楽しそうに、ときには重く響くようにと考えながら声を出しています。インターネット放送や歌手活動などもしているので、今はとても仕事の幅が広いですね。

PART 12 個性や特技を活かした仕事がしたい

❷ このお仕事の醍醐味は？

アニメを通して、色々な人の人生や境遇を体験できることがとても魅力的です。人は、日常生活ではその人個人の考え方を持っていて、その人だけの時間と空間で生きています。でも、声優はその物語のキャラクターになりきり、自分とはかけ離れた世界、正反対の性格へと変わることができます。それがとても新鮮で、刺激的で、確実に私の糧になっています。また、私は歌が大好きですから、作品に関連した歌を歌えるときには本当に胸がドキドキ高鳴ります。アニメも歌も、見て聴いてくれる人があってこそ。その方々の喜ぶ顔を見られるときが、私にとって一番幸せを感じる瞬間です。

❸ 声優を目指す人にアドバイス

アフレコの際、演出家や監督から色々な注文が出る場合があります。実際に困ってしまったのは、「箱根のロープウェイのアナウンスみたいに」という注文。全くイメージが湧きませんでした（笑）。他にも動物の声やジェットコースターに乗っているように、なんていうのもありました。ですから、時間のあるうちに色んな経験をしてください。その際に、どういう声やトーンなのかを、耳をそばだててじっくりと観察し、覚えておくことが大切です。また、声優の仕事では台本を読み込むことも重要です。日頃から本をよく読んで漢字の勉強や語彙力を高める努力も忘れないでくださいね。

🕐 ある日の岩男さん

- 9:30　スタジオ入り。アフレコの準備
- 10:00　アフレコ収録開始。スタジオや参加人数によってマイクの使い方が異なる。途中、演出家や監督から飛び込んでくる指示を逃さないことが肝心。のどを痛めないように、定期的にのどをケアしながら収録を進行
- 15:00　アフレコ収録終了。次の現場へ移動
- 16:00　雑誌などの取材対応、もしくはミーティング
- 19:00　リハーサルやトレーニング。2本目の収録やインターネット放送などがない日はボイストレーニングを行う
- 21:00　帰宅して夕食。台本の下読みや楽器の練習に取り組むことも

モニターと台本を見比べながら、セリフを発する。もちろん、ページをめくる音も厳禁！

PROFILE
いわお じゅんこ
明治大学付属中野八王子高等学校卒業

俳優

こんな人におすすめ！
- 人間観察力に秀でている人
- 成功を信じ、努力を続けられる人
- 演じることに夢中になれる人

1 俳優の仕事とは？

演劇や映画、テレビドラマなどで脚本のセリフに沿って役を演じる仕事です。女性の俳優は女優とも呼ばれます。

脚本を読み込み、与えられた配役をよりリアルに演じるための「役づくり」をします。役づくりのために資料を調べたり、役のモデルになった人に話を聞いたりしながらイメージを膨らませていきます。

公演や収録などの本番が近づくと、役づくりをした俳優が集まり、演出担当と共に脚本を読む「読み合わせ」を行い、実際の演技を交えながらのリハーサルを重ね、本番に臨みます。基本は演出担当の指示に従い、演技を修正していきますが、俳優自ら演出を行うこともあります。

あらかじめ演劇や映画で役が与えられる俳優は、ほんのひと握りです。ほとんどの俳優は、オーディションを受けて役を獲得します。オーディションの情報や課題演技の練習も俳優の仕事です。演出家や映画監督などへの直接の売り込みも

仕事を獲得するために必要とされる手段の1つでしょう。

2 俳優の役割・資質とは？

俳優の資質として挙げられるものは、あたかも日常しそうな人物の演技ができる能力です。

生活での人間観察で得た様々な人の様子を、自分の引き出しとして演じる技能に結びつけることが必要になります。

一人芝居というジャンルもありますが、たいていは複数の俳優で作品を作り上げていきます。個性を押し出しつつも作品全体を引き立てる協調性が必要になります。

演技をする現場は昼夜問わず、気候が厳しい場所も多くあります。どんな環境でも求められた演技ができる**精神力や体力**が必要となります。また、現場で働くスタッフと意思疎通ができる**コミュニケーション能力**も重要です。

3 俳優になるためには？

俳優への道は様々です。**劇団や芸能プロダクション**が主催

468

PART 12 個性や特技を活かした仕事がしたい

進路フローチャート

代表作のある有名俳優へ
プロダクションや劇団へ所属。フリーランスで活躍する俳優も多い

↑

俳優
演劇や映像系の専門学校で演技を学ぶ。演出論やシナリオ論など演技にまつわる様々な学問を学ぶことも、俳優としての肥やしになる

↑

大学・短大・専門学校入学
演劇部や朗読会などで演技力を磨く。俳優プロダクションのオーディションを受けてみるのも貴重な経験となる。また、様々な演劇や映画作品に触れる

↑

高校入学

するオーディションを受け所属俳優になるのが一般的ですが、街中でスカウトされたり、親類に有名俳優がいる縁でプロダクションに所属することもあります。また、大学時代の演劇サークルがそのままプロの劇団になったり、撮影現場のスタッフから俳優に転身した人などもいます。

いきなり主役でデビューする人もいれば、道の通行人などセリフのない端役からキャリアを積み上げる人など経験する役柄も様々です。宝塚歌劇団のように、全寮制の学校で演技を学んですべてを女性が演じるものや、家族単位の旅一座で俳優業を営むケースもあります。

全く訓練を受けずに俳優になる人もいますが、演劇や映像系の大学や専門学校、劇団の研究生、カルチャースクールなどで演技の基礎を学び、俳優を志す人が多いです。まずは、自分の演じたいジャンルを絞り込んで、その演技を鑑賞したり自分で真似てみることが大切です。その真似た演技を第三者に見てもらい、批評してもらうことも必要です。

最近では芸人やタレント、モデルなどが舞台や映画、テレビドラマで俳優業をすることも多く、俳優にはより個性的なキャラクターが求められている傾向もあります。

俳優を含め、いわゆるショービジネスで活躍するためには、ファンやスタッフへの気配りと感謝の気持ちが大切でしょう。自分の才能を最大限に活かしつつ、作品を世に送り出す者の一員として、演者である俳優は自分を律する気持ちと努力を続ける気概、良い作品づくりに精魂を傾けるプロとしての姿勢が常に問われる仕事といえるでしょう。

POINT
- 演劇や映画、テレビドラマなどで役を演じる
- 演じるジャンルや俳優となる道すじ・手段は様々

関連情報
- **日本映画俳優協会** HP
  映画や映像で演技をする俳優で構成される協会。俳優以外でも、映画文化に寄与する協会の趣旨に賛同できれば入会できる

オススメの1冊!
『俳優のノート──凄烈な役作りの記録』
(山崎努著／文藝春秋)
俳優の山崎努が、『リア王』主役の依頼を受けてから最終日までの役づくりの過程を綴った自伝的ドキュメント作品

ℹ 俳優のギャラは様々。端役で1日1万円の人もいれば、有名なベテラン俳優で1作品1,000万円超の場合も

能師・狂言師

こんな人におすすめ！
- 伝統芸能の世界を極めたい人
- 厳しい修業を積み重ねられる人
- 能や狂言の世界を愛する人

1 能師・狂言師の仕事とは？

能と狂言は、およそ600年の歴史を誇る日本の伝統芸能です。その演者が能師と狂言師で、総称して能楽師とも呼ばれます。

能では荘厳な舞と独特な言い回しの謡によって悲恋などを題材にした舞を静かに行います。狂言は能の演目の間に行われ、能とは対照的に民話を題材にした軽快な台詞しと身振りで笑いを誘う演目です。最近では、それぞれ単独に公演が行われることもあります。

能の場合は主役の「シテ方」、わき役の「ワキ方」、伴奏などを担当する「囃子方」、狂言を演じる場合は「狂言方」とそれぞれの役目があり技能を積んでいきます。シテ方やワキ方はそれぞれの能の台本である謡や、基本の所作である仕舞を重点的に稽古していきます。囃子方はそれぞれが担当する笛や小鼓や太鼓、狂言師は能師の台本と動作にあたる小謡と小舞を稽古していきます。

全国にある能楽堂の公演や、薪能と呼ばれる夜間に野外で行われる公演で芸を披露します。また、稽古場で愛好家の人に教室を開いている能楽師もいます。地域や教育の場で、日本の伝統芸能を伝えていくのも大事な仕事の1つです。

2 能師・狂言師の役割・資質とは？

何よりも、能や狂言を愛する心が求められます。基本的にプロの能楽師は世襲制で、幼い頃から厳しい稽古を積み、舞台へと上がります。それ以外の一般の人が能楽師の道を進むのは狭き門です。

ひたむきに稽古を積み重ね、能や狂言の世界で一生をかけて技能を磨き続ける気概が必要です。能や狂言に限らず、歌舞伎や日本舞踊など他の日本の伝統芸能や、バレエやオペラなども含めて舞台芸術に幅広く興味を持ち、自分の中に常に新しい風を吹き込むことも、能楽師を長く続けるために大切なものとなるでしょう。

能や狂言の世界では、原則として「申し合わせ」というリハーサルが1回あるだけです。そのために、シテ方やワキ方

470

PART 12 個性や特技を活かした仕事がしたい

進路フローチャート

能師・狂言師へ
師匠から玄人の認定を受け、養成事業のカリキュラム修了後に能楽協会への入会が認められ、晴れてプロの能楽師となる

↑

能楽協会に入会
小鼓・太鼓・囃子の楽器研修や舞台の所作などを学ぶ。シテ役志望なら能楽師に弟子入りして技能を積む

↑

日本芸術文化振興会 養成事業の研修生となる
古文や日本史、日本美術を重点的に勉強する。能や狂言の舞台や道具の展覧会などに足を運んだり、能や狂言サークルで演技を経験するのもよいだろう

↑

高校入学

POINT
- 舞や囃子で能や狂言の独特な世界を作り上げる
- 能楽師の家以外の人は、限られた人しか叩けない狭き門

関連情報
● **能楽協会** HP
公演情報だけでなく、能楽が学べる稽古場の紹介、稽古内容などを掲載

オススメの1冊！
『能楽入門〈1〉初めての能・狂言』(三浦裕子文、山崎有一郎監修、横浜能楽堂企画／小学館)
基礎知識の他に、泣く、怒るなど舞型表現の写真解説、実演中の舞台と楽屋裏の同時中継、野外能・地方能の魅力、初心者向けの作品紹介、用語解説などを収録

ⓘ 学生を対象に、全国で能や狂言の体験教室を実施している。舞の型や能楽の楽器の演奏体験ができる

---

3 能師・狂言師になるためには?

能楽師は、それぞれの役割ごとに世襲で芸を受け継ぐので、能楽師の家の出身でなければ**弟子入りをして、技能の研鑽を積んでいきます**。流派ごとに細かな演目の違いがあるので、事前によく検討し、門を叩くことが望まれます。年齢制限はなく、中には40歳を過ぎた人が弟子入りしたケースもあります。**弟子として稽古を積み、師匠から「玄人」と呼ばれる段階になると、能楽協会に入会が許され、プロの能楽師と認められます**。

また、**日本芸術文化振興会**が行っている養成事業を利用して、能楽の道に入る人もいます。**中学校卒業以上23歳まで**の人に受験資格がありますが、定期の募集はありません。さらに、この養成事業は、**ワキ方・囃子方・狂言方の養成のみ**なので、**シテ方を志望する人は、やはり能楽師に弟子入りする**必要があります。養成事業の研修期間は6年間で、その後に能楽協会に入会することで能楽師になれます。

このようなプロの養成事業を利用する他にも、大学などの能・狂言サークルやカルチャーセンター、能楽師の自身の教室で学ぶのも、きっかけの1つとなるでしょう。なお、舞台に使われる面や装束・楽器などの道具類はすばらしい文化財です。美術品の観点から興味を持つのもよいでしょう。

がどう謡いたいのか、囃子方がどう囃したいのかを瞬時に判断して舞台を作り上げていきます。**言葉ではなく、舞台での舞や囃子の音色や調子で会話する高度なコミュニケーション能力**が必要になります。

タレント

タレントとは、自分自身のキャラクターを活かしてテレビやラジオなどのメディア全般や、様々なイベントで活動する人のことを指します。タレントと呼ばれる職域は幅広く、芸能人・お笑い芸人・司会者・文化人・スポーツ・歌手・モデル・俳優・女優・歌手・ミュージシャンなど様々です。

タレントに必要な資質は、「個性」を磨くことです。浮き沈みの激しい業界ですから、あるジャンルの知識や特技など自分自身の個性を知り、努力を惜しまず求められる役割や能力を磨き続けることが必要です。

タレントになるための方法は、タレントの種類だけあるといってもよいでしょう。芸能事務所の養成所などで歌やダンス、演技を学び、プロダクションや劇団に所属して、オーディションやプロフィール選考で選ばれ、タレントとして活動をスタートするのが一般的です。その他に、街中でスカウトされて芸能界に入るケース、スポーツ選手として活躍した人がタレントに転身するケースなど多岐にわたります。

POINT
- メディア全般やイベントで活動する
- タレントに至る道は様々
- 自分自身の個性を知り、努力し続けることが必要

モデル

雑誌やファッションショーなどで服飾メーカーの服を身にまとい、メーカーのイメージをアピールする仕事です。メーカーのイメージを体現する広告塔の役割を果たします。中にはファッションリーダー的な立場になって、一般の女性がそのファッションを取り入れるカリスマ的な活動をする人気モデルもいます。

モデルを目指す人の競争は激しく、容姿や身長・体型などモデルになるための条件も厳しいです。それらを維持するための日々の食生活や運動、美容への努力、ファッションショーにおける姿勢や歩き方の技術、撮影でのポージング、雑誌などマスコミへの対応も重要です。

モデルになるためには、オーディションや売り込み、スカウトなどを通してモデル事務所に所属するのが一般的です。所属後も厳しいレッスンや体型づくりなどに耐えて、ファッションショーやCM・雑誌のオーディションに参加し、自分の能力で仕事をつかむ努力が必要です。最近は日本人モデルの海外のファッションショーでの活躍も多くなっています。

POINT
- 服飾メーカーのイメージを体現する
- 美しさを保つための日々の努力が必要
- 最近は海外での日本人モデルの活躍も多い

関連情報　タレント→『芸能人というオシゴト』(武藤樹一郎著／WAVE出版)
モデル→『モデル』(Worker's Committee編／広美出版事業部)

PART 12 個性や特技を活かした仕事がしたい

スタントマン

映画やドラマの乱闘シーンやカーチェイスなど、**身体に危険が及ぶシーンで演技する仕事**です。俳優にかわって演技をし、カンフー映画などでの拳法が得意なスタントマンや自動車を使ったカースタントを得意とするスタントマンなど得意分野が決まっている職業です。

スタントマンには危険なシーンでも安全を計算に入れながら演技をすることのできる、卓越した**運動能力**が必要になります。その反面、実際の危険な場面より、演技によって一層迫力あるシーンに仕上げなくてはいけません。スタントマン独自の**演技力**も大切な要素です。

スタントマンになるためには、**アクションタレントの養成所で基礎的な技能を積んで、事務所に所属するのが一般的**です。有名なスタントマンに弟子入りして、実際の現場で経験を積みながら技能を磨く道もあります。

アメリカでは、映画などのスタントマンは高度な技術を持ち、スタントマン専属の会社も確立されています。海外にスタントマンの道を求めるのも1つの方法です。

POINT
- 映画やドラマの危険なシーンの演技を担当する
- 卓越した運動神経とスタントの高い演技力が必要
- 海外の高度なスタント技術を学ぶのも道の1つ

漫才師・芸人

漫才やコントなど話術や動きで人々の笑いを誘う仕事です。舞台の他に、テレビやラジオでも活躍します。

かつては、プロの漫才師や芸人に弟子入りして経験を積むのが一般的でしたが、最近は、芸能事務所の養成学校で「お笑い」について学び、事務所専属の劇場などからキャリアを積んでいくことも多いです。オーディションで合格し、そのままプロとして活躍する人も少なくありません。

この職業に必要な資格はなく、実力がすべての世界です。ネタを考えるときには、個性的でインパクトのあるものを作る発想力や、変わった視点で物事を見る観察眼がある人に向いています。また、観客の前で笑いを誘うようにするなどの対応力も必要となります。コンビやトリオで漫才やコントをする場合は、お互いの意思疎通をきちんと行えるコミュニケーション能力も非常に重要となります。質の高い笑いは時代を超えて愛されるといわれます。往年の名人芸から学ぶことが多いでしょう。芸に対する敬意と愛情を忘れずに努力を続けることが大切です。

POINT
- 話術や動作で人々の笑いを誘う
- 実力と人気がすべての厳しい世界
- 個性的な発想力や観察眼が大切

関連情報
スタントマン → 『瞬間連写アクションポーズ』（ユーデンフレームワークス著／グラフィック社）
漫才師・芸人 → 『お笑い芸人就職読本』（増田晶文著／草思社）

落語家

江戸時代から続く日本伝統芸能の話芸「落語」を披露する仕事です。

落語家になるためには、落語協会や落語芸術協会から「真打」として認定された師匠のもとで、「真打制度」と呼ばれる徒弟制度に従い修業を積まないといけません。

最初は師匠について、見習いを経て新弟子として「前座」という序列から修業を開始します。師匠の身のまわりの世話のみならず、落語が行われる寄席や会場では、座布団を整えたり落語家のテーマソングである出囃子の演奏などを行います。その後、数年の修業を経て「二つ目」へと昇進し、さらに数年の修業を経て師匠たちの会議によって「真打」と認められれば一人前の落語家と呼ばれるようになります。ただし、上方（大阪）落語では修業期間はありません。弟子入りの前に、大学の落語研究会に入っていた人や社会経験を経てきた人も多くいます。いかに自分の経験を落語の中に落とし込んでいけるかが、落語家の重要な資質といえるでしょう。

POINT
- 日本の伝統芸能「落語」を披露する
- 江戸（東京）落語では真打制度の中で腕を磨く
- 自分自身の体験を落語に活かせるかが重要

講談師

昔の合戦の様子や恋模様などを独特の声色と調子で語る仕事です。講談師は「釈台」と呼ばれる机の前に座り、その机を「張り扇」で叩き、リズミカルに講談という話芸を進めていきます。日本を代表する伝統芸能です。最近の若い講談師の中には、昔話だけでなく昨今の風俗や政治問題を題材にした新作の講談を作り、舞台で披露する人もいます。

講談師になるためには、講談師に弟子入りするところから始まります。講談の内容や話の間などを師匠の講談を見ながら覚えていきます。入門した当初は「前座」という位置づけから出発し「二つ目」へと昇進し、最後は「真打」に登りつめることによって、やっと一人前の講談師として認められます。

一人前の講談師になるためには、長い期間の修業が必要になります。しかも、定められた期間はなく1人ひとりの技能の習得具合により期間に差が出ます。地道に修業を積むことができる人に向いているといえるでしょう。

なお、以前は男性の職業でしたが、最近では女性の講談師も活躍しています。

POINT
- 日本の伝統話芸「講談」を披露する
- 講談師に弟子入りし、地道に修業を積む
- 最近は女流講談師も活躍している

PART 12 個性や特技を活かした仕事がしたい

歌舞伎俳優

日本の伝統芸能である**歌舞伎を演じる役者**を指します。歌舞伎俳優は、主役級になると世襲制が残る世界です。「梨園」と呼ばれる歌舞伎俳優の社会では、幼い頃から芸を叩き込まれ、歌舞伎の世界で生活しているので、なかなか一般の志望者にとっては就きにくい職業です。

ただし、そんな一般の人でも**日本芸術文化振興会の養成事業を利用**して技能を積めば歌舞伎界への道が開けます。養成事業は全日制の2年間で、歌舞伎実技・立廻り・とんぼ・化粧・衣装・かつら・日本舞踊・義太夫・長唄・三味線・鳴物・箏曲・作法などを学びます。応募資格は**中学校卒業以上、23歳までの男子**です。研修を終えると、所定の手続を経て歌舞伎俳優に入門する形をとり、セリフもない端役からスタートします。

梨園の歌舞伎俳優のように主役を張れる歌舞伎役者になるためには、相当な稽古を積まなくてはなりません。芸にかける命がけの気概が必要です。何より歌舞伎が好きで、その道を歩み続けることができる強い意志が求められるでしょう。

POINT
- 日本の伝統芸能「歌舞伎」を演じる
- 世襲制の世界で、一般の志望者には狭き門
- 歌舞伎の道を極める強い意志が必要

日本舞踊家

日本の伝統的な踊りを舞台で踊ったり、日本舞踊を習いたい人に講師として教える職業です。日本舞踊には、西川流・藤間流・花柳流などの伝統的な流派の他に100以上の流派があります。それぞれの流派で、踊りの技能を認める免状が出されていますが、その中でも「名取」という免状は一人前の日本舞踊家として認められた証となるものです。

名取の免状を得るためには、舞踊教室などで稽古を積んで、師匠に認められ推薦を受け、流派の責任者である家元によって行われる名取試験に合格しなくてはいけません。また、「師範名取」という免状もあり、これは自分で弟子を取ったり、弟子に名取の資格を取らせたりすることができる最上級の免状になります。高い技術と深い知識を要求されるため、名取の免状の取得には10年以上かかるといわれています。

まずは、**日本舞踊の教室で経験を積む**ことから始まります。日本舞踊の世界は、**踊りの技能の他にも所作やしきたりが厳しく重んじられます**。上下の人間関係に配慮しながら、踊りの技量を磨いていくことが必要です。

POINT
- 日本舞踊を舞台で踊り、指導する
- 名取の免状を取得するためには、長い修業が必要
- 各流派の所作やしきたりを覚えていく

ダンサー

フラメンコ・モダンダンス・ジャズダンス・タップダンスなどの**ダンスを公演や各種ショー、イベントなどで踊る仕事**です。テレビ番組などで歌手の後ろで踊るバックダンサーや、テーマパークのショーで踊るダンサーは人気が高いジャンルです。また、中学校では保健体育の授業でダンスが必修化され、教師を指導する仕事の需要も高まっています。

フラメンコや社交ダンスは、趣味として人気を集めています。ダンススクールで講師として働く人も多くいますが、ダンスだけで生計を立てられる人はほんのわずかです。

ダンスを習得するためには、**優れた運動能力**が必要です。また、オリジナリティがあるダンスも要求されるので、常に創意工夫を積み重ねられる人が向いているといえます。

ダンサーになるための資格は特にありませんが、何よりダンスの技術がすべての世界です。ダンス教室やタレント養成事務所で、子どもの頃からレッスンを受けて技術を磨くことが一般的です。最近では、ストリートダンスで腕を磨き、オーディションで才能を見出され、プロの道を歩む人もいます。

> **POINT**
> - イベントから学校までダンスの技量を活かして幅広いシーンで活動する
> - センスと技術を日々磨いていく

バレエダンサー

ヨーロッパ発祥の、音楽と身体技法で表現する舞台舞踊「**バレエ**」を専門に踊る仕事です。バレエのテクニックを最大限に活かし、主役を踊る「バレリーナ」と呼ばれます。バレエのテクニックを最大限に活かし、主役を踊る「プリンシパル」、ソロを踊る「ソリスト」、群舞を踊る「コール」などそれぞれの役をテーマやストーリーに沿って演じます。

舞台本番の踊りのクオリティがすべての世界です。強靭な精神力も必要です。プロのバレエダンサーになっても日々のレッスンや体重・体形などに関する厳しい自己管理力が必要です。

舞台の上に立つためには、幼い頃からのレッスンが不可欠です。基礎となるバレエ独特の動きを繰り返し練習します。プロのバレエダンサーを目指すのであれば、**名門のバレエ団やバレエ教室に入門すること**が、最初のステップになります。そこからプロのバレエ団へ入団できるオーディションに参加します。国内外を問わず、バレエ団への入団は狭き門です。トップのバレエダンサーになると、バレエ団から独立してフリーランスで活躍する人もいます。

> **POINT**
> - プロのバレエダンサーを目指して、幼い頃からレッスンを積み重ねる
> - 日々のレッスンや体重・体形の自己管理力が重要

関連情報 ダンサー→全日本ダンス協会連合会 HP など
バレエダンサー→日本バレエ協会 HP

PART 12 個性や特技を活かした仕事がしたい

振付師

CMやミュージカルなどで歌手やダンサーに対してオリジナルの振付を考案し、踊れるように指導する仕事です。モダンバレエの世界などでは「コリオグラファー」とも呼ばれます。自身もダンサーとして活躍している人やダンサーを引退し、その経験を活かして振付師に転身する人もいます。

振付師に求められるものは、見る側により強い印象を残す振付です。様々なダンスの技法やアイディアがあると、仕事に幅が出るでしょう。また、日常の何気ない動作にも振付のヒントが隠されています。日頃からダンスのアイディアを探す観察眼も必要です。

振付師になるためには、専門学校やタレント養成所などでダンスを学びながら、イベントやテレビ番組のバックダンサーなどの経験を積んでいきます。**ダンサーが所属するプロダクションに入り、先輩の振付師のアシスタント**をしながら仕事を覚えます。最初は、先輩振付師が考えたダンスを振付師にかわって指導する役割を担います。他にも、**フリーランスで活躍する振付師に直接弟子入り**する方法もあります。

POINT
- 目的に応じたダンスを考案し、指導する
- 日常生活の動作にもヒントを見つける
- 振付師のアシスタントとして経験を積む

サーカス団員

サーカスの興行の中で観客を楽しませ、魅了する芸を披露する仕事です。現在、日本を拠点にサーカスを興行する団体は3団体しかなく、日本でのサーカス団への入団募集は極めて限られています。

サーカスのショーには、ライオンや象などの動物との共演や、アクロバティックな空中曲芸、炎を使った演目など、高度で特殊な技能が用いられます。よって、サーカス団員は、自分の肉体を鍛え上げ、高度な芸を見せる、体が資本となる仕事です。健康を損なうとサーカス団員としての仕事ができなくなり、退団するケースもあります。何より芸を極めるための訓練を積み重ねられる人が求められます。

また、集団で町から町へ興行するため、協調性があり、各団員と協力して集団生活ができる人が求められます。

サーカス団員になるために、特に必要な資格はありません。サーカス団が正規の募集を行うことはあまりありませんが、会場となるテント設営やチケット係などのアルバイトで下働きをしながら、入団の機会を待つことが多いです。

POINT
- サーカスで芸を披露し、観客を楽しませる
- 強い肉体を維持し、集団生活の中で仕事に携わる
- 下働きをする中で入団が認められる場合もある

関連情報　振付師➡日本振付家協会 HP　サーカス団員➡木下サーカス HP

大道芸人

路上や公園で芸を披露する仕事です。最近はジャグリングや操り人形など欧米発祥の大道芸が主流になっています。大道芸人になるための資格はありませんが、現在日本では法律で路上での活動が制限されているので、**大道芸を行うためにはライセンス**が必要です。

例えば、**2002年から東京都では「ヘブンアーティスト」の資格制度を開始**しています。審査を通過した大道芸人は、都内の公園や都営地下鉄の駅構内などで活動することが可能になります。また観客から「投げ銭」をもらうことも認められています。

大道芸を学ぶためには、**大道芸人に弟子入りする以外にも、大道芸を教えてくれる教室などで技術を磨くのが一般的**です。ジャグリングなどの技術では、発祥地であるヨーロッパやアメリカなどに留学して技術を学び、活躍する日本人大道芸人もいます。日本では、静岡市や横浜市で大規模な大道芸のフェスティバルが開催され、腕を披露する貴重な機会になっています。ぜひ一度訪れてみるとよいでしょう。

POINT
- 路上や公園で芸を披露する
- 活動するためのライセンス制度が設けられている
- 大道芸人に弟子入りするか、教室で技術を学ぶ

マジシャン

手品を観客の前で披露する仕事です。飲食店からイベント、テレビ番組まで様々な場所で活動します。手品の種類もコインを使用する小規模なものから、爆破脱出など大掛かりなものまであります。

習得するマジックには、師匠や考案者の使用許可が必要です。最新のマジック情報にも長けていなくてはいけません。手先の器用さはもとより、マジックの技術や話術もオリジナリティのあるマジックを披露するために必要な要素として、日々磨いていかなくてはなりません。

マジシャンになるためには、**自分が目標とするマジシャンに弟子入りし、アシスタントとして出発するのが一般的**です。自分で弟子入りを頼み込む熱意が必要です。大学のマジック研究会などで学んだり、独力で技術を磨き、プロになる人もいます。

仕事は、プロダクションに所属してイベントなどに派遣されることがほとんどです。また、マジック用品の実演販売もあわせて行うマジシャンもいます。

POINT
- 観客の前で様々な手品を披露する
- オリジナリティのある手品の技術や話術を磨く
- マジシャンに弟子入りして助手として経験を積む

関連情報　大道芸人 ➡ 日本ジャグリング協会　HP
　　　　　マジシャン ➡ 日本奇術協会　HP

PART 12 個性や特技を活かした仕事がしたい

花火師

資格免許

おもに打ち上げ花火を製造し、花火を打ち上げる仕事です。打ち上げ花火の火薬玉は手づくりです。製品として扱われる火薬玉を作るには10年以上の修業が必要とされる職人の世界です。

花火職人になるためには、**花火の製造会社に就職すること**が一般的です。しかし、花火の製造会社は家族経営などの小規模なものが多く、募集はあまりありません。自分から会社に連絡するなど積極的な就職活動が必要です。

冬場に花火を製造し、イベントや祭りが集中する夏場に各地で打ち上げを行います。会場の下見や規模、打ち上げ位置など、開催者との事前の打ち合わせも花火師の重要な仕事の1つです。

花火の製造に関しては「**火薬類製造保安責任者**」の資格が、打ち上げを行う際は「**煙火消費保安手帳**」が必要です。なお、資格取得は、花火関係の仕事に従事している人に限られます。また、「**火薬類取扱保安責任者**」の資格があるとよいでしょう。最近では女性の花火師も活躍しています。

POINT
- 打ち上げ花火の製造と打ち上げを行う
- 花火の製造には、長い修業期間が必要
- 有 取得すると有利な資格・免許あり

殺陣師（たてし）

資格免許

時代劇で刀や武器を使ったシーンや乱闘の場面を演技したり、俳優に指導したりする仕事です。現代劇では喧嘩シーンなどに出演したり、演技指導をすることもあります。

殺陣師になるためには、現在活躍している**殺陣師に弟子入りするのが一般的**です。またアクション俳優が所属するプロダクションや剣友会と呼ばれる専門のプロ集団に入り、経験を積みながら活躍のチャンスを待ちます。最近では映像系の専門学校の、アクションの技術を学ぶ授業の一環で、殺陣を学ぶこともできます。よりリアルで迫力のある場面にするための**演技力**や様々な場面に対応できる**卓越した運動神経**が必要です。演技とはいえ危険が伴う仕事ですから、日々の稽古の積み重ねが大事です。また、**撮影現場での集中力**も重要です。映画やテレビの時代劇に出演できる殺陣師はほんのひと握りで、駆け出しの頃はアクションショーなどの出演がおもな仕事です。経験を積み名前が売れるようになると、アクションスーパーバイザーとして、海外の映画作品などのアクションシーンの演出に関わることができます。

POINT
- 時代劇を舞台に乱闘シーンを演技・指導する
- 有名な殺陣師の下や剣友会で技術を磨く
- スタント演技の演出家としてのステップアップも可能

関連情報
花火師 ➡ 日本煙火協会 HP
殺陣師 ➡ 日本殺陣道協会 HP

スクリプター

映画やドラマの撮影現場で記録を取る仕事です。スクリプターは英語のscript（台本）からできた和製英語です。

監督や俳優のアドリブや、どのシーンがOKだったかなど撮影現場での変更を記録して、撮影以後の作業や編集作業の材料として活かします。俳優の立ち位置や衣装の小物の変化まで細部にわたり記録に残していきます。なお、昔から女性が撮影現場で活躍しています。

スクリプターに求められる資質は**観察眼**です。小物の微妙な位置のズレだけで、ストーリーがつながらない場合があります。忙しい現場で、瞬時に細かく記録できる観察眼と冷静さが必要です。

スクリプターになるために、特に必須の資格はありません。**映像関係の大学や専門学校を卒業して、映像制作プロダクションに入社し、スクリプターの助手としてスタートするのが一般的**です。自主映画のスクリプターを担当し、そのままプロの現場で活躍する人もいます。

POINT
- 映像の制作現場を事細かに記録する
- 昔から女性の活躍が目立つ仕事
- 忙しい現場でも冷静に記録できる観察眼が必要

映像（字幕）翻訳家

海外で制作された映画やドラマに日本語訳の字幕を入れる仕事です。字幕には、約1秒につき4文字という文字制限があります。書籍などの紙媒体とは違い、刻々と流れる動画を見ながら文字を目で追うのには限度があるからです。字幕制作では、本来の映画の内容を損なわず、短文の日本語に翻訳する技術が必要です。

映像（字幕）翻訳の職に就くためには、何よりも**語学力**が必要不可欠です。また、映画の内容を外国語で理解する能力と共に、時事テーマや最近の流行を知っておくことも質の高い字幕制作には必要です。

映像（字幕）翻訳の基礎技術は、映像関係の専門学校で学ぶことができます。その後、海外映像作品を扱う**制作会社に入社して字幕制作部門で働くか、映画翻訳家のアシスタントとして経験を積む**のが一般的です。

最近では英語だけに限らず、インドや中東、南米の映像作品も多く扱われています。多数の言語が扱え、映像作品の翻訳ができる人材が求められています。

POINT
- 外国語の映像へ日本語訳の字幕を入れる
- 短文で映画の内容を伝える翻訳力が必要
- 多様な言語が扱える人材が求められている

【Overview】おもな業種・職業と大学での「学び」一覧④

世の中には、おもにどのような仕事の種類＝「業種」や「専門・技能」の職業があるのかをまとめてみました。大学での「学び」とのつながりから、将来を見すえた大学選びをしてみよう！

個性や特技を活かした仕事がしたい

	就職に強いおもな学部	勉強しておきたいこと
⑯政治家	[社会 国際] [商 経済] [法 政治] 国際関係、経済、法学部など	政治学、法学、経済学、社会学など
⑰教員	[教育 人間] 文、教育、心理、社会福祉、理、理工学部など	教育学、心理学、文学、各教科指導法、社会福祉学など
⑱医師・歯科医師	[医療] 医、歯学部	基礎医学、臨床医学、社会医学、衛生学、薬学、生物学、法学など

大学と大学入試の最新情報は「東進 大学案内」へアクセス！　toshin-daigaku.com

ピアニスト

ピアノを演奏することで、人の心を動かす仕事

こんな人におすすめ！
- ピアノを弾くのが好きな人
- ピアノを通じて人の心を動かしたい人
- 向上心と情熱を持っている人

1 ピアニストの仕事とは？

ピアニストは、ピアノを演奏することで人に感動を与え、**プロとして報酬をもらっている人**のことです。

クラシックを得意とする場合はオーケストラの一員として、おもにコンサートホールを舞台として演奏活動を行います。また、演奏活動とは別に演奏をCDなどに収録して販売するケースも多いです。

ジャズやポップスなどを得意とする人はバンドを組むことが多く、おもにコンサートホールやライブハウスなどを舞台として活動しています。クラシック同様、CDを販売する人も多くいます。

ただし、そうした演奏活動だけで生活が成り立つピアニストは、ほんのひと握りです。そのため、コンサートなどでの演奏活動以外にも様々な仕事をしています。例えば、ホテルやバーのラウンジでの演奏や他の歌手のバックバンドとしての演奏、または歌手のレコーディング時の演奏を担当する場合もあります。オリジナルの曲が認められれば、作曲家として楽曲の制作依頼を受けることもあります。身近なところでは、ピアノ教室の先生をしている人もたくさんいます。

様々な活躍の場があるピアニストですが、その仕事の根本には、**芸術性豊かな音を奏で、聴く人の心へ届け、心を動かす**という目標があります。また、そうした音楽に親しむ機会を増やし、**音楽を愛する人を増やしていくこと**もピアニストの仕事の1つといえるでしょう。

2 ピアニストの役割・資質とは？

ピアニストは、ただ譜面を出していればよいのではありません。**譜面の奥に隠れている作曲家の感情を感じ取り、ピアノを通して表現**できたとき、初めてピアニストの演奏は感動的なものとなります。まずは**繊細で豊かな感受性を持っていること**が重要です。

一方で、確かな演奏技術も必要です。ピアニストは、その技量を磨くために日々練習に明け暮れます。体調のすぐれない

482

PART 12 個性や特技を活かした仕事をしたい

3 ピアニストになるためには？

どのようなピアニストを目指すかにもよりますが、まずは**音楽大学を目指すのが一般的**です。**ピアノの性質や演奏技術、音楽に関する専門的な知識**を学ぶことで、演奏に磨きがかかり、深みが出るようになります。

また、十分な体力も大切です。豊富な練習量を支えるためにも、演奏本番の緊張を乗り越えるためにも、心・技・体いずれの向上のためにもたゆまぬ努力を続けなくてはなりません。

日々、気分が滅入ってうまく弾けない日もくじけずに努力し続ける根性と、常に上を目指し続ける向上心、そして情熱が必要不可欠です。

海外の音楽大学を目指す場合には、留学先となる国の言語を日常会話ができる程度まで習得しておくことが重要です。入学や卒業など、年度の区切りが日本とは違う国も多いので、志望する際にはきちんと下調べもしておきましょう。

ピアニストは技術職ですから、日々の練習は必須です。そのうえで技量を試すコンクールやオーディションに積極的に挑戦しましょう。他人の演奏を見聞きする中で自分に足りない部分に気づく絶好の機会となるはずです。さらには、優秀な賞をもらうなどして、音楽事務所に認められて登録されば、プロのピアニストへの道に大きく近づいていきます。また、良き指導者や仲間を持つことも大切です。感動的な音楽は個人の力量のみによるものではないことを自覚しましょう。

進路フローチャート

コンクール・オーディション
高度な技術や表現力を養う。ピアノに集中できる環境に身を投じよう

↑

留　学
音楽論の他、専門分野に特化した学習とレッスンを行う

↑

音楽大学入学
日々練習を重ねて表現力を身につけること。留学を目指すなら、留学先の国の言語もトレーニング！

↑

高校入学

POINT

- ピアノの演奏を通して人の心を動かす
- 豊かな感受性と練習し続ける根気・向上心が必要
- 音楽大学を目指し、ピアニストになるのが一般的

関連情報
● **及川音楽事務所** HP
クラシック音楽を専門に、所属アーティストの活動を紹介。オーディションの案内も掲載されている

オススメの1冊！
『ピアニストならだれでも知っておきたい「からだ」のこと』
（トーマス＝マーク・トム＝マイルズ・ロバータ＝ゲイリー著／春秋社）
痛みやコリを感じず快適に演奏する姿勢のコツを伝授

ℹ 洋の東西を問わず、文人や偉人の名著を読んでおくことが、精神的な助けとなる

INTERVIEW

現役のピアニストに聞きました

及川音楽事務所
ピアニスト
森岡 薫さん

子どもの頃から「ピアノ」と聞くだけでときめき、ドキドキしていた森岡さんは、壁に何度ぶつかってもピアノがあったからここまで来られたと断言します。コンサートに向けた練習の合間に、ピアニストの仕事についてうかがいました。

❶ お仕事の内容は？

大きな仕事として、コンサートホールなどでの演奏活動があります。1・2カ月に1回くらいのペースで、ときには数名の出演者と共演し、ときにはソロでコンサートを開いています。コンサートごとにテーマが決まっているので、それに合わせた選曲や弾き方、衣装なども関係者と話し合い、当日まで毎日練習とリハーサルを重ねます。

音楽CDを発売したこともあります。そのときには事務所の方と選曲からジャケット用の衣装、イメージなどを決めて、何日間かスタジオにこもって収録しました。

それ以外の日は、ピアノ教室を開いています。今のピアノ教室は昔のように少年少女ばかりではなく、幼い子どもから

ご年輩の方まで幅広い年齢の方々が生徒として通ってきます。

生徒さんたちと一緒に、定期的に発表会も開いています。1人ひとりの力量に合った曲目を選び、練習することになります。いったん発表会の開催を決めると、会場探しやプログラムの作成などもあって、結構忙しいですね。

教室の生徒も私自身も、どんなにうまく弾いても必ずその先に未挑戦の曲があり、まだ知らない苦労もありますが、それが何より大きな楽しみでもあります。

音楽に終わりはありません。常に「音」という漠然としたものを追いかけ、必死で追いつこうとする。そんなファンタジーを含んだ仕事をするのがピアニストなのだと思います。

PART 12 個性や特技を活かした仕事がしたい

❷ このお仕事の醍醐味は？

よく「有名な○○ホールで演奏できたら！」という言葉を耳にしますが、私としてはそれほど演奏する場所にはこだわっていません。

それよりも演奏やピアノそのものに大きな魅力を感じています。うまく演奏できたときには、割れんばかりの拍手をお客様からいただき、この上ない充実感に包まれます。逆にうまく演奏できなくて落ち込んだときや日常生活で凹むことがあったときには、ひたすらピアノを弾きます。無我夢中で弾くうちに気持ちが軽くなり、ポジティブになれる。そんなピアノの魅力に私は惹きつけられています。

❸ ピアニストを目指す人にアドバイス

ピアノ教室・音楽大学・留学先の名門校など、どこであっても師弟関係が大きく影響します。金銭的なバックアップや運も小さくない要素です。希望する進路先をよく調べたうえで、家族や周囲の人々とよく相談して決めることが大切です。

そのうえで改めて、「本当にピアノが好きなのか？」と考えることが大切です。ピアノを弾かなくても平気で過ごせる、あるいは練習をさぼっても平気な人なら、技量があってもピアニストには不向きです。逆にもし、「ピアノ」と聞くだけで胸が高鳴り、弾かないと落ち着かないような人であれば、ピアニストに挑戦してみる価値があると思います。

🕐 ある日の森岡さん

12:00	昼食後、コンサートのために軽く練習
13:00	移動。楽屋入りして、他の演奏者や出演者などと段取りを確認。通しでリハーサル
15:30	会場のピアノを使って予行演習
17:00	衣装替え、メイクなど
18:00	開場。楽譜を見ながら携帯プレーヤーで音楽を聴くなどして集中力を高める
18:30	開演。出演者が複数いる場合は、適度な緊張を途切れさせないようにしながら出番を待つ。演奏時は最大の集中力と適度な緊張感を持続させる
20:30	全員の演奏が終了し、閉幕。その後、打ち上げ（会食）の場合も

コンサート直前。ステージ衣装に身を包み、会場内で演奏曲を何度も練習する

PROFILE
もりおか かおる
ザルツブルク・モーツァルテウム音楽院卒業

指揮者

こんな人におすすめ！
- 音楽と楽器に対する深い理解がある人
- 大勢の人をまとめ上げる能力がある人
- 音を細部まで聞き分ける能力がある人

1 指揮者の仕事とは？

オーケストラや合唱団の演奏会などで、楽器演奏者に音の「入り」や「切り」の指示、テンポ・強弱など演奏の指示を与え、演奏者全体をまとめる仕事です。演奏会本番の指揮だけでなく、リハーサルで音楽のイメージを演奏者に伝えることも重要な仕事です。交響楽団などに所属している指揮者は、楽団による音楽演奏の総責任者という要素も強く、プロデューサーとしての資質も必要です。

指揮者として大事なことは、**音楽と楽器に対する深い理解**のみならず、**作曲家の意図をくむ想像力、演奏家たちの才能を引き出す指導力、カリスマ性、団員を力強くリードする音楽的センスとリーダーシップ**といった様々な能力を備えていることが不可欠です。

世界的に著名な指揮者の中には、楽団に所属せずに活動する人も多くいます。音楽会のポスターなどでは指揮者の名前が一番先頭に表記されますので、まさに「オーケストラの顔」ともいえるでしょう。

2 指揮者の役割・資質とは？

指揮者は演奏される曲を熟知していなければなりません。したがって、**ピアノなどの楽器で実際に演奏して、音を確かめられる技能**が要求されます。ピアニストのように流暢に弾くことのできる能力は必要ありませんが、何段にも分けて書かれた楽譜（総譜）の音を同時に読み取る能力が要求されます。中には、ピアニストなど演奏家から指揮者に転身した人も多くいます。

指揮者コンクールでは、間違い探しと呼ばれるような課題が出されます。オーケストラの演奏家にわざと間違えた音を演奏させ、受験者がその間違いを指摘するものです。その場で音を聞き取る能力や、ズレている音を指摘して正す能力が試されます。

作曲に関する知識・和声学・対位法・楽式論なども必要です。また、**編曲の技能**も当然習得しているべき技術といえます。

PART 12 個性や特技を活かした仕事がしたい

す。先に挙げた演奏家のみならず、作曲家から指揮者に転身する人もいます。

楽器も時代によって変化を遂げており、クラシックの場合には、作曲された当時の楽譜のままに演奏しても、現代の楽器では作曲者の意図を十分に再現することはできないといわれます。**各時代の音楽史の深い知識**も重要です。

3 指揮者になるには？

指揮者になるためには、子どもの頃から習得しているべき音楽的素養のみならず、**演奏者が奏でる音を細部まで聞き分けることが大切**です。演奏者が正しい音を出しているかどうかを判断できなければならないからです。

オペラなどでは、声部の配置をバランスを良く配分することも指揮者に与えられた使命です。指揮者の位置で聴く音と、客席で聴く音ではバランスが違って聞こえるため、経験を積む中で想像力と判断力を磨く必要があります。

指揮者になるための道としては、**音楽専科のある高校や音楽大学の指揮科で学び、海外で指揮者に師事し、個人教授を受けるのが一般的**です。特に、コンクールで入賞するためには、音楽に関する高度な知識や技術ばかりでなく、卓越した**芸術感覚**も必要になります。

「指揮者は総理大臣になるより難しい」といわれているほど狭き門の職業です。音楽に携わる職業の中でも、高い音楽的資質と並外れた努力の積み重ねが必要な仕事といえるでしょう。著名な指揮者になると、世界各地で最高レベルの楽団やオペラなどを指揮することもあります。

進路フローチャート

交響楽団の専属指揮者
↑
著名な指揮者に師事して、指揮のテクニックを学ぶと共に、コンクールでの入賞を目指して日々研鑽を積む

指揮者の世界へ
↑
音楽大学の指揮科で学ぶ。楽譜は外国語で書かれているため、相応の語学力も必要。海外の音楽大学へ留学する人も多い

音楽大学入学
↑
音楽の専科がある高校が望ましい。ピアノなどの演奏や指揮の練習を積み、音楽大学の入学を目指す

高校入学

POINT

- 楽団を率いる者としての知識と技術、指導力が必要
- 国際コンクールの入賞を目指して日々研鑽を積む

関連情報
- **東京国際音楽コンクール〈指揮〉（民主音楽協会）** HP
3年に1度開催される指揮者コンクールの概要をはじめ、大会レポート、入賞・入選者のその後の活躍を紹介

オススメの1冊！
『ぼくはいかにして指揮者になったのか』（佐渡裕著／新潮文庫）
正式な教育を受けていないのに、なぜ巨匠バーンスタインに認められることになったのか。世界中の名門オーケストラで指揮棒を振る著者の半生記

ⓘ 海外の指揮者コンクールに優勝した若手の指揮者の報酬は、1つの公演で20〜30万円程度である

オーケストラ団員

交響楽団や管弦楽団で楽器を演奏する仕事です。日本の楽団は、自治体や放送局、芸術活動に力を入れる企業が運営しており、代表的なものだと全国に30団体ほどあります。しかし、長引く不況の中で活動が困難になっている団体も多く、減少傾向にあります。

オーケストラ団員になるためには、熟達したクラシック音楽の楽器演奏技術がなければなりません。子どもの頃からレッスンを受け、国立の音楽大学で学んでも毎年オーケストラに入れる人は数名といわれています。入団には、**定年や退団した演奏者を補充する際に行われるオーディションで選ばれるのが一般的**です。新聞や音楽雑誌・楽団ホームページ・演奏家仲間などから日頃の情報収集が不可欠です。特にトランペットなどの管楽器に関する演奏者の募集は、バイオリンなどの弦楽器と比べて募集が少なく、わずかな人数のオーディションに100名近い応募者が集まります。また、楽器演奏の腕があれば海外でも門戸は開かれています。海外の音楽大学へ留学し、地元の楽団に入る道もあります。

POINT
- 楽団でそれぞれの楽器の演奏を担当する
- 楽器の高い演奏技術が必要
- 国立音大を卒業しても入団できる人はひと握り

声楽家

クラシックの歌曲やオペラを歌う仕事です。自治体や企業が運営するオペラ団体や合唱団に所属して、日々歌唱のスキルを磨いていきます。

プロの声楽家には、幼い頃から声楽の先生に師事して発声の基礎やピアノなどの基礎教育を受けている人が多いです。声楽家は、声量を維持するためにそれ相応の体格にも気をつける必要があります。また、声楽家は声を出す声帯が命で、健康を維持し、声楽家としてベストな状態を保ち続ける自己管理ができることが求められます。

声楽家になるためには、音楽に力を入れている高校や音楽大学の声楽科で学び、声楽家を目指します。中には、声楽の勉強のために海外留学をする人も少なくありません。ただし、海外で通用する日本人の声楽家は、ほんの数人しかいないのが現状です。日本国内でも声楽家として独立できる人はごくわずかです。ボイストレーナーやカルチャースクールの講師などを続けながらコンクールに出場し、プロデビューを目指す人も多いです。

POINT
- クラシックの歌曲やオペラを歌う
- 子どもの頃から声楽レッスンを積む
- コンディション維持のための自己管理能力が重要

関連情報 オーケストラ団員➡日本演奏連盟 HP
声楽家➡日本声楽家協会 HP

PART 12 個性や特技を活かした仕事がしたい

ミュージシャン

プロの楽器演奏家全般を指し、演奏する楽器によってギタリスト・ピアニスト・ベーシストなどと呼ばれています。

また、ステージで生の演奏やパフォーマンスで観客を楽しませる「**ライブミュージシャン**」、歌手のコンサートなどで楽曲に厚みを持たせるために伴奏を行う「**バックミュージシャン**」、バンドの足りないパートを補う「**サポートミュージシャン**」など活躍するフィールドは多様です。バンドとして活動する人もいればソロで活動する人もいます。

ミュージシャンになるためには、大手プロダクションやテレビ局が経営する音楽学校に入学する人や、テレビ番組や大手プロダクションが開催するオーディションに参加してデビューを目指す人、レコード会社へデモテープを持ち込みプロデューサーなどに見出される人、各種コンテストに出場する人、有名な歌手や作曲家に師事する人など様々です。

まずは、その道の専門家やプロダクションの目にとまるような演奏力を磨くことが大切です。

POINT
- ●様々なフィールドでプロとして音楽を演奏する
- ●音楽学校などを経てプロを目指す
- ●プロの目にとまる楽器の演奏力が必要

歌手

演歌・歌謡曲・ジャズ・ラテン・ロックなど様々なジャンルの歌を歌うことを通じて聴衆を楽しませる仕事です。

歌手にとっては、**身体の自己管理**が何よりも重要な仕事の1つです。高い心肺機能や強靭な声帯も重要な資質の1つになります。腹式呼吸法や発声などの日頃のボイストレーニングも欠かせません。これらの身体的資質や訓練と共に、自分自身の**オリジナルの表現力**が求められます。

歌手になるためには、テレビ局やレコード会社が開催するオーディションやコンテストに参加する方法や、レコード会社などにデモテープを持ち込む方法、ライブ活動などを通じてスカウトされる方法などがあります。

また、ボーカリスト養成コースを持つ専門学校や音楽大学の声楽科、芸能プロダクションやレコード会社が経営するミュージックスクールなどでトレーニングを積んでいく道もあります。

まずは、その道の専門家やプロダクションの目にとまるような歌唱力を身につけることが大切です。

POINT
- ●様々なジャンルの歌を歌う
- ●ボイストレーニングや独自の表現力が必要
- ●プロの目にとまる歌唱力を身につける

関連情報　ミュージシャン➡『ミュージシャンになるには』（木村由香里著／ぺりかん社）
歌手➡『歌手になろう』（田中直人著／ヤマハミュージックメディア）

バンドマン

おもにギター・ベース・ドラム・ボーカルで編成されたバンドで演奏する仕事です。ドラム、ウッドベース、ギターで編成されるジャズの演奏家もバンドマンと呼ぶことがあります。ただし、プロとして生計を立てているバンドマンは、ミュージシャンと形容されることが多く、バンドマンは、他の仕事を掛け持ちしながらバンド活動を行っている人を指すことが多いようです。

バンドマンになるためには、音楽以外のアルバイトなどで生計を立てながらバンドの練習に励むことが求められます。また、作詞や作曲を担当する人は、自分の才能を信じて曲を制作し続けられることが大切です。メンバーどうしのチームワークをはぐくむことはいうまでもないでしょう。

加えて、バンドマンには演奏の技能と並んで観客を喜ばせるパフォーマンスの企画力や実行力も必要です。何よりバンドマンとは、音楽に対する情熱と夢を追い求めてバンド活動を続けることで、ファンに対して夢を与える仕事なのです。

POINT
- バンド編成で楽曲を演奏する
- パフォーマンスの独創性も重要
- 音楽に対する情熱と夢を忘れずに活動を続ける

作曲家

楽器やコンピュータを駆使して音楽を制作する仕事です。作曲家と一口にいっても制作される音楽の種類は幅広く、クラシックからロックや歌謡曲、テレビやラジオのCMソングや携帯電話の着信メロディ、ゲームのテーマソングまで多岐にわたります。

作曲家になるためには、**音楽の基礎知識や基本技能が必須や技術を習得するのが一般的**ですが、音楽を独力で制作し、プロになる作曲家もいます。音楽関連の専門学校や大学・短大などで専門的な知識

音楽制作会社やプロダクションなどに就職する他、作曲コンテストでの受賞や、自作の録音作品を持ち込んで、音楽関連の会社と契約を結ぶこともあります。

また、著名な作曲家に弟子入りしたり、スタジオミュージシャンなどをしたりしながらプロデューサーに認められ、作曲家としての道を歩み始める場合もあります。いずれの場合にも、音楽に関する知識や作曲技術に加え、独創性を持つことが必要です。

POINT
- 曲づくりのプロとして多岐にわたる分野の音楽制作に携わる
- 作曲技術とオリジナリティーが求められる

関連情報　バンドマン→『本気でバンドを仕事にしたい人へ』(味間正樹著／リットーミュージック)
作曲家→『よくわかる作曲の教科書』(松山公良著／ヤマハミュージックメディア)

PART 12 個性や特技を活かした仕事がしたい

作詞家

様々な楽曲に歌詞をつける仕事です。詩的な言葉を選ぶセンスも必要ですが、言葉の長さを合わせてそろえたり、韻をふむテクニックや、「Aメロ」「Bメロ」「サビ」と呼ばれる楽曲のパートの規則性を利用した演出など、音楽的な知識や作詞のテクニックが必要になります。

作詞家になるために特別な資格は必要ありません。音楽制作会社に就職する他、作詞コンテストでの受賞や作詞の持ち込みなどを通して会社と契約を結んだり、著名な作詞家に弟子入りしたりするといった方法があります。

作詞家養成スクールや専門学校などで学ぶこともできます。アーティスト自身が作詞と作曲を担当したり、他の歌手に詞を提供したりする場合もあります。他にも作家・放送作家・コピーライター・作曲家・タレントといった仕事をしている人が作詞することも多いです。

したがって、純粋に作詞家だけの活動をしている人は、ほんのひと握りです。作詞家として活躍するためには、自分のセンスを信じて、作品を作り続ける情熱が必要になるでしょう。

POINT
- 様々な楽曲に聴きやすく心に響く歌詞をつける
- 韻や楽曲構成など音楽的な演出法も必要
- 最近では様々なクリエイターが作詞に携わる

編曲家

作曲家の作った楽曲の編集(アレンジ)を行う仕事です。「アレンジャー」とも呼ばれています。どのような楽器を使用し、どのような組み合わせで演奏するかを考え、原曲に前奏・伴奏・間奏などをつけて、1つの曲を演奏・レコーディングできる状態に仕上げていきます。

編曲家の腕によってヒットするかどうかが決まることもあり、曲や詞、アーティストのイメージを共有し、かつインパクトのある楽曲にするという、音楽制作の全般に携わり、楽曲の構成を自らの手腕で行う仕事といえるでしょう。

編曲家になるためには、作曲はもとより楽器などの知識や楽曲全体を把握できる高い技能が必要になります。音楽系の大学や専門学校などで音楽理論や作曲・編曲に関して学んだあと、音楽制作会社、録音スタジオなどで技能を積むのが一般的です。

また、著名な編曲家に師事する人や、ミュージシャンから転身する人、作曲家・プロデューサー・サウンドエンジニアが編曲を兼務している場合もあります。

POINT
- 曲の構成や使用楽器など全体をアレンジする
- 楽曲づくり・楽器・録音技術など高い音楽全般の知識と技能が必要

関連情報　作詞家➡『よくわかる作詞の教科書』(上田起士著／ヤマハミュージックメディア)
編曲家➡日本作編曲家協会 HP

スタジオミュージシャン

スタジオで楽曲をレコーディングする際に、楽器の演奏を専門とするミュージシャンのことを指します。

アーティストやプロデューサー、アレンジャーの要望に合わせた演奏を求められるため、卓越した楽器のテクニックが必要です。与えられた楽譜から求めに応じたジャンルの弾き分けができ、アレンジのアイディアを提示できる音楽理論の知識も求められます。様々な音への要求に応えられる**柔軟さと集中力**、さらに初対面の人と演奏を共にすることも多いことから**コミュニケーション能力**も重要になります。

スタジオミュージシャンになるための資格は特にありません。楽器のスキルが仕事の有無とクオリティを左右します。中には、有名アーティストの専属のスタジオミュージシャンもいます。海外で活躍する日本人のスタジオミュージシャンも数多くいます。独創性やオリジナリティよりも演奏のテクニックを磨き上げることに専念し、様々な要望に柔軟に対応することが大切な仕事といえます。

POINT
- レコーディングを専門とするミュージシャン
- 卓越した楽器スキルと音楽知識が必要
- 海外で活躍する日本人ミュージシャンも多い

PAエンジニア

コンサートや結婚式場など音響設備を使用する場面でマイクなどの機器の調整をする仕事です。演者と観客をつなぐ大切な役割を担います。コンサートなどのPA（Public Address）エンジニアでは、ステージマン、モニターミキサー、ハウスミキサーの3つの段階を経て一人前になるといわれています。ステージマンは、音響機材のセッティングを担当します。マイクやスピーカー、ケーブルの種類や用途など音響機材の取り扱いから始まり、ステージで実際の音を聴き、その音をどのようにマイクで拾うかなどを実務経験の中から身につけていきます。モニターミキサーは、演奏者が自分の声や楽器の音を聴きながら演奏するためのモニターと呼ばれる機器を準備します。ハウスミキサーは、アーティストなどと共同で音づくりを行います。

PAエンジニアになるためには、**音響技術**などの専門学校で基礎を学び、**音響の制作会社に就職する**のが一般的です。なお、「音響技術者能力検定」という資格で技能を測ることが可能です。

POINT
- 音響機器を使い、聴衆に確かな音を届ける
- コンサートなど現場の実務経験から技能を磨く
- 取得すると有利な資格・免許あり

PART 12 個性や特技を活かした仕事がしたい

ボイストレーナー

歌唱力を鍛えたい人に対して、「ブレス」と呼ばれる息継ぎのタイミングや感情表現、声のメリハリなど発声や歌唱技術を指導する職業です。

歌唱法や声に関することが指導の中心になりますが、喉や身体のメンテナンス法やコンディションの整え方なども教えます。歌手活動などを裏方として支える存在といえるでしょう。

最近では、歌以外にもアニメのキャラクターに声を吹き込む声優に発声法を教えるボイストレーナーの仕事も人気を集めています。トレーニング内容をわかりやすく伝える授業の工夫や生徒と対話を行うコミュニケーション力も重要です。

ボイストレーナーになるためには、音楽系やボイストレーナーの専門課程のある専門学校で基礎を学び、音楽プロダクションなどに所属してボイストレーナーとして活動します。個人でボイストレーニングスクールを開いている人、歌手や声楽家、作曲家を志望している人がボイストレーナーの道に進むことを選ぶ場合もあります。

POINT
- 発声法や歌唱法を指導する
- 身体のメンテナンス法なども教える
- 最近は声優の発声法を教えるトレーナーも人気

音楽学校講師

音楽スクールなどで、生徒がそれぞれの専攻に対して能力を上げるための適切なアドバイスを行う仕事です。講師の多くが、現役の作曲家・作詞家・楽器の演奏家などとして実績がある音楽家が従事する場合が多いです。授業のカリキュラムは、講師が独自に立てることもあり講師のカラーが大きく反映される仕事です。

自分が専門とする楽器の演奏技術を生徒に教えることもあり、高い演奏技術が要求されます。生徒のレベルを見極め、改善すべき点を発見するなど、教育者としての観点も求められます。質の高い授業を行おうとすれば、それだけ準備の時間を要します。綿密な準備ができる人が向いているでしょう。

音楽学校講師になるためには、**音楽系の大学や専門学校の指導者養成コースで学び、音楽学校に就職するのが一般的**です。音楽学校にまず生徒として入り、卒業後に講師のアシスタントになり、実務経験を積んで講師になる人もいます。自分が専門とする分野以外にも興味を広げ、講師としての力量を伸ばしましょう。

POINT
- 音楽学校で能力向上を目標にアドバイスをする
- 実績がある音楽家が講師になることが多い
- カリキュラム作成や授業の準備なども行う

関連情報　ボイストレーナー➡全日本ボイストレーニング協会 HP
音楽学校講師➡ヤマハ音楽振興会 HP　など

ピアノ調律師

ピアノの音をチューニングし、ピアノの保守・点検も行う仕事です。コンサートやスタジオ録音などに使用するピアノを、演奏家の要望に合わせてチューニングする「コンサートチューナー」と呼ばれる調律師もいます。

ピアノは他の楽器に比べて構造が非常に複雑で、弦の数だけで200本以上もあります。ピアノの調律師には高い技術力と手先の器用さで音を完璧に聴き分けて作業する能力が必要とされます。

ピアノ調律師になるためには、**調律科のある音楽大学や専門学校、楽器メーカーが運営する養成施設などで知識と技術を学ぶのが**一般的です。その後、楽器メーカーや販売店、修理工房へ就職します。中には、高い技術力を持ち個人で事務所を開いて活動する調律師もいます。

資格審査にクリアし、日本ピアノ調律師協会の会員になる人もいます。また、**国家資格の技能検定「ピアノ調律技能士」**の取得などが実力を示す目安となっています。各音楽メーカーでも調律師に関する独自の技能資格を設けています。

POINT

- ●ピアノのチューニングや保守・点検を行う
- ●繊細で複雑なピアノを扱える技術力が必要
- 有 取得すると有利な資格・免許あり

本書 編集部が薦めるこの1冊

今あなたの頭に流れている音楽、それは……。

『音楽嗜好症』
オリヴァー・サックス著
（早川書房、2010年）

あなたは音楽が好きですか？ピアノが得意、クラシック音楽に詳しい、歌うのが苦手……音楽に対する思いは様々でしょうが、気分転換に音楽を聴くことは、おそらく多くの人が行っていることだと思います。では、私たちの脳は、どのようにして音楽を感じ取るのでしょう。昔よく聴いた音楽を聴くと当時の感情がよみがえるのはなぜなのでしょう。ふと頭の中に流れ始める音楽に、何か意味はあるのでしょうか？音楽は身近なものですが、普段このような疑問を抱くことはないかと思います。

本書は、音楽への感受性が激変した人々のエピソードを示すことで、これらの問いに答えようとしてくれます。ある男性は、聴くのはロックミュージックくらいで音楽にほとんど関心がありませんでした。ある日事故で雷に打たれ生死の境をさまよいますが、無事生還し、1カ月後には何もかも元通りになりました。しかし突然、事故以前には考えられなかったことが起こります。ピアノ音楽への渇望を覚えたのです。レコードを集め、ピアノを買い、独学で既存曲を弾き始めました。それだけではなく、彼の頭には、彼自身の音楽が湧き出てきました。彼は作曲の能力を手に入れたのです。

他にも多数の不思議な音楽体験が本書には収められています。読むと音楽に対する考え方が変わり、あなたの音楽体験がより楽しいものになることでしょう。ただし、くれぐれも、雷に打たれようとはお考えになりませんように。

本書をご覧の皆様へ

東進から、本書読者のみなさんに、志望校選びに役立つ嬉しいお知らせ！
志望校の入試問題が閲覧できる「過去問データベース」や、すばやく、いつでもどこでも手軽に調べられる、WEB版大学案内をご紹介します!!

1 大学入試問題 過去問データベース

各大学の入試過去問を無料で閲覧！

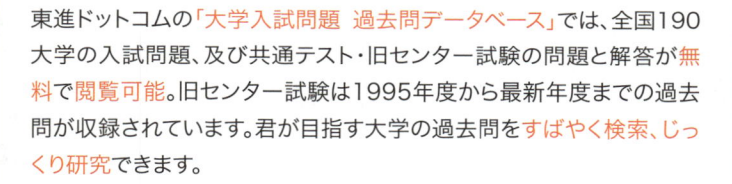

東進ドットコムの「大学入試問題 過去問データベース」では、全国190大学の入試問題、及び共通テスト・旧センター試験の問題と解答が無料で閲覧可能。旧センター試験は1995年度から最新年度までの過去問が収録されています。君が目指す大学の過去問をすばやく検索、じっくり研究できます。

2 WEB版 大学案内

簡単に検索できる！

WEBから気になる大学をチェックしよう！

WEB版大学案内では東進の大学受験案内掲載の190大学の情報がチェックできます！
大学の講義を体験できる「大学選びのための講義ライブ」や「入試アドバイス」「先輩メッセージ」など、このサイトでしか見られない受験直結の情報も掲載中!! QRコードを読み取って今すぐ調べてみよう！

詳しくは、東進ドットコムへ！
www.toshin.com

| 東進 | 検索 |

学芸員

歴史的遺産や芸術作品の研究を通じて、知識を広く発信する仕事

こんなひとにおすすめ！
- 物事を深く追究するのが好きな人
- ものを集めるのが好きな人
- ものを大切に扱える人

資格免許

1 学芸員の仕事とは？

学芸員とは、博物館や美術館などで、専門的な業務を行う職員のことです。資料の収集・保管・展示・調査・研究など、**キュレーター**と呼ばれることもあります。

博物館や美術館には、たくさんの資料（作品）が展示されている他、展示する資料以外の所蔵品もたくさんあります。学芸員は、勤めている施設にふさわしい資料の情報を集め、重要なものであれば収集します。そのうえで、分析や研究を行ったり、どのように展示すればいいかを考えたりしながら資料の保管・管理に努めます。

貴重な資料を破損したり、紛失したりすることがないように、取り扱いは慎重に行わなければなりません。また、所蔵品を他の施設で行われる展覧会などに貸し出すこともあります。その際には他の施設との打ち合わせや所蔵品の運搬・展示に立ち会うこともあります。

さらに、**定期的に行われる展覧会（企画展）の企画・運営**も大事な仕事です。企画を立て、どんな資料を集めて展示を行うかを考えます。また、一般の人を対象に行うワークショップなどのイベントを行うのも仕事の1つです。

2 学芸員の役割・資質とは？

博物館や美術館などは写真・絵画・歴史・文学に関するものなど施設によって扱う専門分野が異なります。**学芸員に必要なのは、その専門分野に関する深い知識**です。自分の興味のある分野について情報を集め、知識を深めておきましょう。「写真が好き」「○○の絵が好き」「古銭を集めるのが好き」など、**何か1つのことに興味を持って、深く追究していくこと**は、学芸員の仕事に通じるものがあります。普段から博物館や美術館に出かけ、作品や資料を観ておくことも将来につながる良い経験となります。

また、普段は目にすることのできない貴重な資料を間近で見たり触れたりすることができるのが学芸員の魅力でもあります（もちろん、その際は手袋とマスクが必須です）。

＊歴史研究の材料となるものは「史料」ともいいます。

PART 12

個性や特技を活かした仕事がしたい

3 学芸員になるためには？

展覧会の企画などやってきた研究や仕事が展示という目に見える形で表現でき、観覧者の反応という評価を得られるのも、喜びを感じる瞬間だといえるでしょう。

学芸員資格は「博物館法」という法律にもとづいた国家資格です。 ひとことで博物館や美術館といっても、それらは博物館法の適用を受けた「登録博物館」、博物館法の適用を受けないものの一定の基準を満たした「博物館相当施設」、それら以外の「博物館類似施設」に分類されています。

ここでいう博物館には、博物館や美術館の他、水族館・動物園・科学館・天文台なども含まれます。登録博物館や博物館相当施設では、学芸員資格を持った学芸員を一定数以上おかなければなりません。中には資格を持たない学芸員もいますが、**基本的に資格を持っているか、就職までに資格を取る見込みがないと採用されない**場合がほとんどです。また、大学院修了を採用条件としている施設もたくさんあります。

学芸員の資格を得るには、大学や短大などで博物館に関する科目を履修して単位を修得するか、学芸員資格認定試験に合格する必要があります。また、大学に2年以上在籍し、博物館に関する科目を含む62単位以上を修得したうえで、学芸員補（学芸員をサポートする仕事）を3年以上務めていれば、学芸員の資格を取得できます。

資格取得後は、希望する施設の学芸員採用試験を受験します。公立の施設の場合は、公務員試験に合格しなければならない場合もあります。

進路フローチャート

採用試験・就職
↑
大学院で専門分野の研究をしながら、学芸員になるための見聞を広める

大学院進学
↑
博物館学など必要な単位を取得して、学芸員資格を取得する。必要に応じて大学院進学を目指す

大学入学
↑
学芸員資格を取得できる大学を目指す。美術系であれば美術史を、歴史・文学系であれば日本史・世界史・文学史なども勉強しておく

高校入学

POINT

- 博物館・美術館・水族館など幅広いフィールドで活躍する
- 自分の興味・専門を追究できる
- 有 取得すると有利な資格・免許あり

関連情報

● **学芸員について（文部科学省）** HP
学芸員資格の取得方法などを掲載している。その他、各自治体のホームページにも、学芸員の募集についてのページがあるので参考にするとよい

オススメの1冊！

『ミュゼオロジー入門』（岡部あおみ他著／武蔵野美術大学出版局）
美術館の実践活動から、ミュゼオロジー（博物館や美術館に関する学問）の方法論を探った1冊

ℹ 近年、学芸員の資格取得について法改正の動きがある。最新の情報をチェックしておこう！

INTERVIEW

現役の学芸員に聞きました

東京都写真美術館
学芸員
藤村 里美さん

東京都写真美術館の藤村さんは、中学生のときに写真部に在籍していたほどの写真好きで、高校生の頃から学芸員になりたいと思っていたそうです。展覧会の準備などで忙しく毎日を過ごしている藤村さんに、学芸員の仕事についてうかがいました。

❶ お仕事の内容は？

私の仕事の1つに、展覧会の企画と運営があります。当館が行う展覧会は年に20本くらいあり、そのうち当館が主催するものは14本くらい、私が担当するのは2本ほどです。3年前から企画を決める会議を行い、実際に準備に入るのが1年くらい前ですから、常に2〜3本の企画を抱えていることになります。

展覧会の準備は、まず作品集めから始めます。当館の所蔵作品以外の作品を集めたりしますから、作家さんや所蔵している別の美術館、画廊などと交渉して、購入したり借りたりします。また、作品集めと並行して、会場のレイアウトを考えます。どのように作品をおけば、観覧者の皆さんに作品の良さが伝わるか、自分の中でストーリーを作っていきます。その他にも、図録（会場で販売する作品の写真集）の制作やポスター・チラシなどのデザインにも携わるなど、展覧会が開催されるまでにやることはたくさんあります。学芸員のことを英語では「キュレーター」と呼びますが、分業化されている海外の美術館と日本の美術館とでは、その位置づけが異なります。日本では「学芸員＝雑芸員」といわれるほど仕事の範囲が幅広く、まさに「何でもやる」という感じです。

展覧会以外にも、当館で所蔵する作品の情報収集は欠かせない仕事です。休みの日には、各地の画廊・美術館・資料館めぐりや、写真集などを観て過ごすことが多いです。仕事とプライベートの区別がつきにくいのですが、好きなことを仕事にしているのであまり苦にはならないですね。

498

PART 12　個性や特技を活かした仕事がしたい

ある日の藤村さん

9:30	美術館に出勤。朝までに届いたメールに返事を書く
10:00	作品の購入や貸し出しなどの交渉。電話または直接出向いて打ち合わせ
12:00	昼食
13:00	展覧会に使う作品のサイズ測定や制作年などのデータをチェック
15:00	展覧会の企画会議。自ら考えた企画についてプレゼンテーション
17:00	展覧会ポスターの色校正（試し刷り）の確認。写真の色や各データの記載に間違いがないかをチェック
18:30	帰宅。ときには、この時間から図録の原稿を書くことも

写真にキズや汚れがないかをチェックするのも学芸員の大切な仕事

PROFILE
ふじむら さとみ
多摩美術大学 美術学部芸術学科卒業

❷ このお仕事の醍醐味は？

展覧会では観覧者の皆さんにアンケートを書いてもらいますが、私の考えたストーリーが皆さんに伝わって、「ここが良かった」「ここが面白かった」と書いてあると、心の中で思わずガッツポーズをします。「この作品のここが素敵」という自分の思いが、うまく伝わるととても嬉しいです。
また、以前に日本の新進作家の作品を集めた展覧会を、当館の他、フランス・ポルトガル・メキシコでも開催した際には、作品と共に私も海外に出張しました。日本の新進作家の作品を海外の人たちに紹介できたことは、とても嬉しい出来事でした。

❸ 学芸員を目指す人にアドバイス

まず学芸員の資格がないと採用試験を受けられない場合が多いので、資格を取得できる学科のある大学を目指しましょう。美術館で働いている人の中には、美術系の大学を目指して高校生の頃に美術を学んでいた人もいます。また、海外の作家さんなどと交渉することも多いので、英語力も必要です。
大事なのは、普段から美術館や博物館に行って見聞を広めておくこと。また、周囲の人が理解してくれなくても、自分がハマっていることを何時間でも話していられるくらいの知識と探究心があるといいですね。

写真家

こんな人におすすめ！
- 写真の撮影が好きな人
- 瞬時の判断ができる人
- 機材などのメカニックに詳しい人

1 写真家の仕事とは？

カメラで1つの瞬間（シーン）を撮影し、写真として残す仕事です。撮影する被写体は多岐にわたり、新聞や雑誌に掲載される事件などの瞬間を撮る報道写真家、スポーツ写真家、雑誌のグラビアや広告の写真を撮る建築専門の写真家、水中の生き物の生態を撮る水中写真家など、専門分野が分かれている職業です。

例えば、報道写真家は、貴重な瞬間を撮影するために、被写体を求めて昼夜問わず張り込むこともあれば、紛争地帯など危険な場所に取材に行くこともあります。広告専門の写真家であれば、商品が美しく撮影できるような照明の技術（ライティング）や構図決め、レンズ選びなどが大切な仕事となります。

2 写真家の役割・資質とは？

専門分野ごとに被写体を写真に収める確かな**撮影技術**が必要です。被写体によって撮影技法は全く異なるので、得意とする分野でより深い撮影知識と技術を追求します。最近では、フィルム式カメラはほとんど使用されず、デジタルカメラでの撮影が主流のため、撮影したデータをパソコンに取り込み、色補正などを行います。

ただし、どんなに技術が発達しても、ファインダーの範囲で被写体を切り取ることは同じです。日頃からファインダーの範囲を意識しながらセンスを磨くことが重要です。

撮影の仕事では、依頼者の要望をくみ取り、その要望に近づけるように撮影することもあり、記者や編集者と協力しながら仕事をこなす場合には、特に**コミュニケーション能力**が必要な資質となります。

また撮影技術もさることながら、機材が万全でなければ仕事は成立しません。撮影を想定した準備が行える**計画性**と共に、日頃の機材のメンテナンスを怠らない、まめな性格も写真家に求められる要素といえるでしょう。

PART 12 個性や特技を活かした仕事がしたい

3 写真家になるためには？

写真家になるためには、**写真系の専門学校や、大学の写真学科などを卒業後、写真スタジオでアシスタントとして働く**などして、新聞社・出版社・制作会社・写真館などに就職し、さらに技能を積んでいきます。また、独学で写真の技術を磨き、コンテストなどで評価されて写真家になる人や、一方で著名な写真家に弟子入りしてアシスタントとして働き技術を習得する道もあります。最近の写真技術のデジタル化を受けて、高度な撮影技術やパソコンを使った写真の加工技術といったことも習得しなければなりません。

まずは自分の撮りたい被写体を見つけ、工夫しながら撮り続けることが大切です。確かに撮影機材の進化やデジタル化により、技術的には素人とプロの写真家との距離が縮まっていることは事実です。しかし、撮り続けることにより磨かれる個性や被写体に対する姿勢などは、機材では埋められないものがあります。常にカメラを携帯して身体の一部のように使いこなす姿勢と日々の訓練が重要です。加えて、良い写真を撮影するために、心身の自己管理をするのも重要でしょう。

写真家の扱うジャンルは幅広く、それぞれに求められる要件も様々ですが、被写体に向かう1人の表現者として、写真家は写真を通じてそれを見る者に何かを伝えるというメッセージ性やテーマ性を持ち続けて活動しています。写真に対して、常に自分の追い求めるものに情熱を傾ける仕事といえるでしょう。

進路フローチャート

写真家として独立
↑ 現場で撮影技能を磨く。フリーランスからスタートする人もいる

新聞社・出版社・制作会社・写真館でのアルバイト
↑ 写真系の専門学校や大学の写真学科などで学ぶ。新聞社や出版社などのスタジオアルバイトで現場経験を積む

大学・専門学校入学
↑ 美術について重点的に勉強する。写真部や新聞部に在籍しカメラに親しむのもよい。写真コンテストに応募して写真家を目指す道もある

高校入学

POINT
- カメラで1つの瞬間を写真に収める
- 確かな撮影技術が必要
- 写真の加工などデジタル関連の知識も必要

関連情報
● 日本写真家協会 HP
肖像権の考え方や、写真展・セミナー・撮影会などの情報が掲載されている

オススメの1冊！
『フォトグラファーの仕事』
（佐内正史・長島有里枝・蜷川実花・野口里佳・藤代冥砂著／平凡社）
5人の写真家たちが自らの体験や「写真」への問いかけを通して、フォトグラファーの「リアル」を語る

ⓘ 写真家によって年収もばらつきがある。日本の写真家の場合、200〜600万円程度といわれている

小説家

こんな人におすすめ！
- 物語を書き続ける情熱のある人
- 文章力と構成力がある人
- 長時間創作活動に向き合える人

1 小説家の仕事とは？

自らの文才と着想を頼りに物語を創作・執筆する仕事です。

小説といっても、ジャンルは多岐にわたります。

新聞、雑誌や単行本で作品を発表するのが一般的ですが、最近ではインターネットや携帯電話、携帯型読書端末に作品が配信される形式も普及しつつあります。また、単行本には、最初から書き下ろす場合と、新聞や週刊誌・月刊誌などに連載されたものを後からまとめる場合があります。自分の考えや個性を表現する文章力や構成力もさることながら、資料の下調べや取材など地道な作業も必要です。例えば、時代小説ならば時代背景や文化、またその時代の歴史的な位置づけについて確かな知識が必要ですし、近未来小説ならば現在の技術を学び、その延長上に存在し得る架空の技術を考え出すなどの作業が必要です。1冊の作品に仕上げるにあたり、その作品がテーマとする事柄に関して専門的な知識を得るために求められる取材や調査の量は膨大です。

2 小説家の役割・資質とは？

小説の核となる構想を浮かべることからすべては始まります。今まで見聞きしたことのない世界観や稀有な体験などに裏打ちされたオリジナリティ、またその反対に誰もがうなずける気持ちや感覚など、読者の心を動かす物語の着想が重要です。

加えて、それらの着想を**小説に具体化する文章力**が必要です。自分の中で文体を発見して磨くために書き続ける作業と共に、実体験が投影される部分では、自らの人生経験が文章力の裏づけになります。自分の敬愛する小説家の作品を書写して小説の勉強に取り組むのもよいでしょう。

文章を効果的に組み立てる構成力については、編集者と協力して進めることもありますが、やはり物語の生みの親となる小説家自身の手腕にかかっています。小説に限らず日頃から映画やドラマなどから様々な知識や技法を吸収して、引き出しを増やしましょう。

502

PART 12 個性や特技を活かした仕事がしたい

3 小説家になるためには？

小説家になるための決まったコースはありませんが、文芸誌などが主催する新人賞に応募したり、出版社や編集プロダクションの編集者に持ち込むなどしてデビューする場合が多いです。また、小説家が開いている創作教室に通い、添削を受けながら創作を続ける人もいます。

自費出版や同人誌で小説を書き続ける人や、最近ではホームページやソーシャルネットワークに掲載した作品が人気を呼び、書籍化されることもあります。

医師や教師・会社員・タレント・政治家など他の職業や経歴を持ちながら、その経験を作品に注ぎ込むことで小説家となる場合もあります。誰にでも門戸は開かれている分、作品のクオリティのみが求められます。

また、商品としての第三者的な視点も重要です。

作品は発表後に原稿料が支払われ、単行本が売れれば、販売部数や印刷部数ごとに「印税」と呼ばれる原稿料がさらに支払われるという仕組みになっています。作品が認められれば成立する世界ですが、小説家として作品を出版し続けられる人は非常に少ない厳しい世界といえるでしょう。

小説家は、自らが伝えたいことと読者が望むもの、あるいは出版社が求めるものやビジネスとして成立させる「小説」とのはざまで、自問自答や葛藤を繰り返しつつ作品を世に送り出していくという側面も持ち合わせています。そのような中にあってなお、ひたすらに作品を書き続けていこうとする姿勢と気持ちが問われる仕事です。

進路フローチャート

国内や世界の文学賞を受賞
↑ 日々、様々な媒体やジャンルから新たな知識や技法を吸収し、さらに創作活動を続ける

小説家に
↑ 様々な体験が小説の題材・アイディアにつながる。コンクールへの投稿や出版社への持ち込みも続ける

あらゆる職業を経験
↑ 国語を重点的に勉強する。文芸サークルでの活動など好奇心を発揮しながら新しい経験を積み、文章化する

高校入学

POINT

- 自らの文才を頼りに物語を創作する
- 物語の着想力・文章力・構成力が必要
- 人生経験が作品に深みを生む

関連情報
● 日本文藝家協会 HP
小説家のトークショーの開催や、協会が編集した年鑑や文芸誌を販売している

オススメの1冊！
『小説家という職業』（森博嗣著／集英社新書）
人気ミステリー作家が明かす、小説家になるための心構えを綴った1冊。自らの体験をふまえつつ、ビジネスとしての小説執筆はどうあるべきかについて語る

ⓘ ベストセラー作家の中には数千万円から数億円の年収を得る人もいる

考古学者

こんな人におすすめ！
- 遺跡や出土品に強い関心がある人
- 研究を長期に積み重ねられる人
- 好奇心旺盛な人

1 考古学者の仕事とは？

発掘調査による出土品などを手がかりに研究を進め、おもに古代の生活を現代に浮かび上がらせる仕事です。

発掘調査員が発掘の現場に直接携わるのに対して、考古学者は調査の指揮と出土品の鑑定や研究がメインです。日本では土器や石器などの調査のイメージが強いですが、城や屋敷跡などの建造物や近代の駅舎などの発掘調査も研究分野に含まれます。

出土品や遺跡の型式の変化、周辺地域の出土品や遺跡との比較、前後する年代との出土品の比較で当時の生活の変化を専門知識や年代測定技術を駆使してたどっていきます。また、文様や文字、素材や製作方法など細部にわたる研究も進めていきます。このように過去に存在した社会像や文化像を明らかにしていくという研究を広く社会に伝えるために、学会や学術雑誌に成果を発表することも重要な仕事です。

2 考古学者の役割・資質とは？

考古学者にとって何より大切なのは、遺跡や出土品に対する探究心を持続することです。

科学研究などと同じように、長期にわたる事実関係の積み重ねが必要な仕事になります。地道にコツコツと研究を続けていくことのできる人が向いているでしょう。また、記録保存の観点から事務処理能力も求められます。現地調査においては**研究対象になる国の歴史や文化に対する深い知識を持つことや語学力も重要**となります。

さらに、現代の考古学では、他の学問分野との関わり合いがさらに深まっています。特に関係の深い学問分野としては、自然科学の諸分野（物理学・化学・動物学・植物学・地質学・土壌学・建築学・数学・統計学・認知科学など）や社会科学の諸分野（社会学・地理学など）が挙げられます。また、ITの急速な発達によって膨大な調査データの蓄積と解析も行われるようになり、情報科学の側面からも新しいアプロー

PART 12 個性や特技を活かした仕事がしたい

3 考古学者になるためには？

チが考えられます。今後の考古学を担う人は、学問分野を横断した、幅広く柔軟な視点を持つことが重要となっていくでしょう。

考古学への道を目指す場合は、考古学を学べる大学の研究室で学び、学会で認められる研究者になることが一般的です。考古学と一口にいっても、専門の地域や年代は多岐にわたり、それぞれの研究室や師事する先生によって専門分野は分かれます。大学の研究室を志望する場合は、自分の興味のある分野の研究者を探し出すことも重要です。研究者のアシスタントや現地調査に同行しながらキャリアを積み上げ、自分の研究テーマを探し取り組みます。

他にも各自治体の教育委員会の発掘調査部門、財団や行政法人が運営する考古学の研究機関や博物館などの就職があり、一方で研究機関に所属せずに、独自に調査と研究を進める人もいます。

発掘調査のアルバイトに参加することは、現場を実感する1つの方法です。発掘作業の他にも遺構の図面作成や測量の補助などが体験できます。考古学関連の展示がある博物館や博物展にこまめに足を運ぶのもよいでしょう。考古学者のトークイベントなども行われています。まずは、どのような方法でもいいので考古学の現場で実感をつかむことが第一歩になるでしょう。

古代と現代とのかけ橋となる職業です。地道な研究の継続ですが、過去との対話に胸躍る経験も多いでしょう。

進路フローチャート

考古学者として研究を発表
各研究機関で研究を継続する。年代測定の技術開発や成果を広めるため、展示会の開催、著作物の執筆なども行う

↑

大学・自治体・研究機関・博物館などに就職
考古学研究室でアシスタントや調査に同行しながら研究活動に従事する

↑

大学入学
日本史、世界史、美術史、地理などの社会科や文化関係の学科を重点的に学ぶ。博物館などに足を運ぶのもよい

↑

高校入学

POINT
- 発掘調査により古代の生活を研究する
- 学会や学術誌での実績が必要
- 職業として学者を続けられる人はごくわずか

関連情報
● **日本考古学協会** HP
考古学研究者で構成される全国規模の団体。機関誌の発行、各地の考古学研究の成果やセミナーの情報が入手できる

オススメの1冊！
『**考古学入門**』（鈴木公雄著／東京大学出版会）
考古学とはどんな学問なのか、調査・研究の過程をわかりやすく解説。社会の中での考古学の位置づけもわかる入門に最適な1冊

ℹ️ 遺跡や出土品の年代測定の技術には、炭素の存在比率を基準とした測定法が用いられている

詩人・俳人・歌人

自らの感性やイメージに従い、詩や俳句、和歌を詠み、表現する仕事です。

いずれも特別な資格は必要ありませんが、詩人の場合は自費出版や同人誌などを通じて、読者を得ることが多いです。俳人と歌人は、これらに加えて歌会で実力が認められることで流派を束ねる立場につく場合もあります。また、出版社などで行われるコンテストに入選することで世に名前が知られることがあります。ただし、詩や歌を詠むことでのみ生計を立てられる人は、ほんのひと握りです。まずは自分の感性を信じ、作品を創作し続けることが重要です。

もともと詩や俳句・短歌には定められた文字数や形式がありますが、例えば、1987年に発表された『サラダ記念日』という短歌集は、これを大胆に破りながら現代人の感性に合った作品として280万部を超える大ベストセラーとなりました。最近では、ウェブやソーシャルネットワーク上に作品を掲載する若い詩人や俳人・歌人も多く、今までになかった現代的な感覚の作品もさらに数多く生まれています。

POINT
- 詩や俳句・和歌を自らの感性で詠む
- 自分の感性を信じて、創作し続ける
- 最近ではウェブ上で作品を発表をする人も多い

画家

油絵・水彩画・日本画などの絵を描く仕事です。美術系の大学や専門学校で技術を磨くことで、画家の道を目指すことができますが、学校を卒業しただけで画家になれるとは限りません。全く絵の教育を受けずに作品を描き、世界的に有名になる画家も多くいます。

公募展で入選することや画廊に出品している作品が購入されることで生計を立て、個展やグループ展などプロの画家として活動できる人はほんのひと握りです。実際には、イラストレーターやグラフィックデザイナー、絵画教室などの講師の仕事などを掛け持ちする人や、家族の様々な援助を得て画家を続けている人もたくさんいます。なお、画壇と呼ばれる美術団体の会員となり、ステップアップしていく道もあります。

ただし、何年も絵を描き続けても評価を受ける保証はありません。湧き上がる創作意欲を表現する情熱や集中力がある限り、自分の才能を信じて作品を描き続けることが求められます。

POINT
- 様々なジャンルの絵を描く
- プロの画家として生計を立てられる人はごくわずか
- 絵を描き続ける創作意欲が大切

関連情報 詩人・俳人・歌人 ➡ 作法叢書『詩の作り方』（黒田三郎著／明治書院）
画家 ➡ 『プロ美術家になる！ 泥棒美術学校《実践編》』（佐々木豊著／芸術新聞社）

児童文学者

個性や特技を活かした仕事がしたい

絵本や子ども向けの読み物を創作する仕事です。児童文学者になるためには、児童文学や絵本のコンクールに応募して入選を目指すことや、児童書を取り扱う出版社や編集プロダクションで働きながら作品づくりに携わることなど様々な道が考えられます。大学の文学系統の学部や専門学校の創作コースなどで児童文学を創作する基礎知識を習得するのも方法の1つです。児童文学サークルや同人誌などに入会し、作品を発表する人もいます。

なお、小説家や漫画家・劇作家・詩人・タレントなど他のジャンルで活躍している人が児童文学の作品を発表している場合や、最近ではインターネットを通じて作品を発表している人も多いです。

ただし、才能の有無にかかわらず、商業的な創作活動を続けられる人はほんのひと握りです。また児童書だからといって、大人向けの作品よりも書きやすいということはありません。子どもにもわかりやすい表現方法を追い求め、日頃から児童文学に接し、他の作品を研究する努力が大切です。

POINT
- 子ども向けの読み物を創作する
- 子どもが読みやすい表現を追い求める
- 他の作品を研究し、書き続ける努力が大切

華道家

日本の伝統的な芸術技法である華道(生け花)の専門家であり、花を生けたり、その技能を教えたりする仕事です。最近では、「フラワーアーティスト」や「生け花作家」と呼ばれることもあります。華道家は、花器と呼ばれる壺や皿へ、部屋の空間の雰囲気に合わせて季節の草花を美しく生けます。技能を磨いた華道家には、有名ホテルや企業・旅館・料亭などに出向いて花を生ける仕事も依頼されます。

華道には池坊・草月流・古流など様々な流派の師範に弟子入りするのが一般的です。弟子入りをして通常5〜10年ほど修業を積むと、師範の免状が与えられ、弟子をとって教える立場にもなれます。また講演会や専門学校で講師として活動することもできます。華道は世界的にも注目を集める日本独自の芸術です。海外での活動の道も開けるかもしれません。

なお、流派によっては専門学校を設けて、専門のコースを卒業することで一定の技能を認めているところもあります。積極的にチャレンジしてみるのもよいでしょう。

POINT
- 花を生けることで華やかで美しい空間を演出する
- 修業を積んで師範の免状取得を目指す
- 流派によってキャリアアップの方法は様々

関連情報　児童文学者 ➡ 日本児童文学者協会 HP
華道家 ➡ 池坊 HP など

茶道家

日本で生まれた茶道（茶の道）を追究し、茶によって客人をもてなすたしなみを教え、伝える仕事です。

茶道には裏千家系・表千家系・利休流など様々な流派があり、家元制度と組織で成り立っています。流派に入門すると、家元から発行される十数段階ある許状と呼ばれる免状を順次取得しながら技能を磨いていきます。大きな流派になると、許状の他に資格制度を設けている場合もあります。入門する際には、それぞれの流派の特徴を見極める必要があります。

茶道では茶の立て方などの技法のみならず、平常心を保ち、季節のうつろいや風情を大切にすることを重要視します。茶道家に求められるものは、茶を通じて人をもてなす意識と所作振る舞いです。作法のみならず、その雰囲気を醸し出すことのできる人間性を磨く必要があります。

茶道を完成させた千利休は、茶の湯に招いた客人をもてなす時間と空間全体を「一期一会」として総合的にとらえました。茶道家とはその精神を受け継ぐ者なのです。

POINT
- 茶の道を追究し、その技能を教え伝える
- 各流派に入門し、免状の取得を目指して研鑽を積む
- 作法のみならず、人間性を磨いていく

書道家（書家）

毛筆と墨を用いて文字を書く仕事です。有名な書道家（書家）の書（作品）は絵画と同じく芸術性が認められ、そのことによって書の販売や作品集の出版、展覧会の開催など活躍するフィールドが広がります。ただし、それはほんのひと握りの書道家です。多くは書道教室の講師として学校や地域で書を教えることがおもな仕事になります。

書道家になるためには、弟子入りして師匠から直接指導を受けます。自ら行動して、書道家となる道を切り開いていかなければいけません。

書道の講師として活動する場合は、各書道団体の検定や日本書写技能検定協会が行う毛筆書写検定1級を目指すとよいでしょう。また各流派が開いている専門学校や書道教室で技量を磨くことができます。書道の道は40～50歳でもまだ若手と呼ばれ、中には100歳近い書道家も現役で活動しています。地道に技量を磨くことが何よりも重要です。「書道パフォーマンス甲子園」と呼ばれる高校生の競技会も開催されているので、挑戦してみるとよいでしょう。

POINT
- 毛筆と墨を用いて芸術作品としての書を制作する
- 書道教室などで講師業を営む者も多い
- 地道に書の技量を磨いていく

PART 12 個性や特技を活かした仕事がしたい

版画家

版画は、彫刻や細工を施した版を作り、紙にインクなどを転写あるいは透写して絵画を複製するものです。その技法は様々で、銅板をコーティングしてニードル（針）を用いて描画し、その銅版を酸に浸して腐食させる「エッチング」、インクが孔を通すところと通さないところを作って製版する「シルクスクリーン」、木の版を彫り込む「木版画」、油が水をはじく性質を利用した「リトグラフ・石版画」などがあります。それぞれの版画家は芸術性を意識した作品づくりに取り組みます。

版画家になるためには、美術系の大学や専門学校で版画の技法を学ぶのが一般的ですが、それだけでプロの版画家として生計を立てることができるわけではありません。版画家としての活動以外にも版画教室を開いている人や、学校の美術教師、美術系の大学や専門学校で講師をする人が多いです。日本には浮世絵という多色刷りの木版画の伝統があります。近年はその再興に向けて制作に携わる人が増えており、海外での評価も高い日本の芸術分野の1つになっています。

POINT
- 様々な版画技法で作品を制作する
- 版画家だけで生活できる人はごくわずか
- 最近は浮世絵の制作に携わる人が増えている

彫刻家

石・木材・ブロンズや鉄などの金属・石膏などを彫り上げ、加工し、作品を制作する美術家としての仕事です。自分の作品イメージを具現化する高度なデッサン力はもちろんのこと、材料の質感や形状の把握といった知識と経験も必要とされます。

デッサンの訓練は、始める時期が早ければ早いほどよいといわれています。人物や動物・静物などを描く対象にしてデッサン力を磨いていくとよいでしょう。その後、彫刻の素材や加工の知識と技術を習得していくことになります。

彫刻家になるための道は様々です。有名な彫刻家への弟子入りや美術大学の彫刻科に入って技術を学ぶのが一般的です。ただし、彫刻の仕事だけで生活を成り立たせるのは難しく、美術の講師業を掛け持ちする人も多いです。美術展などで受賞すると制作依頼が増えていきます。世界で活躍する日本人彫刻家もいますので、作品展に足を運んだり、作品集を手に入れるなどの方法で調べてみるとよいでしょう。

POINT
- 様々な素材の彫刻作品を制作する
- 高度なデッサン力が必要
- 彫刻の制作だけで生活できる人はごくわずか

関連情報　版画家 ➡ 日本版画協会 HP
彫刻家 ➡ 東京藝術大学彫刻科 HP など

ギャラリスト

ギャラリストとは、画廊やギャラリーなどを経営し、芸術作品を販売する仕事です。日本では「美術商」とも呼ばれています。画廊の施設管理のみならず、美術品の輸送・個展の広報・美術品のディスプレイ・接客・美術品の営業などを取り仕切るプロデューサー的な手腕が必要とされる仕事です。

ギャラリストになるためには、画廊やギャラリーで実務経験を積むのが一般的です。無名の芸術家を発掘する芸術的センスや、過去の作品の再評価など芸術品を商品として評価する鑑定力と共に、国内外の美術家とのつながりを作るための行動力や情報収集能力、語学力も求められます。

近年は、長引く不況の中で美術家と協力して日本の美術作品を海外に輸出し、その使用料をビジネスにする新たな取り組みも行われています。ビジネスパーソンとしての経営感覚が必要とされると共に、美術作品を通じた芸術運動を組織できるような行動力やマネージメント力が問われる仕事ともいえるでしょう。

POINT
- 画廊やギャラリーなどを運営する
- 美術品の商品的価値を見出す芸術的センスが必要
- 海外取引など新たなビジネスチャンスもある

オークショニア

オークショニアは、ある品物に対して値段をつけながら取引価格を決めていくイベントであるオークションを開催し、運営する仕事です。

オークションに出品される品物は、オークション会社に持ち込まれる場合もあれば、コレクターに出品を呼びかけて集められる場合もあります。オークショニアは、出品されたそれらの品物について、保存状態など細部にわたってチェックし、オークションの本番に臨みます。

オークションでは、出品者と落札者を含めた参加者が満足できる円滑な運営が求められます。そのための手際の良い段取りとコミュニケーション能力が必要です。

オークショニアになるための資格は必要ありません。オークションの専門会社に就職し、オークショニアになるための様々な研修カリキュラムを経て、実務へと臨みます。あらかじめオークションで取り扱われる商品についての知識があると有利でしょう。また、募集をする際に実務経験を重視している会社も多いです。

POINT
- オークションの出品物を管理し、イベントとして運営する
- 出品物の価値を見極める技量を磨く

関連情報　ギャラリスト ➡ 『現代アートビジネス』（小山登美夫著／アスキー新書）
　　　　　オークショニア ➡ 『サザビーズ』（石坂泰章著／講談社）

PART 12 個性や特技を活かした仕事がしたい

骨董屋

絵画・陶器・家具など古くて価値がある年代物（骨董品）を扱う仕事です。この仕事に必要なものは、骨董品の価値を見定める鑑定眼と取引相場に対する情報や知識です。これらは多くの骨董品と接する経験の中で磨かれていきます。

骨董屋になるためには、まずアルバイトとして経験を積んでいき、骨董店の店主のアシスタントとして地方の旧家や骨董市、海外への買いつけなどに同行し、経験の中で鑑定眼を養います。また、店頭では接客から始まり、徐々に骨董品の売り買いにやって来る客と価格交渉する仕事を任されていきます。骨董品を求める愛好家によって成り立つ世界です。良い得意先を持つことと、価値ある骨董品を提供し続け、信頼をつないでいくことが大切です。また、価値の高い骨董品を発掘し、保存・活用するきっかけを作るという文化的要素の大きな仕事です。

なお、独立して骨董店を開く際には、古物営業法に基づいて地域の警察署に対して古物営業許可申請を行う必要があります。

POINT
- 骨董品の価値を見定め、売買する
- 骨董屋のアルバイトから経験を積んでいく
- 独立開業には古物営業許可申請が必要

美術鑑定士

美術鑑定士は絵画・掛け軸・陶磁器などが本物かどうかを見極める真贋鑑定と商品的価値の見定めをする仕事です。

最近は、テレビ番組などの影響もあり注目されている仕事です。取り扱うものも従来の美術品の他に、レコードや有名人のサイン、おもちゃなど多岐にわたります。当然、それぞれのジャンルにおいても、深い知識と品物に対する確かな鑑定眼が求められます。

美術鑑定士になるための資格は特にありません。美術館や画廊・古美術商などで働きながら、様々な美術品に触れ、鑑定眼を養います。経験に裏打ちされた確かな鑑定の技量を磨き続けるだけでなく、美術品の価値を相場に応じて見出す能力も必要とされます。

なお、専門分野での鑑定能力が認められるようになると、裁判所から「国選鑑定人」を依頼される場合があります。例えば、裁判所が差し押さえた物品について金銭的な評価を行う仕事や、詐欺事件で用いられた物品の真贋や価値を見極める仕事などが依頼されます。

POINT
- 美術品の真贋や商品的価値を見定める
- コレクターの数や種類に応じて活躍の場は広がる
- 経験を積み鑑定眼を磨き続けることが必要

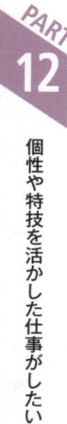

関連情報
骨董屋 ➡ 『骨董屋からくさ主人』（中島誠之助著／角川ソフィア文庫）
美術鑑定士 ➡ 日本美術鑑定協会 HP

発掘調査員

発掘調査員は、発掘調査で得た出土品を手がかりに遺跡を掘り起こし、古代の生活を再現する仕事です。

発掘調査には2種類あります。1つは、開発地域において、地下に遺跡があると思われる際に、都道府県の教育委員会が発掘調査の必要を認める「緊急発掘」です。緊急発掘では、予算やスケジュールなど開発事業主との間で様々な調整を行います。もう1つは、おもに学術研究上の目的で実施される「学術発掘」です。

どちらの発掘でも、発掘調査員は現場での発掘指揮・出土品の洗浄・接合・実測・研究の基礎となる報告書作成・発掘成果の公表を行います。

発掘調査員になるためには、考古学の深い知識が求められます。大学で考古学や歴史学を専攻し、その後に都道府県や市町村の教育委員会の発掘調査員専門の公務員試験を受験します。また、発掘成果の情報公開事業にも携わります。教育現場や博物館で活動するためには教員免許や学芸員資格が必要な場合もあります。

POINT
- 発掘調査で古代の文化や暮らしを探る
- 各自治体の教育委員会の発掘調査部門で働く
- 有 取得すると有利な資格・免許あり

プロ野球選手

日本のプロ野球リーグであるセントラルリーグとパシフィックリーグ、アメリカのメジャーリーグなど海外のプロ野球リーグでプレーする選手を指します。

日本のプロ野球選手になるためには、各球団のスカウト担当者の目にとまり、契約交渉権を各球団に振り分けるドラフト会議で指名されることが必要です。地元の野球チームに所属しながら技術を磨き、高校や大学の野球部・社会人野球などで活躍することが必要です。最近では球団が設ける育成選手という枠組みで、ドラフト会議を経ずに練習生として入団する人や、一般公募のオーディションから選手として採用される人もいます。

プロ野球選手の多くは、10代後半から20代前半に入団し、一軍のスターティングメンバーを目指します。ただし、30代後半まで現役で活躍できる選手はごくわずかです。一方で、この20年ほどの間にアメリカのメジャーリーグに挑戦する選手が数多く出てきました。大きな夢と高い志を持ち、地道に日々の練習と試合に臨む姿勢が大切です。

POINT
- 国内外のプロ野球リーグで選手として活躍する
- メジャーリーグで活躍する日本人も多い
- 夢と志を持って技術の向上に励む

関連情報　発掘調査員 ➡ 埋蔵文化財発掘調査支援協同組合 HP
プロ野球選手 ➡ 『プロ野球スカウトが教える 一流になる選手 消える選手』（上田武司著／祥伝社黄金文庫）

プロサッカー選手

日本のプロサッカーリーグJリーグや海外のクラブチームでプレーする選手を指します。

プロサッカー選手は、日々のクラブでの練習の他にも、走り込みやウエイトトレーニング、適切な食生活などに留意し、実践する自己管理能力が必要な職業です。サッカーは団体競技であることから、チームメイトや対戦相手が試合中にどのような動きをするかを予測し、試合の戦術をしっかりと理解する思考力や判断力も必要です。

プロサッカー選手になるためには、高い技能を持ち、プロチームの下部組織や高校・大学の強豪サッカー部に所属するのが一般的です。中には、中学卒業後にサッカーが盛んな南アメリカ諸国に海外留学する人もいます。

また、サッカーではプロ野球のようなドラフト会議は開かれておらず、国内外のプロチームはスカウト活動などを通じて選手を自由に獲得しています。よって、スカウト担当者の目にとまるように、大きな大会などでアピールすることも必要とされます。

POINT
- 国内外のプロサッカーリーグで試合に出場する
- 日々のトレーニングの積み重ねが大切
- 自己管理能力が求められる

プロゴルファー

プロゴルファーには、日本や海外で行われるゴルフトーナメントに出場し、賞金獲得に向けて競い合う「トーナメントプロ」と、ゴルフ技術を教えることを専門とする「ティーチングプロ」がいます。

トーナメントプロになるためには、男子の場合には日本プロゴルフ協会、女子の場合には日本女子プロゴルフ協会の資格認定プロテストに合格し、プロとして登録されることが必要です。男子はその年度中に16歳に達する者、女子は満18歳以上であることが受験資格とされ、「プレ予選プロテスト→1次プロテスト→2次プロテスト→最終プロテスト」と計4回の競技試験を経て50位タイまでに入賞できれば、合格者入会セミナーへの参加資格が得られ、プロとして認定されます。最近は、プロゴルファーを目指して厳しい練習に取り組んでいる子どもも多数います。

なお、ティーチングプロも同様に、日本プロゴルフ協会または日本女子プロゴルフ協会が設けるティーチングプロフェッショナルの資格を取得しなくてはいけません。

POINT
- プロ登録制度のもとで競技やコーチ業に携わる
- プロテストを通過できる人はごくわずか
- 子どもの頃から技術を磨く

PART 12 個性や特技を活かした仕事がしたい

関連情報 プロサッカー選手→Jリーグ HP
プロゴルファー→日本プロゴルフ協会 HP／日本女子プロゴルフ協会 HP

フィギュアスケーター

フィギュアスケーターは、氷上での高度なスケーティング技術で観客を魅了します。ステップやスピン・ジャンプなどのテクニックだけでなく、音楽に合わせた全身を使った表現力も大切な要素です。個人種目のシングルスケーティングの他に、2人1組で行うペアスケーティングやアイスダンスなどの競技があります。

フィギュアスケーターになるためには、スケート教室などで小学校入学前から練習を始めるのが一般的です。スポーツクラブや学校のスケート部に入り、10代のうちに国内外の大会で実力をアピールできなければ、プロの道を歩んでいくのは厳しいとされています。非常に限られた人だけが活躍できる世界といえるでしょう。

競技の他にも、スケート教室の講師業に携わる人や、アイスショーで演者として活動しているフィギュアスケーターもいます。トップスケーターになるのは狭き門ですが、スケートブームの昨今、講師の職やアイスショーでの活動の機会は以前よりも増えていくでしょう。

POINT
- 高いスケーティング技術と豊かな表現力が必要
- プロの多くは子どもの頃から練習に励んでいる
- アイスショーの演者として活動する人もいる

プロ自転車選手

プロ自転車選手とは、国内外のレースに参戦する選手を指します。日本の場合は、日本全国で行われている競輪の選手を指すことが多いです。

競輪選手になるためには、日本競輪学校に入学することが必要です。実技試験では1000m走の合格ラインが1分10秒と高い身体能力が求められます。2010年からは女子の募集も始まりました。男女いずれも約1年間の全寮制という集団生活の中で厳しいトレーニングを積んでいきます。晴れてプロの競輪選手としてデビューすると、能力別に6つのクラスに分けられ、それぞれのカテゴリーでレースに出場します。競馬や競艇と違い、動力は自分自身です。身体トレーニング、特に脚力を日々鍛錬します。レースの勝敗には相手との駆け引きも重要な要素になることから、経験豊かな40代になるまで活躍する選手もいます。

海外では公道を使ったレースが盛んです。最近は日本でもファンが増え始め、ヨーロッパのクラブチームに在籍する日本人選手もいます。

POINT
- 自転車のレースに出場し、賞金獲得を目指す
- 日本競輪学校に入学してプロデビューを目指す
- 海外では公道を使った自転車レースが盛ん

関連情報 フィギュアスケーター➡日本スケート連盟 HP
プロ自転車選手➡日本競輪学校 HP

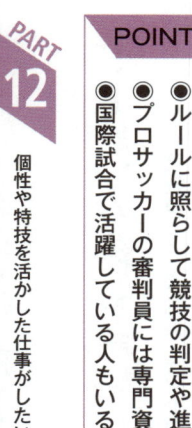

PART 12　個性や特技を活かした仕事がしたい

審判員

審判員という専門的な職業としては、プロレスなどの格闘技のレフリーや競馬・競輪・競艇の判定員、プロ野球のアンパイアやプロサッカーリーグの審判などが挙げられます。いずれの競技においても、**ルールに照らして判定を下し、試合の進行役を担う仕事**です。

格闘技の分野では、各団体にレフリーが所属する場合がほとんどです。競輪や競馬・競艇の審判員は、各興行団体へ就職します。

資格を必要とするものについては、日本のプロサッカーリーグでの審判員が、日本サッカー協会の「サッカー公認審判員」の1級資格を条件としています。各都道府県での審判員の経験を積み、実技や体力テスト・筆記試験を通過して1級取得を目指します。さらに、1級の取得者を候補として、Jリーグ担当審判員が、年間数名選抜されます。1級取得者で英語が堪能であれば、国際大会で活躍できる国際審判員を目指すことができます。実際、日本人の国際審判員がサッカーの国別世界大会ワールドカップの審判員として活躍しています。

POINT
- ルールに照らして競技の判定や進行役を担う
- プロサッカーの審判員には専門資格が必要
- 国際試合で活躍している人もいる

アンパイア

野球の試合での様々なプレーについて判定（ジャッジ）し、**試合を進行する仕事で、プロ野球の審判員は資格が必要**となります。

野球は、場面ごとにルールが複雑になるスポーツです。ルールブックを徹底理解すると共に、臨機応変な対応と第三者としての冷静で素早い判断力が求められます。

アンパイアになるためには、セントラルリーグ（セ・リーグ）とパシフィックリーグ（パ・リーグ）がそれぞれ行う採用試験に合格する必要があります。定期的に試験が行われることはなく、欠員が出た際にのみ募集されることが多いです。受験資格は身長175センチメートル以上、視力1.0以上で、30歳未満という年齢制限が設けられています。試験内容は、筆記試験と審判の技術を見極める実技、面接などです。採用人数は数名のみと難関です。まずは、高校やクラブチームなどの試合で、審判の技能を積むことが重要です。

POINT
- 野球の試合での様々なプレーを判定する
- ルールの理解と状況に応じた判断力が必要
- 人材採用は欠員が生じた際にのみ行われる

関連情報　審判員➡JFA登録審判資格（日本サッカー協会）[HP]
アンパイア➡アンパイア・ディベロプメント・コーポレーション[HP]

ドーピング検査員

ドーピング検査員(ドーピングコントロールオフィサー)は、スポーツ競技において、参加選手が禁止薬物を使用していないかどうかを検査する専門職です。

専門の医師(メディカルオフィサー)の責任のもと、ドーピング検査を行い、ドーピング検査員はテクニカルオフィサーとして補佐的な立場で携わります。

かぜ薬でもドーピング反応が出てしまうことがあるため、選手たちへの正しい情報提供を行うために確かな知識の習得が欠かせません。

日本でドーピング検査員になるためには、スポーツ振興会や日本アンチ・ドーピング機構が主催する講習会を受講し、医師によるドーピング検査器具などの指導を受ける必要があります。修了後には、メディカルオフィサーの5日間の研修とテクニカルオフィサーの2日間の実地訓練を行い、実際の大会業務に臨みます。現在は、ドーピング検査員だけを職業としている人はおらず、医師、薬剤師や地域の体育教師などが兼任していることが多いです。

POINT
- スポーツ選手の禁止薬物の使用を検査する
- スポーツ振興会などが主催する研修を受ける
- 日本では、医師・薬剤師などが兼任している

レーサー

資格免許

レーサーは、バイクや自動車のレースに参戦する競技選手です。サーキットで速さや走行距離を競い合うものから、国境を越えて長距離を走行するものまであります。

レーサーになるためには、子どもの頃から小型の車両(カートやポケットバイク)のレースで頭角を現し、レーシングチームにスカウトされるのが一般的です。雑誌などのオーディションからレーサーの道を歩み始める人や個人でレーシングチームを運営しながらレーサーを続ける人もいます。

このようにレースの現場に何らかの形で携わり、自動車やバイクの免許取得後にレースに出場できるライセンスの取得を目指します。最近では、自動車整備など一部の専門学校でレーサーの学科を設けています。

オートレーサーは、日本全国で行われるオートレースに参加する選手を指します。オートレーサーになるためには養成所に入所します。約1000人の応募の中から20名が選抜されるという狭き門です。また、レーサーは自分でマシンの手入れをしますので、メンテナンスの知識と技術が必要です。

POINT
- バイクや自動車のレースに参戦する
- レース現場に関わりつつライセンス取得を目指す
- オートレーサーへの道は狭き門である

関連情報　ドーピング検査員→日本アンチ・ドーピング機構 HP
レーサー→日本自動車レース工業会 HP

PART 12 個性や特技を活かした仕事がしたい

スケーター

職業としてのスケーターは、プロツアーに参加し、スケートボードの高度なテクニックを競い合います。アメリカが発祥のスポーツですが、日本でも徐々に競技人口が増えています。

スケーターになるために、特別な資格はありませんが、協会主催の大会に参加するためには運営協会への入会が必要になります。常日頃からスケートボードの技能を磨くことが求められます。

ただし、日本国内では、プロとして成績を残してもスケーターだけで生計を成り立たせるのが難しいのが実状です。スケートボードのショップなどで働きながら競技生活を送る人が多いです。スケートボードは、ストリートファッションとの結びつきも強く、ファッション関連の仕事を掛け持ちしている人もいます。

一方で、競技が盛んなアメリカに渡って活動している日本人スケーターもいます。海外のスケーターに対抗して技能をアピールする自己演出力と、どんな環境にもめげずに取り組むことのできる強い精神力も必要です。

POINT
- 高度なスケートボードの技能を競い合う
- 運営協会に入会し、テクニックを磨く
- 発祥地のアメリカで活動する日本人もいる

ダイバー

ダイバーは、作業潜水（海洋調査や港湾建設など）を行う潜水士・おもに観光地やダイビングスポットで空気を詰めたタンクを背負って行う潜水（スキューバダイビング）をするダイバー・ダイビング技術の指導や海中でガイドを行うダイバー・競技に参加するダイバーなどに分けられます。

潜水士は、国家資格が必要な職業です。海上自衛隊や警察・海上保安庁などで海難事故に携わるためには必須となります。送気・潜降・浮上などの潜水業務の実技試験と法令の筆記試験を受験します。最近は潜水士を題材にした漫画や映画作品で注目されている職業です。

スキューバダイビングには「Cカード」と呼ばれる技能講習を受けた証明書の提示が必要な場合が多いです。指導者には取得が必須です。

競技に参加するダイバーは、器具を使わずに行う潜水（フリーダイビング）で、その深度などを競います。徹底して肺活量を鍛え上げ、海中の水圧に耐えられるだけの強靱な身体能力を得るために厳しい訓練を積み重ねていきます。

POINT
- 潜水の目的や方法によって様々なダイバーがいる
- 潜水士には国家資格の取得が必須となる
- 強靱な身体能力が求められる

関連情報　スケーター → 日本スケートボード協会 HP
　　　　　ダイバー → 海洋研究開発機構 HP

力士

力士は、日本相撲協会に所属し、相撲興行に出場して相撲を取る競技者です。

現在、力士の番付（階級）は場所（相撲の興行）の成績に応じて、序ノ口から横綱まで10階級が設けられています。

相撲は日本の「国技」に位置づけられ、特に人気力士には多くの注目が集まります。力士は、「心技体」を兼ね備えることを理想として、日々の稽古に精進すると共に、そのような「相撲道」の伝統を背負っているという自覚が求められます。

力士になるためには、高校や大学相撲などで実績を残し、相撲部屋の親方に認められて入門することになります。その際に行われる日本相撲協会主催の新弟子検査には、中学校卒業以上で23歳未満の男子・身長167センチメートル以上・体重67キログラム以上の入門規定があります。新弟子検査を通過すると、相撲教習所という養成機関で半年間、実技と学科を学び、その後、入門した相撲部屋で稽古を積んでいきます。

また、部屋の食事の準備から先輩力士の身のまわりの世話係（付き人）も新弟子に与えられる役割です。

POINT
- 相撲協会に所属し、相撲を取る
- 相撲部屋の入門前に新弟子検査を受ける
- 新弟子は先輩力士の身のまわりの世話係を担う

行司

行司は、相撲の取り組みを進行し、仕切る役割を果たします。基本的には取り組みの審判役を担いますが、その判定に対して土俵脇で取り組みを見つめる「勝負審判」から「物言い」という異議申し立てを受ける場合もあります。

また、土俵上の仕事だけでなく、番付表の作成や場内アナウンス、巡業の渉外なども仕事の1つです。

行司になるためには、19歳までに相撲部屋に入り、部屋の雑用係を務めながら、行司会（行司が運営する団体）や日本相撲協会に行司として推薦される機会を待ちます。行司会では、相撲の歴史や勝敗の見極め方、行司の発声、「相撲文字」と呼ばれる番付表などを記す独自の書体について学びながら、修業を積みます。

実は、行司にも力士と同じように番付があります。序ノ口格から始まり序二段格、三段目格と上がっていきます。最高位は立行司です。行司も年間に一定以上の差し違い（誤審）があると降格処分を受けます。相撲に対する深い知識と取り組み時の高い集中力、的確な判断力が求められます。

POINT
- 相撲の取り組みを進行する
- 力士と同様に相撲部屋に入門し、修業を積む
- 番付表の作成や巡業の業務にも携わる

PART 12 個性や特技を活かした仕事がしたい

レスラー

レスラーには、アマレス（アマチュアレスリング）と呼ばれる競技種目の競技者と、プロレス（プロレスリング）と呼ばれる興行種目の競技者がいます。

アマレス選手になるための資格は特にありません。国際大会で活躍している選手の多くは、子どもの頃からレスリングクラブに所属し、基礎体力や身体の柔軟さを磨き、対戦形式の練習から様々なレスリングの技を習得しています。また、高校や大学のレスリング部で活動していた人も多いです。

プロレスラーになるためには、興行団体に入門する必要があります。男子では身長180センチメートル・体重80キログラム以上など、団体によって身体的規定が設けられており、腹筋や腕立て伏せなどで基礎体力を測定するテストに合格後、練習生として入団します。まずは全国巡業の現場運営といった業務に携わりながら厳しい練習を積み重ね、リングデビューを目指します。強靭な肉体もさることながら、最近はタレント性やキャラクターを重視する団体もあります。また、海外で修業を積み、日本で活躍するプロレスラーもいます。

POINT
- アマレス選手は子どもの頃から競技に取り組む
- プロレスラーは厳しい入団テストと練習を経てリングデビューする

ボクサー

ボクサーとは、ボクシングジムに所属し、試合を行う選手のことです。最近は女子選手も増えてきています。男子のプロボクシングの試合は、1ラウンド3分のラウンド制です。東洋・太平洋という地域チャンピオンや世界チャンピオンを決めるタイトルマッチでは、原則12ラウンドです。また選手について、男子の場合では体重別にヘビー級からミニマム級までの全17階級に分かれており、各階級で順位を決めます。

ボクサーには、走り込みを中心とした基礎体力を養うトレーニングや厳しいトレーニングに耐える精神力、日々の体重管理などの自己管理能力が必要です。

ボクサーになるためには、ボクシングジムで基礎的な技術を身につけ、プロテストを受験します。プロテストを受験することが受験要件です。プロテストでは筆記と実技が課せられます。実技は受験者どうしの2分30秒、2ラウンド程度の「スパーリング」と呼ばれるリングでの実戦形式で基本的な攻撃と守備の技量を審査します。

POINT
- プロになるためにはライセンスを取得する
- 世界王者を目指し、各階級で順位を争う
- 日々のトレーニングと自己管理能力が必要

関連情報　レスラー→日本レスリング協会　ボクサー→日本ボクシングコミッション

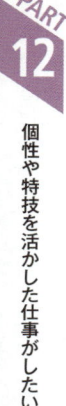

競艇選手

競艇選手は、エンジンを積んだ高速ボートを操り、レースで競い合う競技者です。日本全国にある競艇場でレースが開催され、A1・A2・B1・B2と4つのランクに分けられ、6艇のボートで600メートルの周回を3周して順位を競います。レースに勝つことでランクが上がっていき、それに応じて獲得賞金や参加レースが変わります。

高速ボートによるレースは、水上を時速80キロメートル以上の高速で滑走するため「水上の格闘技」と呼ばれています。その分、転覆や接触事故で命を落とす危険も伴う職業です。

競艇選手になるためには、競艇学校に1年間入所します。一般試験で定める応募要件では、年齢15歳以上30歳未満で中学校卒業程度の学力を有し、身長172センチメートル以下・体重は男子47～55キログラム・女子42～50キログラム、視力は裸眼で両目0.8以上などと定められています。並外れた運動神経が必要とされ、1000人以上の応募者から40人が選抜されるという狭き門です。入学後は寮生活を送り、厳しい訓練の中で必要な知識と技術を習得していきます。

POINT
- 高速ボートを操り、レースで競い合う
- 転覆や接触事故で命を落とす危険が伴う
- 競艇学校に入学して厳しい訓練を受ける

ジョッキー

資格免許

ジョッキーは、競走馬のオーナーから依頼を受けて、その競走馬の騎手としてレースに出場します。また、トレーニングセンター（馬の調教施設）で、調教師と協力してレースに向けて馬のコンディションを整えるのも大事な仕事の1つです。

ジョッキーの所属先には、日本中央競馬会が運営する中央競馬と、地方自治体が運営する地方競馬（公営競馬）があります。

ジョッキーになるためには、日本中央競馬会競馬学校か地方競馬教養センターで勉強し、騎手免許を取得する必要があります。それぞれ受験資格があり、中央競馬では、中学卒業以上20歳未満で身長や体重・視力といった身体に関する各種規定が設けられています。

入学を許可されると、中央競馬会競馬学校では3年間、地方競馬教養センターでは2年間の寮生活を送ります。早朝から乗馬訓練・馬の世話・調教など競馬づけの日々を送ります。卒業後、免許試験に合格することで騎手免許を取得できます。

POINT
- 競馬レースに出場する競走馬に騎乗する
- 調教師と共に馬のコンディションを整える
- 養成学校でジョッキーとしての基礎を学ぶ

関連情報　競艇選手 ➡ やまと学校（日本モーターボート競走会）HP
　　　　　ジョッキー ➡ 競馬学校（日本中央競馬会）HP　など

PART 12 個性や特技を活かした仕事がしたい

スカウト

高校や大学・社会人で活躍する有望なスポーツ選手を発掘し、自分の所属するチームに勧誘する仕事です。サッカーやマラソンなどの選手獲得がドラフトという契約交渉権を振り分ける会議で決定するため、他球団との駆け引きの中で与えられた人材獲得のミッションを果たします。

スカウトになるために必要な資格はありません。**選手の才能を見抜く眼と人材発掘への情熱**が大きな要素を占めます。したがって、その競技経験者がスカウト業務を担当する場合が多いです。各企業や団体に就職し、スカウト業務に就いた際には、将来有望な選手を見出すために日本全国、場合によっては海外まで足を延ばし、人材発掘のために各地を飛び回ります。機敏な行動力も必要です。

また、有望選手の情報をいち早く入手する情報網や人脈づくりも重要です。現有戦力を考慮しながら、補強すべきポイントを明確にし、スカウト活動を行うチーム全体を考えた経営者的な視点も求められます。

POINT
- 有望選手を発掘し、所属チームに勧誘する
- 才能を見抜く眼と人材発掘への情熱を持つ
- チーム全体を考えた経営者的な視点も必要

クラブチーム職員

野球やサッカー、陸上競技などスポーツ選手がそれぞれ所属している団体・組織（クラブチーム）の運営面を支える仕事です。

クラブチーム職員が担う役割は多岐にわたります。クラブの資金を支えるスポンサーを開拓する「営業部門」、マスコミやファンに情報提供を行う「広報部門」、クラブのお金の流れを管理する「経理部門」、選手の契約などを管理する「法務部門」などがあります。

スポーツクラブ特有の部署の1つが「強化部門」です。クラブチームの現有戦力や資金状況を考えながら、新たな人材となる有力選手の入団交渉や、所属選手に対する処遇の変更、解雇通達などチームの人事面を担います。

クラブ職員になるための特に必要な資格はありません。クラブの運営企業に就職し、クラブチームへの出向を志願するという道を選ぶケースが多いです。中には、アマチュアクラブ時代からチーム運営を手伝い、そのまま職員として採用された人もいます。

POINT
- スポーツクラブの運営面を支える
- 強化部門は有力選手の入団など戦力増強を担う
- 運営企業に就職し、クラブへの出向を志願する

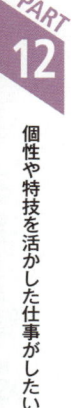

関連情報
スカウト→『スカウト』（安倍昌彦著／日刊スポーツ出版社）
クラブチーム職員→『「Jリーグ」のマネジメント』（広瀬一郎著／東洋経済新報社）

プロテニスプレーヤー

プロテニスプレーヤーは、テニスの大会に出場し、入賞と賞金獲得を目指して競い合います。テニスは世界各地で大会が開催され、世界を転戦しながら大会に出場します。トッププレーヤーは、世界4大大会(ウィンブルドン・全豪・全仏・全米)と呼ばれるテニス大会を制覇する「グランドスラム」を最高の目標にしています。

トッププレーヤーは、コーチやトレーナー、栄養士など専属のスタッフと共に世界中を転戦することが多いです。ベストなコンディションを維持する自己管理能力と、そのためのスタッフとのコミュニケーション能力も重要です。

プロテニスプレーヤーになるためには、幼い頃からテニスを始め、学校のテニス部やテニススクールに通いながら基礎技術を身につけます。ジュニア大会で活躍する人も多く、日本では、いわゆるプロテストというものはなく、全日本テニス協会の書類審査を通過すればプロテニスプレーヤーの道を歩むことになります。日本プロテニス協会や各スクールの試験に合格し、プロコーチの道を歩む人もいます。

POINT
- テニスの大会で入賞と賞金獲得を競い合う
- プロを目指すためには幼い頃から練習に励む
- プロコーチとして活動する人もいる

ボディービルダー

ボディービルダーは、自らの筋肉美を磨き上げるボディビルの競技者として、大会に出場して鍛錬の成果を競い合います。

日本ではボディービルダーのみで生計を立てることは難しく、アスレチックジムのインストラクターなどを兼務する人が多いです。タレントとして活動している人やボディビルダーの大会が盛んなアメリカの団体と契約を結んで活動している人、スポーツメーカーとスポンサー契約を結んで商品の営業活動に携わる人もいます。

ボディビルダーになるためには、筋肉量はもちろんのこと、筋肉のバランスやカット(陰影)などを重視した筋肉美を磨き上げ、維持するためのトレーニングが欠かせません。また、これを支える食生活の自己管理も重要です。

世界大会で成績を残す日本人競技者はまだ少ないのが現状ですが、新境地を切り開くパイオニア精神を忘れず、情熱を持って日々トレーニングに励みましょう。

POINT
- 自らの筋肉美と鍛錬の成果を大会で競い合う
- ボディビルの特長を活かして幅広く活動する
- 筋肉美を磨き、維持するトレーニングが不可欠

PART 12 個性や特技を活かした仕事がしたい

プロスキーヤー・スノーボーダー

国内外で開催されるプロのスキーやスノーボードの大会に出場する選手を指します。

スキーについては、速さを競うアルペン・アクロバティックな演技が入るモーグル・ジャンプ競技や長距離のレースを競うクロスカントリーなど競技のジャンルは多岐にわたります。

スノーボードについては、お椀の形をした競技場でジャンプの高さや技術の難度を競うハーフパイプ・滑降するスピードを競うパラレル大回転などの競技があります。

プロスキーヤーやスノーボーダーになるためには、何よりも日々の訓練が重要です。特に、シーズンオフとなる夏の時期は、心肺機能や下半身強化などの地道なトレーニングを積み重ねて、シーズンとなる冬の実戦に向けて備えます。

いずれのプレーヤーも競技だけで生計を立てられる人はごくわずかです。スキーやスノーボードのインストラクターを兼務している人が多いです。一方で、北欧など競技が盛んな海外に拠点を移して活動しているプレーヤーもいます。

POINT
- シーズンオフの夏の間にトレーニングを積む
- 競技だけで生計を立てられる人はごくわずか
- 競技の盛んな北欧などで活動する選手もいる

スポーツジャーナリスト

おもにスポーツを題材にした記事を新聞や雑誌・インターネット向けに執筆する仕事です。日本では、プロ野球やサッカーを専門とする人が比較的多いです。

ジャンルを問わず、スポーツ全般への深い知識と共に、選手個人やチームに関するデータや情報の収集・分析能力が必要です。よって、その競技経験者が引退後にスポーツジャーナリストに転身する場合も多いです。有名なスポーツジャーナリストは、オリンピックなどの国際大会でコメンテーターとしてテレビやラジオに出演する機会があります。競技についてわかりやすく、面白く説明する話術も求められます。

ジャーナリストという側面では、読者に対して正確でわかりやすい記事を執筆する文章力も重要です。よって、小説家やライターがスポーツジャーナリストの世界に関わることもあります。

最近では、スポーツジャーナリズムの学科を設けているエディタースクールもあるほどに人気の職業の1つとして注目されています。

POINT
- スポーツを題材に正確でわかりやすい記事を執筆する
- 専門知識と共に情報収集・分析能力が必要

関連情報　プロスキーヤー・スノーボーダー➡全日本スキー連盟 HP／日本スノーボード協会 HP
スポーツジャーナリスト➡『スポーツライターになろう！』(川端康生著／青弓社)

COLUMN

「派遣」という働き方

皆さんは、「派遣」という仕事があることを知っていますか？　正確に言うと、「派遣」は職業の名前ではなく、働き方を表す言葉です。

「派遣」とは、派遣元のA社と雇用関係を結んだ人（派遣労働者）が、実際にはA社と契約したB社（派遣先）で働くことをいいます。派遣労働者は一般的に「派遣社員」と呼ばれ、派遣元のA社（人材派遣会社）から賃金をもらい、派遣先のB社の指揮・命令を受けて働きます。現在、約130万人の人々が派遣労働者として働いています。

派遣の仕事をしたい人は、おもに人材派遣会社に登録して派遣先を紹介してもらいます。一方、人材派遣会社の社員は、派遣の仕事を求める人たちから希望の職種・勤務時間・勤務場所などを聞き、希望に合う派遣先を紹介します。派遣社員の多くは、補助的な立場で仕事を担当し、責任の範囲も限定的です。仕事に対する負担が軽いかわりに、賃金が安く、雇用状態も不安定です。派遣社員にとっては、「残業や休日出勤がない」「働きたいときに働いて、辞めたいときに辞められる」「会社という組織にしばられない」などのメリットがある一方で、「収入が少ない」「突然職を失う可能性がある」などのデメリットがあります。

「派遣社員として働いて、後の時間は自由に過ごしたい」との考えからあえて派遣社員を選択する人もいれば、「本当は正社員として働きたいのに、派遣社員の仕事しか見つからない」という人たちもいます。

「派遣」に関する法律である労働者派遣法（以下、派遣法）が施行されたのは、1986年のことです。当時、派遣法の対象は通訳やソフトウェア開発など専門性の高い職種に限られ、賃金水準も高く、語学力などの専門性を持つ女性などが、子育てが一段落したあとに派遣社員として復職するケースが多かったのです。

しかし、1999年と2004年の二度にわたる派遣法の改正で、一般事務や工場の生産ラインなどの職種も対象となりました。ちょうどこの時期、不況にあえいでいた企業は、人件費を削減するために、正社員の雇用（正規雇用）を減らすかわりに派遣社員など非正規雇用を増やしましした。その結果、正社員の求人が減り、「本当は正社員として働きたいのに、派遣社員の仕事しかない」という人々が増えてしまったのです。一度正社員から派遣社員になると、正社員として再就職できるケースが少なかったため、派遣社員の仕事にしか就けない人々が貧困に陥るなど社会的な問題となっていきました。そのため、2012年以降、再三にわたって派遣法が改正され、日雇い派遣が原則禁止になったり、雇用安定措置が義務化されたりしてきました。

派遣という制度・働き方には良い面と悪い面があり、派遣社員という働き方を選択する際は、現状をよく理解することが大事です。

巻末特集

先輩からのメッセージ

高校生の皆さんにとって先輩にあたる現役の大学生に、将来の夢や就きたい職業、学生生活について語ってもらいました。大学生がおすすめする本の紹介もありますから、参考にしてください。

医師を目指して勉強中の学生さんに聞きました

東京大学 医学部医学科3年 西村 有未さん

私は臨床医を目指しています。

医師には色々な専門分野がありますが、私は「未来の命を救う」という意味から小児科・小児外科・産婦人科の医師になりたいと思っています。また、女性医師が気持ちよく働けるような環境を作っていきたいです。

大好きな子どもの未来を守りたい！

もともと、高校生の頃から子どもが大好きだったので、将来は子どもと関わる仕事がしたいと考えていました。医学部を目指すようになったのは、予備校の大学生スタッフのお話に心を打たれたのがきっかけでした。

子どもたちの未来を救うことができる――私は、医師にこのような魅力を感じています。そのきっかけはジャパンハートという医療系NPO法人での活動です。代表の吉岡秀人先生は、17年間ミャンマーで貧しい人たちのために無償・無給で手術を行っています。私は、大学に入ってからその活動に参加するようになり、貧しくて病院に行くことさえできなかった子どもたちを治療することで、子どもたちの未来を明る

いものに変えられることを実感したのです。

また、大学に入ってからは、女性医師の仕事と家庭の両立の難しさについても考えるようになりました。女子で集まると「将来いつ結婚しよう」「いつ子どもを産もう」といった話題になります。そのような中で、女性が責任を持ちながら医師の仕事と家庭を両立できるような環境づくりに携わりたいと思うようになりました。

大学外にも成長の場はたくさんあります

医学部生は、人体を使った解剖の授業を必ず受けます。私も、数ヵ月かけて人体のあらゆる部分を細部まで解剖しました。最初は精神的に苦労しましたが、大変貴重な経験でした。

今は、4年生の終わりから始まる病院実習に向けて、医学の

巻末特集　先輩からのメッセージ

基礎知識をつけるような授業を受けています。学外では、ジャパンハートの学生チームとして活動しています。吉岡先生の「医療のないところに医療を届けたい」という想いを多くの人に伝えるために講演会を催したり、インターネットを通じて寄付を募ったりしています。寄付で集まった300万円以上のお金によって、ミャンマーでは治療のできない難病の女の子を日本に招いて手術を行うことができました。今後も社会貢献につながるプロジェクトを実行し、支援の幅を広げていければと思います。

また、女性医師のワーク・ライフ・バランスについては、日本医師会と共催で医師のワーク・ライフ・バランスについて考えるイベントを開催するなどの活動も行っています。今後もこのような活動を続け、学生のうちから男女一緒になって医師のワーク・ライフ・バランスに関する知識を深めて、問題意識を持って考える風潮を創りたいと思っています。

深い教養と体力を養ってください

医師、特に臨床医という仕事は、人と接する職業です。勉強だけでなく、深い教養が求められると思います。私は大学に入ってから、もっと高校時代に色々なことに興味を持ち、色々な本を読んでおけばよかったなと少し後悔しました。比較的時間がある高校生の時期は、色々なことにチャレンジできるチャンスだと思います。また、医師は大変体力のいる仕事です（医学生もテスト期間はとっても体力がいります……）。高校時代からの体力づくりも大切です。最近は、海外で活躍する医師や研究者が増えてきているので、将来は海外勤務という選択肢もあるかもしれません。英語もしっかり勉強しておくことをおすすめします。

大学に入ってから専門の勉強をし、たくさんの先輩方と関わる中で、医師の魅力を感じる機会も多くなるでしょう。今はただ何となく医師になりたいと思っている人は、大学での出会いを楽しみに、今できることを頑張ってください！

オススメの1冊！

西村さんオススメの書籍紹介

『研修医純情物語——先生と呼ばないで』

川渕圭一 著／幻冬舎文庫　2011年

テレビドラマ「37歳で医者になった僕」の原作で、パチプロ・サラリーマン・ひきこもりを経て、37歳で研修医になった主人公が、旧態依然とした研修先の大学病院の体制や、ハチャメチャな医療現場を目のあたりにしながら、信念のもと懸命に行動を起こしていくという、新米医師の成長を描いた物語です。いつまでもこんな純粋な気持ちを忘れない医師でいたいなと感じることができると共に、医師の世界を垣間見ることができますよ。

教師を目指して勉強中の学生さんに聞きました

関西学院大学 教育学部
（旧）幼児・初等教育学科3年
藤本 実希 さん

私は、小学校5年生の頃から小学校教師になることが夢でした。子どもたちに元気と笑顔を与えられるような、魅力あふれる教師になることを目指して勉強していきたいと思います。

子どもの成長を、そばで見守りたい

私にとって教師の魅力は、子どもの成長をそばで見守り、感じることができるところにあると思います。自分の成長が子どもの成長と共にあるということもまた、とても魅力的なことの1つです。

私は、小学校5年生の頃から教師になりたいという夢を持つようになりました。小学校教師であった父からの影響もあると思いますが、当時の担任だった先生との出会いが大きなきっかけになったと思っています。先生は、私に学校や勉強の楽しさを教えてくれました。休み時間には私の相手をして遊び、いつも目を見て話を聞き、元気がないときはそばにいてくれました。先生を見て、私もこのような気持ちの温かい先生になって、子どもたちの成長を見守ることができたらいいなと思うようになったのです。

大学生活すべてが、将来への準備になっています

3年生からは体育専攻（総合・新領域系、スポーツ科学・健康科学）の研究演習ゼミに所属し、勉強しています。来年（2013年）の2～3月には、アメリカへ研修に行き、現地の小学校や幼稚園を訪問するなどの国際交流を経験してきます。

学外では、小学校の自然学校やキャンプのリーダーをするボランティアを行っています。また、週に1～2回、授業の空いた時間を使って特別支援学級の学習ボランティアや早朝の子どもたちの登校挨拶ボランティアをしながら、様々な子

巻末特集 先輩からのメッセージ

もたちと関わりを持つようにしています。

サークルはテニス部に所属しています。テニスは、小学校3年生の頃から始め、今年（2012年）で13年目になります。高校時代にはキャプテンと1番手を務めました。大学のサークルは体育会系のため、文化系のサークルでは考えられないほど練習が大変です。でも、この厳しさの中で、楽しさを見つけることやどんなに辛くても逃げないこと、責任感を持って行動すること、仲間を大切にすることなど様々な大切なことを学んでいます。

これからも、大学でしかできないことに全力で取り組んでいきたいと思っています。

何があっても、やりたいことをやり続けること！

高校生のうちにやっておくことは、今やっていることを、頑張っていること、夢中になっていることを続けることだと思います。ただそれだけです。そんなのあたりまえじゃないか、と感じる人がいるかもしれませんが、実はこれって結構難しいのではないでしょうか。

人間には苦しいときもあれば、辛いときもあります。部活動や受験勉強だって苦しかったり辛かったりする場面がありますよね。そんなときでも、逃げずに立ち向かっていってください。そうすれば、物事を達成する強い心を養うことができます。これから先の受験勉強や大学での勉強、就職活動な

ど、頑張らなければいけないときに、逃げずに立ち向かっていった経験は必ず役に立つはずです。

また、親に対する感謝の気持ちを持ち続けてください。私は、受験のときも今の大学生活においても親にたくさん支えてきてもらいました。今の私が親のおかげだと思っています。皆さんも私と同じで、親の支えがあって今の自分があるのだと思います。そのことを忘れずに、感謝の心を持ち続け、日々の生活を送るようにしてください。

オススメの1冊！

藤本さんオススメの書籍紹介

『5年3組リョウタ組』

石田衣良著／角川書店　2010年

私は、大学に入ってから初めてこの本に出会い、そのことがきっかけでたくさん本を読むようになりました。勉強を教えることがただ上手な人が先生になるのではない、子どもの心を動かし、変えることができる、子どもを心から愛することができる熱い人が先生になる、ということをこの本から教えてもらいました。教師を目指している人にとっては、ぜひおすすめしたい1冊です！

529

経営コンサルタントを目指して勉強中の学生さんに聞きました

上智大学 経済学部経営学科3年
鹿島 祐希くん

私は、経営コンサルタントになりたいです。業務プロセスの構築や人事システムなどについての見識を深めていき、企業の組織づくりとその変革に貢献したいと考えています。

企業の「変革の立役者」になりたい！

経営コンサルタントの魅力については多々ありますが、その中で私が最も魅力的だと思うのは、「変革の立役者」になれるということです。

経営コンサルタントが関わる変革には2つの種類があると考えています。1つは企業の変革。もう1つは人の変革です。経営コンサルタントは戦略の立案、実行のサポートを通じて企業の変革を支える存在です。ただし、単に戦略を立て、企業の変革に貢献するだけではありません。その過程においてクライアント自身を変革していくことも求められます。経営コンサルタントはクライアントの企業に一定期間しか関わりませんが、関わりが終わった後も、その企業は活動を続けていく必要があります。そのため、経営コンサルタントは企業に属する人の変革にも責任を負うことになります。

人を変えることは難しいことであり、また多くの責任も伴います。一方で、もし自分の力で人を変えることができ、それがすばらしい成果につながって、その人たちと喜びを分かち合えるのであれば、これほど嬉しいことはないと思います。その瞬間を味わえることこそが経営コンサルタントの最大の魅力であると思います。

夢実現に向けて戦略的な学生生活を送る

経営コンサルタントへの門戸は狭く、レベルの高い大学の中でも特に優秀な一握りの人間しかその職に就くことができません。なりたいと思って簡単になれる職業ではないので

巻末特集 先輩からのメッセージ

何が必要かの仮説を立て、戦略的に学生生活に取り組んでいく必要があると思います。
ですから、私はいかに自分自身を高めるかということに注力しました。経営コンサルタントに求められるものは本来の頭の良さと素直に学ぶ能力である、という仮説を立てたのです。その中で、私は自身の頭をいかに良くするかということに必死に取り組みました。その方法とは、ひたすら考えることです。私は大学に入って以来、自らを考えることのできる環境においてきました。1年生の頃から自主的な勉強会を実施し、2年生の夏からはビジネス系サークルの幹部として活動、ゼミでの研究活動などにも力を入れました。

目的意識を持ち、時間を大切にしましょう

正直に言えば、できるだけレベルの高い大学を目指すこと。まずはこれに尽きると思います。単純に学歴の問題だけではありません。私が就職活動を行う中で実感したのは、レベルの高い大学にはレベルの高い大学生が多い傾向にあるということです。

経営コンサルタントになるためには、そうした大学生の中での切磋琢磨が欠かせない要素の1つです。自分を高められる環境を手に入れるためにも、高校生の皆さんにはぜひレベルの高い大学を積極果敢に目指してほしいと思います。

次に、自分の行動に対して、その目的は何なのかを常に問う習慣をつけるようにしましょう。ただ大学受験をするだけでもなく、最終地点として自分がどうなりたいのか、今の活動はそのためにどんな意義と目的があるのかを意識するようにしてください。

目的意識を持った行動は、それを持たない行動に比べて何倍もの効果を発揮します。高校生の皆さんが社会に出るまでの時間は長いように思えて、実は短いです。時間を大切にして、充実した高校生活を送ってください。

オススメの1冊！

鹿島くんオススメの書籍紹介

『コンサルティングとは何か』
堀紘一著／PHP研究所　2011年

コンサルタントという職業の成り立ちから、日本社会への浸透・コンサルタントの提供する価値や必要な能力に至るまで、コンサルタントに関わる様々なことが網羅的に書かれています。タイトルにもあるように、「コンサルタントを行うこと＝コンサルティングとは何か？」について理解を深めるためには最もわかりやすい本だと思います。イメージしづらいこの職業を理解するにも、最初の一歩としてふさわしい、おすすめの1冊です！

エネルギー関連の研究職を目指して勉強中の学生さんに聞きました

北海道大学 農学部森林科学科4年 山本 陽子さん

高分子に関係するものづくり、あるいはエネルギーに関わる研究職に就きたいと思っています。石油にかわるエネルギー資源として、食糧と競合せず再生可能で安く供給できる木材や廃棄物などを原料とする「バイオマス」を利用できるようにするための研究に携わりたいです。

大好きなことで、世の中の役に立てる仕事を！

大学1年生のときに、樹木が好きということから環境問題改善に貢献したいと思いました。

環境問題の大きな原因は、石油に依存した生活様式によるエネルギー消費だと考え、現在所属している森林化学研究室を選びました。私の研究室ではバイオリファイナリー（バイオマスをあますことなく物質やエネルギーとして利用する仕組み）を達成することを目標としており、私自身もバイオエタノール生産に用いる酵素の活性向上と再利用を促進することに関する研究をしています。繊維、プラスチック製品といった日常生活で用いている多くのものは高分子化合物（ゴムやプラスチックなど）からなり、石油由来の原料がとても多いのです。また、エネルギーの多くも石油に頼っています。これを再生可能で食糧とも競合しない物質に代替できれば環境問題は改善されると考え、これに貢献できる仕事にとても魅力を感じています。

原料だけでなく、エネルギーを蓄えるためのキャパシタ（蓄電池）にバイオマスを用いるなど、可能性はまだまだたくさんあります。このような自分が大好きな樹木に関連した研究をして環境問題改善に貢献したいです。

興味を深める中で、自分の将来像も見えてくる

職業に就くためというスタンスではなく、勉強しながら就きたい職業を見つけていきたいです。研究や様々な活動を通して興味を持って知識や理解を深めることで、その分野には

巻末特集　先輩からのメッセージ

現在どのような問題があるかを知り、それを解決するための研究にはどのようなものがあるか知るという流れをふまえて、今後の研究の方向やその職業を決定しようと思っています。

研究以外の活動としては、動植物を観察することが趣味なので、山に登ったり鳥や植物をよく見に行ったりします。語学の勉強も兼ねて、ドイツでのファームステイ・ワークキャンプなどで色々な人と交流しました。また、今所属している研究室の学生の半分は留学生のため、語学力だけでなく様々な国の人の考え方や生活様式を知ることができるので良い経験になっています。

研究職に限らず、1人で完結する仕事はほとんどないと思います。語学は研究やその仕事に携わるすべての人とコミュニケーションをとるための重要な手段の1つなので、必要になったときに徐々に身につけていきたいです。

自分の興味を、妥協することなく追究してみる

就きたい職業を見つけるために、好きなこと、興味や関心があることにどんどん取り組んでいってください！

私自身、動植物（特に樹木）と語学が好きということから、フィールドに出たり外国に行ったり、色々な人と交流したりと様々な経験をしています。これらの経験があったからこそ今の自分があると思っています。取り組むとなったら中途半端なことはせず、とことん没頭するくらいに積極的に取り組んでいってほしいです。

知らないことは常にたくさんあります。勉強して色々なことを知り、体験していきましょう。まずは、できそうだと思ったことについて、積極的に取り組んでみるといいと思います。無駄なものは1つもありません。必ず、将来の職業に就くために必要な知識の一部になると思います。

山本さんオススメの書籍紹介

オススメの1冊！

『トコトンやさしい　バイオエタノールの本』

坂西欣也・遠藤貴士・美濃輪智朗・澤山茂樹著／日刊工業新聞社　2008年

バイオエタノールに関する概説から、製造過程、利用用途など、経済的な面から技術的な面までわかりやすく書かれています。特に、今後のバイオ燃料に関することが書かれている箇所が圧巻です。この本に出会い、私は現在の研究テーマについて考えを深めることができました。

パイロットを目指して勉強中の学生さんに聞きました

東海大学 工学部 航空宇宙学科（航空操縦学専攻）3年 山田 愛介くん

私は航空会社のエアラインパイロットになりたいです。パイロットは客室乗務員のように直接乗客と接する機会はほとんどありませんが、コックピットからでも乗客に安心を与えることのできるプロフェッショナルなパイロットになるのが夢です！

「安心を与えるパイロット」に魅力を感じました

私がエアラインパイロットを目指し始めたのは、高2生のときの修学旅行がきっかけでした。修学旅行では飛行機に乗る機会がありました。飛行機は幼い頃から何度か利用していたので慣れているつもりでしたが、その日は経験したことがないほど機体が揺れたのです。「このまま墜落してしまうのではないか」と考えてしまうくらい不安になりましたが、その際、パイロットから「揺れはもうすぐ収まります。私たちを信じて安心してお過ごしください」という内容のアナウンスがありました。そのアナウンスのおかげで「パイロットを信じよう！」と心を落ち着かせることができました。と同時に、私はパイロットの責任感の強さとプロフェッショナルな姿勢、安心感に惚れ込んでしまい、「パイロットになりたい！」と強く思うようになりました。

夢を諦めずに努力した先に一生ものの感動が！

私が通う航空操縦学専攻では、1年次に一般教養と専門科目の両方に加えて、飛行機と操縦の基礎を習得します。2年次から3年次にかけては飛行訓練のためアメリカに1年半留学し、日米両方のプロパイロットの資格取得を目指します。現在は留学生活も終盤となり、飛行時間も220時間を超えました。

授業の他には、英語の学習に力を入れています。留学中はすべて英語で学び、パイロットが管制官と行うやり取りも英語です。留学中はほぼ毎週筆記試験があり、飛行訓練でも実

巻末特集 先輩からのメッセージ

技試験や口述試験が課されます。正直大変ですが、これを乗り越えてこられているのも「パイロットになる！」という強い意志があったからだと思います。

ただし、訓練は大変なことばかりではありません。例えば、"first solo flight"という、初めて1人だけで空を飛ぶ訓練があります。とても緊張しましたが、機体の車輪が地面を離れた瞬間の喜びは一生忘れられない感覚です。他にも、満天の星空を見ながら飛行したり、1人で何百キロも離れた空港まで操縦したりという経験は、パイロットにしか味わうことのできない特権だと思います。

情報収集と体調管理が大切です！

高校生のうちからやっておくべきことは、情報収集と体調管理の2つです。

まず、情報収集についてです。パイロットになるためには大きく分けて3つの方法があります。私のように大学で訓練する方法、大学卒業後に航空会社に入ってから訓練する方法、独立行政法人の航空大学校で訓練する方法です。これらの方法にはそれぞれ長所と短所があります。よく情報収集をして、どの方法が一番自分に適しているのか考えてみてください。

次に、体調管理についてです。パイロットになるためには、「第一種航空身体検査」という厳しい身体検査をパスしなければなりません。私の大学のようなパイロット養成学科では、入試でこの身体検査に合格する必要があります。受験期は夜更かしをしたり、インスタント食品を食べることが多くなりがちですが、まずは健康を第一に生活してください。もし可能であれば、航空身体検査を受診できる病院で実際に一度検査を受けてみることをおすすめします。自分の健康状態を知ることで、改善点が見つかるかもしれません。

パイロットは限られた人しかなることのできない職業だと思われがちですが、そんなことはありません。普通の学力と健康状態であれば誰にでもチャンスはあります。一番大切なことは諦めない気持ちです。

オススメの1冊！

山田くんオススメの書籍紹介

『機長のマネジメント』

村上耕一・斎藤貞雄著／産能大出版部　1997年

旅客機の自動操縦が高度に発達した現代において、パイロットは操縦技術を磨くだけでなく、客室乗務員・地上スタッフ・管制官たちと協力し、情報を適切に用いて安全なフライトを遂行できるリーダーでなければなりません。この考えをCRM（Crew Resource Management）といいます。本書はパイロットであった著者が、実際のフライト経験を交えてCRMについてわかりやすく説明しています。パイロットを目指す人であれば、モチベーションが上がること間違いなしです！

ウェブサービスの開発者を目指して勉強中の学生さんに聞きました

東京大学大学院 工学系研究科
技術経営戦略学専攻修士1年
飯塚 修平 くん

ウェブサービスを通して人々の生活をより豊かにする仕事に就きたいです。現在のウェブサービスは、SNSなどウェブ空間で完結するものが多いですが、これからはオンライン（仮想）とオフライン（現実）とのつながりがますます強くなると思います。私は、その変革期を担いたいと考えています。

これからは、ウェブが世界を動かす時代です！

私がIT・ウェブの世界に足をふみ入れたのは、大学3年生でのシリコンバレー旅行がきっかけでした。Twitter、Facebook、Evernoteなど様々なIT企業を巡る中で、世界中で使われているウェブサービスが非常に少人数かつ小規模なオフィスで開発・運営されている様子を目のあたりにし、大きな衝撃を受けました。この経験からウェブのもたらすインパクトの大きさ、その進化の速さにあこがれて、帰国後すぐにプログラミングの勉強を始めました。

ウェブサービスを作ることは、一見華やかに見えて、実は泥臭い作業です。しかし、これからの世界は全人口に占めるデジタルネイティブ（生まれたときからパソコンやインターネットなどのITが普及している環境で育った世代）の割合が増し、ウェブのインフラとしての重要度がさらに高まっていくでしょう。それだけに、モバイルとアイディアさえあれば世界を動かすインパクトを与えることのできる、本当に魅力的な分野だと思っています。

現場経験こそが、スキル向上のポイント！

大学の教養課程（1・2年次）でプログラミングの基礎を学び、具体的なスキルはソフトウェアエンジニアとしてのアルバイトやインターンを通して身につけていきました。現場では、どのような技術が使われているのかを先輩から見聞きすることができ、非常に効率の良い学びができます。小規模のITベンチャーでのアルバイトでは、自ら営業し

巻末特集 先輩からのメッセージ

たり企画開発したりと、1つのプロダクトに対して非常に大きな裁量を持って取り組むことができました。修士1年の夏には4カ月間、GoogleでインターンとしてGoogleでインターンとして働き、Googleとユーザをつなげる複数のウェブサイトの構築に携わりました。小規模のベンチャーから大企業まで、様々なところで働く機会を得られるのは学生の特権だと思っています。

また、週末にはUT Startup Gymというプログラミング勉強会を開催し、ウェブサービスを作りたいと考えている社会人や学生にプログラミングの基礎を教えています。ついこの前まで学ぶ側だった自分が、今度は教える側に回るわけですが、立場が近いからこそ先輩として伝えられるメッセージがあると考えています。自分自身にとっても、人に教えることは理解を深める良いきっかけになりますね。

チーム力と時間意識を高めることが大切！

最近は非常に安価でパソコンを買えるようになり、プログラミング関連の書籍も充実しています。ウェブサービス開発に興味があれば、高校生のうちからチャレンジしてみるといいと思います。また、部活動などを通してチームで何かを成し遂げる経験も大切です。ウェブサービスの開発は1人の優秀なエンジニアがいるだけではダメで、複数人で議論してアイディアをブラッシュアップしなければ、ひとりよがりな内容になってしまいます。高校は仲間と毎日顔を合わせる場な

ので、そういったチームワークを身につける良いチャンスです。

日々の勉強にも真剣に取り組んでください。進化が速いITは特にそうですが、成果を生み出している人は時間に対する意識が高く、「自分はこの1時間で何を生み出せるのか」などと常に自問自答しながら行動しています。受験勉強もまた、限られた時間の中でいかに最大限の成果を出せるかが問われますので、この時間意識を身につける最高のチャンスだと思います。その努力の積み重ねが、将来の大きな差につながるのです。

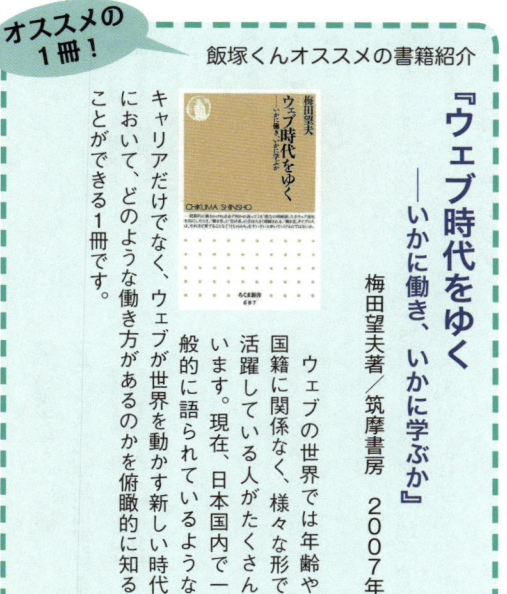

飯塚くんオススメの書籍紹介

オススメの1冊！

『ウェブ時代をゆく
──いかに働き、いかに学ぶか』

梅田望夫著／筑摩書房　2007年

ウェブの世界では年齢や国籍に関係なく、様々な形で活躍している人がたくさんいます。現在、日本国内で一般的に語られているようなキャリアだけでなく、ウェブが世界を動かす新しい時代において、どのような働き方があるのかを俯瞰的に知ることができる1冊です。

537

商社員を目指して勉強中の学生さんに聞きました

学習院大学 文学部
フランス語圏文化学科4年
山田 健太朗 くん

自分がどれだけ世界に影響を与えられる存在なのかを試すことができる。さらには、必要なところに必要なものを届けられる「人財」になって、良い影響を世界に与えていきたいと考え、総合商社への入社を決意しました。

国際社会で活躍できる職場を求めて

高校生になるまでは、どこにでもいるような野球少年で、海外に行く機会もありませんでした。海外に行ったのは、高1生の頃のイギリス短期留学が初めてです。自分が知らない世界がまだ数多くあることを知ることのできた短期留学の経験をきっかけに、「この世界で自分には何ができるのだろう」「自分は何がしたいのだろう」と考え始めました。

さらに、大学での国際協力活動や留学を通して、国際社会で誰とでも対等に渡り合える人間に成長していきたいと考えるようになりました。また、せっかく世界に影響を与えることができるのであれば、必要なところに必要なものを届けられるような「人財」になりたいとも思うようになりました。届けるものはモノでも、人でも、笑顔でもいいし、届け先は人間でなくてもいい、より豊かに生きる人を、より多く生み出したいと今は思っています。

大学生活を通して、特定の環境にあこがれを持つことはありませんでしたが、将来の職業に関しては、自分のやりたいことができる環境であると共に、自分がどれだけ世界に良い影響を与えられるかを試すことができるフィールドに魅力を感じ、そのフィールドを探して就職活動を行いました。結果、国際社会で活躍できる場、成長できる場を求めて総合商社から内定をいただきました。

自分の活躍の場を広げるための努力をしています

世界で自分に何ができるのかという答えを見つけるため

巻末特集 先輩からのメッセージ

に、大学では英語以外にも汎用性の高い言語と文化を学ぶことで、発展途上国を含めて将来の自分の活躍の場を広げたいと考え、フランス語とフランス語圏の文化について学びました。大学3年生の頃にはフランスのパリへ留学しました。現地では、留学生としてではなく、1人の住民として人や文化と交流するように努め、またフランス赤十字社で難民支援のボランティア活動や現地の小学校での日本語教師のアシスタント、喫茶店でのアルバイトも経験しました。

その他にも、タイの山岳少数民族地域やマレーシアのボルネオ島サバ州でのNGO活動に関わり、トルコやアメリカのニューヨークなど様々な国・地域にも旅をしました。東日本大震災の際には震災復興ボランティア活動に参加しました。

「今」をいかに生きるかを考えながら生活しよう！

何かをしたから何かになれるわけでもないし、こうなりたいからこれをやらなければいけないということはないと思っています。夢を持てという人は多いけれど、無理やり見つけるものでもないと思います。特に最近は、自分のまわりも含めて、今を楽しく生きることができればいいと考える人が多くなっているように感じます。私はそれでいいと思います。

ただ、せっかく今を生きているのだから、自分がどれだけ世界に影響を与えられる人間になれるのかを試してみても損

はないのではと考えるようになりました。そして、どうせ影響を与えるなら必要なところに必要なものを届けられる存在として、良い影響を与えたいと思ったのです。皆さんも、今をいかに生きていくかということを考えながら生活してみてはどうでしょうか。こんな自分からでも、高校生の皆さんにアドバイスができるとすれば、この3つの言葉です。

・「悩むことをやめない」
・「明日やろうはバカ野郎」
・「チャンスは逃さない」

オススメの1冊！

山田くんオススメの書籍紹介

『レ・ミゼラブル』（全5巻）

ユゴー著、佐藤朔訳／新潮文庫 1967年

人生は誰かや何かから与えられるものではなく、自分で選択するものである、と考えたことがない人にとっては、読んでみて損はない1冊です。ナポレオン1世没落後のフランスの動乱を、特に最下層の民衆の目線で描いています。著者の歴史に対する造詣や人物描写もずば抜けてすばらしいですが、それぞれの登場人物の人生描写にも心酔しました。「人間はどう生きるべきなのか？」のヒントになるかもしれない1冊です。

設計・開発の専門職を目指して勉強中の学生さんに聞きました

名古屋大学 工学部機械・航空工学科3年

古川 大貴くん

僕は将来、飛行機やリニア新幹線の設計と開発に関する仕事をしたいと思っています。具体的には自分の専門として学んでいる分野の勉強を活かして、飛行機の翼や胴体の設計、リニア新幹線の車体の設計をしていきたいです。

より暮らしやすく、快適な社会を実現したい！

僕が飛行機やリニア新幹線の開発をしたいと思ったのは、大学に入り、機械・航空工学科の専門科目を学ぶ間からです。様々な専門科目を学び始めた頃に、自分たちが学んでいる学問が世の中を便利にするためにとても役に立っていることを知り、将来は大学で学んだことを活かせる職業に就きたいと思うようになりました。その中でも飛行機やリニア新幹線の開発をしたいと思った理由は、これらが長距離の移動をするうえで欠かせないものだからです。

今よりももっと早く目的地に到着できる飛行機や新幹線を開発することができれば、人々や荷物の移動に伴う負担を軽減することができ、より暮らしやすい社会になります。快適な旅行を楽しめるようにもなるし、通学・通勤やビジネスの範囲も拡大するでしょう。安全で、少しでも移動時間を短く、利用者の負担を少なくできる乗り物を開発していきたいと思っています。

専門的な学問を通して、自分の興味を掘り下げていきました

現在は航空宇宙工学コースに所属しています。航空宇宙に関する勉強を中心にしていますが、機械系に共通する授業も多く、幅広い分野の勉強をしています。航空宇宙に関する授業では、飛行機の操縦についての飛行安定性操縦性論や宇宙機の移動に関する宇宙航行力学などを学んでいます。また、機械系に共通する授業では、流体力学・構造力学・制御工学・熱力学などを勉強しています。多くの学問を学ぶ中で、特に

巻末特集 先輩からのメッセージ

数学を得意分野にしておきましょう

 面白いと思ったのは流体力学です。流体力学とは流体（空気や液体）中にある物体が受ける力を考える学問で、これを学ぶと、なぜ飛行機のような重いものが空を飛べるのか、なぜ新幹線の先頭形状があのような流線形になっているのかといううことが理解できるようになります。様々な分野に応用されている流体力学をもっと深く学んでいこうと思っています。
 授業の他にも、大学では企業の方から実際の設計・開発に関するお話を聞く機会や、企業の工場を見学させてもらう機会があります。通常の授業ではわからないような実際の職場の雰囲気を感じることができました。

 工学部の機械系の学科に入学すると、教養科目以外の授業はほぼ数学と物理の勉強です。数学は物理学を学ぶうえでの言語です。ですから、数学がわからないと物理は理解できないと思います。数学は得意科目と胸を張れるくらいに勉強しておいた方がいいと思います。
 また、数学や物理を勉強する際には、簡単な公式に関しては単に暗記するだけでなく、自力で導けるようになったうえで暗記するようにしましょう。その方が理解も深まり、様々な視点で問題を見られるようになります。
 高校では、普段から色々な科目で計算問題の解き方を習います。その中で解き方がわからない問題に遭遇することもあ

ると思います。大学の勉強でも、そのような問題に出会うことがあります。このような場合に、僕は最終的に求める結果にたどり着くためには途中過程として何を、どんな順番で、どのようにして求めなければならないのかを考えることで問題を解決するようにしています。問題を解決する方法は色々あると思うので、難しい問題に対してどのように考え、解決するかを自分自身で考えてみると、入試問題を解くことだけでなく大学やその先の人生でも役立つはずです。

オススメの1冊！

古川くんオススメの書籍紹介

『雑学科学読本 身のまわりのモノの技術』
涌井良幸・涌井貞美著／中経出版 2012年

 飛行機が飛ぶ原理や新幹線の先頭形状に関することなど、身のまわりにある様々なものに関する仕組みがわかりやすく書かれています。普段学んでいることが実際の社会でどのように活かされているのかを知る、様々な科目を勉強する意義がわかる1冊です。また、読みやすく書かれているので、受験勉強の合間の気分転換として読んでみるのもいいと思います。

ジャーナリストを目指して勉強中の学生さんに聞きました

立教大学 法学部政治学科3年
米満 理恵 さん

私は雑誌の誌面などで活躍するフリーの美容ジャーナリストを目指しています。その夢へのステップとして、まず女性誌を持つ出版社に就職し、修業を積む予定です。美容に関する記事を担当できればいいなと思っています。

自分の得意分野から職業を見つけました！

美容に興味を持ったのは、ファッション誌を読み始めた高2生の頃、「好きな人に自信を持って会いたい」と思ったことがきっかけでした。その時期はニキビが出ていたのですが、きれいなモデルや最新の化粧品情報に刺激を受けてスキンケアをあれこれ試すようになりました。

大学に入ってからは美容雑誌を買い求めるようになり、いつの間にか化粧品の情報についてはまわりの誰よりも詳しくなっている自分がいました。大学2年生の春に、この自ら求めて自然と身についた力を活かして何かできないかと考えたとき、「情報の氾濫する中でも正しい美容情報を多くの人に届けたい」と思い、美容ジャーナリストという職業名がすとんと胸に落ちてきたのです。

自分の編み出した言葉1つで、誰かの化粧品選びを変えるほどの強い影響力を持てることがジャーナリストの大きな魅力です。ウェブが影響力を増す中で雑誌を作りたいと思うのは、有料でもなお必要とされるほどに質の高い情報を提供できるメディアは、雑誌に他ならないと思うからです。

情報に対する感受性を高めることが大切

力を入れたことは、多数の情報を取り込んで比較することです。例えば、女性誌は人一倍読むようにしています。毎号必ず買う雑誌は月5冊で、その時々で気になった特集を組んでいる雑誌を2〜3冊プラスして買います。そうするうちに、その雑誌がどういう読者像を意識しているのかが見えてきま

さらに「なぜこの雑誌は売れるのか？」「なぜ私はこの雑誌が好きなのか？」と考えることで分析する習慣がつきました。

また、ウェブ上の情報や書籍の情報なども幅広く吸収してつき合わせてみることで、「何が正しいのか？」「何を信じるべきか？」といった情報への感受性が高まりました。好きなことなら、たくさんの情報を突き詰めて集めたいと思えるはずです。まずは好きなことをとことん究めることから始めてみてください。その中で手に入れたノウハウ、感覚は他のことを究める応用にもつながります。人に話せる、覚えてもらえるような得意分野をぜひ1つ持ってみてくださいね。

好きなことを見つけ、とことん究める！

前述のように、好きなことを究めてほしいです。もしないのなら、今のうちに見つけてください。どんなマニアックなことでも必ず役に立つと信じて、好きなものを突き詰めてみましょう。できれば大学生になるまでに、同学年の子に「○○のことは私に聞いて！」と言えるくらいになってください。その結果、色々なものを俯瞰する視点がはぐくまれていきます。私は大量の情報に惑わされなくなるために、決して少なくないお金と時間をかけてきましたが、情報を見る目が養われたので投資した以上のリターンがあったと思っています。今は様々なSNSも発達しています。自分の言葉を発信する場を早いうちから持っておくとよいでしょう。はじめは感想ばかりでも、しばらくすると考察や批評が書けるようになります。

また、学校の先生や塾の先生たちと語ってください。大人の価値観に出会うことで成長するのはもちろん、高校生のうちに大人と話す訓練をしておくと、大学生になって世界を広げるチャンスを逃しにくくなります。同世代から受ける刺激より、大人から受ける刺激の方がはるかに威力がありますよ。

ジャーナリストの基本は比較対照です。

オススメの1冊！

米満さんオススメの書籍紹介

『会話は「聞く」からはじめなさい』
上阪徹著／日本実業出版社　2012年

某雑誌系の出版社で学生記者という立場でインタビューをしてきました。その勉強のために、また普段からたくさんの人に会うので良い関係を築くヒントを得るために購入しました。敏腕インタビュアーの思考が丁寧な言葉で書かれ、とても吸収しやすい内容です。話すばかりでなく、聞くこともスキルの1つなのだということを思い知らされた1冊です。ジャーナリストになりたい人だけでなく、今以上に自分の視野や世界を広げたい人におすすめします！

新聞記者を目指して勉強中の学生さんに聞きました

明治大学 経営学部経営学科4年 江口 英佑くん

私は新聞記者になり、「身近な記者」になることを目指しています。新聞社に就職したら、地方に配属されることが多くなります。地元の人たちに密着し、とけ込み、面白いことや楽しいことを共有したい。そんな、人々に寄り添っていけるような存在になりたいです。

「頑張ること」の尊さを伝えたい！

新聞記者になると、自身が書いた記事が新聞に載ります。その記事には、共感や批判などの様々な反応があるでしょう。それは、自分が他人の価値観に変化を与えている証拠です。人の価値観に影響を与えること。それが新聞記者の魅力だと思っています。

私は頑張る人を世の中に紹介することで、「頑張ること」それ自体の尊さを伝え、人を元気にしたい。そのように思ったことがきっかけで新聞記者を目指しています。近年では、結果ばかりが重視され、「頑張ることは格好悪いこと」のような風潮さえ感じることがあります。もっと「頑張ること」が認められてもよいのではないでしょうか。

この思いは、大学生になってからさらに強くなりました。ゼミの研究の過程で中小企業の部品工場を訪問したとき、堂々と従業員を引っ張る社長の姿に感銘を受けました。社長は、リーマンショック以降の苦労を穏やかに語ってくれましたが、当時は会社の将来をかけた様々なプレッシャーにさらされていたはずです。

困難な状況におかれてもひたむきな姿勢で立ち向かう社長の姿を見て、自然と元気をもらいました。このとき、「頑張る人」を伝えることは、人を元気にするのではないかと感じました。

些細な価値観の変化に敏感になることが大切

とにかく多くのものを見て、感じて、話を聞き、自分の意見

巻末特集 先輩からのメッセージ

をぶつけてみるということを意識しています。例えば被災地のボランティア経験。炎天下でのヘドロの処理は想像以上に大変でした。強烈な臭い、どんな有毒物質が入っているかわからない怖さ、なぜかただの泥よりも格段に重い……。この経験から、被災地の人々の苦労に思いを馳せるようになりました。こんな些細な価値観の変化に敏感になることを大切にしています。

大学では政治経済学部が運営している「基礎マスコミ研究室」という組織に所属しています。そこで多くのマスコミ業界の方とお話をする機会に恵まれ、名だたる有名企業の人と交流できたことは、将来を決めるうえで貴重な経験となりました。就職活動では、先生や卒業生、先輩、同級生のみんなと協力し、情報交換をしたりして力をもらっています。

大学受験だけのものさしで判断しない勉強を！

高校生の皆さんには、自分の好きなことを勉強し、伸ばしてほしいと思っています。就職活動や目標とする職業の中では、大学受験では評価されにくい知識や能力が役立つことがあります。

私の場合、高校の勉強では日本史と小論文が大好きでしたが、「配点も低いし、勉強しても意味がなかったな」と感じていました。しかし、このときに身につけた文章力や日本史の深い知識は、新聞記者という仕事をするうえで非常に役立つも

のだったのです。皆さんも受験勉強だけのものさしで判断せず、自分の好きなことを伸ばすことを忘れないでください。

あと、読書はおすすめです。高校時代は部活動や受験勉強で手一杯になってしまいがちですが、それだけだと視野が狭くなってしまいます。本には著者の価値観が詰まっています。その価値観を通して世の中を垣間見ることは、受験や偏差値ばかりにとらわれがちな受験生の視野を広げてくれることでしょう。何より、知識を身につけることにもつながります。

オススメの1冊！

江口くんオススメの書籍紹介

『運命の人』

山崎豊子著／文春文庫 2010年

西山事件（外務省機密漏洩事件）をモデルにしたと思われる小説で、新聞記者のやりがいもさることながら、国家権力と対峙することの厳しさ、「誰の利益になる報道か」という難しい部分も克明に描かれています。現在までに尾を引く沖縄の基地問題にもスポットをあてています。ちょうど私が新聞記者を目指し就職活動をしているときにテレビドラマ化されていました。毎週日曜日にこのドラマを観て、「俺も絶対に記者になる！」と思っていました。

INDEX

50音順索引
業種別索引

50音順索引

あ

項目	ページ
アクチュアリー 資	398
アクティブ・レンジャー	261
アナウンサー	385
アニメーター	38
海女・海士	75
アルピニスト	51
アロマセラピスト	47
アンパイア	48
あん摩マッサージ指圧師 資	384
生け花学校講師	45
医師 資	448
移植コーディネーター	448
板前	50
遺伝カウンセラー 資	301
イベントプランナー	46
イベントプロデューサー	30
医薬情報担当者（MR）	258
イラストレーター	77
医療監視員	515
医療コンサルタント	419
医療事務員	278
医療ソーシャルワーカー	311
医療秘書	386
印刷技術者	424
インタープリター	261
インテリアデザイナー	202
インテリアプランナー	348
植木職人	88
ウェディングプランナー	488
ウェブクリエイター 資	510
宇宙開発技術者	450
宇宙機関の職員	380
宇宙飛行士	422
宇宙物理学者	167
漆職人	419
運用管制官	200
映画監督	328
映画配給・宣伝スタッフ	284
映画プロデューサー	292
映像（字幕）翻訳家	440
映像（フィルム）編集者	389
映像編集者	480
栄養教諭 資	449
栄養士・管理栄養士 資	445
駅員	434
エコノミスト	459
エステティシャン	379
SP	458
エディトリアルデザイナー	452
絵本作家	456
演出家	326
オークショニア	340
オーケストラ団員	91
女将・仲居	250
おもちゃクリエイター	408

※ 資 は、この職業に就くためには資格・免許などの取得が前提となっていることを表しています。

音楽学校講師 ……………………………… 83
音楽療法士 資 ………………………… 493

か

カーデザイナー …………………………… 358
ガーデンデザイナー ……………………… 257
海外現地ガイド（コーディネーター） … 219
海外特派員 ………………………………… 437
外交官 ……………………………………… 206
外国語教室講師 …………………………… 136
介護食士 資 ……………………………… 72
介護トレーナー …………………………… 72
介護福祉士 資 …………………………… 54
介護保険事務員 …………………………… 71
海事代理士 資 …………………………… 110
海上保安官 ………………………………… 162
ガイドヘルパー 資 ……………………… 70
外務員 資 ………………………………… 201
海洋学者 …………………………………… 274
画家 ………………………………………… 506
科学捜査研究員 …………………………… 166
花卉栽培者 ………………………………… 258
学芸員 資 ………………………………… 496
家具職人 …………………………………… 371
学童保育指導員 …………………………… 131
火山学者 …………………………………… 273
貸金業務取扱主任者 資 ………………… 200
歌手 ………………………………………… 489

果樹栽培者 ………………………………… 308
家畜人工授精師 資 ……………………… 310
楽器職人 …………………………………… 378
楽器リペアマン …………………………… 378
家庭教師 …………………………………… 135
家庭相談員 ………………………………… 182
家庭裁判所調査官 ………………………… 69
華道家 ……………………………………… 507
カフェオーナー …………………………… 299
カフェプランナー ………………………… 295
歌舞伎俳優 ………………………………… 475
カラーコーディネーター ………………… 400
革職人 ……………………………………… 370
環境アセスメント調査員 ………………… 277
環境計量士 資 …………………………… 276
環境コンサルタント ……………………… 277
環境保全エンジニア ……………………… 276
看護師 資 ………………………………… 277
鑑識技術者 ………………………………… 34
監督・コーチ（スポーツ指導者） ……… 464
看板製作者 ………………………………… 137
漢方医 資 ………………………………… 447
機械組立技術者 …………………………… 81
義肢装具士 資 …………………………… 369
気象庁職員 ………………………………… 416
気象予報士 資 …………………………… 268
着付け師 …………………………………… 264
客船パーサー ……………………………… 416
脚本家 ……………………………………… 219
                                            449

549

50音順索引

キャスター ... 137
キャディー ... 164
CADオペレーター ... 232
キャビンアテンダント ... 154
キャラクターデザイナー ... 198
ギャラリスト ... 70
救急隊員 ... 333
教師 資 ... 259
行司 ... 260
行政書士 資 ... 259
競走馬の厩務員 資 ... 335
競走馬の調教師 資 ... 521
競艇選手 ... 422
銀行員 ... 370
靴職人 ... 294
クッキングアドバイザー ... 184
グラフィックデザイナー ... 520
クラブチーム職員 ... 243
グランドハンドリングスタッフ ... 244
グリーンアドバイザー 資 ... 104
グリーンキーパー ... 518
グリーンコーディネーター ... 120
クレーン運転士 資 ... 98
経営コンサルタント ... 510
ケアマネージャー（介護支援専門員）資 ... 392
芸能マネージャー ... 216
刑事 ... 357
警察官 ... 87
警察犬訓練士 資 ... 436

警備員 ... 140
刑務官 ... 144
経理スタッフ ... 272
ゲームサウンドクリエイター ... 192
ゲームデザイナー ... 210
ゲームプログラマー ... 65
化粧品開発技術者 ... 188
結婚コンサルタント ... 474
言語聴覚士 資 ... 171
検察官 資 ... 462
検察事務官 ... 106
建築士 資 ... 446
航海士（海技士）資 ... 504
航空管制官 ... 203
航空整備士 資 ... 336
工芸官 ... 322
考古学者 ... 324
広告代理店職員 ... 350
公証人 ... 182
校正者 ... 178
公正取引委員会審査官 ... 66
講談師 ... 90
公認会計士 資 ... 371
校務員 ... 346
国際公務員 ... 348
国税専門官 ... 391
国土地理院職員 ... 202
国会議員 ... 158
国家公務員 ... 114

職業	ページ
骨董屋	511
コピーライター	447
呉服店スタッフ	416
コンシェルジュ	89

さ

職業	ページ
サーカス団員	477
サービス提供責任者 資	71
裁判官	176
裁判所事務官	180
裁判所書記官	180
左官	355
作業指導員	76
作業療法士（OT）資	49
作詞家	491
作曲家	388
撮影技師	490
雑誌記者	443
SAT	167
山岳救助隊員	508
茶道家	112
産業カウンセラー 資	85
CMプランナー	446
CGデザイナー	342
自衛官	100
歯科医師 資	44
歯科衛生士 資	42
歯科技工士 資	44

職業	ページ
指揮者	486
市区町村職員	151
市区町村長	150
地震学者	273
詩人・俳人・歌人	506
システムエンジニア	338
自然保護官	254
自転車技士・自転車安全整備士 資	334
児童厚生員 資	132
児童指導員 資	133
自動車製造工	366
自動車整備士 資	330
児童自立支援専門員	134
児童福祉司	133
児童文学者	507
視能訓練士 資	66
司法書士 資	102
ジャーナリスト	438
社会福祉士 資	60
社会福祉施設介護職員	74
社会福祉施設指導員	74
社会保険労務士 資	199
車掌	328
写真家	500
獣医師 資	222
衆議院・参議院事務局員	152
衆議院・参議院法制局員	152
柔道整復師 資	77
ジュエリーデザイナー	413

551

50音順索引

項目	ページ
塾講師	428
出版取次会社社員	86
樹木医 資	515
手話通訳士 資	87
証券アナリスト 資	459
証券会社社員	78
商社員	508
小説家	444
醸造家	520
消費生活アドバイザー 資	64
消防官	297
照明技師	263
職能判定員	262
食品移動販売業者	260
食品開発技術者	303
植物園職員	303
植物学者	76
植物防疫所の職員	389
ショコラティエ	94
助産師 資	88
ジョッキー 資	295
書店員	502
書道家（書家）	372
鍼灸師 資	196
人工衛星開発技術者	201
神職	67
審判員	252
神父・牧師	443
新聞記者	124

項目	ページ
政党職員	151
整体師	78
精神保健福祉相談員 資	75
税関職員	160
生活相談員	73
声楽家	488
スポーツトレーナー	138
スポーツドクター	79
スポーツジャーナリスト	523
スポーツ栄養士 資	292
スポーツインストラクター	138
スタントマン	85
ストアプランナー	357
ストレスケアカウンセラー	473
スタジオミュージシャン	492
スタイリスト	406
寿司職人	301
スケーター	517
スクリプター	480
スクールカウンセラー	135
スカウト	521
水族館の飼育係	245
水産物の養殖家	312
森林インストラクター 資	262
診療放射線技師 資	52
診療情報管理士 資	47
心理判定員・児童心理司	84
信用調査員	117
信用金庫職員	199

た

- 製本技術者 … 334
- 税務職員 … 442
- 製薬開発者 … 517
- 声優 … 478
- 税理士【資】… 218
- セールスドライバー【資】… 354
- せり人【資】… 126
- 染色家 … 290
- 葬儀屋【資】… 302
- 造船技術者 … 460
- 船長 … 275
- 装丁家 … 412
- 装蹄師【資】… 86
- 僧侶 … 244
- ソーイングスタッフ … 420
- 測量士【資】… 368
- 速記者 … 93
- そば職人 … 337
- ソムリエ … 409
- 大学教授 … 312
- 大工 … 332
- 大使館職員 … 190
- 大道芸人 … 464
- ダイバー【資】… 45
- タイムキーパー … 171
- タクシー運転手【資】… 385

- 殺陣師（たてし）… 458
- タラソテラピスト … 314
- タレント … 67
- ダンサー … 440
- チーズ職人 … 329
- 地球惑星科学者 … 330
- 畜産農業者 … 349
- 治験コーディネーター … 409
- 地方議会議員 … 411
- 中小企業診断士【資】… 439
- 調香師 … 336
- 調理師 … 384
- 彫刻家 … 218
- 著作権エージェント … 320
- ツアーコンダクター … 212
- 通関士【資】… 117
- 通訳ガイド（通訳案内士）… 286
- DTPオペレーター … 509
- ディスパッチャー（運航管理者）… 377
- ディレクター … 198
- テーラー … 150
- テキスタイルデザイナー … 46
- テクニカルライター … 309
- 鉄道車両整備士 … 274
- 鉄道指令員 … 297
- テレビカメラマン … 476
- 点字通訳者 … 472
- 電車の運転士【資】… 82
- 天文学者 … 479

50音順索引

項目	ページ
ドアパーソン・ベルスタッフ	270
陶芸家	130

な

項目	ページ
杜氏（とうじ）	236
豆腐職人	333
動物園の飼育員	356
動物プロダクションスタッフ	356
動物看護師	355
動物保護センタースタッフ	146
道路パトロール隊員	148
ドーピング検査員	241
都道府県知事	239
都道府県職員	181
とび職人	116
土木技術者	444
土木作業員	369
トラック運転手 資	134
ドッグトレーナー	516
ドッグセラピスト	166
特許審査官	246
特許技術者	241
図書館員（司書）	238
時計技術者 資	234
特別支援学校教員 資	296
トリマー	296
ナニー	379
南極観測隊員	90

は

項目	ページ
日本語教師	470
日本舞踊家	308
入国警備官	309
入国審査官	377
人形作家	93
ネイリスト	304
農家	417
農協職員	386
納棺師	170
農作物品種改良研究者	170
農産物検査員 資	475
能師・狂言師	136
バーテンダー	479
バイオ技術者	288
バイク便・自転車便のライダー	414
ハイドロセラピスト	512
バイヤー	408
俳優	331
パイロット 資	331
バス運転士 資	318
バスガイド	468
パタンナー	376
発掘調査員	238
バッグデザイナー・鞄職人	332
パティシエ	364
花火師 資	300

職業	ページ
花屋	80
パラリーガル	514
バリスタ	410
バレエダンサー	394
版画家	415
板金工	410
バンケットスタッフ	194
パン職人	82
バンドマン	402
ハンドラー	414
ピアニスト	418
ピアノ調律師	442
秘書（一般企業）	92
美術監督・スタッフ	387
美術鑑定士	511
ビオトープ管理士 資	278
PAエンジニア	492
ビューティーアドバイザー	494
ビデオジャーナリスト	482
美容インストラクター	242
美容師	490
ピラティスインストラクター	298
ファイナンシャル・プランナー 資	299
ファッションアドバイザー	366
ファッションショープランナー	509
ファッションデザイナー	476
ファッションプロデューサー	300
フィギュアスケーター	115
フィットネスクラブインストラクター	248

職業	ページ
フィットセラピスト	236
フードコーディネーター	240
フードスタイリスト	237
福祉住環境コーディネーター 資	374
福祉相談指導専門員	89
福祉用具専門相談員	512
舞台監督	438
ブライダルMC	522
プラネタリアン	523
フラワーアレンジメント講師	514
フラワーデザイナー	513
プラント技術者	513
ブリーダー	340
振付師	367
プレス	415
プレスエ	477
プログラマー	243
プロゴルファー 資	368
プロサッカー選手	256
프로自転車選手	256
プロスキーヤー・スノーボーダー	391
プロテニスプレーヤー	91
プロデューサー	387
プロ野球選手	68
フロントスタッフ（ホテル）	73
文化財修復技術者	69
ペットウェアデザイナー	294
ペットケアアドバイザー	293
ペットシッター	83

50音順索引

ペットショップスタッフ 257
ペットフードの開発者 522
ペットホテルスタッフ 113
ペットロスカウンセラー 329
ベビーシッター 168
ヘリコプターのパイロット 資 203
編曲家 519
編集者 資 58
弁護士 資 115
弁理士 168
保育士 資 441
ボイストレーナー 116
法医学医 資 439
帽子デザイナー 441
放送記者 437
放送技術者 413
放送作家 165
法テラス職員(日本司法支援センター職員) 493
法務教官 62
報道写真家 108
法律秘書 432
ホームヘルパー 172
ボクサー 491
保険外交員 資 335
保護観察官 130
保線員 239
ボディーガード 237
ボディービルダー 240
盆栽職人 226

ま

翻訳家 462
マーケティングリサーチャー
マーチャンダイザー
マジシャン
麻薬探知犬ハンドラー
麻薬取締官 資 463
漫画家 376
漫才師・芸人 478
水先案内人(水先人) 資 242
宮大工 165
ミュージシャン 382
民間気象会社社員 473
メイクアップアーティスト 337
メディカルトレーナー 354
盲導犬訓練士 489
モデル 272
(number line: 472 230 50 418 272 489 354 337 473 382 165 242 478 376 463)

や・ゆ・よ

薬剤師 資 40
薬事監視員 48
薬膳アドバイザー 資 81
野生生物調査員 92
郵便局員 128
養護教諭 資 132
幼児教材の開発者
(number line: 132 128 92 245 81 48 40)

ら

- 幼児リトミック指導員 … 390
- 溶接工 … 516
- 幼稚園教諭 資 … 84
- 養蜂家 資 … 51
- ヨガインストラクター … 52
- ラーメン屋 … 263
- ライター … 280
- ライフセーバー … 293
- 落語家 … 417
- 酪農家 … 311
- ラジオパーソナリティー … 80
- ランドスケープアーキテクト … 412
- 理学療法士（PT）資 … 518
- 力士 … 49
- リフォーマー … 275
- リフレクソロジスト … 436
- 漁師 … 306
- 理容師 資 … 474
- 料理教室講師 … 113
- 料理研究家 … 445
- 林業 … 302
- 臨床検査技師 資 … 79
- 臨床工学技士 資 … 310
- 臨床心理士 資 … 64
- レーサー … 367
- レコーディングエンジニア … 131

わ

- レコーディングディレクター … 411
- レスキュー隊員（特別救助隊員） … 298
- レスラー … 169
- 労働基準監督官 … 362
- 録音技師 … 388
- ロボット開発技術者 … 169
- 路面標示施工技能士 資 … 519
- 和菓子職人 … 112
- 和裁士 … 390

業種別索引

農林水産

職業	ページ
海女・海士	263
植木職人	311
花卉栽培人	306
果樹栽培者	310
家畜人工授精師 資	243
グリーンキーパー	308
獣医師 資	377
樹木医 資	304
植物園職員	238
水産物の養殖家	234
水族館の飼育係	309
せり人 資	312
畜産農業者	245
動物園の飼育員	312
動物看護師	260
農家	252
農協職員	222
農産物検査員 資	260
ブリーダー	310
養蜂家	308
酪農家	258
漁師	250
林業	311

建設

職業	ページ
インテリアデザイナー	169
インテリアプランナー 資	275
環境アセスメント調査員	245
環境計量士 資	354
CADオペレーター	278
建築士 資	356
左官	356
ストアプランナー	355
測量士 資	354
大工	275
とび職人	357
土木技術者	355
土木作業員	350
ビオトープ管理士 資	357
宮大工	277
野生生物調査員	276
ランドスケープアーキテクト	408
路面標示施工技能士 資	398

製造・開発

職業	ページ
アニメーター	348
印刷技術者	422
漆職人	379
エディトリアルデザイナー	385
おもちゃクリエイター	386

※資 は、この職業に就くためには資格・免許などの取得が前提となっていることを表しています。

カーデザイナー 384
ガーデンデザイナー 377
家具職人 297
楽器職人 302
楽器リペアマン 412
革職人 420
環境保全エンジニア 368
看板製作者 409
機械組立技術者 385
キャラクターデザイナー 303
化粧品開発技術者 295
自転車技士・自転車安全整備士 [資] 413
自動車製造工 330
自動車整備士 [資] 366
ジュエリーデザイナー 334
グラフィックデザイナー 371
ゲームサウンドクリエイター 391
靴職人 422
醸造家 370
食品開発技術者 392
製本技術者 369
染色家 447
造船技術者 277
装丁家 370
ソーイングスタッフ 378
そば職人 378
チーズ職人 371
調香師 257
DTPオペレーター 358

テーラー
テキスタイルデザイナー
鉄道車両整備士
陶芸家
杜氏（とうじ）
豆腐職人
時計技術者
人形作家
パタンナー
バッグデザイナー・鞄職人 [資]
花火師
板金工
パン職人
ファッションデザイナー
ファッションプロデューサー
プラント技術者
プレス工
ペットフードの開発者
帽子デザイナー
溶接工
リフォーマー
料理研究家
ロボット開発技術者
和菓子職人
和裁士
411 298 362 280 412 367 413 240 367 368 410 394 298 366 479 414 408 386 369 296 296 379 330 409 411

情報通信

ウェブクリエイター 340

業種別索引

運輸・流通

- ゲームデザイナー …… 463
- ゲームプログラマー …… 329
- CGデザイナー …… 335
- システムエンジニア …… 331
- プログラマー …… 318
- 駅員 …… 332
- グランドハンドリングスタッフ …… 333
- クレーン運転士 資 …… 314
- 航海士（海技士）資 …… 329
- 航空整備士 資 …… 336
- 車掌 …… 320
- 通関士 資 …… 334
- タクシー運転手 資 …… 337
- 船長 資 …… 332
- セールスドライバー 資 …… 372
- 商社員 …… 328
- ディスパッチャー（運航管理者）資 …… 336
- 鉄道指令員 …… 324
- 電車の運転士 資 …… 333
- トラック運転手 資 …… 335
- バイク便・自転車便のライダー …… 328
- パイロット 資 …… 340
- バス運転士 資 …… 338
- ヘリコプターのパイロット 資 …… 342
- 保線員 …… 346
- マーケティングリサーチャー …… 348

卸販売・飲食・サービス

- 水先案内人（水先人）資 …… 337
- アロマセラピスト …… 90
- 板前 …… 114
- イベントプランナー …… 137
- イベントプロデューサー …… 259
- インタープリター …… 259
- ウェディングプランナー …… 294
- エステティシャン …… 510
- オークショニア …… 216
- 女将・仲居 …… 87
- 海外現地ガイド（コーディネーター） …… 219
- カフェオーナー …… 416
- カフェプランナー …… 276
- カラーコーディネーター …… 400
- 環境コンサルタント …… 295
- 着付け師 …… 299
- 客船パーサー …… 219
- キャディー …… 88
- キャビンアテンダント …… 510
- ギャラリスト …… 419
- クッキングアドバイザー …… 91
- グリーンアドバイザー 資 …… 261
- グリーンコーディネーター …… 448
- 芸能マネージャー …… 448
- 警備員 …… 301
- 結婚コンサルタント …… 419

項目	ページ
広告代理店職員	130
骨董屋	236
呉服店スタッフ	241
コンシェルジュ	239
サーカス団員	166
出版取次会社社員	241
消費生活アドバイザー	90
食品移動販売業者	218
ショコラティエ	212
森林インストラクター 資	117
書店員	286
信用調査員	82
寿司職人	290
葬儀屋	460
スタイリスト	93
ソムリエ	406
タラソテラピスト	301
調理師	262
著作権エージェント	117
ツアーコンダクター 資	444
通訳ガイド（通訳案内士）資	297
ドアパーソン・ベルスタッフ	303
動物プロダクションスタッフ	88
道路パトロール隊員	443
ドッグセラピスト	477
ドッグトレーナー	89
トリマー	416
ナニー	511
	446

項目	ページ
ネイリスト	130
納棺師	237
バーテンダー	226
ハイドロセラピスト	236
バイヤー	240
バスガイド	237
パティシエ	89
花屋	415
バリスタ	391
バンケットスタッフ	91
ハンドラー	294
秘書（一般企業）	293
ビューティーアドバイザー	83
美容師 資	415
ファッションアドバイザー	410
ファッションショープランナー	402
フィトセラピスト	418
フードコーディネーター	92
フードスタイリスト	242
ブライダルMC	299
プラネタリアン	300
プレス	248
フロントスタッフ（ホテル）	288
ペットウェアデザイナー	331
ペットケアアドバイザー	376
ペットシッター	238
ペットショップスタッフ	300
ペットホテルスタッフ	93
ベビーシッター	417

業種別索引

ボディーガード ……203
盆栽職人 ……194
マーチャンダイザー ……198
民間気象会社社員 ……190
メイクアップアーティスト ……199
モデル ……196
ラーメン屋 ……201
ライフセーバー ……199
リフレクソロジスト ……188
理容師 資 ……202

金融

アクチュアリー 資 ……198
エコノミスト ……184
外務員 資 ……200
貸金業務取扱主任者 資 ……201
銀行員 ……200
経営コンサルタント ……202
経理スタッフ ……417
公認会計士 資 ……80
社会保険労務士 資 ……113
証券アナリスト 資 ……302
証券会社社員 ……472
信用金庫職員 ……418
税理士 資 ……272
中小企業診断士 資 ……376
ファイナンシャル・プランナー 資 ……257
保険外交員 ……113

学術研究

宇宙開発技術者 ……512
宇宙機関の職員 ……364
宇宙飛行士 ……309
宇宙物理学者 ……270
運用管制官 ……458
海洋学者 ……274
学芸員 資 ……459
火山学者 ……262
気象予報士 資 ……273
考古学者 ……504
地震学者 ……264
地質学者 ……273
植物学者 ……496
人工衛星開発技術者 ……274
地球惑星科学者 ……459
天文学者 ……458
南極観測隊員 ……452
農作物品種改良研究者 ……456
バイオ技術者 ……326
発掘調査員

教育・学習支援

生け花学校講師 資 ……136
栄養教諭 資 ……493
音楽学校講師 ……292
外国語教室講師 ……258

562

学童保育指導員 … 131
家庭教師 … 135
教師 資 … 120
校務員 … 65
児童自立支援専門員 … 134
塾講師 … 124
スクールカウンセラー … 135
大学教授 … 126
特別支援学校教員 資 … 134
日本語教師 … 136
フラワーアレンジメント講師 … 256
ボイストレーナー … 493
養護教諭 資 … 128
幼児教材の開発者 … 132
幼児リトミック指導員 … 131
幼稚園教諭 資 … 64
ヨガインストラクター … 79
料理教室講師 … 293

文化・芸術・メディア

アナウンサー … 424
イラストレーター … 384
映画監督 … 434
映画配給・宣伝スタッフ … 445
映画プロデューサー … 449
映像（字幕）翻訳家 … 480
映像（フィルム）編集者 … 389
映像編集者 … 440

絵本作家 … 131
演出家 … 135
オーケストラ団員 … 450
海外特派員 … 488
画家 … 437
歌手 … 506
華道家 … 489
歌舞伎俳優 … 507
脚本家 … 475
キャスター … 449
校正者 … 436
講談師 … 462
コピーライター … 474
作詞家 … 447
作曲家 … 491
撮影技師 … 388
雑誌記者 … 490
茶道家 … 443
CMプランナー … 508
指揮者 … 446
詩人・俳人・歌人 … 486
児童文学者 … 506
ジャーナリスト … 507
写真家 … 438
小説家 … 500
照明技師 … 502
書道家（書家） … 389
神職 … 508
神父・牧師 … 87
… 86

業種別索引

項目	ページ
新聞記者	428
スクリプター	480
スタジオミュージシャン	492
スタントマン	473
スポーツジャーナリスト	523
声楽家	488
声優	464
僧侶	86
大道芸人	478
タイムキーパー	442
殺陣師（たてし）	479
タレント	472
ダンサー	476
彫刻家	509
ディレクター	439
テクニカルライター	349
テレビカメラマン	475
日本舞踊家	440
能師・狂言師	470
俳優	468
バレエダンサー	476
版画家	509
バンドマン	490
ピアニスト	482
ピアノ調律師	494
PAエンジニア	492
美術鑑定士	511
美術監督・スタッフ	387
ビデオジャーナリスト	442

項目	ページ
美容インストラクター	414
舞台監督	387
フラワーデザイナー	256
振付師	477
プロデューサー	438
編曲家	491
編集者	432
放送記者	437
放送技術者	441
放送作家	439
報道写真家	441
翻訳家	462
マジシャン	478
漫画家	382
漫才師・芸人	473
ミュージシャン	489
ライター	445
落語家	474
ラジオパーソナリティー	436
レコーディングエンジニア	390
レコーディングディレクター	388
録音技師	390

医療・福祉

項目	ページ
あん摩マッサージ指圧師 **資**	77
医師 **資**	30
移植コーディネーター	46
遺伝カウンセラー **資**	50

- 医薬情報担当者（MR）……45
- 医療監視員……48
- 医療コンサルタント……47
- 医療事務員……51
- 医療ソーシャルワーカー……75
- 医療秘書……38
- 栄養士・管理栄養士 資……284
- 音楽療法士……83
- 介護食士……72
- 介護トレーナー……72
- 介護福祉士 資……54
- 介護保険事務員……71
- ガイドヘルパー 資……70
- 家庭相談員……69
- 漢方医……34
- 看護師 資……81
- 義肢装具士 資……68
- ケアマネージャー（介護支援専門員）資……70
- 言語聴覚士 資……66
- サービス提供責任者……71
- 作業指導員……76
- 作業療法士（OT）資……49
- 産業カウンセラー……85
- 歯科医師 資……44
- 歯科衛生士 資……42
- 歯科技工士 資……44
- 児童指導員 資……133
- 児童福祉司 資……133
- 視能訓練士 資……66

- 社会福祉士 資……60
- 社会福祉施設介護職員……74
- 社会福祉施設指導員……74
- 柔道整復師 資……77
- 手話通訳士 資……67
- 職能判定員……76
- 助産師 資……75
- 心理判定員・児童心理司……84
- 鍼灸師 資……78
- 診療情報管理士……47
- 診療放射線技師……52
- ストレスケアカウンセラー……85
- スポーツ栄養士 資……292
- スポーツドクター……79
- 生活相談員……73
- 精神保健福祉相談員 資……75
- 整体師……78
- 製薬開発者……45
- 治験コーディネーター……46
- 点字通訳者……67
- 診療情報管理士……82
- フィットネスクラブインストラクター……80
- ピラティスインストラクター……69
- 福祉住環境コーディネーター 資……73
- 福祉相談指導専門員……68
- 福祉用具専門相談員 資……239
- 保育士 資……62
- ペットロスカウンセラー……58
- ホームヘルパー……50
- メディカルトレーナー……50

565

業種別索引

保健・スポーツ

盲導犬訓練士	514
薬剤師 資	516
薬事監視員	517
薬膳アドバイザー 資	244
理学療法士（PT）資	138
臨床検査技師 資	138
臨床工学技士 資	517
臨床心理士 資	521
アルピニスト	315
アンパイア	520
監督・コーチ（スポーツ指導者）	521
行司	520
競走馬の厩務員	243
競走馬の調教師 資	244
競艇選手	518
クラブチーム職員	137
ジョッキー 資	515
審判員	278
スカウト	
スケーター	84
スポーツインストラクター	51
スポーツトレーナー	52
装蹄師	49
ダイバー 資	81
ドーピング検査員	48
フィギュアスケーター	40 / 230

法務・公務

アクティブ・レンジャー	158
SP	164
外交官	232
海事代理士 資	154
海上保安官	104
科学捜査研究員	98
家庭裁判所調査官	268
鑑識技術者	164
気象庁職員	182
救急隊員	166
刑事	162
刑務官	110
警察官	206
警察犬訓練士 資	167
行政書士 資	261
プロゴルファー 資	519
プロサッカー選手	516
プロ自転車選手	518
プロスキーヤー・スノーボーダー	522
プロテニスプレーヤー	519
プロ野球選手	512
ボクサー	522
ボディービルダー	523
力士 資	514
レーサー	513
レスラー	513

検察官 資 …… 178
検察事務官 …… 182
航空管制官 …… 322
工芸官 …… 203
公証人 …… 106
公正取引委員会審査官 資 …… 171
国際保護員 …… 210
国会議員 …… 192
国土地理院職員 …… 272
国税専門官 …… 144
国家公務員 …… 140
裁判所書記官 …… 176
裁判所事務官 …… 180
裁判官 資 …… 180
SAT …… 167
山岳救助隊員 …… 112
自衛官 …… 100
市区町村職員 …… 151
市区町村長 …… 152
自然保護官 …… 150
児童厚生員 資 …… 254
司法書士 資 …… 132
衆議院・参議院法制局員 …… 102
衆議院・参議院事務局員 …… 152
消防官 …… 94
植物防疫所の職員 …… 263
政党職員 …… 160
税関職員 …… 151
税務職員 …… 171

大使館職員 …… 218
地方議会議員 …… 150
動物保護管理センタースタッフ …… 246
図書館員（司書） …… 444
特許技術者 …… 116
特許審査官 …… 181
都道府県職員 …… 148
都道府県知事 …… 146
入国警備官 …… 170
入国審査官 …… 170
パラリーガル …… 115
文化財修復技術者 …… 374
弁護士 資 …… 172
弁理士 資 …… 108
法医学医 資 …… 165
法テラス職員（日本司法支援センター職員） …… 168
法務教官 …… 116
法律秘書 …… 168
保護観察官 …… 115
麻薬探知犬ハンドラー …… 168
麻薬取締官 資 …… 242
郵便局員 …… 165
レスキュー隊員（特別救助隊員） …… 92
労働基準監督官 …… 169

大学選びのための職業・進路案内
夢が見つかる533職業

2013年 4 月24日　初版発行
2025年 4 月24日　第20版発行

編 ・ 著　　東進ハイスクール・東進衛星予備校
発 行 者　　永瀬 昭幸

発 行 所　　株式会社ナガセ
　　　　　　〒180-0003　東京都武蔵野市吉祥寺南町1-29-2
　　　　　　出版事業部（東進ブックス）
　　　　　　TEL：0422-70-7456　FAX：0422-70-7457
　　　　　　URL：http://www.toshin.com/books（東進WEB書店）
　　　　　　※本書を含む東進ブックスの最新情報は東進WEB書店をご覧ください

カバーデザイン　　　スギヤマデザイン http://www.sugiyamadesign.net
制 作 協 力　　株式会社ワード
ラ イ タ ー　　加藤 達也　奥原 剛　神保 了子　田中 雅大　江藤 純
編 集 協 力　　上垣 結子　向山 美紗子
印刷・製本　　シナノ印刷株式会社

※落丁・乱丁本は東進WEB書店<books@toshin.com>にお問い合わせください。
　但し、古書店で本書を入手されている場合は、おとりかえできません。
※本書を無断で複写・複製・転載することを禁じます。

© NAGASE BROTHERS INC. 2013　Printed in Japan
ISBN 978-4-89085-569-8 C7037

行きたい大学のすべてがこの1冊に

2026年度版
夢をかなえる大学受験案内

東進ハイスクール・東進衛星予備校 編

定価：2,970円（税込）
体裁：1,408頁／A5判／フルカラー

現役合格 2026年度版 夢をかなえる大学受験案内【フルカラー版】
東進ハイスクール・東進衛星予備校 編

実績日本一の東進がおくる 東進ブックス

他にはない「東進だけ」の大学情報が満載

合計787大学 大学紹介動画
一目でわかる大学の「リアル」映像

志望大学 過去問 主要190大学・最大30年分 無料ダウンロード

君たち未来のAI時代に何を学びどう生きるか。

「夢を見つけ、夢をかなえる」ための受験案内

東進ブックス

お買い求めは最寄りの書店
または「東進WEB書店」へ
www.toshin.com/books/

合格の秘訣1 全国屈指の実力講師陣

東進の実力講師陣 数多くのベストセラー参考書を執筆!!

東進ハイスクール・東進衛星予備校では、そうそうたる講師陣が君を熱く指導する!

本気で一流大をめざす君へ。東進には全国の大学受験生のうち何人に一人という大切な君の「合格」の夢をかなえるための教育ルールがある。そのコアとなるのが講師陣だ。この道何十年という大ベテランから受験の最前線で活躍する気鋭の講師まで、選りすぐりの実力講師が授業を担当。授業に魂を込めて指導する本物のプロ講師ばかりだ。

英語

宮崎 尊先生 [英語]
雑誌『TIME』やベストセラーの翻訳も手掛け、英語界でその名を馳せる実力講師。

渡辺 勝彦先生 [英語]
爆笑と感動の世界へようこそ。「スーパー速読法」で難解な長文も速読即解!

今井 宏先生 [英語]
100万人を魅了した予備校界のカリスマ。抱腹絶倒の名講義を見逃すな!

安河内 哲也先生 [英語]
本物の英語力をとことん楽しく!日本の英語教育をリードするMr.4Skills。

慎 一之先生 [英語] 
関西の実力講師が、全国の東進生に「わかる」感動を伝授。

武藤 一也先生 [英語]
全世界の上位5%(PassA)に輝く、世界基準のスーパー実力講師!

大岩 秀樹先生 [英語]
いつのまにか英語を得意科目にしてしまう、情熱あふれる絶品授業!

数学

寺田 英智先生 [数学]
明快かつ緻密な講義が、君の「自立した数学力」を養成する!

松田 聡平先生 [数学]
「ワカル」を「デキル」に変える新しい数学は、君の思考力を刺激し、数学のイメージを覆す!

青木 純二先生 [数学]
論理力と思考力を鍛え、問題解決力を養成。多数の東大合格者を輩出!

志田 晶先生 [数学]
数学を本質から理解し、あらゆる問題に対応できる力を与える珠玉の名講義!

付録 1

国語

富井 健二先生 [古文]
ビジュアル解説で古文を簡単明快に解き明かす実力講師。

栗原 隆先生 [古文]
東大・難関大志望者から絶大なる信頼を得る本質の指導を追求。

西原 剛先生 [現代文]
明快な構造板書と豊富な具体例で必ず君を納得させる！「本物」を伝える現代文の新鋭。

輿水 淳一先生 [現代文]
「脱・字面読み」トレーニングで、「読む力」を根本から改革する！

石関 直子先生 [小論文]
文章で自分を表現できれば、受験も人生も成功できますよ。「笑顔と努力」で合格を！

正司 光範先生 [小論文]
小論文、総合型、学校推薦型選抜のスペシャリストが、君の学問センスを磨き、執筆プロセスを直伝！

寺師 貴憲先生 [漢文]
幅広い教養と明解な具体例を駆使した緩急自在の講義。漢文が身近になる！

三羽 邦美先生 [古文・漢文]
縦横無尽な知識に裏打ちされた立体的な授業に、グングン引き込まれる！

理科

飯田 高明先生 [生物]
「いきもの」をこよなく愛する心が君の探究心を引き出す！生物の達人。

立脇 香奈先生 [化学]
「なぜ」をとことん追究し「規則性」「法則性」が見えてくる大人気の授業！

鎌田 真彰先生 [化学]
化学現象を疑い化学全体を見通す"伝説の講義"は東大理三合格者も絶賛。

宮内 舞子先生 [物理]
正しい道具の使い方で、難問が驚くほどシンプルに見えてくる！

地歴公民

加藤 和樹先生 [世界史]
世界史を「暗記」科目だなんて言わせない。正しく理解すれば必ず伸びることを一緒に体感しよう。

荒巻 豊志先生 [世界史]
"受験世界史に荒巻あり"と言われる超実力人気講師！世界史の醍醐味を。

井之上 勇先生 [日本史]
つねに生徒と同じ目線に立って、入試問題に対する的確な思考法を教えてくれる。

金谷 俊一郎先生 [日本史]
歴史の本質に迫る授業と、入試頻出の「表解板書」で圧倒的な信頼を得る！

執行 康弘先生 [公民]
「今」を知ることは「未来」の扉を開くこと。受験に留まらず、目標を高く、そして強く持て！

清水 雅博先生 [公民]
政治と経済のメカニズムを論理的に解明しながら、入試頻出ポイントを明確に示す。

山岡 信幸先生 [地理]
わかりやすい図解と統計の説明に定評。

清水 裕子先生 [世界史]
どんな複雑な歴史も難問も、シンプルな解説で本質から徹底理解できる。

※書籍画像は2024年10月末時点のものです。

WEBで体験

東進ドットコムで授業を体験できます！
実力講師陣の詳しい紹介や、各教科の学習アドバイスも読めます。
www.toshin.com/teacher/

合格の秘訣2 ココが違う 東進の指導

01 人にしかできない やる気を引き出す指導

夢と志は志望校合格への原動力！

東進では、将来を考えるイベントを毎月実施しています。大学受験のその先を見据え、学習のモチベーションとなります。仲間とワクワクしながら将来の夢・志を考え、さらに志を言葉で表現していく機会を提供します。

夢・志を育む指導

受験は団体戦！仲間と努力を楽しめるチーム制

東進ではチームミーティングを実施しています。週に1度学習の進捗報告や将来の夢・目標について語り合う場です。一人じゃないから楽しく頑張れます。

チーム制

一人ひとりを大切に君を個別にサポート

東進が持つ豊富なデータに基づき君だけの合格設計図をともに考えます。熱誠指導でどんな時でも君のやる気を引き出します。

担任指導

現役合格者の声

東京大学 文科一類
中村誠雄くん
東京都 私立 駒場東邦高校卒

林修先生の現代文記述・論述トレーニングは非常に良質で、大いに受講する価値があると感じました。また、担任指導やチームミーティングは心の支えでした。現状を共有して、話せる相手がいることは、東進ならでは。受験という本来孤独な闘いにおける強みだと思います。

---

02 人間には不可能なことをAIが可能に

学力×志望校 一人ひとりに最適な演習をAIが提案！

東進のAI演習講座は2017年から開講していて、のべ100万人以上の卒業生の200億題にもおよぶ学習履歴や成績、合否等のビッグデータと、各大学入試を徹底的に分析した結果等の教務情報をもとに年々その精度が上がっています。2024年には全学年にAI演習講座が開講します。

AI演習

■AI演習講座ラインアップ

高3生 苦手克服＆得点力を徹底強化！
「志望校別単元ジャンル演習講座」
「第一志望校対策演習講座」
「最難関4大学特別演習講座」

高2生 大学入試の定石を身につける！
「個人別定石問題演習講座」

高1生 素早く、深く基礎を理解！
「個人別基礎定着問題演習講座」 **2024年夏 新規開講**

現役合格者の声

千葉大学 医学部医学科
寺嶋伶旺くん
千葉県立 船橋高校卒

高1の春に入学しました。野球部と両立しながら早くから勉強をする習慣がついていたことは僕が合格した要因の一つです。「志望校別単元ジャンル演習講座」は、AIが僕の苦手を分析して、最適な演習セットを提示してくれるため、集中的に弱点を克服することができました。

付録3

東進で勉強したいが、近くに校舎がない君は…

東進ハイスクール 在宅受講コースへ

「遠くて東進の校舎に通えない……」。そんな君も大丈夫！ 在宅受講コースなら自宅のパソコンを使って勉強できます。ご希望の方には、在宅受講コースのパンフレットをお送りいたします。お電話にてご連絡ください。学習・進路相談も随時可能です。 **0120-531-104**

03 本当に学力を伸ばすこだわり

楽しい！わかりやすい！そんな講師が勢揃い

わかりやすいのは当たり前。おもしろくてやる気の出る授業を約束します。そして、12レベルに細分化された授業を組み合わせ、スモールステップで学力を伸ばす君だけのカリキュラムをつくります。

実力講師陣

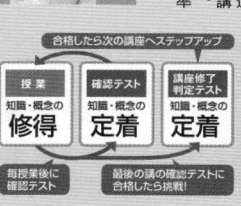

本番レベル・スピード返却 学力を伸ばす模試

常に本番レベルの厳正実施。合格のために何をすべきかが分かります。WEBを活用し、最短中3日の成績表スピード返却を実施しています。

1・5倍速×集中受講の高速学習。

東進模試

高速マスター

基礎・基本を短期間で一気に身につける「高速マスター基礎力養成講座」を設置しています。オンラインで楽しく効率よく取り組めます。

英単語1800語を最短1週間で修得！

パーフェクトマスターのしくみ

合格したら次の講座へステップアップ

授業（知識・概念の**修得**）→ 確認テスト（知識・概念の**定着**）→ 講座修了判定テスト（知識・概念の**定着**）

毎授業後に確認テスト　最後の講の確認テストに合格したら挑戦！

現役合格者の声

早稲田大学 基幹理工学部
津行 陽奈さん
神奈川県 私立 横浜雙葉高校卒

私が受験において大切だと感じたのは、長期的な積み重ねです。ために身につけるために、高速マスター基礎力養成講座や授業後の「確認テスト」を満点にすること、模試の復習などを積み重ねていくことでどんどん合格に近づき合格することができたと思っています。

ついに登場！ 高校別対応の個別指導コース

君の高校の進度に合わせて学習し、定期テストで高得点を取る！

目指せ！「定期テスト」20点アップ！
学年順位も急上昇!!

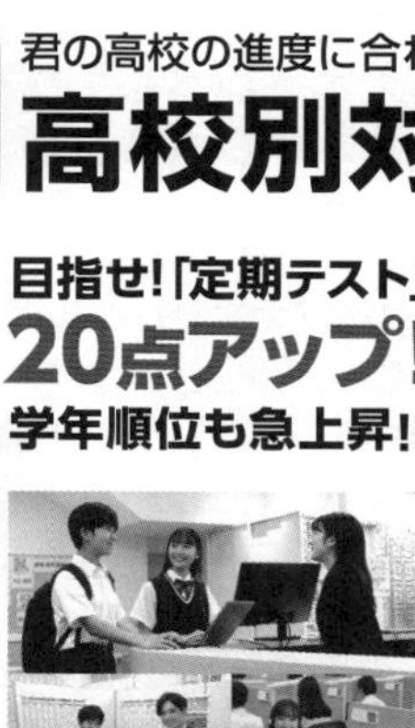

楽しく、集中が続く、授業の流れ

1. 導入
授業の冒頭では、講師と担任助手の先生が今回扱う内容を紹介します。

2. 授業
約15分の授業でポイントをわかりやすく伝えます。要点はテロップでも表示されるので、ポイントがよくわかります。

3. まとめ
授業が終わったら、次は確認テスト。その前に、授業のポイントをおさらいします。

付録 4

合格の秘訣3 東進模試

申込受付中
※お問い合わせ先は付録7ページをご覧ください。

学力を伸ばす模試

■ 本番を想定した「厳正実施」
統一実施日の「厳正実施」で、実際の入試と同じレベル・形式・試験範囲の「本番レベル」模試。相対評価に加え、絶対評価で学力の伸びを具体的な点数で把握できます。

■ 12大学のべ42回の「大学別模試」の実施
予備校界随一のラインアップで志望校に特化した"学力の精密検査"として活用できます（同日・直近日体験受験を含む）。

■ 単元・ジャンル別の学力分析
対策すべき単元・ジャンルを一覧で明示。学習の優先順位がつけられます。

■ 最短中5日で成績表返却
WEBでは最短中3日で成績を確認できます。※マーク型の模試のみ

■ 合格指導解説授業
模試受験後に合格指導解説授業を実施。重要ポイントが手に取るようにわかります。

2024年度 東進模試 ラインアップ

共通テスト対策
- 共通テスト本番レベル模試 　全4回
- 全国統一高校生テスト（全学年統一部門）（高2生部門）（高1生部門）　全2回

同日体験受験
- 共通テスト同日体験受験 　全1回

記述・難関大対策
- 早慶上理・難関国公立大模試 　全5回
- 全国有名国公私大模試 　全5回
- 医学部82大学判定テスト 　全2回

基礎学力チェック
- 高校レベル記述模試（高2）（高1） 　全2回
- 大学合格基礎力判定テスト 　全4回
- 全国統一中学生テスト（全学年統一部門）（中2生部門）（中1生部門） 　全2回
- 中学学力判定テスト（中2生）（中1生） 　全4回

大学別対策
- 東大本番レベル模試 　全4回
- 高2東大本番レベル模試 　全4回
- 京大本番レベル模試 　全4回
- 北大本番レベル模試 　全2回
- 東北大本番レベル模試 　全2回
- 名大本番レベル模試 　全3回
- 阪大本番レベル模試 　全3回
- 九大本番レベル模試 　全3回
- 東工大本番レベル模試[第1回] / 東京科学大本番レベル模試[第2回] 　全2回
- 一橋大本番レベル模試 　全2回
- 神戸大本番レベル模試 　全2回
- 千葉大本番レベル模試 　全1回
- 広島大本番レベル模試 　全1回

同日体験受験
- 東大入試同日体験受験 　全1回
- 東北大入試同日体験受験 　全1回
- 名大入試同日体験受験 　全1回

直近日体験受験 　各1回
- 京大入試直近日体験受験
- 北大入試直近日体験受験
- 阪大入試直近日体験受験
- 九大入試直近日体験受験
- 東京科学大入試直近日体験受験
- 一橋大入試直近日体験受験

※2024年度に実施予定の模試は、今後の状況により変更する場合があります。最新の情報はホームページでご確認ください。

2024年 東進現役合格実績
受験を突破する力は未来を切り拓く力！

東大 現役合格 実績日本一 ※1 6年連続800名超！
現役生のみ！講習生を含まず

※1 2023年東大現役合格実績をホームページ・パンフレット・チラシ等で公表している予備校の中で最大（2023年JDnet調べ）。

東大 834名

文科一類 118名	理科一類 300名
文科二類 115名	理科二類 121名
文科三類 113名	理科三類 42名
学校推薦型選抜 25名	

現役合格者の36.5%が東進生！

東進生現役占有率 834/2,284 **36.5%**

全現役合格者に占める東進生の割合
2024年の東大全体の現役合格者は2,284名。東進の現役合格者は834名。東進生の占有率は36.5%。現役合格者の2.8人に1人が東進生です。

学校推薦型選抜も東進！
東大 25名
学校推薦型選抜 現役合格者の27.7%が東進生！ 27.7%

法学部	4名	工学部	8名
経済学部	1名	理学部	4名
文学部	1名	薬学部	2名
教育学部	1名	医学部医学科	1名
教養学部	3名		

京大 493名 昨対 +21名
史上最高！ '22 468 '23 472 '24 493
現役生のみ！講習生を含まず

総合人間学部 23名	医学部人間健康科学科 20名		
文学部 37名	薬学部 14名		
教育学部 10名	工学部 161名		
法学部 56名	農学部 43名		
経済学部 49名	特色入試（上記に含む）24名		
理学部 52名			
医学部医学科 28名			

早慶 5,980名 昨対 +239名
史上最高！ '22 5,678 '23 5,741 '24 5,980
現役生のみ！講習生を含まず

早稲田大 3,582名	慶應義塾大 2,398名
政治経済学部 472名	法学部 290名
法学部 354名	経済学部 368名
商学部 297名	商学部 487名
文化構想学部 276名	理工学部 576名
理工3学部 752名	医学部 39名
他 1,431名	他 638名

医学部医学科 1,800名 昨対 +9名
史上最高！ '22 1,658 '23 1,791 '24 1,800
現役生のみ！講習生を含まず

国公立医・医 1,033名 防衛医科大学校を含む
私立医・医 767名 **史上最高！**

国公立医・医 1,033名 防衛医科大学校を含む

東京大 43名	名古屋大 28名	筑波大 21名	横浜市立大 14名	神戸大 30名	
京都大 28名	大阪大 23名	千葉大 25名	浜松医科大 19名	その他	
北海道大 19名	九州大 23名	東京医科歯科大 21名	大阪公立大 12名	国公立医・医 700名	
東北大 28名					

私立医・医 767名 昨対 +40名 **史上最高！**

自治医科大 32名	東京慈恵会医科大 30名	関西医科大 49名	その他
国際医療福祉大 80名	順天堂大 52名	日本医科大	私立医・医 443名

旧七帝大 + 東工大・一橋大・神戸大 4,599名

東京大 834名	東北大 389名	九州大 487名	一橋大 219名
京都大 493名	名古屋大 379名	東京工業大 219名	神戸大 483名
北海道大 450名	大阪大 646名		

国公立大 16,320名
※2 史上最高…東進のこれまでの実績の中で最大。

国公立 総合・学校推薦型選抜も東進！

旧七帝大 + 東工大・一橋大・神戸大 434名

	東京大 25名	大阪大 57名	
	京都大 9名	九州大 38名	
	北海道大 24名	東京工業大 30名	
	東北大 119名	一橋大 10名	
	名古屋大 65名	神戸大 42名	

国公立医・医 319名

国公立大学の総合型・学校推薦型選抜の合格実績は、指定校推薦を除く、早稲田塾を含まない東進ハイスクール・東進衛星予備校の現役生のみの合同実績です。

上理明青立法中 21,018名

上智大 1,605名	青山学院大 2,154名	法政大 3,833名
東京理科大 2,892名	立教大 2,730名	中央大 2,855名
明治大 4,949名		

関関同立 13,491名

関西学院大 3,139名	同志社大 3,099名	立命館大 4,477名
関西大 2,776名		

日東駒専 9,582名

日本大 3,560名	東洋大 3,575名	駒澤大 1,070名	専修大 1,377名

産近甲龍 6,085名

京都産業大 614名	近畿大 3,686名	甲南大 669名	龍谷大 1,116名

ウェブサイトでもっと詳しく [東進] 検索

2024年3月31日締切

各大学の合格実績は、東進ネットワーク（東進ハイスクール、東進衛星予備校、早稲田塾）の現役生のみ、高3在籍者のみの合同実績です。一人で複数合格した場合は、それぞれの合格者数に計上しています。

東進へのお問い合わせ・資料請求は
東進ドットコム www.toshin.com
もしくは下記のフリーコールへ！

東進ハイスクール
ハッキリ言って合格実績が自慢です！大学受験なら、

0120-104-555 (トーシン ゴーゴーゴー)

●東京都

[中央地区]
- 市ヶ谷校　0120-104-205
- 新宿エルタワー校　0120-104-121
- *新宿大学受験本科　0120-104-020
- 高田馬場校　0120-104-770
- 人形町校　0120-104-075

[城北地区]
- 赤羽校　0120-104-293
- 本郷三丁目校　0120-104-068
- 茗荷谷校　0120-738-104
- 綾瀬校　0120-104-762
- 金町校　0120-452-104
- 亀戸校　0120-104-889
- ★北千住校　0120-693-104
- 錦糸町校　0120-104-249
- 豊洲校　0120-104-282
- 西新井校　0120-266-104
- 西葛西校　0120-104-289
- 船堀校　0120-104-201
- 門前仲町校　0120-104-016

[城西地区]
- 池袋校　0120-104-062
- 大泉学園校　0120-104-862
- 荻窪校　0120-687-104
- 高円寺校　0120-104-627
- 石神井校　0120-104-159
- 巣鴨校　0120-104-780

- 成増校　0120-028-104
- 練馬校　0120-104-643

[城南地区]
- 大井町校　0120-575-104
- 蒲田校　0120-265-104
- 五反田校　0120-672-104
- 三軒茶屋校　0120-104-739
- 渋谷駅西口校　0120-389-104
- 下北沢校　0120-104-672
- 自由が丘校　0120-964-104
- 成城学園前校　0120-104-616
- 千歳烏山校　0120-104-331
- 千歳船橋校　0120-104-825
- 都立大学駅前校　0120-275-104
- 中目黒校　0120-104-261
- 二子玉川校　0120-104-959

[東京都下]
- 吉祥寺南口校　0120-104-775
- 国立校　0120-104-599
- 国分寺校　0120-622-104
- ☆立川駅北口校　0120-104-662
- 田無校　0120-104-272
- 調布校　0120-104-305
- 八王子校　0120-896-104
- 東久留米校　0120-565-104
- 府中校　0120-104-676
- ★町田校　0120-104-507
- 三鷹校　0120-104-149
- 武蔵小金井校　0120-480-104
- 武蔵境校　0120-104-769

●神奈川県
- 青葉台校　0120-104-947
- 厚木校　0120-104-716
- 川崎校　0120-226-104
- 湘南台東口校　0120-104-706
- 新百合ヶ丘校　0120-104-182
- センター南駅前校　0120-104-722
- たまプラーザ校　0120-104-445
- 鶴見校　0120-876-104
- 登戸校　0120-104-157
- 平塚校　0120-104-742
- 藤沢校　0120-104-549
- 武蔵小杉校　0120-165-104
- ★横浜校　0120-104-473

●埼玉県
- 浦和校　0120-104-561
- 大宮校　0120-104-858
- 春日部校　0120-104-508
- 川口校　0120-917-104
- 川越校　0120-104-538
- 小手指校　0120-104-759
- 志木校　0120-104-202
- せんげん台校　0120-104-388
- 草加校　0120-104-690
- 所沢校　0120-104-594
- ★南浦和校　0120-104-573
- 与野校　0120-104-755

●千葉県
- 我孫子校　0120-104-253

- 市川駅前校　0120-104-381
- 稲毛海岸校　0120-104-575
- 海浜幕張校　0120-104-926
- ★柏校　0120-104-353
- 北習志野校　0120-344-104
- ★新浦安校　0120-556-104
- 新松戸校　0120-104-354
- 千葉校　0120-104-564
- ★津田沼校　0120-104-724
- 成田駅前校　0120-104-346
- 船橋校　0120-104-514
- 松戸校　0120-104-257
- 南柏校　0120-104-439
- 八千代台校　0120-104-863

●茨城県
- つくば校　0120-403-104
- 取手校　0120-104-328

●静岡県
- ★静岡校　0120-104-585

●奈良県
- ★奈良校　0120-104-597

★は高卒本科(高卒生)設置校
* は高卒生専用校舎
□は中学部設置校

※変更の可能性があります。
最新情報はウェブサイトで確認できます。

東進衛星予備校
全国約1,000校、10万人の高校生が通う、

0120-104-531 (トーシン ゴーサイン)

東進ハイスクール 在宅受講コース
近くに東進の校舎がない高校生のための

0120-531-104 (ゴーサイン トーシン)

東進ドットコム
ここでしか見られない受験と教育の最新情報が満載！

www.toshin.com

東進TV
東進のYouTube公式チャンネル「東進TV」。日本全国の学生レポーターがお送りする大学・学部紹介は必見！

大学入試過去問データベース
君が目指す大学の過去問を素早く検索できる！2024年入試の過去問も閲覧可能！
過去問データベース　190大学 最大30年分を無料で開覧！

※2024年4月現在